Das Recht

des

Bürgerlichen Gesetzbuchs

in

Einzeldarstellungen.

I.

Strohal, Das deutsche Erbrecht.

Zweiter Band.

Dritte Auflage.

Berlin 1904.
J. Guttentag, Verlagsbuchhandlung,
G. m. b. H.

Das deutsche Erbrecht

auf Grundlage des

Bürgerlichen Gesetzbuchs.

Von

Dr. Emil Strohal,

Professor der Rechte in Leipzig.

Zweiter Band.

Dritte, umgearbeitete und vermehrte Auflage.

Berlin 1904.

J. Guttentag, Verlagsbuchhandlung,

G. m. b. H.

Vorwort.

Dem vorliegenden II. Bande meines Deutschen Erbrechts — mit dem die 3. Auflage des Werkes abgeschlossen ist — sind die mit der „Rechtsstellung des Erben" sich beschäftigenden bedeutsamen Untersuchungen Binders, T. I bis III (1901 bis 1904), sehr zu statten gekommen. Durch die Güte des Herrn Kollegen Binder war es mir insbesondere ermöglicht, auch schon den eben erst erschienenen dritten, die Darstellung des Rechtsverhältnisses der Miterben und ihrer Haftung für die Nachlaßverbindlichkeiten sowie die Lehre vom Erbschaftsanspruch enthaltenden Teil, dessen Revisionsbogen mir im Laufe des Sommers zugingen, in meinem Buche zu berücksichtigen und zu verarbeiten. Selbst wer, wie ich von mir bekennen muß, den neuen Aufstellungen Binders in den entscheidenden Punkten nicht zu folgen vermag, wird doch gerne anerkennen, daß die von Binder behandelten erbrechtlichen Grundprobleme durch dessen weitausgreifende und eindringende Ausführungen wesentliche Vertiefung und Klärung erhalten haben, und mit seinem Danke hierfür nicht zurückhalten.

Herzlichen Dank habe ich auch noch auszusprechen Herrn Kollegen Professor Dr. Rabel und Herrn Referendar Dr. Sievers für die freundliche Unterstützung bei der Korrektur dieses Bandes und Herrn k. k. Gerichtsadjunkten Dr. Loewenfeld für die mühevolle Anfertigung der sorgfältigen Register zu beiden Bänden und last not least der mir selbst dem Namen nach unbekannt gebliebenen Dame, welche so gütig war, mir durch Vermittelung des Herrn Rechtsanwalts H. Neumann in Berlin sehr verborgene und deshalb schwer zu entdeckende Korrigenda zum I. Bande dieses Werkes zukommen zu lassen.

Leipzig, im September 1904.

Dr. E. Strohal.

Inhalt.

3. Hauptstück.

Der Erwerb der Erbschaft.

1. Abschnitt.

Annahme und Ausschlagung.

2. Abschnitt.

Die rechtliche Stellung des Erben.

4. Hauptstück.

Die Haftung des Erben für die Nachlaßverbindlichkeiten.

1. Abschnitt.

Einleitendes.

2. Abschnitt.

Haftung des Alleinerben.

3. Abschnitt.

Haftung mehrerer Erben.

5. Hauptstück.

Schutz des Erben.

6. Hauptstück.

Erbschaftskauf und verwandte Geschäfte.

3. Hauptstück.

Der Erwerb der Erbschaft.*)

1. Abschnitt.

Annahme und Ausschlagung.**)

I. Ausschlagungsrecht und Ausschlagungsfrist.

§ 61.

I. Aus dem nach Maßgabe der §§ 1922, 1942 von Rechts wegen sich vollziehenden Übergang der Erbschaft auf den Erben ergibt sich in aller Regel noch nicht der Eintritt einer endgültigen Rechtslage. Denn dieser Übergang — er heißt technisch: Anfall der Erbschaft (§ 1942 Abs. 1) — erfolgt unbeschadet des dem Erben grundsätzlich zukommenden Rechtes zur Ausschlagung der Erbschaft.[1]) Nur dem Fiskus, wenn und soweit er gesetzlicher Erbe wird,[1a]) ist das Recht der Ausschlagung versagt (§ 1942 Abs. 2). Abgesehen hiervon und abgesehen auch von einigen weiteren, aus der Vorschrift des § 1946 sich erklärenden und später zu besprechenden Ausnahmefällen[2]) führt der Anfall der Erbschaft vorerst zu einem Stadium, während dessen ungewiß ist, ob der für den zunächst berufenen Erben eingetretene

---

*) Eck in Bekkers und Fischers Beiträgen zum Entwurf I, Heft 17 S. 1 bis 7; daselbst auch weitere Literatur. Binder, Die Rechtsstellung des Erben nach dem BGB. I (1901). Hachenburg Vorträge (2. Aufl.) S. 647ff.

**) Binder I S. 76ff., Kipp bei W. III S. 436ff.

[1]) Nach Maßgabe des § 1484 Abs. 2 finden die für die Ausschlagung einer Erbschaft geltenden Bestimmungen auf den Fall, daß der überlebende Ehegatte bei gütergemeinschaftlicher Ehe die Fortsetzung der Gütergemeinschaft ablehnt, entsprechende Anwendung.

[1a]) Vgl. oben Bd. I § 11.

[2]) Vgl. unten S. 14, 15.

Erbschaftserwerb als ein nur provisorischer oder als definitiver zu gelten haben wird. Diese Ungewißheit findet ihre Erledigung nach der letzteren Richtung hin, wenn der Erbe entweder

1. die für die Ausschlagung vorgeschriebene Frist verstreichen ließ, ohne vorher ausgeschlagen zu haben, oder

2. wenn er noch vor dem Ablauf der Ausschlagungsfrist seinen Willen, die Erbschaft anzunehmen, in rechtswirksamer Weise zum Ausdruck bringt.

Nur bei Vorhandensein des zweiten Tatbestandes[3]) spricht das Gesetz von „Annahme der Erbschaft" im technischen Sinne (vgl. besonders §§ 1943, 1955, 1956). Hinsichtlich des unter Z. 1 bezeichneten Tatbestandes bedient es sich dagegen der Wendung, daß die Erbschaft mit Ablauf der Frist als angenommen gilt (§ 1943); es bringt durch diese Fassung einerseits zum Ausdruck, daß die Versäumung der Ausschlagungsfrist dem rechtlichen Erfolge nach (Ausschluß der Ausschlagungsmöglichkeit, Endgültigkeit des Erbschaftserwerbs) zwar der „Annahme" gleichsteht, andererseits aber auch, daß sie im Gegensatz zu dieser rechtsgeschäftlichen Charakter nicht hat.[4])

II. Der Ausschlagung ist durch die im § 1944 bestimmte Ausschlagungsfrist eine gesetzliche Schranke gesetzt.[5]) Die Frist beträgt regelmäßig 6 Wochen und nur dann 6 Monate, wenn der Erblasser seinen letzten Wohnsitz nur im Ausland[6]) gehabt hat, oder wenn sich der Erbe bei dem Beginn der Frist im Ausland aufhält. Die Frist beginnt regelmäßig[6a]) mit dem Zeitpunkt, in welchem der Erbe von dem Anfall und dem Grunde der Berufung Kenntnis erlangt hat, im Falle einer Berufung durch Verfügung von Todes wegen jedoch nicht vor der Verkündung der Verfügung.

---

[3]) Anders nach Entwurf I; vgl. dazu Motive V S. 512 vorletzter Absatz von unten.

[4]) So auch die herrschende Meinung. Vgl. auch Prot. V S. 632. A. Ansicht freilich Endemann III § 79 bei Anm. 2 und Binder I S. 77 ff. Vgl. aber dagegen die in diesem Punkte durchaus zutreffenden Ausführungen von Wendt, Unterlassungen und Versäumnisse im Arch. f. civil. Prax. Bd. 92 S. 227 (unten), 254 (oben).

[5]) Die Ausschlagungsfrist ist also eine gesetzliche Präklusivfrist.

[6]) Im Sinne des § 1944 haben als Ausland auch die deutschen Schutzgebiete zu gelten. Vgl. Planck-Ritgen Erl. 2 zu § 1944.

[6a]) Eine besondere Vorschrift hinsichtlich des Beginns der Ausschlagungsfrist enthält § 2306 Abs. 1 a. E.; vgl. darüber oben Bd. I § 49 S. 423.

Einzelnes.

1. Die Vorschriften des Gesetzes über die Ausschlagungsfrist sind zwingenden Rechtes. Der Erblasser kann ihre Anwendung weder ausschließen noch beschränken. Eine Verlängerung der Frist (sei es nun durch Verfügung des Erblassers, sei es durch richterliche Bestimmung) ist ausgeschlossen.[7])

2. Der im § 1944 für den Beginn der Ausschlagungsfrist geforderten Kenntnis des Erben von dem Erbfall und dem Grunde der Berufung steht fahrlässige (selbst grobfahrlässige) Unkenntnis nicht gleich. Auf welchem Wege der Erbe die erforderliche Kenntnis erlangt hat, ist gleichgültig, auf amtlicher Mitteilung braucht sie nicht zu beruhen.[8]) Ob im konkreten Falle wirkliche Kenntnis angenommen werden darf, ist nach Maßgabe der Umstände zu entscheiden. Worauf sich die Kenntnis des Erben zu erstrecken hat, bedarf noch besonderer Würdigung:

---

[7]) Unbenommen bleibt aber dem Erblasser die letztwillige Anordnung, daß die Annahme des eingesetzten Erben nur gelten solle, wenn sie innerhalb einer kürzeren als der gesetzlichen Frist (und etwa auch in bestimmter Form) erklärt werde (vgl. Planck-Ritgen Erl. 5 zu § 1943). Man wird in solchem Falle anzunehmen haben, daß der Erbe nicht unter einer aufschiebenden, sondern unter einer auflösenden Bedingung eingesetzt sei. Jene Auffassung ist (im Gegensatz zum römischen Rechte) für das Recht des BGB. durch die Erwägung ausgeschlossen, daß ihr zufolge der Eingesetzte nur als Nacherbe in Betracht kommen könnte, dem notwendig ein Vorerbe vorgehen müßte, und daß auf ihrer Grundlage auch nicht abzusehen wäre, wodurch der Anfall der Erbschaft an den Eingesetzten herbeigeführt werden sollte. Die Annahme einer Erbeinsetzung mit Beifügung einer auflösenden Bedingung führt dagegen zu folgenden Ergebnissen: Die Erbschaft fällt dem Eingesetzten mit dem Erbfall an. Erklärt der Berufene die Annahme innerhalb der vom Erblasser vorgeschriebenen kürzeren Frist nicht, so hört die Berufung auf wirksam zu sein, und ist dem Eingesetzten somit eine nachträgliche Annahme der ihm nicht mehr angebotenen Erbschaft unmöglich gemacht. Dieser Ausschluß des Eingesetzten von der Annahme steht praktisch der Ausschlagung gleich. Aus diesem Grunde kommt es daher jetzt nicht etwa zu einer Nacherbfolge, sondern nach Maßgabe des § 1953 Abs. 2 zur unmittelbaren Erbfolge desjenigen, welcher berufen sein würde, wenn der mit Beifügung der vorerwähnten auflösenden Bedingung Eingesetzte den Anfall nicht erlebt hätte.

[8]) Dies gilt insbesondere auch für den Fall, daß die Berufung des in Frage kommenden Erben die vorhergehende Ausschlagung durch einen Vorberufenen zur Voraussetzung hat. Die Kenntnis des Erben von dieser Ausschlagung braucht also — im Gegensatz zur früheren preußischen Praxis — nicht durch amtliche Zustellung vermittelt zu sein.

a) Die vom Gesetz verlangte Kenntnis des Erben von dem an ihn erfolgten Anfall der Erbschaft fällt mit der Kenntnis der Tatsachen, auf welchen dieser Anfall beruht (Tod des Erblassers oder Eintritt der Todesvermutung wegen erfolgter Todeserklärung; konkreter Berufungsgrund; Wegfall eines anderen, dessen Vorhandensein der in Frage stehenden Berufung im Wege stehen würde, durch Erbverzicht, durch Tod vor dem Erbfall oder durch Ausschlagung oder Erbunwürdigkeitserklärung nach dem Erbfall; Eintritt der Einsetzungsbedingung vor dem Erbfall; Eintritt des Falles der Nacherbfolge bei Berufung zu dieser), nicht schlechthin zusammen. Denn es ist einerseits denkbar, daß dem Erben, obschon ihm alle wirklich entscheidenden Umstände bekannt geworden sind, die Kenntnis von dem an ihn erfolgten Anfall dennoch fehlt, und andererseits wieder, daß Kenntnis des Erben von dem Anfall vorliegt, obschon sein Wissen von den zugrunde liegenden Tatsachen ein unvollständiges ist. Der zweite Fall kann z. B. vorliegen, wenn dem berufenen Erben von dessen Rechtsfreund mitgeteilt wird: „Sie dürfen den an Sie erfolgten Anfall von mindestens 1/8 der Erbschaft Ihres Oheims als sicher annehmen, selbst wenn sein Testament sich als ungültig herausstellen sollte"; jener Fall dagegen, wenn der berufene Erbe die ihm bekannt gewordenen Umstände infolge eines faktischen oder eines Rechtsirrtums (er nimmt z. B. zu Unrecht das Vorhandensein eines Vorberufenen an, oder er hält das ihn berufende Testament mit Unrecht für nichtig) unrichtig beurteilt.[9])

---

[9]) Schwierig wird die Beurteilung, wenn der Erbe, nachdem er von den Umständen, auf welchen der an ihn wirklich erfolgte Anfall beruht, Kenntnis und infolge dessen auch die Überzeugung, daß ihm die Erbschaft angefallen sei, erlangt hat, durch ihm nachträglich, aber noch vor dem Ablauf der Ausschlagungsfrist zur Kenntnis gebrachte neue Umstände zur Annahme veranlaßt wird, die Erbschaft sei ihm nicht angefallen. Beispiel: Der zur gesetzlichen Erbfolge berufene und diese Berufung als völlig sicher annehmende Erbe erfährt drei Wochen später, daß ein die Erbeinsetzung eines extraneus enthaltendes Testament verkündet worden sei, und hält dieses für gültig, während es in Wahrheit nichtig ist. Der Sachverhalt dürfte dahin zu beurteilen sein, daß der Erbe die nach § 1944 erforderliche Kenntnis vom Anfall der Erbschaft nicht erlangt habe, weil sich die vermeintliche ursprüngliche Kenntnis des Erben vom Erbfall im Bewußtsein des Erben hinterher als eine niemals vorhanden gewesene darstellt. Würde der Erbe dagegen unter sonst gleichen Umständen von dem nichtigen Testament überhaupt keine Kenntnis erlangt haben, so müßte die von ihm hinsichtlich des Anfalls wirklich erlangte Kenntnis

b) Dem Erben muß auch der Berufungsgrund bekannt geworden sein, vermöge dessen der Anfall der Erbschaft an ihn erfolgt ist, also vor allem, ob ihm die Erbschaft als gesetzlichem oder als gewillkürtem Erben angefallen ist. Nimmt der Erbe irrtümlich an, daß er zur gesetzlichen Erbfolge berufen sei, während seine Berufung auf Verfügung von Todes wegen beruht, oder umgekehrt, so ist daher, solange dieser Irrtum vorhält, der Beginn der Ausschlagungsfrist ausgeschlossen.[10]) Liegt Berufung durch Verfügung von Todes wegen vor, so ergeben sich hinsichtlich des zum Beginn der Ausschlagungsfrist erforderlichen Wissens des Erben folgende Fragen:

α) Muß der Erbe von der konkreten Verfügung von Todes wegen Kenntnis haben, kraft deren der Anfall erfolgt ist? Dies wird zu verneinen sein. Es dürfte also genügen, wenn der Erbe auf zuverlässigem Wege und der wahren Sachlage entsprechend auch nur erfährt, daß ihm die Erbschaft auf Grund testamentarischer — oder auf Grund erbvertragsmäßiger — Verfügung angefallen ist.

β) Leitet der Erbe sein vermeintliches Wissen von dem Anfall der Erbschaft lediglich aus der Kenntnis von einer konkreten Verfügung von Todes wegen ab, die sich aus irgend einem Grunde als unwirksam herausstellt, während der allerdings erfolgte Anfall auf einer anderen Verfügung v. T. beruht, so steht dies, da dem Erben die Kenntnis vom Anfall in Wahrheit fehlt, dem Beginn der Ausschlagungsfrist entgegen.

γ) Kennt der Erbe die konkrete Verfügung von Todes

---

im Sinne des § 1944 als für den Beginn der Ausschlagungsfrist genügend erachtet werden.

[10]) Schwierigkeiten der in Anm. 9 bezeichneten Art können sich auch hier ergeben. Beispiel: Ein zur gesetzlichen Erbfolge berufener Erbe führt den an ihn erfolgten Anfall der Erbschaft mit Rücksicht auf die ihm bekannt gewordenen Umstände zunächst auf den wirklich maßgebenden Berufungsgrund zurück. Später erfährt er von einem vorhandenen Testament, laut dessen er als Erbe eingesetzt ist und erblickt demgemäß in dieser Einsetzung den Berufungsgrund. Allein das von ihm für gültig gehaltene Testament stellt sich als nichtig heraus. Man wird in ähnlicher Weise wie in dem in Anm. 9 behandelten Falle sagen müssen, daß der Erbe, obschon das, was er ursprünglich über den Berufungsgrund in Erfahrung brachte, der wirklichen Rechtslage entsprach, eine hinreichende Kenntnis von dem maßgebenden Berufungsgrunde noch nicht erlangt hatte. Etwas anders Cosack II § 376 (4. Aufl.) VIII 4, der die Vorschrift des § 1949 Abs. 1 zur analogen Anwendung bringen will, dabei aber praktisch zum gleichen Ergebnis gelangt.

wegen, zufolge deren ihm die Erbschaft angefallen ist, ist er aber darüber zweifelhaft, ob sie als erbvertragsmäßige oder als letztwillige aufzufassen sei, oder hält er sie geradezu für eine vertragsmäßige, während sie sich später als letztwillige herausstellt, oder umgekehrt, so dürfte dies dem Beginn der Ausschlagungsfrist nicht entgegenstehen.[11])

δ) Fehlt dem Erben die Kenntnis vom konkreten Berufungsgrunde, sondern weiß er nur, daß ihm die Erbschaft auf Grund einer Verfügung von Todes wegen, die möglicherweise Testament, möglicherweise Erbvertrag sein kann, angefallen ist, so fehlt ihm die erforderliche Kenntnis des Berufungsgrundes, und dasselbe muß gesagt werden, wenn dem testamentarisch berufenen Erben die Berufung als eine auf Erbvertrag und dem Vertragserben die Berufung als eine auf Testament beruhende zur Kenntnis gebracht worden ist.

c) Obschon die Ausschlagungsfrist im Falle der Berufung des Erben durch Verfügung von Todes wegen keinesfalls vor der Verkündung der Verfügung beginnt,[12]) so braucht der Erbe doch von dieser Verkündung Kenntnis nicht erlangt zu haben. Regelmäßig freilich wird die Kenntnis des Erben von seiner Berufung durch Verfügung von Todes wegen auf deren Verkündung beruhen. Es kann sich aber doch auch anders verhalten, und die Unkenntnis des Erben von der bereits erfolgten Verkündung schiebt in solchem Falle den Beginn der Ausschlagungsfrist nicht hinaus. Trotzdem kommt die den Ausschluß des Fristbeginns vor der Verkündung der maßgebenden Verfügung von Todes wegen aussprechende gesetzliche Vorschrift dem Erben nach folgenden Richtungen hin zu statten. Hat der Erbe davon Kenntnis erlangt, daß ihm die Erbschaft auf Grund einer Verfügung von Todes wegen angefallen ist, so ist ihm dadurch

---

[11]) Man berücksichtige dabei, daß es oft überaus zweifelhaft ist und bis zur rechtskräftigen Entscheidung eines darüber geführten Prozesses auch zweifelhaft bleibt, ob eine in einem Erbvertrag enthaltene Erbeinsetzung wirklich erbvertragsmäßig erfolgt ist, oder nicht vielleicht bloß als letztwillige Verfügung gelten kann.

[12]) Das im Texte Gesagte gilt also auch dann, wenn dem Erben der Inhalt der in Betracht kommenden Verfügung v. T. schon vor deren Verkündung bekannt war. Man denke dabei insbesondere an den Fall, daß Erblasser und Erbe ein gemeinschaftliches Testament errichtet oder einen Erbvertrag geschlossen hatten, oder daß das eigenhändige Testament dem Erben vom Erblasser unverschlossen zur Verwahrung übergeben war.

nahegelegt, je nach der Sachlage entweder die Verkündung der Verfügung zu betreiben, oder aber in die bereits verkündete Verfügung Einsicht zu nehmen. In beiden Fällen ist dem Erben hinreichende Möglichkeit gegeben, sich über Annahme oder Ausschlagung erst nach vorgenommener Prüfung der Beschaffenheit und des Inhalts der Verfügung zu entscheiden.

d Kenntnis des Erben davon, ob ihm die ganze Erbschaft oder nur ein Bruchteil von ihr und im letzteren Falle, welcher Bruchteil angefallen ist, ist zum Beginn der Ausschlagungsfrist nicht erforderlich (arg. a. c. aus § 1944).

3 Ist der Erbe geschäftsunfähig oder in der Geschäftsfähigkeit beschränkt,[12a]) so kann für den Beginn der Ausschlagungsfrist nur die Kenntnis des gesetzlichen Vertreters[13]) maßgebend sein.[13a]) Ist für den unbeschränkt geschäftsfähigen Erben ein Pfleger bestellt worden, der die dem Pflegebefohlenen angefallene Erbschaft [mit Genehmigung des Vormundschaftsgerichts (vgl. dazu weiter unten S. 17)] für

---

12a) Nicht in Betracht kommt hier der Fall, daß ein eventueller Erbe zunächst nur als nasciturus vorhanden ist, selbst dann nicht, wenn für ihn nach § 1912 ein Pfleger bestellt worden ist. Denn von einem Anfall der Erbschaft an den Erben und somit auch von dem Beginn der Ausschlagungsfrist kann vor der Geburt des Erben keine Rede sein. Vgl. auch oben Bd. I S. 26.

13) Dies ergibt sich nicht etwa aus dem hier gar nicht (auch nicht per analogiam) anwendbaren § 166, sondern aus dem offenbaren Zwecke der Vorschrift des § 1944 Abs. 2 Satz 1 (über Satz 2 vgl. Text bei Anm. 12), den diese mit zahlreichen anderen Vorschriften gemein hat, in denen ein bestimmtes Wissen eines Beteiligten zur Voraussetzung für den Beginn einer Frist gemacht wird. Anders Binder I S. 78, 79, der aus der auch von ihm vertretenen, aber mit Unrecht auf § 166 gestützten Entscheidung des Textes den Schluß ziehen zu dürfen glaubt, daß die Versäumung der Ausschlagungsfrist Rechtsgeschäft sei. Hiergegen spricht aber folgendes: Die Versäumung einer Anfechtungsfrist oder die einer Verjährungsfrist sind gewiß keine Rechtsgeschäfte. Und doch kann auch für den Beginn solcher Fristen eine bestimmte Kenntnis des Anfechtungsberechtigten bezw. des Gläubigers von entscheidender Bedeutung sein und ist, soweit dies zutrifft, bei Geschäftsunfähigkeit und regelmäßig (abweichend aber z. B. § 2282 Abs. 1) auch bei nur beschränkter Geschäftsfähigkeit des Berechtigten nicht dessen Kenntnis, sondern die Kenntnis des gesetzlichen Vertreters maßgebend. Vgl. z. B. §§ 121, 124, 852, 1954, 2082, 2332.

13a) Soweit sonst der Aufenthalt des Erben beim Beginn der Frist für deren Dauer entscheidend ist, kommt es in diesen Fällen offenbar nicht auf den Aufenthalt des Erben, sondern auf den des gesetzlichen Vertreters an.

diesen ausschlagen kann (vgl. besonders §§ 1910, 1911), so wird anzunehmen sein, daß der Erbe nicht mehr ausschlagen kann, wenn auch nur die mit der Kenntnis des Pflegers beginnende Ausschlagungsfrist[13b]) abgelaufen ist, daß dagegen die von der Kenntnis des Pflegers laufende Frist dem Erben noch zu statten kommt, wenn die Voraussetzungen für den Beginn dieser Frist eingetreten sind, noch bevor die Erbschaft wegen Beendigung der dem Erben selbständig laufenden Frist[14]) als angenommen gilt.[15]) Hat der Erbe einen gewillkürten Vertreter, dem Vollmacht zur Ausschlagung selbst für den Fall erteilt ist, daß nur er (der Vertreter) die im § 1944 geforderte Kenntnis erlangt, so wird hierdurch die rechtliche Bedeutung der vom Erben selbst erlangten Kenntnis nicht ausgeschlossen.[16]) Der Erbe muß den Fristbeginn aber auch schon dann gegen sich gelten lassen,[16a]) wenn

---

[13b]) Kommt in Frage, ob die Ausschlagungsfrist sich auf sechs Wochen oder auf sechs Monate beläuft, so ist, je nachdem nur Kenntnis des Erben oder des Pflegers vorliegt, der Aufenthalt des einen oder der des anderen zur Zeit des Fristbeginns maßgebend. Im übrigen ist das in der weiteren Ausführung des Textes Gesagte auch hier festzuhalten.

[14]) Im Falle einer Gebrechlichkeitspflegschaft nach § 1910 können übrigens die tatsächlichen Verhältnisse so liegen, daß die Möglichkeit einer hinreichenden Kenntnis des Gebrechlichen selbst von den im § 1944 bezeichneten Umständen als ausgeschlossen betrachtet werden darf.

[15]) Beispiel: Ein unter Gebrechlichkeitspflegschaft stehender Erbe hat die für den Beginn der Ausschlagungsfrist erforderliche Kenntnis etwas früher erlangt als sein Pfleger, überläßt aber die zu treffende Entscheidung ganz diesem. Es würde hier dem Zwecke der Pflegschaft wenig entsprechen, wenn der Pfleger die zur Verfügung stehende Ausschlagungsfrist lediglich nach dem Zeitpunkt der vom Erben erlangten Kenntnis und also nicht nach dem seiner Kenntnis zu bemessen hätte.

[16]) Hierüber besteht allseitige Übereinstimmung.

[16a]) A. A. Binder I S. 121, 122. Er bezeichnet die Kenntnis des Bevollmächtigten als „gegenstandslos" (was wohl soviel heißen soll als: bedeutungslos), weil sich die Vollmacht in der Wirkung erschöpfe, daß die Handlung des Bevollmächtigten als Handlung des Vollmachtgebers wirke und daher die Tatsache der Aufstellung eines Vertreters nicht bewirken könne, daß die Voraussetzungen des § 1944 Abs. 2 eine Modifikation erleiden. Allein dieser Argumentation scheint entgegengehalten werden zu können, daß es sich gerade darum handelt, in welchem Sinne die Voraussetzungen des § 1944 Abs. 2 zu verstehen sind, so: daß immer und ausnahmslos nur das Wissen des Erben selbst entscheidend ist, oder so: daß unter Umständen das Wissen des Erben durch das Wissen einer anderen Person ersetzt werden kann. In den Fällen der gesetzlichen Vertretung ist eine Entscheidung in diesem Sinne

nicht er selbst, sondern nur der zur Ausschlagung befugte gewillkürte Vertreter die maßgebliche Kenntnis erlangt hat.[17])

4. Auf den Lauf der Ausschlagungsfrist finden die für die Verjährung geltenden Vorschriften der §§ 203, 206 entsprechende Anwendung (§ 1944 Abs. 2). Daraus ergibt sich:

a) Der Lauf der Frist ist gehemmt, solange der Erbe durch Stillstand der Rechtspflege oder in anderer Weise durch höhere Gewalt[18]) an der Abgabe der Ausschlagungserklärung verhindert ist.

b) Ist der geschäftsunfähige oder in der Geschäftsfähigkeit beschränkte Erbe ohne gesetzlichen Vertreter, so wird die Ausschlagungsfrist nicht vor dem Ablauf von sechs Wochen (bezw. in denjenigen Fällen, in welchen die Ausschlagungsfrist sechs Monate beträgt, nicht vor dem Ablauf von sechs Monaten) nach dem Zeitpunkt beendet, in welchem der Erbe geschäftsfähig wird oder der Mangel der Vertretung aufhört.[19]) Hierbei ist aber wohl zu beachten, daß die Frist, um beendet werden zu können, begonnen haben und daß also in dieser Beziehung den Anforderungen des Gesetzes entsprochen sein muß.[20])

---

unabweisbar. Kann man aber schon einmal am Buchstaben des Gesetzes nicht haften bleiben und darf man sich bei der Auslegung des § 1944 Abs. 2 der freien sachlichen Erwägung nicht entziehen, so wird die im Texte getroffene Entscheidung kaum abzuweisen sein. Vgl. übrigens auch Motive V S. 500, 501.

17) Die Dauer der Frist richtet sich hier, wenn nur der Erbe die erforderliche Kenntnis erlangt, nach dem Aufenthalt des Erben zur Zeit des Fristbeginns, nach dem Aufenthalt des Vertreters dagegen, wenn jene Kenntnis nur auf dessen Seite vorliegt. Liegen die Voraussetzungen des Fristbeginns sowohl in der Person des Erben als in der des Vertreters vor, so wird die Erbschaft mit dem Ende der früher ablaufenden Frist als angenommen zu gelten haben. Der bei Anm. 15 hervorgehobene Gesichtspunkt greift hier jedenfalls nicht durch.

18) Vgl. dazu Planck I (3. Aufl.) Erl. zu § 203. Aus dem Zusammenhange des § 203 mit § 207 ergibt sich insbesondere, daß der während des Laufes der Frist eingetretene Tod des Berechtigten als höhere Gewalt im Sinne des § 203 nicht aufgefaßt werden darf.

19) Hiermit ist zugleich ein zu den bereits in Anm. 13 angestellten Erwägungen hinzutretendes positives Argument dafür gegeben, daß, wenn der Erbe schon von vornherein geschäftsunfähig oder in der Geschäftsfähigkeit beschränkt ist, für den Beginn der Ausschlagungsfrist die Kenntnis des gesetzlichen Vertreters entscheidend ist.

20) Hatte die Ausschlagungsfrist bereits begonnen, bevor sich der Mangel eines gesetzlichen Vertreters einstellte, so brauchen die im § 1944 Abs. 2 Satz 1 bezeichneten Voraussetzungen des Fristbeginns nach eingetretener unbeschränkter

Geschäftsfähigkeit bzw. nach dem Aufhören des Mangels der Vertretung nicht neuerdings erfüllt zu werden. Die schon vorher begonnene Ausschlagungsfrist kann also ablaufen, obschon der später unbeschränkt geschäftsfähig gewordene Erbe bzw. der in Betracht kommende neue gesetzliche Vertreter des noch vertretungsbedürftigen Erben die im § 1944 Abs. 2 bezeichnete Kenntnis nicht erlangt hat. So auch die herrschende Meinung. Anders nur Binder I S. 79ff., der sich die Bedeutung der in § 1944 enthaltenen Verweisung auf § 206 so zurechtlegt, wie wenn der Gesetzgeber gesagt hätte: „Die Überlegungsfrist wird durch den Eintritt der Geschäftsunfähigkeit des Erben oder den Wegfall des gesetzlichen Vertreters unterbrochen" (vgl. a. a. O. S. 82). Selbstverständliche Folge dieser Auffassung ist, daß die Ausschlagungsfrist nach Wegfall des angeblichen Unterbrechungsgrundes nicht weiter laufen, sondern nur neu beginnen kann, und dies wieder nur, wenn die Voraussetzungen des Fristbeginns neuerdings gegeben sind. Allein Binders Auffassung setzt sich mit dem Gesetz in offenbaren Widerspruch. Dieses unterscheidet mit voller Schärfe zwischen den Fällen, in welchen eine bereits begonnene Frist vor dem Ablauf einer bestimmten Zeit nicht vollendet werden kann, und den Fällen der Unterbrechung einer Frist. Nur zu denen der ersten Gruppe gehört der im § 206 bestimmte Fall und die von Binder vorgebrachten Erwägungen können es nicht rechtfertigen, daß man sich bei der im § 1944 angeordneten entsprechenden Anwendung des § 206 über den wesentlichen Inhalt dieser Bestimmung einfach hinwegsetzt: 1. Es kann zunächst schon der Behauptung Binders, daß die im § 1944 enthaltene Verweisung auf § 206 „auf der irrtümlichen, nicht näher geprüften Vorstellung, daß die Verjährungsfrist und die Überlegungsfrist von der nämlichen Art seien", beruhe (a. a. O. S. 81), nicht beigestimmt werden. Über den Unterschied zwischen Verjährungs- und Ausschlußfrist (und eine solche ist auch die Ausschlagungsfrist) war man sich bei der Beratung des Gesetzbuchs vollständig klar. Trotzdem wurde die entsprechende Anwendung des zunächst für die Verjährung maßgebenden § 206 nicht nur hinsichtlich der Ausschlagungsfrist, sondern auch hinsichtlich anderer Ausschlußfristen (vgl. z. B. §§ 124, 1954, 2082), bei denen das Wissen des Berechtigten von gewissen Umständen für den Beginn der Frist entscheidend ist, angeordnet. Es ist ferner auch nicht richtig, daß das subjektive Moment des Wissens des Berechtigten von seinem Anspruch bei der Verjährung niemals eine Rolle spiele (so Binder S. 82 Anm. 25). Das Gegenteil beweisen die Vorschriften der §§ 852, 2332, und doch kommt auch in den hier bestimmten Fällen dreijähriger und a tempore scientiae beginnender Verjährung § 206 zur Anwendung. 2. Die von Binder (S. 83) mitgeteilte Beobachtung, „daß die im § 1944 vorgesehene Frist von sechs Wochen oder Monaten infolge der Art, wie im § 206 die Verjährungsfrist erstreckt wird, mit dem Wegfall des Vertretungsmangels tatsächlich neu zu laufen beginnt", ist nicht fehlerfrei. Beispiel: Der gesetzliche Vertreter des in der Geschäftsfähigkeit beschränkten Erben hielt sich beim Beginn der Ausschlagungsfrist im Ausland auf. Die Ausschlagungsfrist beträgt somit sechs Monate. Noch vor deren Ablauf stirbt der gesetzliche Vertreter, an dessen Stelle nach wenigen Tagen ein neuer Ver-

5. Die Eröffnung des Konkurses über das Vermögen des Erben ist für den Beginn und den Lauf der Ausschlagungsfrist ohne Bedeutung. Vgl. § 9 KO.[21])

6. Stirbt der Erbe nach dem Erbfall, aber noch vor der Entscheidung über Annahme oder Ausschlagung, so muß in betreff der Ausschlagungsfrist also unterschieden werden:

a) Hatte der Erbe auch den Anfall der Erbschaft erlebt, so geht das Recht der Ausschlagung auf die Erbeserben über (§ 1952 Abs. 1). Dabei ist es wieder möglich,

α) daß der Lauf der Ausschlagungsfrist bei Lebzeiten des Erben bereits begonnen hatte, oder

β) daß dies nicht zutrifft.

Im Falle α läuft die begonnene Ausschlagungsfrist für und gegen den Erbeserben fort, im Falle β kann dagegen die Ausschlagungsfrist erst beginnen, sobald auf Seite des Erbeserben die Vor-

---

treter bestellt wird. Die entsprechende Anwendung des § 206 führt hier offenbar zu dem Ergebnis, daß die Ausschlagungsfrist nicht vor dem Ablauf von sechs Monaten nach dem Zeitpunkte vollendet wird, in welchem der Mangel der Vertretung aufgehört hat. Würde dagegen die Frist, wie Binder annimmt, mit dem bezeichneten Zeitpunkte neu zu laufen beginnen, so könnte für die Dauer dieser neuen Frist der Aufenthalt des zuerst erwähnten gesetzlichen Vertreters im Ausland niemals maßgebend sein. 3. Für die entsprechende Anwendung des § 206 ist überhaupt kein Raum gegeben, wenn hinsichtlich des Erben ein Mangel der Vertretung keinen Augenblick vorlag. Und doch ist es auch in solchen Fällen möglich, daß hinsichtlich der zur Erklärung der Ausschlagung für den Erben berufenen Person ein Wechsel eintritt. Beispiele: Der bisher unter gesetzlicher Vertretung stehende Erbe wird unbeschränkt geschäftsfähig oder: ein Erbe, der bisher unter der elterlichen Gewalt des Vaters stand, gelangt mit dessen Tode unter die elterliche Gewalt der Mutter. Hatte hier die Ausschlagungsfrist vor der Veränderung bereits begonnen, so läuft sie nach dieser einfach fort. Binder müßte dagegen in Konsequenz seiner Lehre auch in diesen Fällen den Lauf der Frist für unterbrochen erklären und für den Beginn der neuen Frist das Wissen des unbeschränkt geschäftsfähig gewordenen Erben bzw. das Wissen der Mutter des Erben für maßgebend halten. Allein § 206 versagt bei den eben bezeichneten Gestaltungen ganz und die Lehre Binders erweist sich somit als undurchführbar. 4. Wenn Binder sich zur Rechtfertigung seiner Auffassung auch auf die von ihm angenommene rechtsgeschäftliche Natur der Versäumung der Ausschlagungsfrist beruft (vgl. a. a. O. S. 78, 79, 81), so liegt darin eine Beweisführung, die als Beweisgrund dasjenige verwendet, was zu beweisen war, also eine petitio principii.

[21]) Vgl. dazu unten S. 18 vor III.

aussetzungen für den Beginn der Frist gegeben sind. Für beide Fälle gleichmäßig[21a]) gilt die Vorschrift des § 1952 Abs. 2. Ihr zufolge endigt die beim Tode des Erben noch nicht abgelaufene Ausschlagungsfrist keinesfalls vor dem Ablauf der hinsichtlich der auf den Erbeserben übergegangenen Erbschaft des Erben selbst maßgebenden Ausschlagungsfrist. Soweit sich freilich schon auf Grund des § 1944 für jene Ausschlagungsfrist eine längere Dauer ergibt als für diese, bleibt es hinsichtlich der dem verstorbenen Erben angefallen gewesenen Erbschaft bei der längeren Frist.[21b])

Eigentümlich gestaltet sich die Lage des Erbeserben unter folgenden Umständen: As nächster Erbe ist X; er stirbt, nachdem die für die Ausschlagung der Erbschaft des A maßgebende Frist bereits begonnen hatte (Fall α), aber noch bevor die Entscheidung über Annahme oder Ausschlagung erfolgt ist. Der als Erbe des X berufene Y entscheidet sich für die Annahme der Erbschaft seines Erblassers und läßt die ihm zur Ausschlagung der Erbschaft des A noch zur Verfügung stehende Frist (§§ 1944, 1952) ablaufen, ohne von dem

---

[21a]) Also auch in dem im Texte unter β hervorgehobenen Falle. Beispiel: A Erblasser, X Erbe, Y Erbeserbe. Hatte hier für den X bei dessen Lebzeiten die Ausschlagungsfrist noch nicht begonnen, so beginnt sie erst in der Person des Y, sobald die Voraussetzungen des Fristbeginns sich verwirklicht haben. Nach § 1952 Abs. 2 kann aber auch hier die Frist zur Ausschlagung der Erbschaft des A nicht vor dem Ablauf der hinsichtlich der Erbschaft des X vorgeschriebenen Ausschlagungsfrist endigen. Denn sonst könnte es geschehen, daß Y, obschon er zur Erbfolge nach dem A nur in seiner Eigenschaft als Erbe des X berufen ist, zunächst die Erbschaft des A infolge der Versäumung der (in concreto auf sechs Wochen sich belaufenden) Ausschlagungsfrist definitiv erwirbt und dann die Erbschaft des X vor Ablauf der in concreto sechs Monate betragenden Ausschlagungsfrist ausschlägt. Ein solches widersinniges Resultat soll aber durch § 1952 Abs. 2 unter allen Umständen ausgeschlossen werden. Insofern ist es daher auch nicht richtig, wenn von einzelnen Schriftstellern behauptet wird, die Vorschrift des Abs. 2 von § 1952 setze voraus, daß die Ausschlagungsfrist für den ersten Erben (X) bereits begonnen habe.

[21b]) Beispiel: Die Erbschaft des A ist dem X angefallen. X, dem zur Ausschlagung eine Frist von sechs Monaten offen stand, ist, bevor er eine Entscheidung getroffen hatte, wenige Tage nach dem Erbfall gestorben. Als Erbe des X ist Y derart berufen, daß er sich über Annahme oder Ausschlagung innerhalb von sechs Wochen zu entscheiden hat. Schlägt er also binnen dieser Frist nicht aus, so hat er die Erbschaft des X erworben, aber deshalb noch nicht die Erbschaft des A; die Ausschlagung der letzteren bleibt ihm bis zum Ablauf der früher erwähnten sechs Monate noch immer möglich.

Anfall dieser Erbschaft an den X auch nur Kenntnis erlangt zu haben. Auch bei dieser Sachlage gilt die Erbschaft des A als von dem Y angenommen.[22])

b) Es gibt aber auch Fälle, in denen sich eine Berufung zur Erbfolge als wirksam erweist, obschon der Erbe, nachdem er den Erbfall überlebt hat, doch noch vor dem Anfall der Erbschaft gestorben ist. So verhält es sich einmal überall dort, wo die Berufung des Erben von der condicio iuris abhängig ist, daß ein Vorberufener ausschlägt oder für erbunwürdig erklärt wird (§§ 1953, 2344), dann aber auch in dem durch § 2108 getroffenen Falle der Nacherbfolge, wenn die Anwartschaft der bevorstehenden Nacherbfolge auf den Erben des Erben übergeht.[23]) Hier und dort kann die Ausschlagungsfrist bei der vorausgesetzten Sachlage immer erst für den Erbeserben beginnen.

7. Ist der Erbe kraft verschiedener nacheinander wirksam werdender Berufungsgründe berufen (also z. B. zunächst als Testa-

---

[22]) Vgl. auch Motive V S. 502. Abweichend nur Binder I S. 83 ff. Er leitet zunächst aus der im § 1944 angeordneten entsprechenden Anwendung des § 203 den Schluß ab, daß der Tod des Erben vor Ablauf der Ausschlagungsfrist als ein Fall der höheren Gewalt im Sinne des § 203 aufgefaßt werden müsse, und betrachtet die hierdurch bewirkte Hemmung des Laufes der Ausschlagungsfrist als erst mit dem Zeitpunkte beendigt, in welchem der Erbeserbe davon Kenntnis erlangt, „daß in der ihm angefallenen Erbschaft eine mit dem Rechte der Ausschlagung transmittierte Erbschaft enthalten ist.“ Diese Auffassung scheitert jedoch schon daran, daß, wie bereits oben Anm. 18 nachgewiesen wurde, der Tod des Berechtigten während des Laufes der Frist „höhere Gewalt“ im Sinne des § 203 gewiß nicht ist. Ganz abgesehen hiervon stellt sich das von Binder gewonnene Ergebnis als prinziplose Halbheit dar. Denn wenn man sich schon einmal auf den grundsätzlichen Standpunkt Binders stellen wollte, so müßte angenommen werden, daß die Ausschlagungsfrist durch den Tod des Erben unterbrochen werde und somit hinsichtlich der transmittierten Erbschaft für den Erbeserben erst wieder beginnen könne, sobald dieser nicht nur von dem Anfall der Erbschaft an seinen Erblasser, sondern auch — was Binder hier (vgl. a. a. O. S. 85) für gleichgültig erklärt — von dem Berufungsgrunde Kenntnis erlangt. Mit dem Gesetz in Einklang zu bringen wäre freilich auch diese Lösung nicht, aber sie hätte wenigstens den Vorzug der Konsequenz.

[23]) Vgl. dazu oben Bd. I § 27 S. 171. Unzutreffend ist es daher, wenn Kipp bei W. III S. 436 behauptet, daß es eine Transmission der unerworbenen Erbschaft auf den Erben des Erben nach BGB. nicht geben könne. Dieselbe Behauptung findet sich auch bei Binder I S. 133.

mentserbe und dann als gesetzlicher Erbe, oder als gesetzlicher Erbe mehrerer Ordnungen), so läuft ihm, sobald der zunächst wirkende Berufungsgrund in der Art bedeutungslos geworden ist, daß die Wirksamkeit des weiteren Berufungsgrundes hierdurch unberührt geblieben ist,[24]) mit Rücksicht auf den neuerlichen Anfall der Erbschaft nach Maßgabe des § 1944 eine weitere Ausschlagungsfrist.

8. Bei der Berechnung der Ausschlagungsfrist sind die allgemeinen Vorschriften der §§ 187 Abs. 1, 188 Abs. 2, 3 und 189 zu beachten.

9. Wird streitig, ob die Annahme der Erbschaft als durch Versäumnis der Ausschlagungsfrist erfolgt zu gelten habe, so wird der dem Erben gegenüber den Eintritt dieser Rechtsfolge behauptende Gegner diejenigen Umstände zu beweisen haben, aus welchen unter regelmäßigen Verhältnissen auf den Beginn der Ausschlagungsfrist zu schließen ist. Macht der Erbe besondere Umstände (z. B. faktischen oder Rechtsirrtum) geltend, die dieser Annahme entgegenstehen, oder daß für ihn nicht die sechswöchige, sondern die sechsmonatige Frist in Betracht komme, oder daß der Lauf der Frist gehemmt worden, oder daß die Ausschlagung erfolgt sei, so trifft ihn die Beweislast.

II. Die Rechtsgeschäfte der Annahme und Ausschlagung der Erbschaft.

§ 61 a.

I. Die im Gesetz an die Versäumung der Ausschlagungsfrist geknüpfte Fiktion der Annahme kann, da die Kenntnis des Erben vom Anfall der Erbschaft Voraussetzung des Fristbeginns ist, selbstverständlich erst nach dem Anfall wirksam werden. Die Rechtsgeschäfte der Annahme und der Ausschlagung können dagegen wirksam vorgenommen werden, sobald der Erbfall eingetreten ist (§ 1946). Der bereits erfolgte Anfall der Erbschaft an den Erben oder gar der Beginn der Ausschlagungsfrist ist also zur Wirksamkeit der Annahme oder Ausschlagung nicht gefordert. Demgemäß kann der Erbe, dafern nur der Anforderung des § 1946 entsprochen ist, auch schon zu

[24]) Dies trifft selbstverständlich nicht zu, wenn der Erbe nicht nur aus dem zunächst wirksamen, sondern auch aus den eventuell in Betracht kommenden Berufungsgründen ausgeschlagen hat.

einer Zeit annehmen oder ausschlagen, zu der seine Berufung noch davon abhängig ist, daß ein Vorberufener zum definitiven Erwerb nicht gelangt, und der eventuelle Nacherbe schon vor dem Falle der Nacherbfolge.[1])

---

[1]) Für die Entscheidungen des Textes auch die herrschende Ansicht. Doch fehlt es nicht an abweichenden Meinungen: I. Kipp bei W. III S. 439 glaubt die Bestimmung des § 1946 dahin verstehen zu dürfen, daß der Erbe die Erbschaft — im Gegensatz zu § 2033 von Entw. I — zwar vor dem Beginn der Ausschlagungsfrist, aber doch keinesfalls vor dem an ihn erfolgten Anfall annehmen oder ausschlagen könne. Kipp stützt sich hierbei einerseits darauf, daß eine weitergehende Auslegung des § 1946 der aus den Protokollen V S. 624ff. ersichtlichen Absicht der Verfasser des Gesetzes widersprechen würde, und andererseits auf die Erwägung, daß „Erbe" im Sinne des § 1946 nur derjenige sei, welchem die Erbschaft bereits angefallen ist. Dem ist entgegenzuhalten: 1. Wenn die zweite Kommission wirklich die von Kipp vertretene Auffassung hätte zum Ausdruck bringen wollen, so würde sich ihr von selbst folgende Fassung des jetzigen § 1946 aufgedrängt haben: „Der Erbe kann die Erbschaft annehmen oder ausschlagen, sobald sie ihm angefallen ist"; im Gesetze selbst lautet dagegen der zweite Halbsatz: „sobald der Erbfall eingetreten ist". Schon daraus allein dürfte sich ergeben, daß Kipp den Verfassern des Gesetzes eine andere Absicht unterstellt, als welche sie wirklich hatten. 2. Die Vorschrift des § 1946 steht in wesentlichem Zusammenhang mit Abs. 2 von § 1949 (vgl. auch Protokolle V S. 625, 629). Die Anwendung dieser Bestimmung setzt aber notwendig voraus, daß ein „Erbe" nach dem Erbfall auch aus einem Berufungsgrunde ausschlagen kann, auf Grund dessen ein Anfall noch nicht erfolgt ist. Beispiel: In dem vom Erblasser hinterlassenen Testamente sind A und B als Erben eingesetzt. A, der weiß, daß er, wenn es zur testamentarischen Erbfolge überhaupt nicht kommen sollte, als nächster gesetzlicher Erbe berufen sein würde, schlägt schlechthin aus. Muß er, um sich vor dem von ihm nicht gewollten Erbschaftserwerb zu schützen, wenn hinterher auch B ausschlägt, nochmals ausschlagen? Gerade dies sollte dem Erben durch § 1946 in Verbindung mit § 1949 Abs. 2 erspart werden. Hiermit ist aber bereits klargestellt, daß der Erbe nach der ganz unzweideutigen Absicht des Gesetzes (und auch der zweiten Kommission) ausschlagen kann, sobald der Erbfall eingetreten ist, obschon der Anfall, für welchen die Ausschlagung gelten soll, noch nicht erfolgt ist, und daß sich somit der Ausdruck „Erbe" im § 1946 auch auf denjenigen bezieht, der nach dem Erbfall als eventueller Erbe in Betracht kommt. 3. In der zweiten Kommission wurde erwogen (vgl. Prot. V S. 624), ob die hinsichtlich der zeitlichen Zulässigkeit der Ausschlagung getroffene Entscheidung auf diese zu beschränken oder auf die Annahme auszudehnen sei. Die Mehrheit der Kommission entschied sich für das letztere. Demgemäß wurde in § 1946 für die Annahme dasselbe bestimmt wie für die Ausschlagung. Dies wird z. B. in folgendem Falle praktisch: B hält sich für den nächsten gesetzlichen Erben eines Ver-

Die Annahme und die Ausschlagung haben sodann miteinander gemein, daß sie nicht unter einer Bedingung oder unter einer Zeitbestimmung erfolgen und im Falle der Berufung zur ganzen Erbschaft nicht auf einen Teil von ihr und in dem der Berufung zu einem Erbteil nicht auf einen Teil des Erbteils beschränkt werden können (§§ 1947, 1950). Die Beifügung einer Bedingung[2]) oder Zeitbestimmung oder einer Beschränkung der bezeichneten Art würde also die Annahme bezw. die Ausschlagung unwirksam machen. Hervorzuheben ist jedoch schon hier die später eingehend zu besprechende Vorschrift des § 1952 Abs. 3: Ihr zufolge kann im Falle, daß das Recht zur Ausschlagung vom Erben auf mehrere Erbeserben über-

---

storbenen und nimmt Handlungen vor, die seinen auf Annahme der Erbschaft gerichteten Willen zu unzweifelhaftem Ausdruck bringen. Später stellt sich heraus, daß zur Zeit, als B seinen Annahmewillen betätigte, ein näherer gesetzlicher Erbe A vorhanden war, der aber hinterher ausgeschlagen hat. Nach § 1946 ist die Annahme des B als wirksam zu behandeln. II. Einige Schriftstellen weichen von den Entscheidungen des Textes nur darin ab, daß sie dem Nacherben in der Zwischenzeit zwischen dem Erbfall und dem Eintritt des Falles der Nacherbfolge (Anfall an den Nacherben) mit Berufung auf § 2142 Abs. 1 zwar die Ausschlagung, nicht aber die wirksame Annahme gestatten. Vgl. darüber und dagegen bereits oben Bd. I § 28a Anm. 3. Hier ist noch folgendes nachzutragen: § 2142 wurde mit unerheblicher stilistischer Veränderung einfach aus Entw. I (vgl. dessen § 1832) übernommen (vgl. Prot. V S. 131). Zur grundsätzlichen Entscheidung der allgemeinen Frage, ob die Annahme und Ausschlagung der Erbschaft überhaupt sofort nach dem Erbfall, also auch vor dem Anfall der Erbschaft an den in Frage kommenden Erben erfolgen können, gelangte die zweite Kommission mit Rücksicht auf die systematische Stellung der Materie im Entw. I (vgl. dessen § 2033) erst viel später (vgl. Prot. V S. 624). Sedes materiae ist daher der aus dieser Beratung hervorgegangene jetzige § 1946. Die noch später beschlossene systematische Anordnung des V. Buches des BGB., vermöge deren der dem § 2033 von Entw. I entsprechende § 1946 vor dem, dem § 1832 von Entw. I entsprechenden jetzigen § 2142 zu stehen kam, vermag daran nicht das geringste zu ändern. Für die Entscheidung des Textes vgl. außer den schon in Bd. I a. a. O. angegebenen Schriftstellern noch Goldmann-Lilienthal, das BGB. systematisch dargestellt nach der Legalordnung des Allg. Landr. Bd. I (1. Aufl.) S. 322.

[2]) Nach Kipp bei W. III S. 439 soll die Erklärung über Annahme oder Ausschlagung auch nichtig sein, wenn sie unter der ausgesprochenen „Bedingung“ erfolgt: wenn ich berufen sein sollte. Dem kann nicht beigestimmt werden. Denn in dem bezeichneten Beisatze ist nicht die Beifügung einer Bedingung zu erblicken, sondern nur die überflüssige Hervorhebung einer gesetzlichen Voraussetzung für die Wirksamkeit der abgegebenen Erklärung.

geht, jeder von diesen den seinem Erbteil entsprechenden Teil der Erbschaft ausschlagen.

II. Bei Geschäftsunfähigkeit des Erben kann die Annahme oder Ausschlagung der Erbschaft nur durch dessen gesetzlichen Vertreter erfolgen. Ist der Erbe beschränkt geschäftsfähig, so kann die Annahme oder Ausschlagung entweder in der Weise stattfinden, daß der Erbe mit Einwilligung des gesetzlichen Vertreters[2a]) oder so, daß statt des Erben lediglich dessen gesetzlicher Vertreter handelt. Doch besteht in allen diesen Fällen zwischen Annahme und Ausschlagung folgender Unterschied: Während jene der Genehmigung des Vormundschaftsgerichts nicht bedarf, ist sie zu dieser in aller Regel[3]) erforderlich (§§ 1643 Abs. 2, 1822 Nr. 2). Ist es zur Bestellung eines Pflegers für einen unbeschränkt geschäftsfähigen Erben gekommen, so kann die Annahme oder Ausschlagung sowohl durch den Erben selbst als auch durch den Pfleger erfolgen; doch ist auch hier zu beachten, daß die Ausschlagung durch den Pfleger der Genehmigung des Vormundschaftsgerichts bedarf (vgl. § 1915).

Die Vornahme der Annahme oder der Ausschlagung der Erbschaft durch einen Bevollmächtigten des Erben ist nicht ausgeschlossen.

Durch die Eröffnung des Konkurses über das Vermögen des Erben wird dessen Recht zur Entscheidung über Annahme oder Ausschlagung einer ihm vor der Eröffnung des Verfahrens angefallenen Erbschaft[3a]) nicht berührt. Die Entscheidung steht nicht dem Kon-

---

[2a]) § 111 findet Anwendung. Doch ist zu beachten, daß die durch Willensbetätigung erfolgende Annahme der Erbschaft auch darin gelegen sein kann, daß der Erbe über Nachlaßgegenstände vertragsmäßig verfügt (vgl. dazu unten IV). Wird ein solcher Verfügungsvertrag von einem in der Geschäftsfähigkeit beschränkten Erben ohne Einwilligung des gesetzlichen Vertreters abgeschlossen, so ist Genehmigung des Vertrags und damit zugleich der pro herede gestio durch den gesetzlichen Vertreter nach § 108 möglich.

[3]) Ein Ausnahmefall ergibt sich aus § 1643 Abs. 2 Satz 2.

[3a]) Unberücksichtigt läßt die KO. die Fälle, in welchen die Eröffnung des Konkurses über das Vermögen des Erben zwar nach dem Erbfall aber noch vor dem Anfall erfolgt. Trotzdem kann nicht zweifelhaft sein, daß die Entscheidung über Annahme oder Ausschlagung nur dem Erben zusteht. Trifft der Gemeinschuldner die Entscheidung für die Annahme, so wird der Erwerb selbst dann nicht in die Masse fallen, wenn der erst nach der Eröffnung des Verfahrens eingetretene Anfall der Erbschaft an den Gemeinschuldner nach § 1953 Abs. 2 in erbrechtlicher Beziehung als ein schon mit dem Erbfall erfolgter zu gelten hat. Zur Masse gehört der erbrechtliche Erwerb des späteren

kursverwalter sondern nur dem Gemeinschuldner zu (§ 9 KO.). Entscheidet sich dieser für die Annahme, so gehört der Erwerb[4]) als ein schon vor der Eröffnung des Verfahrens gemachter zur Masse (§ 1 KO.). Die vom Gemeinschuldner erklärte Ausschlagung ist nach Maßgabe von § 9 KO. auch den Konkursgläubigern gegenüber wirksam. Aus der berufenen Bestimmung ist aber noch der weitere Schluß zu ziehen, daß eine vom späteren Gemeinschuldner vor der Konkurseröffnung erklärte Ausschlagung keinesfalls[5]) nach Maßgabe der §§ 29ff. KO. angefochten werden kann und daß die von einem zahlungsunfähig gewordenen Schuldner vorgenommene Ausschlagung auch nicht der Anfechtung nach dem Gesetz betreffend die Anfechtung von Rechtshandlungen eines Schuldners außerhalb des Konkursverfahrens unterliegt.

Eine zur Erbfolge berufene Ehefrau bedarf zur Annahme oder Ausschlagung einer ihr angefallenen Erbschaft bei keinem Güterstande der Zustimmung ihres Gatten (vgl. §§ 1406 Nr. 1 und 1453 Abs. 1).

III. Die Ausschlagung kann nur durch Erklärung gegenüber dem Nachlaßgericht und nur in der Weise erfolgen, daß die Erklärung in gerichtlich oder notariell beurkundeter Form abgegeben wird (§ 1945 Abs. 1). Die Erklärung der Ausschlagung durch einen Bevollmächtigten ist nur wirksam, wenn dieser hierzu durch eine öffentlich beglaubigte und entweder der Erklärung beigegebene oder doch innerhalb der Ausschlagungsfrist noch nachgebrachte Vollmacht legitimiert ist (§ 1945 Abs. 2).

Die Angabe des Berufungsgrundes kann in der Ausschlagungserklärung enthalten sein oder auch fehlen. Trifft ersteres zu, so liegt nicht etwa die Ausschlagung unter einer Bedingung vor, sondern nur deren Beschränkung auf einen bestimmten Anfall.[6]) Steht dieser

---

Gemeinschuldners dagegen dann, wenn dieser nach Maßgabe des § 1946 eine Erbschaft, deren Anfall ihm erst noch bevorsteht, nach dem Erbfall und vor der Eröffnung des Verfahrens angenommen hat.

[4]) Ist die Erbschaft überschuldet, so vermag der Konkursverwalter die zur Herbeiführung der Beschränkung der Haftung geeigneten Maßnahmen zu treffen.

[5]) Daß in der Ausschlagung einer Erbschaft keine Schenkung liegt, ergibt sich bereits aus § 517 BGB. Mit Rücksicht auf § 9 KO. darf aber in ihr auch nicht eine unentgeltliche Verfügung im Sinne des § 32 KO. oder des § 3 Anf. Ges. erblickt werden. Unrichtig Frommhold Erl. 1 zu § 1953. Für die Auffassung des Textes jetzt auch RGE. v. 17. April 1903 Bd. 54 S. 289.

[6]) Vgl. auch Prot. V S. 627 (unter IV).

praktisch garnicht in Frage, so ist die Ausschlagung wirkungslos, und kommt für den Gegenstand der Ausschlagung auch noch ein anderer Berufungsgrund in Betracht, so wird die Wirksamkeit der auf diesem beruhenden Berufung durch die Ausschlagung nicht berührt. Die in der Ausschlagungserklärung enthaltene Angabe des Berufungsgrundes kann übrigens wieder verschieden beschaffen sein. Es kann vorliegen: die Bezeichnung eines konkreten Berufungsgrundes,[7]) oder eine nur generelle, d. h. eine den Berufungsgrund nur der Art nach[8]) angebende Bezeichnung (so daß unter sie mehrere konkrete Berufungsgründe fallen können). Erfolgt die Ausschlagung ohne Angabe des Berufungsgrundes, so scheint angenommen werden zu dürfen, daß sie hinsichtlich aller überhaupt in Frage kommenden Berufungsgründe zu gelten habe. Allein das Gesetz macht in dieser Beziehung eine auf Billigkeitserwägung beruhende Einschränkung, indem es bestimmt, daß sich die Ausschlagung im Zweifel auf alle Berufungsgründe erstreckt, die dem Erben zur Zeit der Erklärung bekannt sind (§ 1949 Abs. 2). Hieraus ergibt sich:

1. daß die Möglichkeit einer schlechthin auf alle, auch auf die dem Erben unbekannten Berufungsgründe sich erstreckende Ausschlagung nicht ausgeschlossen ist; doch soll eine solche Erstreckung im Zweifel nicht angenommen werden. Soweit diese Regel durchgreift, entfällt also die Erstreckung der Ausschlagung auf einen bestimmten Berufungsgrund schon durch die Erbringung des Beweises, daß dessen Vorhandensein dem Erben zur Zeit der Ausschlagungserklärung unbekannt gewesen ist.

2. Aber auch die Erstreckung der Ausschlagung auf alle dem Erben bekannt gewesenen Berufungsgründe ist nur im Zweifel anzunehmen. Diese Annahme greift also nicht durch, wenn und soweit der Ausschlagung hinsichtlich des in Frage kommenden Berufungsgrundes eine Einschränkung beigefügt oder eine solche aus der Fassung der Erklärung zu erschließen ist.[8a])

---

[7]) Es wird z. B. lediglich die auf dem Testament v. 15. September 1904 beruhende Berufung ausgeschlagen.

[8]) Es wird z. B. die gesetzliche Erbfolge (gleichviel, worauf sie beruht) oder die testamentarische Erbfolge (ohne Bezeichnung eines bestimmten Testaments) schlechthin ausgeschlagen.

[8a]) Überwiegende Gründe werden zumeist dafür sprechen, daß, wer die unmittelbare Erbfolge ausschlägt, damit noch nicht auch eine ihm bevorstehende

Im Vorstehenden ist vorausgesetzt worden, daß für den ausschlagenden Erben verschiedene Berufungsgründe in Betracht kommen. Dies bedarf der Erläuterung. Nicht zu denken ist dabei an Fälle, in denen der Erbe vermöge verschiedener Berufungsgründe zu verschiedenen Erbteilen nebeneinander berufen ist; denn auf sie bezieht sich die besondere und erst später zu würdigende Vorschrift des § 1951. Hier handelt es sich vielmehr um folgende Gestaltungen:

a) Der Erbe ist zunächst durch eine Verfügung von Todes wegen, eventuell aber auch zur gesetzlichen Erbfolge berufen. Die Beschränkung der Ausschlagung auf jenen Berufungsgrund ist zulässig, und möglich ist daher auch trotz solcher Ausschlagung die Annahme aus dem anderen Berufungsgrunde.

b) Hierher gehören auch die Fälle, daß jemand wegen mehrfacher Verwandtschaft mit dem Erblasser in verschiedenen Ordnungen[9]) oder zuerst als überlebender Ehegatte, eventuell als Abkömmling etwa des mütterlichen Großvaters des Erblassers zur gesetzlichen Erbfolge berufen ist. Erfolgt die Ausschlagung ohne Beschränkung, so ist die Regel des § 1949 Abs. 2 maßgebend.[9a]) Be-

Nacherbfolge ausschlagen will, selbst wenn er sich der Möglichkeit der eventuellen Berufung zur Nacherbfolge bewußt ist.

[9]) Eine sukzessive Berufung des überlebenden Ehegatten in verschiedenen Ordnungen gibt es nicht. Kommt es überhaupt zur gesetzlichen Erbfolge, so ist der überlebende Ehegatte immer berufen, gleichviel ob und welche Verwandten des Erblassers neben ihm erben. Denn davon, ob und welche Verwandten des Erblassers neben dem Ehegatten vorhanden sind, hängt niemals dessen Berufung zur Erbfolge ab, sondern nur die Größe des Erbteils, welcher auf ihn entfällt. Schlägt der überlebende Ehegatte die gesetzliche Erbfolge aus, so gilt diese Ausschlagung somit notwendig für alle Fälle ohne Rücksicht darauf, welche Verwandten des Erblassers zur gesetzlichen Erbfolge gelangen.

[9a]) Meinungsverschiedenheit besteht darüber, ob § 1949 Abs. 2 in den Fällen des Textes zur unmittelbaren oder nur zur entsprechenden Anwendung zu bringen sei. Planck-Ritgen Erl. 4 zu § 1949 hält die unmittelbare Anwendung deshalb für ausgeschlossen, weil bei der Berufung desselben Verwandten des Erblassers in verschiedenen Ordnungen der gesetzlichen Erbfolge eine Berufung aus verschiedenen Berufungsgründen im Sinne des Gesetzes garnicht vorliege (ebenso 2. Aufl. d. B. S. 302 Anm 12a). Dem ist jedoch entgegenzuhalten, daß § 1949 Abs. 2 nicht aus dem mit ganz anderen Fragen sich befassenden § 1951 interpretiert werden darf, und daß man dem Zweckgedanken jener Bestimmung nur gerecht wird, wenn man unter Berufungsgrund jeden Tatbestand versteht, auf welchem ein bestimmter Anfall der Erbschaft beruht, auf den die Ausschlagung beschränkt werden kann. Daß aber der

schränkung der Ausschlagung durch Bezeichnung des konkreten Berufungsgrundes ist möglich.[9b])

c) Nach der ausdrücklichen Vorschrift des § 1948 Abs. 2 kann, wer durch Testament und durch Erbvertrag als Erbe berufen ist, die Erbschaft aus dem einen Berufungsgrund annehmen und aus dem anderen ausschlagen.[9c]) Wie hat man sich aber den dieser Bestimmung entsprechenden Sachverhalt zurechtzulegen? Folgende Möglichkeiten sind ins Auge zu fassen: α) Der Erblasser hat den X, nachdem er ihn vorher in seinem Testament als Erben eingesetzt hatte, später auch als Vertragserben bestellt. Wird außerdem noch

---

in mehreren Ordnungen der gesetzlichen Erbfolge nacheinander berufene Erbe seine Ausschlagung auf den zunächst in Betracht kommenden Anfall beschränken kann, steht außer allem Zweifel (über Frommhold vgl. Anm. 9b). Hiermit ist aber bereits klargestellt, daß in Ermangelung einer solchen Beschränkung Abs. 2 von § 1949 ohne weiteres (d. h. ohne daß es erst einer entsprechenden Anwendung bedarf) durchgreift. Im Ergebnis übereinstimmend Herzfelder S. 73 vorletzter Absatz. Eigentümlich Binder I S. 132. Er will Abs. 2 v. § 1949 auf die Fälle des Textes deshalb nicht zur Anwendung bringen, weil dem mit dem Erblasser mehrfach verwandten Erben, dem die Erbschaft nach erfolgter Ausschlagung nochmals anfällt, eine neue Ausschlagungsfrist läuft. Letzteres ist, dafern sich die Ausschlagung auf den zunächst erfolgten Anfall beschränkt hat, ganz richtig. Allein die Erklärung über Annahme und Ausschlagung ist, wie von Binder S. 106 selbst zugegeben wird, nach § 1946 nach dem Erbfall auch für einen eventuellen Anfall möglich. Trifft aber dies zu, so muß auch § 1949 Abs. 2 zur Anwendung gebracht werden.

[9b]) Anders nur Frommhold S. 30 (Z. 4) der grundlos behauptet, daß sich die Ausschlagung der gesetzlichen Erbfolge in einer bestimmten Ordnung notwendig auch auf die Erbfolge in den übrigen Ordnungen erstrecke.

[9c]) Aus den Ausführungen Binders I S. 67 Anm. 31 scheint sich eine Klärung der einschlagenden Fragen nicht zu ergeben. Binder legt hier einen Fall vor, wo jemand zunächst testamentarisch als Erbe eingesetzt aber zugleich mit einem Vermächtnis belastet ist, dann aber als Vertragserbe eingesetzt wird, ohne daß dabei das Vermächtnis wiederholt wird. Binders Entscheidungen lauten: daß der Erbe das Vermächtnis entrichten müsse, wenn er die Erbschaft auf Grund der testamentarischen Berufung annehme, nicht dagegen, wenn er aus dem Testamente ausschlage und aus dem Erbvertrag annehme, endlich daß er, soweit nicht § 1949 Abs. 1 eingreife, das Vermächtnis entrichten müsse, wenn er angenommen habe, ohne den Berufungsgrund zu bezeichnen. Demgegenüber ist einfach zu sagen, daß das im Testament angeordnete Vermächtnis nach § 2289 Abs. 1 Satz 1 normaler Weise (vgl. oben Bd. I § 45 S. 381 ff.) als durch den späteren Erbvertrag aufgehoben zu betrachten ist. Die Ausführung Binders bleibt somit unverständlich.

vorausgesetzt, daß aus dem Erbvertrag ein besonderer Widerrufswille des Erblassers nicht zu entnehmen ist, so ist das frühere Testament durch den späteren Erbvertrag nur insoweit als aufgehoben anzusehen, als dessen Bestand das Recht des vertragsmäßig Bedachten beeinträchtigen würde (§ 2289 Abs. 1 Satz 1). Von einer solchen Beeinträchtigung kann aber z. B. dann keine Rede sein, wenn X im Testament ohne Beschränkungen und Beschwerungen als Alleinerbe eingesetzt ist, während der Erbvertrag nichts enthält als die Bestellung des X zum Vertragserben in Ansehung eines Drittels der Erbschaft. Hier erweist sich neben der Berufung aus dem Erbvertrag auch die aus dem früheren Testament als wirksam und kann es einen guten Sinn haben, wenn der Erbe das ihm auf Grund des Erbvertrags angefallene 1/3 ausschlägt und die testamentarische Berufung zur Alleinerbfolge annimmt.[10]) β) Denkt man sich unter Festhaltung des unter α angenommenen Inhalts von Erbvertrag und Testament das Zeitverhältnis als das umgekehrte, so schließt offenbar[11]) der frühere Erbvertrag die Wirksamkeit des späteren Testaments nicht aus (§ 2289 Abs. 1 Satz 2). Das unter α a. E. Gesagte gilt also auch hier. γ) X ist in einem früheren Erbvertrag in Ansehung der ganzen Erbschaft als Vertragserbe bestellt, jedoch mit Beifügung einer auflösenden Befristung.[12]) In einem späteren Testament ist X für den Fall, daß er die vertragsmäßige Erbfolge ausschlägt, als durch Beifügung einer Befristung nicht beschränkter Erbe in Ansehung der Hälfte der Erbschaft eingesetzt. Diese testamentarische Einsetzung erweist sich, da sie den X in seiner Eigenschaft als Vertragserben in keiner Weise beeinträchtigt, als eventuell wirksam und dem X steht daher auch die Möglichkeit offen, die Erbschaft aus dem einen Berufungsgrund auszuschlagen und aus dem anderen anzunehmen. δ) Der Erblasser kann denselben Erben durch Testament (oder durch

---

[10]) Möglich würde übrigens auch sein: die Ausschlagung der testamentarischen Berufung und die Annahme der vertragsmäßigen Erbfolge zu einem Drittel. Wie verhält es sich aber dann, wenn der Erbe die vertragsmäßige Berufung zu einem Drittel annimmt und daneben auch noch die anderen zwei Drittel als testamentarischer Erbe erlangen will? Auch dies muß bei der vorausgesetzten Sachlage als zulässig erachtet werden.

[11]) Vgl. dazu oben Bd. I § 46 Anm. 2.

[12]) Dabei wird vorausgesetzt, daß dem bei Eintritt der auflösenden Befristung eventuell Berechtigten ein erbvertragsmäßiges Recht nicht zugestanden werden wollte.

mehrere miteinander in Zusammenhang stehende Testamente) auch alternativ berufen[13]) etwa so, daß es dem Erben zur Wahl steht, entweder Alleinerbe zu werden, aber mit gewissen Belastungen oder Beschränkungen, oder Teilerbe ohne Belastungen und Beschränkungen. Obschon das Gesetz dieser Möglichkeit nicht besonders gedacht hat, so wird doch auch auf sie die Vorschrift des § 1948 Abs. 2 entsprechend anzuwenden sein.

In diesen Zusammenhang gehört endlich noch die Frage, ob die Erbschaft zugunsten eines anderen ausgeschlagen werden kann.[14]) Es ist zu unterscheiden:

1. Die Ausschlagungserklärung kann so gefaßt sein, daß die ausgesprochene Erwartung des Anfalls der Erbschaft an einen bestimmten anderen sich lediglich als angegebenes Motiv der Ausschlagung darstellt. Dann ist die Beifügung juristisch unerheblich und die Ausschlagung somit wirksam.[15])

2. Erfolgt die Ausschlagung schlechthin zugunsten des eventuell Berufenen, so ist damit nur ausgedrückt, was sich ohnedies von selbst versteht, und wird die Wirksamkeit der Ausschlagung durch die bedeutungslose Beifügung nicht beeinträchtigt.

3. Ergibt sich aus der Ausschlagungserklärung, daß die Ausschlagung nur für den Fall gelten solle, daß sie einem bestimmten anderen wirklich zu statten kommt, so ist die Ausschlagung, weil unter einer Bedingung erfolgt, nach § 1947 wirkungslos. Dies muß selbst dann gelten, wenn der in der Erklärung bezeichnete „andere" mit demjenigen zusammenfällt, welchem die Erbschaft bei Wirksamkeit der Ausschlagung anfallen würde. Denn auch in diesem Falle würde noch immer ungewiß bleiben, ob dieser andere die Erbschaft auch annimmt, ob nicht der Anfall an ihn wegen Erbunwürdigkeit angefochten werden könnte u. dergl.

IV. Im Gegensatz zur Ausschlagung bedarf die Annahme der Erbschaft einer bestimmten Form nicht. Sie erfolgt dadurch, daß der Erbe den Willen, die Erbschaft anzunehmen — gleichviel in welcher Form —, in einer für ihn nach allgemeinen Grundsätzen

---

[13]) Diese Möglichkeit wird gewöhnlich übersehen, so z. B. von Kipp bei W. III S. 440 oben.

[14]) Vgl. Binder I S. 178.

[15]) Vgl. Binder a. a. O., der jedoch darin zu weit geht, daß er den im Texte hervorgehobenen Fall als den Normalfall betrachtet wissen will.

bindenden Weise zum Ausdruck bringt. Darüber, was geschehen muß, damit solche Bindung eintritt, enthält sich das Gesetz (vgl. § 1943) mit Absicht jeder Vorschrift. Aus dem Wesen der Sache und aus geschichtlichen Zusammenhängen ergibt sich aber, daß die Annahme der Erbschaft sowohl

1. durch Abgabe einer Willenserklärung, als auch
2. durch Willensbetätigung stattfinden kann.

Zu 1. Als möglich muß vor allem die Erklärung der Annahme gegenüber dem Nachlaßgericht angesehen werden.[16]) Beweis dessen die §§ 1948, 1951, in denen als selbstverständlich vorausgesetzt wird, daß der Erbe in derselben, beim Nachlaßgericht abgegebenen Erklärung aus dem einen Berufungsgrund ausschlägt, aus dem anderen annimmt. Kann der Erbe aber dies, so muß er in Fällen, wo nur ein Berufungsgrund in Frage steht, auch in der Lage sein, beim Nachlaßgericht lediglich die Annahme zu erklären.[17]) Die Erklärung der Annahme braucht aber nicht dem Nachlaßgericht gegenüber abgegeben zu werden.[18]) Es wird als genügend anzusehen sein, wenn sie jemandem gegenüber erfolgt, der an der Entscheidung über Annahme oder Ausschlagung hinreichend interessiert ist[19]), oder wenn der Erbe — indem er sich hierdurch an alle Interessenten wendet — seine Annahmeerklärung öffentlich verlautbart.

Zu 2. Die Annahme durch Betätigung des Annahmewillens entspricht im wesentlichen der römischen und gemeinrechtlichen pro herede gestio. Doch läßt sich ein wichtiger Unterschied nicht verkennen. Der durch pro herede gestio zum Erbschaftserwerb ge-

---

[16]) So auch die überwiegende Meinung. A. A. Binder I S. 103.

[17]) Vgl. übrigens auch § 2357 Abs. 3. In dem daselbst bezeichneten Falle wird sich die Tatsache, daß die Miterben des Antragstellers die Erbschaft angenommen haben, am sichersten aus einer von diesen beim Nachlaßgericht abgegebenen Erklärung ergeben.

[18]) Soweit die Annahme der Erbschaft auf einer dem Nachlaßgericht gegenüber abgegebenen Erklärung beruht, muß sie dem Nachlaßgericht zugegangen sein (§ 130). Die von vielen aufgestellte Behauptung, daß an die Erklärung der Annahme der Erbschaft niemals die für empfangsbedürftige Willenserklärungen maßgebenden Anforderungen gestellt werden dürfen, ist daher irreführend und unzutreffend.

[19]) Auch in diesem Falle muß gefordert werden, daß die in Abwesenheit des Adressaten abgegebene Erklärung dem Adressaten nach Maßgabe des § 130 zugeht.

langende heres voluntarius des römischen und gemeinen Rechtes tritt erst mit der pro herede gestio in die Erbenstellung ein. Nach BGB. erfolgt dagegen der Eintritt des Erben in die Erbenstellung schon mit dem Anfall, und knüpft sich an die nachfolgende Betätigung des Annahmewillens durch den Erben lediglich das Definitivwerden des schon vorher eingetretenen Erbschaftserwerbs.[20]) Mit Rücksicht hierauf schreibt das Gesetz auch schon dem vorläufigen Erben eine selbst für den Fall, daß er hinterher ausschlägt, als wirksam sich erweisende Legitimation zur Vornahme gewisser auf den Nachlaß sich beziehender Rechtshandlungen und zur Entgegennahme von gegenüber dem Erben als solchem abzugebenden Erklärungen zu. Daraus ergibt sich aber wieder die Notwendigkeit der Unterscheidung zwischen einem so gearteten Auftreten des Erben, das sich mit der nur vorläufigen Erbenstellung noch verträgt, und einem Verhalten, das sich, weil es diese Grenze überschreitet, bereits als Betätigung des Annahmewillens darstellt. So wird man insbesondere in der Entgegennahme der im § 1959 Abs. 3 bezeichneten rechtsgeschäftlichen Erklärungen Dritter, in der Vornahme von Maßregeln zur Erhaltung und Sicherung des Nachlasses, ja selbst in der Vornahme von Verfügungen über Nachlaßgegenstände, die ohne Nachteil für den Nachlaß nicht verschoben werden können (vgl. § 1959 Abs. 1 und 2), eine Betätigung des Annahmewillens nicht zu erblicken haben, wohl aber in aller Regel[20a]) in dem Antrag auf Erteilung des Erbscheins[21]), in der Erhebung des Erbschaftsanspruchs[22]), im Verkauf der Erbschaft, in der Verfügung eines Miterben über seinen Anteil am un=

---

[20]) Binder I S. 104 hält es deshalb für richtiger nach BGB. nicht von pro herede gestio sondern in Anknüpfung an die romanistische Lehre, der zufolge der suus heres das beneficium abstinendi durch immixtio einbüßt, von Einmischung in den Nachlaß zu reden. Hierbei handelt es sich aber doch wohl nur um eine Frage der Terminologie und nicht um eine sachliche Verschiedenheit der Auffassung. Terminologisch dürfte sich aber am besten die im Texte gewählte Ausdrucksweise: Betätigung des Annahmewillens empfehlen. Und in sachlicher Beziehung ist zu bemerken, daß das dem Erben nach BGB. zukommende Recht zur Ausschlagung der Erbschaft nicht den Charakter eines besonderen beneficium hat, sondern daß das Gesetz demjenigen Erben, welcher noch ausschlagen kann, eine volle Erbenstellung noch nicht zuweist (vgl. besonders § 1958).

[20a]) Vgl. aber doch schon hier § 1949 Abs. 1.

[21]) Vgl. dazu unten § 67 d. D.

[22]) Vgl. § 94 d. D.

geteilten Nachlaß[23]), in der Verwendung von Erbschaftsmitteln für Eigenzwecke des Erben, in der Verfügung über Erbschaftsgegenstände auf eigene Rechnung[24]), in der Vermengung der Erbschaft mit dem Eigenvermögen, in der Annahme oder Ausschlagung einer zum Nachlaß gehörenden Erbschaft oder eines solchen Vermächtnisses, in der vorbehaltslosen Aufnahme von infolge des Todes des Erblassers unterbrochenen Prozessen (vgl. § 239 CPO.), in der Einlassung auf Prozesse, die sich gegen den Nachlaß richten (§ 1958) u. dergl.

III. Berufung desselben Erben zu verschiedenen Erbteilen.*)

§ 61b.

I. Die Berufung eines Erben zu mehreren besonderen Erbteilen unterscheidet sich wesentlich von den Fällen der Erhöhung des gesetzlichen Erbteils nach § 1935 und von der Erweiterung des ursprünglichen Erbteils eines gewillkürten Erben durch Anwachsung nach § 2095. Denn nach den berufenen Paragraphen soll der Teil, um welchen sich hier und dort der ursprüngliche Erbteil vergrößert, den Charakter eines besonderen Erbteils überhaupt nur in Ansehung der Vermächtnisse und Auflagen, nach allen anderen Richtungen hin also nicht haben. Daraus — und nicht etwa auf Grund der in den bezeichneten Fällen garnicht anwendbaren Bestimmung des § 1951 Abs. 2[1]) — ergibt sich, daß sich die Annahme oder Ausschlagung

---

[23]) Vgl. § 64 d. D.

[24]) Über Abs. 2 von § 1959 vgl. unten S. 59ff.

*) Vgl. Knitschky, Erbschaft und Erbteil im Arch. f. civil. Praxis Bd. 91 S. 280ff.

[1]) Unzutreffendes bei Endemann III § 2 Anm. 22. Er erblickt den Grund dafür, daß der in den Fällen der §§ 1935, 2095 zu dem ursprünglichen Erbteil hinzukommende Teil nur in Ansehung der Vermächtnisse, Auflagen und der Ausgleichungsverbindlichkeit als besonderer Erbteil zu gelten hat, darin, daß die Annahme des einen Erbteils nach § 1951 Abs. 2 notwendig den Erwerb des anderen in sich schließt. Hierin liegt nach doppelter Richtung hin eine Verkennung des wirklichen Sachverhalts. 1. § 1951 bezieht sich lediglich auf Fälle, in denen Jemand „zu mehreren Erbteilen berufen ist", und eben deshalb nicht auf die Fälle der §§ 1935, 2095, da bei diesen eine Mehrheit von Erbteilen grundsätzlich gar nicht vorliegt. 2. In denjenigen Fällen, auf welche sich Abs. 2 von § 1951 wirklich bezieht, ist, obschon die Annahme oder Ausschlagung des einen Erbteils auch für den anderen gilt, jeder

eines gesetzlichen Erbteils ohne weiteres auch auf denjenigen Bruchteil der Erbschaft miterstreckt, um welchen sich jener Erbteil nach § 1935 erhöht, und die Annahme oder Ausschlagung des testamentarischen Erbteils auch auf den durch Anwachsung hinzukommenden Bruchteil.

Berufung zu mehreren Erbteilen im Sinne des § 1951 liegt dagegen vor:

1. In den Fällen des § 1927 (wenn der in der ersten, zweiten oder dritten Ordnung zur gesetzlichen Erbfolge berufene Erbe verschiedenen Stämmen angehört) und des § 1934 (wenn der Erbe zugleich als Ehegatte und als Verwandter zur gesetzlichen Erbfolge berufen ist).

2. Wenn jemand zu einem Anteil der Erbschaft durch Verfügung von Todes wegen, zu einem anderen kraft Gesetzes berufen ist.

3. Wenn jemand abgesehen von dem oben ausgeschiedenen Falle des § 2095 durch Verfügung von Todes wegen zu verschiedenen Anteilen der Erbschaft berufen ist.

Vom Standpunkt sachlicher Beurteilung scheint — soweit nicht vom Erblasser besonderes bestimmt ist — hier überall kein Grund erfindlich zu sein, warum es dem Erben versagt sein soll, den einen Erbteil anzunehmen und den anderen auszuschlagen, oder umgekehrt.[2]) Allein das Gesetz greift mit positiven Entscheidungen ein. Ihnen zufolge ist vor allem zu unterscheiden, ob die Berufung des Erben zu mehreren Erbteilen **auf demselben Grunde** oder **auf verschiedenen Gründen** beruht. Trifft letzteres zu, so kann der Erbe den einen Erbteil annehmen und den anderen ausschlagen. Im zuerst bezeichneten Falle gilt dagegen die Annahme oder Ausschlagung des einen Erbteils grundsätzlich auch für den anderen, **selbst wenn der andere erst später anfällt,**[3]) und soll eine andere Behand-

---

dieser Erbteile nicht bloß in Ansehung der Vermächtnisse, Auflagen und der Ausgleichungspflicht, sondern auch nach anderer Richtung hin, insbesondere hinsichtlich der Haftung für die Nachlaßverbindlichkeiten als besonderer Erbteil zu behandeln.

[2]) Vgl. auch **Herzfelder** Erl. 3 zu § 1951 a. E.

[3]) Man denke z. B. daran, daß der Erblasser den auf einen Erbteil eingesetzten Erben in Ansehung eines anderen Erbteils als **Ersatzerben** eingesetzt hat, und daß beim Anfall jenes Erbteils noch ungewiß ist, ob die Ersatzberufung praktisch werden wird. Durch den Wortlaut des Gesetzes wird übrigens auch der Fall getroffen, daß der Erblasser in seinem Testament dieselbe

lung nur dann eintreten, wenn der Erblasser dem auf mehrere Erbteile eingesetzten Erben durch Verfügung von Todes wegen besonders gestattet hat, den einen Erbteil anzunehmen und den anderen auszuschlagen.

II. Damit steht man wieder vor der Frage, wann Berufung des Erben zu mehreren Erbteilen auf Grund eines einheitlichen Berufungsgrundes vorliegt, bezw. wann Verschiedenheit der Berufungsgründe anzunehmen ist? Die Fassung von Abs. 2 Satz 2 des § 1951 läßt hierüber verschiedene Zweifel offen. Als völlig sicher darf freilich gelten:

1. daß im Sinne des Gesetzes Verschiedenheit der Berufungsgründe nicht nur vorliegt, wenn der Erbe zu dem einen Erbteil kraft Gesetzes, zu dem anderen durch Verfügung von Todes wegen, oder zu dem einen Erbteil durch Testament, zu dem anderen vertragsmäßig in einem Erbvertrag, sondern auch, wenn die Berufung des Erben zu beiden Erbteilen vertragsmäßig, aber in mit verschiedenen Personen abgeschlossenen Erbverträgen ausgesprochen ist.

2. Nicht minder gewiß ist, daß die Berufungen als auf einem Grunde beruhend anzusehen sind, nicht nur wenn sie in einem Testament bezw. vertragsmäßig in einem Erbvertrag sondern auch, wenn sie in verschiedenen Testamenten oder in verschiedenen zwischen denselben Personen geschlossenen Erbverträgen angeordnet sind.[3a])

Unentschieden läßt der Wortlaut des Gesetzes folgende Möglichkeiten:

a) Ein Erbe ist zu einem Erbteil in einem Testament, zu einem anderen in einem Erbvertrag, aber nicht vertragsmäßig, sondern letztwillig eingesetzt.

Person in Ansehung eines Erbteils als Erbe und in Ansehung eines anderen als Nacherbe eingesetzt hat. Allein hierbei wird man in aller Regel anzunehmen haben, daß dem Eingesetzten vom Erblasser gestattet werden wollte (vgl. § 1951 Abs. 3), den einen Erbteil anzunehmen und den anderen auszuschlagen. Über eine eigenartige Gestaltung vgl. oben Bd. I S. 155 Anm. 16.

[3a]) Binder I S. 114 ff. will aus dem Wesen der Sache den Schluß ableiten, daß von besonderen Erbteilen nur die Rede sein könne, wenn die Berufung desselben Erben zu verschiedenen Anteilen der Erbschaft auch auf verschiedenen Berufungsgründen beruhe (vgl. besonders S. 117), setzt sich aber hierdurch in offenbaren Widerspruch zu den Vorschriften des § 1951.

b) Die Einsetzung des Erben ist in einem Erbvertrag hinsichtlich des einen Erbteils vertragsmäßig, hinsichtlich des anderen letztwillig erfolgt.

c) Gleichzeitige Berufung des Erben zu mehreren gesetzlichen Erbteilen nach den §§ 1927, 1934.

Man wird sich bei a, aber unter Berücksichtigung der Vorschrift des § 1951 Abs. 3,[4]) doch wohl für die Einheit des Berufungsgrundes auszusprechen haben.

Zu b. Die Würdigung des im Gesetz festgelegten Verhältnisses der letztwilligen Verfügung zum Erbvertrag[5]) führt hier zur Annahme der Verschiedenheit der Berufungsgründe.

Zu c. Wer infolge mehrfacher Verwandtschaft mit dem Erblasser in derselben Ordnung zu mehreren Stammteilen, oder zu einem Erbteil als Gatte und zu einem anderen als Verwandter des Erblassers berufen ist, dessen Berufung beruht offenbar hinsichtlich jedes Erbteils auf einem besonderen Tatbestande, und wenn dies allein das für die Annahme verschiedener Berufungsgründe Entscheidende wäre, so würde die Frage damit auch schon erledigt sein.[6]) Allein das Gesetz steht leider auf einem anderen Standpunkt. Setzt der Erblasser in seinem Testament Nr. 1 X und Y zu gleichen Teilen als Erben ein und bestimmt er in dem späteren Testament Nr. 2, daß an Stelle des im Testament Nr. 1 eingesetzten Y: A, B und X

---

[4]) Hiermit will gesagt sein, daß der zu mehreren Erbteilen eingesetzte Erbe ungeachtet der anzunehmenden Einheit des Berufungsgrundes nach Maßgabe des Willens des Erblassers doch befugt sein kann, den einen Erbteil anzunehmen und den anderen auszuschlagen.

[5]) Vgl. insbesondere das Wort: „vertragsmäßig" a. E. des Abs. 2 von § 1951.

[6]) Verschiedenheit der Berufungsgründe nehmen im Falle des Textes an: Herzfelder Erl. 3 zu § 1951, Kipp bei W. III S. 441, Binder I S. 113. Die Motive V sind widerspruchsvoll; sie sprechen sich S. 362 indirekt für die Verschiedenheit der Berufungsgründe, S. 510 dagegen direkt und unzweideutig für die Einheit des Berufungsgrundes aus. Allein bei genauerer Prüfung wird klar, daß die zuerst bezeichnete Äußerung der Motive auf einem offenbaren Versehen beruht, nämlich auf der Verwechslung der Frage, ob besondere Erbteile vorliegen, mit der wesentlich verschiedenen Frage, ob hinsichtlich mehrerer besonderer Erbteile Einheit des Berufsgrundes vorliegt. Gerade daraus, daß man bei der Beratung des BGB. die zweite Frage als durch die Bejahung der ersten Frage noch nicht erledigt betrachtet hat, erklären sich die Vorschriften von § 2037 des Entwurfs I und des § 1951 BGB.

treten sollen, so ist X sicherlich auf Grund verschiedener konkreter Tatbestände zu verschiedenen Erbteilen berufen. Trotzdem nimmt das Gesetz bei dieser Sachlage ausdrücklich Einheit des Berufungsgrundes an. Oder: Der Erblasser setzt in einem Testament (oder in einem Erbvertrag) seine gesetzlichen Erben als Testamentserben (bezw. als Vertragserben) ein. Es greift dann die Dispositivvorschrift des § 2066 Satz 1 durch. Befindet sich nun unter diesen „gesetzlichen Erben" einer, der zufolge mehrfacher Verwandtschaft verschiedenen Stämmen angehört, oder der zugleich als Verwandter und als Gatte des Erblassers in Betracht kommt, so beruht dessen Berufung zu den verschiedenen Erbteilen genau ebenso auf verschiedenen konkreten Tatbeständen, wie dies bei eintretender gesetzlicher Erbfolge der Fall wäre. Nach der Auffassung des Gesetzes liegt aber hier, weil die Berufung des Erben zu mehreren Erbteilen nur auf Testament beruht, Einheit des Berufungsgrundes vor. Der leitende Gedanke des Abs. 2 von § 1951 wird also folgendermaßen zu fassen sein: Ist ein Erbe in einem oder auch in mehreren Testamenten, oder ist er in einem oder in mehreren mit derselben Person abgeschlossenen Erbverträgen zu mehreren Erbteilen eingesetzt, so beruhen diese Berufungen auf einem in sich zusammenhängenden und deshalb geschlossenen Gesamtwillen des Erblassers, den der Erbe als solchen gelten lassen muß.[7]) Mit Rücksicht hierauf wird man sich daher auch der Konsequenz nicht entziehen können, daß, wenn ein Erbe bei eintretender gesetzlicher Erbfolge zu mehreren Erbteilen berufen ist, auch diese Berufungen auf einem in sich geschlossenen Gesamtwillen (des Gesetzes) und insofern auf einem einheitlichen Berufungsgrunde beruhen.[8]) Andernfalls würde man, der Absicht des Gesetzes offenbar zuwider, zur grundverschiedenen Behandlung derjenigen Fälle, in welchen ein Erbe bei eintretender gesetzlicher Erbfolge kraft Gesetzes zu verschiedenen Erbteilen berufen ist, einerseits und derjenigen Fälle andererseits gelangen, in welchen die gesetzlichen Erben als Testamentserben eingesetzt sind und sich hierdurch nach § 2066 die Berufung eines Erben zu mehreren Erbteilen ergibt.[9])

---

7) Vgl. auch Knitschky S. 304 ff.

8) Für diese Entscheidung auch Planck-Ritgen Erl. 1 § 1951, Wilke Erl. zu § 1951, Fischer-Henle Erl. zu § 1951, Knitschky S. 306, Leske S. 1047 Anm. 1, Landsberg, Das R. des BGB. (1904) § 270 in durchdachter Ausführung.

9) Auf die im Texte hervorgehobenen Gesichtspunkte ist von anderer Seite bisher noch nicht eingegangen worden.

III. Soweit der Satz gilt, daß die Annahme oder Ausschlagung des einen Erbteils auch für den anderen Erbteil maßgebend ist, greift er auch durch, wenn der Erbe seine Entscheidung über die Annahme oder Ausschlagung des einen Erbteils zu einer Zeit trifft, zu der er von dem bereits erfolgten oder bevorstehenden Anfall des anderen Erbteils keine Kenntnis hat.[10]) Gibt aber der Erbe beim Nachlaßgericht der Vorschrift des Gesetzes zuwider eine Erklärung des Inhalts ab, daß er den einen Erbteil ausschlage, den anderen annehme, so muß sie als unwirksam behandelt werden.

IV. Ist der von einem Erben, der auf Grund verschiedener Berufungsgründe zu mehreren Erbteilen berufen ist, abgegebenen Ausschlagungserklärung eine Beschränkung auf einen der Erbteile nicht beigefügt, so kommt § 1949 Abs. 2 zur entsprechenden Anwendung, d. h. es ist im Zweifel anzunehmen, daß sich die Ausschlagung auf alle Erbteile erstreckt, zu denen er kraft der ihm zur Zeit der Erklärung bekannten Berufungsgründe berufen ist.

IV. Anfechtung der Annahme, der Versäumung der Ausschlagungsfrist und der Ausschlagung.

§ 61c.

I. Gleich anderen Rechtsgeschäften können selbstverständlich auch die Rechtsgeschäfte der Annahme und der Ausschlagung der Erbschaft der Anfechtung unterliegen. Keineswegs selbstverständlich ist dagegen die besondere Bestimmung des Gesetzes, daß die Versäumung der Ausschlagungsfrist — obschon sie rechtsgeschäftlichen Charakter nicht hat — „in gleicher Weise" angefochten werden kann wie die rechtsgeschäftliche Annahme (§ 1956). Nach der in den Protokollen[1]) niedergelegten Auffassung sollte dem Erben hierdurch in Gestalt der Anfechtung die Möglichkeit einer Restitution gegen die Rechtsfolge der Fristversäumung eröffnet werden.[1a])

---

[10]) Man denke dabei insbesondere an den Fall, daß, nachdem der Erbe sich über die Annahme oder Ausschlagung des ihm in dem bereits verkündeten Testamente des Erblassers hinterlassenen Erbteils entschieden hat, ein zweites Testament zum Vorschein kommt, laut dessen demselben Erben ein weiterer Erbteil zugewiesen ist.

[1]) Bd. V S. 632.

[1a]) Vgl. aber auch Wendt S. 231, 255. Er will der Vorschrift des § 1956 den singulären Charakter abstreifen und entwickelt auf ihrer Grundlage

II. Die Anfechtungsgründe bestimmen sich zunächst nach den allgemeinen Vorschriften der §§ 119, 120, 123.

1. Fälle des Irrtums über den Inhalt der Willenserklärung, der Verirrung, der Unrichtigkeit der Übermittelung werden bei der Annahme oder Ausschlagung der Erbschaft nicht leicht vorkommen, doch sind sie nicht unmöglich. Beispiele: Der lediglich in Ansehung der Hälfte seines gesetzlichen Erbteils als Erbe eingesetzte Pflichtteilsberechtigte ist in Ansehung dieses Erbteils unzulässigerweise zugleich beschränkt oder beschwert.[2]) Er gibt beim Nachlaßgericht die Erklärung ab, daß er sich die ihm auferlegten Beschränkungen nicht gefallen lasse und deshalb vorbehaltlich seiner sonstigen Rechte[3]) den angefallenen Erbteil ausschlage. Offenbar hat hier der Erklärende infolge eines Rechtsirrtums über die rechtliche Bedeutung und damit über den Inhalt der Willenserklärung etwas erklärt, was er bei Kenntnis der Sachlage und bei verständiger Würdigung des Falles gewiß nicht erklärt haben würde. Ferner: Ein Erbe hat zunächst den Entschluß gefaßt, eine ihm angefallene Erbschaft, zu der auch eine bereits dem Erblasser angefallene, aber von diesem noch nicht angenommene Erbschaft gehört, auszuschlagen, und seine die Ausschlagung enthaltende Erklärung auch bereits notariell beglaubigen lassen. Später hält er es für richtiger, die ihm angefallene Erbschaft anzunehmen und nur die seinem Erblasser angefallene Erbschaft auszuschlagen; auch diese Erklärung wird notariell beglaubigt. Allein bei der Absendung verwechselt der Erbe die beiden Erklärungen, so daß die von ihm gewollte zurückbleibt und die nicht mehr gewollte an das Nachlaßgericht gelangt. Oder: Der aus zwei alternativen Berufungsgründen berufene Erbe weist seinen Bevollmächtigten an, die Erbschaft aus dem einen Berufungsgrunde anzunehmen, aus dem anderen auszuschlagen; diese Weisung wird aber vom Bevollmächtigten derart mißverstanden, daß dessen beim Nachlaßgericht abgegebene Erklärung das Gegenteil von dem enthält, was der Erbe gewollt hat.

---

eine allgemeine Theorie der Anfechtung von Fristversäumnissen für alle Fälle, in denen mit Ablauf einer Frist eine Erklärung als abgegeben gilt. Auf die Würdigung dieser Lehre kann hier nicht eingegangen werden.

[2]) Vgl. § 2306 Abs. 1 Satz 1.

[3]) Möglich wäre übrigens auch die Behandlung, daß die Ausschlagung mit Rücksicht auf die Fassung des gemachten Vorbehalts nach § 1947 als wirkungslos behandelt wird.

Irrtum des Annehmenden oder Ausschlagenden über den Vermögenswert der Erbschaft, über die Größe des Erbteils[4]), über das Vorhandensein oder Nichtvorhandensein von dem Erben auferlegten Beschränkungen oder Beschwerungen ist bloßer Irrtum im Beweggrund und deshalb grundsätzlich ungeeignet, eine Anfechtung zu begründen. Besonderes gilt jedoch im Falle des § 2308 Abs. 1; danach kann ein Pflichtteilsberechtigter, der als Erbe in der im § 2306 Abs. 1 Satz 2 bezeichneten Art beschränkt oder beschwert ist, die Ausschlagung anfechten, wenn die Beschwerungen oder die Beschränkungen zur Zeit der Ausschlagung weggefallen sind und der Wegfall ihm nicht bekannt war. Vgl. dazu Bd. I S. 423 bei Anm. 23, wo in Verbindung damit auch die Frage behandelt wird, ob der zur Erbfolge berufene Pflichtteilsberechtigte die Annahme eines die Hälfte des gesetzlichen Erbteils übersteigenden Erbteils anfechten kann, wenn sich dieser hinterher als mit übermäßigen Beschwerungen oder Beschränkungen belastet darstellt.[4a])

Eigenartige Bedeutung hat der Irrtum über den Berufungsgrund. Das Gesetz greift hier mit der besonderen Entscheidung[4b]) ein, daß die Annahme ohne weiteres, d. h. ohne daß es einer An-

---

[4]) Anders liegt der Fall, wenn der Erbe die Annahme oder Ausschlagung hinsichtlich eines von ihm quotenmäßig bezeichneten Erbteils erklärt, der sich mit demjenigen, zu welchem er berufen ist, nicht deckt. Die Erklärung ist dann, soweit nicht etwa durch freie Auslegung geholfen werden kann, wegen mangelnder Kongruenz von Berufung und Erklärung unwirksam.

[4a]) Schwierigkeiten bereiten gewisse Fälle alternativer Berufung. Beispiel: Der in einem Erbvertrag als Alleinerbe, aber in Verbindung mit einer ihn außergewöhnlich beschränkenden Testamentsvollstreckung Eingesetzte nimmt die Erbschaft an. Später kommt ein Testament zum Vorschein, laut dessen der Erbe für den Fall, daß er die Vertragserbfolge ausschlägt, Erbe zu einem Drittel ohne Beschränkung durch einen Testamentsvollstrecker werden soll. Ist dem Erben hier zu helfen, wenn er die testamentarische Erbfolge der erbvertragsmäßigen vorzieht? Ein nach Abs. 1 von § 1949 zu beurteilender Fall liegt gewiß nicht vor. Die Billigkeit scheint aber dafür zu sprechen, daß dem Erben die Möglichkeit der Anfechtung der Annahme nicht versagt werde.

[4b]) Sie ist deshalb bemerkenswert, weil sonst ein dem Erklärenden unterlaufener Irrtum die von ihm abgegebene Erklärung niemals nichtig macht und nach der Regel des § 119 selbst Anfechtbarkeit nur dann begründet, wenn er sich als Irrtum über den Inhalt der Willenserklärung darstellt. In Ermangelung einer gesetzlichen Entscheidung würde man sich daher für die rechtliche Bedeutungslosigkeit der auf einem Irrtum über den Berufungsgrund beruhenden Annahme überhaupt nicht aussprechen können und in betreff der Anfechtbarkeit mit dem Zweifel zu ringen haben, ob ein Irrtum über den In-

fechtung bedarf, als nicht erfolgt gilt, wenn der Erbe über den Berufungsgrund im Irrtum war (§ 1949 Abs. 1). Nicht getroffen ist hierdurch der Fall der auf einen bestimmten Berufungsgrund sich beschränkenden Annahme; denn wenn sich diese bei Nichtvorhandensein des bestimmten Berufungsgrundes als unwirksam erweist, so beruht dies doch nur auf der vom Gesetz zugelassenen Beschränkung des Annahmewillens. Für die Anwendung der Vorschrift des § 1949 Abs. 1 ist aber offenbar auch dann kein Raum, wenn der Annehmende die Annahme schlechthin gewollt hat, ohne Rücksicht auf die Beschaffenheit des Berufungsgrundes. Durch die bezeichnete Bestimmung unberührt bleiben endlich die Fälle, in welchen die Annahme infolge der Versäumung der Ausschlagungsfrist als erfolgt zu gelten hat; denn Abs. 1 von § 1949 bezieht sich nur auf die rechtsgeschäftliche Annahme. Dafür, daß die an die Versäumung der Ausschlagungsfrist sich knüpfende Fiktion der Annahme nicht ohne Kenntnis des Erben von dem Berufungsgrunde eintrete, sorgt das Gesetz in anderer (§ 1944 Abs. 2), wenn auch — wie sich später noch herausstellen wird[5]) — nicht ganz zureichender Weise. Der Tatbestand des Abs. 1 von § 1949 ist also nur dann gegeben, wenn für die schlechthin erfolgte Äußerung des Annahmewillens ein Irrtum des Erben über den Berufungsgrund kausal gewesen ist.[6]) Den Beweis dieses Irrtums und seiner Kausalität hat derjenige zu führen, welcher die Unwirksamkeit der Annahme geltend macht.

Die Entscheidung der naheliegenden Frage, wie die schlechthin erklärte, aber auf einem Irrtum im Berufungsgrund beruhende Ausschlagung zu behandeln ist, ergibt sich aus § 1949 Abs. 2. Denn danach erstreckt sich die Ausschlagung, mag sie auch ohne Angabe einer Beschränkung erklärt sein, im Zweifel nicht auf einen Berufungsgrund, der dem Erben zur Zeit der Erklärung unbekannt war. Befand sich der Erbe also zur Zeit der Ausschlagungserklärung in dem für ihn kausalen Irrtum, daß er einen anderen als den wirklich vorhandenen Berufungsgrund als vorhanden voraussetzte, so ist die Ausschlagungserklärung unwirksam. Einer Anfechtung bedarf es hier

---

halt der Erklärung wirklich vorliegt oder nicht vielmehr ein bloßer Irrtum im Beweggrund.

[5]) Vgl. weiter unten S. 35.

[6]) Andernfalls müßte angenommen werden, daß der Erbe die Annahme schlechthin gewollt habe.

ebensowenig als im Falle der auf Irrtum im Berufungsgrunde beruhenden Äußerung des Annahmewillens.[7])

In diesem Zusammenhange bleibt jetzt noch die Frage zu beantworten, inwiefern die hinsichtlich ihrer Wirkung der Annahme gleichstehende Versäumung der Ausschlagungsfrist auf Grund des § 119 angefochten werden kann. Für ihre Erledigung kommt folgendes in Betracht: Die Anfechtung einer rechtsgeschäftlichen Willenserklärung wird in den seltensten Fällen darauf gestützt werden können, daß derjenige, welcher eine Erklärung tatsächlich abgegeben hat, eine Erklärung dieses Inhalts überhaupt nicht abgeben wollte. Denn es entspricht der allgemeinen Erfahrung, daß der Inhalt des Erklärten vom Erklärenden normalerweise auch gewollt ist. Die Versäumung der Ausschlagungsfrist ist aber gar nicht rechtsgeschäftlicher Natur und eine Willenserklärung des Erben liegt bei ihr nicht vor.[8]) Der Tatbestand der Fristversäumung ist zwar so bestimmt, daß der an den Ablauf der Frist geknüpfte Erfolg in zahlreichen Fällen der bewußten Absicht des Erben entspricht. Diesen Fällen steht aber eine nicht geringe Zahl anderer gegenüber, in denen die Ausschlagungsfrist nach Maßgabe des Gesetzes versäumt ist, obschon der Erbe (oder dessen gesetzlicher Vertreter oder der Erbeserbe) eine auf Annahme der Erbschaft gerichtete Absicht nicht hatte, ja vielleicht gar nicht haben konnte.[9]) Beispiele: Der Erbe kennt die Bedeutung der Ausschlagungsfrist überhaupt nicht, oder er beurteilt sie unrichtig,[10]) er hält die Frist für länger, als sie wirklich ist, etwa, weil er irrtümlich annimmt, daß die in Frage kommende Verfügung von Todes wegen später, als dies wirklich der Fall war, verkündet wurde,[10a]) oder die Ausschlagungserklärung des Erben stellt sich nach Ablauf der Ausschlagungsfrist aus irgend einem Grunde gegen die Absicht des Erben als unwirksam heraus,[11]) oder es ist während des Laufes der Ausschlagungs-

---

7) Anders noch die 2. Aufl. d. B. S. 307, wo Abs. 2 von § 1949 zu enge ausgelegt wurde.

8) A. A. die oben § 61 Anm. 4 Genannten.

9) Vgl. auch Wendt S. 228.

10) Der Erbe nimmt z. B. irrtümlich an, daß Schweigen während der Ausschlagungsfrist der Ausschlagung gleichstehe. Vgl. E. des OLG. Braunschweig bei Soergel III zu § 1956.

10a) Vgl. auch Kipp bei W. III S. 442.

11) Z. B. aus dem Grunde, weil der Erbe eine unzulässige Beifügung gemacht hat.

frist an die Stelle des Erben dessen gesetzlicher Vertreter bezw. der Erbeserbe getreten, der vom Anfall der Erbschaft an den Erben, oder doch wenigstens davon, daß der Lauf der Frist bereits begonnen hatte, oder vom Zeitpunkt des Beginns, oder von dem lediglich dem Erben bekannt gewordenen Berufungsgrunde keine Kenntnis hatte, u. dergl. Wenn § 1956 trotzdem bestimmt, daß die Versäumung der Ausschlagungsfrist in gleicher Weise angefochten werden kann, wie die Annahme, so scheint damit ausgesprochen zu sein, daß jene, obschon kein Rechtsgeschäft, hinsichtlich der Zulässigkeit der Anfechtung doch als Rechtsgeschäft behandelt werden soll und somit der Anfechtung schon dann unterliegt, wenn der Erbe durch die Versäumung der Ausschlagungsfrist eine Erklärung des Inhalts, daß er die Erbschaft ausschlage, in Wahrheit nicht abgeben wollte.[12]) Gegen die grundsätzliche Zulassung der Anfechtung in so weitem Umfange werden zunächst freilich praktische Bedenken rege. Allein bei näherem Zusehen zeigt sich, daß die Gefahr nicht allzu groß ist. Auch dort, wo der Erfolg der Versäumung der Ausschlagungsfrist vom Erben nicht beabsichtigt war, wird sich dieser doch meist mit diesem Erfolg zufrieden geben. Es ist außerdem wohl zu beachten, daß der Anfechtung auch in unserem Falle durch den Schlußsatz des Abs. 1 von § 119 eine nicht ganz leicht zu überwindende Schranke gesetzt ist. Die Anfechtung wird also durch das Vorbringen von Umständen der vorhin bezeichneten Art nur gerechtfertigt werden können, wenn der Anfechtende zugleich dartut, daß er bei Kenntnis der Sachlage und bei verständiger Würdigung des Falles den Eintritt der an den Ablauf der Ausschlagungsfrist sich knüpfenden Rechtsfolge durch rechtzeitige Ausschlagung abgewendet haben würde. Leichtfertiger und chikanöser Anfechtung der Versäumung der Ausschlagungsfrist ist damit die Aussicht auf Erfolg versperrt.

2. Ist der Erbe durch widerrechtliche Drohung zur Annahme oder zur Ausschlagung der Erbschaft bestimmt worden, so ist die Anfechtung nach § 123 begründet.[13]) Die Möglichkeit einer Anfech-

---

[12]) Vgl. hierzu Wendt S. 254.

[13]) Wäre die widerrechtliche Drohung so geartet, daß sie als „höhere Gewalt" bezeichnet werden dürfte, so käme übrigens § 203 (vgl. § 1944 Abs. 2) zur Anwendung. Der Lauf der Frist würde also in solchem Falle, solange die Zwangslage dauert, gehemmt sein, so daß durch diese eine Versäumung der Ausschlagungsfrist überhaupt nicht herbeigeführt sein könnte.

tung der Versäumung der Ausschlagungsfrist wegen widerrechtlicher Drohung ist nur gegeben, wenn die Versäumung durch diese wirklich verursacht worden ist, also nicht, wenn die Zwangslage zu einer Zeit aufhörte, zu der die Ausschlagung noch ohne besondere Schwierigkeiten vorgenommen werden konnte.

3. Auch dem durch arglistige Täuschung zur Annahme bezw. zur Versäumung der Ausschlagungsfrist oder zur Ausschlagung bestimmt gewesenen Erben ist nach § 123 die Möglichkeit der Anfechtung gegeben und zwar ohne Rücksicht darauf, von wem die Täuschung ausgegangen ist.

II. Die Anfechtung erfolgt in allen Fällen durch Erklärung gegenüber dem Nachlaßgericht,[14]) die in öffentlich beglaubigter Form abgegeben werden muß. Erklärung der Anfechtung durch einen gesetzlichen oder gewillkürten Vertreter ist zulässig. In betreff der Legitimation durch einen Bevollmächtigten gilt das gleiche wie im Falle der durch einen Bevollmächtigten erfolgenden Ausschlagung der Erbschaft (§ 1955).

III. Die Anfechtungsfrist beträgt regelmäßig sechs Wochen, sechs Monate aber dann, wenn der Erblasser seinen letzten Wohnsitz nur im Auslande gehabt hat, oder wenn sich der Erbe bei dem Beginn der Frist[14a]) im Auslande aufhält. Im Falle der Anfechtbarkeit wegen Drohung beginnt die Frist mit dem Zeitpunkt, in welchem die Zwangslage aufhört, in den übrigen Fällen mit dem Zeitpunkt, in welchem der Anfechtungsberechtigte von dem Anfechtungsgrunde Kenntnis erlangt.[15]) Auf den Lauf der Frist finden nicht nur die Vorschriften der §§ 203, 206, sondern auch die des § 207[16]) entsprechende

---

[14]) Man denke aber doch auch an folgende Möglichkeit: Jemand ist durch widerrechtliche Drohung zu einer vertragsmäßigen Verfügung bestimmt worden, deren Vornahme sich als pro herede gestio darstellt. Ficht hier der Gezwungene die Verfügung nach der allgemeinen Vorschrift des § 143 an, so gilt jene nach § 142 Abs. 1 als von Anfang an nichtig und entfällt hierdurch der Schein der pro herede gestio. Einer besonderen Anfechtung der Annahme nach § 1955 wird es hier, vorausgesetzt, daß die Ausschlagung noch rechtzeitig erklärt wird, nicht bedürfen.

[14a]) Ist der Erbe noch vor dem Beginn der Frist gestorben, so ist auch hier (vgl. oben § 61) der Aufenthalt des Erbeserben maßgebend.

[15]) Unverzüglich (vgl. § 121) braucht hier die Anfechtung selbst dann nicht zu erfolgen, wenn sie sich auf die §§ 119, 120 stützt.

[16]) Dieser in § 1944 (Abs. 2) nicht berufene § ist in § 1954 ausdrücklich berufen. Die praktische Bedeutung dieser Berufung tritt hervor, wenn der

Anwendung. Sind seit der Annahme (bezw. der Versäumung der Ausschlagungsfrist) oder Ausschlagung dreißig Jahre verstrichen, so ist die Anfechtung unter allen Umständen ausgeschlossen. Vgl. § 1954.

IV. Die an die Anfechtung sich knüpfende Wirkung bestimmt sich in unseren Fällen nicht nur nach der Regel des § 142 Abs. 1, sondern außerdem auch noch nach der Sondervorschrift des § 1957 Abs. 1 und besteht demgemäß darin, daß die Anfechtung der Annahme (Versäumung der Ausschlagungsfrist) als Ausschlagung und die Anfechtung der Ausschlagung als Annahme gilt.[17]) Diese Regelung vermeidet zwecklose Verwickelungen und Unklarheiten und ist sachlich durchaus zu billigen.

V. Die Anfechtung der Ausschlagung soll vom Nachlaßgericht demjenigen mitgeteilt werden, welchem die Erbschaft infolge der nunmehr als nicht erfolgt zu behandelnden Ausschlagung angefallen war. Die Einsicht in die Anfechtungserklärung ist jedem zu gestatten, der ein rechtliches Interesse glaubhaft macht. Vgl. § 1957 Abs. 2.

VI. Im Falle der auf § 119 oder § 120 sich stützenden Anfechtung trifft den Anfechtenden nach Maßgabe des § 122 jedem dritten gegenüber die Verpflichtung zur Vergütung des negativen Interesses.[18])

Erbe, der die Erbschaft in anfechtbarer Weise angenommen oder ausgeschlagen hat, vor Ablauf der Anfechtungsfrist stirbt. Die Frist wird in solchem Falle nicht vor dem Ablauf von sechs Wochen und, wenn sie sechs Monate beträgt, nicht vor Ablauf von sechs Monaten nach dem Zeitpunkte vollendet, in welchem die vom Erben hinterlassene Erbschaft von dem Erbeserben angenommen wird.

[17]) Nach der allgemeinen Vorschrift des § 142 Abs. 1 würde sich die Wirkung der Anfechtung der Annahme darauf beschränken, daß die Annahme, und die der Anfechtung der Ausschlagung, daß diese als nicht erfolgt gilt.

[18]) Anders Binder I S. 143 ff. Er meint, daß ein negatives Interesse hierbei praktisch gar nicht in Frage kommen könne. Allein man erwäge doch folgende Möglichkeiten: Der Erbe X ficht, nachdem er angenommen hatte, und nachdem mit Rücksicht darauf Nachlaßgläubiger ihre Ansprüche dem X gegenüber geltend gemacht haben (§ 1958), die Annahme an. Es ist doch klar, daß die von den Nachlaßgläubigern in solchem Falle nutzlos verausgabten Kosten unter den Gesichtspunkt des negativen Interesses fallen. Oder: Der Erbe X ficht die von ihm zunächst erklärte Ausschlagung an. Nach dieser Ausschlagung, aber noch vor ihrer Anfechtung holt der zweitnächst berufene Erbe Y von seinem Rechtsanwalt ein Gutachten ein, ob er annehmen oder ausschlagen solle, und erklärt mit Rücksicht auf den Inhalt dieses Gutachtens ebenfalls die Ausschlagung. Die dem Y hierdurch verursachten Kosten würden ihm erspart geblieben sein, wenn die sich später als unwirksam darstellende Ausschlagung des X von diesem nicht erklärt worden wäre.

V. Wirkung der Ausschlagung.

§ 61d.

I. Erfolgt die Ausschlagung zwar nach dem Erbfall, aber noch vor dem Anfall der Erbschaft an den Erben, so beschränkt sich ihre Wirkung darauf, daß der spätere Eintritt des dabei in Frage kommenden Anfalls ausgeschlossen ist. Wird die Erbschaft dagegen nach dem Anfall ausgeschlagen, so gilt der Anfall an den Ausschlagenden als nicht erfolgt.[1] Die Entscheidung der Frage, wer nunmehr als Erbe in Betracht kommt, bestimmt sich daher nicht nach dem Zeitpunkt der Ausschlagung durch den zunächst Berufenen, sondern nach dem Erbfall, und die Erbschaft gilt somit nach rückwärts hin als demjenigen angefallen, welchem sie, dafern der Ausschlagende den Erbfall nicht erlebt hätte, schon von vornherein angefallen sein würde (§ 1953 Abs. 1 u. 2). Allein diese Fiktion vermag doch daran nichts zu ändern, daß dem Anfall der Erbschaft an den nunmehrigen Erben der zunächst erfolgte Anfall an den Ausschlagenden im Wege stand, und daß daher auch die für jenen maßgebende Ausschlagungsfrist keinesfalls beginnen kann, solange dieser nicht durch Ausschlagung oder Erbunwürdigkeitserklärung weggefallen ist. Die erfolgte Ausschlagung soll vom Nachlaßgericht demjenigen mitgeteilt werden, welchem die Erbschaft infolge der Ausschlagung angefallen ist. Die Einsichtnahme in die Ausschlagungserklärung ist jedem zu gestatten, der ein rechtliches Interesse glaubhaft macht (§ 1953 Abs. 3).

II. Nicht ganz unzweifelhaft sind die Wirkungen der Ausschlagung, wenn einer von mehreren Erbeserben, obschon er den von der Erbschaft seines Erblassers auf ihn entfallenden Erbteil angenommen hat, den entsprechenden Anteil an der dem Erlasser angefallenen Erb-

---

[1]) Eigentümlich konstruiert hier Heymann, Grundzüge des gesetzlichen Verwandtenerbrechts (1896) S. 60. Er meint, daß der zur Erbfolge zunächst Berufene, aber späterhin Ausschlagende hinsichtlich der Zeit bis zur Ausschlagung als ein resolutiv bedingt Berechtigter anzusehen sei, mit dessen infolge der Ausschlagung eintretendem Wegfall es nun zu einer zweiten Universalsukzession (in die erbschaftlichen Rechte des Weggefallenen) zugunsten des endgültigen Erben komme. Diese Auffassung verkennt gleichmäßig: das Wesen der condicio iuris, das der Fiktion und das der Universalsukzession.

schaft nach § 1952 Abs. 3 ausschlägt.[2]) Beispiel: Beim Tode des X tritt gesetzliche Erbfolge ein. Als nächster Erbe des Verstorbenen kommt dessen Sohn Y in Betracht, als zweitnächster (also nur eventuell) des Erblassers Bruder Z. Noch bevor er eine Entscheidung über Annahme oder Ausschlagung der Erbschaft des X getroffen hat, stirbt Y. Er wird von seinen Kindern A und B als seinen nächsten gesetzlichen Erben beerbt. Diese nehmen die ihnen von der Erbschaft des Y zukommenden Erbteile an. B schlägt jedoch den auf ihn entfallenden Anteil an der Erbschaft des X aus. Wem fällt die hierdurch frei gewordene Hälfte der Erbschaft des letzteren zu?

Die Meinungen sind geteilt. Von mehreren Schriftstellern[3]) wird gelehrt, daß diese Hälfte nach Maßgabe von § 1953 dem Z zufalle. Dieser Auffassung stellen sich aber sehr erhebliche Bedenken entgegen. Sie treten bereits deutlich hervor, wenn man sich zunächst die Frage vorlegt, was mit dem auf den B entfallenden Anteil an dem Nachlaß des X geschehen würde, wenn B die ihm angebotene Erbfolge nach seinem Vater Y ausschlüge. Unter den hier vorausgesetzten Verhältnissen würde der frei gewordene Anteil an dem Nachlaß des Y und damit zugleich auch der zu diesem Anteil gehörende Anteil an der Erbschaft des X dem A zufallen; Z dagegen würde gar nicht in Frage kommen. Es ist nun wenig einleuchtend, daß A hinsichtlich des dem B angebotenen Anteils an der Erbschaft des X schlechter stehen soll, wenn B den Anteil an der Erbschaft des Y annimmt und nur den Anteil an der Erbschaft des X ausschlägt, als er stehen würde, wenn B die Erbschaft des Y ausgeschlagen hätte, und somit eine Erbengemeinschaft mit dem A gar nicht entstanden wäre. Trotzdem sind voreilige Schlußfolgerungen zu vermeiden. Unzutreffend wäre es insbesondere, wenn man hinsichtlich des dem B angefallenen Anteils an der Erbschaft des X diejenige Gestaltung,

---

[2]) Vgl. dazu oben Bd. I S. 157 Anm. 22. Mit Rücksicht auf die im § 2180 Abs. 3 angeordnete entsprechende Anwendung der Vorschrift des § 1952 Abs. 3 ergibt sich dieselbe Frage auch dann, wenn einer von mehreren Erben den auf ihn entfallenden Teil eines dem Erblasser angefallenen Vermächtnisses ausschlägt. Die Ausführungen des Textes sind daher auch auf diesen Fall mitzubeziehen; vgl. übrigens auch schon Bd. I S. 210 Anm. 29.

[3]) So außer den bereits Bd. I S. 157 Anm. 22 Genannten auch noch Goldmann-Lilienthal (1. Aufl.) S. 319, Wilke S. 26 und Kreß, Erbengemeinschaft (1903) S. 10 und zwar alle ohne entscheidende Gründe.

welche sich im Falle der Ausschlagung des Anteils an der Erbschaft des Y ergibt, auch im Falle der Annahme dieses Anteils und der nur in betreff des Anteils an der Erbschaft des X erfolgenden Ausschlagung durchaus festhalten wollte. Daß in dieser Beziehung eine Verschiedenheit jedenfalls besteht, zeigt sich bei folgendem Sachverhalt. Erben des Y sind: A als Testamentserbe zur Hälfte der Erbschaft und B als gesetzlicher Erbe zur anderen Hälfte. B schlägt den Anteil an der Erbschaft des Y aus. Dann fällt der frei gewordene Anteil des B an der Erbschaft des Y nicht etwa dem A, sondern demjenigen gesetzlichen Erben zu — wir wollen ihn als C bezeichnen — welcher zur gesetzlichen Erbfolge nach Y schon von vornherein berufen gewesen sein würde, wenn B den Anfall gar nicht erlebt hätte. Diesem C aber würde mit dem infolge des Wegfalls des B frei gewordenen Anteil an der Erbschaft des Y auch der entsprechende Anteil an der Erbschaft des X zukommen. Es kann aber zugleich als sicher gelten, daß eine solche Entscheidung zugunsten des C hinsichtlich des Anteils an der Erbschaft des X ganz unmöglich ist, wenn B den ihm angebotenen Anteil an der Erbschaft des Y annimmt, den zu diesem Anteil mitgehörenden Anteil an der Erbschaft des X dagegen ausschlägt.[4]) In betreff der aus § 1952 Abs. 3 sich ergebenden Frage bleiben somit nur folgende Lösungen zur Wahl: Entweder muß man sich dafür entscheiden, daß der vom B ausgeschlagene Anteil an der Erbschaft des X dem Z, d. i. demjenigen anfällt, welcher zu dieser Erbschaft schon von vornherein berufen gewesen sein würde, wenn Y den an ihn erfolgten Anfall nicht erlebt hätte, oder aber dafür, daß sich der Anteil des A (d. i. des Miterben des B) an der Erbschaft des X infolge der Ausschlagung des B um den von diesem ausgeschlagenen Anteil erhöht. Die stärkeren Gründe sprechen für das letztere.[5])

1. Nach der hier zurückgewiesenen Entscheidung würde hinsichtlich der Erbschaft des X neben dem Y als gesetzlichem Erben erster Ordnung Z als gesetzlicher Erbe zweiter Ordnung in Betracht

---

[4]) In diesem Punkte zustimmend Binder I S. 139 Anm. 76.

[5]) Im Ergebnis ebenso: Oertmann im Arch. f. bürg. R. Bd. 14 S. 366 Bd. 15 S. 443, Herzfelder S. 77, 78, Knitschky (vgl. oben S. 26) 292, Leske S. 1045 Anm. 5, Landsberg § 290. Eine Widerlegung haben die Ausführungen des Textes bisher nicht gefunden, auch nicht durch die Bemerkungen von Binder I S. 138 Anm. 76.

kommen können. Das widerspricht aber direkt der im § 1930 enthaltenen Vorschrift, daß ein Verwandter nicht zur Erbfolge berufen ist, solange ein Verwandter einer vorhergehenden Ordnung vorhanden ist. Nimmt man dagegen an, daß der von B ausgeschlagene Anteil an der Erbschaft des X dem A zufällt, so wird das eben bezeichnete und der Auffassung des Gesetzes widersprechende Ergebnis vermieden.

2. In Ansehung des Nachlasses des Y besteht zwischen den Erben A und B ein Verhältnis der gesamten Hand (§ 2032). Zu dem Gesamthandvermögen gehört auch der dem Y angefallene Nachlaß des X. Die strikte Anwendung der für das Gesamthandverhältnis maßgebenden Grundsätze würde nun zu dem Ergebnisse führen, daß die Erbschaft des X von A und B (in ihrer Eigenschaft als Erben des Y) nur gemeinsam ausgeschlagen werden könnte, so daß sich daher auch der definitive Erwerb dieser Erbschaft für A und B vollziehen müßte, wenn auch nur einer von ihnen sich der Ausschlagung widersetzt. Diesen Mißstand will das Gesetz dadurch vermeiden, daß es jedem einzelnen von mehreren Erben des Erben die Ausschlagung des seinem Erbteil entsprechenden Teiles der Erbschaft gestattet. Im übrigen ist an dem Grundsatz des § 1950 und an der dem Wesen des Gesamthandverhältnisses entsprechenden Behandlung tunlichst festzuhalten. Dieser Anforderung wird man aber nur gerecht, wenn man denjenigen Anteil an der zum Gesamthandvermögen gehörenden Erbschaft des X, von welchem B durch Ausschlagung sich losgelöst hat, dem anderen Gesamthänder A zukommen läßt.

3. Die hier vertretene Lösung steht mit der Vorschrift des § 1953 über die Wirkung der Ausschlagung nicht nur nicht in Widerspruch, sondern in bestem Einklang. Hierbei ist freilich zu beachten, daß buchstäbliche Anwendung des § 1953 auf den vorliegenden Fall völlig unmöglich ist. Denn im § 1953 wird vorausgesetzt, daß der berufene Erbe selbst ausgeschlagen hat, im vorliegenden Falle dagegen ist die Ausschlagung durch den Teilerben des berufenen Erben erfolgt. Es kann sich also nur um eine der eigenartigen Sachlage angepaßte analoge Anwendung des § 1953 handeln. Die erforderliche Grundlage hierfür kann man auf doppeltem Wege zu gewinnen suchen. Der eine derselben besteht darin, daß man im gegebenen Falle so entscheidet, wie nach § 1953 zu entscheiden sein würde, wenn der vom B ausgeschlagene Anteil an der Erbschaft des X vom Y selbst wirksam ausgeschlagen worden wäre. Allein hierbei operiert

man mit einem angenommenen Tatbestand, der sich nach der Auffassung des Gesetzes (wegen § 1950 Satz 2) niemals hätte verwirklichen können.[6]) Mit Rücksicht hierauf wird man zu folgender Auffassung gedrängt: Wenn an die Stelle des zur Ausschlagung noch berechtigten Erben (Y) mehrere Erbeserben treten, so ist das Ausschlagungsrecht der letzteren nach Maßgabe des § 1952 Abs. 3 so zu beurteilen, als ob zur Erbschaft des X statt des Y schon von vorne herein so viele Personen berufen gewesen wären, als Erbeserben vorhanden sind. Schlägt von diesen aber einer den auf ihn entfallenden Anteil an der Erbschaft des X aus, so muß bezüglich dieser Erbschaft in entsprechender Anwendung des § 1953 nunmehr nach rückwärts hin dieselbe Beurteilung eintreten, die schon von vorne herein hätte durchgreifen müssen, wenn Y nur von denjenigen beerbt worden wäre, welche ihre durch die Beerbung des Y vermittelten Anteile an der Erbschaft des X nicht ausgeschlagen haben.

VI. Erbschaftliche Verhältnisse vor der Annahme der Erbschaft.

§ 62.

I. Ist der Erbe[1]) zur Zeit des Erbfalls[2]) zwar erzeugt, aber noch nicht geboren, so kann die schwangere Mutter,[3]) wenn sie außerstande ist, sich selbst zu erhalten,[4]) bis zur Entbindung[5]) standes-

---

[6]) Vgl. auch Herzfelder S. 78.

[1]) Der Berufungsgrund ist gleichgültig.

[2]) Das im Texte Gesagte hat übrigens entsprechende Anwendung zu finden, wenn der als Nacherbe Eingesetzte zur Zeit des Falles der Nacherbfolge nur als nasciturus vorhanden ist (§ 2141).

[3]) Daß die Mutter zugleich die Witwe des Erblassers und der eventuelle Erbe also ein Kind des Erblassers sei, ist nicht erforderlich. Von entscheidender Bedeutung ist jedoch, daß das von der schwangeren Mutter erwartete Kind bei seiner Geburt zur Erbfolge berufen ist; der Mutter eines zu erwartenden Pflichtteilsberechtigten als solchen oder eines eventuellen Vermächtnisnehmers steht der Anspruch aus § 1963 nicht zu.

[4]) Vgl. hierzu § 1602 Abs. 1.

[5]) Hierdurch ist ein Anspruch hinsichtlich der Wochenbettskosten ausgeschlossen; anders Schiffner a. d. Anm. 7 a. O. Auf die zur Herbeiführung der Entbindung erforderlichen Kosten dürfte sich dagegen der Anspruch der Mutter doch wohl mit erstrecken; hierfür spricht zwar nicht der Wortlaut, aber doch die Tendenz des § 1963. Ebenso Planck-Ritgen S. 60.

mäßigen Unterhalt aus dem Nachlaß, oder wenn auf das erwartete Kind nur ein Anteil der Erbschaft entfällt, aus diesem Erbteil verlangen.[6]) Vgl. die jetzt noch genauer zu würdigende Vorschrift des § 1963.[7])

1. Sie bezweckt keineswegs eine Erweiterung des gesetzlichen Unterhaltsanspruchs der Mutter gegenüber ihrem Kinde, sondern lediglich eine Fürsorge für den noch ungeborenen Erben; nur um des letzteren willen wird für die Mutter gesorgt.

2. Der auf § 1963 sich stützende Unterhaltsanspruch hat einen wesentlich anderen Charakter als das den Familienangehörigen nach Maßgabe von § 1969 zukommende Recht des Dreißigsten. Denn während auf dieses die Vorschriften über Vermächtnisse zur entsprechenden Anwendung zu bringen sind, kann hiervon bei jenem gar keine Rede sein. Dies tritt mit besonderer Deutlichkeit hervor, wenn man sich die Möglichkeit vor Augen hält, daß die Mutter des erwarteten Erben sich dem Erblasser gegenüber des Erbrechts unwürdig gemacht hat. Unter dieser Voraussetzung würde ein nach Vermächtnisgrundsätzen zu beurteilender Anspruch der Mutter nach § 2345 der Anfechtung unterliegen. In betreff des der Mutter gar nicht in ihrem, sondern nur im Interesse des nasciturus nach § 1963 zustehenden Anspruchs kann dies offenbar nicht gelten.[8])

3. Infolge unserer Vorschrift ergibt sich eine eigentümliche Belastung des Nachlasses, die als Nachlaßverbindlichkeit von demjenigen zu tragen ist, welcher sich hinterher als Erbe bezw. Teilerbe herausstellt, d. i. also in aller Regel von dem aus dem nasciturus erwachsenen natus selbst.[8a])

Nicht ganz unzweifelhaft ist die Stärke dieser Nachlaßverbind-

---

[6]) Eine missio in possessionem ventris nomine kennt das BGB. nicht.

[7]) Ausführliches aber nicht durchaus Einwandfreies hierüber bei Schiffner: Pflichtteil, Erbenausgleichung und sonstige gesetzliche Vermächtnisse S. 151ff. Vgl. auch Binder I S. 204ff., der die schon in der 2. Aufl. d. Werkes S. 312ff. enthaltenen Ausführungen unberücksichtigt läßt, und Kreß S. 100ff.

[8]) Unzutreffend ist es daher, wenn Schiffner a. a. O., Matthiaß, Lehrb. 3 Aufl. II S. 492 Anm. 4 und Boehm S. 262 den Anspruch aus § 1963 als gesetzliches Vermächtnis bezeichnen.

[8a]) Vgl. auch Binder I S. 205, der sich jedoch unrichtig dahin ausdrückt, daß der Anspruch mit dem Augenblick der Geburt des erwarteten Erben „erlischt“. Gedacht ist aber wohl nur daran, daß sich der Anspruch der Mutter auf den Unterhalt für die Zeit nach der Entbindung nicht erstreckt.

lichkeit. Der Grundgedanke des § 1963 dürfte darin zu erblicken sein, daß dasjenige, was der bereits geborene Erbe aus dem Nachlaß erhalten würde, dem noch nicht geborenen Erben wenigstens insoweit zu statten kommen soll, als erforderlich ist, damit er zur Welt komme. Dem entsprechend scheinen dem Unterhaltsanspruch der Mutter des erwarteten Erben feste Schranken gezogen werden zu müssen. Die Durchführung dieses Standpunktes führt zu folgenden Ergebnissen: Der Mutter des erwarteten Erben kann im Interesse des nasciturus keinesfalls mehr gebühren, als dem bereits geborenen Erben aus der Erbschaft zukommen würde.[9]) Der Anspruch aus § 1963 muß daher entfallen, wenn der Nachlaß schon durch die vom Erblasser herrührenden Schulden erschöpft wird.[10]) Der Unterhaltsanspruch der Mutter des erwarteten Erben muß aber auch den, anderen Personen etwa zukommenden, Pflichtteilsansprüchen nachgestellt werden. Denn sonst würden diese durch die Willkür des Erblassers eine Verkürzung ihrer Pflichtteile erfahren können.

Allein es scheint noch weiter gegangen und gesagt werden zu müssen, daß dem Anspruch aus § 1963 auch die Ansprüche aus Vermächtnissen und Auflagen vorgehen. Vergeblich würde man sich hiergegen auf die angeblich schlechthin zwingende Natur[11]) der Vorschrift

---

[9]) Mit dem im Texte vertretenen Standpunkt steht es im besten Einklang, daß die schwangere Mutter, wenn neben dem nasciturus noch andere Erben in Betracht kommen, die Leistung des Unterhalts nur aus dem Erbteil des Kindes verlangen kann. Dabei ist es übrigens wieder möglich, daß dieser Erbteil ungeachtet der Solvenz der Erbschaft praktisch gleich Null ist; so verhält es sich, wenn den Ungeborenen, sobald er Erbe wird, nach § 2051 eine Ausgleichungsverbindlichkeit trifft, infolge deren auf ihn aus dem Nachlaß nichts mehr entfällt. Von einem durch die Vorschrift des § 1963 gegebenen eigenartigen Falle schlechthin beschränkter Haftung ist trotzdem nicht zu reden. Denn, soweit sich nach Maßgabe des im Texte Gesagten ein bestimmter Betrag der Haftung ergibt, haftet der Erbe ganz nach allgemeinen Grundsätzen und kann seine Haftung für diesen Betrag, dafern nur die Voraussetzungen dafür zutreffen, auch zu einer schlechthin unbeschränkten werden. Vgl. auch Binder I S. 211.

[10]) Anders Jaeger, Erbenhaftung und Nachlaßkonkurs S. 66, Wilke Erl. 7 zu § 1963 und, wie es scheint, auch Planck-Ritgen S. 61. Gegen diese Auffassung spricht aber, daß der Erblasser ihr zufolge in der Lage wäre, seine Gläubiger dadurch zu beeinträchtigen, daß er einen nasciturus als Erben einsetzt.

[11]) Vgl. hierzu Ehrlich: Das zwingende und nicht zwingende Recht im BGB. (1899) S. 248 und Planck-Ritgen S. 61. Zu den Ausführungen

des § 1963 berufen. Selbst wenn der Erblasser eine mit seinem Kinde schwangere und zugleich bedürftige Witwe hinterläßt, kann er die Entstehung des auf § 1963 sich stützenden Unterhaltsanspruchs einfach dadurch hindern, daß er sein erwartetes Kind von der gesetzlichen Erbfolge ausschließt und auf den Pflichtteilsanspruch beschränkt. Es ist daher nicht einzusehen, warum die Ausschließung oder Beschränkung des Anspruchs der Mutter nicht auch dadurch soll herbeigeführt werden können, daß der Erblasser sein zu erwartendes Kind von der gesetzlichen Erbfolge zwar nicht ausschließt, den Nachlaß mit Vermächtnissen oder Auflagen aber derart belastet, daß nach Deckung derselben für den Erben nichts mehr übrig bleibt.[11a]) Hierbei ist außerdem noch zu erwägen, daß der gesetzliche Vertreter des später geborenen Erben bei solcher Lage der Dinge die Erbschaft pflichtgemäß auszuschlagen und das Verlangen auf Leistung des Pflichtteils zu stellen hat. Es kann der Mutter des zu erwartenden Erben daher unmöglich gestattet werden, behufs Durchsetzung ihres Anspruchs aus § 1963 eine Kürzung der Vermächtnisse und Auflagen herbeizuführen, obschon feststeht, daß dem erwarteten Kinde des Erblassers im besten Falle nicht mehr zukommen kann, als der Anspruch auf Leistung des Pflichtteils.

Soweit der Anspruch aus § 1963 wirklich begründet ist, kann die Mutter die Gewährung des ihr gebührenden Unterhalts nicht nur aus den Nutzungen der Erbschaft, sondern nötigenfalls auch aus dem Stamme derselben begehren.

4. Werden von der Mutter statt des erwarteten *einen* Erben *mehrere* Erben geboren, so kann die sich hieraus ergebende Einwirkung auf die Gestaltung der Erbfolge zweifacher Natur sein.

a) Möglicherweise entfällt von der Erbschaft auf die zur Welt gekommenen mehreren Erben zusammen gerade so viel, als im Falle

---

dieser Schriftsteller ist jedoch zu bemerken, daß die Vorschrift des § 1963 zwingenden Charakter nur nach der Richtung hin hat, daß der Erblasser den im § 1963 bestimmten Anspruch der schwangeren Mutter *insoweit* nicht ausschließen oder beschränken kann, als auf den erwarteten Erben, dafern und sobald er geboren wird, in seiner Eigenschaft *als Erbe* wirklich etwas aus dem Nachlaß entfällt. Den tatsächlichen Eintritt dieser Voraussetzungen kann aber der Erblasser, wie sich aus der Auseinandersetzung des Textes ergibt, willkürlich ausschließen.

11a) Zustimmend *Kreß* S. 101 Anm. 47.

der Geburt nur eines Erben auf diesen entfallen sein würde.[12]) Hier gilt in betreff des Unterhaltsanspruchs der Mutter besonderes nicht; er ist aus demjenigen zu decken, was von der Erbschaft auf den einen oder die mehreren nachgeborenen Erben zusammen entfällt.

b) Die Verhältnisse können aber auch so geartet sein, daß den von der Mutter geborenen mehreren Erben zusammen von der Erbschaft mehr zukommt, als im Falle der Geburt nur eines Erben diesem gebühren würde. Beispiel: Als gesetzliche Erben kommen in Betracht: ein bereits vorhandener Enkel des Erblassers und ein noch zu erwartender Bruder (bezw. eine erst noch zu erwartende Schwester) dieses Enkels. Werden hier von der Mutter anstatt des erwarteten einen Kindes zwei Kinder geboren, so kommen denselben zusammen zwei Drittel der Erbschaft zu, während im Falle der nachträglichen Geburt nur eines Enkels auf diesen nicht mehr als die Hälfte der Erbschaft entfallen sein würde. Im Hinblick auf eine so beschaffene Sachlage trifft § 1963 in seinem Schlußsatz die Sonderbestimmung, daß bei der Bemessung des Erbteils, aus welchem der Mutter der Unterhalt zu gewähren ist, die Geburt nur eines Erben in Anschlag gebracht werden soll. In dem gegebenen Falle kann also die Mutter den Unterhalt nur aus der Hälfte der Erbschaft beanspruchen, und kann darauf, daß die Mutter in Wahrheit mehrere Kinder zur Welt gebracht hat, auch eine Nachforderung nicht gestützt werden. Der zur Deckung des Unterhalts der Mutter erforderlich gewesene Aufwand wird aber selbstverständlich von den mehreren nachgeborenen Kindern gleichmäßig zu tragen sein.[12a])

5. Die gerichtliche Geltendmachung des der Mutter zukommenden Unterhaltsanspruchs wird regelmäßig gegen einen aufzustellenden Nachlaßpfleger,[13]) bei Vorhandensein eines zur Verwaltung des Nachlasses befugten Testamentsvollstreckers aber gegen diesen zu erfolgen haben.

---

[12]) Beispiel: Beim Tode des ohne Hinterlassung einer Verfügung von Todes wegen verstorbenen Erblassers sind weder Kinder noch entferntere Abkömmlinge vorhanden, wohl aber eine schwangere Schwiegertochter. Hier trifft das im Texte Gesagte offenbar immer zu, gleichviel, ob die Schwiegertochter nur einen oder mehrere Enkel des Erblassers zur Welt bringt.

[12a]) Unklares bei Wilke Erl. 8 (a. E.) zu § 1963.

[13]) Meinungsverschiedenheit besteht darüber, gegen wen der Unterhaltsanspruch der Mutter zu richten ist, wenn auf den nasciturus, vorausgesetzt, daß er lebend geboren wird, nur ein Teil des Nachlasses entfällt. Die Entscheidung hängt davon ab, wer in diesem Falle der Mutter gegenüber als

6. Auf den durch § 1963 bestimmten Unterhaltsanspruch sind sicherlich die für den gesetzlichen Unterhaltsanspruch von Verwandten maßgebenden Vorschriften, soweit eine Übertragung derselben auf unseren Fall überhaupt tunlich ist, entsprechend anzuwenden. Demgemäß wird der Unterhalt normalerweise durch Entrichtung einer Geldrente zu gewähren sein und in Ansehung der Vergangenheit Erfüllung oder Schadensersatz wegen Nichterfüllung nur von der Zeit an gefordert werden können, zu welcher der Verpflichtete in Verzug gekommen oder der Unterhaltsanspruch rechtshängig geworden ist (§§ 1612, 1613).

7. Kommt der erwartete Erbe wegen Fehlgeburt, Totgeburt oder wegen des Todes der Mutter vor der Geburt nicht zur Existenz, so ist hierdurch eine Rückerstattungspflicht hinsichtlich des von der Mutter bereits erhaltenen Unterhalts noch nicht begründet. Hat eine Schwangerschaft gar nicht bestanden, so haftet die Mutter hinsichtlich des empfangenen Unterhalts jedenfalls auf Herausgabe der ungerechtfertigten Bereicherung, dafern sie sich aber durch Vorgeben der Schwangerschaft einer Täuschung schuldig gemacht hat, nach den Grundsätzen über die Haftung aus unerlaubten Handlungen.

II. Solange der Erbe die Erbschaft nicht angenommen hat, können Ansprüche, welche sich gegen den Nachlaß richten, nicht gegen den Erben gerichtlich geltend gemacht werden,[14]) und sind Zwangs-

---

Schuldner in Betracht kommt. Für den Fall, daß der nasciturus lebend zur Welt kommt und Erbe wird, ist Schuldner dieser selbst. Trifft diese Voraussetzung nicht zu, so kommt als Schuldner in Betracht, wer an Stelle des nasciturus Erbe wird. Unter besonderen Umständen können dies die Miterben sein (§§ 1935, 2094), notwendig ist dies nicht. Es kann daher auch nicht zugegeben werden, daß die Mutter ihren Anspruch bei Vorhandensein von Miterben ohne weiteres gegen diese zu richten hat (so Planck-Ritgen Erl. 4 zu § 1963, Binder I S. 210, Kreß S. 100). Denn wie sollen die Miterben in Ansehung eines Anspruchs, mit dem sie als solche gar nicht belastet sind, passiv legitimiert sein?

[14]) Wird der Vorschrift des § 1958 zuwider gegen die Person des Erben Klage erhoben und ergibt sich der Umstand, daß der Beklagte die Erbschaft noch nicht angenommen hat, schon aus dem Vorbringen des Klägers, so ist dieser selbst im Falle eines auf seinen Antrag ergehenden Versäumnisurteils abzuweisen. Man kann dies auch dahin ausdrücken, daß dem Erben, solange er die Erbschaft nicht angenommen hat, hinsichtlich der gegen den Nachlaß sich richtenden Ansprüche die Passivlegitimation fehlt. So bereits in der 1. Aufl. dieses Buches S. 119 u. 128 (I) und jetzt in eingehender Ausführung Eccius

vollstreckungen wegen eigener Verbindlichkeiten des Erben in den Nachlaß ebensowenig zulässig, als Zwangsvollstreckungen wegen Nachlaßverbindlichkeiten in das nicht zum Nachlaß gehörende Vermögen des Erben (§ 1958 BGB. und § 778 CPO.). Zur Fortsetzung eines die Erbschaft betreffenden Rechtsstreites ist der Erbe vor der Annahme der Erbschaft nicht verpflichtet (§ 239 Abs. 5 CPO.). Die Bestimmung des § 1958 steht übrigens der Geltendmachung eines gegen den Nachlaß sich richtenden Anspruchs gegenüber einem Nachlaßpfleger oder gegenüber dem Testamentsvollstrecker nicht entgegen (§ 1960 Abs. 3 und § 2213 Abs. 2).

III. Hinsichtlich der vom vorläufigen Erben vor der Ausschlagung besorgten erbschaftlichen Geschäfte gelten folgende Grundsätze:[15])

1. War die Geschäftsführung so geartet, daß in ihr eine wirksame pro herede gestio erblickt werden mußte, so ist die spätere Ausschlagung wirkungslos. Trifft diese Voraussetzung dagegen nicht zu — und an ihr fehlt es auch dann, wenn die zunächst vorliegende pro herede gestio mit Erfolg angefochten worden ist[16]) —, so ist der vorläufige Erbe demjenigen, welcher sich nunmehr als der endgültige Erbe herausstellen wird, wie ein Geschäftsführer ohne Auftrag[17])

---

in den Beitr. z. Erl. d. deutsch R., Bd. 43 S. 605, 606. Die von Planck-Ritgen S. 52 und denjenigen, welche ihm folgen, vertretene Ansicht, daß für den Erben, der die Erbschaft noch nicht angenommen hat, aus § 1958 nur eine Einrede im Sinne des BGB., also ein Recht zur Verweigerung der von ihm geforderten Leistung begründet sei, läßt sich mit dem Wortlaut des § 1958 nicht vereinigen. Gegen diese Ansicht auch Hellwig, Anspruch und Klagrecht (1900) S. 225 Anm. 17. Hagen in Iherings Jahrb. Bd. 42 S. 39 ff., Binder I S. 75, 156 (aber auch S. 44, 45, wo noch von einer auf § 1958 sich gründenden „Einrede" gehandelt wird), Rehbein, Komm. I S. 303, Kreß S. 81. Über verschiedene prozessuale Fragen, die hier nicht weiter verfolgt werden können, vgl. Binder I S. 157 ff.

[15]) Vgl. Binder I S. 148 ff.

[16]) Vgl. auch Kipp bei W. III S. 443.

[17]) Meinungsverschiedenheit besteht darüber, ob die Vorschriften über Geschäftsführung ohne Auftrag in unserem Falle zur unmittelbaren (so Binder S. 150) oder nur zur entsprechenden Anwendung zu bringen seien. Nach jener Ansicht würde sich die Anwendbarkeit der bezeichneten Vorschriften durchaus schon von selbst, also ganz abgesehen von der Bestimmung des § 1959 Abs. 1, ergeben. Hiergegen ist aber zu bemerken: 1. Daß der vorläufige Erbe, selbst wenn er zur Ausschlagung entschlossen ist, sich von einem gewöhnlichen Geschäftsführer ohne Auftrag (vgl. § 677) schon dadurch unterscheidet, daß er sich einer gewissen Beteiligung an den Nachlaß betreffenden Geschäften gar

berechtigt und verpflichtet (§ 1959 Abs. 1). Daraus ergibt sich:[18])

a) Soweit nicht der später zu würdigende Abs. 3 von § 1959 in Frage kommt, kann sich der vorläufige Erbe jedes Eingreifens in die erbschaftlichen Verhältnisse enthalten, ohne deswegen dem endgültigen Erben verantwortlich zu werden. Greift er aber in diese Verhältnisse ein, und ist hierdurch die Notwendigkeit weiteren Handelns gegeben, so kann er wegen unterlassener Fortsetzung des negotium coeptum verantwortlich werden (vgl. § 677).

b) Hinsichtlich der Person des endgültigen Erben wird der vorläufige Erbe in aller Regel zu einer sicheren Annahme nicht gelangen können. Soweit dies zutrifft, ist bei dem Vorgehen des vorläufigen Erben eine Rücksichtnahme auf den wirklichen oder mutmaßlichen Willen einer individuell bestimmten Person selbstverständlich ausgeschlossen.[19]) Der die erbschaftlichen Geschäfte führende vorläufige Erbe wird sein Verhalten also so einzurichten haben, daß es vom Standpunkte sachlicher Erwägung aus den Interessen desjenigen, welcher sich als endgültiger Erbe herausstellen wird, zu dienen geeignet ist. Läßt er dies außer acht, obschon er die sachliche Unangemessenheit der Art seines Eingreifens erkennen mußte,[19a]) so wird er dem endgültigen Erben nach Maßgabe des entsprechend anzuwendenden § 678 zum Ersatz des aus der Geschäftsführung entstandenen Schadens selbst dann verpflichtet, wenn ihm ein sonstiges Verschulden nicht zur Last fällt.[20]) Die Umstände des konkreten Falles können

---

nicht entziehen kann (vgl. § 1959 Abs. 3), und daß er 2. zufolge der Bestimmung des § 1959 Abs. 1 und im Gegensatz zu § 687 Abs. 1 nach den Vorschriften über Geschäftsführung ohne Auftrag selbst hinsichtlich solcher erbschaftlicher Geschäfte behandelt wird, die er vornahm, obschon er sich irrtümlich, etwa mit Rücksicht auf eine nach § 1949 Abs. 1 als nicht erfolgt anzusehende Annahme für den endgültigen Erben hält.

[18]) Vgl. auch Planck-Ritgen Erl. 2 zu § 1949, der bei der Übertragung der Vorschriften über Geschäftsführung ohne Auftrag mit großer — vielleicht zu großer — Zurückhaltung (vgl. Binder S. 152) vorgeht.

[19]) Ganz dasselbe kann übrigens auch bei anderen Fällen der Geschäftsführung ohne Auftrag leicht vorkommen. Vgl. auch Binder I S. 151.

[19a]) Man denke z. B. daran, daß der vorläufige Erbe jemandem aus Nachlaßmitteln Zahlung leistete, der als Gläubiger nicht hinreichend legitimiert war und sich hinterher als Nichtgläubiger herausstellte.

[20]) Planck-Ritgen Erl. 2 zu § 1959 und Binder I S. 152 halten die §§ 678 und 679 auf unseren Fall für unanwendbar; mit Rücksicht auf den

übrigens auch so geartet sein, daß der vorläufige Erbe bereits zu erkennen vermag, wer im Falle seiner Ausschlagung endgültiger Erbe sein werde.[21]) Dann wird der vorläufige Erbe bei seinem Gebahren nach Maßgabe der §§ 677, 678, jedoch mit der aus § 679 sich ergebenden Einschränkung[22]) auch schon den wirklichen oder mutmaßlichen Willen des allein in Frage kommenden endgültigen Erben zu berücksichtigen haben.[23]) Sobald es nach Lage der Umstände tunlich ist, hat der vorläufige Erbe demjenigen, für welchen der endgültige Erwerb der Erbschaft sich vollzogen hat oder in Aussicht steht, seine vorläufige Geschäftsführung nach Maßgabe von § 681 anzuzeigen;[24]) auch die sonstigen Vorschriften des § 681 finden entsprechende Anwendung.

c) In Ansehung seiner Geschäftsführung haftet der vorläufige Erbe regelmäßig nach Maßgabe von § 276, im Falle des Eingreifens bei dringender Gefahr aber nur für Vorsatz und grobe Fahrlässigkeit (§ 680). Ist der selbsthandelnde vorläufige Erbe geschäftsunfähig oder in der Geschäftsfähigkeit beschränkt, so ist er nur nach den Vorschriften über Schadensersatz wegen unerlaubter Handlungen und über die Herausgabe einer ungerechtfertigten Bereicherung verantwortlich (§ 682).

d) Soweit der vorläufige Erbe in seinem Gebahren die von ihm einzuhaltenden Schranken nicht überschritten hat, kann er — vorausgesetzt, daß er nicht die Absicht hatte, eine von ihm gemachte

---

von beiden Schriftstellern eingenommenen sachlichen Standpunkt dürfte aber trotzdem anzunehmen sein, daß sie die im Texte unter Heranziehung des § 678 getroffene praktische Entscheidung nicht ablehnen würden.

[21]) Beispiel: Für den Fall, daß der vorläufige Erbe ausschlägt, ist ein Ersatzerbe berufen, der seine Annahme nach § 1946 schon im voraus erklärt hat.

[22]) Beispiel: Der vorläufige Erbe bestreitet auf Rechnung der Erbschaft die der Sachlage entsprechenden Unterhaltskosten für ein uneheliches Kind des Erblassers, obschon der als endgültiger Erbe in Frage Kommende erklärt, daß diese Kosten nicht bezahlt werden dürfen.

[23]) Vgl. auch Herzfelder Erl. 2 zu § 1959.

[24]) Beispiel: Der vorläufige Erbe ist im Begriff auszuschlagen und kennt bereits den durch Annahmeerklärung gebundenen eventuellen Erben. Mit Rücksicht auf die vom vorläufigen Erben begonnene Geschäftsführung sind voraussichtlich weitere Maßnahmen notwendig, die in verschiedener Weise getroffen werden können.

Auslage unter allen Umständen selbst[25]) zu tragen (§ 685 Abs. 1) — vom endgültigen Erben nach Maßgabe des § 683 Ersatz seiner Aufwendungen verlangen. Andernfalls kann er vom endgültigen Erben, dafern dieser die Geschäftsführung nicht genehmigt, nur die Herausgabe der ungerechtfertigten Bereicherung fordern (§ 684).[26])

e) Die aus der Geschäftsführung des vorläufigen Erben für den endgültigen Erben sich ergebende Verbindlichkeit hat den Charakter einer Nachlaßverbindlichkeit (vgl. § 1967) und ist im Falle des Nachlaßkonkurses nach § 224 Z. 6 KO. Masseschuld. Ansprüche des endgültigen Erben gegenüber dem vorläufigen Erben aus dessen Geschäftsführung sind hingegen wieder als Aktivbestandteile des Nachlasses zu behandeln.

2. Wie sind die vom vorläufigen Erben vor der Ausschlagung in Ansehung von Nachlaßgegenständen vorgenommenen Verfügungen zu beurteilen?

a) Handelt es sich um Verfügungen, die ohne Nachteil für den Nachlaß nicht verschoben werden konnten, so wird ihre Wirksamkeit durch die Ausschlagung nicht berührt (§ 1959 Abs. 2). Dem vorläufigen Erben wird also insoweit eine endgültige Verfügungsmacht zuerkannt,[26a]) die sich auch dann als wirksam erweist, wenn dem Dritten, zu dessen Gunsten verfügt wurde, zur Zeit der Verfügung bekannt war, daß der als Erbe Verfügende noch ausschlagen konnte. Verfügungen der hier in Frage kommenden Art können z. B. sein: die Zahlung der Kosten der Beerdigung des Erblassers aus Erbschaftsgeldern, die Erfüllung von sonstigen Nachlaßverbindlichkeiten zur Leistung von im Nachlaß sich befindenden Gegenständen, die Veräußerung von zum Nachlaß gehörenden und dem Verderb ausgesetzten Sachen, die Ausübung eines Rücktritts- oder Wahlrechtes, die Erklärung einer Anfechtung, die Annahme einer dem Nachlaß geschuldeten Leistung,[27]) deren Nichtannahme für den endgültigen Erben die

---

[25]) Beispiel: Der vorläufige Erbe hat die Kosten der Beerdigung des Erblassers bezahlt und dabei zum Ausdruck gebracht, daß er sie jedenfalls auf seine Rechnung nehme.

[26]) Ohne Bedeutung für unser Verhältnis sind die Vorschriften des § 685 Abs. 2 und des § 687. Sicherlich anwendbar ist dagegen § 686.

[26a]) Anders freilich dann, wenn gegen den vorläufigen Erben im Wege der einstweiligen Verfügung ein gerichtliches Veräußerungsverbot (vgl. § 136 BGB.) erwirkt worden ist.

[27]) Eine Verfügung liegt darin insofern, als dadurch ein bestehendes Forderungsrecht aufgehoben wird.

Rechtsfolgen des Annahmeverzugs[28]) oder sonstige Nachteile[29]) mit sich bringen würden u. dergl.[29a])

b) Aus § 1959 Abs. 2 scheint p. arg. a. c. der durchgreifende Schluß gezogen werden zu müssen, daß die vom nachträglich ausschlagenden Erben in Ansehung von Erbschaftsgegenständen vorgenommenen Verfügungen dann unwirksam sind, wenn sie ohne Nachteil für den Nachlaß allerdings verschoben werden konnten. Genauere Prüfung zeigt jedoch, daß dieser Schluß nur mit erheblichen Einschränkungen zutrifft.

α) Nimmt der vorläufige Erbe Verfügungen der eben bezeichneten Art vor, so liegt darin normalerweise pro herede gestio, so daß infolge dessen eine wirksame Ausschlagung überhaupt nicht mehr in Frage kommt. Es kann sich aber auch anders verhalten:

aa) Der vorläufige Erbe hat die von ihm über das Maß des § 1959 Abs. 2 vorgenommene Verfügung nur deshalb getroffen, weil er sie optima fide als eine solche ansah, die im Interesse des Nachlasses nicht aufgeschoben werden konnte, und mit Rücksicht hierauf ist

---

28) Vgl. auch Protokolle V S. 660.

29) Beispiel: Der vorläufige Erbe nimmt die ihm von einem Nachlaßschuldner vorzeitig angebotene Erfüllung mit Rücksicht darauf an, daß dieser im Begriff ist, nach Brasilien auszuwandern.

29a) Kann der nur vorläufige Erbe zum Nachlaß gehörende Rechte im Wege der Klage geltend machen? Dies wird unter entsprechender Anwendung des § 1959 Abs. 2 dann zu bejahen sein, wenn die Klageerhebung ohne Nachteil für den Nachlaß nicht verschoben werden kann. Unter der gleichen Voraussetzung wird der vorläufige Erbe auch einen bereits anhängigen Prozeß mit Wirkung für den endgültigen Erben aufnehmen können. Vgl. auch Hellwig, Anspruch und Klagrecht S. 226 und Civilprozeßr. S. 298. Die getroffenen Entscheidungen dürften selbst dann festzuhalten sein, wenn der vorläufige Erbe nicht zum Ausdruck gebracht hat, daß er endgültiger Erbe noch nicht geworden sei (anders in diesem Punkte Hellwig, Civilprozeßr. S. 298). Überschreitet der vorläufige Erbe bei seinem prozessualen Vorgehen die bezeichnete Grenze, so ist zu unterscheiden: Behielt er sich dabei die Möglichkeit, die Erbschaftsausschlagung vor, so kann dem Gegner die Einlassung auf einen solchen Prozeß nicht zugemutet werden (vgl. Hellwig, Civilprozeßr. S. 298 Anm. 16 gegen Binder S. 163 Anm. 29). Machte der vorläufige Erbe einen solchen Vorbehalt nicht, so liegt in seiner Prozeßführung regelmäßig pro herede gestio, trifft aber dies ausnahmsweise (mit Rücksicht auf § 1949 Abs. 1 oder wegen wirksam erfolgter Anfechtung der Annahme) nicht zu, so ist die Prozeßführung des vorläufigen Erben für den endgültigen Erben grundsätzlich bedeutungslos.

die Frage, ob pro herede gestio vorliege, bereits endgültig verneint worden.[30])

bb) Es liegt zwar eine unzweifelhafte Betätigung des Annahmewillens vor, aber trotzdem keine gültige Annahme, sei es, weil die pro herede gestio nach § 1949 Abs. 1 der Wirksamkeit entbehrt, sei es, weil der Erbe seine pro herede gestio nach § 1956 mit Erfolg angefochten hat.

β) Selbst in den unter α aa und bb bezeichneten Fällen kann sich die über das im § 1959 Abs. 2 bestimmte Maß hinausgehende Verfügung des vorläufigen Erben ungeachtet der nachfolgenden Ausschlagung vermöge der vorliegenden besonderen Umstände als endgültig wirksam erweisen.

aa) Der vorläufige Erbe verfügt über zum Nachlaß gehörende bewegliche Sachen, die er in Besitz genommen hat zugunsten eines gutgläubigen Erwerbers (vgl. §§ 932 bis 935). Handelt es sich hierbei um Geld oder um Papiere auf den Inhaber, so unterliegt der Erwerb des Dritten mit Rücksicht auf § 935 Abs. 2 keinem Zweifel. Hinsichtlich sonstiger beweglicher Sachen, in deren bisher zum Nachlaß gehörenden Besitz sich der vorläufige Erbe gesetzt hat,[31]) entsteht dagegen die Frage, ob sie nicht als solche angesehen werden müssen, die dem wahren Erben abhanden gekommen sind (vgl. § 935 Abs. 1); sie kann an dieser Stelle noch nicht gelöst werden.[31a])

bb) In den Fällen unter α bb ist es denkbar, daß der vorläufige Erbe, obschon er hinterher ausschlägt, oder die Annahme anficht, dritten Personen gegenüber bereits durch Erbschein als endgültiger Erbe legitimiert war. Dann kommt dem Dritten in betreff der Verfügungen des vorläufigen Erben der in den §§ 2366, 2367 bezeichnete Schutz zu.

Selbst soweit die vom vorläufigen Erben vorgenommenen und über das Maß des § 1959 Abs. 2 hinausgehende Verfügung infolge der späteren Ausschlagung der Wirksamkeit entbehrt, vermag doch der endgültige Erbe sie nach Maßgabe des § 185 Abs. 2 durch nachträgliche Genehmigung wirksam zu machen.[32])

---

[30]) Findet der Sachverhalt diese Würdigung, so entfällt damit von selbst die Notwendigkeit der Anfechtung der nur scheinbar vorliegenden p. h. g.

[31]) Die Vorschrift des § 857 kommt dem vorläufigen Erben, der ausgeschlagen hat, nicht zu statten (§ 1953 Abs. 1).

[31a]) Vgl. darüber unten § 63 S. 70, 71.

[32]) Die Möglichkeit der im Texte hervorgehobenen Genehmigung leugnet

3. Nimmt ein Dritter eine rechtsgeschäftliche Handlung, die dem Erben als solchem gegenüber vorgenommen werden muß, dem vorläufigen Erben gegenüber vor, so bleibt sie auch nach der Ausschlagung wirksam,[33]) selbst wenn dem Dritten zur Zeit der Vornahme bekannt ist, daß er sich mit einem Erben einläßt, dem die Möglichkeit der Ausschlagung noch offen steht (§ 1959 Abs. 3). Hierunter fallen insbesondere Mahnungen, Kündigungen, Rücktritts-, Anfechtungs-, Genehmigungserklärungen, die Annahme eines vom Erblasser gestellten und durch dessen Tod nicht hinfällig gewordenen Vertragsantrags, das Angebot einer an den Nachlaß geschuldeten Leistung mit der Wirkung des für den endgültigen Erben eintretenden Annahmeverzugs, wenn das ordnungsmäßig Angebotene vom vorläufigen Erben nicht angenommen wird[34]) u. dergl.

ohne Begründung Binder I S. 156 bei Anm. 32, der sich aber III S. 204 bei Anm. 22 selbst berichtigt.

[33]) Aus der Fassung des Gesetzes ist zu schließen, daß die Rechtshandlung, um nach der Ausschlagung wirksam zu bleiben, schon vor der Ausschlagung vollendet gewesen sein muß. Dies wird insbesondere bei einer von einem Dritten in Abwesenheit des vorläufigen Erben abgegebenen Erklärung wichtig (§ 130). Vgl. auch Planck-Ritgen Erl. 4 zu § 1959.

[34]) Herzfelder Erl. 3a zu § 1959 und Kipp bei W. III S. 443 wollen aus Abs. 3 von § 1959 die Entscheidung ableiten, daß der vorläufige Erbe von einem Nachlaßschuldner unter allen Umständen, also auch wenn die im Abs. 2 von § 1959 bezeichneten Voraussetzungen nicht vorliegen, die geschuldete Leistung mit für den Schuldner befreiender Wirkung entgegennehmen könne. Dem ist nicht beizustimmen. Abs. 3 von § 1959 will dritten Personen die Nachteile abnehmen, welche ihnen in Ermangelung einer gesetzlichen Bestimmung leicht erwachsen könnten, wenn ihnen, solange es ungewiß ist, wer sich als endgültiger Erbe herausstellen wird, die wirksame Vornahme von rechtsgeschäftlichen Handlungen, die dem Erben als solchem gegenüber vorgenommen werden müssen, unmöglich gemacht wäre. Um eine rechtsgeschäftliche Handlung solcher Art handelt es sich aber z. B. nicht, wenn ein Nachlaßschuldner dem vorläufigen Erben vorzeitige Erfüllung aufdringen will. Der vorläufige Erbe wird ein derartiges Angebot in aller Regel zurückzuweisen haben und kann es nur dann wirksam, d. h. mit für den Schuldner im Verhältnis zum endgültigen Erben schlechthin befreiender Wirkung annehmen, wenn die Voraussetzung des Abs. 2 von § 1959 gegeben ist (vgl. dazu oben Anm. 29). Auf § 2056 Abs. 2 von Entw. I kann die gegenteilige Meinung nicht mit Erfolg gestützt werden, weil dessen Fassung und Inhalt im § 1959 BGB. nicht festgehalten ist und von der II. Kommission auch nicht festgehalten werden wollte.

4. Schließt der vorläufige Erbe im eigenen Namen[35]) aber auf Rechnung des Nachlasses mit dritten Personen obligatorische Verträge ab, so wird deren Gültigkeit durch die spätere Ausschlagung nicht berührt. Soweit der vorläufige Erbe aus einem solchen Vertrage berechtigt ist, kann aber der endgültige Erbe von ihm nach den für die Geschäftsführung ohne Auftrag maßgebenden Grundsätzen Abtretung des Anspruchs verlangen, und soweit der vorläufige Erbe aus einem solchen Vertrage verpflichtet ist, steht diesem nach Maßgabe derselben Grundsätze gegen den endgültigen Erben ein Anspruch auf Befreiung zu. Von einer Genehmigung eines obligatorischen Vertrags der bezeichneten Art durch den endgültigen Erben mit der Wirkung, daß der Vertrag nunmehr als ein auf den Namen des endgültigen Erben geschlossener gelte, kann nicht die Rede sein.[36])

5. Haben Nachlaßschuldner in Erfüllung ihrer Verbindlichkeiten Gegenstände an den vorläufigen Erben mit der Wirkung geleistet, daß sie hierdurch dem endgültigen Erben gegenüber befreit sind, so muß nach erfolgter Ausschlagung angenommen werden, daß diese Gegenstände zum Nachlaß und mit diesem dem endgültigen Erben gehören. Dasselbe wird hinsichtlich der vom vorläufigen Erben gezogenen und zur Zeit der Ausschlagung noch vorhandenen Früchte von Erbschaftsgegenständen gesagt werden müssen.[37]) Beides ist schon aus § 1953 in Verbindung mit § 1959 zu folgern. Es wird aber noch weiter zu gehen und geradezu zu behaupten sein, daß das

---

[35]) Nicht ausgeschlossen ist freilich die Möglichkeit, daß der vorläufige Erbe einen auf Rechnung des Nachlasses verhandelten Vertrag schon von vornherein auf denjenigen stellt, welcher sich als endgültiger Erbe erweisen wird. Läßt sich der Dritte auf einen derartigen Vertragsschluß ein, so ist damit ein nach § 179 zu beurteilender Vertrag gegeben.

[36]) Nicht zutreffend ist es daher, wenn Planck-Ritgen Erl. 3 zu § 1959 mit Bezug auf einen vom vorläufigen Erben auf dessen Namen geschlossenen zweiseitigen Vertrag von einem negotium claudicans zugunsten des endgültigen Erben spricht; vgl. hiergegen auch Binder I S. 154 bei Anm. 26, S. 155 bei Anm. 30.

[37]) Man denke dabei insbesondere an den Fall, daß sich der vorläufige Erbe irrtümlich, aber ohne daß dabei eine grobe Fahrlässigkeit unterlief (vgl. dazu § 955), für den endgültigen Erben hielt und nach §§ 854 Abs. 1, 872 den Eigenbesitz von fruchttragenden Erbschaftssachen erlangt hat. Zu einer entsprechenden Anwendung des § 2020, der dem Erbschaftsbesitzer im analogen Falle nur eine obligationsrechtliche Verpflichtung zur Herausgabe der Früchte auferlegt, liegt bei unserer Sachlage kein Grund vor.

Surrogationsprinzip in dem in § 2019 für das Verhältnis des wahren Erben zum Erbschaftsbesitzer bestimmten Umfange auch hier eingreift. Das wird besonders praktisch, wenn im Falle einer vom vorläufigen Erben in Ansehung eines Erbschaftsgegenstandes nach Maßgabe von § 1959 Abs. 2 vorgenommenen oder über dieses Maß hinausgehenden aber ausnahmsweise trotzdem wirksamen Verfügung an die Stelle jenes Gegenstandes ein Äquivalent getreten ist.[38])

IV. Bis zur Annahme der Erbschaft und desgleichen, wenn der Erbe unbekannt, oder wenn ungewiß ist, ob er die Erbschaft angenommen hat,[39]) hat das Nachlaßgericht oder die sonstige Nachlaßbehörde für die Sicherung des Nachlasses[40]) zu sorgen (§ 1960 Abs. 1). Dem bisherigen Rechte entsprechend ist also die Behörde auch nach dem BGB. zur fürsorglichen Tätigkeit in Nachlaßsachen berufen. Das Maß dieser Fürsorge war allerdings bisher in den verschiedenen deutschen Rechtsgebieten ein sehr verschiedenes.[41]) In manchen Ländern, so insbesondere in einem großen Teile Bayerns, in Württemberg und Baden hatte grundsätzlich in allen Erbfällen ein amtliches Einschreiten zum Zwecke einer unter behördlicher Leitung

[38]) Gegen die Heranziehung des Surrogationsprinzips scheinbar Binder I S. 154. Er spricht sich speziell für den Fall, daß der vorläufige Erbe einen Nachlaßgegenstand verkauft und über diesen bereits wirksam zugunsten des Käufers verfügt hat, dahin aus, daß der endgültige Erbe die Wahl habe, den vorläufigen Erben mit der Klage aus der Geschäftsführung auf Zession der Kaufpreisforderung zu belangen oder mit der Erbschaftsklage die Herausgabe der Forderung als Erbschaftssurrogat zu verlangen. Darauf ist zu bemerken, daß, dafern das Surrogationsprinzip hinsichtlich der in Frage stehenden Kaufpreisforderung überhaupt eingreift, die Möglichkeit eines auf „Herausgabe der Forderung" gerichteten Erbschaftsanspruchs ausgeschlossen ist (vgl. § 2018), ferner daß die Erhebung des Erbschaftsanspruchs durchaus nicht Voraussetzung für das Eingreifen des Surrogationsprinzips ist, endlich, daß einem endgültigen Erben, soweit er sich hinsichtlich einer vom vorläufigen Erben erworbenen Forderung auf das Surrogationsprinzip berufen kann, die Behelligung des vorläufigen Erben mit einer zweckwidrigen Klage auf Zession nicht zugemutet werden kann.

[39]) Dies kann namentlich im Falle der pro herede gestio zweifelhaft sein.

[40]) Ein Grund zum Eingreifen des Nachlaßgerichts ist auch schon dann vorhanden, wenn die im Texte angegebenen Voraussetzungen nur in Ansehung eines Miterben vorliegen.

[41]) Rechtsvergleichendes Material bringen bei: Unger: Die Verlassenschaftsabhandlung in Österreich (1862), Randa: Der Erwerb der Erbschaft (1867). Vgl. ferner Weißler: Das deutsche Nachlaßverfahren (1900).

durchzuführenden, mehr oder weniger umfassenden sogenannten Verlassenschaftsbehandlung stattzufinden. In den Gebieten des gemeinen, preußischen und sächsischen Rechtes wurde dagegen die Ordnung des Nachlasses im wesentlichen als Angelegenheit der Beteiligten angesehen und kam es zu einem amtlichen Einschreiten nur ausnahmsweise, aus besonderen Gründen und zu beschränktem Zwecke. Das BGB. hat sich der letzteren Auffassung angeschlossen.

1. Als Nachlaßbehörde kennt das BGB. nur das Nachlaßgericht. Hierdurch unberührt bleiben jedoch die landesgesetzlichen Vorschriften, nach welchen für die dem Nachlaßgericht obliegenden Verrichtungen andere als gerichtliche Behörden zuständig sind (Art. 147 Abs. 1 EG.). Soweit solche Vorschriften fehlen, sind für die bezeichneten Verrichtungen die Amtsgerichte zuständig. Die örtliche Zuständigkeit bestimmt sich im allgemeinen nach dem Wohnsitz des Erblassers und in Ermangelung eines inländischen Wohnsitzes nach dem inländischen Aufenthalt des Erblassers zur Zeit des Erbfalls.[42]) Für die Sicherung des Nachlasses ist jedes Amtsgericht zuständig, in dessen Bezirk das Bedürfnis der Fürsorge hervortritt (§§ 73, 74 FGbG.). Doch sind die von einem Amtsgericht als Nachlaßgericht vorgenommenen gerichtlichen Handlungen wegen örtlicher Unzuständigkeit desselben noch nicht unwirksam (§ 7 FGbG.).[43])

2. Abgesehen von der unter Z. 3 noch genauer zu besprechenden

[42]) Hatte der deutsche Erblasser zur Zeit des Erbfalls im Inlande weder Wohnsitz noch Aufenthalt, so ist das Gericht zuständig, in dessen Bezirk der Erblasser seinen letzten inländischen Wohnsitz hatte, und wird in Ermangelung eines solchen das zuständige Amtsgericht, falls der Erblasser zur Zeit des Erbfalls einem Bundesstaat angehörte, von der Landesjustizverwaltung, anderenfalls vom Reichskanzler bestimmt. In Ansehung eines ausländischen Erblassers, der zur Zeit des Erbfalls im Inlande weder Wohnsitz noch Aufenthalt hatte, ist jedes Amtsgericht, in dessen Bezirk sich Nachlaßgegenstände befinden, in Ansehung aller im Inlande befindlichen Nachlaßgegenstände zuständig. Vgl. § 73 Abs. 2, 3 FGbG. und den daselbst berufenen Abs. 2 von § 2369 BGB.

[43]) In betreff des Verfahrens in Nachlaßsachen vgl. §§ 72 ff. in Verbindung mit den allgemeinen Vorschriften der §§ 1 ff. FGbG. Vgl. hierzu das bereits oben Anm. 41 genannte Buch von Weißler, ferner Märker, Nachlaßbehandlung (17. von Köhne und Feist bearbeitete Aufl., 1902), Jastrow, Formularbuch und Notariatsrecht (1899), Peiser, Testamentsrecht (1902) endlich die Kommentare z. FGbG. von Weißler, Rausnitz, Schultze-Görlitz und Oberneck.

Fürsorge weisen das BGB., das FGbG. und die CPO. dem Nachlaßgericht noch folgende Verrichtungen zu:

a) Die in den §§ 2259 bis 2263, 2273 und 2300 bestimmte Mitwirkung bei der Eröffnung von Verfügungen von Todes wegen (vgl. auch § 83 FGbG.).

b) Die Einholung der Genehmigung einer vom Erblasser durch Verfügung von Todes wegen errichteten Stiftung, dafern sie nicht von dem Erben oder dem Testamentsvollstrecker nachgesucht wird (§ 83 BGB.).

c) Die Entgegennahme der ihm gegenüber zu erklärenden Anfechtung gewisser letztwilliger oder erbvertragsmäßiger Verfügungen (§§ 2081, 2281).

d) Die Mitwirkung bei der Ausschlagung und unter Umständen auch bei der Annahme einer Erbschaft, sowie bei der Anfechtung der Ausschlagung oder Annahme durch Entgegennahme von Erklärungen und durch Mitteilung der abgegebenen Erklärungen an die Beteiligten (§§ 1945, 1946, 1953, 1955, 1957).

e) Die Vornahme der in den §§ 1965 Abs. 1, 1983, 2358 Abs. 2 vorgeschriebenen Bekanntmachungen.

f) Die Feststellung des Umstandes, daß ein anderer Erbe als der Fiskus nicht vorhanden ist (§ 1964).

g) Die Einleitung des Aufgebotsverfahrens zum Zwecke der Ausschließung von Nachlaßgläubigern nach Maßgabe der §§ 1970, 2060 Z. 1 BGB. in Verbindung mit den §§ 989 ff. CPO.

h) Die in den §§ 2198 bis 2200, 2216 Abs. 2, 2224, 2226 bis 2228 bestimmte Mitwirkung im Falle einer angeordneten Testamentsvollstreckung.

i) Die Mitwirkung bei der Auseinandersetzung unter Miterben nach Maßgabe der §§ 86 ff. FGbG. (vgl. auch §§ 192, 193 FGbG.) und die Entgegennahme der Anmeldungen von Nachlaßforderungen im Falle der von einem Miterben nach Maßgabe des § 2061 ergangenen öffentlichen Aufforderung.

k) Die Entgegennahme der in den §§ 2146, 2384 vorgeschriebenen Anzeigen von dem Eintritt der Nacherbfolge bezw. von dem Verkauf der Erbschaft.

l) Die Erteilung, Einziehung und Kraftloserklärung des Erbscheins (§§ 2353 ff.) und der in den §§ 2368 und 1507 bezeichneten Zeugnisse.

m) Die Anordnung und Beaufsichtigung der Nachlaßverwaltung (§§ 1981 ff.), die Bestimmung der Inventarfrist (§§ 1994 bis 1996, vgl. übrigens auch § 1999), die Entgegennahme des aufgenommenen Inventars und unter Umständen die Aufnahme selbst (§§ 1993, 2003), die Abnahme des Offenbarungseides (§ 2006).

n) Die Entgegennahme gewisser auf die fortgesetzte Gütergemeinschaft sich beziehenden Erklärungen (§§ 1491, 1492) und unter bestimmten Voraussetzungen die Entgegennahme der Anfechtung einer Ehe (§ 1342) und der Anfechtung der Ehelichkeit eines Kindes (1597).

3. Die vom Nachlaßgericht kraft der ihm hinsichtlich des Nachlasses obliegenden Fürsorge[44]) zu treffenden und im Gesetz nicht erschöpfend angegebenen Maßregeln können insbesondere in der Anlegung von Siegeln,[45]) in der Hinterlegung von Geld, Wertpapieren und Kostbarkeiten, in der Aufnahme eines Nachlaßverzeichnisses[46]) und in der Bestellung eines Nachlaßpflegers bestehen (§ 1960).

V. Einer genaueren Erörterung bedarf der Fall der vom Nachlaßgericht nach Maßgabe des § 1960 angeordneten Nachlaßpflegschaft.[46a])

1. Die Anordnung hat zu erfolgen, soweit sie zum Zwecke der Fürsorge für den Nachlaß geboten ist,[47]) insbesondere — aber auch

---

[44]) Vgl. Binder I S. 177 ff.

[45]) Ein vom Erblasser ausgesprochenes Verbot der Siegelung wird als unwirksam behandelt werden müssen. Der Behauptung Binders I S. 182 u. S. 183 Anm. 37, daß dem Erben durch die Siegelung der auf ihn ipso iure übergangene Besitz an den dabei in Frage stehenden Nachlaßsachen entzogen werde, daß sich diese während der Dauer der Siegelung in niemandes Besitz befinden, und daß der Erbe, um nach Aufhebung der Siegelung Besitz wieder zu erlangen, Besitzergreifungshandlungen vornehmen müsse, kann nicht beigestimmt werden. In der Siegelung wird vielmehr nur eine ihrer Natur nach vorübergehende Verhinderung (des Erben) in der Ausübung der Gewalt im Sinne des § 856 Abs. 2 zu erblicken sein.

[46]) Durch das BGB. unberührt bleiben die landesgesetzlichen Vorschriften, nach welchen das Nachlaßgericht auch unter anderen als den im § 1960 Abs. 1 bezeichneten Voraussetzungen die Anfertigung eines Nachlaßverzeichnisses sowie bis zu dessen Vollendung die erforderlichen Sicherungsmaßregeln, insbesondere die Anlegung von Siegeln von Amts wegen anordnen kann oder soll (Art. 140 EG.; vgl. hierzu auch § 200 FGbG.).

[46a]) Vgl. Binder I S. 184 ff.

[47]) Über den Fall der Fortsetzung einer zur Zeit des Todes des Schuldners gegen diesen bereits begonnenen Zwangsvollstreckung vgl. § 779 CPO.

hier nur soweit das eben Gesagte zutrifft — auf Antrag eines Nachlaßgläubigers, auf daß ihm die Geltendmachung eines gegen den Nachlaß sich richtenden Anspruchs ermöglicht werde (§§ 1960, 1961).

Außer der nach § 1960 anzuordnenden kennt übrigens das Gesetz auch noch eine dem Zwecke der Befriedigung der Nachlaßgläubiger dienende Nachlaßpflegschaft; sie führt die technische Bezeichnung „Nachlaßverwaltung“ und unterliegt besonderen, an dieser Stelle noch nicht zu besprechenden Vorschriften (vgl. vorläufig die §§ 1981 ff.).

2. Der nach § 1960 bestellte Nachlaßpfleger ist mit Rücksicht darauf, daß die Erbschaft für die juristische Beurteilung niemals als eine ruhende in Betracht kommen kann, nicht bloßer curator bonorum, sondern immer curator personae;[48]) er vertritt aber nicht eine individuell bereits feststehende Person, sondern schlechthin denjenigen, welcher sich als der wirkliche Erbe herausstellen wird (§ 1960 Abs. 2). Er unterscheidet sich daher auch wesentlich von dem für einen bestimmten wirklichen oder vermeintlichen Erben, dessen Aufenthalt unbekannt ist, nach § 1911 bestellten Abwesenheitspfleger, wie von dem für einen nasciturus zur Wahrung der künftigen Rechte, also insbesondere des künftigen Erbrechts desselben nach § 1912 bestellten Pfleger.[48a]) Liegen die Voraussetzungen zur Anordnung einer Nachlaßpflegschaft nur in Ansehung eines Erbteils vor, so vertritt der Nach-

---

[48]) Anderer Ansicht allerdings Hellwig, Anspruch und Klagrecht S. 73 (vgl. auch desselben Schriftstellers Civilprozeßrecht I S. 299). Er erblickt in dem Nachlaßpfleger des § 1960 lediglich einen Vertreter des Nachlasses und sucht diese Auffassung insbesondere auch mit der Behauptung zu rechtfertigen, daß das von einem Nachlaßgläubiger gegen den Nachlaßpfleger erwirkte Urteil keinen Vollstreckungstitel gegen den Erben in betreff des Eigenvermögens des letzteren gebe. Allein gerade für diese Behauptung fehlt es an jedem gesetzlichen Anhaltspunkt. Auf Grund der Bestimmung des § 1960 muß vielmehr angenommen werden, daß der Nachlaßgläubiger, sobald die Annahme der Erbschaft durch den Erben feststeht, auf Grund des gegen den Nachlaßpfleger erwirkten Titels der Zwangsvollstreckung eine gegen den Erben sich richtende vollstreckbare Ausfertigung erlangen und auf Grund dieser, vorbehaltlich des dem Erben zukommenden Rechtes zur Beschränkung der Haftung, Zwangsvollstreckung in das Eigenvermögen des Erben führen kann. Die Ausführung bei Hellwig, Wesen und subjektive Begrenzung der Rechtskraft S. 205 Anm. 8 läßt unberücksichtigt, was schon in der 2. Aufl. d. B. S. 597 Anm. 4 gesagt worden ist. Für die Auffassung des Textes jetzt auch Binder (vgl. besonders S. 194, 197).

[48a]) Vgl. auch Binder I S. 203 Anm. 86.

laßpfleger denjenigen, welcher sich rücksichtlich dieses Erbteils als Erbe herausstellen wird.[49])

3. Wie auf andere Pflegschaften, finden auch auf die Nachlaßpflegschaft die für die Vormundschaft geltenden Vorschriften nach Maßgabe des § 1915 entsprechende Anwendung. Hierbei sind vorzugsweise die Bestimmungen der §§ 1785 (betr. die allgemeine Verpflichtung zur Übernahme von Vormundschaften bezw. Pflegschaften), 1836 (Prinzip der Unentgeltlichkeit der Vormundschafts- bezw. Pflegschaftsführung) von Belang.[50]) Als völlig unanwendbar erweisen sich dagegen offenbar die Vorschriften der §§ 1776 bis 1778 über die Berufung zur Vormundschaft. Denn sie beruhen auf der bei der Nachlaßpflegschaft nicht zutreffenden Voraussetzung, daß eine individuell bereits feststehende Person zu vertreten ist. Zufolge der besonderen Bestimmung des § 1962 tritt für die Nachlaßpflegschaft an die Stelle des Vormundschaftsgerichts das Nachlaßgericht. Doch kann das letztere die Führung der Pflegschaft nach Maßgabe der §§ 46, 75 FGbG. an ein anderes Amtsgericht abgeben, wenn sich dieses zur Übernahme bereit erklärt. Hinsichtlich des Verfahrens finden auf die Nachlaßpflegschaft die für die Vormundschaft geltenden Vorschriften Anwendung (§ 75 FGbG.).

4. Die Aufgaben des Nachlaßpflegers ergeben sich aus dem Zwecke dieser Pflegschaft. Ihm obliegt die Ermittelung des Erben, dafern dieser unbekannt ist, die Sorge für die Erhaltung und regelmäßig auch[51]) (§ 2017) die Verwaltung des Nachlasses.[52]) Über

---

[49]) Die Auffassung Hellwigs (vgl. oben Anm. 48) erweist sich hier als undurchführbar.

[50]) Nach beiden im Texte hervorgehobenen Richtungen hin entscheidet das Gesetz bei der Nachlaßverwaltung anders; vgl. §§ 1981 Abs. 3, 1987.

[51]) Binder I S. 196, 197 behauptet, daß der Nachlaßpfleger immer zur Verwaltung des Nachlasses befugt sei. Dies geht zu weit. So ist z. B. der nur in Ansehung eines Erbteils bestellte Nachlaßpfleger gewiß nicht zur Verwaltung des Nachlasses, sondern nur zur Mitverwaltung berufen. Man berücksichtige ferner den Fall, daß bei Vorhandensein eines zur Verwaltung des Nachlasses berufenen Testamentsvollstreckers ein Nachlaßpfleger lediglich deswegen bestellt wird, damit ein Pflichtteilsberechtigter seinen Pflichtteilsanspruch geltend machen kann (vgl. § 1961 in Verbindung mit § 2213 Abs. 1 Satz 3). Zu weit gehend daher auch die Ausführung von Frommhold Erl. 1 a. E. zu § 2205.

[52]) Hierbei sind die Vorschriften der §§ 1802 ff. entsprechend anzuwenden.

Nachlaßgegenstände[53]) kann er nach Maßgabe der entsprechend anzuwendenden vormundschaftsrechtlichen Bestimmungen und daher unter Umständen nur mit Genehmigung des Nachlaßgerichts verfügen. Zum Zwecke der Erhaltung und Verwaltung des Nachlasses kann er Verbindlichkeiten eingehen, die den Charakter von Nachlaßverbindlichkeiten haben. Er ist nach § 991 CPO. zum Antrag auf Aufgebot der Nachlaßgläubiger, nach § 175 ZVG. und unter den daselbst bezeichneten Voraussetzungen zum Antrag auf Zwangsversteigerung eines zum Nachlaß gehörenden Grundstücks und nach § 217 KO. zum Antrag auf Eröffnung des Nachlaßkonkurses berechtigt. In Ansehung von auf den Nachlaß sich beziehenden und hierdurch wieder den Erben als solchen berührenden Rechtsstreitigkeiten ist der Nachlaßpfleger aktiv und passiv legitimiert. Das für und gegen den Nachlaßpfleger erlassene Urteil wirkt für und gegen den Erben. Gegen den Nachlaß sich richtende Ansprüche, deren gerichtliche Geltendmachung gegen den Erben (weil dieser die Erbschaft noch nicht angenommen hat) nach § 1958 vorerst ausgeschlossen ist, können gegen den Nachlaßpfleger — jedoch unbeschadet der auch ihm nach Maßgabe der §§ 2014, 2015, 2017 zustehenden sogenannten aufschiebenden Einreden — allerdings verfolgt werden.

Den Nachlaßgläubigern gegenüber ist der Nachlaßpfleger zur Erteilung von Auskunft über den Bestand des Nachlasses verpflichtet. Eine Inventarfrist kann ihm jedoch nicht bestimmt werden und auf die Beschränkbarkeit der Haftung des Erben kann er nicht verzichten (§ 2012).

Eine besonders hervorzuhebende Pflicht des Nachlaßpflegers besteht in der Beobachtung der in den §§ 1979, 1980 hinsichtlich der Befriedigung von Nachlaßgläubigern bestimmten Vorsichten.

Zur Erklärung der Annahme oder Ausschlagung derjenigen Erbschaft, bezüglich welcher die Nachlaßpflegschaft angeordnet ist,[54]) oder zur Führung von Prozessen über das Recht zur Nachfolge in

---

[53]) Vgl. hierzu auch § 41 GbO.

[54]) Als möglich wird dagegen anzusehen sein eine durch den Nachlaßpfleger erfolgende Annahme oder mit Genehmigung des Nachlaßgerichts erfolgende Ausschlagung einer dem Erblasser angefallenen und von diesem noch nicht angenommenen Erbschaft, die als Bestandteil des Nachlasses mit dem Rechte der Ausschlagung auf denjenigen übergegangen ist, welcher sich als Erbe dieses Erblassers herausstellt.

diese Erbschaft ist der Nachlaßpfleger keinesfalls berufen; beides ergibt sich als notwendige Folge davon, daß der Nachlaßpfleger immer nur Vertreter desjenigen ist, welcher sich als der wirkliche Erbe herausstellt.

5. Fällt dem Nachlaßpfleger in dieser seiner Eigenschaft ein Verschulden zur Last, so ist er dem dadurch geschädigten Erben selbstverständlich schadensersatzpflichtig.

Welche Beurteilung hat aber einzutreten, wenn durch das Verschulden des Nachlaßpflegers die Nachlaßgläubiger geschädigt werden? Die nächstliegende Antwort scheint zu sein, daß der Nachlaßpfleger im bezeichneten Falle lediglich dem Erben gegenüber haftbar ist, während dieser wieder den Nachlaßgläubigern gegenüber das Verschulden des Nachlaßpflegers nach § 278 zu vertreten hat.[55] Allein das praktische Ergebnis dieser Entscheidung und somit auch diese selbst steht mit einem Grundgedanken unseres Erbrechts in offenbarem Widerspruch.[56] Läßt man nämlich den Erben für das Verschulden des Nachlaßpflegers schlechthin nach § 278 haften, so bedeutet dies, daß der Erbe ungeachtet der ihm vom Gesetz in Aussicht gestellten Beschränkbarkeit seiner Haftung und selbst bei Beobachtung aller nur erdenklichen Vorsicht im Falle der Nachlaßpflegschaft für das Verschulden des Nachlaßpflegers den Nachlaßgläubigern schlechthin unbeschränkt auf Schadensersatz haftet,[57] ohne gegen die ihm hieraus erwachsenden Gefahren und Nachteile durch den unsicheren Rückgriff gegen den Nachlaßpfleger genügend gesichert zu sein. Am schlimmsten steht es dabei mit dem Fiskus als dem notwendigen Erben aller Erblasser, die einen anderen Erben nicht finden können. Der durch das Nachlaßgericht ausgesprochenen Feststellung, daß in betreff einer Erbschaft ein anderer Erbe als der Fiskus nicht vorhanden ist (§ 1964), wird die Anordnung einer Nachlaßpflegschaft sehr häufig vorangegangen sein. Die Möglichkeit einer aus der schlechthin un-

---

[55]) Für diese Ansicht insbesondere Planck-Ritgen S. 37, 95.

[56]) Vgl. auch Hellwig Anspruch und Klagrecht S. 242, Titze, Unmöglichkeit der Leistung (1900) S. 87 und Kreß S. 139.

[57]) Man erwäge hierbei folgendes: Nach § 278 hat der Schuldner das Verschulden seines gesetzlichen Vertreters in gleichem Umfang zu vertreten wie sein eigenes Verschulden. Im Falle eines den Nachlaßgläubigern durch sein eigenes Verschulden zugefügten Schadens kann sich aber der Erbe auf die Vorschriften über die Beschränkung der Haftung selbstverständlich nicht berufen.

beschränkten Haftung des Erben für das Verschulden des Nachlaßpflegers sich ergebenden Benachteiligung würde daher gerade für den Fiskus ganz besonders naheliegend sein. Die Unvereinbarkeit einer solchen Belastung des Erben überhaupt und des Fiskus als gesetzlichen Erben insbesondere mit den für die Haftung des Erben für die Nachlaßverbindlichkeiten maßgebenden Grundsätzen ergibt sich mit voller Deutlichkeit aus der Vorschrift des § 1967. Ihr zufolge sind alle Verbindlichkeiten, für die der Erbe als solcher zu haften hat, Nachlaßverbindlichkeiten. Damit ist zugleich gesagt, daß hinsichtlich aller dieser Verbindlichkeiten die Vorschriften über die Beschränkbarkeit der Haftung des Erben eingreifen. Die vorhin erwähnte Entscheidung setzt sich hierüber hinweg. Denn sie bürdet einerseits dem Erben als solchem — indem sie ihn für ein die Nachlaßgläubiger schädigendes Verhalten des Nachlaßpflegers nach § 278 haften läßt — Verbindlichkeiten auf und läßt ihn für dieselben doch zugleich wieder nicht nach den für die Haftung für Nachlaßverbindlichkeiten maßgebenden Grundsätzen, sondern schlechthin unbeschränkt haften. Das ist offensichtlich unannehmbar, und die Entscheidung kann daher nur dahin getroffen werden, daß der Erbe für das Verschulden des Nachlaßpflegers nur nach Maßgabe der Vorschriften über die Beschränkbarkeit der Haftung haftet und daß der Nachlaßpfleger, soweit durch sein Verschulden eine Schädigung der Nachlaßgläubiger herbeigeführt worden ist, diesen unmittelbar schadensersatzpflichtig ist.[58])

6. Die Beendigung der Nachlaßpflegschaft erfolgt durch ihre vom Nachlaßgericht ausgesprochene Aufhebung,[59]) und eine Entscheidung in diesem Sinne ist zu treffen, sobald der Grund zur Anordnung der Nachlaßpflegschaft weggefallen ist (§§ 1919, 1962).

---

[58]) Hinsichtlich des Nachlaßverwalters ist im § 1985 Abs. 2 ausdrücklich vorgeschrieben, daß er auch den Nachlaßgläubigern verantwortlich sei, während in betreff des gewöhnlichen Nachlaßpflegers eine analoge Vorschrift fehlt. Mit Rücksicht hierauf wird eine unmittelbare Verantwortlichkeit des nach §§ 1960 bis 1962 zu beurteilenden Nachlaßpflegers den Nachlaßgläubigern gegenüber von Planck-Ritgen S. 37 unter ζ und Binder I S. 203 Anm. 80 geleugnet. Die im Texte vorgebrachten Erwägungen werden aber dabei nicht berücksichtigt. Vgl. auch Kreß S. 140.

[59]) Die Nachlaßpflegschaft kann also noch einige Zeit fortdauern, nachdem es zum endgültigen Erbschaftserwerb durch einen bestimmten Erben bereits gekommen ist. Daraus und aus dem weiteren Umstande, daß ein endgültiger Erbschaftserwerb möglicherweise sogar schon zur Zeit der Bestellung des Nach-

2. Abschnitt.

Die rechtliche Stellung des Erben.

I. Die rechtlichen Folgen des Erbschaftserwerbs im Allgemeinen.

§ 63.

I. An den Erbschaftserwerb knüpft sich unter der Voraussetzung, daß er zum definitiven wird, der Eintritt des Erben als Gesamtnachfolgers des Erblassers in die den Nachlaß bildenden Rechtsverhältnisse. Dieser Eintritt gilt, abgesehen von dem Falle der Nacherbfolge, sonst überall als ein bereits mit dem Erbfall erfolgter.[1]) Ist der zum unmittelbaren Erwerb gelangende Erbe nur ein Vorerbe, der später durch einen Nacherben abgelöst wird, so findet der Übergang der zur Erbschaft gehörenden Rechtsverhältnisse auf den Nacherben mit dem Eintritt des Falles der Nacherbfolge statt. Hierbei ist jedoch wohl zu beachten, daß der Nacherbe nicht schlechthin in diejenigen Rechtsverhältnisse eintritt, welche die Erbschaft zur Zeit des Erbfalls gebildet hatten. Es liegt vielmehr in der Natur der

---

laßpflegers vorliegt (vgl. § 1960 Abs. 1 Satz 2), ergibt sich ein erhebliches Argument gegen die von Hellwig (vgl. oben Anm. 48) vertretene Konstruktion der Nachlaßpflegschaft. Ihr zufolge müßte der Nachlaß während der Dauer der Nachlaßpflegschaft als juristische Person behandelt werden, die nur vom Nachlaßpfleger vertreten werden kann. Demgegenüber ist aber zu sagen, daß die von dem bereits endgültigen Erben während der Dauer der Nachlaßpflegschaft über Nachlaßgegenstände vorgenommenen Verfügungen und geführten Prozesse genau so zu beurteilen sind, wie nach § 115 Abs. 1 die von einem Entmündigten, dessen Entmündigung infolge einer Anfechtungsklage aufgehoben worden ist, vor Aufhebung des Entmündigungsbeschlusses vorgenommenen Rechtsgeschäfte.

[1]) Vgl. Bd. I § 2 d. D. Unzutreffend ist es, wenn Binder I S. 73. von einem resolutiv bedingten Rechte des vorläufigen und infolge späterer Ausschlagung zum endgültigen Erbschaftserwerb nicht gelangenden Erben redet. Beim Eintritt der auflösenden Bedingung im techn. S. tritt niemals (§ 158 Abs. 2) Rückziehung ein. Im Falle des § 1953 handelt es sich um eine condicio iuris, mit deren Eintritt der Anfall an den Ausschlagenden als nicht erfolgt und der Anfall an den nunmehr zur Erbfolge Gelangenden als mit dem Erbfall erfolgt gilt. Vgl. auch Hellwig, Civilprozeßr. I S. 296 Anm. 6 und jetzt Binder selbst III S. 202 Anm. 14.

Dinge, daß diese Rechtsverhältnisse während der Dauer des Rechtes des Vorerben mehr oder minder erhebliche Veränderungen erfahren, so daß der Nacherbe beim Eintritt des Falles der Nacherbfolge nicht selten in Rechtsverhältnisse einrückt, die zur Zeit des Erbfalls überhaupt nicht, oder doch in ihrer gegenwärtigen Gestalt noch nicht vorhanden waren.[2])

II. Aus dem Wesen der Erbfolge als einer Gesamtnachfolge ergibt sich von selbst, daß die für den rechtsgeschäftlichen Erwerb einzelner Rechte maßgebenden Grundsätze bei dem durch Erbgang vermittelten Erwerb keine Rolle spielen können. Demgemäß gehen daher insbesondere zum Nachlaß gehörende Rechte, zu deren rechtsgeschäftlicher Übertragung es der Eintragung des Erwerbers im Grundbuch bedarf, auf den Erben ohne Eintragung über. Rechtlich gleichgültig ist aber die Eintragung des Erben trotzdem nicht; denn durch sie erst wird ihm voll und ganz die Möglichkeit dinglicher Verfügung vermittelt.[3]) Ihrer rechtlichen Natur nach ist aber die auf Grund der eingetretenen Gesamtnachfolge stattfindende Eintragung des Erben doch immer eine nur rechtsbekundende, nicht eine rechtsbegründende. Das eben Gesagte trifft auch dann zu, wenn infolge des Eintritts des Falles der Nacherbfolge der Übergang der Erbschaft von dem Vorerben auf den Nacherben stattfindet. Steht hier in Ansehung eines der Nacherbfolge unterliegenden Gegenstandes der Vorerbe als Berechtigter im Grundbuch, so gelangt nunmehr in Ansehung dieses Gegenstandes das Recht des Nacherben selbst dann ohne weiteres zur Existenz, wenn bei der Eintragung des Rechtes des Vorerben der die gleichzeitige Eintragung des Rechtes des Nacherben vorschreibenden Bestimmung des § 52 GbO. (etwa deshalb, weil damals das die Anordnung der Nacherbfolge enthaltende Testament noch nicht verkündet war) nicht entsprochen worden ist. Mit Rücksicht auf den von Rechts wegen eingetretenen Erwerb des Nacherben ist also der zugunsten des Vorerben lautende Bucheintrag[4]) unrichtig geworden.[5])

---

[2]) Vgl. dazu Bd. I §§ 28 (s. besonders S. 181 ff.), 28a (s. besonders S. 196, 197) d. W.

[3]) Vgl. hierzu die Ordnungsvorschrift des § 40 Abs. 1 in Verbindung mit § 41 GbO.

[4]) In betreff der vom Vorerben über ein zur Erbschaft gehörendes Grundstück oder ein solches Recht an einem Grundstück getroffenen Verfügungen

III. Zu den vererblichen Rechtsverhältnissen gehört nach § 857 auch der Besitz.[6]) Das BGB. geht hierdurch über die römische Auffassung erheblich hinaus; denn die possessio des römischen Rechts war grundsätzlich unvererblich.[7]) Durch die deutschen Rechtsquellen wird uns dagegen bezeugt, daß die Gewere, d. i. der deutsch-rechtliche Besitz des Mittelalters, auf den Erben allerdings überging;[8]) dieser, auch schon von anderen modernen Gesetzgebungen angenommenen Entscheidung schließt sich also das BGB. an.

Einzelnes:

1. Infolge des Erbfalls kann Besitz auf den Erben nur insoweit übergehen, als der Erblasser zur Zeit seines Todes noch Besitzer war. Der Übergang des Besitzes des Erblassers auf den Erben muß

---

vgl. Bd. I S. 181 d. D. und dazu jetzt den guten Aufsatz von Thiesing: Einige Bemerkungen über das Rechtsverhältnis zwischen Vorerben und Nacherben im Arch. f. civil. Praxis Bd. 94 S. 229 ff. Er beschäftigt sich mit zwei Punkten: 1. Mit der Auslegung des § 2113 Abs. 1. Es wird hier gegenüber den verfehlten Ausführungen von Salinger im Arch. f. bürg. R. Bd. 19 S. 161 richtig festgestellt, daß es bei der Entscheidung der Frage, ob eine nach § 2113 Abs. 1 zu beurteilende Verfügung des Vorerben im Falle des Eintritts der Nacherbfolge das Recht des Nacherben vereiteln oder beeinträchtigen würde, lediglich auf den Charakter der Verfügung ankommt und ganz und gar nicht darauf, ob das vom Dritten, zu dessen Gunsten verfügt worden ist, für die Vornahme der Verfügung zugesagte oder gewährte Äquivalent ein angemessenes ist. 2. Thiesing weist sodann mit Recht darauf hin, daß § 52 GbO. den Fall unerledigt läßt, wo der Vorerbe seine Eintragung im Grundbuch nicht begehrt, sondern auf Grund des § 41 GbO., ohne als Rechtsnachfolger des Erblassers eingetragen zu sein, über das zur Erbschaft gehörende bücherliche Recht verfügt. Im Gegensatz zu Thiesing, der von einer bedauerlichen und durch Analogie nicht zu beseitigenden Lücke spricht (S. 257), dürfte anzunehmen sein, daß in dem bezeichneten Falle nach Analogie des § 52 GbO. das aus den vom Vorerben vorgelegten Urkunden ersichtliche eventuelle Recht des Nacherben von Amts wegen einzutragen ist (vgl. auch Blankmeister im Recht, 1901 S. 424).

[5]) Vgl. hierzu §§ 894 (betreffend den Anspruch auf Grundbuchberichtigung), 899 (betreffend die Eintragung eines Widerspruchs im Grundbuch).

[6]) Die nachfolgenden Ausführungen beruhen im wesentlichen auf des Verfassers Darstellung des Sachbesitzes nach dem BGB. in Iherings Jahrbüchern, Bd. 38 S. 1 bis 137; vgl. insbesondere S. 96 ff. Einige Punkte sind jedoch hier weiter ausgeführt.

[7]) Über einige Ansätze zur Vererblichkeit vgl. des Verfassers Sukzession in den Besitz (1885) S. 222 ff.

[8]) Vgl. Stobbe-Lehmann, Handb. des deutschen Privatrecht II, 3. Aufl. S. 206 ff.

aber auch rücksichtlich derjenigen Sachen als ausgeschlossen angesehen werden, welche infolge der Umstände, unter denen der Tod des Erblassers erfolgt ist, in eine Lage geraten sind, vermöge welcher die Möglichkeit einer Ausübung der tatsächlichen Gewalt durch den Erben nicht mehr gegeben ist. Versinkt z. B. eine Sache derart im Meere, daß auf ihre Wiedererlangung nicht mehr gerechnet werden kann, so ist ihrem bisherigen Besitzer der Besitz an ihr zweifellos verloren gegangen. Besitzverlust muß aber in gleicher Weise auch angenommen werden, wenn mit der Sache auch der Besitzer selbst in solcher Weise im Meere versinkt. An die Möglichkeit eines Besitzübergangs auf den Erben ist hier nicht zu denken.[9])

2. Die Vererbung des Besitzes hat man sich nicht als einen Übergang der tatsächlichen Beziehungen des Erblassers zu der von ihm besessenen Sache auf den Erben vorzustellen. Diese haben vielmehr durch den Tod des Erblassers in der Tat ihr Ende erreicht. Was auf den Erben übergeht, sind also nur die rechtlichen Folgen derjenigen Vorgänge, welche für den Erblasser Besitz begründet und erhalten haben; diese Rechtsfolgen kommen nunmehr dem Erben, ohne daß für ihn ein der Vorschrift des § 854 Abs. 1 entsprechender besitzbegründender Vorgang vorzuliegen braucht, in gleicher Weise zu statten, wie sie dem Erblasser selbst zu statten kommen würden, wenn dieser noch lebte.[10])

---

[9]) Vgl. aber auch Planck-Greiff (3. Aufl. Erl. 3 zu § 857). Daselbst wird bemerkt, daß die ganze Frage nur praktisch werde, wenn die Sache wieder zum Vorschein komme und daß gerade in diesem Falle dem Erben die tatsächliche Gewalt nicht entzogen sei. Damit ist bereits zugegeben, daß, wenn die Sache nicht mehr zum Vorschein kommt, der Übergang des Besitzes auf den Erben reine Illusion ist. Kommt aber die Sache wieder zum Vorschein, so kann daraus allein auf einen Übergang des Besitzes noch nicht geschlossen werden. Die Beurteilung muß vielmehr ganz dieselbe sein, wie sie stattzufinden haben würde, wenn nur die Sache und nicht mit ihr zugleich auch ihr Besitzer versunken wäre. In diesem Falle würde aber Fortdauer des Besitzes an der versunkenen Sache gewiß nicht schon aus dem Grunde anzunehmen sein, weil die Sache nach zehn Jahren infolge eines Zufalls wieder zum Vorschein kommt. Im Falle des Versinkens der Sache mit ihrem bisherigen Besitzer kann nicht anders entschieden werden. Denn wie sollte der Tod des Besitzers das Mittel zur Erhaltung des Besitzes einer Sache sein können, der vermöge der Lage, in welche die Sache geraten ist, dem bisherigen Besitzer jedenfalls verloren gegangen sein würde, wenn dieser nicht gestorben wäre?

[10]) Die wichtigste Rechtsfolge des Besitzes ist der Schutz gegen verbotene Eigenmacht. Solange der besitzende Erblasser lebt, greifen die den Schutz

3. Tritt in betreff des zur Erbfolge zunächst Berufenen ein Umstand ein, vermöge dessen der an ihn erfolgte Anfall der Erbschaft als nicht erfolgt zu gelten hat, so ist nach rückwärts hin anzunehmen, daß ein nach § 857 zu beurteilender Übergang des Besitzes auf den Weggefallenen niemals stattgefunden hatte.[11]) Der Besitz des Erblassers gilt dann vielmehr als mit dem Erbfall auf denjenigen übergegangen, welcher nach § 1953 Abs. 2 nunmehr als Erbe in Betracht kommt. Soweit jedoch der Weggefallene an den zum Nachlaß gehörenden Sachen Besitz bereits selbständig begründet hatte, wird hieran durch seinen späteren Wegfall nichts geändert.[12]) Wenn schon nämlich die Vorschrift des § 857 zugunsten des wahren Erben auch hier eingreift, so ist doch zugleich anzunehmen, daß diesem der ihm nach rückwärts hin für die Zeit vom Erbfall bis zur Besitzergreifung durch den vorläufigen Erben[13]) zuzuschreibende Be-

des Besitzes bezweckenden Vorschriften für ihn derart ein, daß ihm für den Fall der Verübung verbotener Eigenmacht die besitzrechtlichen Ansprüche der §§ 861, 862 in Aussicht gestellt sind. Mit des Erblassers Tode greifen diese Vorschriften zugunsten des Erben ein, so daß also, wenn hinsichtlich der bisher vom Erblasser besessenen Sachen verbotene Eigenmacht erst nach dem Erbfall verübt wird, hieraus besitzrechtliche Ansprüche für den Erben erwachsen. Ganz ebenso verhält es sich aber auch hinsichtlich der sonstigen mit dem Besitz als solchem oder mit besonders geeigenschaftetem Besitz verknüpften Rechtsfolgen. Über andere Auffassungen vgl. Planck-Greiff Erl. 2 zu § 857. Auf sie kann hier nicht eingegangen werden.

11) Anders Binder I S. 60; er meint, daß dem Erben der nach § 857 einmal erworbene Besitz auch nach der Ausschlagung verbleibe. Hierbei wird aber der praktische Zweck des § 857 verkannt und die nach § 1953 eintretende Rückziehung nicht berücksichtigt. Nur demjenigen, welcher sich als endgültiger Erbe herausstellt, soll der im § 857 bestimmte Besitzübergang zu statten kommen und nicht demjenigen, hinsichtlich dessen der Anfall der Erbschaft als nicht erfolgt zu gelten hat. Wie im Texte Planck-Ritgen Erl. 1 zu § 1953 (wo jedoch ungenau gesagt wird, daß der vorläufige Erbe den nach § 857 erworbenen Besitz infolge der Ausschlagung wieder verliere; denn nach der Auffassung des Gesetzes tritt nicht Besitzverlust ein, sondern ist nach rückwärts hin anzunehmen, daß der Ausschlagende Besitz nach § 857 niemals erworben hatte), Kober Erl. II 2 zu § 857, Biermann, Sachenrecht Erl. 6 zu § 857, Kreß S. 32.

12) Hierüber ist man jetzt einig.

13) Binder I S. 61 hält es für unzulässig, hier von einer „Besitzergreifung" zu reden, weil der vorläufige Erbe, selbst wenn er hinterher ausschlage, doch nur den auf ihn nach § 857 bereits übergegangenen Besitz ausgeübt habe. Dies ist aber ein Trugschluß. Denn wenn der vorläufige Erbe aus-

sitz[14]) infolge der bezeichneten Besitzergreifung wieder entzogen worden war.[15])

4. Die Bestimmung des § 857 bezieht sich nur auf den Besitz, nicht auf die unselbständige Inhabung des § 855; auf den ersteren aber grundsätzlich ohne jede Rücksicht auf seine besondere Beschaffenheit. Wegen des Zusammenhangs des § 857 mit anderen Bestimmungen des Gesetzbuchs werden hierbei aber doch einige Einschränkungen gemacht werden müssen.

a) Unter Gesellschaftern kann verabredet werden, daß die Gesellschaft im Falle des Todes eines Gesellschafters nicht aufgelöst werden, sondern unter den übrigen Gesellschaftern fortbestehen soll (§§ 727 Abs. 1, 736). Eine solche Vereinbarung wird bei Vereinen, denen die Rechtsfähigkeit fehlt, und die nach § 54 aus diesem Grunde nach den Vorschriften über die Gesellschaft zu behandeln sind, sogar regelmäßig getroffen sein. Tritt in solchem Falle der Tod des Gesell-

---

schlägt, so ist damit zugleich nach rückwärts hin die in Anm. 11 a. E. hervorgehobene Entscheidung gegeben.

14) Wenn Planck-Greiff Erl. 4 zu § 857 bemerkt, daß neben dem Besitz des nur vorläufigen Erben, der eine zur Erbschaft gehörende Sache okkupiert hat, für einen (gleichzeitigen) auf § 857 beruhenden Besitz des endgültigen Erben kein Raum sei, so ist das gewiß richtig. Damit ist aber die Frage noch nicht erledigt, wer, nachdem feststeht, daß der vorläufige Erbe endgültiger Erbe nicht geworden ist, hinsichtlich der im Texte bezeichneten Zeit als derjenige zu gelten hat, auf welchen Besitz nach § 857 übergegangen ist, und diese Frage, um die es sich hier allein handelt, kann nur im Sinne des Textes beantwortet werden.

15) Demgemäß können für den endgültigen Erben gegen den vorläufigen Erben besitzrechtliche Ansprüche nach den §§ 861, 862 begründet sein. Soweit freilich die vom vorläufigen Erben hinsichtlich der Nachlaßsachen vorgenommenen Besitzveränderungen sich als Maßnahmen zur Fürsorge für den Nachlaß darstellen, ist die Annahme einer vom vorläufigen Erben verübten verbotenen Eigenmacht ausgeschlossen. Es kann sich aber auch anders verhalten. Beispiel: Der vorläufige Erbe hat sich irrtümlich für den endgültigen Erben und deshalb für berechtigt gehalten, ein Nachlaßgrundstück zur Arrondierung seines Grundstücks zu verwenden, oder zum Nachlaß gehörendes Baumaterial auf seinen Bauplatz zu schaffen u. dergl. Ficht der vorläufige Erbe die Erbschaftsannahme hinterher mit Erfolg an, so stellt sich die Vornahme der vorbezeichneten Besitzveränderungen als dem endgültigen Erben gegenüber verübte verbotene Eigenmacht allerdings dar. Denn der Begriff der verbotenen Eigenmacht setzt bekanntlich nicht voraus, daß der in fremden Besitz tatsächlich Eingreifende sich dieses Umstands bewußt gewesen sei.

schafters, Vereinsmitgliedes wirklich ein, so scheidet der Verstorbene nach § 736 aus der Gesellschaft aus, und wächst sein Anteil an dem Gesellschaftsvermögen und demgemäß auch sein Mitbesitz an den zu diesem Vermögen tatsächlich gehörenden Sachen nach § 738 den übrigen Gesellschaftern zu. Danach geht also z. B. der Mitbesitz des Mitglieds eines nicht rechtsfähigen Lesevereins an den Vereinsräumen, den daselbst sich befindenden Einrichtungsstücken, Büchern, Zeitungen u. dergl. auf den Erben dieses Mitglieds nicht über.[16]) Anders ist aber freilich zu entscheiden, wenn das verstorbene Vereinsmitglied aus der Vereinsbibliothek Bücher entliehen oder in seiner Eigenschaft als Vorstandsmitglied die Vereinsgelder in seinem in der Privatwohnung sich befindenden Kassenschrank versperrt hatte. Denn hier war in Ansehung des entliehenen Buches bezw. der Vereinsgelder ein von demjenigen Mitbesitz, welcher jedem Vereinsmitglied als solchem zukommt, wesentlich verschiedener besonderer Besitz begründet, der wieder der Regel des § 857 unterliegt.[17])

b) Der mittelbare Besitz des BGB. setzt notwendig voraus, daß dem mittelbaren Besitzer gegen den unmittelbaren Besitzer aus einem Verhältnis der im § 868 bezeichneten Art ein Anspruch auf Herausgabe zusteht. Für denjenigen also, welchem ein so beschaffener Anspruch fehlt, kann mittelbarer Besitz keinesfalls vorhanden sein. Hieraus ergibt sich von selbst, daß der mittelbare Besitz des Erblassers überall dort auf den Erben nicht übergeht, wo das Gesetz die Geltendmachung des Anspruchs auf Herausgabe dem Erben desjenigen,

---

[16]) Sachlich jetzt ebenso Planck-Greiff Erl. 3 zu § 857; doch zieht er es vor, die Entscheidung des Textes statt auf § 738 auf den Parteienwillen zu stützen. Allein sachlich gebotene, und vom Gesetz zweifellos gewollte Ergebnisse brauchen nicht erst noch auf einen fingierten Parteienwillen zurückgeführt zu werden. Gegen die Entscheidung des Textes Binder I S. 53 mit der Begründung, daß die Besitzverhältnisse bei einer Gesellschaft sehr verschieden gestaltet sein können. Aus dieser zutreffenden Bemerkung ergibt sich aber nur, daß von der Aufstellung einer allen möglichen Gestaltungen gleichmäßig gerecht werdenden Formel abgesehen werden muß und daß besonders geartete Fälle nicht übersehen werden dürfen. Gerade dieser Anforderung dürfte aber in der weiteren Ausführung des Textes entsprochen sein.

[17]) Wieder anders liegt der Fall, wenn das verstorbene Vereinsmitglied dem Verein eine Sache zum Gebrauch überlassen hatte. Dann versteht sich wieder von selbst, daß der mittelbare Besitz des Vereinsmitglieds auf dessen Erben übergeht.

welchem bisher die Stellung eines mittelbaren Besitzers zukam, versagt.[18]) So verhält es sich aber in folgenden Fällen:

α) Mittelbarer Besitz kann auch einem sogenannten Verwaltungsbesitzer (Sequestrationsbesitzer) zukommen, d. i. einem Besitzer, der nicht im eigenen Interesse, sondern auf Grund eines von ihm zur Wahrung fremder Interessen und zur Erfüllung bestimmter Aufgaben auszuübenden Verwaltungsrechtes besitzt.[19]) Ein Besitzer solcher Art ist z. B. der Testamentsvollstrecker hinsichtlich der zur Erbschaft gehörenden und von ihm kraft seines Amtes in Besitz genommenen Sachen. Gehören aber zum Nachlaß etwa vermietete oder verpachtete und dem Mieter, Pächter bereits überlassene Sachen, so befindet sich der zur Verwaltung des Nachlasses berufene Testamentsvollstrecker hinsichtlich dieser Sachen nur in der Stellung eines mittelbaren Besitzers. Zugleich ist klar, daß ein so beschaffener mittelbarer Besitz auf den Erben des Testamentsvollstreckers unmöglich übergehen kann. Denn es fehlt an jeder rechtlichen Beziehung dieses Erben zu dem Anspruch auf Herausgabe gegen den Mieter oder Pächter. Wie verhält es sich also mit diesem mittelbaren Besitz? Hört mit dem Tode des Testamentsvollstreckers die Testamentsvollstreckung überhaupt auf, so wird der Erbe, dem, solange die Verwaltung des Vollstreckers dauerte, rücksichtlich der im unmittelbaren Besitz des Mieters, Pächters sich befindenden Sachen nur mittelbarer Besitz zweiten Grades zukam, infolge des Wegfalls des Testamentsvollstreckers mittelbarer Besitzer ersten Grades.[20]) Kam dagegen die Verwaltung des Nachlasses mehreren Testamentsvollstreckern ungeteilt zu, so scheidet infolge des Todes eines Testamentsvollstreckers lediglich dieser aus dem Mitbesitz aus. War endlich dafür vorgesorgt, daß an die Stelle des verstorbenen Testamentsvollstreckers sofort ein anderer Vollstrecker eintritt, so kommt die Ausübung des zum Nachlaß gehörenden mittelbaren Besitzes nunmehr dem neuen Testamentsvollstrecker zu.[21])

β) Gehört zu einem der Nacherbfolge unterliegenden Nachlaß mittelbarer Besitz,[22]) und fällt der Eintritt des Falles der Nacherb-

---

[18]) Wird jetzt allgemein anerkannt.

[19]) Vgl. hierzu des Verfassers Sachbesitz S. 15.

[20]) Vgl. Sachbesitz S. 28, 29.

[21]) So jetzt auch Planck-Greiff Erl. 4 zu § 868.

[22]) Ein solcher Besitz liegt übrigens nicht vor, wenn der Vorerbe eine zum Nachlaß gehörende Sache einem anderen etwa leihweise überlassen hat. Der

folge mit dem Tode des Vorerben zusammen, so steht dem Übergang dieses Besitzes auf den Erben des Vorerben der Umstand entgegen, daß der bisher dem Vorerben zuständig gewesene Anspruch auf Herausgabe gegen den unmittelbaren Besitzer mit dem angegebenen Zeitpunkt dem Nacherben zukommt (§ 2139); dementsprechend muß daher auch angenommen werden, daß der Nacherbe ohne weiteres in den vorher genauer bezeichneten mittelbaren Besitz eintritt.

γ) Zu einem ähnlichen Ergebnis gelangt man auf Grund der Bestimmungen des § 1490. Im Falle einer fortgesetzten Gütergemeinschaft (und auf sie bezieht sich § 1490) vermittelt nämlich der überlebende Ehegatte den anteilsberechtigten Abkömmlingen einen mittelbaren Anteilsbesitz rücksichtlich der von ihm als zum Gesamtgut gehörend unmittelbar besessenen Sachen. Stirbt nun ein anteilsberechtigter Abkömmling, so gehört sein Anteil an dem Gesamtgut und daher auch sein gegen den überlebenden Ehegatten sich richtender Anspruch auf Herausgabe nicht zu seinem Nachlaß. Es geht also auch der mittelbare Anteilsbesitz des verstorbenen Abkömmlings auf dessen Erben nicht über, sondern er teilt vielmehr durchaus das im § 1490 bestimmte Schicksal des Anteils am Gesamtgut überhaupt.[23])

c) Große Vorsicht erfordert die Entscheidung der Frage, ob die Regel des § 857 abgesehen von dem bereits unter a) besprochenen Falle auch hinsichtlich des unmittelbaren Besitzes Ausnahmen erfahren kann. Durchaus abzuweisen ist jedenfalls der Gedanke, daß der unmittelbare Besitz des Erblassers mit dessen Tode in allen Fällen dann erlischt, wenn das Recht des Erblassers zum Besitz ein unvererbliches ist.[24]) Besitz und Recht zum Besitz sind eben wesentlich verschiedene Dinge. Und so wenig die Begründung des Besitzes davon abhängig ist, daß derjenige, dessen Besitzerwerb in Frage steht, ein Recht zum Besitz habe, so wenig kann der Übergang einmal begründeten Besitzes auf einen anderen schlechthin durch die Fortdauer

---

obligatorische Anspruch aus dem Leihvertrag gegen den Entleiher gehört in diesem Falle nicht zur Erbschaft, sondern er steht schlechthin dem Vorerben zu. Mit dem Eintritt des Falles der Nacherbfolge kann daher auch dieser Anspruch (anders verhält es sich mit dem auf § 985 sich stützenden dinglichen Anspruch) und infolge dessen daher auch der mittelbare Besitz des Vorerben hinsichtlich der verliehenen Sache auf den Nacherben nicht übergehen.

[23]) Vgl. auch oben Bd. I S. 12, 13.

[24]) Unzutreffend daher Boehm, Erbrecht S. 314.

des auf Seite des Besitzers zufällig vorhanden gewesenen Rechtes zum Besitz bedingt sein. Hatte also z. B. im Falle eines Nießbrauchs an Wertpapieren der Nießbraucher diese in seinem Kassenschrank versperrt, so geht der hierauf beruhende unmittelbare Besitz ungeachtet der Unvererblichkeit des Nießbrauchs mit dem Tode des Nießbrauchers doch nach § 857 auf den Erben des Nießbrauchers über.

Schwieriger ist die Frage, wie es sich in den Fällen der Nacherbfolge mit dem bisher dem Vorerben zugekommenen unmittelbaren Besitz an den der Nacherbfolge unterliegenden Sachen verhält, wenn der Fall der Nacherbfolge mit dem Tode des Vorerben zusammentrifft. Man wird unterscheiden müssen[25]): Soweit der Besitz des Vorerben an den zur Erbschaft gehörenden Sachen lediglich auf § 857 beruht, bildet er einen Bestandteil des der Nacherbfolge unterliegenden Vermögens und geht er daher als solcher mit dem Eintritt des Falles der Nacherbfolge (§ 2139) auf den Nacherben über.[26]) Soweit der Vorerbe dagegen den Besitz an den zum Nachlaß gehörenden Sachen bereits ergriffen hat, unterscheidet sich sein Besitz an diesen Sachen in keiner Weise von dem ihm an anderen, nicht zur Erbschaft gehörenden Sachen zukommenden Besitz und geht deshalb dieser Besitz des Vorerben nicht von selbst auf den Nacherben über[27]); er verbleibt vielmehr, wenn der Fall der Nacherbfolge bei Lebzeiten des Vorerben eintritt, vorerst noch bei diesem[28]) und geht, wenn der Fall der Nacherbfolge mit dem Tode des Vorerben zusammentrifft, nach § 857 auf den **Erben des Vorerben** über.[29])

[25]) Den folgenden Entscheidungen des Textes schließt sich vollständig an **Planck-Ritgen** Erl. 2a zu § 2139.

[26]) Dies entspricht auch der herrschenden Meinung. Anders nur **Binder** I S. 60, der in Konsequenz seiner Grundanschauung, daß der Besitz nicht zum Nachlaß gehöre, die Möglichkeit eines ipso iure sich vollziehenden Besitzübergangs auf den Nacherben **immer** leugnet.

[27]) Daß nur diese Entscheidung mit dem Gesetze verträglich ist, ergibt sich insbesondere auch aus den Bestimmungen der §§ 2130 ff. über die Verpflichtung des Vorerben zur **Herausgabe** der Erbschaft an den Nacherben und aus dem nach den §§ 2124, 2125 in Verbindung mit § 273 begründeten **Zurückbehaltungsrechte** des Vorerben wegen gemachter Verwendungen.

[28]) So jetzt auch **Biermann**, Sachenrecht, 2. Aufl. (1903) Erl. 4 zu § 857 und **Planck-Greiff** Erl. 4 (Abs. 2 a. E.) zu § 857.

[29]) Vgl. auch **Planck-Greiff** a.a.O. Anders **Biermann** a.a.O., der hier auch den vom Vorerben nach § 854 erworbenen Besitz ipso iure auf den

Am schwierigsten wird die Entscheidung in den Fällen des unmittelbaren Verwaltungsbesitzes. Es unterliegt zwar keinem Zweifel, daß z. B. ein Testamentsvollstrecker Sachen, die zu dem von ihm zu verwaltenden Nachlaß gehören, oder ein Konkursverwalter zur Masse gehörende Sachen derart besitzen kann, daß die Regel des § 857 im Falle des Todes des Testamentsvollstreckers, Konkursverwalters ohne weiteres Anwendung findet, d. h. also, daß der Besitz an den bezeichneten Sachen auf den Erben des Testamentsvollstreckers, Konkursverwalters übergeht. So wird es sich z. B. verhalten, wenn der Testamentsvollstrecker, Konkursverwalter zum Nachlaß, zur Konkursmasse gehörende Sachen in seine Privatwohnung gebracht hat. Der Besitz des Testamentsvollstreckers, Konkursverwalters an solchen Sachen kann aber auch so beschaffen sein, daß er sich schon nach seiner äußeren Erscheinung als ein lediglich auf der fortgesetzten Ausübung amtlicher Befugnisse beruhendes Gewaltverhältnis darstellt. Dies trifft z. B. zu, wenn der Testamentsvollstrecker, Konkursverwalter ein Erwerbsgeschäft, ein Fabrikunternehmen u. dgl. durch die Angestellten des Erblassers, Gemeinschuldners fortbetreiben läßt und diesen hierbei kraft seines Amtes die erforderlichen Weisungen erteilt. Die Möglichkeit solcher amtlichen Einflußnahme ist für den Erben des Testamentsvollstreckers, Konkursverwalters unbedingt ausgeschlossen und, soweit der Besitz des Testamentsvollstreckers, Konkursverwalters nur auf solcher amtlichen Einflußnahme beruhte, kann er daher auch auf dessen Erben nicht übergehen.[30]) Die positive Rechtfertigung dieser Entscheidung ergibt sich aus § 856; denn die aus amtlicher Stellung entspringende tatsächliche Gewalt muß notwendig mit dem Aufhören dieser Stellung und daher auch mit dem Tode des Trägers derselben beendigt werden.

d) Eine Ausnahme von der Vererblichkeit des Besitzes ergibt sich endlich noch bei einem Falle des Rechtsbesitzes. Das BGB. anerkennt einen solchen nur in Ansehung von Grunddienstbarkeiten (§ 1029) und von beschränkten persönlichen Dienstbarkeiten (§ 1090 Abs. 2). Liegen hinsichtlich einer Grunddienstbarkeit die Voraussetzungen des § 1029 vor, so geht auf den Erben des Besitzers des

---

Nacherben übergehen lassen will; vgl. aber dagegen die in Anm. 27 berufenen Bestimmungen.

[30]) Zustimmend Biermann Erl. 2 zu § 857 und jetzt auch Planck-Greiff Erl. 3 zu § 857.

herrschenden Grundstücks mit dem Besitz an diesem Grundstück auch der Grunddienstbarkeitsbesitz über. Anders muß rücksichtlich der beschränkten persönlichen Dienstbarkeiten entschieden werden. Der Rechtsbesitzschutz setzt hier voraus, daß jemand als Inhaber einer beschränkten persönlichen Dienstbarkeit im Grundbuch eingetragen, und daß die Dienstbarkeit innerhalb des letzten Jahres vor der Störung, sei es auch nur einmal, ausgeübt worden ist. Zugleich muß aber noch beachtet werden, daß eine beschränkte persönliche Dienstbarkeit mit dem Tode des Berechtigten erlischt (§§ 1090 Abs. 2, 1061). Infolgedessen kann eine wesentliche Voraussetzung dieses Rechtsbesitzes nach dem Tode des als berechtigt Eingetragenen garnicht mehr vorhanden sein. Denn sobald feststeht, daß der als berechtigt Eingetragene gestorben ist, steht zugleich auch fest, daß der Eingetragene nicht mehr berechtigt ist, und daß ein anderer als der Eingetragene als in dessen Stellung eintretend nicht in Betracht kommen kann. Der hinsichtlich einer beschränkten persönlichen Dienstbarkeit nach Maßgabe von § 1090 Abs. 2 in Verbindung mit § 1029 begründet gewesene Rechtsbesitz[31]) kann daher auf den Erben des Besitzers nicht übergehen.[32])

5. War der auf den Erben übergegangene Besitz des Erblassers ein fehlerhafter (§ 858 Abs. 1), so muß auch jener die Fehlerhaftigkeit des Besitzes gegen sich gelten lassen (§ 858 Abs. 2). War des Erblassers Besitz Eigenbesitz (§ 872), so wird er, solange nicht ein besonderer Umstand eintritt, der dies ausschließt, als solcher vom Erben fortgesetzt. Fehlt dem Besitz des Erblassers dagegen diese Eigenschaft, so fehlt sie auch dem Besitz des Erben, solange dieser nicht die Voraussetzung des Eigenbesitzes in seiner Person selbständig verwirklicht. Lag auf Seite des Erblassers gutgläubiger Besitz vor, so kommen die Vorteile hiervon auch dem Erben so lange zu statten, als nicht bei diesem mala fides superveniens eintritt.[33]) Soweit der gutgläubige Beginn des Besitzes von rechtlicher Bedeutung ist (§ 1007), kann sich übrigens der Erbe auf den guten Glauben seines Erblassers beim Erwerb des Besitzes selbst dann berufen, wenn ihm selbst schon

---

[31]) Anders verhält es sich, soweit nicht bloßer Rechtsbesitz, sondern in Wahrheit Teilbesitz an einer Sache (vgl. § 865) vorliegt. Hier greift § 857 allerdings durch.

[32]) Vgl. jetzt auch Biermann Erl. 1 zu § 1090.

[33]) Vgl. auch Dernburg, Bürgerliches Recht III (3. Aufl.) § 106 (Z. 3b) und eingehend Binder I S. 42; anders Biermann Erl. 1 zu § 943.

zur Zeit des Erbfalls der gute Glaube fehlte. Im umgekehrten Falle, d. h. wenn der Erblasser zur Zeit des Beginnes seines Besitzes in schlechtem Glauben war, erweist sich dies für den Erben auch dann als nachteilig, wenn dieser zur Zeit des erbrechtlichen Übergangs des Besitzes auf ihn in gutem Glauben war. Hiermit ist aber noch nicht gesagt, daß der gute Glaube des Erben, der in den Besitz eines Erblassers eintritt, dem der gute Glaube fehlte, ohne rechtliche Erheblichkeit sei. So kann insbesondere die Ersitzung einer beweglichen Sache, der bei Lebzeiten des Erblassers der Mangel des guten Glaubens entgegenstand, nach dem Erbfall zugunsten des Erben beginnen.[34]) Es kann ferner keinem Zweifel unterliegen, daß dem Erben bei der rechtlichen Beurteilung seines Gebahrens mit einer nur tatsächlich zum Nachlaß gehörenden Sache sein guter Glaube selbst dann zu statten kommen muß, wenn dem Erblasser der gute Glaube gefehlt hatte.

6. Da sich der Eintritt des Erben in den Besitz des Erblassers durch Rechtsnachfolge vollzieht, so kommt sowohl die während des Besitzes des Erblassers in Ansehung eines dinglichen Anspruchs verstrichene Verjährungszeit als auch die während der Dauer dieses Besitzes verstrichene Ersitzungszeit dem Erben zu statten (§§ 221, 943).

IV. Der Erbschaftserwerb kann möglicherweise zur Folge haben, daß sich in der Person des Erben Rechte, die ihm bisher gegenüber dem Erblasser zustanden, mit den entsprechenden Verbindlichkeiten oder Belastungen, oder Verbindlichkeiten bezw. Belastungen, die sich für ihn aus bisher dem Erblasser zuständig gewesenen Rechten ergaben, mit diesen nunmehr gleichfalls dem Erben zukommenden Rechten vereinigen. Die rechtliche Beurteilung, welche diese Vereinigungen zu finden haben, ist je nach den Umständen eine sehr verschiedene.[35])

1. In gewissen Fällen bestehen Rechte und Belastungen ungeachtet der Vereinigung in einer Person ohne weiteres fort. So verhält es sich bei Rechten des Erben, die ein Grundstück des Erblassers und bei vererblichen Rechten des Erblassers, die ein Grundstück des Erben belasten (§ 889); eine in diesem Zusammenhange

---

[34]) Hierbei ist zu berücksichtigen, daß es zur Ersitzung eines Titels nicht bedarf (vgl. §§ 937 ff.). Zu einer von der des Textes abweichenden Entscheidung gelangt jedoch Dernburg, Bürg. R. III § 106 Z. 3.

[35]) Vgl. hierzu die bereits Bd. I § 28a Anm. 10 bezeichneten Schriften von Schwedler und Kretschmar.

nicht weiter zu würdigende Abweichung hiervon ergibt sich aber allerdings aus den auf die Gesamthypothek sich beziehenden Vorschriften der §§ 1173, 1174. Im Falle der Belastung einer beweglichen Sache oder eines Rechtes des Erben mit einem Pfandrechte des Erblassers, oder einer beweglichen Sache oder eines Rechtes des Erblassers mit einem Nießbrauch oder einem Pfandrechte des Erben gilt das Pfandrecht, der Nießbrauch insoweit als durch die Vereinigung nicht erloschen, als der Erbe ein rechtliches Interesse an dem Fortbestehen des Nießbrauchs, Pfandrechtes hat. Ganz abgesehen hiervon tritt aber die Erlöschung des Pfandrechtes trotz der Vereinigung mit dem Eigentum an der verpfändeten beweglichen Sache, mit dem verpfändeten Rechte jedenfalls so lange nicht ein, als die pfandversicherte Forderung mit dem Rechte eines Dritten belastet ist (§§ 1063, 1068, 1256, 1273).

2. In den durch das unter Z. 1 gesagte nicht getroffenen Fällen tritt infolge der durch den Erbschaftserwerb herbeigeführten Vereinigung von Recht und Belastung bezw. von Recht und Verbindlichkeit grundsätzlich eine Erlöschung des in Frage kommenden Rechtsverhältnisses ein (arg. a. contr. aus § 1976). Allein diese Regel erfährt doch wieder weitgehende Ausnahmen:[36])

a) Kommt es zur Anordnung einer Nachlaßverwaltung oder zur Eröffnung des Nachlaßkonkurses, so gilt die infolge der Vereinigung vorerst anzunehmende Erlöschung von Rechtsverhältnissen nach rückwärts hin als nicht eingetreten[37]) und zwar selbst dann, wenn der Erbe für die Nachlaßverbindlichkeiten bereits schlechthin unbeschränkt haftet (§§ 1976, 2013).

---

[36]) Von der Durchbrechung, welche diese Regel im Falle einer Erbengemeinschaft erfährt, wird hier vorläufig abgesehen; vgl. darüber unten § 64 b. D. In betreff der Einwirkung der Testamentsvollstreckung vgl. Bd. I S. 286.

[37]) Hieran muß in dem Falle, daß eine Forderung, deren Erlöschung vorläufig anzunehmen war, durch Verbürgung sicher gestellt ist, auch in Ansehung der Haftung des Bürgen festgehalten werden. Soweit die Forderung nunmehr als nicht erloschen zu gelten hat, gilt dasselbe auch für die Verbindlichkeit des Bürgen. Anders mit Unrecht Kretschmar S. 224. Vgl. übrigens auch Binder II S. 91 Anm. 113, der unterscheiden will, je nachdem eine Forderung des Erben gegen den Nachlaß oder eine Forderung des Nachlasses gegen den Erben bürgschaftlich gesichert ist. Im zweiten Falle entscheidet Binder so, wie es hier geschieht. Im ersten Falle soll dagegen dem Erben nach § 1976 nur der Nachlaß haften, keinesfalls aber mehr der Bürge. Ein sachlicher Grund für diese Entscheidung ist aber nicht erfindlich.

b) Gegen die Annahme einer Erlöschung wird man sich auch aussprechen müssen, wenn ein Gemeinschuldner beerbt wird, oder wenn der Erbe schon zur Zeit des Erbfalls Gemeinschuldner ist. Denn hier und dort würde es dem Wesen der Sache widersprechen, wenn die, sei es nun zur Konkursmasse des Erblassers, sei es zu der des Erben gehörenden Rechtsverhältnisse durch die Vereinigung in ihrem Bestande berührt würden.

c) Im Falle einer Nacherbfolge gelten die infolge des Erbschaftserwerbs des Vorerben durch Vereinigung erloschenen Rechtsverhältnisse mit dem Eintritt des Falles der Nacherbfolge als nicht erloschen (§ 2143).

d) Hat der Erblasser jemandem eine Forderung gegen den Erben oder ein eine Sache oder ein Recht des Erben belastendes Recht vermacht,[38]) so gilt die infolge der Vereinigung grundsätzlich anzunehmende Erlöschung in Ansehung des Vermächtnisses als nicht eingetreten (§ 2175).

e) Ist der Erbe, obschon es zur Einsetzung einer Nachlaßverwaltung oder zur Eröffnung des Nachlaßkonkurses nicht gekommen ist, in der Lage, die Beschränkung seiner Haftung für die Nachlaßverbindlichkeiten nach Maßgabe der §§ 1990 bis 1992 geltend zu machen, so sind, dafern sich der Erbe seines vorerwähnten Rechtes bedient, die durch Vereinigung erloschenen Rechtsverhältnisse bei der Feststellung des Nachlaßbestandes doch mit in Anschlag zu bringen.[39])

f) Im Verhältnis zwischen dem Käufer und dem Verkäufer einer Erbschaft[40]) gelten die infolge des Erbfalls erloschenen Rechtsverhältnisse als nicht erloschen; erforderlichen Falles ist ein solches Rechtsverhältnis wieder herzustellen (§ 2377).

V. Infolge des Erbschaftserwerbs können endlich bisher unwirksam gewesene Verfügungen, die der Erbe bei Lebzeiten des Erblassers über einen zum Vermögen des letzteren gehörenden Gegenstand, oder der Erblasser durch Rechtsgeschäft unter Lebenden über einen zum Vermögen des Erben gehörenden Gegenstand getroffen hatte, wirksam werden.[41]) Es ist in dieser Beziehung also zu unterscheiden:

---

[38]) Vgl. Bd. I S. 234.

[39]) Vgl. unten §§ 81, 82 d. D.

[40]) Genaueres hierüber unten § 97 d. D.

[41]) Darüber, wie es sich in dieser Beziehung im Falle einer Erbengemeinschaft verhält, vgl. unten § 64 d. D.

1. Im ersten Falle gelangt die Verfügung des Erben schon dadurch zur Wirksamkeit, daß dieser vermöge der eintretenden Erbfolge den Gegenstand erwirbt (§ 185 Abs. 2). Das praktische Ergebnis hiervon kann unter Umständen für die Nachlaßgläubiger recht unerfreulich sein. Beispiel: Der wirkliche Eigentümer eines Grundstücks (A) erwirkt gegen den im Grundbuch zu Unrecht als Eigentümer Eingetragenen (B) die Eintragung eines Widerspruchs. Auf Grund seiner formellen Legitimation läßt jedoch B das Grundstück dem C auf, der als Eigentümer auch eingetragen wird. Später wird B Erbe des A, noch bevor der letztere die Grundbuchberichtigung durchgesetzt hat. Nach § 185 Abs. 2 wird die Verfügung des B nunmehr ohne weiteres wirksam. Das Grundstück hört somit auf, ein Bestandteil der Erbschaft zu sein und ist hierdurch den Erbschaftsgläubigern als Befriedigungsobjekt entzogen. Hieran wird selbst durch die spätere Anordnung einer Nachlaßverwaltung oder durch die Eröffnung des Nachlaßkonkurses nichts geändert. Soweit der Erbe infolge des Wirksamwerdens der Verfügung bereichert ist, wird er den Nachlaßgläubigern nach den Grundsätzen über die Herausgabe einer ungerechtfertigten Bereicherung[42]) allerdings zu haften haben. Allein die Bereicherung kann unter Umständen auch gleich Null, und der praktische Wert einer solchen Haftung des Erben kann auch mit Rücksicht auf die Vermögensverhältnisse desselben ein illusorischer sein.

Die vorerwähnte Entscheidung des § 185 Abs. 2 bedarf übrigens einer nicht zu übersehenden Einschränkung. Die Konvaleszenz der vom Erben getroffenen Verfügung kann nämlich offenbar dann nicht eintreten, wenn der durch die Erbfolge herbeigeführte Erwerb des Gegenstandes der Verfügung unter Umständen erfolgt, vermöge deren eine wirksame Verfügung des Erben über diesen Gegenstand schon zur Zeit des Erbfalls ausgeschlossen ist.[43]) Ein solcher Fall liegt

---

[42]) Die Annahme Jaegers, Erbenhaftung und Nachlaßkonkurs (1898) S. 56, daß der Erbe in diesem Falle wegen des Wirksamwerdens der vor dem Erbfall getroffenen Verfügung den Nachlaßgläubigern nach § 1978 so verantwortlich werde, als ob er die Verfügung erst nach dem Erbfall vorgenommen hätte, ist mit der Billigkeit kaum vereinbar.

[43]) Die hier in Betracht kommende Bestimmung des § 185 beruht nämlich im letzten Grunde darauf, daß der Erbe über Nachlaßgegenstände grundsätzlich sofort nach dem Erbfall verfügen kann. Zustimmend Jaeger, Komm. z. KO. (1. Aufl.) S. 700.

aber z. B. vor, wenn über das Vermögen des Erblassers bereits Konkurs eröffnet war, und der Gegenstand der vom Erben bei Lebzeiten des Erblassers getroffenen Verfügung zur Masse gehört.

2. Hatte der Erblasser über einen zur Zeit des Erbfalls zum Vermögen des Erben gehörenden Gegenstand verfügt, so wird diese Verfügung nach der Entscheidung des § 185 Abs. 2 nur dann wirksam, wenn der Erbe für die Nachlaßverbindlichkeiten schlechthin unbeschränkt haftet. Die Konvaleszenz tritt also nicht ein, wenn und solange dem Erben die Möglichkeit der Haftungsbeschränkung noch offen steht und zwar selbst dann nicht, wenn der Erbe gar keine Veranlassung findet, von den ihm zum Zwecke der Einschränkung seiner Haftung offenstehenden Mitteln wirklich Gebrauch zu machen. Selbst im Falle einer schlechthin unbeschränkten Haftung des Erben für die Nachlaßverbindlichkeiten kann übrigens von der Konvaleszenz keine Rede sein, wenn der Gegenstand der vom Erblasser getroffenen Verfügung zur Zeit des Erbfalls zu einem Vermögenskomplex gehört, hinsichtlich dessen den Nachlaßgläubigern im Interesse anderer Gläubiger des Erben der Zugriff verschlossen ist. Man hat hierbei insbesondere an den Fall zu denken, daß der Erbe zur Zeit des Erbfalls Gemeinschuldner ist, und daß der Gegenstand der vom Erblasser getroffenen Verfügung einen Bestandteil der Masse bildet.[44])

II. Rechtsverhältnisse bei Vorhandensein mehrerer Erben.

1. Die Erbengemeinschaft.*)

§ 64.

I. Bei Vorhandensein mehrerer Erben wird der Nachlaß gemeinschaftliches Vermögen derselben (§ 2032) nach Maßgabe der Vorschriften der §§ 2033 bis 2041. Im Gegensatz zum römischen Rechte, dem Entw. I gefolgt war, und im wesentlichen Anschluß an die Entwickelung, welche die Behandlung der Erbengemeinschaft auf

---

[44]) Vgl. §§ 1, 9 KO. und hierzu Jaeger, Komm. z. KO. (2. Aufl.) S. 90 Z. 4.

*) Gierke, Personengemeinschaften und Vermögensinbegriffe in Bekkers und Fischers Beiträgen, Heft 18 S. 83ff. Eck in denselben Beiträgen, Heft 17 S. 39ff., Kreß, Die Erbengemeinschaft nach dem BGB. (1903), Binder, Die Rechtsstellung des Erben III (1904).

Grund der einschlagenden Bestimmungen des AllgLR. und unter dem Einfluß der Rechtsprechung des preußischen Obertribunals und später auch des Reichsgerichts genommen hatte,[1]) regelt das BGB. das Verhältnis unter Miterben nach den Grundsätzen der gesamten Hand.[1a]) Die Miterbengemeinschaft erhält danach folgende Gestaltung:

1. Während das römische Recht den Eintritt einer Erbengemeinschaft tunlichst eingeschränkt wissen will und deshalb im Falle des Vorhandenseins mehrerer Erben die zum Nachlaß gehörenden Rechtsverhältnisse, soweit dies anders möglich ist, in schon von Rechts wegen zur Entstehung gelangende Teilberechtigungen und Teilverpflichtungen der einzelnen Erben aufzulösen bestrebt ist,[2]) verfolgt das BGB. in seinen auf die Erbengemeinschaft sich beziehenden Bestimmungen gerade umgekehrt den Zweck, die von mehreren Erben erworbene Erbschaft bis zur Auseinandersetzung als ein den Miterben gemeinschaftlich zugehörendes Ganzes zusammenzuhalten. Für die Miterben entsteht daher hinsichtlich der zum Nachlaß gehörenden Sachen nur Mitbesitz,[2a]) Miteigentum zur gesamten Hand, nicht nach Bruchteilen im Sinne des § 1008, und die zum Nachlaß gehörenden Forderungen bezw. denselben belastenden Verbindlichkeiten zerfallen daher auch nicht in den Erbteilen der Miterben entsprechende Teilforderungen bezw. Teilverbindlichkeiten.

2. Gegenstand des Gesamthandverhältnisses ist der Nachlaß und zwar zunächst in seinen ursprünglichen Bestandteilen. Diese können jedoch in der Zeit seit dem Erbfall bis zur Auseinandersetzung Veränderungen erfahren, insbesondere auch in der Weise, daß an die Stelle von aus dem Gesamthandvermögen ausscheidenden ursprünglichen Bestandteilen andere Gegenstände eintreten. Wie in den ver-

---

[1]) Vgl. hierzu besonders Rehbein, Obertribunalsentscheidungen III S. 267ff.

[1a]) Eingehende dogmatisch-kritische Ausführungen über das Wesen der Gesamthand bei Binder III 1ff.

[2]) Vgl. hierzu Dernburg, Pand. III § 175.

[2a]) Über Mitbesitz zur gesamten Hand vgl. des Verfassers Sachbesitz 113ff., Matthiaß II § 3, Biermann, Sachenrecht (2. Aufl.) Erl. zu § 866, Dernburg, Bürg.-R. III (3. Aufl.) § 15 a. E., Kreß, S. 30; vgl. für das Preuß. Recht auch Förster-Eccius III § 160 Anm. 26. Bedenken gegen die Übertragung der Grundsätze der gesamten Hand auf den Besitz bei M. Wolff in Iherings Jahrbüchern Bd. 44 S. 153 und bei Binder III S. 53, 54 besonders Anm. 42.

wandten Fällen kommt auch hier das Surrogationsprinzip zur Geltung, aber in zum Teile eigenartiger Ausprägung. Nach Maßgabe der Vorschrift des § 2041 erstreckt sich das Gesamthandverhältnis auf dasjenige, „was auf Grund eines zum Nachlasse gehörenden Rechtes oder als Ersatz für die Zerstörung, Beschädigung oder Entziehung eines Nachlaßgegenstandes oder durch ein Rechtsgeschäft erworben wird, das sich auf den Nachlaß bezieht". Beim rechtsgeschäftlichen Erwerb ist hier also nicht wie in den Fällen der §§ 2019, 2111 entscheidend, ob und inwieweit derselbe gerade mit den Mitteln der Erbschaft gemacht ist,[3]) sondern ob demselben durch den Willen der Miterben eine Beziehung zum Nachlaß gegeben worden ist, so daß er sich als ein für den Nachlaß gemachter darstellt. Beispiel: Die Miterben entnehmen dem Nachlaß den Betrag von 1000 Mark und verteilen ihn unter sich; jeder einzelne von ihnen verwendet sodann den ihm zugewiesenen Betrag zu Anschaffungen für seine persönlichen Zwecke. Obschon mit den Mitteln der Erbschaft gemacht, stehen diese Erwerbungen doch außerhalb des Gesamthandverhältnisses. Wurden von den Erben dagegen käufliche Erwerbungen für den Nachlaß, etwa von Getreide zur Aussaat auf den zum Nachlaß gehörenden Grundstücken, oder von Waren, Maschinen, Geräten zum Fortbetrieb des zum Nachlaß gehörenden Erwerbsgeschäfts vorgenommen, so werden sie[3a]) Bestandteile des Gesamthandvermögens selbst dann, wenn die Miterben das erforderliche Geld nicht dem Nachlaß entnommen, sondern aus ihrem sonstigen Vermögen vorgeschossen haben.[3b])

[3]) Unrichtig Endemann III S. 480 Anm. 14. Ein Eingreifen der §§ 2019, 2111 ist aber nach folgenden Richtungen hin möglich: 1. Der Nachlaß befindet sich nicht in der Hand von Miterben, sondern von Personen, die nur tatsächlich als Miterben auftreten. Dann sind diese Personen Erbschaftsbesitzer im Sinne des § 2018 und kommt dem wahren Erben ihnen gegenüber § 2019 zustatten. 2. Ähnlich verhält es sich, wenn ein Miterbe als Alleinerbe auftritt. Vgl. auch Prot. V S. 867 und Kreß S. 15. 3. Die Miterben sind nur Vorerben; dann greift zugunsten des Nacherben § 2111 ein.

[3a]) Hinsichtlich der durch einen solchen Vertrag für den Nachlaß erworbenen Forderungen braucht der Schuldner die Zugehörigkeit zur Erbschaft erst dann gegen sich gelten zu lassen, wenn er von der Zugehörigkeit Kenntnis erlangt. Die Vorschriften der §§ 406 bis 408 finden entsprechende Anwendung (§ 2041 Satz 2).

[3b]) Die von den Miterben in solchen Fällen dem Dritten gegenüber eingegangenen Verpflichtungen sind übrigens nicht Nachlaßverbindlichkeiten, sondern

3. In Ansehung des Gesamthandvermögens im ganzen sind die einzelnen Miterben nach Maßgabe ihrer nominellen Erbteile, aber unter Mitberücksichtigung der in dieser Beziehung durch das Eingreifen der Vorschriften über die Ausgleichung möglicherweise eintretenden Verschiebungen[4]) anteilsberechtigt. Während bei anderen Verhältnissen zur gesamten Hand ein Anteilsberechtigter über seinen Anteil am Gesamtgut nicht verfügen kann,[5]) ist hier aus Zweckmäßigkeitsgründen[6]) jedem Miterben die Verfügung über seinen Anteil am ungeteilten Nachlaß gestattet (vgl. § 2033 und die weiteren Ausführungen unter II). Dem entsprechend ist der Anteil eines Miterben am Nachlaß auch der Pfändung unterworfen (§ 859 Abs. 2 CPO.).

4. Über einen einzelnen Nachlaßgegenstand können die Erben bezw. deren nach § 2033 in Betracht kommende Rechtsnachfolger nur gemeinschaftlich verfügen (§ 2040 Abs. 1). Durchaus ausgeschlossen ist somit eine auf einzelne zum Gesamthandvermögen gehörende Nachlaßgegenstände sich beziehende Verfügung[6a]) eines einzelnen Miterben

---

persönliche Verbindlichkeiten der Miterben, die von ihnen aber im Falle der Geltendmachung der beschränkten Haftung den Nachlaßgläubigern gegenüber nach § 1978 in Rechnung gestellt werden können. Vgl. aber doch auch Binder III S. 70.

[4]) Anders ohne durchschlagenden Grund Planck-Ritgen S. 203. Für die Auffassung des Textes eingehend Heymann in Iherings Jahrbüchern Bd. 42 S. 459.

[5]) Vgl. §§ 719, 1442, 1471.

[6]) Vgl. hierzu Küntzel S. 285ff. und Protokolle V S. 837.

[6a]) Hierunter fällt auch eine Verfügung des Miterben über den zur Erbengemeinschaft gehörenden Besitz an einzelnen Sachen. Vgl. darüber des Verfassers Sachbesitz S. 114 und jetzt Kreß S. 31. A. A. M. Wolff S. 153, Planck-Greiff III (3. Aufl.) S. 56, Binder III S. 54 Anm. 42. Der Widerspruch der zuletzt genannten Schriftsteller gegen die hier vertretene Meinung beruht im letzten Grunde auf der Nichtberücksichtigung der auch für das moderne Recht bedeutsamen Sätze Papinians: plurimum possessio ex iure mutuatur und possessio non tantum corporis sed et iuris est (l. 49 D. 41. 2). Die Klarheit der Erörterung leidet aber auch darunter, daß dabei wesentlich verschiedene Fälle nicht genügend auseinandergehalten werden. Zu klarer Lösung kann man nur gelangen, wenn man diejenigen Fälle ins Auge faßt, wo der unmittelbare Besitz des Erblassers nach § 857 auf die Miterben übergegangen ist und wo nun ein Miterbe, ohne daß für ihn vorher ein besonderer, nicht auf § 857 beruhender Besitz begründet worden ist, über den zum Nachlaß gehörenden Besitz einer einzelnen Sache überhaupt, oder über seinen Mitbesitz

(§ 2033 Abs. 2). Obschon sich für jeden Miterben aus der Mitberechtigung am Gesamthandvermögen überhaupt auch eine Mit-

---

nach § 854 Abs. 2 verfügt. Nicht hierher gehören dagegen diejenigen Gestaltungen, wo ein Miterbe aus irgend welchem Grunde unmittelbarer Alleinbesitzer einer Nachlaßsache geworden ist, oder wo dies zwar nicht zutrifft, der Besitzerwerb desjenigen, welchem der Besitz von einem Miterben überlassen worden ist, aber auf § 854 Abs. 1 beruht. Bei solcher durch die Beschaffenheit des Problems geforderter Begrenzung der Fragestellung ergibt sich sofort, daß Wolff (S. 154) bei seiner Behauptung, der Gesamthänder könne, da er ja doch sogar den zum Gesamthandvermögen gehörenden Alleinbesitz an einer einzelnen Sache sowohl einem Dritten wie sich selbst verschaffen könne, selbstverständlich die Besitzübertragung auch auf seinen „Besitzanteil" an der Sache beschränken, das wirklich Entscheidende verkennt. Daß ein Miterbe sich an einer nach § 857 in den Besitz aller Miterben gelangten Sache zunächst den Alleinbesitz verschaffen und dann wieder die Überlassung der Sache an einen anderen zu Alleinbesitz oder Mitbesitz bewirken kann, ist freilich richtig. Allein darum handelt es sich hier nicht, die Frage ist vielmehr die, ob ein Miterbe bei ungeändertem Bestand des nach § 857 begründeten Mitbesitzes den Alleinbesitz oder auch nur seinen Mitbesitz nach § 854 Abs. 2 durch Einigung mit dem Erwerber, also rechtsgeschäftlich übertragen kann. Und dies ist zu verneinen. Hinsichtlich des Alleinbesitzes schon darum, weil § 854 Abs. 2 eine Einigung zwischen dem bisherigen Besitzer und dem Erwerber verlangt und weil, wenn die Übertragung des Alleinbesitzes in Frage steht, der bloße Mitbesitzer nicht „bisheriger Besitzer" im Sinne des § 854 Abs. 2 ist. Ausgeschlossen ist aber in unserem Falle auch die Möglichkeit einer Übertragung des Mitbesitzes an der einzelnen Sache; ihr steht die Vorschrift des § 2033 Abs. 2 entgegen. Das dem Miterben hinsichtlich einer einzelnen Erbschaftssache nach § 857 erwachsene ius compossessionis ist vermöge seiner juristischen Beschaffenheit der rechtsgeschäftlichen Übertragung entzogen. Man kann dies auch so ausdrücken, daß der Miterbe nicht in der Lage ist, durch eine rechtsgeschäftliche Verfügung über seinen Mitbesitz an einer einzelnen Sache den übrigen Miterben einen Besitzgenossen in der Weise aufzudrängen, daß dessen tatsächliches Einwirken auf die Sache durch Mitbenutzung u. dgl. nicht verbotene Eigenmacht wäre. Daß die bezüglich der Verfügung über ein Recht im technischen Sinne maßgebenden Vorschriften auch inbetreff der Verfügung über das ius possessionis maßgebend sind, kommt ja doch auch sonst vor. So kann z. B. der wegen Verschwendung entmündigte Besitzer einer Sache deren Besitz einem anderen ohne Einwilligung oder Genehmigung des gesetzlichen Vertreters zwar nach § 854 Abs. 1 verschaffen, nicht aber im Wege der bloßen rechtsgeschäftlichen Einigung nach § 854 Abs. 2. Gehört zur Erbengemeinschaft mittelbarer Besitz, so kann die rechtsgeschäftliche Verfügung über ihn nur durch Abtretung des Anspruchs auf Herausgabe (§ 870) erfolgen und somit nicht gegen die Vorschrift des § 2033 Abs. 2 durch einen einzelnen Miterben. Dies wird auch von Wolff (S. 155 Anm. 29) zugegeben.

berechtigung an den einzelnen Nachlaßgegenständen ergibt, so ist doch diese von jener nicht ablösbar; eine selbständige Verfügung über sie ist rechtlich unmöglich[6b]) und sie ist daher auch der Pfändung nicht unterworfen.

5. Aus dem unter Miterben bestehenden Gesamthandverhältnis sind noch einige wichtige Folgerungen zu ziehen:

a) Während der Dauer der Erbengemeinschaft ist in Ansehung der zum Nachlaß gehörenden Rechtsverhältnisse eine Erlöschung durch Vereinigung von Recht und Verbindlichkeit oder von Recht und Belastung ausgeschlossen;[7]) denn die hierzu erforderlichen Voraussetzungen können sich, solange der Nachlaß ein gemeinschaftliches Vermögen der Miterben bildet, nicht verwirklichen, und zwar auch nicht in Ansehung des dem Erbteil eines Miterben entsprechenden Bruchteils.

b) Nicht minder ausgeschlossen ist während der angegebenen Zeit ein an den Erbschaftserwerb sich knüpfendes vollständiges oder teilweises Wirksamwerden der von einem Miterben vor dem Erbfall in Ansehung eines dem Erblasser gehörenden Gegenstandes getroffenen Verfügungen. Die Vorschrift des § 185 Abs. 2 („wenn der Verfügende den Gegenstand erwirbt") greift hier deshalb nicht durch, weil für den im Gesamthandverhältnis stehenden Miterben nicht zutrifft, daß er einen zum Nachlaß gehörenden Gegenstand ganz oder zu einem bestimmten Bruchteil erworben hat.[8])

Dem teilweisen Wirksamwerden einer vom Erblasser durch Rechtsakt unter Lebenden über einen, einem Miterben gehörenden Gegen-

---

[6b]) Selbst eine bedingte Verfügung hinsichtlich desjenigen, was dem Verfügenden von dem betreffenden Gegenstande etwa bei der Auseinandersetzung zufallen werde, ist ausgeschlossen. Denn die in § 161 hinsichtlich bedingter Verfügungen vorgesehene dingliche Gebundenheit kann hier aus dem Grunde nicht eintreten, weil dem Verfügenden zur Zeit der Verfügung dasjenige Recht fehlt, über das er verfügen zu wollen erklärt. Vgl. auch KGE. in Rechtsp. 2 S. 27. A. A. Kreß S. 56. Möglich ist jedoch ein Wirksamwerden der zunächst unwirksamen Verfügung nach § 185 Abs. 2. Vgl. auch Planck-Ritgen S. 180 und Binder III S. 69 Anm. 45.

[7]) In den Schriften von Schwedler und Kretschmar (vgl. oben § 63 Anm. 22) wird der Fall nicht berührt. Zutreffend Planck-Ritgen S. 178, Kreß S. 5 bei Anm. 13.

[8]) Ebenso Planck-Ritgen S. 178; die im Texte berührte weitere Möglichkeit wird aber von Planck-Ritgen nicht in Betracht gezogen.

stand getroffenen Verfügung scheint dagegen die Erbengemeinschaft nicht entgegen zu stehen, dafern nur der betreffende Miterbe für den seinem Erbteil entsprechenden Bruchteil der Nachlaßverbindlichkeiten bereits schlechthin unbeschränkt haftet (§ 185 Abs. 2).[8a])

c) Nach der ausdrücklichen Vorschrift des Abs. 2 von § 2040 kann der Schuldner einer zum gemeinschaftlichen Nachlaß gehörenden Forderung gegen diese nicht eine ihm gegen einen einzelnen Miterben zustehende Forderung aufrechnen.[9])

6. Die Verwaltung des Nachlasses kommt den Erben gemeinschaftlich zu. Für ihre Führung gelten folgende Grundsätze:

a) Die Miterben sind untereinander verpflichtet, zu denjenigen Maßregeln mitzuwirken,[9a]) welche zur ordnungsmäßigen Verwaltung erforderlich werden. Eine der Beschaffenheit der zum Nachlaß gehörenden Gegenstände entsprechende ordnungsmäßige Verwaltung und Benutzung kann durch Stimmenmehrheit beschlossen werden. Die Stimmenmehrheit wird nach der Größe der Erbteile (unter tunlichster Mitberücksichtigung der infolge der Ausgleichung eintretenden Verschiebung)[10]) berechnet. Ist weder allseitige Einigung noch ein Mehr-

---

8a) Kreß S. 5 Anm. 2 erhebt gegen die Entscheidung des Textes das Bedenken, daß die Bestimmung des § 185 Abs. 2, wonach die Verfügung eines Nichtberechtigten wirksam wird, wenn er vom Berechtigten beerbt wird und dieser für die Nachlaßverbindlichkeiten unbeschränkt haftet, nur für den Fall einer endgültigen Verschmelzung des Nachlasses und des Erbenvermögens gelte, und daß diese Verschmelzung bei Vorhandensein mehrerer Erben durch das Gesamthandprinzip ausgeschlossen sei. Hierbei wird aber übersehen, daß die in Betracht kommende Vorschrift des § 185 Abs. 2 beim unbeschränkt haftenden Alleinerben auch durchgreift, wenn die Verschmelzung von Nachlaß und Erbenvermögen durch Eröffnung des Nachlaßkonkurses oder Anordnung der Nachlaßverwaltung (vgl. § 1976) ausgeschlossen wird. Dem Eingreifen unserer Vorschrift im Falle des Textes kann daher auch nicht das unter Miterben bestehende Gesamthandverhältnis entgegenstehen.

9) Auf diese Entscheidung führt übrigens schon die rechtliche Natur des Gesamthandverhältnisses. Gleichfalls unzulässig ist die Aufrechnung eines Nachlaßgläubigers gegenüber der Eigenforderung eines des Rechtes zur Haftungsbeschränkung teilhaftigen Miterben. Vgl. Kreß S. 65.

9a) Es kann sich dabei sowohl um tatsächliche Maßnahmen (man denke z. B. an die Räumung eines zum Nachlaß gehörenden und dem Mieter zu überlassenden Hauses) als auch um die Mitwirkung zum Abschluß eines Rechtsgeschäftes (vgl. dazu die Ausführung des Textes unter c) handeln.

10) Soweit sich diese Verschiebung noch nicht übersehen läßt, muß ihre

heitsbeschluß zu erreichen, oder ist ein Mehrheitsbeschluß zur Durchführung der erforderlichen Maßregel nicht ausreichend,[10a]) so kann jeder Miterbe eine dem Interesse aller Erben nach billigem Ermessen entsprechende Verwaltung und Benutzung verlangen und diesen Anspruch nötigenfalls im Wege des Prozesses durchsetzen.[10b]) Die zur Erhaltung eines Nachlaßgegenstandes notwendigen Maßnahmen kann jedoch jeder Miterbe auch ohne Mitwirkung der anderen treffen. Zur Vornahme einer über die ordnungsmäßige Verwaltung und Benutzung hinausgehenden und in diesem Sinne wesentlichen Veränderung eines Nachlaßgegenstandes bedarf es immer der freiwilligen Zustimmung aller Erben (§ 2038 in Verbindung mit § 745).

b) Eine in betreff der Verwaltung und Benutzung der zum Nachlaß gehörenden Gegenstände durch Einverständnis der Miterben oder innerhalb der unter a) angegebenen Schranken durch Mehrheitsbeschluß erfolgte Bestimmung wirkt auch für und gegen denjenigen, welcher den Anteil eines Miterben nach Maßgabe des § 2033 an sich gebracht hat (§ 2038 Abs. 2 in Verbindung mit § 746).

c) Besonders ins Auge zu fassen sind diejenigen Fälle, in denen zur Durchführung der ordnungsmäßigen Verwaltung der Abschluß eines Rechtsgeschäftes (sei es nun eines Verfügungs-, sei es eines Verpflichtungsgeschäftes) erforderlich ist. In dieser Beziehung muß zwischen der Entscheidung darüber, daß das Geschäft abgeschlossen werden soll, und dem Abschlusse selbst unterschieden werden. Jene kann, dafern die eingangs gemachte Voraussetzung wirklich zutrifft, nach Maßgabe des § 2038 Abs. 2 in Verbindung mit § 745 auch mit Stimmenmehrheit beschlossen werden. Hinsichtlich der Vornahme des Geschäftes selbst ist folgendes zu beachten: Gewisse Verfügungsgeschäfte (z. B. die zur Erfüllung einer Nachlaßverbindlichkeit notwendig werdende Auflassung eines Nachlaßgrundstücks an den Gläubiger; vgl. auch Anm. 12) setzen mit Notwendigkeit die Mitwirkung

Berücksichtigung aber freilich entfallen. Vgl. übrigens auch unten Anm. 11i. Grundsätzlich *gegen* jede Berücksichtigung der Ausgleichung nach der im Texte bezeichneten Richtung hin, *Kreß* S. 40. Für die Berücksichtigung *Heymann* S. 464.

[10a]) Vgl. die weitere Ausführung des Textes unter c.

[10b]) Über das in solchem Falle zu stellende Klagebegehren und das weitere Verfahren vgl. *Kreß* S. 43, 44.

aller Miterben[11]) voraus.[11a]) Weigert ein Miterbe die Mitwirkung, so kann er nach § 2038 Abs. 1 Satz 2 zu ihr im Wege der Klage verhalten werden. Bei Verfügungen über Fahrnis wird sich mit dem Beschlusse der Miterben, daß die Verfügung stattfinden solle, regelmäßig auch die einem Miterben erteilte Ermächtigung zu ihrer Vornahme verbinden. Hierbei wird im Zweifel anzunehmen sein, daß die nach § 745 überstimmten Miterben gegen die auf Grund ordnungsmäßig gefaßten Mehrheitsbeschlusses wirklich erfolgende Vornahme nichts weiter einzuwenden haben. Selbst wenn aber diese Voraussetzung nicht zuträfe, würde die Verfügung doch praktisch wirksam und der verfügende Miterbe außer Verantwortung sein, dafern die Umstände so liegen, daß der überstimmte Miterbe seine Genehmigung nicht versagen kann.[11b]) Handelt es sich um ein Verpflichtungsgeschäft, so kann eine Verpflichtung der einzelnen Miterben gegenüber dem anderen Vertragsteil immer nur durch deren Mitwirkung beim Vertragsabschluß herbeigeführt werden. Durch die Eingehung des Verpflichtungsgeschäftes werden die mitwirkenden Miterben im Zweifel (§ 427) gesamtschuldnerisch und, soweit anderes nicht bestimmt worden ist, derart verpflichtet, daß jeder von ihnen mit seinem gesamten Vermögen haftet.[11c]) Entzieht sich einer der Miterben der Mitwirkung zu der, wenn auch nur durch Stimmen-

---

[11]) Mitwirkung durch einen Stellvertreter ist selbstverständlich nicht ausgeschlossen.

[11a]) Inbetreff der den Miterben gegenüber abzugebenden rechtsgeschäftlichen Erklärungen vgl. Kreß S. 59.

[11b]) Man denke z. B. an eine gegen entsprechendes Entgelt erfolgende Veräußerung von Gartenfrüchten, der ein Miterbe widerspricht, weil er diese um einen Vorzugspreis für sich selbst haben will. Vgl. hierzu auch das Wort „Reinertrag" in § 2038 Abs. 2 a. E.

[11c]) Dies ist eine notwendige Folge der vorausgesetzten Art des Vertragsschlusses. Doch sind die Miterben den Nachlaßgläubigern gegenüber nach § 1978 berechtigt, die Verbindlichkeit aus dem Nachlaß zu decken. Eine besondere Abmachung mit dem anderen Vertragsteil, daß die Haftung der Miterben nach den Vorschriften über die beschränkte Erbenhaftung beurteilt werden solle, ist als zulässig zu erachten. Vgl. jetzt auch Kreß S. 23, 49 Anm. 16. Die Behandlung der so entstandenen Verbindlichkeit als Nachlaßverbindlichkeit würde jedoch im Verhältnis zu anderen Nachlaßgläubigern doch wieder nur nach Maßgabe der durch § 1978 gezogenen Schranke zulässig sein. Ob sich der dritte auf eine derartige Haftung der Miterben einlassen will, steht natürlich durchaus bei ihm. Dies scheint Binder III S. 70ff. außer acht zu lassen.

mehrheit, beschlossenen Vornahme des zur ordnungsmäßigen Verwaltung erforderlichen Verpflichtungsgeschäfts, so werden die übrigen Miterben dieses im eigenen Namen abschließen und vom widerstrebenden Miterben verlangen können, daß er das Geschäft als auf Rechnung der Erbengemeinschaft geschlossen gelten lasse.

Bei einer Erbengemeinschaft von längerer Dauer wird sich meist die Aufstellung eines mit einer nicht willkürlich entziehbaren Vollmacht aller Miterben zur Vornahme der zur ordnungsmäßigen Verwaltung erforderlichen Rechtsgeschäfte ausgerüsteten Verwalters empfehlen. Kommt es hierüber zu keiner Einigung der Miterben, so dürfte anzunehmen sein, daß jeder Miterbe die Einsetzung eines solchen Verwalters, soweit sie im konkreten Falle das zur Wahrung des Interesses aller Miterben geeignete Mittel ist, gegen die widerstrebenden Miterben im Wege der Klage verlangen kann. Doch werden diese auf einer derartigen Einschränkung der Vollmacht des Verwalters zur Eingehung von Verpflichtungsgeschäften bestehen können, daß ihnen dem Gläubiger gegenüber das Recht zur Beschränkung der Haftung aus dem Nachlaß vorbehalten bleibt.[11d)]

Die Fortführung eines zum Nachlaß gehörenden Handelsgeschäftes durch die Miterben nach Maßgabe des § 27 HGB. kann, weil es sich dabei schon wegen der im Falle der Fortführung eintretenden schlechthin unbeschränkten Haftung für die früheren und die künftigen Geschäftsverbindlichkeiten um eine über die ordnungsmäßige Verwaltung des Nachlasses weit hinausgehende Maßnahme handelt, mit Stimmenmehrheit nicht beschlossen werden.[11e)] Wohl aber ist es möglich, daß die Fortführung durch einen oder mehrere Miterben mit Einwilligung der übrigen erfolgt.

d) Die Lasten des Nachlasses, die Kosten seiner Erhaltung und Verwaltung und die durch die gemeinschaftliche Benutzung von Nach-

---

11d) Denn bei ordnungsmäßiger Verwaltung eines Sondervermögens sollen Verbindlichkeiten grundsätzlich nur insoweit eingegangen werden, als deren ordnungsmäßige Befriedigung aus dem Sondervermögen erfolgen kann. Auch ist nicht einzusehen, warum den Miterben im Falle des Textes gegen ihren Willen eine weitergehende Haftung soll auferlegt werden können, als die sie im Falle einer Testamentsvollstreckung träfe. Die Verhandlung mit dritten wird übrigens einem Bevollmächtigten aller Miterben, trotz der Einschränkung der Vollmacht, wesentlich leichter sein, als wenn die einzelnen Miterben selbst handeln und sich dabei die Beschränkung der Haftung ausbedingen.

11e) Vgl. auch Kreß S. 43 Anm. 5 u. S. 158.

laßgegenständen bedingten Auslagen haben die Miterben untereinander nach Verhältnis ihrer Anteile zu tragen (§ 2038 Abs. 2 in Verbindung mit § 748). Normalerweise werden die Miterben die zur Deckung dieser Auslagen erforderlichen Mittel dem Nachlaß entnehmen, wozu sie nach Maßgabe des § 1978 auch im Verhältnis zu den Nachlaßgläubigern berechtigt sind. Hat ein einzelner Miterbe solche Auslagen aus seinem Eigenvermögen bestritten, so kann er Ersatz aus dem Nachlaß verlangen und zwar regelmäßig, ohne bis zur Auseinandersetzung der Erbengemeinschaft warten zu müssen.[11f]) Eine die übrigen Miterben nach Verhältnis ihrer Anteile treffende schlechthin unbeschränkte Haftung mit ihrem Eigenvermögen wird grundsätzlich abzulehnen sein,[11g]) kann sich im konkreten Falle aber allerdings aus einem zugrunde liegenden besonderen Verhältnis, z. B. aus einer Geschäftsführung ohne Auftrag, ergeben.[11h])

e) In betreff der Nutzungen des Nachlasses muß zwischen dem Gebrauch der gemeinschaftlichen Gegenstände, soweit er nach Maßgabe der Sachlage überhaupt in Betracht kommen kann, und den Früchten unterschieden werden. Zu jenem ist jeder Miterbe insoweit befugt, als nicht der Mitgebrauch der übrigen Erben beeinträchtigt wird. Die Früchte des Nachlasses verbleiben zunächst im

---

[11f]) Anders z. B. Planck-Ritgen Erl. 2 zu § 2038. Es ist jedoch zu erwägen, daß es sich dabei zumeist um Auslagen handelt, zu deren vorläufiger Bestreitung aus seiner Kasse der Miterbe gerade deswegen unbedenklich bereit war, weil er auf sofortigen Ersatz aus dem gemeinschaftlichen Vermögen rechnen durfte. Die Umstände können aber auch anders liegen, z. B. so, daß der einzelne Miterbe im Einverständnis mit den anderen Miterben gegen Zinsvergütung laufende Auslagen bis zu dem Zeitpunkte aus seinem Eigenvermögen bestreitet, in welchem die Erbengemeinschaft hinreichendes Geld flüssig gemacht haben wird.

[11g]) Für die Annahme einer solchen Haftung scheint zwar die Berufung des § 748 in § 2038 Abs. 2 zu sprechen. Allein bei solcher Schlußfolgerung bleibt unberücksichtigt, daß die Verpflichtung zur Ersatzleistung den Miterben als solchen obliegt, für sie also eine Nachlaßverbindlichkeit bildet, was wegen § 2059 von besonderer Wichtigkeit ist. Vgl. auch Kreß S. 47.

[11h]) Z. B.: Die Miterben sind darüber einig geworden, daß jeder von ihnen nach Maßgabe seines Anteils zum Zwecke der Einlösung eines fälligen Akzeptes des Erblassers für die Erbengemeinschaft in Vorschuß gehen solle. Mit Rücksicht hierauf löst einer der Miterben den Wechsel aus seinen Mitteln ein. Es wird nicht zu bezweifeln sein, daß er nach § 683 von den übrigen Miterben anteilig zu leistenden Ersatz aus deren Eigenvermögen verlangen kann.

Gesamthandverhältnis. Ihre Teilung erfolgt grundsätzlich erst bei der Auseinandersetzung. Ist diese jedoch auf längere Zeit als ein Jahr ausgeschlossen, so kann jeder Miterbe nach Maßgabe seines Anteils am Gesamthandvermögen[11i]) am Schlusse jedes Jahres die Teilung des Reinertrages verlangen. Durch Mehrheitsbeschluß kann dem einzelnen Miterben das ihm hiernach hinsichtlich der Nutzungen zustehende Recht nicht verkümmert werden (§§ 2038 Abs. 27, 43, 745 Abs. 3).

7. Die Geltendmachung eines zum Nachlaß gehörenden Anspruchs kann nicht nur durch alle Erben gemeinschaftlich, sondern auch durch einen einzelnen Miterben[12]) erfolgen, im letzteren Falle aber nur in der Weise, daß die Leistung an alle Miterben gefordert wird.[12a])

[11i]) Auch hier wird die durch die Ausgleichung eintretende Verschiebung tunlichst zu berücksichtigen sein. Vgl. besonders Heymann a. a. O. Anders Kreß S. 40. Er meint, daß die Ausgleichungspflicht eines Miterben vor der Auseinandersetzung keinesfalls berücksichtigt werden und daß dem durch die Verteilung der Früchte nach nominellen Erbteilen benachteiligten Miterben nur durch die von ihm herbeizuführende Auseinandersetzung geholfen werden könne. Allein das Verlangen auf Auseinandersetzung kann z. B. durch eine nach Maßgabe von § 2209 eingesetzte Testamentsvollstreckung für längere Zeit ausgeschlossen oder infolge besonderer Umstände praktisch undurchführbar sein. Soll dann die ungerechte Verteilung der Früchte solange fortdauern müssen, bis die der Auseinandersetzung entgegenstehenden Hindernisse beseitigt sind? Beispiel: Ein Erblasser setzt seine beiden Kinder A und B zu gleichen Teilen als Erben ein, mit der Bestimmung, daß A gewisse Vorempfänge zur Ausgleichung zu bringen habe, jedoch nur insoweit, daß auf ihn noch ein reines Viertel des Nachlasses entfällt. Mit der Verwaltung des Nachlasses ist für die nach § 2210 zulässige Zeit ein Testamentsvollstrecker eingesetzt. Es steht ferner fest, daß der Vorempfang des A die Höhe, in welcher er zur Ausgleichung gebracht werden soll, ohnedies weit überschreitet. Soll A hier wirklich Jahr für Jahr Halbteilung des Reinertrags der Nutzungen verlangen können?

[12]) Was im Texte in betreff der Geltendmachung von Ansprüchen durch einen einzelnen Miterben gesagt ist, gilt nicht für die Ausübung der zum Nachlaß etwa gehörenden Rechte, welchen Anspruchscharakter nicht zukommt. Man denke etwa an Rücktritts-, Vorkaufs-, Wiederkaufs-Rechte oder an das Rücknahmerecht des § 376 u. dergl. Die Ausübung solcher Rechte kann also nach Maßgabe des Gesamthandprinzips nur durch alle Miterben gemeinschaftlich erfolgen. Vgl. aber doch auch §§ 1952 Abs. 3, 2180 Abs. 3, ferner § 513. Da die Erhebung der Leistungsklage die Mahnung ersetzt (§ 284 Abs. 1), so dürfte aus § 2039 zu schließen sein, daß ein Miterbe gegenüber einem Nachlaßschuldner auch zur Mahnung legitimiert ist. Anders freilich Kreß S. 58.

[12a]) Aus dem Zwecke der Vorschrift des § 2039 scheint gefolgert werden

Geht der Anspruch auf Leistung einer Sache, so kann der einzelne Miterbe auch die Hinterlegung der Sache für alle Erben oder, wenn sie sich zur Hinterlegung nicht eignet, ihre Ablieferung an einen gerichtlich zu bestellenden Verwahrer verlangen (§ 2039). Die bezeichnete Legitimation des einzelnen Miterben zur Prozeßführung erstreckt sich auch auf die Durchsetzung der zuerkannten Forderung im Wege der Zwangsvollstreckung und auf die vorangehende Erwirkung von Arresten und einstweiligen Verfügungen.

Schon seinem Wortlaut nach bezieht sich § 2039 nicht nur auf obligatorische, sondern auch auf dingliche Ansprüche[12b]) und nach Maßgabe des in ihm sich ausprägenden Grundgedankens wird dem einzelnen Miterben auch die Legitimation zur Erhebung von Feststellungsklagen im Interesse der Miterbengemeinschaft zuzusprechen sein.

Ist ein Miterbe Schuldner einer zum Nachlaß gehörenden Forderung, so wird er zur Leistung nur insoweit verhalten werden können, als ihre Bewirkung zur Befriedigung von Nachlaßverbindlichkeiten erforderlich oder sonst durch ein gerechtfertigtes Interesse der Miterben[13]) geboten ist.

II. Über die dem noch in der Erbengemeinschaft stehenden Miterben zukommende rechtliche Möglichkeit der Verfügung über seinen Anteil am Nachlaß[14]) ist jetzt noch ausführlich zu reden.

zu müssen, daß durch die Erhebung der Klage durch einen Miterben zugunsten aller Miterben die Unterbrechung der Verjährung herbeigeführt wird. Vgl. auch Kreß S. 74 Anm. 9. Aus § 429 läßt sich ein Gegenargument deshalb nicht gewinnen, weil der Miterbe im Falle des § 2039 nicht als Gesamtgläubiger, sondern kraft einer ihm von Rechts wegen zukommenden Legitimation zur Wahrung des Interesses der Miterbengemeinschaft klagt. Andererseits darf aber wieder als gewiß angenommen werden, daß die Abweisung des klagenden Miterben gegenüber den übrigen Miterben keine Rechtskraft hat.

12b) Anders freilich schon in diesem und umsomehr im folgenden Punkte Kreß S. 71 bei Anm. 4.

13) So z. B., wenn sich bereits übersehen läßt, daß auf den Miterben wegen einer ihn treffenden Ausgleichungspflicht bei der Auseinandersetzung ohnedies nichts mehr aus dem Nachlaß entfallen wird. Fehlt es dagegen an einem berechtigten Interesse der Miterben, so müßte in dem Verlangen, daß ein Miterbe, der zugleich Nachlaßschuldner ist, dasjenige an den Nachlaß leiste, was er aus diesem bei der Auseinandersetzung wieder zurückzuerhalten hat, eine unzulässige Chikane (§ 226) erblickt werden. Zu einem ähnlichen Resultat gelangt auch Planck-Ritgen S. 187. Vgl. auch Rehbein, Obertribunalsentscheidungen III S. 291 ff.

1. Die Verfügung erfolgt durch Vertrag zwischen dem verfügenden Erben und demjenigen, zu dessen Gunsten verfügt wird. Sie kann nicht nur auf die Übertragung des Anteils am gemeinschaftlichen Nachlaß, sondern auch auf Einräumung des Nießbrauchs oder des Pfandrechtes an diesem Anteil (vgl. § 86 FGbG.) gerichtet sein. Der Verfügungsvertrag bedarf in allen Fällen der Form der gerichtlichen oder notariellen Beurkundung (§ 2033 Abs. 1).

2. Wie alle auf Rechtsübertragung oder auf Bestellung von Rechten innerhalb des Rahmens eines bestehenden Rechtes gerichteten Geschäfte, so ist auch die Verfügung über einen Erbteil im Sinne des § 2033 abstrakter Natur. Es ist deshalb scharfe Unterscheidung zwischen dem obligatorischen Vertrag, durch welchen sich ein Miterbe zur Verfügung über seinen Erbteil verpflichtet, und der Verfügung selbst geboten.[14a] Vor allem muß hervorgehoben werden, daß in dem auf die Veräußerung des Erbteils abzielenden obligatorischen Vertrag (Verkaufs-, Schenkungsvertrag u. dgl.) eine Verfügung über den Erbteil im Sinne des § 2033 nicht erblickt werden darf.[15] Nach Maßgabe der §§ 2371, 2385 bedarf

[14] Vgl. hierzu Wendt, Verfügungen über Erbschaftsanteile im Archiv f. d. zivil. Prax. Bd. 89 S. 420 bis 457, Kreß S. 175, Binder III S. 88.

[14a] Vor dem Erbfall kann grundsätzlich weder das eine noch das andere Rechtsgeschäft gültig vorgenommen werden (vgl. § 312 Abs. 1). Ausnahmsweise zulässig ist jedoch der unter künftigen gesetzlichen Erben über den gesetzlichen Erbteil geschlossene (an die Form der gerichtlichen oder notariellen Beurkundung gebundene) Vertrag (§ 312 Abs. 2). Die Vorschrift bezieht sich vermöge ihrer systematischen Stellung zunächst gewiß nur auf den obligatorischen Vertrag. Die ihr zugrunde liegende ratio spricht aber entschieden dafür, daß unter denselben Voraussetzungen auch eine Verfügung über den künftigen gesetzlichen Erbteil zulässig ist. Denn wer sich (z. B. wegen bevorstehender Auswanderung) auf den Abschluß eines Rechtsgeschäftes in Ansehung seines künftigen Erbteils überhaupt einläßt, will mit diesem regelmäßig nichts weiter zu tun haben und die Angelegenheit definitiv erledigen; dies wäre aber nicht möglich, wenn es nach Eintritt des Erbfalls immer erst noch der Vornahme der Verfügung bedürfte. Vgl. übrigens auch Bd. I S. 529 bei Anm. 7.

[15] An dem Anm. 14 a. O. (vgl. besonders S. 424, 433 bis 435) bemüht sich Wendt vergebens, dies zu bestreiten und den Gedanken zur Geltung zu bringen, daß im Sinne des BGB. auch schon jeder auf Veräußerung eines Gegenstandes gerichtete obligatorische Vertrag den Charakter einer Verfügung im technischen Sinne habe. Zur Widerlegung dieser Lehre genügen wenige Bemerkungen. Daß in der Übernahme der Verpflichtung zur künftigen Vornahme einer Verfügung noch keine Verfügung gelegen ist, geht nämlich mit

zwar auch der erstere Vertrag der gerichtlichen oder notariellen Beurkundung. Allein an seinen Abschluß knüpfen sich nur obligatorische Berechtigungen und Verpflichtungen der Beteiligten. Auf der anderen Seite ist der Eintritt der an die Verfügung über den Erbteil sich knüpfenden Effekte von dem Dasein und Rechtsbestand des Kausalgeschäfts — unbeschadet des nach den Grundsätzen über die Herausgabe einer ungerechtfertigten Bereicherung zu beurteilenden Anspruchs auf Rückübertragung des ohne rechtlichen Grund übertragenen Anteils — ganz unabhängig. Der Vereinigung beider Geschäfte, des Kausalgeschäfts und der Verfügung über den Erbteil, in einer Urkunde steht aber selbstverständlich nichts entgegen. Sie empfiehlt sich sogar aus naheliegenden Zweckmäßigkeitsgründen.

Besondere Beachtung verdienen diejenigen Fälle, in welchen die den Anforderungen des § 2033 entsprechende Übertragung eines Miterbenanteils auf Grund eines der Form der gerichtlichen oder notariellen Beurkundung entbehrenden und auch in die Verfügungsurkunde nicht aufgenommenen Kausalgeschäftes stattgefunden hat. Die sich hierbei ergebende Rechtslage läßt sich in doppelter Weise beurteilen. Man kann sich entweder auf den grundsätzlichen Standpunkt stellen, daß die Übertragung des Anteils ohne rechtlichen Grund (vgl. § 812) erfolgt sei und demgemäß vom Übertragenden kondiziert werden könne.[16]) Oder man kann sich zur analogen Anwendung des im § 313 sich ausprägenden Gedankens entschließen, und danach

ganz besonderer Deutlichkeit daraus hervor, daß der Mangel der Verfügungsmacht die Gültigkeit des auf die Übernahme der Verpflichtung zur Vornahme der Verfügung gerichteten obligatorischen Vertrages grundsätzlich nicht ausschließt. So sind z. B. die von einer Ehefrau in Ansehung eines zum eingebrachten Gute gehörenden Gegenstandes, oder die von einem Erben, neben dem ein zur Verwaltung des Nachlasses berufener Testamentsvollstrecker vorhanden ist, in Ansehung eines dieser Verwaltung unterliegenden Gegenstandes, oder die von einem Vorerben in Ansehung derjenigen Gegenstände, über welche er im Interesse des Nacherben nicht verfügen kann, geschlossenen obligatorischen Verträge trotz der Vorschriften der §§ 1395, 1396, 2211, 2113 einfach aus dem Grunde gültig, weil sie Verfügungen nicht sind.

[16]) Eine allseitige Durchführung dieses Standpunktes — der von Matthiaß II 3. Aufl. S. 589 ohne jede Einschränkung angenommen wird — erweist sich übrigens im Falle eines der Verfügung über den Anteil vorangegangenen obligatorischen Schenkungsvertrages schon wegen § 518 Abs. 2 als unmöglich. Auch läßt sich nicht verkennen, daß die Schenkung ohne jeden obligatorischen Vertrag durch Verfügung über den Erbteil nach Maßgabe von

entscheiden, daß der rücksichtlich des Miterbenanteils ohne Beobachtung der Form des § 2371 geschlossene Kauf- oder sonstige obligatorische Vertrag seinem ganzen Inhalt nach gültig wird, wenn der Veräußerer nach Maßgabe des § 2033 über seinen Anteil an dem Nachlaß verfügt hat. Wer freilich der Bestimmung des § 313 nur singuläre Bedeutung beimißt, wird sich gegen ihre analoge Anwendung auf unseren Fall aussprechen und daher — wenigstens im Prinzip — für die erste Alternative entscheiden müssen. Wer dagegen der Meinung ist, daß die Redaktoren des Gesetzes, dafern ihnen die eben berührte Frage zum Bewußtsein gekommen wäre, durch die Logik der Situation zur Anordnung der entsprechenden Anwendung des § 313 auf unseren Fall sich gedrängt gesehen hätten — und diese Annahme dürfte kaum zu weit gehen[17]) — wird der zweiten Alternative den Vorzug geben.[18])

3. Die nach § 2033 erfolgende Übertragung eines Miterbenanteils ist etwas wesentlich anderes als die bloße Abtretung des Anspruchs auf dasjenige, was den Miterben bei der Teilung des Nachlasses zufallen wird.[19]) Den Gegenstand der Übertragung bildet vielmehr die Mitberechtigung des übertragenden Miterben am Gesamthandvermögen selbst.[20]) Infolge der Übertragung tritt

§ 2033 in Verbindung mit der formlosen Einigung über den schenkweisen Charakter der Zuwendung erfolgen kann. Vgl. auch Wilke S. 99.

[17]) Hierbei kommt wesentlich der Umstand mit in Betracht, daß die für die Verfügung vorgeschriebene Form (§ 2033) hinter der für den obligatorischen Vertrag erforderlichen (§ 2371) nicht zurückbleibt. Dies wird bei Matthiaß S. 589 Anm. 1 nicht berücksichtigt.

[18]) Der im Texte vertretenen Auffassung schließt sich auch Wilke S. 99 an. A. A. Binder III S. 97.

[19]) Für die hiermit zurückgewiesene Auffassung tritt Wendt S. 455 ein. Sie wird dadurch widerlegt, daß ihr zufolge der Miterbe ungeachtet der ihm durch § 2033 eingeräumten rechtlichen Macht zur Verfügung über seinen Anteil am ungeteilten Nachlaß dem Gesellschafter, dem die Möglichkeit einer Verfügung über seinen Anteil am Gesellschaftsvermögen ausdrücklich versagt ist (§ 719), gerade dort gleichgestellt wäre, wo das Gesetz hinsichtlich des ersteren das direkte Gegenteil von dem bestimmt, was für den letzteren gilt.

[20]) Unrichtig ist es jedoch, wenn Endemann III S. 362, 363 die „Erbberechtigung" des Übertragenden als Gegenstand der Verfügung bezeichnet und damit die Behauptung verbindet, daß der übertragende Miterbe aus dem Miterbenverhältnis vollständig auch den Nachlaßgläubigern gegenüber ausscheidet. Von einer Verfügung über das „Miterbenrecht" spricht

an Stelle des gleichzeitig ausscheidenden bisherigen Mitberechtigten der neue Erwerber in das Gesamthandverhältnis ein, und alles, was in Ansehung des gemeinschaftlichen Nachlasses bisher für jenen galt, gilt nunmehr für diesen. Auf diejenigen Bestandteile des Nachlasses freilich, welche bereits den einzelnen Miterben zugewiesen und dadurch aus dem Gesamthandverhältnis herausgezogen worden sind, oder welche in die Erbengemeinschaft niemals einbezogen waren,[20a])

neuerdings wieder Kreß S. 175, jedoch ohne (vgl. z. B. 177, 179 unter Z. 3) die Konsequenzen dieser Auffassung zu ziehen. Binder III S. 94 erklärt die Verfügung über das Mitgliedschaftsrecht in der Erbengemeinschaft für durchaus identisch mit der Verfügung über das Miterbenrecht. Hiergegen ist zu bemerken: 1. Wenn das Gesetz schlechthin die Verfügung über das Miterbenrecht zuließe, so könnte es keinen Unterschied machen, ob eine Erbengemeinschaft noch besteht, oder ob bereits vollständige Auseinandersetzung erfolgt ist. Nach § 2033 muß aber dieser Unterschied gemacht werden; nur der Anteil des Miterben am ungeteilten Nachlaß kann Gegenstand der Verfügung sein. Vgl. auch Prot. V S. 837. 2. Eine Verfügung über das Miterbenrecht müßte sich auch auf nicht oder doch nicht mehr zur Erbengemeinschaft gehörende Gegenstände erstrecken, welche der Miterbe kraft seines Miterbenrechts erlangt hat. Hinsichtlich der nach § 2033 zulässigen Verfügung trifft das nicht zu. Vgl. dazu die weitere Ausführung des Textes. 3. Nach Binders Lehre (II S. 96) soll die Haftung des Miterben für die Nachlaßverbindlichkeiten mit der Übertragung des Anteils am Nachlaß ipso iure entfallen. Dies ist aber mit den Vorschriften über die Erbenhaftung nicht in Einklang zu bringen. Vgl. auch Kreß S. 179, 180. 4. Wenn die Übertragung des Anteils am ungeteilten Nachlaß zur Folge hätte, daß der Übertragende aufhört, Miterbe zu sein und der Erwerber Miterbe wird, so könnte dem Übertragenden eine Vergrößerung des ursprünglichen Erbteils durch Anwachsung nicht mehr zu statten kommen, sondern müßte sich die Anwachsung notwendig in der Person des Erwerbers vollziehen. Aus § 2373 ergibt sich jedoch, daß die Frage nach Maßgabe des Parteienwillens und im Zweifel zugunsten des Veräußerers zu beantworten ist. Vgl. auch Wilke Erl. 2 zu § 2095 und unten § 97 d. D. 5. Es kann keinem Zweifel unterliegen, daß ein Miterbe erbunwürdig wird, auch wenn er sich erst nach der Übertragung seines Anteils am Nachlaß an einen anderen in Ansehung einer Verfügung des Erblassers von Todes wegen der in § 274 Z. 1 StGB. bezeichneten Handlungsweise schuldig macht (§ 2339 Abs. 1 Z. 4), und daß sich an die Erbunwürdigkeitserklärung die im § 2344 bezeichnete Folge knüpft, von der selbstverständlich auch der Erwerber des Anteils betroffen wird. Auch in dieser Beziehung erweist sich also die Auffassung Binders als nicht zutreffend, denn ihr zufolge ist der Veräußerer im vorausgesetzten Falle nicht mehr Erbe und könnte er sich daher auch durch sein Verhalten nicht mehr erbunwürdig machen.

[20a]) Hierbei ist an Fälle zu denken, in denen zum Nachlaß des von den

erstreckt sich die Übertragung nicht. Doch kann durch das der Übertragung des Miterbenanteils zugrunde liegende obligatorische Geschäft eine Verpflichtung des Miterben zur Herausgabe solcher Gegenstände bezw. des Wertes derselben immerhin begründet sein.

Über den Einfluß, welchen die Übertragung eines Miterbenanteils auf die Gestaltung der Haftung für die Nachlaßverbindlichkeiten hat, wird erst im IV. Hauptstück d. D. zu handeln sein.

4. Erfolgt die Übertragung eines Miterbenanteils oder mehrerer solcher Anteile an einen Miterben oder an den Rechtsnachfolger eines solchen, so können sich hierdurch unter Umständen alle Anteile am Gesamthandvermögen in einer Person vereinigen. Trifft dies zu, so ist der Erwerber in Ansehung des bisher gemeinschaftlich gewesenen Vermögens nunmehr grundsätzlich so berechtigt, als ob er Alleinerbe[20b]) geworden wäre. Eine Nachwirkung des früheren Gesamthandverhältnisses tritt jedoch dann hervor, wenn auch nur einer der in einer Person vereinigten Anteile durch einen Nießbrauch oder ein Pfandrecht belastet ist. Soweit dies der Fall ist, muß dann nach wie vor zwischen den wegen der Verschiedenheit der obwaltenden Rechtsverhältnisse noch in Betracht kommenden Anteilen an dem in einer Hand vereinigten Nachlaßvermögen unterschieden werden.[21])

III. Der durch Veräußerung eines Miterbenanteils bewirkte Eintritt eines Fremden in die Erbengemeinschaft kann für die übrigen Miterben möglicherweise recht unerfreulich sein. Das Gesetz ermöglicht ihnen deshalb unter gewissen Voraussetzungen die Abwendung

---

Miterben A und B beerbten Erblassers eine diesem angefallene Erbschaft oder ein ihm angefallenes Vermächtnis gehört, und wo der eine Miterbe A den seinem Erbteil entspechenden Anteil an der seinem Erblasser angefallenen Erbschaft, dem Vermächtnis nach § 1952 Abs. 3 bzw. § 2180 Abs. 3 ausschlägt, während der Miterbe B auch in dieser Beziehung zum definitiven Erwerbe gelangt. Was B auf solche Weise erwirbt, steht selbstverständlich außerhalb der zwischen A und B im übrigen eintretenden Miterbengemeinschaft.

[20b]) „Alleinerbe" im technischen Sinne, wie Kreß S. 176 anzunehmen scheint, wird aber der bisherige Miterbe dadurch nicht. Dies kann z. B. inbetreff der in die Erbengemeinschaft überhaupt nicht oder in sie nicht mehr einbezogenen Gegenstände oder in dem Falle, daß der Miterbe, welcher seinen Anteil übertragen hat, hinterher erbunwürdig wird, wichtig werden. Vgl. übrigens auch Anm. 20.

[21]) Vgl. übrigens auch § 2007 und hierzu wieder unten § 90 d. D.

dieses Ergebnisses durch die Gewährung des in den §§ 2034 bis 2037 bestimmten Vorkaufsrechtes.

1. Wesentliche Voraussetzung für dessen Ausübung ist, daß ein Miterbe seinen Anteil an einen Fremden freiwillig verkauft. Es greift nicht Platz im Falle eines auf Grund einer gegen einen Miterben geführten Zwangsvollstreckung[22]) oder durch den Konkursverwalter erfolgenden Verkaufs des Anteils (§ 512) und auch nicht im Falle des freiwilligen Verkaufs an einen Miterben; ebensowenig im Falle der Nießbrauchbestellung oder der Verpfändung des Anteils oder im Falle eines, zwar auf Anteilsübertragung, aber nicht im Wege des Verkaufs, abzielenden obligatorischen Geschäfts.

2. Vorkaufsberechtigt sind die Miterben.[23]) Die Ausübung des Rechtes steht ihnen gemeinschaftlich zu. Ist es für einen von ihnen erloschen oder will ein Miterbe sich an der Ausübung des Vorkaufsrechts nicht mitbeteiligen, so sind die übrigen Miterben berechtigt,[23a]) das Vorkaufsrecht im ganzen auszuüben (§ 513). Sind nur zwei Miterben vorhanden, so ist, wenn der eine von ihnen seinen Anteil an einen Fremden verkauft, der andere vorkaufsberechtigt. Wie

---

[22]) Die rechtliche Zulässigkeit eines solchen (praktisch freilich recht bedenklichen) Verkaufs bezweifelt mit Unrecht Eccius S. 805; vgl. auch Kreß S. 185.

[23]) Der Erwägung bedarf noch folgendes: 1. Es ist denkbar, daß im Falle einer Übertragung eines Miterbenanteils nicht ersichtlich ist, auf Grund welcher causa die Übertragung stattgefunden hat. Die wirksame Ausübung des Vorkaufsrechts ist hier durch die Erbringung des Nachweises bedingt, daß der Übertragung ein Verkauf zu Grunde lag. 2. Erfolgt der Verkauf nicht durch einen Miterben, sondern durch einen solchen Rechtsnachfolger desselben, dessen nach § 2033 erfolgten Eintritt in die Erbengemeinschaft die übrigen Miterben nicht abwenden wollten, oder (weil die Übertragung des Erbteils garnicht auf Verkauf beruhte) nicht abwenden konnten, so wird man sich trotzdem für die Anwendung des § 2034 zu entscheiden haben. 3. Ist, wenn der Fall des § 2034 vorliegt, auch ein vorher in die Erbengemeinschaft eingetretener extraneus vorkaufsberechtigt? Es dürfte sich auch hier bejahende Antwort rechtfertigen lassen. So auch Kreß S. 128 Anm. 28. In der 2. Aufl. d. B. (S. 347 Anm. 23) wurden die Punkte 2 und 3 noch verneinend beantwortet. Diese Entscheidungen werden aus dem Grunde aufgegeben, weil sie die vom Gesetz entschieden begünstigte Vereinigung von Erbteilen in einer Hand erschweren. Für die Verneinung der Frage unter Z. 2 aber neuestens doch wieder Binder III S. 125 Anm. 126.

[23a]) Das Eingreifen der Vorschrift des § 513 scheint von Endemann III § 110 Anm. 10 übersehen zu werden.

die Mitberechtigung am Gesamthandvermögen selbst, ist auch das mit ihr verbundene Vorkaufsrecht vererblich (§ 2034 Abs. 2); von jener kann es jedoch nicht abgelöst werden und eine selbständige Übertragung desselben ist somit ausgeschlossen.

3. Den Inhalt des mit dem Dritten geschlossenen Kaufvertrags (§ 510) und, wenn die Übertragung des Erbteils bereits erfolgt ist, auch diesen Umstand (§ 2035 Abs. 2) hat der verkaufende Miterbe dem Vorkaufsberechtigten unverzüglich mitzuteilen. Eine analoge Pflicht zur unverzüglichen Benachrichtigung trifft aber auch den Käufer und Erwerber des Anteils, wenn er, noch bevor das Vorkaufsrecht der Miterben erloschen ist, den von ihm erworbenen Anteil weiter übertragen hatte (§ 2037).

4. Die Ausübung des Vorkaufsrechtes gestaltet sich verschieden, je nachdem die Übertragung des verkauften Anteils an den Käufer noch aussteht oder bereits stattgefunden hat.

a) Sie ist im ersten Falle an eine Frist von zwei Monaten seit dem Empfang der Mitteilung vom Verkauf gebunden (§§ 2034, 510) und erfolgt durch formlose Erklärung dem Verkäufer gegenüber mit der Wirkung, daß hierdurch der Kauf zwischen den vorkaufsberechtigten Miterben und dem Verkäufer nach denjenigen Bestimmungen zu stande kommt, welche der letztere mit dem dritten Käufer vereinbart hatte (§ 505). Mit Rücksicht auf die Vorschrift des § 427 wird anzunehmen sein, daß mehrere Vorkaufsberechtigte dem Verkäufer in Ansehung des Kaufpreises als Gesamtschuldner haften;[23b)] unter sich freilich haben sie zur Berichtigung dieser Verbindlichkeit nur nach Verhältnis ihrer Anteile beizutragen. Aus der Ausübung des Vorkaufsrechtes erwächst den Miterben ein Anspruch auf Übertragung des Anteils, deren Vornahme die verhältnismäßige Vergrößerung der Anteile der an der Ausübung des Vorkaufsrechtes beteiligten Miterben zur Folge hat.

b) Im zweiten Falle tritt an die Stelle des bisher gegen den Verkäufer begründet gewesenen und ihm gegenüber noch nicht ausgeübten und auch nicht durch Fristablauf oder Verzicht erloschenen Vorkaufsrechtes ein Vorkaufsrecht der Miterben gegen den Käufer (§ 2035). Die Frist zur Ausübung beträgt auch hier zwei Monate. Ihr Lauf kann nicht beginnen, solange der Inhalt des Kaufvertrages

---

23b) Zustimmend Kreß S. 189 Anm. 30.

den Vorkaufsberechtigten noch nicht mitgeteilt ist. Trotzdem fällt aber der Beginn der Frist nicht notwendig mit der Vollendung dieser Mitteilung zusammen. Dies trifft vielmehr nur zu, wenn die Vorkaufsberechtigten schon vorher oder doch wenigstens zugleich von der Übertragung des Miterbenanteils benachrichtigt worden sind. Anderenfalls muß, damit die Frist beginnen kann, zur Vollendung der Mitteilung von dem Inhalt des Kaufvertrages auch noch die vorerwähnte Benachrichtigung hinzugekommen sein. Die Ausübung des Vorkaufsrechtes gestaltet sich in ganz gleicher Weise wie im Falle a; die mit ihr verbundene Wirkung besteht aber hier darin, daß mit der Erklärung der Vorkaufsberechtigten der Kaufvertrag mit dem neuen Erwerber unter denselben Bestimmungen zu stande kommt, welche der Erwerber mit dem ursprünglichen Verkäufer verabredet hatte. Hinsichtlich des aus diesem Kaufvertrag entspringenden Anspruchs auf Abtretung des Anteils kann die Entscheidung nicht anders lauten als im Falle a.[24])

[24]) Wesentlich abweichend Planck-Ritgen S. 183 unter b. Danach soll die Ausübung des Vorkaufsrechts gegenüber dem Käufer die Wirkung haben, daß mit der Erklärung des Miterben an den Käufer „das von diesem erworbene Recht hinfällig wird und der Erbteil den Miterben anfällt". Eine besondere Übertragung des Anteils soll also hier angeblich ganz entbehrlich sein, weil die in der Form des § 2033 Abs. 1 erfolgte Übertragung des Erbteils an den Käufer als an die Miterben erfolgt zu gelten habe. Ein Anhaltspunkt für diese Auffassung läßt sich jedoch aus dem Gesetz nicht gewinnen, und gegen sie spricht unzweideutig die auch im § 2037 angeordnete entsprechende Anwendung der von der „Übertragung des Anteils auf die Miterben" redenden Bestimmung des § 2036. Die von Planck-Ritgen vertretene Ansicht ist aber auch praktisch garnicht durchführbar. Denn es geht doch unmöglich an, daß der Käufer des Anteils seines Rechtes an diesem Anteil infolge der von den Miterben erklärten Ausübung des Vorkaufsrechts verlustig wird, obschon die ihm aus dem mit den Miterben zu Stande gekommenen Kaufvertrag entstandenen Ansprüche unerfüllt geblieben, ja nicht einmal sicher gestellt sind (vgl. auch § 1100). Für die von Planck-Ritgen vertretene Meinung, aber doch neuestens wieder Kreß S. 190 Anm. 32 unter Berufung auf den in den Protokollen VI S. 318 Anm. 1 verzeichneten § 61 Abs. 2. Allein, was die Protokolle daselbst (S. 318, 319) über die Beratung berichten, beweist gerade umgekehrt, daß die Mehrheit der Kommission die Lösung des vorerwähnten Abs. 2 von § 61 nicht billigte. Für die Auffassung des Textes Wilke S. 100 Erl. 1 zu 2634, Leske S. 115 Anm. 9, Kipp bei W. III S. 541, Hellwig, Rechtskraft S. 209 Anm. 22 und Binder III S. 126. Über den Zusammenhang der hier erörterten Frage mit der Vorschrift des § 2037 vgl. noch Anm. 26.

Hatte der Käufer den ihm bereits übertragenen Anteil, noch bevor das Vorkaufsrecht der Miterben erloschen oder ihm gegenüber ausgeübt worden ist, sei es auf Grund eines Verkaufes, sei es auf Grund einer anderen causa[25]) an einen anderen weiter übertragen, so sind die Miterben nunmehr diesem weiteren Erwerber gegenüber nach Maßgabe des vorhin gesagten vorkaufsberechtigt (§ 2037).[26])

2. Aufhebung der Erbengemeinschaft.

§ 65.

I. Zur Aufhebung der Erbengemeinschaft bedarf es regelmäßig einer Auseinandersetzung unter den Miterben, die nur dann entfällt, wenn sich noch vor ihrer Vornahme alle Miterbenanteile (und zwar ohne durch Nießbrauch oder Pfandrecht belastet zu sein) in einer Person vereinigen. Doch kann solche Vereinigung immerhin auch als das von den Beteiligten gewollte Mittel der Auseinandersetzung ins Werk gesetzt werden.

II. Die Erbengemeinschaft ist grundsätzlich nicht auf die Dauer angelegt. Regelmäßig ist daher schon mit ihrer Entstehung für jeden Miterben der unverjährbare Anspruch (§ 758) auf Auseinandersetzung

[25]) Mißverstanden wird die im Texte besprochene Bestimmung des § 2037 von Frommhold S. 90 Z. 4c.

[26]) Aus § 2037 scheinen sich übrigens noch weitergehende Folgerungen sowohl für den Fall zu ergeben, daß der ursprüngliche Miterbe den verkauften Erbteil, nachdem ihm gegenüber das Vorkaufsrecht geltend gemacht worden ist, dem Käufer oder, gleichviel auf Grund welcher causa, irgend einem anderen weiterüberträgt, als auch für den Fall, daß der Käufer, dem gegenüber wegen der an ihn durch den Miterben bereits erfolgten Übertragung des Erbteils das Vorkaufsrecht ausgeübt worden war, nach dieser Ausübung den Erbteil, und zwar abermals gleichviel auf Grund welcher causa, einer anderen Person als dem Vorkaufsberechtigten überträgt. Nach Maßgabe des im § 2037 zur Geltung gebrachten Gedankens dürfte nämlich anzunehmen sein, daß die Vorkaufsberechtigten den durch Ausübung des Vorkaufsrechtes begründeten Anspruch auf Übertragung des Erbteils auch noch gegenüber dem neuen Erwerber, zu dessen Gunsten § 1100 entsprechend anzuwenden wäre, geltend machen können. Hierdurch würde zugleich ein Gedanke verwirklicht, dessen grundsätzliche Berechtigung im § 2037 zur Anerkennung gelangt ist, über dessen Durchführung man sich aber bei der in den Protokollen VI S. 318, 319 verzeichneten Beratung nicht einigen konnte.

begründet. Besondere Umstände können jedoch der sofortigen Vornahme der Auseinandersetzung entgegenstehen. Vgl. § 2042.

1. Soweit die Erbteile wegen der zu erwartenden Geburt eines Miterben,[1]) oder wegen der noch ausstehenden Entscheidung über eine Ehelichkeitserklärung oder über die Bestätigung einer Annahme an Kindesstatt,[2]) oder über die Genehmigung einer vom Erblasser errichteten Stiftung[3]) noch unbestimmt sind,[4])[4a]) ist die Auseinander-

[1]) Nach gemeinem (und auch nach sächsischem) Rechte war in solchem Falle die Möglichkeit einer Drillingsgeburt in Betracht zu ziehen (vgl. Windscheid, Pandekten III § 608). Das zur Deckung der auf die eventuellen Drillinge entfallenden Anteile Erforderliche sollte zurückbehalten werden; im übrigen war Teilung möglich. Dem BGB. ist diese Behandlung fremd. Denn ihm zufolge ist, soweit der im Texte hervorgehobene Umstand einwirkt, die Auseinandersetzung überhaupt ausgeschlossen.

[2]) Hierbei ist zunächst an Fälle zu denken, in denen die vom Erblasser hinsichtlich eines Kindes angestrebte Ehelichkeitserklärung bezw. Annahme an Kindesstatt zur Zeit des Erbfalls noch unentschieden ist. Beispiel: Bei eintretender gesetzlicher Erbfolge kommt in Frage, ob neben des Erblassers ehelichem Sohne A noch der B, dessen Ehelichkeitserklärung der Erblasser nach Maßgabe von § 1733 Abs. 2 vorbereitet hatte, nach rückwärts hin als berufen zu gelten hat. Allein der Wortlaut des § 2043 Abs. 2 (in Verbindung mit den Vorschriften der §§ 1733, 1753) trifft auch noch Fälle anderer Art. Beispiel: Ein Erblasser setzt den X als Erben und dessen nächste gesetzliche Erben als Ersatzerben ein. Zur Zeit des Erbfalls ist X nicht mehr am Leben, so daß die Ersatzberufung in Kraft tritt. Denkt man sich nun, daß wegen der noch ausstehenden Entscheidung über die vom X hinsichtlich des B vorbereitete Ehelichkeitserklärung noch ungewiß ist, ob als nächster gesetzlicher Erbe des X nur dessen ehelicher Sohn A, oder neben diesem auch noch B zu gelten hat, so ist aus demselben Grunde auch ungewiß, ob nur A oder neben ihm auch B als Ersatzerbe in Betracht kommt. Anders würde es sich dagegen verhalten, wenn es in unserem Falle unter sonst gleichen Umständen beim Tode des vorerwähnten Erblassers zur gesetzlichen Erbfolge käme. Denn die Ehelichkeitserklärung begründet ein gesetzliches Erbrecht des für ehelich Erklärten gegenüber den Verwandten des Vaters überhaupt nicht (§ 1737; vgl. übrigens auch § 1763).

[3]) Vgl. hierzu § 84 BGB. und auch Art. 86, 87 Abs. 2 EG.

[4]) Der Umstand allein, daß ein Miterbe den auf ihn entfallenden Anteil der Erbschaft noch nicht angenommen hat, steht der Vornahme der Auseinandersetzung noch nicht entgegen. Anders Binder III S. 240. Er will die Auseinandersetzung nur zwischen definitiven Erben zulassen, gerät aber mit sich selbst in Widerspruch. Beispiel: A ist in Ansehung der Hälfte der Erbschaft Testamentserbe, in Ansehung der anderen Hälfte kommt es zur gesetzlichen Erbfolge. Der nächste gesetzliche Erbe ist aber vorerst nur als nasciturus vor-

setzung bis zur Hebung der Unbestimmtheit ausgeschlossen (§ 2043). Soweit dagegen eine Unbestimmtheit der Erbteile garnicht besteht, kann die Auseinandersetzung ungeachtet der vorerwähnten Umstände vor sich gehen. Sind also z. B. des Erblassers Sohn A und die Kinder von dessen verstorbenem Sohne B zur gesetzlichen Erbfolge berufen, so steht, selbst wenn zur Zeit des Erbfalls noch mit der Möglichkeit gerechnet werden muß, daß zu den bereits geborenen Kindern des B noch ein nachgeborenes Kind hinzutreten werde, doch bereits fest, daß dem A die Hälfte der Erbschaft und den Kindern des B zusammen die andere Hälfte gebührt; nach der Vorschrift des § 2043 hat hier bis zur Behebung der hervorgehobenen Ungewißheit nur die Auseinandersetzung unter den Kindern des B einen Aufschub zu erfahren, nicht auch die Auseinandersetzung zwischen A und der Gesamtheit der Kinder des B.

Einer der Vorschrift des § 2043 zuwider vorgenommenen Auseinandersetzung wird Wirksamkeit nur für den Fall zugeschrieben

handen. Kann es hier zur Auseinandersetzung kommen, noch bevor entschieden ist, wer gesetzlicher Erbe wird? Die Frage ist nach § 2043 zu bejahen. Denn wennschon zweifelhaft ist, wer zur gesetzlichen Erbfolge gelangen wird, so ist doch bereits gewiß, daß dem Testamentserben die Hälfte des Nachlasses gebührt und daß die andere Hälfte dem oder den zur Erbfolge gelangenden gesetzlichen Erben zukommt. Insoweit steht also der Auseinandersetzung kein Hindernis entgegen. So auch Binder III S. 241 selbst. Würde dagegen unter sonst gleichen Verhältnissen der in Ansehung einer Hälfte der Erbschaft in Betracht kommende gesetzliche Erbe bereits geboren sein, seinen Anteil aber noch nicht angenommen haben, so soll die Auseinandersetzung nach Binder völlig ausgeschlossen sein. Das ist ein unmögliches Resultat. Ist in Ansehung eines Erbteils ungewiß, wer zum definitiven Erwerb gelangen wird, so wird der in Frage kommende Teilerbe auch bei der Auseinandersetzung durch einen Nachlaßpfleger vertreten (§§ 1960 Abs. 2, 1922 Abs. 2). Vgl. auch Planck-Ritgen Erl. 4 zu § 2043. Wenn Binder a. a. O. Anm. 66 dagegen bemerkt, daß die unter Mitwirkung eines solchen Nachlaßpflegers vereinbarte Auseinandersetzung in sich zusammenfallen müsse, dafern der vom Pfleger vertretene Teilerbe später ausschlägt, so übersieht er, daß der nach § 1960 in Verbindung mit § 1922 Abs. 2 aufgestellte Pfleger nicht einen bestimmten Teilerben vertritt, sondern denjenigen, welcher den Erbteil definitiv erlangen wird.

4a) In den von Wilke Erl. 2 zu § 2043 hervorgehobenen Fällen ist die Auseinandersetzung zwar nicht von Rechts wegen ausgeschlossen, aber doch solange praktisch undurchführbar, als die Beteiligten sich nicht verständigt oder die Streitpunkte im Prozeßwege ausgetragen haben.

werden dürfen,[5]) daß das in Aussicht stehende Teilerbrecht garnicht zur Entstehung gelangt, oder doch (etwa wegen erfolgender Ausschlagung) einem nicht zur Entstehung gelangten gleichzustellen ist. Trifft dies nicht zu, so erweist sich die Auseinandersetzung mit Rücksicht auf § 2040 (d. h. aus dem Grunde, weil dieselbe nicht durch alle Miterben gemeinschaftlich erfolgt ist) als unwirksam.

2. Die Miterben können vertragsmäßig festsetzen, daß das Recht jedes einzelnen von ihnen, die Auseinandersetzung zu verlangen, auf Zeit oder auch ohne Beschränkung auf eine bestimmte Zeit ausgeschlossen oder die Geltendmachung dieses Rechtes nur nach vorangegangener Kündigung und unter Einhaltung einer Kündigungsfrist zulässig sein soll. Gleichwohl kann in solchen Fällen sofortige Auseinandersetzung gefordert werden, wenn ein „wichtiger Grund" dafür vorliegt; eine auf Ausschließung oder Einschränkung dieser Möglichkeit gerichtete Vereinbarung ist nichtig. Hatten die Miterben die Stellung des Verlangens auf Auseinandersetzung nur auf Zeit ausgeschlossen, so erlischt die Vereinbarung im Zweifel schon mit dem Tode eines Miterben. Soweit ihr dem gesagten zufolge Wirksamkeit überhaupt zukommt, wirkt die unter den Miterben getroffene Vereinbarung auch für und gegen diejenigen, zugunsten welcher ein Miterbe nach Maßgabe des § 2033 über seinen Anteil am Gesamt-

[5]) Auf Grund des § 134 scheint freilich auch die Meinung vertreten werden zu können, daß eine der Vorschrift des § 2043 zuwider vorgenommene Auseinandersetzung schlechthin nichtig sei, also auch im Falle des Textes. Allein bei solcher Behandlung würde man über den im § 2043 sich ausprägenden Zweckgedanken ohne jeden sachlichen Grund weit hinausgehen (vgl. auch § 2113). Eingehendes über die Frage bei Planck-Ritgen S. 194 Z. 5. Vgl. auch Kreß S. 229 Anm. 10. Anders Binder III 241 ff. (daselbst Anm. 73 u. 74 auch weitere Literatur) mit nicht durchschlagenden Gründen. Gewiß ist freilich, daß kein Miterbe vom andern die Auseinandersetzung verlangen kann, solange dieser eines der im § 2043 bezeichneten Hindernisse entgegensteht, und daß zum Zwecke einer noch unzulässigen Auseinandersetzung das Nachlaßgericht nicht in Tätigkeit gesetzt werden darf. Ist die Auseinandersetzung aber trotzdem erfolgt und gestaltet sich der Sachverhalt in der im Texte bezeichneten Weise, so drängen sich folgende Erwägungen auf. Die Auseinandersetzungsgeschäfte sind teils Verfügungen, teils Verpflichtungsgeschäfte. Jene werden im vorausgesetzten Falle nach § 185 Abs. 2 wirksam, diese erweisen sich als wirksam, weil der Fall, für welchen angenommen werden müßte, daß sie von den Beteiligten nicht gewollt sind, nicht eingetreten ist.

handvermögen verfügt hat.[6]) Besonderes gilt für einen Gläubiger, der die Pfändung eines Miterbenanteils erwirkt hat;[7]) er kann ohne Rücksicht auf die Vereinbarung sofortige Auseinandersetzung verlangen, sofern sein Schuldtitel nicht ein bloß vorläufig vollstreckbarer ist. Vgl. §§ 2042 Abs. 2, 749 Abs. 2, 3, 750, 751.

3. Nach § 2044 Abs. 1 kann der Erblasser die Auseinandersetzung in Ansehung des Nachlasses oder einzelner Nachlaßgegenstände durch letztwillige Verfügungen „ausschließen oder von der Einhaltung einer Kündigungsfrist abhängig machen". Die Verfügung büßt regelmäßig mit dem Ablauf von dreißig Jahren seit dem Eintritt des Erbfalls ihre Wirksamkeit ein. Hat der Erblasser jedoch bestimmt, daß die Verfügung bis zum Eintritt eines bestimmten Ereignisses in der Person eines Miterben oder bis zum Eintritt einer angeordneten Nacherbfolge oder bis zum Anfall eines angeordneten Vermächtnisses gelten soll, so ist im allgemeinen die sich hierdurch ergebende zeitliche Schranke maßgebend, selbst wenn dabei der Zeitraum von dreißig Jahren seit dem Erbfall überschritten wird. Eine Unterausnahme hiervon tritt aber wieder ein, wenn der Miterbe, in dessen Person das Ereignis eintreten soll, eine juristische Person ist; in diesem Falle bewendet es bei der dreißigjährigen Frist. Ungeachtet der vom Erblasser getroffenen Anordnung kann übrigens in allen Fällen sofortige Auseinandersetzung verlangt werden, wenn ein wichtiger Grund

[6]) Die Vorschrift des § 1010 Abs. 1 (wonach die Wirksamkeit der daselbst bezeichneten Vereinbarungen gegenüber den Sondernachfolgern eines Miteigentümers durch die Eintragung der getroffenen Bestimmung als Belastung im Grundbuch bedingt ist) kommt den im Texte bezeichneten Nachfolgern gegenüber selbst dann nicht in Betracht, wenn rücksichtlich der zur Erbengemeinschaft gehörenden Grundstücke besonderes vereinbart ist. Der Schutz gegen Sondernachfolger in das Grundstückseigentum spielt aber im vorausgesetzten Falle kaum eine praktische Rolle, weil zur Übertragung des Eigentums am Grundstück ohnedies die Mitwirkung aller Miterben erforderlich ist und das Grundstück in diesem Falle aus der Erbengemeinschaft ausscheidet. Anders verhält es sich, wenn die Durchsetzbarkeit der im § 1010 Abs. 1 bezeichneten Vereinbarungen auch für den Fall gesichert werden soll, daß ein Miterbe, nachdem das Grundstück aus der Erbengemeinschaft herausgezogen worden und Miteigentum der Miterben nach Bruchteilen geworden ist, über seinen Anteil weiter verfügt. Dann ist zum Schutz des einen Miterben gegen den Sondernachfolger des anderen die im § 1010 Abs. 1 vorgesehene Eintragung im Grundbuch erforderlich.

[7]) Vgl. übrigens auch § 16 KO.

dies rechtfertigt, und soll die Anordnung im Zweifel, d. h. wenn und soweit sich aus ihr nicht ein anderes ergibt,[7a]) außer Wirksamkeit treten, wenn ein Miterbe stirbt. Vgl. § 2044 Abs. 2.

Für die rechtliche Beurteilung einer letztwilligen Anordnung der angegebenen Art ist die Vorschrift des § 137 von maßgebender Bedeutung. Danach muß angenommen werden, daß die auf den Aufschub der Auseinandersetzung sich beziehende Verfügung des Erblassers grundsätzlich nur eine Ausschließung bezw. Beschränkung des dem einzelnen Miterben gegen die übrigen Erben sonst zustehenden Rechtes, die Auseinandersetzung zu verlangen, bewirkt, die Durchführung einer von den Miterben einverständlich angestrebten Auseinandersetzung dagegen nicht rechtlich unmöglich macht. Die von den Miterben zum Zwecke der vom Erblasser „ausgeschlossenen" oder „beschränkten" Auseinandersetzung in Ansehung von Nachlaßgegenständen vorgenommenen Verfügungen sind daher grundsätzlich als wirksam zu behandeln.[7b]) Die praktische Bedeutung der vom Erblasser nach Maßgabe des § 2044 getroffenen Anordnung ist daher normalerweise keine andere, als welche in dem oben unter Z. 2 behandelten Falle dem unter den Miterben in betreff des Aufschubs der Auseinandersetzung

[7a]) Die im § 2044 Abs. 1 angeordnete entsprechende Anwendung des § 750 — und darum handelt es sich hier — wird übrigens nicht selten zu einem wesentlich anderen Ergebnis führen als die unmittelbare Anwendung des § 750 auf den Fall des § 2042. Denn bei den vom Erblasser hinsichtlich des Aufschubs der Auseinandersetzung getroffenen Anordnungen wird meist ein bestimmtes sachliches Interesse maßgebend sein, das durch den Tod eines einzelnen Miterben nicht berührt wird.

[7b]) So auch die überwiegende Meinung. Anders Binder III S. 249, aber ohne die aus der Parallele mit dem vertragsmäßigen Ausschluß der Auseinandersetzung und aus § 137 sich ergebenden Bedenken überwinden zu können. Zur Beleuchtung von Binders Auffassung mag noch an folgendes erinnert werden: Nach § 2044 kann der Erblasser durch letztwillige Anordnung die Auseinandersetzung auch von der Einhaltung einer Kündigungsfrist abhängig machen. Hier ist es besonders klar, daß die Anordnung nur mit Rücksicht auf die Mitglieder der Erbengemeinschaft getroffen und somit unmaßgeblich ist, wenn die Miterben die Auseinandersetzung einverständlich durchführen. Die praktische Durchführung der Auffassung Binders scheitert ferner in allen Fällen, wo der Erblasser nicht durch Ernennung eines Testamentsvollstreckers besonders vorgesorgt hat, an der Vorschrift des § 751 Satz 2. Denn wenn alle Miterben die Auseinandersetzung wollen, brauchen sie nur, nachdem einer von ihnen dafür gesorgt hat, daß es zur Pfändung seines Erbteils gekommen ist, dem weiteren Verfahren seinen Lauf zu lassen.

geschlossenen Vertrag zukommt. Hiermit ist es in bestem Einklang, daß die für diesen Fall maßgebenden Vorschriften des § 749 Abs. 2, 3 und der §§ 750, 751 nach der ausdrücklichen Bestimmung des § 2044 Abs. 1 Satz 2 auch in unserem Falle entsprechend anzuwenden sind.

Eine über die bisher bestimmte hinausgehende Wirkung kann der Erblasser seiner Anordnung jedoch dadurch sichern, daß er einen zur Verwaltung des Gesamtnachlasses berufenen Testamentsvollstrecker bestellt und hierdurch (§ 2211) für die Zeit der dem Testamentsvollstrecker zukommenden Verwaltung die rechtliche Möglichkeit einer Verfügung der Miterben über Nachlaßgegenstände ausschließt. Selbst in solchem Falle bleibt aber eine auf Einverständnis aller Miterben beruhende Aufhebung der Erbengemeinschaft doch noch immer in der Weise möglich, daß ein Miterbe sich die Anteile der übrigen Miterben nach Maßgabe des § 2033 gegen entsprechende Abfindung abtreten läßt.[8])

Die in § 2044 Abs. 1 angeordnete entsprechende Anwendung von § 1010 Abs. 1 wird z. B. praktisch, wenn der Erblasser gestattet hat, daß ein zum Nachlaß gehörendes Grundstück einigen Miterben zu Miteigentum nach Bruchteilen zugewiesen werde, jedoch mit Beschränkungen in Ansehung der Aufhebung der Gemeinschaft.[8a])

Meinungsverschiedenheit besteht darüber, ob eine nach § 2044 zu beurteilende Anordnung des Erblassers ohne weiteres unter den Begriff der Auflage zu bringen[9]) oder nicht vielmehr von dieser zu unterscheiden ist.[9a]) Man wird sich doch wohl für das letztere aussprechen müssen. Maßgebend sind folgende Erwägungen: Aus einer Auflage ergibt sich für den mit ihr Belasteten immer nur eine obligatorische Verpflichtung zu einer Leistung; für die Auflage ist es ferner charakteristisch, daß dem mit ihr Belasteten niemals ein durch

---

8) Die Vorschrift des § 2211 steht einer nach § 2033 erfolgenden Verfügung über einen Miterbenanteil deshalb nicht entgegen, weil es sich dabei nicht um die Verfügung über einen Nachlaßgegenstand im Sinne des § 2211 handelt, und weil die rechtliche Stellung des Testamentsvollstreckers durch eine solche Verfügung keine Beeinträchtigung erfährt. Vgl. dazu Protokolle II S. 398.

8a) Vgl. auch das in Anm. 6 ausgeführte.

9) Diese Auffassung vertritt Planck-Ritgen S. 195.

9a) Vgl. auch Herzfelder Erl. 1 zu § 2044, Kreß S. 41, 206 Anm. 1, 231 Anm. 16.

Zuwendung eines rechtlichen Vorteils unmittelbar Begünstigter gegenübersteht (vgl. § 1940). Mit der im § 2044 erwähnten letztwilligen Anordnung verhält es sich nach beiden Richtungen hin anders. Denn, soweit ihr Wirksamkeit zukommt, ist ein Miterbe dem anderen gegenüber nicht etwa bloß verpflichtet, die Auseinandersetzung nicht zu verlangen, sondern ist vielmehr das Recht desselben zu diesem Verlangen selbst geradeso „ausgeschlossen" bezw. „beschränkt", wie im Falle eines zwischen den Miterben abgeschlossenen und auf diese Ausschließung bezw. Beschränkung gerichteten Vertrags.[9b] Es ist ferner nicht zu bezweifeln, daß, wie im letzteren Falle, so auch im ersteren eine allen Gesamthändern im Verhältnis zueinander unmittelbar zu statten kommende Festigung des Gesamthandverhältnisses geschaffen ist. Und es ist endlich auch noch darauf hinzuweisen, daß die hierdurch gegebene Gestaltung des Gesamthandverhältnisses auch gegen und für diejenigen maßgebend ist, welche auf Grund von Verfügungen im Sinne des § 2033 Rechtsnachfolger eines Miterben geworden sind.

Einen auflageartigen Charakter erhält die den Aufschub der Auseinandersetzung bezweckende Anordnung des Erblassers nur, wenn durch sie auch die von allen Miterben einverständlich angestrebte Auseinandersetzung ausgeschlossen sein soll. Allein selbst in diesem Falle wird die Erreichung des vom Erblasser gewollten Erfolges nicht durch das Eingreifen der Vorschriften über die Erfüllung einer Auflage, sondern durch die Verwendung des Instituts der Testamentsvollstreckung gesichert.

4. Eine bei Ungewißheit über den Schuldenstand des Nachlasses stattfindende Auseinandersetzung ist für die Miterben mit erheblichen Gefahren verbunden (vgl. §§ 1978 bis 1980, 1991, 2060). Aus diesem Grunde kann jeder Miterbe verlangen, daß die Auseinandersetzung bis zur Beendigung des nach § 1970 zulässigen Aufgebotsverfahrens und im Falle der nach § 2061[9c]) ergangenen öffentlichen Aufforderung zur Anmeldung der Forderungen gegen den Nachlaß bis zum Ablauf der Anmeldungsfrist aufgeschoben werde. Das Verlangen ist auch zulässig, wenn im ersten Falle die noch nicht erfolgte Antragstellung und im zweiten die noch nicht erfolgte Erlassung der

---

9b) In diesem Punkte ausdrücklich zustimmend Binder III S. 249.

9c) Vgl. § 89 d. D.

Aufforderung unverzüglich (vgl. § 121) nachgeholt wird. (Vgl. § 2045.)[9d])

III. Die Auseinandersetzung gestaltet sich je nach den Umständen verschieden.

1. Im Falle der Anordnung einer Testamentsvollstreckung gehört, soweit der Erblasser ein anderes nicht bestimmt hat, die Durchführung der Auseinandersetzung unter den Miterben zu den Aufgaben des Testamentsvollstreckers.[9e]) Er hat hierbei nach Maßgabe der auf die Auseinandersetzung sich beziehenden Vorschriften des BGB. vorzugehen; vor der Ausführung hat er die Erben über den Auseinandersetzungsplan zu hören.[9f]) Vgl. § 2204.

2. Fehlt es an einem zur Vornahme der Auseinandersetzung berufenen Testamentsvollstrecker, so bildet sie eine Angelegenheit der Miterben bezw. ihrer Rechtsnachfolger selbst. In betreff der Art der Auseinandersetzung haben die Beteiligten, soweit ihrem Belieben nicht durch Anordnungen des Erblassers oder durch zwingende Rechtsvorschriften Schranken gesetzt sind,[10]) freie Hand. Soll die Auseinandersetzung auf rechtsgeschäftlichem Wege erfolgen, so bedarf es dazu der Einigung aller Miterben bezw. ihrer Rechtsnachfolger. Mehrheitsbeschlüsse sind also nicht maßgebend. Einer Form bedarf der Auseinandersetzungsvertrag als solcher nicht. Soweit aber zur Durchführung der Auseinandersetzung formbedürftige obligatorische Verträge abgeschlossen oder solche Verfügungen vorgenommen werden, greifen die nach der Beschaffenheit des Geschäftes maßgebenden Formvorschriften durch.

[9d]) Ein auf § 1969 sich stützender Anspruch gegen den Nachlaß (Recht des dreißigsten) hindert die Auseinandersetzung nicht. Doch werden die Miterben dem nach § 1969 Forderungsberechtigten selbstverständlich schadensersatzpflichtig, soweit sie die normale Verwirklichung des Anspruchs schuldbar unmöglich gemacht haben.

[9e]) Nach der RGE. v. 10. 3. 1902 (vgl. Soergel III Z. 2 zu § 2197, Warneyer I Z. 1 zu § 2197) ist der Testamentsvollstrecker, wenn er zugleich Miterbe ist, von der Vornahme der Erbteilung grundsätzlich ausgeschlossen. Nicht durchschlagende Bedenken hiergegen bei Kreß S. 256 Anm. 9.

[9f]) Der bloße Widerspruch eines oder mehrerer Miterben gegen den Auseinandersetzungsplan des TVs. bildet, unbeschadet der den TV. möglicherweise treffenden Haftung, noch kein Hindernis der Ausführung. Vgl. Prot. V S. 275.

[10]) Hierher gehören z. B. in dem Falle, daß die Miterben nach einiger Zeit von einem Nacherben abgelöst werden sollen, die Vorschriften des § 2113.

Zum Zwecke der Auseinandersetzung[11]) können die Beteiligten die Vermittelung des Nachlaßgerichtes anrufen. Ohne Antrag greift es nach Reichsrecht[11a]) nicht ein. Antragsberechtigt ist „jeder Miterbe, der Erwerber eines Erbteils sowie derjenige, welchem ein Pfandrecht oder ein Nießbrauch an einem Erbteile zusteht.' (§ 86 FGbG.). Das um seine Vermittelung angerufene Nachlaßgericht[12]) hat den Antragsteller und die übrigen Beteiligten zu einem Verhandlungstermin zu laden (§ 89 FGbG.). Die von den erschienenen Beteiligten in betreff der Auseinandersetzung selbst oder über vorbereitende Maßregeln getroffenen Vereinbarungen und in dem Falle, daß nur ein Beteiligter erschienen ist, die von diesem gemachten Vorschläge hat das Gericht zu beurkunden. Ergeben sich Streitpunkte, so ist auch hierüber ein Protokoll aufzunehmen und das Verfahren, soweit dies nach Lage der Sache geboten ist, bis zur Erledigung dieser Punkte auszusetzen (§§ 91, 95 FGbG.). Zu ihrer Entscheidung ist das Nachlaßgericht nicht berufen. Sobald die Auseinandersetzung stattfinden kann, hat das Gericht — vorausgesetzt, daß es eines solchen vermittelnden Eingreifens überhaupt noch bedarf — einen Auseinandersetzungsplan anzufertigen und verhandeln zu lassen (§ 93 FGbG.). Eine allseitige Einigung über die Auseinandersetzung überhaupt oder über eine vorbereitende Maßregel kann nicht nur durch eine von allen Beteiligten im Termin getroffene Vereinbarung, sondern auch dadurch hergestellt werden, daß die nicht erschienenen Beteiligten ihre nachträgliche Zustimmung zu gerichtlichem Protokoll oder in einer öffentlich beglaubigten Urkunde erklären. Einem Beteiligten aber, der weder im Termin erschienen ist, noch in der bezeichneten Form zustimmt, soll der ihn betreffende Inhalt der aufgenommenen Urkunde vom Gericht in Verbindung mit dem vom

---

[11]) Eine eingehende Darstellung des Rechtes der Auseinandersetzung und des dabei zu beobachtenden Verfahrens gibt Weißler a. a. O. S. 402 ff., 430 ff. Vgl. auch die Kommentare zum FGbG., ferner Rausnitz in Z. f. Zivilpr. Bd. 25 S. 168, Keidel in Bl. f. RA. Bd. 64 S. 147, Kreß S. 241. Hier kann auf das einzelne nicht eingegangen werden.

[11a]) Das Nachlaßgericht hat seine Mitwirkung zu versagen, wenn über das Erbrecht des Antragstellers oder eines anderen Beteiligten Streit besteht. Vgl. Rechtspr. d. OLG. II S. 36, III S. 310. Unter Umständen kann auch das Bestehen einer Nachlaßverwaltung die Abweisung des Antrags rechtfertigen. Vgl. Warneyer I Z. 3 zu § 2042.

[12]) Vgl. zum folgenden die §§ 86 bis 98 und § 200 FGbG.

Gesetz unbedingt geforderten Hinweis bekannt gemacht werden, daß, wenn der Beteiligte nicht innerhalb einer vom Gericht zu bestimmenden Frist die Anberaumung eines neuen Termins beantrage, oder wenn er in dem neuen Termin nicht erscheine, sein Einverständnis mit dem Inhalt der Urkunde angenommen werden würde. Macht der Beteiligte von der ihm hierdurch eröffneten Möglichkeit Gebrauch, so wird die Verhandlung in einem neuen Termin fortgesetzt. Anderenfalls trifft ihn, dafern er nicht nach Maßgabe von § 92 FGbG. Wiedereinsetzung in den vorigen Stand erwirkt, die angedrohte Rechtsfolge. Soweit hiernach eine Einigung aller Beteiligten erzielt ist, hat das Gericht die Vereinbarung zu bestätigen (§ 91 FGbG.). Sachliche Prüfung des Inhalts der Vereinbarung liegt dagegen außerhalb seiner Aufgabe; durch die vom Gericht ausgesprochene Bestätigung soll vielmehr nur festgestellt werden, daß die unter seiner Vermittelung geführte Verhandlung innerhalb der vom Gesetz gezogenen Schranken vollständig oder doch teilweise zum Abschluß gelangt ist. Die gegen den Bestätigungsbeschluß zulässige sofortige Beschwerde kann daher auch nur auf Verletzung von Verfahrensvorschriften gegründet werden (§ 96 FGbG.). Mit dem Eintritt der Rechtskraft ist die bestätigte Auseinandersetzung oder „vorgängige" Vereinbarung nicht nur für alle Beteiligten in gleicher Weise verbindlich[12a]) wie eine sonstige vertragsmäßige Auseinandersetzung bezw. eine diese vorbereitende Vereinbarung, sondern findet nunmehr auf Grund derselben auch die Zwangsvollstreckung statt (§ 98 FGbG.).

3. Der Erblasser kann letztwillig anordnen, daß die Auseinandersetzung unter den Miterben nach dem billigen Ermessen eines Dritten — von dem hier vorausgesetzt wird, daß er nicht Testamentsvollstrecker ist — erfolgen soll (§ 2048). Die von dem Dritten auf Grund solcher Anordnung getroffene Bestimmung vermag übrigens niemals die Auseinandersetzung selbst unmittelbar herbeizuführen, sondern wirkt nur verpflichtend, in gleicher Weise wie ein von den Miterben geschlossener Vertrag, durch den sie sich wechselseitig verpflichten, die Auseinandersetzung in bestimmter Weise zur Ausführung zu bringen. Es ist daher auch nicht zu bezweifeln, daß die von dem

---

[12a]) Handelt es sich um die Übernahme der Verpflichtung zur Übertragung des Eigentums an einem Grundstück, so wird die Form des § 313 sicherlich dadurch ersetzt, daß den im Texte erwähnten Voraussetzungen des FGbG. entsprochen ist.

Dritten getroffene Bestimmung durch eine von den Miterben einmütig vereinbarte anderweite Auseinandersetzung außer Wirksamkeit gesetzt werden kann. Bei offenbarer Unbilligkeit der von dem Dritten getroffenen Bestimmung ist diese übrigens für die Miterben überhaupt nicht verbindlich, und in Ansehung der Auseinandersetzung gilt dann [13]) dasselbe,[14]) als ob der Erblasser eine Anordnung der bezeichneten Art nicht getroffen hätte (§ 2048).

4. Unter Umständen wird der Anspruch auf Auseinandersetzung der Erbengemeinschaft im Wege des Prozesses [14a]) durchgesetzt werden müssen; so vor allem, wenn einzelne Miterben sich der Auseinandersetzung überhaupt widersetzen, oder wenn die nach Lage der Sache zur freiwilligen Auseinandersetzung erforderliche Einigung aller Erben über die Art der Auseinandersetzung nicht erreicht werden kann, oder wenn sich einzelne Miterben weigern, die für sie bindende aber noch nicht vollstreckbare Vereinbarung über die Auseinandersetzung oder die in betreff der Auseinandersetzung getroffene Bestimmung des vom Erblasser letztwillig ernannten Dritten zur Ausführung zu bringen. Die in solchen Fällen anzustellende Erbteilungsklage [15]) ist von der römischen actio familiae herciscundae ungeachtet mancher Berührungspunkte doch wesentlich verschieden. Sie ist im Gegensatz zu dieser keine actio duplex und eröffnet dem Richter nicht die Möglichkeit einer adiudicatio im römischen Sinne. Der siegende Kläger kann mit ihr keinesfalls mehr erreichen, als Verurteilung des Beklagten zur Vornahme der Auseinandersetzung bezw. Teilung des Nachlasses nach Maßgabe des Klagantrags.

IV. Mit Rücksicht auf die gesetzlichen Bestimmungen über die Haftung mehrerer Erben für die Nachlaßverbindlichkeiten bis zur Teilung des Nachlasses und nach derselben (vgl. §§ 2058 bis 2063)

---

[13]) Ebenso verhält es sich sicherlich auch, wenn der Dritte die Bestimmung nicht treffen kann oder will, oder wenn er sie verzögert.

[14]) Der Schlußsatz des § 2048 („die Bestimmung erfolgt in diesem Falle durch Urteil") steht der Ausführung des Textes nicht entgegen. Denn das Gesetz will hierdurch nicht anordnen, daß die Bestimmung durch Urteil erfolgen müsse, sondern nur, daß sie, soweit es wegen der Uneinigkeit der Miterben einer Entscheidung überhaupt bedarf, nicht mehr durch den Dritten, sondern durch Urteil zu erfolgen hat.

[14a]) Vgl. Kreß S. 223.

[15]) Über den Gerichtsstand der Erbteilungsklage vgl. § 27 CPO.

hat jeder Miterbe in aller Regel ein wesentliches Interesse daran, daß die Berichtigung der gemeinschaftlichen Nachlaßverbindlichkeiten noch vor der Aufhebung der Miterbengemeinschaft erfolge. Auf dieser Erwägung beruhen die Vorschriften des § 2046. Danach sind aus dem noch ungeteilten Nachlaß zunächst diejenigen Nachlaßverbindlichkeiten zu entrichten, für welche den Gläubigern gegenüber alle Miterben haften. Ist eine Nachlaßverbindlichkeit noch nicht fällig, oder ist sie streitig, so ist das zur Berichtigung Erforderliche derart zurückzubehalten, daß es ungeachtet der im übrigen erfolgenden Auseinandersetzung im Gesamthandverhältnis verbleibt. Eine diesen Grundsätzen widersprechende Teilung kann von allen Miterben zwar einverständlich beschlossen, aber nicht von einem Miterben den anderen gegenüber verlangt werden. Die erwähnten Vorschriften haben aber noch eine weitere Bedeutung. Sie sind nach § 2204 auch maßgebend für die vom Testamentsvollstrecker vorzunehmende Auseinandersetzung. Ja selbst das die Auseinandersetzung vermittelnde Nachlaßgericht wird sich bei der Aufstellung des Auseinandersetzungsplanes an diese Vorschriften zu halten und, soweit an ihm liegt, auch sonst dafür zu sorgen haben, daß die Miterben nicht durch deren Nichtbeachtung unerwartete Nachteile erleiden. Zur Berichtigung der Nachlaßverbindlichkeiten ist der Nachlaß, soweit erforderlich, in Geld umzusetzen. In Ermangelung eines zu dieser Umsetzung berufenen Testamentsvollstreckers ist ihre Durchführung Sache der Erben. Sie hat, dafern sich die Erben nicht über eine andere Art der Geldbeschaffung einigen, nach Maßgabe der §§ 753, 754 zu erfolgen. Demgemäß kann jeder Miterbe — dafern er nicht die Beschreitung des durch § 2039 vorgezeichneten Weges vorzieht — in Ansehung von einziehbaren Nachlaßforderungen die gemeinschaftliche Einziehung verlangen; er kann ferner rücksichtlich der zum Nachlaß gehörenden Grundstücke den Verkauf durch Zwangsversteigerung nach Maßgabe des § 180 ZVG. und rücksichtlich anderer Nachlaßgegenstände den Verkauf nach den Vorschriften über den Pfandverkauf erwirken.

Der Hervorhebung bedürfen jetzt noch einige Einzelheiten:

1. Es gibt auch Nachlaßverbindlichkeiten, für welche den Gläubigern gegenüber von mehreren Miterben nur einer haftet. Man denke z. B. an Vermächtnisse oder Auflagen, die nur einem Miterben auferlegt sind. Die Befriedigung einer solchen Forderung aus dem Gesamtnachlaß brauchen die übrigen Miterben grundsätzlich nicht zu-

zulassen.[15a]) Anders, wenn und soweit der dem Gläubiger allein haftende Miterbe, weil er z. B. im Interesse der Erbengemeinschaft kontrahiert hat, dieser gegenüber Befreiung von der übernommenen Haftung erlangen kann.

2. Nachlaßverbindlichkeiten, für die den Gläubigern gegenüber nicht alle Miterben haften, können doch gemeinschaftliche Verbindlichkeiten mehrerer Miterben sein.[15b]) Beispiel: Zweien von drei Miterben ist ein Vermächtnis auferlegt. Es ist klar, daß die belasteten Miterben hinsichtlich solcher Verbindlichkeiten nicht verlangen können, daß sie vor der Auseinandersetzung aus dem Gesamtnachlaß berichtigt werden. Wohl aber haben die belasteten Miterben ein berechtigtes Interesse daran, daß die Berichtigung von Verbindlichkeiten dieser Art vor der zwischen ihnen (den belasteten Miterben) stattfindenden Auseinandersetzung aus demjenigen bewirkt werde, was ihnen zusammen bei der Auseinandersetzung zukommt; und daß dies geschehe, können sie auch verlangen (§ 2046 Abs. 2).

3. Es ist ferner möglich, daß eine Nachlaßverbindlichkeit, die sich im Verhältnis der Miterben zu den Gläubigern als eine gemeinschaftliche Verbindlichkeit aller Miterben darstellt, im Verhältnis der Miterben untereinander nur einem oder nur einigen Miterben zur Last fällt, oder doch wenigstens von einem oder mehreren Erben im Verhältnis zu den anderen Miterben zu einem höheren Bruchteil zu tragen ist, als sich nach Maßgabe der in Betracht kommenden Erbteile ergeben würde. Soweit dies der Fall ist, können dann die den übrigen Erben gegenüber zum Tragen der Verbindlichkeit Verpflich-

---

[15a]) Anders Kreß S. 202 Anm. 2. Nach seiner Ansicht müssen die Miterben „bei (?) Meidung der Verschärfung ihrer Haftung gegenüber den Nachlaßgläubigern dafür sorgen, daß die Tilgung der bezeichneten Nachlaßverbindlichkeiten aus dem noch ungeteilten Nachlaß erfolgt." Dies ist aber rücksichtlich der Fälle des Textes offenbar unrichtig. Wie soll es vor allem möglich sein, daß die Teilung des Nachlasses eine Verschärfung der Haftung von Miterben gegenüber solchen Gläubigern herbeiführt, welchen jene überhaupt nicht haften? Außerdem ist zu erwägen, daß die Befriedigung von Verbindlichkeiten der hier in Frage kommenden Art aus dem Gesamtnachlaß vorbehaltlich der späteren Ausgleichung bei der Teilung unter den Miterben zur Folge haben würde, daß nur einem Miterben auferlegte Vermächtnisse und Auflagen selbst dann zur vollen Entrichtung gelangen, wenn der allein belastete Miterbe wegen Überschwerung seines Erbteils zur vollständigen oder teilweisen Leistungsverweigerung berechtigt wäre.

[15b]) Vgl. auch Knitschky im Arch. f. civ. P. Bd. 91 S. 288.

teten nicht verlangen, daß die Berichtigung aus dem Gesamtnachlaß erfolge.[15c]) Soweit aber eine gemeinschaftliche Verbindlichkeit aller Miterben im Verhältnis der Miterben untereinander von mehreren derselben allein zu tragen ist, kommt das am Schlusse von Z. 2 gesagte auch hier zur Anwendung (§ 2046).

4. Zu den gemeinschaftlichen Verbindlichkeiten aller Miterben können auch Verbindlichkeiten gehören, die an einen Miterben zu entrichten sind. Hier wird sich der forderungsberechtigte Miterbe unter Umständen und unter der Voraussetzung, daß er dabei in seinem berechtigten Interesse nicht verletzt wird, damit begnügen müssen, daß seine Forderung erst bei der Auseinandersetzung entsprechende Berücksichtigung findet. So wird es sich z. B. verhalten, wenn gute Gründe die Annahme rechtfertigen, daß auf den forderungsberechtigten Miterben selbst unter Mitberücksichtigung seiner Forderung nichts mehr entfallen würde.[15d])

V. Der nach der Berichtigung der Nachlaßverbindlichkeiten verbleibende Überschuß gebührt den Erben regelmäßig nach Verhältnis ihrer nominellen Erbteile. Dieses Verhältnis kann jedoch infolge der Berücksichtigung der unter den Miterben bestehenden Ausgleichungspflicht eine wesentliche Verschiebung erfahren. Es ist sodann zu beachten, daß bei der Auseinandersetzung die Mitberücksichtigung einer gegen den Nachlaß sich richtenden Forderung eines Miterben oder einer gegen einen Miterben sich richtenden Nachlaßforderung geboten sein kann. Eine Minderung desjenigen, was einem Miterben nach Maßgabe seines Erbteils aus dem Nachlaß gebühren würde, kann sich ferner daraus ergeben, daß ihm gegenüber von einem anderen Miterben auf Grund des Miterbenverhältnisses bei der Auseinandersetzung die Berichtigung der Forderung eines Dritten nach Maßgabe des § 2046 Abs. 2, oder die Berichtigung einer auf die Erbengemeinschaft sich gründenden Forderung des verlangenden Miterben selbst[16])

[15c]) Mit Rücksicht auf ihre Haftung gegenüber den Gläubigern und wegen §§ 2058, 2060 haben aber *hier* auch die übrigen Erben guten Grund, dafür zu sorgen, daß die bezeichneten Verbindlichkeiten noch vor der Teilung des Nachlasses berichtigt werden.

[15d]) Vgl. übrigens auch oben § 64 Anm. 11f und *Kreß* S. 202 Anm. 1.

[16]) Man denke etwa an eine von einem Miterben gegenüber einem Dritten im Interesse der Miterbengemeinschaft eingegangene Verpflichtung, von der der Verpflichtete befreit werden will.

aus dem Anteil[17]) des zum Tragen der Verbindlichkeit Verpflichteten verlangt wird (§ 2042 Abs. 2, bezw. § 756; vgl. ferner § 2047 Abs. 1).

Sind die Anteile der einzelnen Miterben an dem vom Nachlaß noch Vorhandenen hinreichend bestimmt, so kann es nunmehr zur Teilung kommen. Über sie ist folgendes zu sagen:

1. Der Erblasser kann über die Art der Auseinandersetzung letztwillige Anordnungen treffen,[17a]) insbesondere in der Weise, daß den einzelnen Miterben bei der Teilung bestimmte Nachlaßgegenstände zugewiesen werden sollen (vgl. § 2048). Liegt eine solche Bestimmung vor, so ist jeder Miterbe gegenüber den anderen Erben zum Verlangen berechtigt, daß die Teilung in der vorgeschriebenen Weise auch vorgenommen werde. Der Möglichkeit einer von allen Erben verabredeten anderweiten Art der Teilung steht jedoch die Bestimmung des Erblassers grundsätzlich[18]) nicht entgegen.

Hat der Erblasser angeordnet, daß einer der Miterben zur Übernahme eines zum Nachlaß gehörenden Landguts berechtigt sein soll, so ist nach der Auslegungsregel des § 2049 im Zweifel anzunehmen, daß das Landgut bei der Auseinandersetzung zu dem Ertragswert angesetzt werden soll. In betreff der Feststellung dieses Wertes sind zunächst die hierauf sich beziehenden landesgesetzlichen Vorschriften maßgebend (Art. 137 EG.). Soweit es aber an einer landesgesetzlichen Regelung fehlt, ist der Bestimmung des Ertragswertes der Reinertrag zu Grunde zu legen, den das Landgut nach seiner bisherigen wirtschaftlichen Bestimmung bei ordnungsmäßiger Bewirtschaftung nachhaltig gewähren kann. Der Ertragswert selbst ist dann offenbar ein Vielfaches des so gefundenen Reinertrages. Eine Bestimmung des Zinssatzes, der bei dieser Kapitalisierung maßgebend sein soll, enthält aber das BGB. nicht. In Ermangelung einer landesgesetzlichen Vorschrift wird man sich daher an die am Orte, wo das Landgut gelegen ist, übliche Veranschlagung zu halten haben.

2. Soweit sich nicht aus der vom Erblasser in betreff der Auseinandersetzung getroffenen Anordnung oder aus einer unter den

---

[17]) In betreff der Wirkung gegenüber demjenigen, welchem ein Miterbenanteil nach § 2033 übertragen worden ist, vgl. §§ 755, 756.

[17a]) Vgl. hierzu auch oben III Z. 3 auf S. 113.

[18]) Vgl. aber auch § 2211.

Miterben erfolgten Vereinbarung[19]) besondere Ansprüche ergeben, kann ein Miterbe gegenüber den anderen nur Teilung des restlichen Nachlasses in Natur nach Maßgabe des § 752 oder, wenn und soweit diese ausgeschlossen ist, nur Umsetzung der noch vorhandenen Nachlaßgegenstände in Geld und Teilung des hierdurch erzielten Eingangs nach Maßgabe der §§ 753, 754 verlangen. Die Zulässigkeit der Teilung in Natur ist dadurch bedingt, daß sich die der Teilung zu unterziehenden Gegenstände ohne Veränderung des Wertes in gleichartige, den Anteilen der Miterben entsprechende Teile zerlegen lassen. Sind gleiche Teile zu bilden, so erfolgt ihre Zuteilung an die Miterben durch das Los. Vgl. § 2042 Abs. 2. Hinsichtlich der Umsetzung der Nachlaßgegenstände in Geld ist auf das unter IV bemerkte zu verweisen.

Besonderes gilt für Schriftstücke, die sich auf die persönlichen Verhältnisse des Erblassers, auf dessen Familie oder auf den ganzen Nachlaß beziehen. Sie bleiben, sofern nicht alle Miterben eine andere Bestimmung treffen, gemeinschaftlich. Doch ist die nach der im übrigen erfolgten Auseinandersetzung in Ansehung dieser Schriftstücke noch fortdauernde Gemeinschaft nicht nach den Grundsätzen der gesamten Hand, sondern nach denen der Gemeinschaft nach Bruchteilen zu beurteilen.[20]) Vgl. §§ 2047 Abs. 2, 2032 Abs. 2.

---

[19]) Über die Vereinbarung, daß eine Verteilung durch das Los geschehen soll, vgl. § 94 FGbG.

[20]) So auch die herrschende Meinung. Anders Kreß (S. 25 bei Anm. 2, 205 Anm. 8, 232 Anm. 18, 263 Anm. 3), der sich S. 205 Anm. 8 für seine abweichende Ansicht sehr mit Unrecht auf Prot. V S. 887 und Wilke S. 110 beruft; hier wie dort wird vielmehr gerade umgekehrt die Auffassung vertreten, daß im fraglichen Falle von einer „Erbengemeinschaft" im technischen Sinne nicht mehr die Rede sein könne. Sachlich stützt sich Kreß wesentlich darauf, daß bei Nichtannahme der Fortdauer des Gesamthandverhältnisses der durch die Vorschrift des § 2047 Abs. 2 angestrebte Zweck (und dieser soll sein: Verhinderung des Übergangs der Schriftstücke in fremde Hände) vereitelt würde. Allein Kreß übersieht hierbei, daß, wenn sich die von ihm, ungeachtet der erfolgten vermögensrechtlichen Auseinandersetzung, noch als fortdauernd angenommene „Erbengemeinschaft" nur mehr auf die Schriftstücke bezieht, doch auch nach seiner Ansicht jeder Miterbe nach § 2033 über seinen Anteil am Nachlaß, d. h. aber im vorliegenden Falle über seinen Anteil an den Papieren zugunsten eines extraneus verfügen kann. Wollte man aber dagegen etwa noch vorbringen, daß die Zulassung einer Verfügung des einzelnen Miterben nach Maßgabe des § 747 doch noch viel gefährlicher sei, weil ihr zufolge ein

3. Für die Miterben wird es oft ratsam sein, die Anwendung der auf die Auseinandersetzung sich beziehenden Dispositivvorschriften durch anderweite Vereinbarungen auszuschließen. Es steht ihnen insbesondere die Möglichkeit offen, die Auseinandersetzung in der Weise herbeizuführen, daß jedem Miterben oder einzelnen von ihnen gewisse Nachlaßgegenstände zugewiesen werden, und daß die sich dann noch herausstellenden Differenzen zwischen dem Werte der Erbteile der einzelnen Miterben und dem Werte der an sie erfolgten Zuweisungen durch unter den Miterben (von dem einen an den anderen) zu bewirkende Geldleistungen ihre Ausgleichung finden. An eine Vereinbarung dieses Inhalts knüpfen sich in der Regel nur obligationenrechtliche Wirkungen; wirksame Verfügungen können in derselben nur insoweit getroffen werden, als hierbei den Anforderungen, welche das Gesetz an die Vornahme der betreffenden Verfügung stellt, entsprochen sein kann und im konkreten Falle auch tatsächlich entsprochen ist. Möglich ist also insbesondere, daß schon im Auseinandersetzungsvertrag selbst die Zuweisung einer Nachlaßforderung an einen Miterben,[21]) die Übertragung des Eigentums an zum Nachlaß gehörenden und im Besitz eines Dritten sich befindenden beweglichen Sachen durch Abtretung des Anspruchs auf Herausgabe,[22]) oder die Eigentumsübertragung an beweglichen Nachlaßsachen an den dieselben besitzenden Miterben nach § 929 Satz 2 (brevi manu traditio) erfolgt.

Teilhaber im Gegensatz zu § 2033 Abs. 2 selbst über seinen Anteil an nur einem von mehreren gemeinschaftlichen Schriftstücken verfügen könne, so ist demgegenüber auf die jeden Miterben gegen einen Sondernachfolger eines anderen Miterben in das Miteigentum an einem Schriftstück hinreichend sichernden Vorschriften der §§ 746, 751, 755, 756 zu verweisen. Der einzige wirklich in Betracht kommende praktische Unterschied zwischen der im Texte vertretenen Auffassung und der von Kreß besteht also darin, daß dieser zufolge die Übertragung des dem einzelnen Miterben zukommenden Anteils am ungeteilten Nachlaß (also an den Schriftstücken) in der Form des § 2033 Abs. 1 zu erfolgen hätte, während nach jener die Vorschriften über die Übertragung des Miteigentums an Fahrnis (und zwar mit Rücksicht darauf, daß sich die Schriftstücke meist bei einem dritten Verwahrer befinden, regelmäßig die des § 931) maßgebend sind. Nun ist aber gerade die, übrigens auch von Binder III S. 225 bei Anm. 10 (der sich dabei mit Unrecht im Gegensatz zu Kreß zu befinden glaubt) vertretene Anwendung von § 2033 Abs. 1 auf unseren Fall als durch § 2032 Abs. 2 ausgeschlossen zu betrachten.

21) Vgl. § 398.

22) Vgl. § 931.

Ja unter Umständen wird sogar die Auflassung eines Nachlaßgrundstücks schon im Auseinandersetzungsvertrag erklärt werden können;[23]) so verhält es sich nämlich, wenn der Auseinandersetzungsvertrag vor dem Nachlaßgericht geschlossen ist und wenn nach den im konkreten Falle eingreifenden Bestimmungen des Landesrechtes die zur Vornahme einer Auflassung erforderlichen Parteierklärungen auch vor dem Nachlaßgericht abgegeben werden können (vgl. Art. 143 Abs. 1 EG.).

4. Der zur Vornahme der Auseinandersetzung berufene Testamentsvollstrecker kann die Teilung des Nachlasses unter den Miterben sowohl in der unter Z. 2 bestimmten Weise als auch, unter Beachtung der in dieser Beziehung etwa vom Erblasser gegebenen Vorschriften, durch rechtsgeschäftliche Zuteilung von Nachlaßgegenständen an die einzelnen Miterben bewirken.[23a]) Die Macht eines römischen Teilungsrichters hat jedoch der Testamentsvollstrecker nicht; er kann daher durch seinen einseitigen Ausspruch die Vornahme des Verfügungsgeschäftes und des aus diesem Anlaß von einem Miterben etwa einzugehenden Verpflichtungsgeschäfts nicht ersetzen.[23b])

[23]) Verwandte Fälle ergeben sich bei der Anwendung der §§ 37, 99 GbO.

[23a]) Vgl. § 2204 und den daselbst durch Berufung des § 2042 indirekt mitberufenen § 757. Vgl. auch Protokolle V S. 274ff. Die im Texte hervorgehobene Befugnis kann dem Testamentsvollstrecker aber selbstverständlich auch entzogen sein. Hat der TV. die Auseinandersetzung „nach billigem Ermessen" zu treffen, so ist Satz 2 von § 2048 maßgebend.

[23b]) Vgl. auch Kreß S. 255. Wie verhält es sich aber dann, wenn einer oder mehrere Miterben ihre zur Durchführung der vom TV. angestrebten Auseinandersetzung erforderliche Mitwirkung verweigern? Kann der TV. die widerstrebenden Miterben in solchem Falle mit Erfolg zur Abgabe der erforlichen Willenserklärung anhalten? Dies ist sicherlich dann zu bejahen, wenn diese Mitwirkung zur praktischen Durchführung einer vom Erblasser wirksam getroffenen Teilungsanordnung erforderlich ist, oder wenn der Erblasser hinsichtlich der Art der Auseinandersetzung das Befinden des TV. für maßgebend erklärt hat. Andernfalls wird der TV. die einer nach Maßgabe von § 757 vorzunehmenden Auseinandersetzung sich entgegenstellenden Schwierigkeiten meist nicht überwinden können und auf ihre Durchführung, selbst soweit sie mit Rücksicht auf § 2205 Satz 2 und mit Rücksicht auf die Mitwirkung einzelner Miterben, denen ein Gegenstand aus dem Nachlaß zugewiesen werden soll, juristisch möglich ist, schon behufs Vermeidung der ihn den widersprechenden Miterben gegenüber treffenden Verantwortlichkeit zu vermeiden haben. Vgl. auch Rechtspr. d. OLG. V S. 233 und Th. Sohm in Meckl. Zeitschr. 20 S. 380, 381. (Besprechung der 2. Aufl. d. Werkes), dem jedoch darin nicht zugestimmt werden

5. Stellt sich nach der unter den Miterben getroffenen Auseinandersetzung heraus, daß einem derselben, sei es nun zufolge der unter den Miterben getroffenen Vereinbarung, sei es mit Rücksicht auf die Bestimmung des Erblassers, sei es endlich durch Verfügung des Testamentsvollstreckers, etwas zugeteilt worden ist, was mit Unrecht als zum Nachlaß gehörend angenommen wurde, und hat dieser Miterbe infolgedessen dasjenige Recht an dem ihm zugeteilten Gegenstande, auf dessen Erwerb er rechnen durfte, nicht erlangt, so hat ihm nach dem im § 2042 berufenen § 757 wegen dieses Mangels im Rechte jeder der übrigen Miterben zu seinem Anteil in gleicher Weise wie ein Verkäufer Gewähr zu leisten.[24]) Ein Verkäufer haftet aber wegen eines von ihm zu vertretenden Mangels im Rechte nach den §§ 433 bis 444 und nach dem im § 440 für maßgebend erklärten § 325 insbesondere dem Käufer auf Schadensersatz wegen Nichterfüllung. Diese beim Kaufvertrag zutreffende Behandlung kann bei der Teilung einer Gemeinschaft überhaupt und bei der Aus-

---

kann, daß der TV. eine Erbschaftssache einem einzelnen Miterben überhaupt nur zuweisen könne, wenn sämtliche Erben zustimmen.

[24]) Ebenso entscheidet übrigens auch die herrschende romanistische Lehre. Vgl. z. B. Windscheid-Kipp, Pandekten II § 424 bei Anm. 24 und hierzu die auf das BGB. sich beziehende Bemerkung auf S. 884; Dernburg, Pandekten I § 197 bei Anm. 23. Eine andere Frage ist aber, ob diese Auffassung dem römischen Rechte wirklich entspricht. An Quellenstellen kommen in Betracht: l. 14 C. 3, 36, l. 25 § 21 D. 10, 2 und l. 10 § 2 D. 10, 3. Da jedoch die beiden Digestenstellen eine von den Interessenten bezüglich der eventuellen Eviktion getroffene Abmachung voraussetzen, so bleibt nur die Kodexstelle als maßgebend übrig. Danach wird in einem Falle, wie er im Texte angenommen worden ist, mit actio praescriptis verbis geholfen und hat somit der Beklagte zu leisten, was der bona fides entspricht. Gewisse Bedenken gegen den Grundgedanken der herrschenden Lehre bringt auch Lammfromm in seiner Schrift über Teilung, Darlehn, Auflage und Umsatzvertrag (1897) vor, vgl. besonders S. 237 ff. Interessant ist die auf griechisches Recht sich beziehende Ausführung von Gradenwitz, Einführung in die Papyruskunde, 1. Heft (1900) S. 73. Er spricht sich bei der Interpretation eines auf die Aufhebung einer Gemeinschaft sich beziehenden Papyrus, im Hinblick auf den Fall eines nachträglich hervortretenden Mangels im Rechte für neue Teilung aus. Dieselbe Auffassung versucht übrigens Gradenwitz a. a. O. Anm. 1 — in wohl nicht durchschlagender Weise — auch für unser BGB. zu vertreten. Vgl. zur ganzen Frage jetzt noch Rabel, Haftung des Verkäufers I (1902) S. 116 ff.; besonders Anm. 2 auf S. 119 und Binder III S. 269 Anm. 205 (jener grundsätzlich für, dieser gegen die Auffassung des Textes).

einanderſetzung einer Erbſchaft insbeſondere zu recht unbilligen Ergebniſſen führen. Beiſpiel: Eine Erbſchaft beſteht tatſächlich aus einem auf 20000 Mark geſchätzten Grundſtück und Wertpapieren, die gleichfalls mit zuſammen 20000 Mark in Anſatz gebracht werden. Die Auseinanderſetzung zwiſchen den beiden zu gleichen Teilen eingeſetzten Erben findet in der Weiſe ſtatt, daß der eine von ihnen A das Grundſtück, der andere B die Wertpapiere übernimmt. Bevor jedoch A noch als Eigentümer des Grundſtücks eingetragen worden iſt, wird die Richtigkeit des zugunſten des Erblaſſers vorgenommenen Eigentumseintrags von einem Dritten beſtritten. Während des zwiſchen dem A und dem Dritten geführten und mit dem Siege des letzteren endigenden Rechtsſtreites iſt der Wert des Grundſtücks auf 24000 geſtiegen, der Wert der Papiere dagegen auf 16000 gefallen. Nach den berufenen Vorſchriften kann A hier vom B die Hälfte desjenigen verlangen, was er haben würde, wenn ihm das Eigentum an dem Grundſtück gewährt worden wäre, d. i. den Betrag von 12000 Mark, ſo daß dem B nach Berichtigung dieſes Anſpruchs nur mehr 4000 verbleiben.[25]) Die Unbilligkeit dieſes Ergebniſſes

[25]) Wie würde aber in dem im Texte vorgelegten Falle zu entſcheiden ſein, wenn der Mangel im Rechte erſt hervortritt, nachdem der Miterbe, welchem das Grundſtück zugeteilt wurde, bereits als Eigentümer im Grundbuch eingetragen iſt? Man gelangt zu folgendem Ergebnis: Zufolge des eingreifenden grundbuchrechtlichen Vertrauensprinzips (§§ 892, 893) erwirbt A in Anſehung desjenigen Bruchteils, der dem Erbteil ſeines Miterben entſpricht, das Eigentum, in Anſehung des ſeinem eigenen Erbteil entſprechenden Bruchteils kommt ihm dagegen das Vertrauensprinzip nicht zu ſtatten und erwirbt er daher das Eigentum nicht. Die Erbteilung führt alſo bei dieſer Sachlage zu einer ungerechtfertigten Bereicherung des Miterben B. Denn wenn von vornherein Klarheit darüber geherrſcht hätte, daß der Nachlaß nur aus den Wertpapieren beſteht, würden dieſe zu teilen geweſen ſein und hätte B ſomit die Hälfte derſelben an A abgeben müſſen. Der wegen der ungerechtfertigten Bereicherung in Anſpruch genommene B wird ſich aber doch wohl darauf berufen können, daß ſeine Bereicherung mit Rückſicht auf das Zurückgehen des Kurſes der Wertpapiere ſich nicht auf 10000 belaufe, ſondern nur in der Hälfte der noch vorhandenen Wertpapiere beſtehe. Das Schlußergebnis würde ſomit ſein, daß A das Eigentum des vorhin bezeichneten Bruchteils des Grundſtücks behält und daß B an denjenigen, auf deſſen Koſten er bereichert iſt, die Hälfte der Wertpapiere herauszugeben hat. Kreß S. 236 Anm. 6 ſcheint anzunehmen, daß dem A im vorliegenden Fall der Schutz des § 892 nicht nur in Anſehung des ſeinem Erbteil entſprechenden Bruchteils, ſondern ohne dieſe Beſchränkung zuſtatten komme, und beruft ſich hierbei darauf, daß eine Übertragung des

wird nicht bezweifelt werden können.[26]) Vermag man aber über dasselbe hinwegzukommen? Das Gesetz stellt ein Mittel zur nachträglichen Herbeiführung einer sachgemäßen Lösung nur in dem Falle zur Verfügung, daß die Zuteilung des Gegenstandes an einen Miterben auf der letztwilligen Verfügung des Erblassers beruhte. Denn unter dieser Voraussetzung würde die vom Erblasser auf Grund der irrigen Annahme, daß der zugewiesene Gegenstand zum Nachlaß gehöre, getroffene Anordnung nach § 2078 Abs. 2 der Anfechtung unterliegen, und würde es dann nach erfolgter Anfechtung zu neuer Teilung zu kommen haben. In Ansehung der übrigen Fälle ist im Gesetz eine Abhilfe nicht vorgesehen. Sie könnte also nur durch eine schöpferische Praxis und die hierdurch ansetzende freie Rechtsbildung[27]) geschaffen werden. Eine solche Entwickelung dürfte aber auch zu gewärtigen sein, sobald einige drastische Fälle, etwa solche, bei denen die Zuwendung von nicht zum Nachlasse gehörenden Gegenständen durch den Testamentsvollstrecker erfolgt ist, zur gerichtlichen Entscheidung gelangen.

Nach § 2042 in Verbindung mit § 757 sind die kaufrechtlichen

---

ganzen Grundstücks aus der Erbengemeinschaft auf den einzelnen Erben A vorliege. Da das Grundstück rechtlich zur Erbengemeinschaft überhaupt nicht gehört, so kann damit nur gemeint sein, daß die beabsichtigte Umwandlung des scheinbaren Miteigentums zur gesamten Hand am Grundstück in Alleineigentum des bisherigen Gesamthänders A nicht bloß auf der Verfügung des B, sondern auf der Verfügung beider Gesamthänder beruhe, weil ein Gesamthänder über seinen wirklichen (oder vermeintlichen) Anteil an einer wirklich (oder vermeintlich) zum Gesamthandvermögen gehörenden Sache nicht verfügen könne. Allein selbst wenn man sich die Ansicht von Kreß so zurecht legt, ist die Begründung noch nicht durchschlagend. Denn die Verfügung eines Gesamthänders über seine Mitberechtigung an einem einzelnen zum Gesamthandvermögen gehörenden Gegenstand ist nur zur Wahrung des Rechtes der übrigen Gesamthänder ausgeschlossen. Wird daher ein nur vermeintlich zu diesem Vermögen gehörender Gegenstand im Einverständnis aller Gesamthänder einem von ihnen übertragen, so ist nicht einzusehen, warum der erwerbende Gesamthänder hierbei nach den Vorschriften über den Schutz des Erwerbs auf Grund der Verfügung eines Nichtberechtigten grundsätzlich besser gestellt sein soll, als wenn sich die Beteiligten nur Mitberechtigung nach Bruchteilen zugeschrieben haben würden. Hier kann übrigens die schwierige Frage nicht ausgetragen werden.

[26]) Vgl. aber doch auch Küntzel S. 828 ff. und Binder a. a. O.

[27]) Hierbei könnte vielleicht an den in der Bestimmung des § 779 Abs. 1 sich ausprägenden Gedanken angeknüpft werden.

Grundsätze auch dann zur Anwendung zu bringen, wenn die einem Miterben zugeteilte Nachlaßsache mit einem Mangel behaftet ist, den ein Verkäufer nach den §§ 459 ff. zu vertreten hat.[27a]) Ähnliche Schwierigkeiten wie bei der Haftung wegen eines Mangels im Rechte scheinen sich hier nicht zu ergeben.

VI. Obschon es aus Anlaß der Auseinandersetzung unter den Miterben sehr häufig zu einer Teilung des Nachlasses kommt, so ist eine Auseinandersetzung doch sehr wohl auch ohne Teilung möglich. So verhält es sich z. B.:

1. Wenn sich bei Vorhandensein von nur zwei Miterben bei der Auseinandersetzung, etwa infolge vorgenommener Ausgleichung, herausstellt, daß auf den einen Miterben der ganze Nachlaß und auf den anderen somit nichts entfällt.

2. Wenn ein Miterbe zum Zwecke der Auseinandersetzung die Anteile aller anderen Miterben nach Maßgabe des § 2033 gegen Leistung entsprechender Abfindungen aus seinem Eigenvermögen und somit derart, daß der Nachlaßbestand dabei ungemindert bleibt, an sich bringt.[28]) Eine nicht geringe Wahrscheinlichkeit spricht sogar dafür, daß diese Art der Auseinandersetzung von den Miterben sehr häufig beliebt werden wird.

Von dem soeben bezeichneten Vorgang wesentlich verschieden ist jedoch der Fall, wo die von dem einen Miterben den übrigen zu leistenden Abfindungen vor der ordnungsmäßigen Befriedigung der Nachlaßgläubiger dem Nachlaß selbst entnommen werden. Die hierdurch zum Vorteil der abgefundenen Miterben bewirkte Verminderung des Nachlasses steht praktisch der Teilung gleich. Inwiefern die eine oder die andere Art des Vorgehens für die Gestaltung der Haftung

---

[27a]) Vgl. hierzu Kreß S. 238.

[28]) Kreß S. 29 Anm. 10 meint, daß selbst in diesem Falle „Teilung" des Nachlasses vorliege, weil die Aufhebung der Erbengemeinschaft auf der rechtsgeschäftlichen Tätigkeit der Miterben beruhe. Allein hierbei wird das sachlich entscheidende — daß nämlich der Nachlaßbestand ungemindert bleibt — nicht gebührend berücksichtigt. Durch den im Texte bezeichneten Vorgang wird genau derselbe praktische Erfolg erzielt, wie im Falle der Vereinigung aller Erbteile in einer Hand durch Ausübung des Vorkaufsrechts nach §§ 2034 bis 2037 und darf deshalb auch im Verhältnis zu den Nachlaßgläubigern nicht eine grundsätzlich andere Behandlung eintreten. Oder will Kreß selbst in dem zuletzt erwähnten Falle „Teilung" annehmen?

der Miterben für die Nachlaßverbindlichkeiten von Einfluß ist, wird im § 92 d. D. darzulegen sein.

VII. Sind mehr als zwei Miterben vorhanden, oder ist doch wenigstens mit der Möglichkeit, daß mehr als zwei Miterben in Frage kommen können, zu rechnen, so kann der vollständigen Auseinandersetzung der Erbengemeinschaft eine sich darauf beschränkende vorangehen, daß nur ein oder mehrere Miterben aus der Erbengemeinschaft ausgeschieden werden, während die übrigen in dieser verbleiben. Die Möglichkeit einer derartigen Auseinandersetzung wird im § 2043 unzweideutig anerkannt. Aus dessen Inhalt ergibt sich aber zugleich, daß die Auseinandersetzung unter Umständen bis zur Beseitigung gewisser Hindernisse überhaupt nur mit der angegebenen Beschränkung zulässig ist.[29])

3. Auseinandersetzung bei vorzunehmender Ausgleichung.*)

§ 66.

Über die unter Abkömmlingen (bezw. den an ihre Stelle tretenden Personen), die nebeneinander zur Erbfolge gelangen, unter Umständen stattfindende Ausgleichung ist schon in anderem Zusammenhange gehandelt worden (vgl. Bd. I §§ 13 bis 16). An dieser Stelle ist daher nur mehr die Einwirkung der Ausgleichung auf die Gestaltung der Erbengemeinschaft und auf deren Auseinandersetzung zu erörtern.

I. Die Durchführung der Ausgleichung setzt vor allem die Feststellung voraus, von wem und in welchem Umfange Vorempfänge zur Ausgleichung zu bringen sind. Zur Erleichterung dieser Feststellung legt das Gesetz jedem Miterben, dessen Pflicht zur Ausgleichung in Frage kommt, eine auf Verlangen des oder der Ausgleichungsberechtigten zu erfüllende und im § 2057[1]) genauer bestimmte Pflicht zur Auskunfterteilung auf.

---

[29]) Vgl. dazu oben S. 104 ff.

*) Zu der bereits Band I § 13 S. 61 Anm. *) verzeichneten Literatur über die Ausgleichung kommt jetzt noch hinzu: Kreß S. 207 (der aber nur einen geringen Teil der Lehre in seine Erörterung einbezieht). Tecklenburg, Zuwendung unter Lebenden (1904) und (in sehr ausführlicher Erörterung) Binder III S. 132 ff.

[1]) Vgl. aber auch die §§ 260, 261 deren entsprechende Anwendung im § 2057 angeordnet ist.

1. Wer in Fällen, wo neben dem auskunftpflichtigen Erben noch mehrere Miterben vorhanden sind, die Erteilung der Auskunft verlangen kann, ist durch den Wortlaut des § 2057 nicht zu unzweifelhaftem Ausdruck gelangt. Sachliche Erwägungen sprechen aber dafür, daß dieses Recht jedem Miterben selbständig[2]) zukommt, dessen Ausgleichungsberechtigung nach der Sachlage in Frage kommen kann.

2. Auskunft ist zunächst darüber zu erteilen, ob der Auskunftpflichtige bezw. derjenige Abkömmling, an dessen Stelle er getreten ist, Gaben, die nach dem Gesetz oder nach der Anordnung des Erblassers der Ausgleichung unterliegen, überhaupt empfangen hat, und im bejahenden Falle auch über diejenigen Umstände, welche für die Bewertung des Empfangenen von entscheidender Bedeutung sind, also insbesondere über die Größe, den Umfang, die Beschaffenheit und die Zeit (vgl. § 2055 Abs. 2) der erhaltenen Zuwendungen.

Daß die Auskunfterteilung in bestimmter Form erfolge, fordert das Gesetz im allgemeinen nicht. Besonderes gilt nur, wenn feststeht, daß ein sogenannter „Inbegriff von Gegenständen" vorausempfangen worden ist. In diesem Falle hat der Auskunftpflichtige dem die Auskunft verlangenden Miterben nach § 260 ein Verzeichnis zwar nicht des gegenwärtigen Bestandes, aber doch des Bestandes zur Zeit des Empfanges[3]) vorzulegen. Abgesehen hiervon kommt dem Berechtigten ein Anspruch auf schriftliche Auskunfterteilung nicht zu.

Besteht Grund zur Annahme, daß die Auskunft nicht mit der erforderlichen Sorgfalt erteilt ist, so kann der Auskunftberechtigte von dem Auskunftpflichtigen in aller Regel die Leistung des Offenbarungseides verlangen. Ein solcher Grund wird aber in denjenigen Fällen, in welchen eine Verpflichtung zur Vorlegung eines Verzeichnisses zunächst nicht begründet ist, doch schon dann als gegeben an-

[2]) Auf Grund des Wortlauts des § 2057 könnte auch die Meinung vertreten werden, daß bei Vorhandensein von mehr als zwei Erben einer von ihnen nur auf gemeinschaftliches Verlangen der übrigen Miterben zur Auskunft verpflichtet sei. Hiergegen spricht jedoch, daß jeder Miterbe ein selbständiges Recht zur Durchführung der Ausgleichung hat und daß ihm daher ein gleiches Recht auch in Ansehung der Verwendung des diese Durchführung vorbereitenden Mittels zustehen muß. Anderenfalls würde sich die Möglichkeit von Kollusionen mehrerer vorausbegabter Miterben zum Nachteil eines anderen Miterben ergeben, deren Begünstigung dem Gesetz sicherlich ferne liegt. Vgl. auch Planck-Ritgen S. 214.

[3]) Das ergibt sich aus der Vorschrift des § 2055 Abs. 2.

zunehmen sein, wenn der Auskunftpflichtige sich weigert, die erteilte Auskunft schriftlich zu fixieren, oder als eine von ihm erteilte schriftlich fixieren zu lassen. In Angelegenheiten von geringer Bedeutung ist das Verlangen auf Leistung des Offenbarungseides ausgeschlossen.

3. Die Leistung des im § 2057 vorgeschriebenen Offenbarungseides erfolgt, wenn der Anspruch auf seine Ablegung erst im Prozeßwege durchgesetzt werden mußte, vor dem Prozeßgericht erster Instanz, anderenfalls vor dem Amtsgericht des Wohnsitzes oder des Aufenthaltsorts des Eidespflichtigen (vgl. § 889 CPO., § 163 FGbG.). Die Eidesleistung setzt immer eine, nötigenfalls protokollarisch zu schaffende, schriftliche Unterlage über den vollen Inhalt der vom Eidespflichtigen erteilten Auskunft voraus. Die Eidesnorm ist dahin zu fassen, daß der Verpflichtete nach bestem Wissen die Auskunft über die in Frage stehenden Zuwendungen des Erblassers so vollständig erteilt habe, als er dazu im stande ist. Die Kosten der Abnahme des Eides hat der die Eidesleistung verlangende Miterbe zu tragen. Ein von demselben oder einem anderen Auskunftberechtigten gestelltes Verlangen auf wiederholte Leistung des Eides wird wie im Falle des § 2006 so doch wohl auch hier nur dann als zulässig zu erachten sein, wenn Grund zur Annahme besteht, daß dem Auskunftpflichtigen nach der Eidesleistung neue Umstände bekannt geworden sind, auf die sich seine Auskunftpflicht erstreckt.

II. Die schon im § 16 d. W. (Bd. I S. 77, 78) festgestellte rechtliche Natur der Ausgleichung[3a]) kommt während der Dauer der Erbengemeinschaft in praktisch bedeutsamer Weise zur Geltung.[3b])

1. Verfügt ein Miterbe nach Maßgabe des § 2033 über seinen Anteil am ungeteilten Nachlaß, so erstreckt sich die Verfügung ohne weiteres auch auf die, eine besondere Beschaffenheit des Anteilrechtes bildende Ausgleichungsberechtigung; ist aber der Anteil am Nachlaß mit einer Ausgleichungspflicht belastet, so erlangt der Erwerber dem entsprechend ein Anteilrecht von gemindertem Gehalt.[3c])

[3a]) Hierüber jetzt eingehend Binder S. 176ff. Er stellt sich grundsätzlich auf den in diesem Werke vertretenen Standpunkt, verficht aber zugleich im Gegensatz zu der hier beobachteten vorsichtigen Zurückhaltung eine ungleich schärfere Zuspitzung der Fassung.

[3b]) Das in dieser Beziehung bereits oben § 64 I Z. 3, Z. 6, a und e bemerkte braucht hier nicht mehr wiederholt zu werden.

[3c]) Unberechtigte Einwendungen gegen diese an die breitere Ausführung in Bd. I § 16 S. 78 anknüpfende Fassung bei Binder III S. 185. Er fragt,

2. Sucht ein Nachlaßgläubiger während der Dauer der Erbengemeinschaft seine Befriedigung aus dem Anteil eines ausgleichungsberechtigten oder ausgleichungspflichtigen Miterben, so gewinnt die das Anteilsrecht des in Anspruch genommenen Miterben mehrende Ausgleichungsberechtigung oder mindernde Ausgleichungspflicht auch für ihn praktische Bedeutung.[4]) Beispiel:[5]) Ein Erblasser wird von seinen Söhnen A und B als nächsten gesetzlichen Erben beerbt. Dem Sohne A ist ein Vermächtnis von 5000 M. auferlegt. Der Vermächtnisnehmer geht gegen den A vor und erwirkt die Pfändung von dessen Anteil am Nachlaß. Bei der vom Vermächtnisnehmer betriebenen Auseinandersetzung stellt sich heraus, daß auf den A abgesehen von der Ausgleichung nur ein Wert entfällt, der hinter der Vermächtnisforderung von 5000 erheblich zurückbleibt, bei Durchführung der Ausgleichung dagegen der ganze noch vorhandene und die Nachlaßforderung von 5000 vollständig deckende Nachlaß. Es kann wohl keinem Zweifel unterliegen, daß der Vermächtnisnehmer, sobald dies feststeht, in Verfolgung seines Rechtes aus der Pfändung des Erbteils des A auf alles greifen kann, was vom Nachlaß noch vorhanden ist.[6]) Würde sich dagegen umgekehrt ergeben, daß auf A

wie es denkbar sein soll, daß der eine von zwei Miterben „infolge einer besonderen Eigenschaft seines Erbrechts mehr erhält, als er auf Grund seines Erbrechts selbst beanspruchen kann, wie soll ich mir die Minderung des Gehaltes des Erbrechts des Verpflichteten unabhängig von seinem Erbrecht selbst vorstellen?" Der Verfasser dieses Buches hat keine Veranlassung, hierauf zu antworten; denn die von ihm in jedem Worte wohlerwogene Fassung hat zu dieser, das oben in Bd. I S. 78 gesagte in Widersinn verkehrenden Frage keine Veranlassung gegeben.

[4]) Planck-Ritgen S. 202 spricht den Vorschriften des BGB. über die Ausgleichung grundsätzlich (jedoch vorbehaltlich des Rechtes zur Beschränkung der Haftung) jede Bedeutung für die Haftung des Erben für die Nachlaßverbindlichkeiten ab, und will sogar den im Entwurf I (§ 2064 Abs. 2) ausgesprochenen, in das BGB. aber nicht aufgenommenen Satz festhalten, daß dasjenige, was der Ausgleichungsberechtigte durch die Ausgleichung erhält, nicht als Bestandteil seines Erbteils zu gelten habe. Aus den weiteren Ausführungen dieses Paragraphen und in § 91 d. D. dürfte sich jedoch ergeben, daß diese Auffassung mit den Vorschriften des BGB. durchaus unvereinbar ist. Vgl. übrigens auch v. Jacubezky an dem Bd. I § 16 Anm. 2 a. O.

[5]) In der folgenden Erörterung wird vorausgesetzt, daß der mit dem Vermächtnis belastete Erbe des Rechtes zur Beschränkung seiner Haftung teilhaftig ist und von diesem Rechte auch Gebrauch macht.

[6]) Nach der Auffassung von Planck-Ritgen (vgl. oben Anm. 4) würde

mit Rücksicht auf die ihn treffende Ausgleichungspflicht von dem Nachlaß nichts entfällt,[7]) so könnte die gegen den A erwirkte Pfändung des Anteils eine Befriedigung des Vermächtnisnehmers aus dem Nachlaß nicht vermitteln.[8])

A dem Vermächtnisnehmer nur mit demjenigen zu haften haben, was er abgesehen von der Ausgleichungspflicht des B aus dem Nachlaß erhält. Die Unhaltbarkeit dieses Ergebnisses tritt am deutlichsten hervor, wenn man sich die Möglichkeit vergegenwärtigt, daß der Miterbe B mit einem anderen, nur ihn treffenden Vermächtnis belastet ist. Unter dieser Voraussetzung würde sich nach der Ausführung von Planck-Ritgen auf S. 218 (zu § 2058 a. E.) der beschränkt haftende B dem Vermächtnisnehmer gegenüber darauf berufen können, daß er aus dem Nachlaß praktisch nichts erhalten habe. Danach kann also auf dasjenige, was B kraft seiner Ausgleichungspflicht abgeben muß und A kraft seiner Ausgleichungsberechtigung erhält, keiner der beiden Vermächtnisnehmer greifen; der dem B gegenüberstehende nicht, weil B die für ihn durch die Ausgleichung eingetretene nachteilige Verschiebung dem Vermächtnisnehmer gegenüber zur Geltung bringen kann, und der dem A gegenüberstehende Vermächtnisnehmer nicht, weil für ihn nach der Ansicht von Planck-Ritgen die infolge der Ausgleichung zu Gunsten des A eingetretene Verschiebung rechtlich bedeutungslos sein soll. Die von Planck-Ritgen vertretene Entscheidungen sind also in sich widerspruchsvoll. Der Entscheidung des Textes stimmen zu: Leske S. 1132 Anm. 9, Langheineken, Anspruch und Einrede (1903) S. 36 Anm. 2, Binder III S. 185 Anm. 277.

[7]) Die von ihm früher vertretene Ansicht, daß der im Texte bezeichnete Umstand für die Gestaltung der Haftung für die Nachlaßverbindlichkeiten belanglos sei, hat Cosack II (4. Aufl.) § 390 V Z. 1 nunmehr aufgegeben.

[8]) Die Ausführung des Textes liefert zugleich den zwingenden Beweis dafür, daß die Ausgleichungsberechtigung nicht den Charakter eines Vorausvermächtnisses und die Ausgleichungsverpflichtung nicht den einer vermächtnisweisen Belastung hat (vgl. hierzu Bd. I S. 81 Anm. 6). Denn wenn ersteres zuträfe, würde durch die Pfändung des dem A kraft Erbrechts zukommenden Anteils am Nachlaß das dem A angeblich auch noch zukommende Vorausvermächtnis ganz unberührt bleiben. Wollte aber der dem A gegenüberstehende Vermächtnisnehmer zur Deckung seiner Vermächtnisforderung späterhin auf dasjenige greifen, was dem A in seiner Eigenschaft als Vorausvermächtnisnehmer im Verhältnis zu seinen Miterben gebührt, so brauchte sich A dies mit Rücksicht auf § 1992 nicht gefallen zu lassen. Denkt man aber an den umgekehrten Fall, daß auf den A infolge der Ausgleichung bei der Auseinandersetzung nichts entfiele, so würde dies, wenn die Ausgleichungspflicht nur als eine Art vermächtnisrechtlicher Belastung anzusehen wäre, für den Vermächtnisnehmer, der die Pfändung von A's Erbteil erwirkt hat, nicht schlechthin maßgebend sein. Der Vermächtnisnehmer könnte dann vielmehr kraft seines Pfandrechtes am Anteil des A die Befriedigung aus demjenigen verlangen, was auf den A als Erben entfällt; und hierzu würde nach der hier

3. Wird bei der zwischen den Erben A und B stattfindenden Auseinandersetzung endgültig festgestellt,[8a]) daß mit Rücksicht auf die vorzunehmende Ausgleichung alles, was vom Nachlaß noch vorhanden ist, auf den A und auf den B somit nichts entfällt, so kann selbst von dem Scheine einer Erbengemeinschaft nicht mehr die Rede sein. Infolge jener Feststellung steht also zugleich auch fest, daß A hinsichtlich der zum noch ungeteilten Nachlaß gehörenden Gegenstände der Alleinberechtigte ist. An der Erbenqualität des B wird jedoch hierdurch nichts geändert.[8b]) B bleibt also Erbe, aber er befindet sich in der eigentümlichen Stellung eines heres sine re.[9])

bekämpften Auffassung auch mitgehören, was der A zufolge der angeblich rein vermächtnisrechtlichen Ausgleichungspflicht seinem Miterben zu leisten hätte. Dem A aber bliebe in Konsequenz der gegnerischen Auffassung in solchem Falle nur die Möglichkeit offen, zur verhältnismäßigen Reduktion der ihn belastenden zwei Vermächtnisse zu schreiten, nämlich des Anspruchs desjenigen Vermächtnisnehmers, welcher die Pfändung des Anteils des A erwirkt hatte, und des angeblich ebenfalls vermächtnisrechtlichen Anspruchs des Miterben aus der den A treffenden Ausgleichungspflicht. In Wahrheit kann aber von alldem keine Rede sein.

[8a]) Binder III S. 187 meint dem gegenüber: Es könne nicht darauf ankommen, was sich bei der Auseinandersetzung herausstellt, sondern nur darauf, was objektiv zur Zeit des Erbfalls zutrifft; die Erbengemeinschaft habe entweder von Anfang an bestanden oder sie habe nicht bestanden, und die Möglichkeit einer infolge der bei der Auseinandersetzung stattfindenden Ermittelung eintretenden Beendigung der Erbengemeinschaft sei somit ausgeschlossen. Allein Binder übersieht hierbei, daß in der zwischen dem Erbfall und der Auseinandersetzung liegenden Zeit wesentliche Veränderungen vor sich gegangen sein können (man denke z. B. an den zufälligen Untergang von Nachlaßgegenständen, an die eingetretene Insolvenz von Nachlaßschuldnern, an den Rückgang des Kurses von zum Nachlaß gehörenden Wertpapieren u. dergl.), vermöge derer sich das Wertverhältnis zwischen dem auszugleichenden Vorempfang und dem vorhandenen Nachlaßbestand verschiebt und somit auch das Ergebnis der erst längere Zeit nach dem Erbfall erfolgenden Auseinandersetzung zu einem ganz andern werden muß, als es sich bei einer sofort nach dem Erbfall vorgenommenen Auseinandersetzung herausgestellt haben würde. Diesen für die Fassung des Textes entscheidend gewesenen Umstand gibt übrigens Binder an anderer Stelle III S. 195 selbst zu.

[8b]) Dies wird auch von Binder III 193 ausdrücklich zugegeben. Er will aber den im Texte gebrauchten Ausdruck: heres sine re aus kaum zutreffenden Gründen vermieden wissen und lieber von einem heres sine hereditate reden (a. a. O. Anm. 304). Was zunächst das von Binder geltend gemachte historische Bedenken betrifft, so könnte es mit Rücksicht darauf, daß der nach klassischem röm. R. dem prätorischen Erben gegenüber unterliegende

III. Erbschein und Testamentsvollstreckerzeugnis.*)

1. Erteilung, Einziehung und Kraftloserklärung des Erbscheins.

§ 67.

I. Der Erbschein ist ein dem Erben, gleichviel ob er durch Gesetz, Testament oder Erbvertrag berufen ist, auf seinen Antrag (oder auf Antrag desjenigen, welcher an Stelle des Erben zur Antragstellung berechtigt ist) ausgestelltes amtliches Zeugnis über sein Erbrecht und, wenn er nur Teilerbe ist, über die Größe des Erbteils (§ 2353). Bei Vorhandensein mehrerer Erben kann es übrigens auch zur Ausfertigung eines gemeinschaftlichen Erbscheins kommen (vgl. darüber unten IV). Die aus den Bedürfnissen des Verkehrs hervorgegangene und in einem großen Teile Deutschlands (besonders in Preußen) bereits eingebürgerte und bewährte Einrichtung des Erbscheins ist im BGB. nicht nur beibehalten worden, sondern hat in demselben auch eine über das bisherige Recht noch hinausgehende Ausgestaltung gefunden.

Civilerbe als heres sine re nur aus dem Grunde bezeichnet wird, weil er von der hereditas ausgeschlossen ist, auch gegen den Ausdruck heres sine hereditate ins Feld geführt werden. Ganz abgesehen hiervon darf mit Sicherheit vorausgesetzt werden, daß es niemanden gibt, der bei der Erwähnung eines modernen heres sine re an eine Wiederholung des Gegensatzes von ius honorarium und ius civile denken könnte. Wenn aber Binder außerdem noch bemerkt, daß der im Texte erwähnte Erbe, obschon er aus der Erbschaft nichts mehr erhalte, als heres sine re auch schon deshalb nicht bezeichnet werden dürfe, weil die res hier durch den Vorempfang gebildet werde, so setzt er sich hierbei darüber hinweg, daß unser heres gerade in Ansehung des Vorempfangs heres nicht ist.

[9]) Vgl. hierzu unten § 91 d. D.

*) Boß, Über den Erbschein nach dem BGB. in den Beitr. z. Erl. d. D. R., Bd. 43 S. 655, Du Chesne, Der Erbschein in der Übergangszeit daselbst 45 S. 49, Eichhorn, Erblegitimationsverfahren daselbst S. 244, Boschan, Bedeutung und Umfang der dem Nachlaßgericht im Erbscheinverfahren obliegenden Ermittelungspflicht daselbst 46 S. 194, derselbe, über den gemeinschaftlichen Erbschein in DJZ. 1901 Nr. 9, derselbe, die Nachlaßsachen in der gerichtlichen Praxis I (1903). Krafft, in Bl. f. RA. 64 S. 269, 288. Eßlinger, Der Erbschein nach BGB. (1902), v. Reibnitz, der öffentliche Glaube des Erbscheins in Vergleich mit dem öffentlichen Glauben des Grundbuchs (1902), Münchmeyer, Der deutsche Erbnachweis (1904). Vgl. ferner Hachenburg, Vorträge S. 280, Hellwig, Rechtskraft S. 458ff., Binder II S. 2ff., Weißler S. 206ff.

II. Zur Erteilung des Erbscheins ist in aller Regel das Nachlaßgericht bezw. die kraft Landesgesetzes in Ansehung der dem Nachlaßgericht obliegenden Verrichtungen für zuständig erklärte sonstige Behörde berufen (§ 2353 und Art. 147 EG.).[1] Gehören aber zu einer Erbschaft, für die es an einer zur Erteilung des Erbscheins zuständigen deutschen Nachlaßbehörde fehlt, Gegenstände, die sich im Inland befinden, so ist (unbeschadet der nach Maßgabe des Art. 147 EG. getroffenen landesgesetzlichen Bestimmungen) jedes Amtsgericht, in dessen Bezirk sich Nachlaßgegenstände befinden,[1a]) zur Erteilung des Erbscheins in Ansehung aller im Inlande (wenn auch außerhalb des Amtsgerichtsbezirks) befindlichen Nachlaßgegenstände, aber auch nur dieser[1b]) zuständig (§ 73 Abs. 3 FGbG.). Hierbei gilt ein Gegenstand, für den ein zur Eintragung des Berechtigten bestimmtes Buch oder Register geführt wird, und desgleichen auch ein Anspruch, für dessen Geltendmachung ein deutsches Gericht zuständig ist, als im Inland befindlich (§ 2369).

III. Die Voraussetzungen zur Erteilung des Erbscheins ergeben sich aus den Vorschriften der §§ 2354 bis 2360. In der folgenden Darstellung soll jedoch von der auf den gemeinschaftlichen Erbschein sich beziehenden Bestimmung des § 2357 zunächst abgesehen werden.

A. Die sachliche Legitimation zur Stellung des Antrags auf Erteilung des Erbscheins kommt nicht nur dem angeblichen Erben[1c]) bezw. dessen Vertreter zu, sondern unter Umständen auch dritten Personen. Nach den §§ 792, 896 CPO. kann nämlich ein Gläubiger,

---

[1]) Vgl. übrigens auch § 7 Nr. 2 KonsGbG. und § 2 SchutzgebG.

[1a]) Danach kann sich leicht die Zuständigkeit mehrerer Amtsgerichte ergeben. Vgl. über diesen Fall § 4 FGbG.

[1b]) Vgl. hierzu die weitere Ausführung des Textes V Z. 4.

[1c]) Selbstverständlich ist auch der Erbeserbe antragsberechtigt. Er wird sich aber hierbei darüber, daß er den Erben beerbt hat, regelmäßig durch einen diese Erbfolge bezeugenden Erbschein auszuweisen haben. Fraglich bleibt, ob der auf die Beerbung des ursprünglichen Erblassers sich beziehende Erbschein unmittelbar den Erbeserben als Erben oder nur unter Verweisung auf den in dieser Beziehung maßgebenden Erbschein als Rechtsnachfolger des zunächst anzugebenden wirklichen Erben zu bezeichnen hat. Bei jenem Verfahren wird, indem zwei scharf auseinander zu haltende Sukzessionen willkürlich zusammengezogen werden, die wirkliche Rechtslage verdunkelt. Es dürfte deshalb das zweite Verfahren einzuschlagen sein. So wohl auch Planck-Ritgen Erl. 5 zu § 2353.

der zum Zwecke der Zwangsvollstreckung in das ererbte Vermögen seines Schuldners des Erbscheins bedarf, die Erteilung desselben an Stelle des Schuldners verlangen. Einen etwas anderen Charakter hat die Vorschrift des § 85 FGbG. Sie spricht nicht von der Erteilung des Erbscheins, sondern nur von einer Ausfertigung des bereits erteilten Erbscheins. Die Erteilung einer solchen Ausfertigung kann jeder verlangen, der ein rechtliches Interesse glaubhaft macht.

Einzelnes:

1. Der Nacherbe wird erst Erbe mit dem Eintritt des Falles der Nacherbfolge (§ 2139) und ist daher vor diesem Zeitpunkte zur Stellung des Antrags auf Erteilung eines (auf seinen Namen lautenden) Erbscheins nicht legitimiert.[2])

2. Dem Erbschaftskäufer (und dem ihm nach § 2385 gleichgestellten Erwerber) als solchem steht eine selbständige Legitimation zur Antragstellung nach § 2353 nicht zu;[3]) denn er selbst hat kein Erbrecht und an Stelle des Erben kann er den Antrag nur nach Maßgabe von §§ 792, 896 CPO. stellen. Besonderes gilt jedoch für den Fall, daß ein Miterbe seinen Anteil am Nachlaß nach Maßgabe von § 2033 (gleichviel auf Grund welcher causa) einem anderen übertragen hat. Hier kann der Erwerber mit Rücksicht darauf, daß er in Ansehung des ihm übertragenen Anteils am ungeteilten Nachlaß durch einheitlichen Rechtsakt in die Rechtsstellung des Miterben eintritt, die Erteilung eines Erbscheins beantragen, der ihn als Rechtsnachfolger des Miterben ausweist.[4])

---

[2]) Eine andere Frage ist, ob der Nacherbe als solcher die Erteilung eines auf den Namen des Vorerben lautenden Erbscheins beantragen kann? Auch dies ist zu verneinen.

[3]) So auch die Praxis; vgl. Soergel IV S. 283 Z. 3, Warneyer II S. 152.

[4]) Andernfalls würde die nach § 2033 zulässige Anteilsübertragung ihren praktischen Zweck verfehlen. Hierüber ist man auch in der Praxis einig (vgl. die Verweisungen in Anm. 3). Ja man ist sogar geneigt, sich in unserem Falle für die Erteilung eines Erbscheins auszusprechen, der unmittelbar den auf Grund einer Verfügung nach § 2033 Erwerbenden als Erben bezeichnet. Vgl. z. B. Planck-Ritgen Erl. 1 zu § 2357 und die daselbst berufene Entscheidung des KGs. Allein hierbei gerät man in Widerspruch mit dem nach Anm. 1c in dem Falle einzuschlagenden Verfahren, wo der Erbteil eines Miterben auf den Erbeserben übergegangen ist. Darf hier die Mehrheit der Sukzessionsfälle nicht verschwiegen werden, so darf dieser Sachverhalt im Erbschein umsoweniger unterdrückt werden, wenn die der ersten erbrechtlichen nach-

3. Soweit dem Ehemann hinsichtlich einer von der Frau erworbenen Erbschaft nach dem Rechte des gesetzlichen oder vertragsmäßigen Güterstandes das Recht der Verwaltung zukommt, muß er mit Rücksicht auf die damit nach §§ 1380 Satz 1 und 1443 Abs. 1 verbundene und offenbar auch auf die Geltendmachung des Erbschaftsanspruchs sich beziehende Befugnis kraft eigenen Rechtes auch zur Antragstellung nach § 2353 legitimiert sein.[5])

4. Dem nach §§ 1960, 1961 bestellten Nachlaßpfleger fehlt, weil er nicht Vertreter eines individuell bestimmten Erben, sondern desjenigen ist, welcher Erbe wird, die Antragslegitimation insoweit, als sich der zu erteilende Erbschein auf denjenigen Nachlaß bezieht, in Ansehung dessen die Nachlaßpflegschaft angeordnet ist. Gehört jedoch zu diesem Nachlaß eine vom Erblasser erworbene Erbschaft, so wird der Nachlaßpfleger zum Antrag auf Erteilung eines, selbstverständlich auf den Namen des Erblassers lautenden, Erbscheins sicherlich legitimiert sein.[6])

5. Im Falle der Zugehörigkeit einer vom Erblasser erworbenen Erbschaft zu dessen der Verwaltung eines Testamentsvollstreckers unterliegendem Nachlaß kann offenbar auch dem Testamentsvollstrecker die Befugnis zum Antrag auf Erteilung eines das Erbrecht des Erblassers bezeugenden Erbscheins nicht fehlen. Ein analoges Antragsrecht muß dem Nachlaßverwalter, Konkursverwalter zugeschrieben werden, wenn zum Nachlaß, zur Konkursmasse eine vom Erblasser bezw. vom Gemeinschuldner erworbene Erbschaft gehört.[7])

6. Mit Rücksicht auf die §§ 2203, 2204, 2206 Abs. 2, 2210, 2211 (in Verbindung mit § 53 GbO.), 2212, 2217, 2364 Abs. 2 kann dem verwaltenden Testamentsvollstrecker aber auch die Befugnis zum Antrag auf Erteilung eines den Erben desjenigen Erblassers ausweisenden Erbscheins nicht abgesprochen werden, welcher die Testamentsvollstreckung angeordnet hat.[8]) Entsprechendes muß aus ver-

---

folgende zweite Sukzession auf einem Rechtsgeschäft unter Lebenden beruht. Vgl. übrigens auch die weitere Ausführung des Textes auf S. 142.

[5]) Nicht unbestritten, aber doch, wenn auch mit z. T. anderer Begründung, überwiegend anerkannt. Vgl. Planck-Ritgen Erl. 3 b β zu § 2353, Eßlinger S. 44, 45.

[6]) Dieser Fall, dessen Entscheidung kaum zweifelhaft sein kann, wird meist übersehen.

[7]) Das in Anm. 6 gesagte gilt auch für diese Gruppe von Fällen.

[8]) Im Ergebnis ebenso Planck-Ritgen Erl. 3 b β zu § 2353, Eß-

wandten Gründen im Falle der Nachlaßverwaltung für das Antragsrecht des Nachlaßverwalters und im Falle des Nachlaßkonkurses für das des Konkursverwalters gelten.[9])

B. Der Antragsteller hat in allen Fällen (§§ 2354, 2355) anzugeben:

1. die Zeit des Todes des Erblassers, und zwar mit der nach Lage des Falles gebotenen Bestimmtheit),

2. ob das behauptete Erbrecht auf Gesetz oder auf Verfügung von Todes wegen beruht, und

3. ob über dieses Erbrecht ein Rechtsstreit anhängig ist.[10])

---

linger S. 45. Vgl. auch KGE. bei Warneyer I S. 233 Nr. 9c. Dagegen besonders v. Jacubezky im Recht 1901 S. 575. Die Hauptgründe für die Entscheidung des Textes sind diese: 1. Die Frage, ob die Testamentsvollstreckung zu Recht besteht und wie lange sie dauern kann (vgl. in dieser Beziehung besonders § 2210), hängt mitunter davon ab, wer der Erbe ist. 2. Der TV. muß in der Lage sein, die in § 53 GbO. vorgesehene grundbücherliche Eintragung zu ermöglichen und zu diesem Ende muß er die Eintragung des Erben und daher auch die Erteilung des die Person des Erben ausweisenden Erbscheins beantragen können. 3. In zahlreichen Fällen hängt der Ausgang eines vom oder gegen den TV. anhängig gemachten Prozesses davon ab, wer der Erbe ist. So z. B. wenn der TV. den Erbschaftsanspruch erhebt (vgl. oben Bd. I S. 291), oder wenn er gegenüber einem falsus heres den Grundbuchberichtigungsanspruch geltend macht, oder wenn er auf Wiedereinräumung des Besitzes von Sachen klagt, die der beklagte extraneus vor der Besitzergreifung des Testamentsvollstreckers dem Nachlaß entnommen hat, d. i. in einem Falle, wo die Besitzergreifung durch den Erben selbst sich als Verübung verbotener Eigenmacht selbstverständlich nicht darstellen würde. 4. Der TV. hat ferner nach den verschiedensten Richtungen hin die Aufgabe, mit dem Erben zu verhandeln und daher auch ein wesentliches Interesse daran, daß die Verhandlung mit dem als Erbe hinreichend Legitimierten stattfinde. Nach dieser Richtung hin kommen insbesondere die §§ 2203, 2204, 2206 Abs. 2, 2219 in Betracht. 5. In den angeführten Fällen versagt das Testamentsvollstreckerzeugnis (§ 2368) seinen Dienst, und kann dem TV. auch nicht zugemutet werden, gegen den Erben erst darauf zu klagen, daß er die Erteilung des Erbscheins beantrage.

[9]) Man denke dabei insbesondere an den Fall, daß dieser oder jener Verwalter genötigt ist, Grundbuchberichtigung gegenüber dem zu Unrecht eingetragenen Scheinerben durchzusetzen.

[10]) Die Angabe, daß der Erbe die Erbschaft angenommen habe, bildet nach dem Gesetz kein allgemeines Erfordernis der Antragstellung. Hierbei ist die Erwägung maßgebend gewesen, daß hinsichtlich desjenigen, welcher die Erteilung des Erbscheins für sich beantragt, das Vorhandensein des Annahme-

Im übrigen ist zu unterscheiden:

a) Wird der Erbschein auf Grund gesetzlichen Erbrechts verlangt (§ 2354), so haben sich die Angaben des Antragstellers auch noch zu erstrecken:

α) auf die Bezeichnung des das gesetzliche Erbrecht begründenden Verhältnisses (Verwandtschaft, Ehe, Berufung des Fiskus auf § 1964), ferner darauf,

β) ob und welche Personen vorhanden sind, oder vorhanden waren, durch die der Antragsteller von der Erbfolge ausgeschlossen, oder durch deren Vorhandensein dessen Erbteil gemindert werden würde, und ob und in welcher Weise solche Personen vor oder nach dem Erbfall [11]) weggefallen sind; [12]) endlich darauf,

---

willens normaler Weise nicht in Frage gestellt werden kann. Soweit diese Voraussetzung nicht zutrifft, wird dagegen der Antrag die bezeichnete Angabe allerdings enthalten müssen und wird sich das Erbscheinverfahren auch auf die Ermittelung der Richtigkeit dieser Angabe zu erstrecken haben. Dies ist für den Fall des § 2357 ausdrücklich bestimmt. Dasselbe wird aber überall zu gelten haben, wo der Antragsteller eine vom Erben verschiedene (und zur Annahme für den Erben nicht legitimierte) Person ist. So auch KG. bei Soergel IV, Nr. 1 zu § 2358. Behält sich der den Antrag auf Erteilung des Erbscheins stellende Erbe im Antrag die Ausschlagung der Erbschaft vor, und verlangt er somit die Erteilung des Erbscheins zunächst nur, um dritten gegenüber zur Vornahme dringlicher Verfügungen legitimiert zu sein (§ 1959), so ist der Antrag abzulehnen. A. A. Planck-Ritgen Erl. 1 zu 2354 (und dort Berufene). Allein der Erbschein verträgt nicht die Beifügung der aus § 1959 Abs. 2 sich ergebenden Beschränkung. Würde dem Antragsteller aber ein diese Beschränkung nicht enthaltender Erbschein erteilt, so erhielte jener hierdurch mit Wissen und Wollen des Nachlaßrichters eine über das Maß der im § 1959 bestimmten Rechtsmacht weit hinausgehende Legitimation zur Vornahme von Verfügungen über Nachlaßgegenstände.

[11]) Die Worte des Textes: vor oder nach dem Erbfall sind im Gesetz (§ 2354 Nr. 3) nicht enthalten. Wilke Erl. 3 zu § 2354 glaubt deshalb die Auslegung vertreten zu können, daß sich die Vorschrift nur auf diejenigen Personen beziehe, welche zur Zeit des Erbfalls vorhanden waren. Hierin scheint sich jedoch eine Unklarheit zu verbergen. Denn sobald einmal festgestellt ist, welche Personen für die Zeit des Erbfalls überhaupt noch in Betracht kommen, weiß man auch, daß andere Personen deshalb nicht mehr in Betracht kommen, weil sie schon vor dem Erbfall weggefallen sind. Solange man aber von Personen, die Erben sein würden, wenn sie zur Zeit des Erbfalls vorhanden wären, nicht weiß, daß sie vor dem Erbfall weggefallen sind, weiß man auch nicht, welche Personen für die Zeit des Erbfalls in Frage kommen. Die Beseitigung der sich hierbei zunächst ergebenden Unsicherheit wird durch

γ) ob und welche Verfügungen des Erblassers von Todes wegen vorhanden sind.

b) Wird der Antrag dagegen auf Grund einer Verfügung von Todes wegen gestellt (§ 2355), so hat der Antragsteller

α) die Verfügung zu bezeichnen, auf welcher das behauptete Erbrecht beruht und außerdem noch anzugeben,

β) ob und welche sonstigen Verfügungen des Erblassers von Todes wegen vorhanden sind und,

γ) ob und in welcher Weise Personen vor oder nach dem Erbfall weggefallen sind, durch deren Vorhandensein das behauptete Erbrecht ausgeschlossen oder eine Minderung des Erbteils herbeigeführt werden würde.

C. Die Angaben über die Zeit des Todes des Erblassers und über den für das Dasein oder den Umfang des behaupteten Erbrechts entscheidenden Wegfall von Personen hat der Antragsteller durch öffentliche Urkunden nachzuweisen. Dasselbe gilt im Falle behaupteten gesetzlichen Erbrechts in Ansehung des die Berufung begründenden Verhältnisses. Zur Nachweisung des auf Verfügung von Todes wegen beruhenden Erbrechts ist das Testament, der Erbvertrag vorzulegen. Sind die bezeichneten Urkunden überhaupt nicht oder nur mit unverhältnismäßigen Schwierigkeiten zu beschaffen, so genügt die Angabe anderer Beweismittel.[13]) In Ansehung der übrigen erforderlichen Angaben hat der Antragsteller[14]) vor Gericht oder vor einem Notar[15]) an Eidesstatt zu versichern, daß ihm nichts bekannt

---

die Vorschriften über Todes-, Lebensvermutung und über die Vermutung der Gleichzeitigkeit des Todes mehrerer (§§ 18, 19, 20) wesentlich erleichtert.

[12]) Beantragt der Fiskus als gesetzlicher Erbe auf Grund der nach § 1966 erfolgten Feststellung die Erteilung eines Erbscheins, so kommt ihm die mit dieser Feststellung verbundene Vermutung zu statten.

[13]) Man denke z. B. an den Fall, daß der Testamentserbe ein den Inhalt des durch Zufall untergegangenen Testaments rechtskräftig feststellendes Urteil vorlegt.

[14]) Wird der Antrag durch einen Bevollmächtigten des Erben gestellt, so hat die eidesstattliche Versicherung durch den Erben selbst zu erfolgen. Für einen geschäftsunfähigen oder in der Geschäftsfähigkeit beschränkten Erben erfolgt sie durch den gesetzlichen Vertreter. In denjenigen Fällen, wo der Antrag weder vom Erben selbst noch in dessen Namen gestellt wird, ist die Versicherung vom Antragsteller abzugeben. Vgl. aber doch auch unten Anm. 19.

[15]) Der in Art. 141 EG. zu Gunsten der Landesgesetzgebung gemachte

sei, was der Richtigkeit seiner Angaben entgegensteht. Das Nachlaßgericht kann jedoch diese Versicherung erlassen, soweit es sie für nicht erforderlich erachtet. Hinsichtlich der beim Nachlaßgericht offenkundigen Tatsachen trifft den Antragsteller eine Nachweis- oder Versicherungspflicht überhaupt nicht (§ 2356).

D. Das Nachlaßgericht hat[16]) den Erbschein nur zu erteilen, wenn es die zur Begründung des Antrags erforderlichen Tatsachen für festgestellt erachtet (§ 2359). Es ist, ohne an die vom Antragsteller angegebenen Beweismittel gebunden zu sein, von Amts wegen zur Veranstaltung der von ihm für notwendig erachteten Ermittelungen[17]) und zur Aufnahme der ihm geeignet erscheinenden Be-

---

Vorbehalt bezieht sich nur auf die Beurkundung von Rechtsgeschäften, die nach den Vorschriften des BGB. der gerichtlichen oder notariellen Beurkundung bedürfen, und somit nicht auf den Fall des Textes.

[16]) In betreff der Haftung des Nachlaßrichters bei pflichtwidrigem Vorgehen vgl. § 839.

[17]) Ergibt sich hierbei die Anfechtbarkeit der in Frage kommenden Verfügung von Todes wegen (oder die Anfechtbarkeit des Anfalls der Erbschaft wegen Erbunwürdigkeit), so wird das Nachlaßgericht dem Antrag solange nicht stattgeben dürfen, als mit der naheliegenden Möglichkeit gerechnet werden muß, daß der Anfechtungsberechtigte von seinem Anfechtungsrecht Gebrauch machen werde. Denn anderenfalls würde das Nachlaßgericht dem Antragsteller im Gegensatz zur Vorschrift des § 2359 einen Erbschein erteilen, obschon es sich dessen bewußt sein muß, daß der durch Erbschein Ausgewiesene möglicher- oder sogar wahrscheinlicherweise als Nichterbe zu gelten haben werde. Anderer Ansicht allerdings Voß, der S. 663 ohne weitere Begründung behauptet, daß die bloße Anfechtbarkeit einer letztwilligen Verfügung oder eines Erbvertrags die Erteilung des Erbscheins nicht ausschließe. Wie Voß auch Planck-Ritgen Erl. 4 zu § 2358, weil die Anfechtbarkeit ein Umstand sei, der für sich allein das Erbrecht nicht entkräfte. Dem gegenüber ist auf § 142 Abs. 2 in Verbindung mit § 2366 zu verweisen. Danach kann es nicht angängig sein, daß der Nachlaßrichter den Erbschein in Kenntnis eines Umstandes erteilt, den der auf Grund des Erbscheins Verfügende redlicher Weise nicht verschweigen dürfte, und dessen Kenntnis dem auf Grund der Verfügung Erwerbenden (dafern später die Anfechtung erfolgt) als Kenntnis der Unrichtigkeit des Erbscheins anzurechnen ist. Hellwig, Rechtskraft S. 459 Anm. 6 spricht sich für die Erteilung eines auf die Möglichkeit der Anfechtung hinweisenden Erbscheins aus. Ein solcher Erbschein wäre freilich unschädlich, verfehlt aber zugleich den Zweck, auf den die Einrichtung des Erbscheins abgezielt ist, und darf deshalb nicht erteilt werden. Für die hier getroffene Entscheidung auch Eßlinger S. 70.

weise[18]) berufen;[19]) es kann insbesondere eine öffentliche Aufforderung[20]) zur Anmeldung der anderen Personen zustehenden Erbrechte erlassen (§ 2358). Die Anhängigkeit eines Rechtsstreits über das Erbrecht schließt die Erteilung eines Erbscheins nicht[21]) aus;[22]) doch soll, dafern es tunlich ist, vorher der Gegner des Antragstellers gehört werden. Eine ähnliche Ordnungsvorschrift bezieht sich auf den Fall, daß die Verfügung von Todes wegen, auf Grund welcher der Erbschein verlangt wird, nicht in einer dem Nachlaßgericht vorliegenden öffentlichen Urkunde enthalten ist; hier soll, aber ebenfalls nur unter der Voraussetzung, daß es tunlich ist, vor der Erteilung des Erbscheins derjenige gehört werden, welcher im Falle der Unwirksamkeit der Verfügung Erbe sein würde (§ 2360). Außerdem ist anzunehmen, daß bei Vorhandensein von Verfügungen von Todes wegen

---

[18]) Vgl. auch § 15 FGbG. Nach OLGE. (Jena) bei Warneyer I Nr. 2 zu § 2358 ist gegen die Anordnung von Beweiserhebungen vor der Erteilung des Erbscheins Beschwerde unzulässig.

[19]) Im Falle, daß der Erbe nicht Antragsteller ist, wird das Nachlaßgericht nach Analogie von § 2357 die Erteilung des Erbscheins auch davon abhängig machen können, daß der Erbe die im § 2356 Abs. 2 erwähnte eidesstattliche Versicherung abgibt.

[20]) Die Art der Bekanntmachung und die Dauer der Anmeldungsfrist bestimmen sich nach den für das Aufgebotsverfahren geltenden Vorschriften (§ 2358 Abs. 2).

[21]) Anderenfalls würde die Erteilung des Erbscheins durch chikanöse Prozeßführung jederzeit vereitelt werden können.

[22]) Voß S. 664 behauptet mit Unrecht, daß die Anordnung der Nachlaßverwaltung oder die Eröffnung des Nachlaßkonkurses der Erteilung des Erbscheins entgegenstehe. Ganz abgesehen davon, daß das Gesetz für diese Meinung nicht den geringsten Anhaltspunkt bietet, sprechen gegen sie auch sachliche Gründe. 1. Schon oben bei Anm. 7 und 9 ist ausgeführt worden, daß der Nachlaß- oder Konkursverwalter des Erbscheins zur Erfüllung der ihm obliegenden Aufgaben unter Umständen geradezu bedarf, und daß ihm aus diesem Grunde ein selbständiges Antragsrecht zuzuerkennen ist. 2. Aber auch das Antragsrecht des Erben wird durch die Anordnung der Nachlaßverwaltung, die Eröffnung des Nachlaßkonkurses nicht berührt. Besonders ist noch hervorzuheben, daß durch die Erteilung des Erbscheins die Gefahr einer Beeinträchtigung der Gläubiger nicht herbeigeführt wird. Denn eine allgemeine Garantie dafür, daß der durch Erbschein als Erbe Ausgewiesene über den Nachlaß auch verfügen könne, wird dritten Personen durch den Erbschein keineswegs gewährt (vgl. auch §§ 2365 bis 2367). Gegen Voß auch Boehm in Beitr. z. Erl. d. DR. 42 S. 831, Wilke S. 300 und alle späteren.

die Erteilung des Erbscheins erst nach deren Verkündung erfolgen darf.[22a])

IV. Sind mehrere Erben (Miterben) vorhanden, so ist auf Antrag auch nur eines von ihnen ein gemeinschaftlicher Erbschein, d. h. ein Zeugnis, das nicht nur das Teilerbrecht eines Miterben, sondern die Teilerbrechte aller Miterben bezeugt, zu erteilen (§ 2357 Abs. 1). Die praktische Wichtigkeit des gemeinschaftlichen Erbscheins tritt deutlich hervor, wenn Miterben während der Dauer der Erbengemeinschaft über zum Nachlaß gehörende Gegenstände verfügen wollen (vgl. hierzu § 2040 Abs. 1).

Es ist klar, daß die Legitimation der gemeinschaftlich verfügenden Miterben hier ungleich besser durch einen gemeinschaftlichen Erbschein hergestellt wird, als dies durch mehrere Erbscheine zusammen, von denen jeder einzelne nur das Teilerbrecht eines einzelnen Miterben bezeugt, geschehen kann. Übrigens schließt die Erteilung eines gemeinschaftlichen Erbscheins die Erteilung von Erbscheinen über die Teilerbrechte der einzelnen Miterben und umgekehrt nicht aus.

Der auf Ausfertigung eines gemeinschaftlichen Erbscheins gestellte Antrag hat die Angabe der Erben und ihrer Erbteile und hinsichtlich derjenigen Miterben, die nicht Mitantragsteller sind[23]) auch noch die weitere Angabe zu enthalten, daß sie die Erbschaft angenommen haben. Der von den Antragstellern zu führende Nachweis und deren eidesstattliche Versicherung hat sich im Falle eines gemeinschaftlichen Erbscheins auch auf die in betreff der übrigen Miterben gemachten Angaben zu erstrecken. Das Nachlaßgericht braucht sich übrigens mit der eidesstattlichen Versicherung eines Antragstellers oder mehrerer Mitantragsteller nicht zu begnügen, sondern es kann die Erteilung des Erbscheins davon abhängig machen, daß die Versicherung auch von anderen oder geradezu von allen Miterben[24]) abgegeben werde (§ 2357).

[22a]) Vgl. RGE. bei Warneyer I Nr. 3 zu § 2353.

[23]) Vgl. hierzu oben Anm. 10.

[24]) Die von manchen Schriftstellern (auch von Planck-Ritgen Erl. 3 zu § 2357) aus § 2038 Abs. 1 abgeleitete Annahme eines dem beantragenden Miterben gegenüber den andern Miterben unter Umständen zukommenden Rechtes auf Mitwirkung zur Erlangung eines gemeinschaftlichen Erbteils durch Abgabe der eidesstattlichen Versicherung ist sachlich bedenklich und praktisch wertlos und deshalb abzulehnen. Vgl. auch Prot. V S. 679 und Herzfelder Erl. 2 a. E. zu § 2357.

V. Der Inhalt des Erbscheins ergibt sich aus seinem Zwecke (vgl. §§ 2353, 2357). Besonderer Hervorhebung bedürfen folgende Punkte:

1. Der Erbschein muß vor allem mit Verwechslungsgefahr möglichst ausschließender Bestimmtheit die Person des Erblassers bezeichnen und die mit der den Umständen entsprechenden Genauigkeit gemachte Angabe über den Zeitpunkt des Erbfalls enthalten.

2. Einen nicht minder wesentlichen Inhalt des Erbscheins bildet die tunlichst genaue Bezeichnung des Erben. Wer Erbe ist, bestimmt sich aber bei der regelmäßigen Erbfolge immer (über die hierbei unter Umständen erforderliche Rückziehung vgl. §§ 1953 Abs. 1, 2, 2344) nach dem Erbfall und bei der Nacherbfolge nach dem Zeitpunkt des Eintritts der Nacherbfolge. Die Bezeichnung des Erben scheint deshalb im Erbschein selbst dann nicht unterlassen werden zu dürfen, wenn nach den bezeichneten Zeitpunkten in die Stellung des ursprünglichen Erben durch abermaligen Erbgang oder im Falle der Teilerbfolge auch durch Verfügung nach § 2033 ein anderer eingetreten ist.[25] Die unmittelbare erbrechtliche Beziehung besteht nur zwischen dem Erblasser und dem Erben, nicht aber zwischen jenem und denjenigen Personen, welche Rechtsnachfolger des Erben sind. Ihre Rechtsstellung beruht auf einer zweiten, selbständig zu beurteilenden und hinsichtlich ihres Rechtsbestandes selbständig angreifbaren Sukzession, die aber zugleich den Eintritt der ersten Sukzession zur Voraussetzung ihrer Wirksamkeit hat. Ein diese Mehrheit von Sukzessionen unterdrückender Erbschein gibt kein richtiges Bild der wirklichen Rechtslage und kann auch praktisch gefährlich werden. In den hierher gehörenden Fällen scheint also folgendermaßen vorgegangen werden zu müssen: Im Erbschein ist zunächst zu bezeugen, wer Erbe desjenigen Erblassers geworden ist, auf dessen Erbschaft sich der Erbschein bezieht. Hat eine weitere erbrechtliche Sukzession stattgefunden, so ist in dieser Beziehung auf den von der zuständigen Behörde erteilten Erbschein und die darin bezeugte neuerliche Erbfolge zu verweisen.[26] Im Falle der nach § 2033 unter Lebenden erfolgten Übertragung des Anteils eines Miterben ist unter der Voraussetzung,

[25] Vgl. auch oben Anm. 1c und 4.

[26] Eine selbständige Bezeugung dieser neuerlichen Erbfolge liegt offenbar außerhalb der Aufgabe des den Nachlaß des ursprünglichen Erblassers betreffenden Erbscheinverfahrens.

daß sich in dieser Beziehung nicht im Ermittelungsverfahren Bedenken ergeben haben, die Übertragung unter Bezeichnung des Übertragungsaktes zu bezeugen.[27])

3. Die Angabe des erbrechtlichen Berufungsgrundes gehört zum notwendigen Inhalt des Erbscheins nicht, ist aber durch das Gesetz nicht ausgeschlossen und dürfte sich als zweckmäßig empfehlen.

4. Der Erbschein ist ein Zeugnis über eine eingetretene Erbfolge. Diese hat aber — und in dieser Beziehung besteht auch kein Unterschied zwischen der Erbfolge nur eines Erben oder mehrerer Erben nebeneinander — das von einem Verstorbenen hinterlassene Vermögen als Ganzes (§ 1922) zum Gegenstande. Der Erbschein hat daher auch nicht den erbrechtlichen Übergang einzelner zum Nachlaß gehörender Gegenstände zu bezeugen, sondern sich auf die Bezeugung der in der Person des Erben eingetretenen Alleinerbfolge oder Teilerbfolge in Ansehung eines Bruchteils des Nachlasses zu beschränken. Selbst die Vorschrift des § 2369 enthält keine wirkliche Durchbrechung dieses Grundsatzes, sondern bestimmt nur eine eigenartige Beschränkung des zu erteilenden Zeugnisses; denn im Falle des § 2369 ist im Erbschein nicht etwa zu bezeugen, daß certae res zum Nachlaß gehören[28]) und daß rücksichtlich ihrer nunmehr der als Erbe Bezeichnete verfügungsberechtigt[29]) sei, sondern besteht das von der Regel abweichende lediglich darin, daß das Zeugnis über das Erbrecht als ein nur hinsichtlich der im Inlande sich befindenden Nachlaßgegenstände maßgebendes zu bezeichnen ist.

5. In dem einem Miterben zu erteilenden Erbschein ist die Größe des ihm zukommenden Erbteils bruchteilmäßig[30]) und in

---

[27]) Vgl. oben Anm. 4.

[28]) Bevor ein Amtsgericht im Falle des § 2369 dem Antrag auf Erteilung eines Erbscheins stattgibt, wird es mit Rücksicht auf § 73 Abs. 3 FGbG. freilich zu prüfen haben, ob das Vorhandensein von Nachlaßgegenständen im Amtsgerichtsbezirk angenommen werden dürfe, und nach dem Ergebnis dieser Prüfung seine Zuständigkeit entweder bejahen oder verneinen. Trotzdem muß eine Bezeugung der Zugehörigkeit bestimmter Gegenstände zum Nachlaß unter allen Umständen unterbleiben; sie würde mit dem Wesen des Erbscheins in Widerspruch stehen.

[29]) Diese bedenkliche Fassung z. B. bei Boehm, Erbrecht S. 522.

[30]) Ist diese Art der Angabe z. B. wegen der aus einem der Gründe des § 2043 sich ergebenden Unbestimmtheit des Erbteils, oder weil es zur bruchteilmäßigen Angabe erst noch einer Ermittelung (etwa des Verhältnisses,

einem gemeinschaftlichen Erbschein die Größe der Erbteile aller Miterben bruchteilmäßig[31]) anzugeben.

6. In dem einem Vorerben zu erteilenden Erbschein ist anzugeben, daß eine Nacherbfolge angeordnet (bezw. als angeordnet anzunehmen) ist, unter welchen Voraussetzungen (also insbesondere auch wann) sie eintritt, und wer der Nacherbe ist, bezw. durch welche Umstände sich dessen Person bestimmt.[32]) Hat der Erblasser dem Vorerben eine über das regelmäßige Maß hinausgehende Befugnis zur Verfügung über Nachlaßgegenstände, insbesondere in der in § 2137 Abs. 1 oder Abs. 2 bezeichneten Weise erteilt, so ist auch dies anzugeben. Vgl. § 2363 Abs. 1.[33])

---

in dem der Wert der zum unbeweglichen Vermögen zu rechnenden Nachlaßgegenstände zum Wert der übrigen Nachlaßgegenstände steht) bedarf, noch nicht möglich, so hat die Erteilung des Erbscheins zu unterbleiben. Anders verhält es sich, wenn ein Erbe einen festen Bruchteil der Erbschaft bereits erworben hat und nur in Frage steht, ob ihm nicht infolge des Wegfalls eines Miterben noch ein weiterer Bruchteil anfallen werde. Hier steht der Erteilung eines Erbscheins hinsichtlich jenes Erbteils ein Hindernis nicht im Wege.

[31]) Einer anderen Entscheidung (die sich beim gemeinschaftlichen Erbschein vielleicht sachlich rechtfertigen ließe) scheint § 2357 Abs. 2 entgegenzustehen.

[32]) Kommen als Nacherben z. B. diejenigen in Betracht, welche gesetzliche Erben des Erblassers sein würden, wenn dieser erst zur Zeit des Todes des Vorerben gestorben wäre (vgl. § 2104), so dürfen im Erbschein nicht diejenigen Personen als Nacherben angegeben werden, welche bei der zur Zeit des Erbfalls eintretenden gesetzlichen Erbfolge gesetzliche Erben geworden wären.

[33]) Mit Rücksicht auf den Wortlaut des § 2363 Abs. 1 Satz 2 wird von verschiedenen Schriftstellern z. B. von Planck-Ritgen Erl. 3 zu § 2363 ausgeführt, daß Befreiungen, die dem Vorerben vom Erblasser nicht im vollen Umfange des Abs. 1 oder des Abs. 2 von § 2137, sondern nur in einzelnen Beziehungen zugestanden sind, im Erbschein zwar angegeben sein können, aber nicht angegeben zu sein brauchen. Hiergegen dürfte aber zu sagen sein, daß der Umfang der in den Fällen des § 2137 erteilten Befreiungen, wie insbesondere aus den Worten „im Zweifel" in § 2137 Abs. 2 hervorgeht, kein fest geschlossener ist. Es ist also z. B. sehr wohl möglich, daß eine vom Erblasser im Sinne von § 2137 Abs. 2 ausgesprochene Befreiung im konkreten Falle doch wieder nach erheblichen Richtungen hin nicht durchgreift, und daß umgekehrt dort, wo der Erblasser nur einzelne Befreiungen bestimmt hat, das Gesamtmaß der Befreiung größer ist als in jenem Falle. Dies führt zur Entscheidung, daß in dem Erbschein alle für die Stellung des Vorerben gegenüber dritten erheblichen Befreiungen aufzunehmen sind, und wird vor allem praktisch, wenn der Vorerbe die Aufnahme dieser Befreiungen in den Erbschein verlangt. Abgesehen von der nicht überall zureichenden Legitimation des Vor-

7. Der Nacherbe wird in dem ihm erteilten Erbschein unter Angabe der Person des Vorerben und des Zeitpunkts des Falles der Nacherbfolge als Nacherbe zu bezeichnen sein.

8. Hat der Erblasser einen Testamentsvollstrecker ernannt, oder doch wenigstens für die Einsetzung einer Testamentsvollstreckung nach Maßgabe der §§ 2198, 2200 Vorsorge getroffen,[34]) so ist im ersten Falle die Ernennung, im zweiten Falle die Anordnung, eventuell auch die ihr zufolge bereits erfolgte Bestellung des Testamentsvollstreckers im Erbschein anzugeben (§ 2364 Abs. 1). Die Angabe des Namens des Vollstreckers und des Umfangs der ihm zukommenden Befugnisse braucht der Erbschein nicht zu enthalten und kann sich, wenn in den Erbschein aufgenommen, unter Umständen sogar als gefährlich erweisen.[35]) Unbedenklich und der Absicht des § 2364 Abs. 1 entsprechend dürfte es dagegen sein, wenn im Erbschein auf die mit dem Vorhandensein einer Testamentsvollstreckung möglicherweise verbundene Verfügungsbeschränkung des Erben (§ 2211 Abs. 1) kurz verwiesen wird. Erachtet das Nachlaßgericht als festgestellt, daß die auf die Testamentsvollstreckung sich beziehende Anordnung des Erblassers bedeutungslos geworden ist, so entfällt auch die Beobachtung der Vorschrift des § 2364 Abs. 1.

9. In den Erbschein sind nicht aufzunehmen Angaben: über die zum Nachlaß gehörenden Gegenstände, über den Wert des Nachlasses, über die Nachlaßverbindlichkeiten, auch nicht über die aus Pflichtteilsrechten, Vermächtnissen und Auflagen, über die Anordnung der Nachlaßverwaltung oder des Nachlaßkonkurses, über die Ausgleichung unter Miterben, über die auf die Auseinandersetzung einer Erbengemeinschaft sich beziehenden Anordnungen des Erblassers, und über die Ergebnisse der von den Erben durchgeführten Auseinandersetzung.

---

erben können sich jedoch wirkliche Gefahren aus der Nichtangabe von dem Vorerben zugestandenen Befreiungen nicht ergeben; wohl aber umgekehrt dann, wenn im Erbschein Befreiungen angegeben sind, die dem Vorerben in Wahrheit nicht zukommen.

[34]) Auf diesen Fall ist die freilich etwas enger lautende Vorschrift des § 2364 Abs. 1 jedenfalls mitzubeziehen.

[35]) Will der Dritte sich über diese Punkte vergewissern, so mag er entweder in die maßgebende Verfügung von Todes wegen Einsicht nehmen oder sich das Testamentsvollstreckerzeugnis (vgl. dazu § 69 d. D.) vorlegen lassen.

10. Eventuelle Erbrechte, deren Entstehung erst noch von dem Eintritt einer gewillkürten Bedingung oder eines Zeitpunkts oder von dem Eintritt einer condicio iuris abhängig sind, können durch Erbschein nicht bezeugt werden.

VI. Die Erteilung des Erbscheins besteht in der Aushändigung desselben an den Antragsteller oder dessen Vertreter durch den Nachlaßrichter.[36]) Sie kann nur nach Maßgabe der §§ 2361, 2362 Abs. 1, nicht auf dem Wege der bloßen Beschwerde gegen die Erteilung rückgängig gemacht werden. Gegen den Beschluß, durch welchen die Erteilung des Erbscheins abgelehnt wird, findet die Beschwerde nach allgemeinen Grundsätzen (§§ 19ff. FGbG.) statt.

VII. Stellt sich der Erbschein, über dessen Richtigkeit das Nachlaßgericht nicht nur auf Antrag eines Beteiligten, sondern auch von Amts wegen Ermittelungen veranstalten kann, als unrichtig heraus,[37]) so hat ihn das Nachlaßgericht einzuziehen und, wenn er nicht sofort erlangt werden kann, durch Beschluß für kraftlos zu erklären (§ 2361).

1. Die Einziehung besteht in der tatsächlichen Rücknahme des ausgehändigten Erbscheins[37a]) durch das Nachlaßgericht. Gegen die ihr vorangehende, die Einziehung anordnende Verfügung ist Beschwerde nach §§ 19, 20 FGbG. zulässig. Mit der Einziehung wird der Erbschein kraftlos. Einen gegen den Besitzer eines unrichtigen

---

[36]) Vgl. Eßlinger S. 71. Anders Herzfelder S. 675, der den Erbschein als schon mit der Bekanntmachung des Beschlusses an den Antragsteller für erteilt hält. Danach würde aber der Erbschein selbst dann als erteilt anzusehen sein, wenn der Antragsteller den für ihn bereit gehaltenen Erbschein zurückweist, weil in demselben Angaben enthalten sind, die nach seiner Ansicht hätten entfallen, oder Angaben unterblieben sind, die hätten gemacht werden müssen, und wegen Nichterteilung des von ihm beantragten Erbscheins Beschwerde einlegt. Das ist unannehmbar.

[37]) Die Unrichtigkeit kann sowohl eine vollständige als auch eine nur teilweise (so z. B. aus dem Grunde, weil in den Erbschein die in den §§ 2363, 2364 vorgeschriebenen Angaben nicht aufgenommen worden sind) sein. Das im Texte gesagte gilt auch für den Fall teilweiser Unrichtigkeit des Erbscheins.

[37a]) Hierbei wird der Unterschied zwischen dem nach § 2353 erteilten „Erbschein" und der nach § 85 FGbG. erteilten „Ausfertigung des Erbscheins" von größter Wichtigkeit. Denn das im Texte gesagte gilt nur hinsichtlich des „Erbscheins" nicht hinsichtlich der „Ausfertigung des Erbscheins". Nur durch die Einziehung des Erbscheins selbst wird dieser kraftlos; ist aber der Erbschein kraftlos geworden, so werden hierdurch auch die Ausfertigungen des Erbscheins bedeutungslos.

Erbscheins sich richtenden und erforderlichen Falles mittels Klage verfolgbaren Anspruch auf Herausgabe des Erbscheins an das Nachlaßgericht erkennen die §§ 2362 Abs. 1, 2363 Abs. 2, § 2364 Abs. 2 dem wirklichen Erben, dem Nacherben, und zwar schon für die Zeit vor dem Eintritt der Nacherbfolge, und dem Testamentsvollstrecker zu. Durch die dem Verlangen entsprechende Herausgabe des Erbscheins wird dieser auch hier kraftlos. Schon an dieser Stelle[38]) mag ferner hervorgehoben werden, daß derjenige, welchem ein unrichtiger Erbschein erteilt worden ist,[39]) dem wirklichen Erben[40]) gegenüber zur Auskunfterteilung über den Bestand der Erbschaft und über den Verbleib der Erbschaftsgegenstände verpflichtet ist (§ 2362 Abs. 2).

2. Der die Kraftloserklärung des erteilten Erbscheins aussprechende Beschluß des Nachlaßgerichts, gegen den eine Beschwerde nicht stattfindet (§ 84 FGbG.), ist nach den für die öffentliche Zustellung einer Ladung geltenden Vorschriften des § 204 CPO. bekannt zu machen. Mit dem Ablauf eines Monats nach der letzten Einrückung in die öffentlichen Blätter wird die Kraftloserklärung wirksam. Vgl. § 2361 Abs. 2.

2. Rechtliche Bedeutung des Erbscheins.

§ 68.

An die Erteilung des Erbscheins knüpfen sich, solange er weder eingezogen noch für kraftlos erklärt worden ist, wichtige Rechtsfolgen.[1])

I. Es greift zunächst die Vermutung durch, daß dem im Erbschein als Erbe Bezeichneten[2]) das daselbst angegebene Erbrecht zu-

---

[38]) Vgl. übrigens auch unten § 93.

[39]) Ob die im Texte bezeichnete Person den Erbschein noch besitzt, ist hier gleichgültig.

[40]) Die im § 2362 Abs. 1 und 2 bestimmten Rechte stehen auch dem zu Unrecht für tot Erklärten zu, wenn mit Rücksicht auf die hinsichtlich seiner eingetretene Todesvermutung einem anderen ein Erbschein erteilt worden ist (§ 2370 Abs. 2).

[1]) Ihr Eintritt wird dadurch nicht ausgeschlossen, daß die Erteilung des Erbscheins durch ein nicht zuständiges Nachlaßgericht erfolgt ist (§ 7 FGbG.).

[2]) Dafür, daß der Besitzer des Erbscheins der Erbe sei, spricht selbstverständlich keine Vermutung.

stehe,[3]) und daß er durch andere als die angegebenen Anordnungen nicht beschränkt sei (§ 2365). Der Umfang dieser Vermutung ist jetzt noch positiv und negativ genauer festzustellen.

1. Es wird vor allem der Rechtsbestand der im Erbschein bezeugten erbrechtlichen Sukzession vermutet und demgemäß auch, daß der im Erbschein als Erbe Bezeichnete nach Maßgabe der darüber gemachten Angabe Alleinerbe oder Teilerbe zu dem angegebenen Bruchteil geworden sei. Bezeugt der Erbschein die von einem Teilerben nach § 2033 vorgenommene Anteilsübertragung, so erstreckt sich die Vermutung des § 2365 auch auf den Rechtsbestand dieser Übertragung.[4])

2. Enthält der Erbschein Angaben, die nach § 2363 Abs. 1 im Falle einer bevorstehenden Nacherbfolge in den Erbschein aufzunehmen sind, oder mit Rücksicht auf § 2364 Abs. 1 die Angabe, daß der Erblasser einen Testamentsvollstrecker ernannt oder doch die Einsetzung einer Testamentsvollstreckung angeordnet habe, so ist auch für diese Angabe die Vermutung ihrer Richtigkeit begründet.[4a])

3. Soweit Angaben der unter Z. 2 bezeichneten Art im Erbschein fehlen, knüpft sich an die Erteilung des Erbscheins die Ver-

---

[3]) Unzutreffend ist die Bemerkung bei Endemann III S. 523, daß auf den durch Erbschein Ausgewiesenen „mit den Rechten vor Allem auch der Besitz an den Nachlaßgütern übergeht". Hiervon kann keine Rede sein; denn der Erbschein bewirkt nicht den Eintritt des in demselben als Erbe Bezeichneten in die Rechtsverhältnisse des Erblassers, sondern er stellt nur eine Vermutung dafür her, daß ein solcher Eintritt erfolgt sei. Ebenso unzutreffend ist die Behauptung desselben Schriftstellers III S. 524, daß der im Erbschein als Erbe Bezeichnete im Falle eines Rechtsstreites über das Erbrecht die Erbschaft „behält", bis der Gegner seine bessere Erbberechtigung nachweist. Hierbei wird nämlich übersehen, daß Jemand dadurch, daß er im Erbschein als Erbe bezeichnet ist, durchaus nicht den „Erbschaftsbesitz" (§ 2018) erlangt. Es ist vielmehr sehr wohl möglich, daß ein anderer als der im Erbschein Bezeichnete sich schon vor der Erteilung des Erbscheins in den Erbschaftsbesitz gesetzt hatte, so daß infolge dessen der auf den Erbschein sich Stützende als Kläger auftreten muß.

[4]) Dies wird praktisch, wenn die Übertragung nichtig, oder auf Grund eines vorhandenen Anfechtungsgrundes angefochten worden ist, oder sonst, etwa wegen mangelnder Genehmigung des gesetzlichen Vertreters, der Wirksamkeit entbehrt. Vgl. aber auch Anm. 6f.

[4a]) Entspricht auch der herrschenden Meinung. A. A. mit Unrecht Eßlinger S. 75.

mutung, daß die in diesem unerwähnt gebliebene Anordnung einer Nacherbfolge, der Testamentsvollstreckung, der im § 2363 Abs. 1 Satz 2 bezeichneten freieren Stellung des Vorerben nicht erfolgt sei.

Aus § 2365 ergibt sich dagegen keine Vermutung rücksichtlich derjenigen Verhältnisse, über die der Erbschein Aufschluß nicht zu geben hat,[4b]) und somit insbesondere keine Vermutung für die tatsächliche oder rechtliche Zugehörigkeit von Gegenständen zum Nachlaß oder dafür, daß Pflichtteilslasten nicht bestehen, Vermächtnisse oder Auflagen nicht angeordnet, Teilungsanordnungen nicht getroffen seien.

II. Soweit die Vermutung des § 2365 durchgreift, kommt sie nicht nur dem im Erbschein als Erbe Bezeichneten selbst, sondern auch dritten Personen zu statten. Wie jenem durch die Vorlegung des Erbscheins die sonst nach Lage der Sache erforderliche Erweisung derjenigen Umstände, auf welchen sein Erbrecht beruht, erspart wird, so tritt eine analoge Erleichterung der Beweislast auch für den Dritten ein, wenn er etwa die Passivlegitimation des von ihm als Erben Verklagten zu erweisen hat. Wie jede bloße Rechtsvermutung, so kann auch die des § 2365 durch Gegenbeweis widerlegt werden. Auch abgesehen von dem Falle eines Rechtsstreites wird sehr häufig der Nachweis der eingetretenen Erbfolge geführt werden müssen. Daß er unter allen Umständen nur durch den Erbschein erbracht werden könne, ist im Gesetz nicht ausgesprochen,[4c]) doch wird zuverlässige anderweite Legitimation oft nicht zu beschaffen sein. Zufolge besonderer Bestimmung kann der Nachweis der Erbfolge dem Grundbuchamt gegenüber[4d]) grundsätzlich nur durch den Erbschein geführt werden. Beruht die Erbfolge jedoch auf einer in einer öffentlichen Urkunde enthaltenen Verfügung von Todes wegen, so kann das Grundbuchamt es für genügend erachten, wenn ihm an Stelle des Erbscheins nur die Verfügung von Todes wegen und das Protokoll

---

[4b]) Vgl. oben § 67 V Z. 9.

[4c]) Vgl. Protokolle V S. 686, 687, aber auch S. 729 (und dazu § 94 CPO.), Planck-Ritgen Erl. 3 zu § 2367 und RGE. v. 1. 5. 1903 Bd. 54 S. 343, wo insbesondere ausgesprochen wird, daß der Depotschuldner nicht berechtigt sei, dem hinreichend legitimierten Erben seines Gläubigers die Leistung bis zur Vorlage des Erbscheins zu verweigern. Grundsätzlich anders Hellwig, Anspruch S. 357.

[4d]) In betreff der Legitimation des Erben gegenüber anderen Behörden vgl. z. B. § 107 FGbG., § 11 RG. über das Reichsschuldbuch, §§ 727 ff. CPO., § 17 ZVG. und dazu Eßlinger S. 80.

über ihre Eröffnung vorgelegt wird (§ 36 GbO.). Im Falle des eine Erbenmehrheit voraussetzenden § 37 GbO., dessen Vorschrift auch auf den Fall des § 38 GbO. entsprechend anzuwenden ist, genügt zum Nachweis der Erbfolge und der Eintragungsbewilligung der Erben das daselbst erwähnte Zeugnis des Nachlaßgerichts.

III. Nimmt der durch unrichtigen Erbschein Legitimierte[5]) in Ansehung eines Nachlaßgegenstandes eine rechtsgeschäftliche Verfügung vor, durch die einem anderen ein rechtlicher Vorteil zugewendet werden soll, oder bewirkt ein anderer an jenen auf Grund eines zur Erbschaft gehörenden Rechtes eine Leistung, so gilt der Erbschein, soweit die unter I hervorgehobene Vermutung reicht, nach Maßgabe der §§ 2366, 2367 zu Gunsten des anderen geradezu als richtig, dafern dieser nur zur entscheidenden Zeit[6]) die Unrichtigkeit nicht kannte und auch nicht wußte, daß das Nachlaßgericht die Rückgabe des Erbscheins wegen Unrichtigkeit verlangt hat. Das Gesetz schreibt also dem Erbschein in ähnlicher Weise öffentlichen Glauben zu, wie es das in den §§ 892, 893 bei Grundstücken hinsichtlich der aus dem Grundbuch zu entnehmenden Rechtslage tut. Die praktische Bedeutung hiervon ist jetzt noch nach allen wesentlichen Richtungen hin herauszustellen.

1. Die Vorschriften der §§ 2366, 2367 beziehen sich, abgesehen von einigen erst später zu besprechenden Ausnahmen, nur auf den rechtsgeschäftlichen Erwerb. Sie kommen also im allgemeinen nicht demjenigen zu statten, für welchen lediglich ein kraft Gesetzes sich vollziehender Erwerb in Frage steht. Wer also z. B. Erbe des im Erbschein als Erbe Bezeichneten wird, muß die Folgen der Unrichtigkeit des seinem Erblasser erteilt gewesenen Erbscheins ohne

---

[5]) Die im Eingang dieses Paragraphen (vgl. S. 147) aufgestellten Voraussetzungen müssen im folgenden immer festgehalten werden. Für die hier in Betracht kommenden Rechtsfolgen gleichgültig ist dagegen 1. ob der durch den noch nicht eingezogenen Erbschein Legitimierte ihn noch besitzt; ferner 2. ob demjenigen, welchem der öffentliche Glaube des Erbscheins zu statten kommen soll, dieser vorgelegt worden ist, oder er auch nur von der Erteilung des Erbscheins Kenntnis hatte.

[6]) Sind die im Texte bezeichneten Vorgänge der Erteilung des Erbscheins an den legitimierten Scheinerben vorangegangen, so kommt die an diesen erfolgte nachträgliche Erteilung des Erbscheins dem anderen nicht zu statten.

weiteres über sich ergehen lassen. Dasselbe gilt für denjenigen, welcher mit dem durch Erbschein Ausgewiesenen einen etwa auf allgemeine Gütergemeinschaft gerichteten Ehevertrag schließt. In solchem Falle werden die das Vermögen des Mannes und das der Frau bildenden Gegenstände (soweit sie von der Gütergemeinschaft nicht ausgeschlossen sind) gemeinschaftliches Vermögen beider Gatten, ohne daß es einer Übertragung durch Rechtsgeschäft bedarf (§ 1438 Abs. 2). Der Eintritt dieser Rechtsfolge ist aber durchaus nach den Grundsätzen des derivativen Erwerbs zu behandeln, und die zu einem Nachlaß, hinsichtlich dessen sich der eine Ehegatte nur in der Stellung eines durch unrichtigen Erbschein legitimierten Scheinerben befindet, gehörenden Gegenstände können daher auch infolge des Ehevertrags nicht beiden Ehegatten gemeinschaftlich werden. Durch den öffentlichen Glauben des Erbscheins nicht geschützt ist ferner derjenige, welcher gegenüber dem durch unrichtigen Erbschein Legitimierten im Wege der zur Hereinbringung einer Geldforderung geführten Zwangsvollstreckung oder der Arrestvollziehung in Ansehung eines Erbschaftsgegenstandes einen scheinbaren Erwerb macht.[6a])

2. Die §§ 2366, 2367 beziehen sich nicht auf die zwischen dem legitimierten Scheinerben und einem Dritten über Erbschaftsgegenstände geführten Prozesse,[6b]) und aus ihnen kann daher auch insbesondere nicht der Satz abgeleitet werden, daß das in solchen Prozessen ergehende rechtskräftige Urteil zu Gunsten desjenigen Dritten, dem die Unrichtigkeit des Erbscheins (oder was ihr gleichsteht) unbekannt war, so wirke, als „hätte der falsus heres das Recht gehabt, im eigenen Namen über die Erbschaftsrechte zu prozessieren."[6c])

3. Geht der im Erbschein als Erbe Bezeichnete in Ansehung eines Erbschaftsgegenstandes eine obligatorische Verpflichtung ein, so erhält der Gläubiger doch nur denjenigen zum Schuldner, welcher sich ihm gegenüber verpflichtet hat, und hierbei bewendet es auch dann, wenn sich herausstellt, daß nicht dieser, sondern ein anderer

---

[6a]) Dem rechtsgeschäftlichen Erwerb steht dagegen gleich der nach Maßgabe von §§ 894, 897 CPO. sich vollziehende Erwerb. Vgl. auch § 898 CPO.

[6b]) In interessanten aber nicht durchschlagenden Ausführungen sucht das Gegenteil zu beweisen Hellwig, Rechtskraft S. 464. Vgl. aber dazu Motive V S. 572, Planck-Ritgen Erl. II 4 zu § 2366, Eßlinger S. 87, 88 und daselbst Berufene, Binder II S. 15, besonders Anm. 72.

[6c]) Fassung Hellwigs S. 466.

der wahre Erbe ist.[6d]) Nach der bezeichneten Richtung hin greifen die §§ 2366, 2367 also nicht ein.

4. Der Schutz der mehrerwähnten Vorschriften versagt auch in folgenden Fällen:

a) Gegenüber der nach § 1984 und §§ 6, 7 KO. infolge der Anordnung der Nachlaßverwaltung bezw. der Eröffnung des Nachlaßkonkurses eintretenden Beschränkung der Verfügungsmacht des Erben.[6e])

b) In dem Falle, daß der im Erbschein als Teilerbe oder als dessen Rechtsnachfolger Bezeichnete über den angeblichen Anteil am Nachlaß nach Maßgabe von § 2033 verfügt hat.[6f]) Der Beweis hierfür ist sowohl aus den §§ 2366, 2367 als auch aus § 2030 zu erbringen. Aus jenen, weil der Fall einer Verfügung über einen Anteil am Nachlaß durch sie gar nicht getroffen ist, und aus diesem, weil ihm zufolge derjenige, welchem ein Anteil am Nachlaß von einem Nichterben übertragen worden ist, dem wahren Erben gegenüber hinsichtlich der Nachlaßgegenstände nicht besser berechtigt ist als der übertragende Scheinerbe selbst.

c) Unter den in der weiteren Ausführung bei Z. 5 vor b) bezeichneten Umständen (vgl. S. 161).

d) Der Erbschein gibt endlich auch keine Garantie dafür, daß der darin auf einen ungewissen Zeitpunkt gestellte Eintritt der eventuellen Nacherbfolge noch nicht eingetreten ist.[6g]) War dieser Ein-

---

[6d]) Vgl. hierzu auch unten § 95 d. D.

[6e]) Anders, wenn sich der Erwerber nach den §§ 892, 893 auf den öffentlichen Glauben des Grundbuchs stützen kann; vgl. § 7 Abs. 1 KO. und § 1984 BGB.

[6f]) Selbst die Mangelhaftigkeit des Übertragungsgeschäfts, zufolge dessen der im Erbschein als Rechtsnachfolger des Teilerben Bezeichnete den Anteil erworben haben soll, wird im Falle einer Weiterübertragung des vermeintlichen Anteilrechtes nicht gedeckt. Ein Schutz nach der hier bezeichneten Richtung tritt dagegen zu Gunsten desjenigen ein, welcher einen Erbschaftsgegenstand auf Grund gemeinschaftlicher Verfügung des durch Erbschein legitimierten Scheinrechtsnachfolgers eines Miterben und der anderen Miterben erwirbt.

[6g]) Ist dagegen die Anordnung der Nacherbfolge im Erbschein überhaupt nicht oder ist in diesem ein späterer Zeitpunkt des Eintritts der Nacherbfolge angegeben als der wirklich maßgebende, so greift für die nach den §§ 2366, 2367 in Frage kommenden Dritten der öffentliche Glaube des Erbscheins allerdings durch.

tritt zur Zeit der Verfügung des im Erbschein als Vorerbe Bezeichneten bereits erfolgt, so bestimmt sich der Schutz des Dritten nach § 2140.

5. Die durch die §§ 2366, 2367 wirklich getroffenen Fälle sind folgende:

a) Es ist geschützt, wer von dem im Erbschein Bezeichneten durch Rechtsgeschäft „einen Erbschaftsgegenstand oder ein Recht an einem solchen Gegenstand" erwirbt. Der Geschützte erlangt also, soweit die im vorhergehenden dargelegten positiven und negativen Schutzvoraussetzungen zutreffen, trotz der Unrichtigkeit des Erbscheins dasselbe Recht, das er nach den Grundsätzen des abgeleiteten Erwerbs erlangen würde, wenn die Verfügung von dem (den) nach Maßgabe der hinsichtlich der Erbfolge bestehenden wirklichen Rechtslage Verfügungsberechtigten getroffen worden wäre.[6h]) Unter „Erbschafts-

[6h]) Es wird bekanntlich darüber gestritten, ob der auf die Verfügung eines Nichtberechtigten sich stützende und trotzdem geschützte Erwerb, als originärer oder als derivativer Erwerb aufzufassen sei. Überwiegend wird originärer Erwerb angenommen. Für die Annahme derivativen Erwerbs entscheiden sich jedoch neuestens: Gierke, Deutsches Privatrecht I § 32 Anm. 2, Hellmann, Vorträge § 12, Crome, System I § 71, Hellwig, Rechtskraft S. 104, Dernburg, Bürg. R. I S. 316. Es dürfte aber doch wohl zu unterscheiden sein. Die Fälle des Erwerbs auf Grund der Verfügung eines Nichtberechtigten sind nämlich so wesentlich verschieden, daß für ihre juristische Beurteilung jedenfalls zwei Hauptgruppen gebildet werden müssen: In den Fällen der einen Art ist es für den Erwerb des Geschützten ganz gleichgültig, ob überhaupt jemand und somit auch, wer der bisher Berechtigte gewesen ist, und wie beschaffen dessen Recht war. Hinsichtlich dieser Gruppe wird deshalb die Annahme eines derivativen Erwerbs abzulehnen sein. In einer zweiten Gruppe von Fällen hängt dagegen die Entscheidung der Frage, ob auf Grund der Verfügung eines Nichtberechtigten ein Erwerb überhaupt stattfindet, und in welchem Umfang er eintritt, durchaus davon ab, daß das Recht, in Ansehung dessen der Nichtberechtigte verfügte, zu einer bestimmten Zeit, in bestimmter Beschaffenheit einem bestimmten Berechtigten zustand. Hier ist der Erwerb des Geschützten als derivativer zu charakterisieren. Das eben gesagte trifft aber wie in den Fällen der §§ 169 bis 173, wonach eine erloschene Vertretungsmacht dritten gegenüber unter gewissen Voraussetzungen als fortbestehend gilt, so auch bei dem durch den öffentlichen Glauben des Erbscheins geschützten Erwerb ein. Denn dieser ist in der angegebenen Weise abhängig von dem Rechte eines bestimmten Rechtsvorgängers, hier des Nachlasses; oder m. a. W.: in Ansehung von nicht zum Nachlaß gehörenden Rechten kann ein auf die §§ 2366, 2367 sich stützender Erwerb nicht gemacht werden.

gegenständen" sind nach dem festen Sprachgebrauche des Gesetzes nicht nur die zum Nachlaß gehörenden Sachen, sondern auch die dazu gehörenden unkörperlichen Gegenstände, also Forderungen, Urheberrechte u. dgl. zu verstehen.[6i])

Einzelfälle:

α) Verfügt der durch Erbschein legitimierte Scheinerbe[7]) über ein Nachlaßgrundstück oder über zum Nachlaß gehörende Rechte an einem Grundstück, oder bestellt er an einem solchen Grundstück oder an einem solchen Rechte an einem Grundstück ein Recht, so ist zwischen dem nach § 2366 kraft des öffentlichen Glaubens des Erbscheins und dem nach §§ 892, 893 in Verbindung mit § 1155 kraft des öffentlichen Glaubens des Grundbuchs eintretenden Erwerb wohl zu unterscheiden,[7a]) und zwar nicht allein wegen

---

[6i]) Erbschaftsgegenstand ist übrigens auch dasjenige, was kraft unmittelbarer Surrogation (vgl. besonders §§ 2019, 2111) zum Nachlaß gehört.

[7]) Hierdurch wird übrigens der Einfachheit wegen nur der Hauptfall hervorgehoben, daß der durch Erbschein Legitimierte Erbe überhaupt nicht ist. Bei nur teilweiser Unrichtigkeit des Erbscheins ist es dagegen sehr wohl möglich, daß der im Erbschein Bezeichnete Erbe zwar ist, in betreff seiner Erbenstellung aber durch eine im Erbschein nicht angegebene Anordnung einer Nacherbfolge, Ernennung eines Testamentsvollstreckers beschränkt ist.

[7a]) Vgl. auch Hellwig Rechtskraft S. 462, der aber seiner Erörterung ein nicht zutreffendes Beispiel zugrunde legt. Vor allem ist es nicht richtig, daß die Aushändigung einer den Anforderungen der GbO. entsprechenden Bewilligung der Eintragung eines Nießbrauchs (§ 873 Abs. 2; der von Hellwig berufene § 875 gehört nicht hierher) eine Beschränkung der Verfügungsmacht des bewilligenden Eigentümers herbeiführe, und daß die Kenntnis dieses Umstandes nach § 892 Abs. 1 Satz 2 die dingliche Rechtsstellung desjenigen nachteilig beeinflussen könne, welcher auf Grund der Bewilligung des Eigentümers die Eintragung eines dinglichen Rechtes vor dem zum Antrag auf Eintragung des Nießbrauchs Berechtigten beantragt und erwirkt hat. Hellwig verwechselt hierbei offenbar die Gebundenheit des Eigentümers an die von ihm erteilte Bewilligung (§ 873 Abs. 2) mit der dinglichen Verfügungsbeschränkung des § 892 Abs. 1 Satz 2. Jene besteht lediglich darin, daß der Eigentümer die von ihm nach Maßgabe der gesetzlichen Vorschriften erteilte und ausgehändigte Bewilligung nicht einseitig widerrufen kann, bewirkt aber durchaus nicht eine Verfügungsbeschränkung. Erfolgt aber die Erteilung und Aushändigung der Eintragungsbewilligung durch einen grundbücherlich als Eigentümer legitimierten Nichteigentümer oder durch einen als Rechtsnachfolger des eingetragenen Eigentümers legitimierten Scheinerben, so ist es zwar richtig, daß der öffentliche Glaube des Grundbuchs dem Nießbrauchsanwärter solange nicht zustatten kommen kann, als dieser den zur Eintragung

der Verschiedenheit der Schutzvoraussetzungen, sondern auch wegen der verschiedenen Gestaltung des geschützten Erwerbs. Auf folgendes mag besonders aufmerksam gemacht werden:

aa) Der auf dem öffentlichen Glauben des Grundbuchs beruhende Erwerb bestimmt sich nach grundbuchrechtlichen Voraussetzungen,[7b]) die auch gegeben sein können, wo ein Schutz nach § 2366 vollständig versagt, so z. B.,[7c]) wenn ein den grundbuchrechtlichen Bestimmungen unterliegender Gegenstand nicht zum Nachlaß gehört, oder wenn der Scheinerbe einem anderen ein zum Nachlaß gehörendes Grundstück aufläßt, als dessen Eigentümer er nach Maßgabe von § 36 Abs. 1 Satz 2 GbO. nicht auf Grund des Erbscheins, sondern auf Grund der in einer öffentlichen Urkunde enthaltenen Verfügung von Todes wegen eingetragen worden ist.[8])

---

auch wirklich führenden Antrag auf Eintragung noch nicht gestellt hat (§ 892 Abs. 2), unrichtig dagegen, daß der Nießbrauchsanwärter im zweiten Falle dem wahren Erben gegenüber kraft des öffentlichen Glaubens des Erbscheins schon infolge der Aushändigung der Eintragungsbewilligung geschützt sei. Es ist vielmehr auch der Eintritt dieses Schutzes ausgeschlossen, weil auf seiten des Nießbrauchsanwärters der zum Erwerb des Nießbrauchs an einem Nachlaßgrundstück (§ 2366) erforderliche Tatbestand (die Eintragung im Grundbuch!) noch nicht erfüllt ist und weil in der bloßen Aushändigung der Eintragungsbewilligung nach § 873 Abs. 2 eine Verfügung über das Eigentum am Nachlaßgrundstück im Sinne des § 2367 ebensowenig gelegen ist, als beim gleichen Vorgange eine Verfügung im Sinne des § 893 über das Eigentum des aus dem Grundbuch zu Unrecht verdrängten Eigentümers vorliegt.

[7b]) Der Prüfung bedarf, ob der Eintritt des durch die Bestimmungen über den öffentlichen Glauben des Grundbuchs geschützten Erwerbs durch die Kenntnis des Erwerbers von der Unrichtigkeit des Erbscheins oder davon, daß dieser für kraftlos erklärt oder eingezogen worden ist, oder daß das Nachlaßgericht die Rückgabe des Erbscheins wegen Unrichtigkeit verlangt hat, ausgeschlossen werden kann. Die Frage wird nur praktisch, wenn der Erwerber weiß, daß die grundbuchrechtliche Legitimation seines Vormanns auf Erbrecht beruht, und ist nur dann zu bejahen, wenn die vorerwähnte weitere Kenntnis des Erwerbers im entscheidenden Zeitpunkt so beschaffen war, daß nach Lage des konkreten Falles zugleich auch Kenntnis des Erwerbers von der Unrichtigkeit des Grundbuchs angenommen werden darf. Zu weit gehend die 2. Aufl. d. B. S. 379 Anm. 9. Vgl. auch Planck-Ritgen Erl. VI zu § 2366 und Binder II S. 12 Anm. 58. Teilweise anders, wie es scheint, Hellwig S. 463 Anm. 21.

[7c]) Vgl. übrigens auch schon oben Anm. 6e.

[8]) Für den grundbuchrechtlichen Schutz des weiteren Erwerbers ist dies gleichgültig.

bb) Die Umstände können aber auch so geartet sein, daß sich nur der auf dem öffentlichen Glauben des Erbscheins beruhende Schutz als wirksam erweist,[9] oder daß doch dieser dem Erwerber eine Rechtsstellung gewährt, die er kraft des öffentlichen Glaubens des Grundbuchs nicht erlangen könnte. So verhält es sich insbesondere dort, wo der durch Erbschein legitimierte Scheinerbe über ein zum Nachlaß gehörendes Grundstück oder über ein zum Nachlaß gehörendes Recht an einem Grundstück, zu dessen Übertragung die Eintragung des Erwerbers im Grundbuch erforderlich ist, grundbücherlich verfügt, ohne vorher selbst als Rechtsnachfolger des im Grundbuch eingetragenen Erblassers eingetragen worden zu sein.[10] Hier kann

---

[9]) Wie ist zu entscheiden, wenn derjenige, welcher auf Grund der Verfügung des legitimierten Scheinerben einen Erwerb gemacht hat, nach § 892 deshalb nicht geschützt ist, weil das im Grundbuch eingetragene Scheinrecht des Verfügenden durch einen eingetragenen Widerspruch in Frage gestellt ist? Kommt hier dem Erwerber trotzdem der Schutz nach § 2366 zu statten? Hierbei muß wieder zwischen zwei Möglichkeiten unterschieden werden: Richtet sich der Widerspruch gegen die bücherliche Position des Erblassers, so ist er, selbst wenn erst nach dem Erbfall eingetragen, zweifellos auch gegenüber dem auf § 2366 sich berufenden Erwerber wirksam; denn kraft des öffentlichen Glaubens des Erbscheins kann der Erwerber das ihm vom Scheinerben übertragene Recht nur erlangen, wenn es, und nur in der Beschaffenheit, wie es zum Nachlaß gehörte. Erweist sich der Widerspruch als unbegründet, so greift der Schutz des Erwerbers gegenüber dem wahren Erben je nach den Umständen auf Grund des § 892 oder des § 2366 oder auf Grund beider Bestimmungen selbstverständlich durch. Sachlich ebenso Hellwig S. 463 Anm. 21 a. A. Der Widerspruch kann aber auch auf Verlangen des wahren Erben eingetragen worden und gegen diejenige Buchung gerichtet sein, laut welcher der legitimierte Scheinerbe als Rechtsnachfolger des Erblassers eingetragen ist. Auch hier muß nicht nur der Schutz nach § 892 sondern auch der nach § 2366 als ausgeschlossen erachtet werden. Denn, wer ein Buchrecht erwirbt, erwirbt es notwendig in der zur Zeit des Erwerbes vorhandenen bücherlichen Beschaffenheit, und hieran vermag auch der Erbschein nichts zu ändern. Oder sollte es wirklich angängig sein, daß derjenige, welchem ein Nachlaßgrundstück von dem bereits als Eigentümer eingetragenen Scheinerben zu einer Zeit aufgelassen wird, zu der bereits ein vom verus heres verlangter Widerspruch im Grundbuch steht, sich dem Berichtigungskläger gegenüber einfach auf § 2366 beruft? Dem schon in der 2. Aufl. d. B. S. 380 Anm. 12 herausgestellten Ergebnis dieser Ausführungen stimmt ausdrücklich zu Planck-Ritgen Erl. VI zu § 2366. A. A. ohne sachliche Begründung Eßlinger S. 99 Anm. 1, Herzfelder S. 695.

[10]) Über die Möglichkeit einer solchen Verfügung vgl. § 41 GbO. und dazu RGE. v. 17. 1. 1903 Bd. 53 S. 298; daselbst wird gewiß mit Recht aus-

von einem nach § 892 eintretenden Schutz des Erwerbers keine Rede sein. Der Schutz nach § 2366 greift dagegen durch. Zur vollständigen Klarstellung des gesagten noch folgendes Beispiel: Der legitimierte Scheinerbe tritt eine zum Nachlaß gehörende, auf ihn aber noch nicht umgeschriebene Briefhypothek unter Erteilung der Abtretungserklärung in gewöhnlicher Schriftform und in Verbindung mit der Übergabe des Hypothekenbriefs an einen anderen ab (§ 1154). Aus den §§ 892 und 1155 würde sich hier, wenn die Abtretungserklärung der öffentlichen Beglaubigung entbehrt, für den Zessionar ein Schutz nicht ergeben. Auf Grund des § 2366 tritt dagegen der Schutz des Zessionars auch in Ermangelung einer öffentlich beglaubigten Abtretungserklärung ein. Sehr beachtenswert ist ferner, daß die Bestimmung des § 892 in Verbindung mit § 1155 (und bei einer durch Buchhypothek versicherten Forderung in Verbindung mit § 1154 Abs. 3) in Ansehung der hypothekarisch versicherten Forderung zu Gunsten des Zessionars nur zum Schutze des hypothekarischen Anspruchs[11]) des Zessionars (§ 1138) eingreift, während § 2366 dem Zessionar neben dem hypothekarischen Anspruch auch den obligatorischen Anspruch gegen den persönlichen Schuldner sichert.[12])

cc) Der Schutz nach § 2366 schließt einen daneben kraft des öffentlichen Glaubens des Grundbuchs eintretenden Schutz nicht aus. Beispiel: Der durch Erbschein legitimierte Scheinerbe überträgt durch gerichtlich oder notariell beglaubigte Abtretungserklärung und in Verbindung mit der Übergabe des Hypothekenbriefs eine zum Nachlaß gehörende Hypothekenforderung zu einer Zeit, zu der die vorangehende Hypothek zu Unrecht gelöscht ist. Sind hier die Voraussetzungen des § 2366 gegeben, so erwirbt der Zessionar mit der Hypothek auch die abgetretene persönliche Forderung, und liegen daneben hinsichtlich der zu Unrecht erfolgten Löschung auch die Voraus-

---

gesprochen, daß die im § 41 Abs. 1 für den „Erben des eingetragenen Berechtigten" bestimmte Ausnahme vom Eintragungszwange auch für den Erbeserben gilt.

[11]) Nach § 1138 gelten nämlich die Vorschriften der §§ 891 bis 899 nur „für die Hypothek" auch in Ansehung der Forderung. Vgl. auch Turnau-Förster: Das Liegenschaftsrecht nach den deutschen Reichsgesetzen und den preußischen Ausführungsbestimmungen I 2. Aufl. (1902) Erl. zu § 1138.

[12]) Vgl. auch Planck-Ritgen Erl. VI zu § 2366 und Binder II S. 13 Anm. 59.

setzungen des § 892 vor, so erlangt der Zessionar auch den Vorrang vor der gelöschten Hypothek.

β) Die Verfügung des legitimierten Scheinerben hat eine bewegliche Nachlaßsache oder ein Recht an einer solchen Sache zum Gegenstand. Liegen hierbei die Voraussetzungen des § 2366 vor, so wird dem Erwerber zwar nicht allseitig, aber doch in wesentlichen Punkten ein viel weitergehender[12a]) Schutz zuteil, als er ihm nach den für den Erwerb von Fahrhabe durch Verfügung des Nichtberechtigten maßgebenden Bestimmungen der §§ 932 bis 936, deren selbständiges und möglicherweise auch ergänzendes Eingreifen aber auch hier nicht verkannt werden darf,[12b]) zu teil werden könnte. Dies zeigt sich zunächst schon darin, daß nach diesen Bestimmungen ein Schutz nur zu Gunsten eines Erwerbers Platz greift, dem der gute Glaube im Sinne des § 932 Abs. 2 nicht fehlt. Nach § 2366 ist dagegen ein guter Glaube des Erwerbers in diesem Sinne nicht erforderlich. Allein auch nach anderen Richtungen hin[13]) treten erheb-

---

[12a]) Die gegen diese Fassung von Hellwig S. 461 Anm. 17 und Binder II S. 11 Anm. 54a vorgebrachten Bedenken berücksichtigen nicht, daß die Fassung nur den Fall der rechtlichen Zugehörigkeit der Sache zum Nachlaß trifft, und daß der Schutz des Erwerbers unter dieser Voraussetzung nach den im Texte bezeichneten Richtungen hin allerdings ein viel weitergehender ist als derjenige, welcher sich nach den §§ 932 bis 936 ergeben könnte.

[12b]) Vgl. auch Hellwig S. 461. Man denke zunächst an Fälle, wo der Scheinerbe über bewegliche Sachen verfügt hat, die nicht zum Nachlaß gehören, oder wo die Verfügung über zum Nachlaß gehörende bewegliche Sachen durch einen Scheinerben erfolgt ist, der durch Erbschein nicht legitimiert ist. Die Verhältnisse können aber auch so beschaffen sein, daß neben dem durch den öffentlichen Glauben des Erbscheins gedeckten Erwerb der zum Nachlaß gehörenden beweglichen Sachen durch den dritten noch ein lediglich auf den Grundsätzen des Fahrnisrechts beruhender Schutz gegenüber einem dritten eintritt, dessen die bewegliche Nachlaßsache belastendes Recht mit Rücksicht auf den guten Glauben des Erwerbers nach § 936 erlischt.

[13]) Bemerkenswert ist auch folgendes: Verfügt ein Scheinerbe, dem ein Erbschein nicht erteilt ist, über eine zum Nachlaß gehörende und bisher vom Erblasser besessen gewesene Sache durch Übertragung nach § 929 Satz 1, so ist, (abgesehen von dem Ausnahmefall des § 935 Abs. 2) ein Schutz des Empfängers selbst bei gutem Glauben desselben aus dem Grunde ausgeschlossen, weil die dem Empfänger übergebene Sache nach Maßgabe des § 935 Abs. 1 als eine solche angesehen werden muß, die dem nach § 857 besitzenden wahren Erben durch die Besitzergreifung des Scheinerben abhanden gekommen ist. Zustimmend Hellwig S. 461 Anm. 19.

liche Verschiedenheiten hervor. Veräußert z. B. ein Nichteigentümer eine bewegliche Sache durch constitutum possessorium, so wird der Erwerber nach der fahrnißrechtlichen Bestimmung des § 933 erst Eigentümer, wenn ihm die Sache vom Veräußerer übergeben wird und ihm zu dieser Zeit nicht der gute Glaube fehlt. Veräußert dagegen der legitimierte Scheinerbe eine zum Nachlaß gehörende bewegliche Sache, so wird der Erwerber, dafern nur die Voraussetzungen des § 2366 erfüllt sind, schon mit dem Abschluß des constitutum possessorium Eigentümer. Wird ferner eine bewegliche Sache von einem Nichteigentümer durch Abtretung des Anspruchs auf Herausgabe veräußert (§ 931), so wird der Erwerber in gutem Glauben nach der fahrnisrechtlichen Bestimmung des § 934 mit der Abtretung des Anspruchs auf Herausgabe nur dann Eigentümer, wenn der Veräußerer zur Zeit der Abtretung mittelbarer Besitzer ist, andernfalls erst mit dem Zeitpunkt, in welchem er den Besitz von dem Dritten erlangt. Ganz anders gestaltet sich der Schutz des Erwerbers nach § 2366. Er tritt nämlich im Falle einer durch den legitimierten Scheinerben in Ansehung einer Nachlaßsache, durch Abtretung des zum Nachlaß gehörenden Anspruchs auf Herausgabe vorgenommenen Übertragung unmittelbar mit der Abtretung selbst dann ein, wenn der Veräußerer zur Zeit der Abtretung mittelbarer Besitzer nicht war.[14]) Von gewisser Erheblichkeit ist es dabei aber doch, ob mit dem zum Nachlaß gehörenden Anspruch auf Herausgabe mittelbarer Besitz verbunden war[15]) oder nicht; denn im ersteren Falle geht auf den nach § 2366 geschützten Erwerber mittelbarer Besitz und Eigentum über, im letzteren Falle natürlich nur das Eigentum.

γ) Bei Verfügungen über Forderungen, die nicht aus Inhaber- oder Orderpapieren entspringen, kommt den Vorschriften zu Gunsten derjenigen, welche Rechte von einem Nichtberechtigten herleiten, eine

---

[14]) Hierbei ist wohl zu beachten, daß dem Scheinerben die Vorschrift des § 857 nicht zu statten kommt und daß daher der Scheinerbe in den mittelbaren Besitz des Erblassers ebensowenig ipso iure eintritt als in den unmittelbaren.

[15]) Als Subjekt des zum Nachlaß gehörenden mittelbaren Besitzes hat zunächst nach § 857 der wahre Erbe zu gelten. Infolge des Eingreifens der Vorschrift des § 2366 geht dieser Besitz aber dann durch die Verfügung des Scheinerben auf den Erwerber über.

ungleich geringere Bedeutung zu, als bei sachenrechtlichen Verfügungen. Demjenigen, zu dessen Gunsten ein Nichtberechtigter über eine nicht dem spezifischen Rechte der Skripturobligationen unterliegende Forderung verfügt hat, wird also grundsätzlich[16]) ein Schutz selbst dann nicht zu teil, wenn er bei seinem Erwerb im allerbesten Glauben war. Eine wichtige Ausnahme hiervon ergibt sich aus § 2366. Denn seine Vorschrift greift auch durch, wenn der legitimierte Scheinerbe über eine zum Nachlaß gehörende Forderung zu Gunsten eines anderen durch Übertragung, Pfandbestellung, Nießbraucheinräumung verfügt hat.[17])

In allen unter α bis γ aufgeführten Fällen ist es für den Eintritt des dem Erwerber durch die Vorschrift des § 2366 gewährten Schutzes gleichgültig, ob der Erwerb entgeltlich oder unentgeltlich gemacht worden ist. Einen für die rechtliche Stellung des Erwerbers erheblichen Unterschied begründet der eben erwähnte Umstand nur insofern, daß der durch die Verfügung des legitimierten Scheinerben beeinträchtigte wahre Erbe im Falle der Unentgeltlichkeit der Verfügung[18]) vom Erwerber die Herausgabe der Bereicherung verlangen kann (§ 816 Abs. 2).

Verfügungen der unter α bis γ erwähnten Art können von einem legitimierten Scheinerben möglicherweise auch zum Zwecke der Er-

---

[16]) Vgl. aber doch auch die hier nicht zu besprechende Vorschrift des § 405.

[17]) Darüber, daß es sich so verhält, können Zweifel garnicht obwalten. Um so irreführender ist daher die von vielen Schriftstellern ausgesprochene Behauptung, daß sich die §§ 2366, 2367 nur auf „dingliche Verfügungen" und somit nicht auf nicht dingliche Verfügungen beziehen. Hierbei entsteht zunächst die Frage, ob die Verfügung über Forderungen oder über Urheberrechte zu den dinglichen oder zu den nicht dinglichen Verfügungen gerechnet wird. Dafern man sich im Sinne der hierher gehörenden Schriftsteller für das erstere zu entscheiden hat, bleibt unklar, welche Verfügungen die nicht dinglichen sein sollen, auf die die Vorschriften der §§ 2366, 2367 nicht zur Anwendung gebracht werden dürfen. Ganz abgesehen hiervon ist es aber wenig empfehlenswert, dort von dinglichen Verfügungen zu reden, wo eine Einwirkung auf sachenrechtliche Rechtsverhältnisse garnicht in Frage kommt. Werden dagegen bei dem vorerwähnten Sprachgebrauch unter den dinglichen Verfügungen die Verügungen über Forderungen nicht mitverstanden, so liegt dann wieder eine unrichtige Auffassung der §§ 2366, 2367 vor.

[18]) Im Falle der entgeltlichen Veräußerung greift die in der Lehre vom Erbschaftsanspruch zu besprechende Vorschrift des § 2019 durch.

füllung eines auf Veräußerung der Erbschaft abzielenden obligatorischen Vertrages (Erbschaftsverkaufs, Verschenkung der Erbschaft) vorgenommen werden; desgleichen im Falle einer zwischen mehreren legitimierten Scheinerben durch vertragsmäßige Zuteilung von Erbschaftsgegenständen stattfindenden Auseinandersetzung. In Ermangelung einer besonderen Vorschrift würden auch diese Fälle nach § 2366 zu beurteilen sein. Wegen der hier eingreifenden Bestimmung des § 2030 unterliegen sie jedoch einer besonderen Behandlung, auf die erst im Zusammenhang mit der Lehre vom Erbschaftsanspruch eingegangen werden kann.

b) Der Schutz des Gesetzes wird ferner demjenigen zu teil, welcher von dem legitimierten Scheinerben durch Rechtsgeschäft die Befreiung von einem zur Erbschaft gehörenden Rechte erlangt (§ 2366), d. h. mit anderen Worten: die Befreiung ist in den Fällen dieser Art, dafern nur die sonstigen Voraussetzungen des § 2366 zutreffen, ungeachtet der Unrichtigkeit des Erbscheins in gleicher Weise wirksam, wie wenn sie durch den wirklich Berechtigten erfolgt wäre.

Einzelfälle: Der im unrichtigen Erbschein als Erbe Bezeichnete gibt nach Maßgabe des § 875 eine zum Nachlaß gehörende Grunddienstbarkeit oder ein solches Vorkaufsrecht oder eine solche Reallastberechtigung auf, oder er verzichtet nach § 1168 auf eine zum Nachlaß gehörende Hypothek,[19]) oder nach Maßgabe des § 1255 auf ein zum Nachlaß gehörendes Pfandrecht, oder er vereinbart mit einem Nachlaßschuldner einen Schulderlaß oder ein negatives Anerkenntnis.[20]) Alle vorerwähnten Befreiungen haben mit einander gemein, daß sie durch Rechtsgeschäft erfolgen. Aber sie unterscheiden sich untereinander einmal darin, daß es sich dabei teils um Verträge, teils um einseitige Rechtsgeschäfte, und bei den letzteren wieder teils um solche, die einem anderen gegenüber vorzunehmen sind, teils aber auch um solche, bei denen dies nicht zutrifft, handelt; dann aber auch darin, daß im Falle der aktiven oder passiven Teilnahme eines anderen am Befreiungsgeschäft dieser andere bald der von der Last, Ver-

---

[19]) Der Schutz nach § 2366 greift in allen diesen Fällen (vgl. dazu § 41 GbO.) auch durch, wenn der Scheinerbe als Rechtsnachfolger des Erblassers im Grundbuch noch nicht eingetragen war; aus den §§ 892, 893 würde sich dagegen ein solcher Schutz nicht ergeben.

[20]) Vgl. hierzu § 397.

bindlichkeit zu Befreiende selbst, bald eine von dem letzteren verschiedene Person ist. Nach dem Wortlaut und Sinne des § 2366 tritt, dafern dessen Anforderungen nur sonst entsprochen ist, in allen diesen Fällen der Befreiungseffekt gleichmäßig ein. Nachdrücklich hervorzuheben sind in dieser Beziehung insbesondere zwei Punkte:

α) Es ist durch das Gesetz nicht gefordert, daß das Befreiungsgeschäft von dem legitimierten Scheinerben mit dem zu Befreienden geschlossen worden sei. Unter die Vorschrift des § 2366 fällt also insbesondere auch die zu Gunsten eines Nachlaßschuldners dadurch herbeigeführte Befreiung, daß der legitimierte Scheinerbe mit einem Dritten einen Vertrag schließt, laut dessen der letztere die Verpflichtung des Nachlaßschuldners nach Maßgabe des § 414 übernimmt.

β) § 2366 fordert aber zum Eintritt des Befreiungseffektes auch nicht einmal, daß das vom legitimierten Scheinerben vorgenommene einseitige Befreiungsgeschäft ein solches sei, dessen Wirksamkeit auf einer einem anderen gegenüber abgegebenen Erklärung beruht. Interessante Beispiele hierfür liefern die §§ 875, 1168. Danach kann der Eigentümer eines Grundstücks eine Grunddienstbarkeit, mit der dieses ausgestattet ist, wirksam in der Weise aufgeben, daß er durch eine dem Grundbuchamt gegenüber abgegebene Erklärung die Löschung der Grunddienstbarkeit erwirkt, und kann ein Hypothekengläubiger den Verzicht auf die Hypothek und den infolge dessen wieder eintretenden Übergang der Hypothek auf den Eigentümer dadurch herbeiführen, daß er durch Abgabe der entsprechenden Erklärung beim Grundbuchamt die Eintragung des Verzichts veranlaßt. Einer vorhergehenden oder nachträglichen rechtsgeschäftlichen Erklärung einem anderen gegenüber bedarf es in beiden Fällen nicht. Denkt man sich nun dort und hier, daß das Rechtsgeschäft vom legitimierten Scheinerben hinsichtlich einer Dienstbarkeit, die einem zum Nachlaß gehörenden Grundstück zukommt, bezw. hinsichtlich einer zum Nachlaß gehörenden Hypothek vorgenommen wurde,[21]) so muß nach Maßgabe des § 2366 der Eintritt des Befreiungseffekts ungeachtet des Umstandes angenommen werden, daß bei der vorgenommenen Befreiung eine rechtsgeschäftliche Erklärung einem anderen gegenüber

---

[21]) Daß der Scheinerbe vorher bereits als Rechtsnachfolger des Erblassers im Grundbuch eingetragen worden sei, ist für den Eintritt des Schutzes nach § 2366 auch hier nicht erforderlich; vgl. oben Anm. 19.

überhaupt und dem Befreiten gegenüber insbesondere nicht stattgefunden hat.[22])

---

[22]) Die auf die Fälle der §§ 875, 1168 sich beziehende Erörterung des Textes steht in so nahem Zusammenhang mit einer rein sachenrechtlichen Frage, daß auch auf diese eingegangen werden muß. Es ist nämlich klar, daß in den besprochenen Fällen die Befreiung des Belasteten auf Grund der Verfügung eines Nichtberechtigten nicht nur nach Maßgabe des § 2366, sondern auch schon auf Grund der sachenrechtlichen Vorschriften der §§ 892, 893 (deren Eingreifen aber auch hier nicht zur Voraussetzung hat, daß das aufzuhebende Recht zum Nachlaß gehört) eintreten kann. Beispiel: Ein Putativerbe erwirkt nicht auf Grund des von ihm garnicht verlangten und ihm daher auch nicht erteilten Erbscheins, sondern auf Grund des seine Einsetzung als Alleinerben enthaltenden notariellen Testaments in Verbindung mit dem Eröffnungsprotokoll seine Eintragung als Eigentümer eines zum Nachlaß gehörenden Grundstücks (§ 36 GbO.) und gibt hierauf nach Maßgabe des § 875 die zugunsten dieses Grundstücks bei dem Grundstück eines anderen eingetragene Grunddienstbarkeit auf. Obschon die Vorschrift des § 2366 dem anderen hier nicht zu statten kommen kann, so können für diesen die Voraussetzungen des kraft des grundbuchrechtlichen Vertrauensprinzips eintretenden Schutzes doch bereits gegeben sein. Bei den hierüber anzustellenden Erwägungen wird man aber gewahr, daß zwischen den auf das grundbuchrechtliche Vertrauensprinzip sich beziehenden §§ 892, 893 und den diesen Bestimmungen offenbar nachgebildeten §§ 2366, 2367 eine bisher nicht hinreichend gewürdigte Verschiedenheit der Fassung besteht. Sorgfältige Prüfung ergibt, daß der sachenrechtlichen Vorschrift des § 892 die erbrechtliche des § 2366 und dem § 893 dort der § 2367 hier entspricht. Auffallend ist aber folgendes: Sowohl infolge des Eingreifens des grundbuchrechtlichen Vertrauensprinzips als auch nach Maßgabe der Vorschriften über den Erbschein kann demjenigen ein Schutz zuteil werden, welcher infolge der Verfügung eines Nichtberechtigten die Befreiung von einer dinglichen Last erlangt hat. Bei der rein sachenrechtlichen Beurteilung wird dieser Fall durch die Vorschrift des § 893, bei der erbrechtlichen durch die ihrem Hauptinhalt nach nicht dem § 893, sondern vielmehr dem § 892 entsprechende Vorschrift des § 2366 getroffen. Denn nach § 893 gehört die vom eingetragenen Nichtberechtigten verfügte Befreiung des anderen von einer dinglichen Last zu den zwar eine Verfügung über das Recht enthaltenden, aber nicht unter § 892 fallenden und somit durch § 893 getroffenen Rechtsgeschäften. In gleicher Weise, wie § 893 sein Verhältnis zu § 892 bestimmt, bestimmt nun freilich auch § 2367 sein Verhältnis zu § 2366. Allein das sich hier und dort herausstellende Verhältnis ist doch deshalb ein anderes, weil der im § 892 nicht erwähnte und deshalb durch § 893 getroffene Fall der Befreiung von einem Rechte im § 2366 besonders behandelt wird und somit zu den im § 2367 dadurch charakterisierten Rechtsgeschäften, daß sie unter § 2366 nicht fallen, nicht gehören kann. Vergleicht man jetzt weiter, was im § 893 einerseits und im § 2366 andererseits in Ansehung des Falles der Befreiung von einem

c) Gleich den, in der unter a und b angegebenen Weise, Begünstigten wird sodann geschützt, wer an den durch Erbschein legitimierten Scheinerben mit Rücksicht auf ein zur Erbschaft gehörendes und somit scheinbar dem legitimierten Scheinerben zustehendes Recht eine Leistung bewirkt (§ 2367). Der einfachste Fall dieser Art ist gegeben, wenn der Schuldner einer zum Nachlaß gehörenden Forderung die ihm obliegende Leistung an den legitimierten Scheinerben bewirkt. Der Schuldner wird hier, dafern die sonstigen Voraussetzungen des Schutzes zutreffen, von seiner Verbindlichkeit befreit, obschon er nicht an denjenigen geleistet hat, welchem die Leistung gebührte. War die zum Nachlaß gehörende Forderung durch Bürgschaft gesichert, und erfolgt die Leistung durch den Bürgen, so tritt hierdurch bei Vorhandensein der allgemeinen Schutzvoraussetzungen nicht nur die Befreiung des Bürgen von der Bürgschaftsverbindlichkeit ein, sondern geht zugleich die vom Bürgen befriedigte Nachlaßforderung auf den Bürgen über (§ 774). Dies scheint zwar dem

Rechte durch Verfügung des Nichtberechtigten bestimmt ist, so ersieht man, daß § 893 für den Eintritt des Schutzes desjenigen, dessen Befreiung in Frage steht, ein in Ansehung des aufgegebenen Rechtes zwischen dem Eingetragenen und einem anderen vorgenommenes Rechtsgeschäft verlangt, während § 2366 ein Befreiungsgeschäft dieser Art nicht fordert. Hiermit sind die Prämissen für die Erledigung des im Eingang vorgelegten Falles gewonnen. Nach dem Wortlaut des § 893 tritt hier der Schutz des von der Last der Grunddienstbarkeit zu Befreienden (bei Vorhandensein der allgemeinen Voraussetzungen des § 892) zwar ein, wenn der Putativerbe jenem eine den Vorschriften der Grundbuchordnung entsprechende Löschungsbewilligung ausgehändigt hat, und wenn die Löschung sodann auf Antrag des Empfängers erfolgt, nicht dagegen dann, wenn der Putativerbe die Löschung durch einen von ihm selbst ohne vorangegangene rechtsgeschäftliche Verständigung mit dem zu Befreienden beim Grundbuchamt gestellten Antrag erwirkt. Für die rechtliche Beurteilung der vom Putativerben einseitig beantragten Löschung scheint es somit von entscheidender Bedeutung zu sein, ob dem Putativerben ein Erbschein erteilt, oder wie oben angenommen wurde, nicht erteilt worden war und im ersten Falle wieder, ob das aufzuhebende Recht zum Nachlaß gehört (Voraussetzung für das Eingreifen des § 2366) oder nicht gehört. Eine weitere Frage ist, ob man nicht vielleicht über den Wortlaut des § 893 hinausgehen und dessen Bestimmung durch die Heranziehung des § 2366 rektifizieren darf. Sie kann jedoch hier nicht zum Austrag gebracht werden, und die auf sie sich beziehenden Ausführungen der 2. Aufl. § 68 Anm. 22 S. 386, 387 werden deshalb, obschon sie überwiegende Zustimmung gefunden haben (vgl. besonders Binder II S. 14 Anm. 66 und Planck-Ritgen Erl. 1b zu § 2367) besser gestrichen.

im § 2366 enthaltenen Grundsatze zu widersprechen, daß der Schutz des Gesetzes nur in Ansehung des rechtsgeschäftlichen und also nicht auch in Ansehung des von Rechts wegen sich vollziehenden Erwerbs eintreten soll. Allein in dem soeben hervorgehobenen und in anderen noch zu erwähnenden Fällen verhält es sich aus besonderem Grunde anders. Denn die uns hier beschäftigende Sonderbestimmung des § 2367 zielt unzweifelhaft darauf ab, daß, wer nach Maßgabe derselben eine Leistung an den legitimierten Scheinerben bewirkt, bei Vorhandensein der sonstigen Schutzvoraussetzungen so gestellt sein soll, wie wenn er die Leistung an den wahren Erben bewirkt hätte. Soweit die Rechtsordnung an die Bewirkung dieser Leistung den Eintritt des Leistenden in ein Recht des bisher Berechtigten knüpft, muß also dieser Erfolg auch hier eintreten.

In gleicher Weise sind folgende Fälle zu behandeln: Befriedigt derjenige, welcher Gefahr läuft, durch eine vom legitimierten Scheinerben hinsichtlich eines dem Schuldner gehörenden Gegenstandes zur Hereinbringung einer Erbschaftsforderung betriebene Zwangsvollstreckung ein Recht an dem Gegenstand, oder den Besitz des Gegenstandes zu verlieren, den Scheinerben, so geht die Erbschaftsforderung nach § 268 auf ihn über. Man vergegenwärtige sich ferner den Fall, daß der Eigentümer eines Grundstücks hinsichtlich einer zu einer Erbschaft gehörenden Hypothek den legitimierten Scheinerben[23]) be-

[23]) Ein analoger Schutz tritt übrigens abgesehen von § 2367 auch nach § 893 ein (jetzt allgemein anerkannt); allein die Schutzvoraussetzungen sind in dreifacher Beziehung verschieden: 1. Nach § 2367 tritt der Schutz des Eigentümers nur ein, wenn der Scheinerbe durch Erbschein als derjenige legitimiert ist, auf welchen die zum Nachlaß gehörende Hypothek durch Erbfolge übergegangen ist, nach § 893 bildet dagegen die Legitimation des Scheinerben durch Erbschein kein unbedingt notwendiges Erfordernis des Schutzes; es genügt die grundbuchrechtliche Legitimation des Scheinerben (vgl. außer § 893 auch noch § 1155), die auch schon dann gegeben ist, wenn der Scheinerbe auf Grund einer Verfügung von Todes wegen in Verbindung mit dem Eröffnungsprotokoll nach Maßgabe von § 36 GbO. als Gläubiger der zum Nachlaß gehörenden Hypothek umgeschrieben worden ist. 2. Hat der Eigentümer die Leistung an den durch Erbschein legitimierten Scheinerben bewirkt, so greift für ihn der Schutz nach § 2367 ohne alle Rücksicht darauf ein, ob der Scheinerbe hinsichtlich der Hypothek als Rechtsnachfolger des Erblassers umgeschrieben war oder nicht. Bei der Beurteilung nach § 893 kommt dem die Leistung bewirkenden Eigentümer im Falle einer Buchhypothek der Schutz dagegen nur zu, wenn die Hypothek auf

friedigt.[24] Bei Vorhandensein der Schutzvoraussetzungen geht hier, dafern der zahlende Eigentümer nicht zugleich der persönliche Schuldner ist, die Forderung samt Hypothek auf ihn über, und erlangt der Eigentümer andernfalls die Hypothek als Eigentümergrundschuld (§§ 1143, 1163, 1177).

d) Nach § 2367 gilt endlich der unrichtige Erbschein zu Gunsten des durch die Verfügung des Scheinerben Begünstigten bei Vorhandensein der sonstigen Schutzvoraussetzungen auch dann als richtig, wenn zwischen dem Scheinerben und einem anderen in Ansehung eines zur Erbschaft gehörenden Rechtes ein, durch die unter a bis c erwähnten Vorschriften nicht getroffenes Rechtsgeschäft[25]) vorgenommen wird, das eine Verfügung über das Recht enthält. Ein Rechtsgeschäft solcher Art ist z. B. die einem Erbschaftsschuldner vom legitimierten Scheinerben zugestandene Stundung, die durch den legitimierten Scheinerben erfolgende Aufrechnung einer zum Nachlaß gehörenden Forderung gegen eine dem Nachlaßschuldner zustehende Forderung, die nach § 914 stattfindende Feststellung einer zur Erbschaft gehörenden Überbaurente, die vom legitimierten Scheinerben in Ansehung einer zur Erbschaft gehörenden Hypothek und zum Vorteil eines anderen Hypothekengläubigers nach Maßgabe des § 880 zugestandene Rangveränderung u. dgl. Hierbei handelt es sich überall um Rechtsgeschäfte, die dem Wortlaut des § 2367 entsprechend, zwischen dem legitimierten Scheinerben und einem anderen vorgenommen worden sind. Man wird jedoch über den Wortlaut des Gesetzes noch hinausgehen müssen. Der Beweis hierfür dürfte durch nachstehendes Beispiel geliefert werden können. Es soll angenommen

---

den Scheinerben umgeschrieben war. 3. Nach § 2367 tritt die im Texte bezeichnete Wirkung für den Leistenden nur ein, wenn das Recht auf die Leistung zur Erbschaft gehört, nach § 893 bildet dieser Umstand eine Schutzvoraussetzung nicht.

[24]) Ein der Sachlage entsprechender Schutz greift übrigens auch ein, wenn der vom Eigentümer des Grundstücks verschiedene persönliche Schuldner den legitimierten Scheinerben unter den im § 1164 bezeichneten Verhältnissen in Ansehung einer zum Nachlaß gehörenden Hypothek befriedigt.

[25]) Da die Befreiung von einem zur Erbschaft gehörenden Rechte laut des im Texte unter b) gesagten bereits unter § 2366 fällt, so ist bei den unter d) erwähnten Rechtsgeschäften an die Befreiung nicht mehr zu denken, wogegen sich die Vorschrift des § 893, der § 2367 nachgebildet ist, auf die Befreiung allerdings mitbezieht. Vgl. oben Anm. 22.

werden, daß hinsichtlich zweier, ein zu einer Erbschaft gehörendes Grundstück belastenden Hypotheken, der des A und der des B, das Zurücktreten der ersteren hinter die letztere angestrebt wird. Hierzu ist nach § 880 die Einigung zwischen A und B, die Eintragung der Änderung in das Grundbuch und die Zustimmung des Grundstückseigentümers, d. i. also im gegebenen Falle des Erben erforderlich. In der Erteilung dieser Zustimmung liegt ohne Zweifel eine Verfügung, infolge deren die Rechtsstellung des Eigentümers eine Veränderung erfährt. Demgemäß fällt also die Zustimmung, wenn statt vom Erben selbst von einem legitimierten Scheinerben erteilt, unter die Vorschrift des § 2367. Allein die Erteilung der Zustimmung stellt sich keineswegs immer als ein zwischen dem Scheinerben, der sie erteilt, und einem anderen vorgenommenes Rechtsgeschäft dar. Dies trifft nur zu, wenn sie einem der Beteiligten (sei es nun dem A oder dem B) gegenüber erklärt, nicht aber dann, wenn sie dem Grundbuchamt gegenüber (vgl. § 880 Abs. 2 a. E.) abgegeben worden ist. Nach dem Wortlaut des § 2367 würde also bei dieser Sachlage der Schutz des B zu entfallen haben. Diese Entscheidung kann aber mit Rücksicht auf die oben unter b auf Grund des § 2366 gewonnenen Ergebnisse nicht festgehalten werden.[25a]) Denn, wenn im Falle der einem anderen durch ein einseitiges Rechtsgeschäft des legitimierten Scheinerben zugewendeten Befreiung der Schutz nach § 2366 dem anderen ohne alle Rücksicht darauf zu statten kommt, ob die zur Herbeiführung der Befreiung erforderliche Erklärung dem anderen oder dem Grundbuchamt gegenüber abgegeben wurde, dann kann dem anderen in den Fällen des § 2367 der Schutz nicht lediglich deshalb versagt sein, weil der legitimierte Scheinerbe seine Erklärung nur dem Grundbuchamt gegenüber abgegeben hat. Die Bestimmung des § 2367 muß also durch die des § 2366 die entsprechende Korrektur erfahren.[26])

[25a]) Vgl. jetzt auch Planck-Ritgen Erl. 1b zu § 2367.

[26]) Eine sehr interessante Frage ergibt sich bei folgender Sachlage: Der legitimierte Scheinerbe verpachtet ein zur Erbschaft gehörendes Grundstück an einen anderen, etwa auf sechs Jahre mit der Klausel der Unkündbarkeit und überläßt dem anderen auch den Besitz dieses Grundstücks. Würde diese Verpachtung in Verbindung mit der Überlassung des Besitzes von dem wahren (und durch die Anordnung einer Nacherbfolge auch nicht beschränkten) Erben vorgenommen werden, so müßte nach Maßgabe des § 581 Abs. 2 und der

IV. Wie hinsichtlich der vom legitimierten Scheinerben in betreff eines Erbschaftsgegenstandes zu Gunsten eines anderen vorgenommenen Verfügungen, so muß die Legitimationswirkung des

---

§§ 571 bis 579 auch der spätere Erwerber des Eigentums oder eines dinglichen Nutzungsrechtes am Grundstück das Pachtverhältnis als ihm gegenüber wirksam gelten lassen. Kann sich der Pächter dem entsprechend auch in unserem Falle darauf berufen, daß er, weil er berechtigt gewesen sei, sich auf die Richtigkeit des Erbscheins und somit auch darauf zu verlassen, daß sowohl die Verpachtung, als auch die Überlassung des Besitzes vom wahren Erben vorgenommen worden sei, nach § 2367 dem wahren Erben gegenüber so geschützt sein müsse, als ob der letztere das Eigentum am Pachtgrundstück nicht als Erbe, sondern als Rechtsnachfolger des durch Erbschein legitimierten Scheinerben erworben hätte? Die Antwort hierauf ist für diejenigen überaus einfach, welche dem Miet- bezw. Pachtrecht an Grundstücken unter der Voraussetzung, daß dem Mieter, Pächter der Besitz überlassen ist, dinglichen Charakter zuschreiben zu dürfen glauben; denn danach würde der Pächter dem wahren Erben gegenüber, wenn auch nicht nach § 2367, so doch nach § 2366 jedenfalls zu schützen sein. Allein die Ansicht von der dinglichen Natur des Miet-, Pachtrechts ist sicherlich unhaltbar (vgl. auch Bd. I S. 183 Anm. 34). Damit ist die Frage, ob der Pächter in unserem Falle nicht doch vielleicht dem wahren Erben gegenüber zu schützen sei, aber noch nicht erledigt. Denn es läßt sich nicht verkennen, daß dem vom Eigentümer eines Grundstücks vorgenommenen Abschluß eines Miet-, Pachtvertrages in Verbindung mit der Besitzüberlassung an den Mieter, Pächter eine Wirkung zukommt, die man als indirekte Abschwächung des Eigentums am Grundstück wird bezeichnen dürfen. Die Abschwächung besteht nämlich darin, daß der Vermieter, Verpächter von nun an das Eigentum am Grundstück nur mehr als ein solches übertragen kann, mit dessen Erwerb notwendig zugleich auch der Eintritt des Erwerbers in die Verpflichtungen aus dem Mietverhältnis verbunden ist, und daß er dritten Personen dingliche Nutzungsrechte am Grundstück nur mehr in der Weise einräumen kann, daß der betreffende Erwerber entweder nach § 577 Satz 1 in die Verpflichtungen aus dem Miet-, Pachtverhältnis eintritt, oder aber nach Maßgabe von § 577 Satz 2 dem Mieter, Pächter gegenüber zur Unterlassung der Ausübung seines Rechtes soweit verpflichtet ist, als diese den vertragsmäßigen Gebrauch des Mieters, Pächters beeinträchtigen würde. Von diesem Standpunkt aus scheint aber wieder die Möglichkeit dafür gegeben zu sein, daß man in der auf Grund des vorangegangenen Miet-, Pachtvertrags vorgenommenen Überlassung des Besitzes am Grundstück eine Verfügung im Sinne des § 2267 erblickt. Die hiermit angeregte Frage, deren erschöpfende Behandlung an dieser Stelle nicht unternommen werden kann, ist übrigens, ganz abgesehen von der Lehre vom Erbschein auch für diejenigen Fälle von Belang, in welchen der zu Unrecht als Eigentümer eines Grundstücks Eingetragene ein Grundstück vermietet, verpachtet und den Besitz desselben dem Mieter, Pächter überlassen hat (§ 893). Vgl. übrigens Cosack II § 238, der freilich

Erbscheins auch zur Geltung kommen, wenn jemand eine dem Erben gegenüber abzugebende rechtsgeschäftliche Willenserklärung dem legitimierten Scheinerben gegenüber abgibt. Eine hierauf sich beziehende allgemeine Bestimmung findet sich zwar weder in den §§ 2366, 2367 noch an einer anderen Stelle des Gesetzes. Aus § 2367 kann aber doch mit Sicherheit geschlossen werden, daß das eben gesagte der Absicht des Gesetzes entspricht. Der nach § 2367 im Falle einer dem wahren Erben gebührenden, tatsächlich aber dem legitimierten Scheinerben gemachten Leistung dem Leistenden zu teil werdende Schutz kann unmöglich demjenigen versagt werden, welcher etwa eine Kündigung statt dem wahren Erben dem legitimierten Scheinerben gegenüber erklärt hat.

V. Sind hinsichtlich desselben Nachlasses mehrere mit einander nicht in Übereinstimmung stehende Erbscheine erteilt worden, so ist die Berufung auf die aus einem dieser Erbscheine nach § 2365 sich ergebende Vermutung jedenfalls insolange möglich, als der widersprechende Erbschein nicht zum Vorschein kommt. Geschieht letzteres, so greift, soweit sich die Erbscheine widersprechen, gar keine Vermutung durch. Haben sich die Voraussetzungen des Schutzes für einen Dritten auf Grund eines der erteilten Erbscheine, noch bevor jener von der Erteilung des zweiten Kenntnis erlangt hatte, bereits verwirklicht, so kann der zu Gunsten des Dritten eingetretene Rechtserfolg durch das Hervorkommen des zweiten Erbscheins nicht mehr in Frage gestellt werden.

VI. In einem besonderen Falle greift der dem bei einem Rechtsgeschäft des Scheinerben oder bei einem diesem gegenüber vorgenommenen Rechtsgeschäft Beteiligten nach den §§ 2366, 2367 zukommende Schutz selbst dann Platz, wenn der Scheinerbe einen Erbschein nicht erlangt hat. Die hierbei in betracht kommenden Voraussetzungen sind:

1. daß eine für tot erklärte Person den Zeitpunkt des bei der Todeserklärung angenommenen Todes überlebt hat oder schon vor diesem Zeitpunkt gestorben ist;

2. daß die Wirksamkeit von Rechtsgeschäften in Frage steht, die

---

auch hier nur mit seiner Theorie vom dinglichen Mietrecht operiert. Der obigen Ausführung zustimmend Hellwig S. 429 Anm. 19, Binder II S. 10 Anm. 52. A. A. Planck-Ritgen Erl. 2 zu § 2367.

derjenige vorgenommen hat, oder demjenigen gegenüber vorgenommen worden sind,[27]) welcher auf Grund der Todeserklärung Erbe sein würde;

3. daß derjenige, welchem der Schutz zu statten kommen soll, die Unrichtigkeit der Todeserklärung nicht kannte und auch nicht wußte, daß die Todeserklärung etwa bereits infolge einer Anfechtungsklage aufgehoben[28]) worden ist (§ 2370).

Die im § 2362 bestimmten Ansprüche (nämlich der auf Rückgabe des dem Scheinerben etwa erteilten Erbscheins an das Nachlaßgericht gegen den Besitzer des Erbscheins und der Anspruch auf Auskunfterteilung über den Bestand der vermeintlichen Erbschaft und den Verbleib der vermeintlichen Erbschaftsgegenstände gegen den zu Unrecht als Erbe Legitimierten) stehen auch dem zu Unrecht für tot Erklärten, und nicht minder demjenigen, dessen Tod ohne Todeserklärung mit Unrecht angenommen wurde, bezw. den Erben dieser Personen zu (§ 2370 Abs. 2).

3. Testamentsvollstreckerzeugnis.

§ 69.

I. Eine dem Erbschein verwandte Urkunde ist das dem Testamentsvollstrecker vom Nachlaßgericht auf Antrag zu erteilende Zeugnis über dessen Ernennung. Nach der ausdrücklichen Vorschrift des Gesetzes (§ 2368) sind darin die vom Erblasser in Ansehung der Vermögensverwaltung des Testamentsvollstreckers angeordneten Beschränkungen sowie die in Ansehung der Eingehung von Verbindlichkeiten für den Nachlaß verfügten Erweiterungen anzugeben. Soweit in dieser Beziehung besondere Angaben fehlen, greift nach der Auffassung des Gesetzes offenbar die Annahme durch, daß die Befugnisse des Testamentsvollstreckers der gesetzlichen Regel entsprechen.[1])

---

[27]) Geschäfte dieser Art werden übrigens in § 2370 ausdrücklich ebensowenig berührt als in den §§ 2366, 2367.

[28]) Die Kenntnis des Umstands, daß das Nachlaßgericht dem vermeintlichen Erben des für tot Erklärten die Erteilung des von ihm verlangten Erbscheins wegen einer bereits erfolgten Anfechtung der Todeserklärung verweigert hat, schließt den Schutz des an einem Rechtsgeschäft in der im Texte angegebenen Weise Beteiligten noch nicht aus.

[1]) Vgl. auch Planck-Ritgen Erl. 2 zu § 2368.

Mit Rücksicht hierauf wird aus § 2368 Abs. 1 Satz 2 der Schluß gezogen werden dürfen, daß auch die daselbst nicht besonders bezeichneten, im konkreten Falle aber maßgebenden Abweichungen von der gesetzlichen Regel im Testamentsvollstreckerzeugnis anzugeben sind;[2]) dies muß insbesondere auch in dem Falle gelten, daß der Testamentsvollstrecker mit Beifügung einer auflösenden Bedingung oder Befristung ernannt ist.

II. Auf das Testamentsvollstreckerzeugnis finden, soweit das Gesetz nicht besonderes bestimmt, die Vorschriften über den Erbschein entsprechende Anwendung (§ 2368 Abs. 3 Satz 1). Hervorzuheben ist folgendes:

1. Der Antrag auf Erteilung des Zeugnisses wird regelmäßig vom Testamentsvollstrecker selbst gestellt. Nach Maßgabe der §§ 792, 896 CPO. kann jedoch auch ein Nachlaßgläubiger an Stelle des Testamentsvollstreckers die Erteilung verlangen. Die Legitimation zum Verlangen auf Erteilung einer Ausfertigung des bereits erteilten Vollstreckerzeugnisses bezw. auf Einsichtnahme in das Zeugnis bestimmt sich nach den §§ 85, 78 FGbG.

2. Sind mehrere zu gemeinschaftlichem Handeln berufene Testamentsvollstrecker ernannt, so ist nach Analogie des § 2357 auf Antrag jedes Mitvollstreckers ein gemeinschaftliches Testamentsvollstreckerzeugnis zu erteilen. Die Erteilung eines besonderen Zeugnisses für jeden einzelnen Vollstrecker ist nicht ausgeschlossen, doch müssen in diesem Zeugnis die aus dem Vorhandensein von Mitvollstreckern sich ergebenden Beschränkungen angegeben werden.

3. Dem Antragsteller obliegt: die Angabe der Zeit des Todes des Erblassers (vgl. §§ 2354, 2355), die Bezeichnung der die Ernennung des Vollstreckers enthaltenden Verfügung von Todes wegen und eventuell auch der in den §§ 2198, 2199 erwähnten Urkunden, die Angabe, ob und welche sonstige Verfügungen des Erblassers von Todes wegen vorhanden sind, und ob ein die Testamentsvollstreckung betreffender Rechtsstreit anhängig ist. Ist der Testamentsvollstrecker zur Übernahme des Amtes nur eventuell — etwa nach dem Wegfall eines anderen zunächst Berufenen oder nur für den Eintritt eines sonstigen Ereignisses oder Zeitpunktes — berufen, so hat er anzu-

---

[2]) Vgl. insbesondere §§ 2208, 2209, 2210 Satz 2, 2222, 2223, 2224 Abs. 1 Satz 3.

geben, wie der Vorberufene weggefallen, bezw. daß das Ereignis, der Zeitpunkt eingetreten ist. Wird der Antrag nicht vom Testamentsvollstrecker selbst, oder bei Vorhandensein mehrerer Testamentsvollstrecker nicht von allen Vollstreckern gestellt,[3]) so hat der Antrag auch die Angabe zu enthalten, daß das Amt von den an der Antragstellung nicht beteiligten Testamentsvollstreckern angenommen worden ist (vgl. § 2357 Abs. 3). Soweit der Beweis der vom Antragsteller gemachten Angaben nicht nach Maßgabe des § 2356 Abs. 1 zu führen ist, hat der Antragsteller (wenn vom Nachlaßgericht nicht darauf verzichtet wird) die gemachten Angaben durch Versicherung an Eidesstatt zu bekräftigen (§ 2356 Abs. 2, vgl. aber auch Abs. 3).

4. Was § 2358 Abs. 1 über die vom Nachlaßgericht zu veranstaltenden Ermittelungen und Beweisaufnahmen bestimmt, gilt auch hier. Ist über die Rechtsstellung des Testamentsvollstreckers ein Rechtsstreit anhängig, so soll nach Analogie des § 2360 Abs. 1 und 3 wenn tunlich auch der Prozeßgegner, und ist die Ernennung des Testamentsvollstreckers nicht in einer dem Nachlaßgericht vorliegenden öffentlichen Urkunde enthalten, so soll nach § 2368 Abs. 2 unter derselben Voraussetzung der Erbe über die Gültigkeit der Ernennung vor der Erteilung des Zeugnisses gehört werden. Nur wenn das Nachlaßgericht die zur Begründung des Antrags erforderlichen Tatsachen für festgestellt erachtet (§ 2359), hat es das Testamentsvollstreckerzeugnis zu erteilen.

5. Wie den unrichtigen Erbschein, so hat das Nachlaßgericht auch das als unrichtig sich herausstellende Testamentsvollstreckerzeugnis einzuziehen oder, wenn es nicht sofort erlangt werden kann, für kraftlos zu erklären. Vgl. § 2361 und den auch in unserem Falle maßgebenden § 84 FGbG. Nach der Sonderbestimmung des § 2368 Abs. 3 Satz 2 wird jedoch das Testamentsvollstreckerzeugnis auch ohne Einziehung oder Kraftloserklärung mit der Beendigung des Amtes schon von selbst kraftlos.

6. Infolge der Erteilung des Testamentsvollstreckerzeugnisses greift, solange es nicht eingezogen oder aus einem anderen Grunde kraftlos geworden ist, nach Maßgabe des entsprechend anzuwendenden

---

[3]) Hinsichtlich des die Erteilung des Zeugnisses selbst beantragenden Testamentsvollstreckers ist normaler Weise anzunehmen, daß er das Amt annimmt. Sollte sich in dieser Beziehung noch ein Zweifel ergeben, so kann er vom Nachlaßrichter leicht aufgeklärt werden.

§ 2365 die Vermutung durch, daß der im Zeugnis als Testamentsvollstrecker Bezeichnete als solcher rechtsgültig ernannt und mit den darin angegebenen Befugnissen ausgestattet ist, und nach den entsprechend anzuwendenden Vorschriften der §§ 2366, 2367 genießt auch das Testamentsvollstreckerzeugnis öffentlichen Glauben. Hierbei verdienen jedoch zwei Punkte besondere Würdigung.

a) Der Testamentsvollstrecker ist nach Maßgabe der §§ 2206, 2207 zur Eingehung von Nachlaßverbindlichkeiten berechtigt. Der dem Testamentsvollstreckerzeugnis zukommende öffentliche Glaube muß daher bewirken, daß die von dem als Testamentsvollstrecker Legitimierten für den Nachlaß eingegangenen Verbindlichkeiten bei Vorhandensein der Schutzvoraussetzungen als Nachlaßverbindlichkeiten selbst dann zu gelten haben, wenn der im Zeugnis als Testamentsvollstrecker Bezeichnete Testamentsvollstrecker nicht ist, oder wenn ihm die nach dem Inhalt des Zeugnisses anzunehmende rechtliche Macht zur Eingehung von Nachlaßverbindlichkeiten fehlt.[4])

b) Der öffentliche Glaube des Testamentsvollstreckerzeugnisses erstreckt sich nicht schlechthin auch darauf, daß das Amt des Vollstreckers noch fortbestehe. Wer mit dem Testamentsvollstrecker rechtsgeschäftlich verhandelt, darf sich also nicht darauf allein verlassen, daß das Testamentsvollstreckerzeugnis weder eingezogen noch für kraftlos erklärt worden ist, sondern er muß auch mit der Möglichkeit rechnen, daß das den als Testamentsvollstrecker Auftretenden scheinbar legitimierende Vollstreckerzeugnis infolge der Beendigung des Vollstreckeramtes von selbst kraftlos geworden ist. Der genaueren Prüfung bedarf jedoch, was man hier unter der „Beendigung des Amtes“ zu verstehen hat. Darunter fällt gewiß die Beendigung durch den Tod des Vollstreckers und durch den nachträglichen Eintritt eines der im § 2201 bezeichneten Fälle (§ 2225), durch Kündigung des Vollstreckers (§ 2226), durch dessen Entlassung (§ 2227), durch Ablauf der im § 2210 bestimmten Zeit und durch den Eintritt des vom Erblasser bestimmten Endtermins oder der von ihm bestimmten auflösenden Bedingung, vorausgesetzt, daß diese Bestimmung des Erblassers im Zeugnis enthalten ist. Alle diese Endigungsgründe müssen dritte Personen schlechthin, also auch dann, wenn sie von der eingetretenen Beendigung des Amtes keine Kenntnis

---

[4]) Vgl. auch Protokolle V S. 691.

haben, gegen sich gelten lassen. Anders dürfte es sich jedoch in folgenden Fällen verhalten:

α) Darin, daß ein Testamentsvollstrecker mit normalem oder doch annähernd normalem Wirkungskreise[5]) seine Aufgaben tatsächlich beendet hat, scheint eine „Beendigung des Amtes" im Sinne des § 2368 Abs. 3, vermöge deren das Testamentsvollstreckerzeugnis von selbst kraftlos wird, noch nicht erblickt werden zu können. Die mit dem Testamentsvollstrecker in rechtsgeschäftlichen Verkehr tretenden Dritten werden also in diesem Falle die eingetretene Beendigung des Amtes erst dann gegen sich gelten lassen müssen, wenn der Testamentsvollstrecker entweder sein Amt niedergelegt hat, oder vom Nachlaßgericht entlassen worden ist.[6])

β) Ist in einem Falle, wo der Erblasser den Testamentsvollstrecker mit Beifügung einer auflösenden Bedingung oder eines Endtermins ernannt hat, diese Beschränkung in das Testamentsvollstreckerzeugnis nicht aufgenommen, so wird das Amt des Vollstreckers mit dem Eintritt der auflösenden Bedingung, des Endtermins trotzdem beendigt. Allein Dritte müssen hier nach dem Grundgedanken des § 2368 im Falle eines solchen nur auf der besonderen rechtsgeschäftlichen Bestimmung des Erblassers beruhenden und im Verhältnis zu den sonst maßgebenden gesetzlichen Bestimmungen vorzeitig wirksam werdenden Endigungsgrundes durch den öffentlichen Glauben des Testamentsvollstreckerzeugnisses so geschützt sein, wie sie geschützt sein würden, wenn der Erblasser den im Zeugnis bezeichneten Testamentsvollstrecker rechtswirksam überhaupt nicht ernannt hätte.[7])

III. Dem als Testamentsvollstrecker Auftretenden gegenüber kann nicht unter allen Umständen darauf bestanden werden, daß er sich durch Testamentsvollstreckerzeugnis legitimiere. Die Möglichkeit einer anderen Legitimation ist nicht unbedingt ausgeschlossen und wird insbesondere in § 36 GbO. anerkannt.[8])

---

[5]) Über andere Fälle vgl. oben Bd. I § 40 Anm. 28.

[6]) Genaueres hierüber an dem Anm. 5 a. O.

[7]) Der im Texte berührte Punkt ist bisher nicht genügend beachtet worden.

[8]) Vgl. auch oben § 68 S. 149.

4. Hauptstück.

Die Haftung des Erben für die Nachlaß-verbindlichkeiten.*)

1. Abschnitt.

Einleitendes.

I. Begriff und Arten der Nachlaßverbindlichkeiten.

§ 70.

I. Nachlaßverbindlichkeiten im Sinne des BGB. sind diejenigen Verbindlichkeiten, für welche der Erbe als solcher, d. h. in seiner Eigenschaft als Erbe zu haften hat.[1]) Sie zerfallen in zwei Gruppen:

1. Die erste wird durch die vom Erblasser herrührenden Schulden gebildet. Hierunter versteht das Gesetz außer den in der Person

---

*) Bingner, Sächs. Arch. Bd. 5 S. 598, Bd. 6 S. 15, Wendt, Arch. f. d. civil. Praxis Bd. 86 S. 353, Hachenburg, Vorträge 2. Aufl. S. 659, Boehm, Beitr. zur Erl. d. D. R. Bd. 42 S. 460, Jaeger, Erbenhaftung und Nachlaßkonkurs (1898) Wilke, Haftung des Erben (1898), Münchmeyer, Haftung des Erben (1899), Goldmann, Beitr. zur Erl. d. D. R. Bd. 43 S. 428, Eccius, ebenda S. 603, 801, Planck, DJZ. Bd. 4 S. 365, Hagen, in Jherings Jahrbüchern Bd. 42 S. 43, Binder, Rechtsstellung des Erben II (1903), Borcherdt im Arch. f. civil. Praxis Bd. 94 S. 197 (überwiegend Kritik des Gesetzes), Goldenring ebenda S. 436, Rüger, Sächs. Arch. Bd. 9 S. 471, Kipp bei W. III S. 463, Hellmann, Krit. Vjsch. Bd. 44 S. 79. Vgl. außerdem die Kommentare und die systematischen Darstellungen des Erbrechts. Nachtrag: H. Meyer, Praktische Streifzüge auf dem Gebiete der Erbenhaftung (1904).

[1]) Vgl. oben Bd. I S. 33 Anm. 4. Der daselbst ausgesprochenen Auffassung schließen sich an: Jaeger Komm. z. KO. (1. Aufl.) S. 728 Anm. 1, Binder II S. 22 Anm. 1.

des Erblassers bereits entstandenen und auf den Erben übergegangenen Verbindlichkeiten auch noch diejenigen erst in der Person des Erben entstandenen Verbindlichkeiten, welche vermöge des Verpflichtungsgrundes, auf dem sie beruhen, derart vom Erblasser herrühren, daß sie als Verbindlichkeiten des Erblassers hätten entstehen müssen, wenn dieser nicht vor dem durch besondere Gründe hinausgeschobenen Eintritt des Verpflichtungseffekts gestorben wäre.[2]) Als kurze Bezeichnung für alle Verbindlichkeiten dieser Gruppe dürfte sich der Ausdruck „Erblasserschulden" empfehlen.

2. Die zweite Gruppe ist sehr mannigfaltig.[3]) Sie setzt sich aus allen Verbindlichkeiten zusammen, die einerseits Erblasserschulden nicht sind, hinsichtlich deren aber doch andererseits wieder zutrifft, daß der Erbe für sie nur als solcher haftet. Hierher gehören insbesondere die Verbindlichkeiten aus Pflichtteilsrechten und aus den dem Erben vom Erblasser auferlegten Vermächtnissen und Auflagen, sowie die Verbindlichkeiten aus den sogenannten gesetzlichen Vermächtnissen der §§ 1932, 1969,[4]) die im § 1963 bestimmte Verbindlichkeit zur Gewährung des standesmäßigen Unterhalts an die Mutter des erwarteten Erben bis zur Entbindung; ferner die Verbindlichkeiten aus den von einem Nachlaßpfleger oder einem Testamentsvollstrecker vorgenommenen Rechtsgeschäften (§§ 1960, 2206, 2207 BGB. und § 224 Nr. 5 KO.) und die aus der Geschäftsführung eines Nachlaßpflegers, eines Testamentsvollstreckers oder eines Erben, der die Erbschaft ausgeschlagen hat, für denjenigen, welcher Erbe wird, sich ergebenden Verbindlichkeiten (§ 224 Nr. 6 KO.). Nicht unerwähnt dürfen auch die dem Erben als solchem in den §§ 673, 727, 1894, 2218 auferlegten Verbindlichkeiten bleiben. An diese auf Vollständig-

---

[2]) Man denke z. B. an bedingte, befristete Verbindlichkeiten oder an die Haftungen aus Bürgschaften, wechselrechtlichen Indossamenten, oder wohl auch aus vom Erblasser vorgenommenen unerlaubten Handlungen, deren für andere nachteilige Folgen sich erst nach dem Erbfall entwickeln u. dgl.

[3]) Die von Endemann III S. 400 vorgeschlagene Bezeichnung „Erbfallschulden" ist nicht für alle Fälle dieser Art zutreffend. Denn die hierher gehörenden Verbindlichkeiten sind zum Teil solche, die durchaus nicht infolge des Erbfalls und mit demselben zur Entstehung gelangen. Man denke z. B. an eine dem Nachlaß während der Dauer der Nachlaßverwaltung zugewachsene ungerechtfertigte Bereicherung oder an Verbindlichkeiten aus vom Nachlaßpfleger oder Testamentsvollstrecker geschlossenen Verträgen.

[4]) Vgl. oben Bd. I § 17.

keit keinen Anspruch machende Aufzählung[4a]) soll jetzt noch die Besprechung einiger eigenartiger Fälle geknüpft werden:

a) Nach § 1968[5]) hat der Erbe[6]) die Kosten der standesmäßigen[7]) Beerdigung des Erblassers[8]) zu tragen. Bei ihrer Bemessung ist die Ortssitte[9]) zu berücksichtigen. Im Nachlaßkonkurs gehören diese Kosten zu den Masseschulden (§ 224 Nr. 2 KO.). Die Gestaltung der den Erben wegen der Kosten der Beerdigung des Erblassers treffenden Verbindlichkeiten[10]) kann übrigens eine sehr verschiedene sein.[10a])

[4a]) Sie findet übrigens durch die weitere Ausführung im Texte eine nicht unerhebliche Ergänzung. Vgl. ferner schon hier den gesamten Inhalt des § 224 KO. und dazu Binder II S. 33ff.

[5]) Hierdurch gänzlich unberührt bleibt die Frage der publizistischen Beerdigungspflicht, ferner die Frage, ob und unter welchen Voraussetzungen der Erbe hinsichtlich der von ihm verausgabten Kosten des Begräbnisses des Erblassers einen Ersatzanspruch gegen einen Dritten (z. B. gegen den Töter nach § 844) hat.

[6]) Darüber, wer für diese Kosten aufzukommen hat, wenn ihre Berichtigung vom Erben nicht zu erlangen ist, vgl. §§ 1615 Abs. 2, 1713 Abs. 2.

[7]) Für die Beurteilung der Standesmäßigkeit ist nach § 1610 die Lebensstellung des Erblassers entscheidend.

[8]) Zu den im Texte bezeichneten Kosten gehören nicht auch die Kosten eines Grabdenkmals. Die Aufnahme der Bestimmung aber, daß hinsichtlich dieser Kosten dasselbe gelten solle, wie hinsichtlich der Beerdigungskosten, ist von der Kommission nicht beliebt worden. Vgl. auch OLG. Hamburg bei Soergel III S. 213. Eine andere Frage ist, ob nicht unter Umständen der Vorerbe die von ihm zur Errichtung eines Grabdenkmals für den Erblasser gemachten Auslagen dem Nacherben in Rechnung stellen kann, oder ob die vom Erbschaftsbesitzer (§ 2018) gemachten Auslagen dieser Art nicht möglicherweise als Verwendungen im Sinne des § 2022 in Betracht kommen, oder ob ein Dritter, der als negotiorum gestor des Erben ein Grabdenkmal für den Erblasser errichtete, nicht nach § 683 Ersatz fordern kann; den nach dieser Richtung hin zu treffenden Entscheidungen wird durch § 1968 nicht vorgegriffen. Vgl. auch Planck-Ritgen S. 69.

[9]) Mit Rücksicht hierauf werden die zur Beschaffung von Trauerkleidern für unbemittelte Verwandte und das Gesinde des Erblassers erforderlichen Auslagen unter Umständen zu den Beerdigungskosten gerechnet werden dürfen. Dasselbe gilt für die Kosten eines sogenannten Leichenmahles.

[10]) Die oben Bd. I § 6 Anm. 9 bekämpfte Auffassung, daß die Verbindlichkeit des Erben zur Bestreitung der Kosten der standesmäßigen Beerdigung des Erblassers unter den Gesichtspunkt einer mit den gesetzlichen Vermächtnissen in Parallele zu stellenden gesetzlichen „Auflage" zu bringen sei, hat Cosack in der 4. Aufl. seines Lehrbuchs (vgl. daselbst § 407) aufgegeben.

α) Ordnet der Erbe das Begräbnis des Erblassers selbst an, d. h. schließt er die auf die Besorgung des Begräbnisses gerichteten Verträge selbst oder durch einen Bevollmächtigten ab, so entstehen hierdurch für ihn in Ermangelung einer besonderen lex contractus Verbindlichkeiten, die sich von den normalen Nachlaßverbindlichkeiten wesentlich unterscheiden. Für diese haftet der Erbe nur nach Maßgabe der im weiteren Verlauf dieser Darstellung zu entwickelnden erbrechtlichen Vorschriften. In dem hier vorausgesetzten Falle haftet der Erbe dagegen den in Frage kommenden Gläubigern ohne jede Rücksicht auf den Nachlaßbestand schlechthin unbeschränkt. Trotzdem darf den so beschaffenen Verbindlichkeiten des Erben der Charakter von Nachlaßverbindlichkeiten nicht abgesprochen werden. Derselbe tritt vielmehr darin hervor, daß die betreffenden Gläubiger ihre Ansprüche auf das ihnen für die Ausführung der standesmäßigen Beerdigung des Erblassers Gebührende auch gegen den Testamentsvollstrecker oder Nachlaßverwalter geltend machen können, und nicht minder darin, daß der Erbe das zur Berichtigung solcher Verbindlichkeiten Bezahlte den Nachlaßgläubigern nach Maßgabe der §§ 1978, 1979, 1991, 1992 BGB. und der §§ 223 bis 225 KO. in Rechnung stellen, bezw. aus dem Nachlaß ersetzt verlangen kann.[10b)]

[10a)] Vgl. zum folgenden Binder II S. 33 Anm. 33 und S. 38ff.

[10b)] So jetzt auch Kreß S. 23 und Jaeger Kommentar z. KO. 1. Aufl. Erl. zu § 224. Anders Binder II a. a. O. besonders S. 44, nach dessen Auffassung der Erbe im Falle des Textes, obschon er die in Frage kommenden Verträge im eigenen Namen abgeschlossen hatte, den betreffenden Gläubigern lediglich nach den für die Haftung für reine Nachlaßverbindlichkeiten maßgebenden Grundsätzen haften soll und demnach unbeschränkt nur dann, wenn er das Recht zur Beschränkung der Haftung auf den Nachlaß eingebüßt hat. Allein es ist Binder nicht gelungen, zu erweisen, wie es möglich sein soll, daß jemand, der vorbehaltlos im eigenen Namen kontrahiert, trotzdem nicht persönlich haftet. Gegen Binder mag insbesondere an den Fall erinnert werden, wo bei gütergemeinschaftlicher Ehe der Mann auf das Gesamtgut sich beziehende obligatorische Verträge wirksam (vgl. hierzu §§ 1443 bis 1448) abschließt. Der Umstand, daß die aus solchen Verträgen für den Mann sich ergebenden Verpflichtungen Gesamtgutsverbindlichkeiten sind und auch im Verhältnis zwischen Mann und Frau aus dem Gesamtgut zu tragen sind, ändert bekanntlich nichts daran, daß der Mann den Gläubigern in Ansehung dieser Verbindlichkeiten auch mit seinem Vorbehaltsgut haftet (vgl. §§ 1459 Abs. 1, 1466). Wenn Binder S. 39 Anm. 74 gegen die Entscheidung des Textes noch vorbringt, daß sie unbillig gegen den Erben sei, weil dieser zur Zeit der β) Erfolgt die Anordnung des Begräbnisses durch eine vom Erben verschiedene und im eigenen Namen handelnde Person, so entstehen hieraus zunächst vertragsmäßige Verpflichtungen des Anordnenden gegenüber denjenigen Personen, welche auf Grund einer derartigen Anordnung tätig geworden sind.[10c]) Der Anordnende kann aber wieder in aller Regel[11]) auf Grund des § 1968[12]) vom Erben Befreiung von den im Interesse des Nachlasses übernommenen Verbindlichkeiten und, dafern er die Gläubiger bereits befriedigt hat, Ersatz fordern.[13]) Die den Erben hiernach treffenden Liberierungs-

Anordnung des Begräbnisses über die Leistungsfähigkeit des Nachlasses nicht hinreichend unterrichtet sei, so ist hiergegen zu bemerken: 1. Zur Zeit der Beerdigung des Erblassers ist in der Regel auch noch nicht zu übersehen, wer den Erblasser beerben wird. Ordnet jemand trotz dieser Unsicherheit im eigenen Namen und ohne jeden Vorbehalt die Ausrichtung des Begräbnisses an, so nimmt er damit naturgemäß die Gefahr auf sich, die Begräbniskosten selbst bestreiten zu müssen, ohne aus dem Nachlaß vollen Ersatz zu finden. 2. Indem Binder eine Gefahr, die der Erbe selbst auf sich genommen hat, von diesem abwenden will, wird er in den kritischen Fällen erst recht unbillig gegen die in Frage kommenden Gläubiger, obschon diese bei der vorausgesetzten Sachlage die nach Binders Ansicht sie treffende Gefahr der Insolvenz des Nachlasses garnicht in Rechnung gezogen hatten.

[10c]) So, wie es scheint, auch Binder II S. 38.

[11]) Diese Regel erleidet aber eine Ausnahme, wenn der Anordnende die Absicht zum Ausdruck brachte, Ersatz garnicht verlangen zu wollen, oder wenn er dem Erben gegenüber zur Tragung der Kosten der Beerdigung des Erblassers verpflichtet ist.

[12]) Die Voraussetzungen der Geschäftsführung ohne Auftrag brauchen hierbei nicht vorzuliegen. Beispiel: Jemand, der sich mit Unrecht für den Erben hält, ordnet das Begräbnis des Erblassers im eigenen Namen an. Nach § 687 Abs. 1 würde hier aus dem Gesichtspunkt der Geschäftsführung ohne Auftrag ein Anspruch des Putativerben gegen den wahren Erben auf Befreiung bezw. Ersatz nicht begründet sein. Auf Grund des § 1968 kommen dagegen diese Ansprüche ohne weiteres dem Putativerben zu. Manche werden vielleicht auch zur Heranziehung des Abs. 2 von § 2022 geneigt sein. Allein dieser Vorschrift kommt für den uns hier beschäftigenden Fall durchschlagende Bedeutung deshalb nicht zu, weil der das Begräbnis des Erblassers anordnende Putativerbe nicht Erbschaftsbesitzer zu sein braucht.

[13]) Die Möglichkeit eines unmittelbaren Vorgehens gegen den Erben ist dagegen den im Texte bezeichneten Gläubigern in dem hier in Frage kommenden Falle nicht schon ohne weiteres gegeben. Denn dem BGB. ist ein der gemeinrechtlichen actio de in rem verso utilis analoger Anspruch fremd. Doch kann einem Gläubiger der angegebenen Art die Geltendmachung eines Anspruchs gegen den Erben durch eine vom Vertragsgegner vorzunehmende und

und Ersatzverpflichtungen sind grundsätzlich Nachlaßverbindlichkeiten im technischen Sinne.[14])

γ) Zur Besorgung einer Beerdigung werden sich die hierbei als Forderungsberechtigte in Betracht kommenden Personen nicht selten auch, ohne daß mit ihnen Verträge im Sinne von α oder β geschlossen worden sind, auf Grund der Erwägung bereit zeigen, daß sie auf Befriedigung aus dem Nachlaß rechnen können. In Fällen solcher Art erwachsen für den Erben infolge der von den vorerwähnten Personen[15]) besorgten Beerdigung des Erblassers normale Nachlaßverbindlichkeiten.

Eine ähnliche Bewandtnis, wie mit den Kosten der standesmäßigen Beerdigung des Erblassers hat es im Falle der erfolgten Todeserklärung des Erblassers mit den zur zweckentsprechenden Durchführung des Verfahrens notwendig gewesenen Kosten. Für dieselben

---

nötigenfalls erzwingbare Abtretung vermittelt werden. Hierbei ist aber nicht etwa an eine Abtretung des dem Vertragsgegner gegen den Erben zukommenden Liberierungsanspruchs zu denken. Man hat sich den Sachverhalt vielmehr dahin zurecht zu legen, daß der Vertragsgläubiger seinen Vertragsgegner, dafern er von diesem nicht effektive Befriedigung erlangt, verhalten kann, ihm gegen Abgabe einer Befriedigungserklärung den Ersatzanspruch gegen den Erben abzutreten, welcher für den Vertragsgegner im Falle der an den Vertragsgläubiger bewirkten Befriedigung erwächst. Diese kurze Andeutung muß hier genügen; nähere Ausführungen an anderer Stelle bleiben vorbehalten. Vgl. übrigens auch v. Tuhr, der in seiner Schrift über die actio de in rem verso (1895) S. 329 ff. und dann wieder in Grünhuts Zeitschr. Bd. 25 S. 53 in verwandten Fällen zu etwas anderen Lösungen gelangt.

[14]) Eine darüber hinausgehende Haftung des Erben tritt aber ein, wenn dieser die Begräbniskosten nicht nur in seiner Eigenschaft als Erbe, sondern auch noch aus einem anderen Grunde (vgl. z. B. § 1615 Abs. 2) zu tragen hat.

[15]) Denkt man sich dabei, daß der betreffende Gläubiger nicht vom wahren, sondern vom Putativerben befriedigt wird, so würde sich die dem Ersatzanspruch des letzteren gegenüberstehende Verbindlichkeit des wahren Erben mit Rücksicht auf § 1968 ebenfalls wieder als eine Nachlaßverbindlichkeit darstellen. Im Falle des Nachlaßkonkurses wird somit auch die oben erwähnte Ersatzverbindlichkeit als Masseschuld zu behandeln sein. Denn das Dazwischentreten des Putativerben ändert daran nichts, daß der wahre Erbe die Kosten der standesmäßigen Beerdigung des Erblassers nach § 1968 demjenigen gegenüber zu tragen hat, welcher sich hinsichtlich derselben nach Lage der Sache als der Forderungsberechtigte herausstellt, und daß die auf das Tragen dieser Kosten sich beziehenden Verbindlichkeiten des Erben im Nachlaßkonkurs nach § 224 Nr. 2 KO. Masseschulden sind. So jetzt auch Jaeger Komm. z. KO. (1. Aufl.) Anm. 5 zu § 224.

hat zwar zunächst der Antragsteller aufzukommen.[15a]) Ist die Todeserklärung aber erfolgt, so fallen die dem Antragsteller erwachsenen Kosten in dem bezeichneten Umfang dem Nachlaß des für tot Erklärten zur Last (§ 971 CPO.), oder m. a. W.: die Verpflichtung des Erben zum Ersatz dieser Kosten hat den Charakter einer Nachlaßverbindlichkeit; im Falle des Nachlaßkonkurses ist auch diese Schuld Masseschuld (§ 224 Nr. 3 KO.).

b) Als vom Erben als solchem zu tragende Lasten kommen ferner in Betracht: die Kosten der Eröffnung einer Verfügung des Erblassers von Todes wegen, der gerichtlichen Sicherung des Nachlasses, einer Nachlaßpflegschaft, des Aufgebots der Nachlaßgläubiger und der Inventarerrichtung (§ 224 Nr. 4 KO.). Auch in betreff der sich hieraus ergebenden Verbindlichkeiten sind verschiedene Gestaltungen möglich. Sieht sich z. B. das Nachlaßgericht von Amts wegen zur Vornahme von Sicherungsmaßregeln in Ansehung des Nachlasses veranlaßt (§ 1960), so erwächst in Ansehung der zur Durchführung erforderlichen Kosten für den Erben eine reine Nachlaßverbindlichkeit gegenüber demjenigen, welcher den Ersatz der Kosten zu beanspruchen hat. Betraut dagegen der Erbe z. B. einen Notar mit der Inventarerrichtung, so ist die hieraus entstehende Verbindlichkeit des Erben zwar insofern Nachlaßverbindlichkeit, als sich der Notar wegen dieser Kosten selbst im Falle des Nachlaßkonkurses und zwar in der bevorzugten Stellung eines Massegläubigers an den Nachlaß halten kann. Die Haftung des Erben dem Notar gegenüber ist jedoch bei der vorausgesetzten Sachlage eine über das Maß der Haftung für normale Nachlaßverbindlichkeiten insofern hinausgehende, als sie sich schlechthin auch auf sein nicht zum Nachlaß gehörendes Vermögen erstreckt.[15b])

c) Wie verhält es sich mit der Haftung des Erben für die Prozeßkosten in den von ihm im Interesse des Nachlasses geführten Prozessen? Es wird zu unterscheiden sein: War der Erbe im Prozeß durch einen Nachlaßpfleger vertreten, so ist die sich hieraus für ihn ergebende Verbindlichkeit zur Zahlung der Prozeßkosten nor-

---

15a) Vgl. auch Jaeger Komm. z. KO. Anm. 7 zu § 224. Anders Binder a. a. O. S. 46 bei Anm. 102, der auch hier eine reine Nachlaßverbindlichkeit annimmt.

15b) Für eine reine Nachlaßverbindlichkeit glaubt sich Binder S. 47 bei Anm. 4 selbst in diesem Falle entscheiden zu sollen.

male Nachlaßverbindlichkeit. Andernfalls haftet der Erbe dem Prozeßgegner gegenüber für die Prozeßkosten schlechthin mit seinem ganzen Vermögen.[15c] Trotzdem darf der Verbindlichkeit des Erben auch in diesem Falle der Charakter der Nachlaßverbindlichkeit nicht völlig abgesprochen werden. Denn demjenigen, welcher mit dem Erben als solchem prozessiert hat, ist selbst im Falle des Nachlaßkonkurses oder der Nachlaßverwaltung nicht die Möglichkeit entzogen, sich hinsichtlich seines Kostenanspruchs aus dem Nachlaß zu befriedigen.

d) Was ist Rechtens, wenn der Erbe hinsichtlich einer Nachlaßverbindlichkeit infolge seines Verschuldens schadensersatzpflichtig wird? Es wird kaum zu bezweifeln sein, daß die Schadensersatzverpflichtung in gleicher Weise Nachlaßverbindlichkeit ist[16]) wie die ursprüngliche Verbindlichkeit aus deren schuldbarer Nichteinhaltung sie entsprang, außerdem aber angenommen werden müssen, daß der Erbe, soweit der Nachlaß wegen des Eintritts der beschränkten Haftung als Sondervermögen in Betracht kommt, nach § 1978 persönlich zur Entlastung des Nachlasses von der durch sein Verschulden herbeigeführten Schadensersatzverbindlichkeit verpflichtet ist.

[15c]) Vgl. auch Hagen S. 66. Anders in Konsequenz seiner Grundanschauung Binder S. 47 bei Anm. 106.

[16]) Wesentlich anders freilich Binder S. 47, 48. Er meint, daß im Falle des Textes keine Nachlaßverbindlichkeit entstehe, sondern lediglich eine persönliche Haftung des Erben gegenüber dem Gläubiger eintrete. Dies ist unannehmbar. Beispiel: Der Erbe ist hinsichtlich einer ihm aus einem vom Erblasser geschlossenen zweiseitigen Vertrag obliegenden Verbindlichkeit in Leistungsverzug gekommen. Der Gläubiger geht nach § 326 vor, verlangt, nachdem die Voraussetzung hierfür eingetreten ist, Schadensersatz wegen Nichterfüllung und erhebt die Schadensersatzklage, weil es inzwischen nach § 1981 Abs. 2 zur Anordnung der Nachlaßverwaltung gekommen ist, gegen den Nachlaßverwalter. Nach Binder könnte hier der Nachlaßverwalter seine Passivlegitimation mit Erfolg durch die Führung des Beweises bestreiten, daß der Leistungsverzug im konkreten Falle lediglich auf dem Verschulden des Erben beruhe. Dem gegenüber ist noch folgendes zu sagen: Verwaltet ein Vormund oder ein Pfleger ein fremdes Vermögen und trifft ihn dabei in Ansehung eines bestehenden Schuldverhältnisses ein Verschulden, so haftet dem Gläubiger deswegen doch sicherlich das von jenem verwaltete Vermögen (vgl. § 278); umsomehr muß dem Nachlaßgläubiger, welchem gegenüber der zur Verwaltung des Nachlasses berufen gewesene Erbe schuldbar in Leistungsverzug gekommen ist, für den ihm erwachsenen Schaden der Nachlaß haften.

e) Wer Erbe wird, kann mit Rücksicht auf seinen Eintritt in rechtlich erhebliche Beziehungen, in denen bisher der Erblasser stand, auf Grund von nach dem Erbfall eingetretenen Umständen und ohne daß ihn dabei ein Verschulden trifft, schadensersatzpflichtig werden.[17]) Beispiele: Der Erblasser hat bis zu seinem Tode ein Tier gehalten, und der Sachverhalt, auf dem das Halten des Tieres beruht, dauert nach dem Erbfall derart fort, daß nunmehr der Erbe als derjenige zu gelten hat, welcher das Tier hält. Oder: Der Erblasser war jagdberechtigt und dessen Jagdrecht ist auf den Erben übergegangen. Sind die Verbindlichkeiten des Erben zum Ersatz des im Falle des § 833 durch das gehaltene Tier verursachten Schadens und im Falle des § 835 zum Ersatz des Wildschadens als Nachlaßverbindlichkeiten zu behandeln? Oder: Der Eigenbesitz eines nach dem Erbfall eingestürzten Gebäudes ist durch Erbgang auf den Erben übergegangen. Wieder erhebt sich die Frage, ob man die hieraus (§ 836) sich ergebende Verbindlichkeit des Erben als Nachlaßverbindlichkeit behandeln darf. In dem ersten der hier aufgeführten Fälle ist die entstehende Ersatzverbindlichkeit jedenfalls dann Nachlaßverbindlichkeit, wenn die Schadenszufügung durch das Tier zu einer Zeit geschehen ist, zu welcher der Erbe als derjenige, welcher das Tier hält, lediglich deshalb zu gelten hat, weil er der Erbe ist. Man denke z. B. daran, daß die Schadenszufügung erfolgt ist, bevor der Erbe von dem Erbfall Kenntnis erlangt hatte, oder während sich der Nachlaß in der Verwaltung eines Nachlaßpflegers, Testamentsvollstreckers, Konkursverwalters befand. Anders wird dagegen zu entscheiden sein, wenn das fortdauernde Halten des Tieres nach dem Erbfall auf einem besonderen darauf gerichteten Willensentschluß des Erben beruht.[17a]) Denn unter dieser Voraussetzung ist für die Haftung des Erben für den vom Tiere verübten Schaden nicht mehr seine Erbeneigenschaft, sondern der Umstand maßgebend, daß der Erbe den Tatbestand selbständig verwirklicht, vermöge dessen ihn die im § 833 bestimmte Verantwortlichkeit trifft. Der erwähnten Ersatzverbindlichkeit wird daher der Charakter der Nachlaßverbindlichkeit jedenfalls insoweit abgesprochen werden müssen, als sich nicht das fortdauernde Halten

---

[17]) Vgl. hierzu auch Hellwig, Anspruch und Klagerecht S. 241 Anm. 22.

[17a]) Vgl. jetzt auch die mit dem im Texte gesagten im wesentlichen übereinstimmenden Ausführungen von Binder II S. 48 und Kreß S. 21, 22.

des Tieres als eine durch die ordnungsmäßige Verwaltung der Erbschaft gebotene Maßregel darstellt.[18]) Im Falle des § 835 ist die Verbindlichkeit zum Ersatz des Wildschadens grundsätzlich Nachlaßverbindlichkeit; nicht aber auch dann, wenn der Eintritt des Erben in eine Jagdpachtung des Erblassers nach dem maßgebenden Landesrechte nur auf einer dem ersteren zuteil gewordenen besonderen Gestattung[19]) beruht. Im Falle des § 836 endlich hat man eine Nachlaßverbindlichkeit nur dann nicht anzunehmen, wenn nachgewiesen wird, daß der Erbe wegen des im § 836 bezeichneten Vorganges (Einsturz eines Gebäudes, Werkes u. dgl.) infolge eines ihm persönlich zur Last fallenden oder doch wenigstens von ihm schlechtweg zu vertretenden Verschuldens und somit nicht bloß in seiner Eigenschaft als Erbe verantwortlich ist.[20])

f) Mit Rücksicht auf den durch die Erbfolge gemachten Erwerb legt die landesrechtliche Steuergesetzgebung dem Erben fast durchweg eine Erbsteuer (Sterbefallgebühr) auf. Die sich hieraus ergebende Steuerschuld des Erben hat insofern den Charakter einer Nachlaßverbindlichkeit, als dem Fiskus wegen der Erbsteuer jedenfalls der ganze Nachlaß haftet,[21]) kann sich aber von einer reinen Nachlaßverbindlichkeit doch wieder darin unterscheiden, daß der Erbe für sie nach Maßgabe der landesrechtlichen Steuergesetze möglicherweise schlechthin auch mit seinem nicht zum Nachlaß gehörenden Vermögen haftet.[22])

---

[18]) Selbst wenn die im Texte angegebene Voraussetzung zutrifft, wird aber grundsätzlich doch anzunehmen sein, daß der Erbe mit Rücksicht auf das auf seinem Willensentschluß beruhende Halten des Tieres dem Geschädigten schlechthin auch mit seinem eigenen Vermögen haftet. Es tritt also dieselbe Beurteilung ein, wie in dem im Texte weiter oben (S. 178 a α) besprochenen Falle.

[19]) Vgl. z. B. die durch das BGB. (Art. 69 EG.) unberührt bleibende Bestimmung des § 20 des sächs. Gesetzes vom 1. 12. 1864 betreffend die Ausübung der Jagd.

[20]) Hat man sich hier nach Lage der Umstände für das Vorhandensein einer Nachlaßverbindlichkeit zu entscheiden, so gewinnt dies vorzugsweise im Falle der Nachlaßverwaltung oder des Nachlaßkonkurses praktische Bedeutung.

[21]) Vgl. Jaeger, Erbenhaftung S. 64 und Komm. z. KO. Anm. 7 zu §§ 226ff.

[22]) Die Möglichkeit dieser steuerrechtlich sehr naheliegenden und praktisch durchaus unbedenklichen Gestaltung bestreitet im Unrecht Binder II S. 33 Anm. 56 a. E.

g) Auch die in den Fällen der Nacherbfolge möglicherweise sich entwickelnden Nachlaßverbindlichkeiten verdienen erwähnt zu werden. Nach § 2121 fallen z. B. bei eintretender Nacherbfolge die Kosten der Aufnahme des vom Vorerben dem Nacherben mitzuteilenden Verzeichnisses und der auf Verlangen des Nacherben vorgenommenen Beglaubigung dieses Verzeichnisses der Erbschaft zur Last. Hat daher der Vorerbe diese Kosten aus eigenen Mitteln bestritten, und ist der Fall der Nacherbfolge eingetreten, bevor die Deckung der Kosten aus dem Nachlaß tunlich war, so ist der Nacherbe dem Vorerben bezw. dem Erben desselben gegenüber zum Ersatz verpflichtet, und hat diese Verpflichtung die rechtliche Natur einer Nachlaßverbindlichkeit. Die gleiche Natur hat auch die dem Nacherben beim Eintritt der Nacherbfolge nach § 2125 obliegende Verpflichtung zum Ersatz der vom Vorerben auf die Erbschaft gemachten Verwendungen. Die Führung der ordnungsmäßigen Verwaltung der Erbschaft durch den Vorerben wird vielfach auch den Abschluß von auf Erbschaftsgegenstände sich beziehenden obligatorischen Geschäften mit sich bringen. Z. B.: Der Vorerbe verkauft innerhalb der Grenzen einer ordnungsmäßigen Verwaltung zum Nachlaß gehörende verbrauchbare Sachen. Oder er schließt zum Zwecke des Wiederaufbaues eines zum Nachlaß gehörenden und abgebrannten Gebäudes einen Vertrag mit einem Bauunternehmer ab. Oder er kauft zum Zwecke der Erfüllung eines Verschaffungsvermächtnisses den Gegenstand des Vermächtnisses um einen entsprechenden Preis bei einem Dritten u. dgl. Inwiefern kann man hierbei von Nachlaßverbindlichkeiten reden? Die praktische Bedeutung der Frage tritt klar hervor, wenn die vom Erben im eigenen Namen eingegangene Verbindlichkeit beim Eintritt des Falles der Nacherbfolge noch nicht erfüllt ist. Um zu richtigen Ergebnissen zu gelangen, muß man zwischen der Verpflichtung des Vorerben gegenüber dem Dritten und der Liberierungsverbindlichkeit des Nacherben gegenüber dem Vorerben unterscheiden. Die erstere ist eine persönliche Verbindlichkeit des Vorerben, die letztere trifft den Nacherben als Nachlaßverbindlichkeit.[23])

---

[23]) Vgl. auch oben Bd. I S. 186, 187. Für die Auffassung des Textes insbesondere auch die Protokolle V S. 98. Grundsätzlich anders Binder II S. 43, 44, 49; nach seiner Ansicht soll in den hier in Frage stehenden Fällen schon die kontraktliche Verpflichtung des Vorerben reine Nachlaßverbindlichkeit sein. Ein Anhaltspunkt im Gesetz ist aber hierfür nicht zu finden.

II. Bei Vorhandensein mehrerer Erben muß zwischen den allen Erben gemeinschaftlichen und solchen Nachlaßverbindlichkeiten, bei denen diese Gemeinschaftlichkeit nicht vorliegt, unterschieden werden. Während für jene alle Miterben gemeinschaftlich und zwar grundsätzlich als Gesamtschuldner (§ 2058) und nur unter besonderen Umständen anteilig haften, trifft die Haftung für eine Verbindlichkeit der zweiten Art nur einen oder doch nur einige von mehreren Miterben.[23a]) Gemeinschaftlichkeit der Nachlaßverbindlichkeiten in dem eben angegebenen Sinne ist das regelmäßige, und nur ganz ausnahmsweise tritt eine Abweichung hiervon ein, so z. B., wenn ein Vermächtnis, eine Auflage nur einem von mehreren Miterben auferlegt, oder wenn die im § 1963 bestimmte Verbindlichkeit nur aus dem Erbteil eines Miterben zu leisten ist, oder wenn ein Miterbe seinem pflichtteilsberechtigten Miterben gegenüber zur Leistung desjenigen verpflichtet ist, was jenem zur Deckung des vollen Pflichtteils oder der Pflichtteilsergänzung noch fehlt (§§ 2305, 2316) u. dgl.[24])

III. Unter den Nachlaßverbindlichkeiten nehmen eine eigenartige Stellung ein:[25])

1. Die Verbindlichkeiten gegenüber den im Aufgebotsverfahren ausgeschlossenen Gläubigern (§ 1973) und den diesen nach § 1974 gleichgestellten Gläubigern, ferner

---

Vgl. auch Borcherdt S. 198, der aber wieder mit Unrecht bedauert, daß man auf Grund des Gesetzes zu einer anderen als der im Texte vertretenen Lösung nicht gelangen könne.

23a) Über die Gestaltung der Haftung in diesem Falle vgl. unten § 87 d. D.

24) Nicht uninteressant ist es, wenn im Falle einer Erbengemeinschaft ein Vertragsabschluß mit einem Dritten in der Weise stattfindet, daß dabei einer der Miterben durch einen Nachlaßpfleger vertreten ist, während die übrigen Miterben beim Vertragsabschluß persönlich mitwirken. Von den hierdurch entstehenden gesamtschuldnerischen Verpflichtungen ist die den durch den Nachlaßpfleger vertretenen Miterben treffende eine nicht gemeinschaftliche Nachlaßverbindlichkeit, während die die übrigen Miterben treffenden Verpflichtungen Nachlaßverbindlichkeiten überhaupt nicht sind. Kraft des Miterbenverhältnisses sind jedoch die übrigen Miterben dem zuerst genannten Erben gegenüber verpflichtet, zu gestatten, daß die Tilgung der Nachlaßverbindlichkeit auf Rechnung des Gesamtnachlasses erfolge. Die Rechtfertigung dieser Behandlung gegenüber den übrigen Nachlaßgläubigern ergibt sich aus § 1978. Ebenso jetzt auch Kreß S. 51.

25) Genaueres über die im folgenden nur kurz berührten Punkte in den §§ 75, 76, 78, 80, 81, 82 d. D.

2. die aus Pflichtteilsrechten entspringenden Verbindlichkeiten und
3. die Verbindlichkeiten aus Vermächtnissen und Auflagen.

Zu. 1. Hinsichtlich der Verbindlichkeiten dieser Gruppe ist die Haftung der Erben eine wesentlich eingeschränkte und im Falle der Unzulänglichkeit des Nachlasses stehen die bezeichneten Verbindlichkeiten den sonstigen, in keine der oben unter Ziffer 1 bis 3 besonders angeführten Gruppen fallenden Nachlaßverbindlichkeiten jedenfalls nach. Vgl. §§ 1973, 1974, ferner § 226 KO.

Zu 2. Ein Pflichtteilsanspruch kann nur begründet sein, wenn sich zur Zeit des Erbfalls ein nach Maßgabe der Ausführung in Bd. I § 52 zu berechnender reiner Nachlaß herausstellt. Erweist sich der Nachlaß hinterher trotzdem, etwa wegen durch Zufall herbeigeführter Verluste als zur Befriedigung aller Gläubiger nicht ausreichend,[26]) so gehen, soweit die Befriedigung aus dem Nachlaß in Frage kommt, Pflichtteilsansprüche nur den Ansprüchen aus Vermächtnissen und Auflagen vor, wogegen sie allen anderen Nachlaßverbindlichkeiten nach Maßgabe der §§ 1973, 1974, ferner § 226 KO. und § 3a AnfG. nachstehen.

Zu 3. Dem Erben auferlegte Vermächtnisse und Auflagen sind deshalb allein, weil sie den Nachlaß überschweren, noch nicht unwirksam. Doch ist dem Erben gerade rücksichtlich dieser Verbindlichkeiten die Beschränkung der Haftung auf den Nachlaß durch die Vorschrift des § 1992 besonders leicht gemacht. In betreff der Befriedigung aus dem Nachlaß stehen diese Verbindlichkeiten nach Maßgabe der bereits unter Z. 2 a. E. bezeichneten gesetzlichen Vorschriften allen anderen Nachlaßverbindlichkeiten nach.

IV. Verbindlichkeiten ganz anderer Art als die Nachlaßverbindlichkeiten sind diejenigen Verbindlichkeiten, für welche der Erbe nicht in dieser seiner Eigenschaft, sondern aus anderem Grunde haftet. Für die Nachlaßverbindlichkeiten ist charakteristisch, daß hinsichtlich derselben eine Haftung des Erben mit dem Nachlaß bezw. des Teilerben mit dem Erbteil niemals fehlen kann. Gläubigern des Erben, die Nachlaßgläubiger nicht sind, kann dagegen der Nachlaß als Haftungsobjekt durch Anordnung einer Nachlaßverwaltung oder durch Eröffnung des Nachlaßkonkurses entzogen sein. Ferner: Wenn schon der Erbe in Ansehung der Nachlaßverbindlichkeiten in Ermangelung

---

[26]) Vgl. übrigens auch oben Bd. I S. 443, 444.

besonderer Voraussetzungen nicht nur mit dem Nachlaß, sondern auch mit seinem sonstigen Vermögen haftet, so ist doch diese Haftung des Erben grundsätzlich eine auf den Nachlaß beschränkbare. Hinsichtlich derjenigen Verbindlichkeiten des Erben dagegen, welche Nachlaßverbindlichkeiten nicht sind, — man wird sie kürzer als Eigenverbindlichkeiten des Erben bezeichnen dürfen — greift eine solche Beschränktheit der Haftung nicht Platz. Aus früher gesagtem hat sich übrigens bereits ergeben, daß auch Zwischenbildungen zwischen reinen Nachlaßverbindlichkeiten und bloßen Eigenverbindlichkeiten des Erben vorkommen können. In der folgenden Darstellung werden jedoch unter Nachlaßverbindlichkeiten, soweit ein anderes nicht besonders bemerkt ist, nur die reinen Nachlaßverbindlichkeiten verstanden.

II. Das Problem der Erbenhaftung.

§ 71.

I. Bei der Gestaltung der Haftung des Erben handelt es sich zunächst um die Frage, ob der Erbe für die Nachlaßverbindlichkeiten nur mit dem Nachlaß oder auch mit seinem sonstigen Vermögen zu haften hat und, wenn letzteres zutrifft, wieder darum, wieweit diese Haftung reicht. Hierbei sind drei Hauptlösungen möglich:

1. Der Erbe haftet den Nachlaßgläubigern schon von vornherein unbeschränkt und unbeschränkbar nicht nur mit dem Nachlaß, sondern auch mit seinem Eigenvermögen und zwar ohne alle Rücksicht auf den Wert des Nachlasses. Grundsätzlich so beschaffen war die Haftung des Erben nach römischem Rechte bis zur Einführung des beneficium inventarii durch Justinian. Dem BGB. ist eine solche Gestaltung der Haftung bei reinen Nachlaßverbindlichkeiten fremd.[1])

2. Der Erbe haftet grundsätzlich nur mit dem Nachlaß, d. i. mit den zum Nachlaß gehörenden Gegenständen (cum viribus hereditatis) und mit seinem Eigenvermögen nur insoweit, als er sich durch sein Gebahren den Nachlaßgläubigern verantwortlich gemacht hat, oder als Werte aus dem Nachlaß in sein Eigenvermögen über-

[1]) Dem steht nicht entgegen, daß das BGB. eine schlechthin unbeschränkte und unbeschränkbare Haftung des Erben allerdings kennt; denn diese tritt nach dem BGB. niemals schon von vornherein ein.

gegangen sind. Diese schon in älteren deutschen Rechtsquellen sich ausprägende Auffassung ist insbesondere vom preuß. Allg. Landrecht in der Weise angenommen worden, daß sie für jeden Erben durchgreift, der nicht aus besonderem Grunde der rechtlichen Stellung eines Vorbehaltserben verlustig geworden ist.[2]) Diese Gestaltung der Haftung ist nicht nur dann von Erheblichkeit, wenn der Nachlaß zur Befriedigung unzulänglich ist, sondern — und das wird häufig übersehen — auch dann, wenn er hierzu vollständig ausreicht. Denn nach dem Prinzip, daß der Erbe nur cum viribus hereditatis haftet, beschränkt sich die Haftung des Erben auch bei Zulänglichkeit des Nachlasses nur auf die Nachlaßgegenstände.

3. Der Erbe haftet zwar nicht über den Wert hinaus, welchen die zum Nachlaß gehörenden Gegenstände in dem für die Bewertung derselben als maßgebend erklärten Zeitpunkt haben (also nicht ultra vires hereditatis) bis zum Belange dieses Wertes aber (also pro viribus hereditatis) nicht allein mit dem Nachlaß, sondern auch mit seinem Eigenvermögen. So haftet der Erbe nach späterem römischen Rechte, dafern er von dem ihm zur Verfügung stehenden beneficium inventarii Gebrauch gemacht hat,[3]) und nach dem Rechte des sächsischen BGB. (dem ein beneficium inventarii im Sinne des justinianischen Rechtes nicht bekannt ist) ohne alle Rücksicht darauf, ob ein Inventar errichtet oder nicht errichtet worden ist.[4])

Alle diese Lösungen können wieder in sehr verschiedener Weise ausgestaltet und sie können auch miteinander in der Art kombiniert werden, daß die Haftung des Erben unter gewissen Voraussetzungen eine schlechthin unbeschränkte und unbeschränkbare, unter anderen Voraussetzungen dagegen wieder eine im Sinne von Z. 2 oder im Sinne von Z. 3 beschränkte oder doch wenigstens beschränkbare ist. Für eine in der angegebenen Weise kombinierte Gestaltung der Haftung des Erben entscheidet sich auch das BGB.[5])

II. Zu der unter I berührten Frage tritt bei Vorhandensein

---

[2]) Vgl. Förster-Eccius, Preuß. Privatrecht IV § 270; Dernburg, Preuß. Privatrecht III § 222.

[3]) Vgl. Dernburg, Pandekten III § 171.

[4]) Vgl. § 2328 sächs. BGB.

[5]) Über die Erbenhaftung nach dem Entwurf I vgl. Planck-Ritgen S. 84 und Binder II S. 52ff.

mehrerer Erben noch eine zweite, nämlich die, ob die Erben für gemeinschaftliche Nachlaßverbindlichkeiten als Gesamtschuldner oder nur anteilig zu haften haben. Nach römischem Rechte greift hier in Ansehung teilbarer Verbindlichkeiten die schon in den XII Tafeln ausgesprochene Regel: nomina ipso iure divisa sunt durch, und ergibt sich daraus eine nur anteilige Haftung der Miterben. Der römischen Entscheidung haben sich die meisten modernen Gesetzgebungen angeschlossen. Auf dem Standpunkt der grundsätzlichen Gesamthaftung der Miterben steht jedoch das preuß. Allg. Landrecht,[6]) und das BGB. ist ihm hierin gefolgt.

III. In seinen Vorschriften über die Erbenhaftung nimmt das BGB. seinen Ausgangspunkt von der Haftung des Alleinerben. Auf sie beziehen sich die Bestimmungen der §§ 1967 bis 2017. Die Haftung mehrerer Erben für die Nachlaßverbindlichkeiten ist durch die §§ 2058 bis 2063[7]) geregelt. Die folgende Darstellung schließt sich der Stoffanordnung des Gesetzes insofern an, als auch sie zuerst die Haftung des Alleinerben und dann erst die Haftung mehrerer Erben behandelt. Jener ist der zweite, dieser der dritte Abschnitt dieses Hauptstücks gewidmet.

2. Abschnitt.

Haftung des Alleinerben.

I. Die Haftungsgrundsätze.

§ 72.

I. **Bis zur Annahme der Erbschaft durch den Erben kommt für die Nachlaßgläubiger lediglich der Nachlaß und nicht auch das Eigenvermögen des Erben als Haftungsobjekt in Betracht.** Vgl. oben § 62 II d. D.[1])

---

[6]) Vgl. Förster-Eccius IV § 271; Dernburg, Preuß. Privatrecht III § 240.

[7]) Vgl. übrigens auch die für die Haftung der Miterben mit in Betracht kommende Vorschrift des § 1922 Abs. 2.

[1]) Planck-Ritgen S. 67 widerspricht der im Texte vertretenen Auffassung. Allein sein Widerspruch beruht offenbar nur auf der schon oben S. 48 Anm. 14 d. D. zurückgewiesenen Ansicht, daß für denjenigen, welcher wegen einer Nachlaßverbindlichkeit verklagt wird, noch bevor er die Erbschaft ange-

II. Darüber, wie sich die Haftung des Erben gestaltet, sobald der Erbschaftserwerb ein endgültiger geworden ist, besteht zurzeit noch eine lebhaft geführte Kontroverse. Sie betrifft zum Teile allerdings nur die Formulierung des den Bestimmungen des BGB. zugrunde liegenden Prinzips, ohne daß sich dabei eine Verschiedenheit der praktischen Lösung ergibt;[2]) allein es fehlt doch nicht ganz an auch sachlich erheblichen Streitpunkten.[3]) Die Erörterung hierüber wird am besten durch die Feststellung und Erläuterung des im BGB. hinsichtlich der Haftung der Erben beobachteten Sprachgebrauchs eröffnet.

A) Das BGB. stellt der in den §§ 1975 bis 1992 behandelten „Beschränkung der Haftung des Erben" in der nächstfolgenden Paragraphengruppe (§§ 1993 bis 2013) die „unbeschränkte Haftung des Erben" gegenüber. Aus dem Verhältnis der auf jene Art von Haftung sich beziehenden Bestimmungen zu denjenigen, zufolge welcher der Erbe für die Nachlaßverbindlichkeiten „unbeschränkt haftet", ergibt

---

nommen hat, aus § 1958 lediglich eine Einrede im technischen Sinne erwachse. Was hiergegen a. a. O. gesagt worden ist, beweist zugleich auch die Richtigkeit des im Texte und besonders auch von Eccius vertretenen Standpunktes. Die im Texte vertretene Auffassung darf jetzt als die weitaus überwiegende bezeichnet werden.

[2]) Der scheinbare Gegensatz besteht darin, daß der Erbe nach der Auffassung der einen (Bingner, Wendt, Jaeger, Planck-Ritgen S. 65, Boehm, Herzfelder S. 110, Weißler S. 254, Planck, DJZ.) grundsätzlich unbeschränkt und nur ausnahmsweise beschränkt haftet, nach der Ansicht der anderen (Goldmann, Eccius, Wilke Komm. S. 37) dagegen grundsätzlich beschränkt und nur ausnahmsweise unbeschränkt. Allein wenn die einen unter ihre Ausnahmen dieselben Fälle bringen, die für die anderen die Regelfälle sind, und umgekehrt, so ist eine Differenz praktisch garnicht vorhanden. Der Verfasser dieses Buches wird, weil er gegen die von den Vertretern der zweiten Ansicht beliebte Fassung des Haftungsprinzips Einwendungen erhebt. überwiegend den Vertretern der ersten Ansicht zugerechnet. Allein mit Unrecht. Schon in der 1. Aufl. S. 128 d. B. ist vielmehr gesagt worden, daß man die Bestimmungen des BGB. über die Erbenhaftung auf eine ganz einfache Formel nicht zurückführen könne, und daß keine der beiden vorhin bezeichneten Auffassungen dem Standpunkte des Gesetzes vollkommen gerecht werde. Diese Stellung ist auch in der 2. Aufl. festgehalten worden (zustimmend Hellmann a. a. O. S. 80) und wird in der vorliegenden 3. Aufl. noch schärfer herausgestellt.

[3]) Solche ergeben sich infolge der von Hachenburg, Münchmeyer und Frommhold S. 42 und Binder vertretenen Auffassung.

sich mit voller Deutlichkeit, daß das BGB. in der letzteren Art der Haftung eine von der regelmäßigen Gestaltung abweichende und somit in der von ihm sogenannten „Beschränkung der Haftung" die der Regel entsprechende Art der Haftung des Erben erblickt.[4])

Überaus voreilig würde es jedoch sein, wenn hieraus allein schon der Schluß gezogen werden wollte, daß der Erbe nach dem Haftungsprinzip des BGB. für die Nachlaßverbindlichkeiten, abgesehen von Ausnahmefällen **nur mit dem** Nachlaß (cum viribus hereditatis) zu haften habe.[5]) Eine scharfe Herausstellung der für die Erbenhaftung maßgebenden Grundsätze wird vielmehr erst möglich, wenn vorher festgestellt ist, was das Gesetz unter „Beschränkung der Haftung des Erben" einerseits und unter „unbeschränkter Haftung" andererseits versteht.

B) Das BGB. bedient sich des Ausdrucks „Beschränkung der Haftung des Erben" in einem ganz bestimmten technischen Sinne, der durch die Vorschriften der §§ 1975 bis 1992 festgelegt wird, und von dem das Gesetz nur im § 2013[5a]) abweicht, aber nicht, ohne

---

[4]) Dies betonen mit Recht **Goldmann** und **Eccius**. Vgl. auch **Planck**, DJZ. S. 369. Aus dem im Texte hervorgehobenen Grunde ist es daher auch unzutreffend, wenn die Bestimmungen des BGB. über die Erbenhaftung auf das Prinzip der unbeschränkten Haftung zurückgeführt werden wollen. Denn eine notwendige Folge dieses Prinzips müßte sein, daß der Erbe den Nachlaßgläubigern **regelmäßig** ultra vires hereditatis haftet, und daß die Nachlaßgläubiger den **regelmäßigen** Eintritt dieser Haftung mit **Recht erwarten** dürfen. Gerade dies aber trifft nicht zu. Mit Rücksicht auf die einschlagenden Bestimmungen des Gesetzes müssen sich die Nachlaßgläubiger vielmehr schon von vornherein darüber klar sein, daß sie auf eine ultra vires hereditatis hinausgehende Haftung des Erben — abgesehen von relativ seltenen Ausnahmefällen — **nicht** zu rechnen haben. Vgl. aber auch Anm. 5.

[5]) Zu weit geht es deshalb, wenn in der, der Reichstagsvorlage zum BGB. beigegebenen Denkschrift S. 263 mit Bezug auf den jetzigen § 1967 Abs. 1 gesagt wird, daß **hierbei zunächst nur eine Haftung mit dem Nachlaß gemeint sei** (vgl. auch **Planck**, DJZ.) Dies steht mit dem in Anm. 4 ausgeführten durchaus nicht in Widerspruch. Denn obschon der Erbe nur selten ultra vires heriditatis haften wird, so kann es nach dem Haftungssystem des BGB. doch sehr leicht dazu kommen, daß der Erbe für **die durch den Nachlaß gedeckten Nachlaßverbindlichkeiten** nicht nur mit den Nachlaßgegenständen, sondern auch mit seinem Eigenvermögen haftet. Vgl. hierzu die weitere Ausführung im Texte unter E.

[5a]) Daselbst (Abs. 1 Satz 2) wird nämlich von einer nach § 1973 oder nach § 1974 eintretenden „Beschränkung der Haftung" gesprochen. Für die

zugleich durch einen Beisatz erkenntlich zu machen, daß es sich hierbei um eine Beschränkung der Haftung des Erben im technischen Sinne nicht handelt.[6])

Durch die „Beschränkung der Haftung" des Erben im technischen Sinne wird nämlich nicht mit befaßt:

1. die sich nach Maßgabe der §§ 1970 bis 1973 ergebende Einschränkung der Haftung des Erben gegenüber den im Aufgebotsverfahren ausgeschlossenen Nachlaßgläubigern und gegenüber denjenigen Gläubigern, welche nach § 1974 ausgeschlossenen Gläubigern gleichstehen.[7])

2. Die sich daraus ergebende Abschwächung der Haftung des Erben, daß ihm vom Gesetze unter bestimmten Voraussetzungen als Abwehrmittel gegen den Zugriff von Nachlaßgläubigern in den Nachlaß oder in sein Eigenvermögen für eine gewisse Übergangszeit die sogenannten aufschiebenden Einreden der §§ 2014 bis 2017 zur Verfügung gestellt werden.

C) Was das Gesetz unter der „Beschränkung der Haftung" des Erben im technischen Sinne positiv versteht, ergibt sich aus den §§ 1975, 1990, 1992.

1. Nach § 1975 beschränkt sich die Haftung des Erben für die Nachlaßverbindlichkeiten unter der Voraussetzung, daß nicht vorher bereits ein Umstand eingetreten ist, vermöge dessen der Erbe „unbeschränkt haftet" (§ 2013), auf den Nachlaß, wenn eine Nachlaßpflegschaft zum Zwecke der Befriedigung der Nachlaßgläubiger, d. i. eine sogenannte Nachlaßverwaltung angeordnet oder der Nachlaßkonkurs eröffnet worden ist. Hier hat man es

Beurteilung des im BGB. sonst festgehaltenen Sprachgebrauchs kann dies aber umso weniger maßgebend sein, als die Fassung des § 2013 nicht auf Beschlüssen der zweiten Kommission, sondern im wesentlichen auf einem Beschluß des Bundesrates beruht.

[6]) Den zwingenden Beweis hierfür liefert, ganz abgesehen von der scharfen Sonderung der mit der Überschrift „Aufgebot der Nachlaßgläubiger" versehenen §§ 1970 bis 1974 von derjenigen Gruppe von Paragraphen, in welcher die „Beschränkung der Haftung" des Erben abgehandelt wird, der Umstand, daß eine nach den §§ 1973, 1974 gegenüber einzelnen Nachlaßgläubigern eingetretene Einschränkung der Haftung des Erben nach Maßgabe des § 2013 Abs. 1 Satz 2 auch einem Erben zu statten kommen kann, der für die Nachlaßverbindlichkeiten „unbeschränkt haftet".

[7]) Vgl. auch Hachenburg S. 691.

also zweifellos mit einer bloßen Haftung cum viribus hereditatis im Sinne des § 71 I Z. 2 d. D. zu tun. Allein es ist zugleich klar, daß diese beschränkte Haftung des Erben nicht schon ohne weiteres eintritt, sondern nur, wenn eine der hierfür in § 1975 geforderten Voraussetzungen (Anordnung der Nachlaßverwaltung oder Eröffnung des Nachlaßkonkurses) sich verwirklicht hat. Solange dies nicht geschehen ist, besteht die in § 1975 bestimmte Beschränkung der Haftung effektiv noch nicht, sondern kann man nur von einer dem Erben in Aussicht gestellten rechtlichen Möglichkeit einer künftig dadurch eintretenden Beschränkung der Haftung reden, daß es, sei es nun auf Antrag des Erben selbst, sei es auf Antrag einer anderen antragsberechtigten Person zur Anordnung der Nachlaßverwaltung bezw. zur Eröffnung des Nachlaßkonkurses kommt.

2. In dem Falle, daß die Anordnung der Nachlaßverwaltung oder die Eröffnung des Nachlaßkonkurses wegen Mangels einer den Kosten entsprechenden Masse nicht tunlich ist, oder daß aus diesem Grunde die bereits angeordnete Nachlaßverwaltung aufgehoben, oder das Konkursverfahren eingestellt wird, ist dem Erben durch die Vorschrift des § 1990 eine weitere Möglichkeit der Beschränkung seiner Haftung eröffnet, und, indem der Erbe von dieser Möglichkeit den durch die §§ 1990, 1991 und durch die einschlagenden Bestimmungen der CPO. vorgezeichneten Gebrauch macht, vermag er seine Haftung für die Nachlaßverbindlichkeiten auch hier auf den Nachlaß zu beschränken, aber doch immer nur in der Weise, daß er sein Recht zur Haftungsbeschränkung von Fall zu Fall den ihre Befriedigung verlangenden Nachlaßgläubigern gegenüber geltend macht.[8])

3. Im wesentlichen dieselbe Möglichkeit wie im Falle unter Z. 2 wird dem Erben auch ohne die Voraussetzungen des § 1990 zwar nicht gegenüber allen, aber doch gegenüber gewissen Nachlaßgläubigern durch die Vorschrift des § 1992[9]) dann gewährt, wenn die Überschuldung des Nachlasses auf Vermächtnissen oder Auflagen beruht. Trifft dies zu, so braucht der Erbe, um den Vermächtnisnehmern oder den zum Verlangen auf Erfüllung von Auflagen Berechtigten gegenüber die Beschränkung seiner Haftung auf

---

[8]) Vgl. hierzu auch die verwandten Bestimmungen des § 2145 Abs. 2 und des § 2063 Abs. 2.

[9]) Über die aus § 1992 Satz 2 im Verhältnis zu § 1990 Abs. 1 Satz 2 sich ergebende Modifikation vgl. unten § 82 d. D.

den Nachlaß durchzusetzen, nicht erst die Anordnung einer Nachlaßverwaltung oder die Eröffnung des Nachlaßkonkurses zu erwirken, sondern er kann dies tun auf dem am Schlusse von Z. 2 vorgezeichneten Wege.

Die unter Z. 1 bis 3 vorgeführten Bestimmungen gestatten zwei sichere Schlüsse: Zunächst den, daß das Gesetz den Erben in ausreichendem Maße mit Rechtsbehelfen ausrüstet durch deren entsprechende Verwendung er seine Haftung auf den Nachlaß beschränken kann. Dann aber auch den weiteren Schluß, daß der wirkliche Eintritt der Beschränkung der Haftung auf den Nachlaß für einen Erben, der die Erbschaft bereits angenommen hat, von dem Vorhandensein ganz bestimmter Voraussetzungen abhängt und ohne sie somit noch nicht gegeben ist.[10])

D) Diejenige Haftung des Erben für die Nachlaßverbindlichkeiten, welche das Gesetz als „unbeschränkte" bezeichnet, tritt ein,

1. wenn der Erbe die ihm vom Nachlaßgericht zur Errichtung des Inventars bestimmte Frist (Inventarfrist) versäumt hat (§ 1994), oder wenn er

2. absichtlich — gleichviel aus welchem Grunde[11]) — eine erhebliche Unvollständigkeit der im Inventar enthaltenen Angabe der Nachlaßgegenstände[12]) herbeigeführt, oder in der Absicht, die Nach-

---

[10]) Dies wird von Münchmeyer (vgl. besonders S. 26), ferner von Hachenburg und Frommhold (soweit sie Münchmeyer beistimmen) und neuestens von Binder II S. 52ff. (in eingehender Darstellung) mit Unrecht bestritten. Selbst wer den einschlagenden Ausführungen Binders nicht zustimmt, wird doch gerne ihre Verdienstlichkeit anerkennen. Diese besteht nämlich darin, daß Binder es verschmäht, über Worte zu streiten, sondern klar und scharf die Punkte herausstellt, hinsichtlich welcher eine sachliche Verschiedenheit der Auffassungen wirklich vorliegt. Vgl. darüber unten Anm. 14.

[11]) Eine auf Benachteiligung der Nachlaßgläubiger oder auch nur eines Nachlaßgläubigers (etwa des Steuerfiskus) gerichtete Absicht braucht also hier nicht vorhanden zu sein. Man denke z. B. an die Möglichkeit, daß der Erbe durch sein Vorgehen lediglich den Nacherben oder seine Miterben benachteiligen wollte, oder daran, daß der Erbe verschiedene gegen ihn selbst begründete Forderungen des Erblassers in das Inventar lediglich deshalb nicht aufgenommen hat, um nicht Beziehungen bekannt zu geben, die er bisher geleugnet hatte.

[12]) Zu den Nachlaßgegenständen gehören nicht auch die Nachlaßverbindlichkeiten, und das im Texte gesagte bezieht sich somit nicht auch auf den Fall der absichtlichen Nichtangabe einer vorhandenen Nachlaßverbindlichkeit.

laßgläubiger zu benachteiligen, die Aufnahme einer nicht bestehenden Nachlaßverbindlichkeit bewirkt oder die Erteilung der zur Aufnahme des Inventars erforderlichen Auskunft verweigert oder absichtlich in erheblichem Maße verzögert hat (§ 2005).

Die sich hieraus[13]) ergebende „unbeschränkte Haftung" charakterisiert sich vor allem dadurch, daß dem Erben die unter C bezeichneten Mittel zur Herbeiführung der Beschränkung der Haftung nicht mehr zur Verfügung stehen. Zur Stellung des Antrags auf Anordnung einer Nachlaßverwaltung ist der „unbeschränkt" haftende Erbe nicht mehr befugt; kommt es aber zu dieser auf Antrag eines Nachlaßgläubigers (§ 1981 Abs. 2), oder wird über den Nachlaß — gleichviel auf wessen Antrag — der Konkurs eröffnet, so werden dem Erben die nachteiligen Folgen der unbeschränkten Haftung doch nicht mehr abgenommen, oder m. a. W.: die in diesen Fällen sonst nach § 1975 eintretende Beschränkung der Haftung auf den Nachlaß greift nicht Platz. Nicht minder benommen ist dem unbeschränkt haftenden Erben die Möglichkeit einer nach Maßgabe der §§ 1990, 1992 herbeigeführten Beschränkung der Haftung (§ 2013 Abs. 1).

Zu den hervorgehobenen Folgen der unbeschränkten Haftung treten noch einige bemerkenswerte Begleitwirkungen hinzu. Dem unbeschränkt haftenden Erben sind die aufschiebenden Einreden der §§ 2014, 2015 versagt, und er kann, unbeschadet der ihm allerdings noch zustehenden Berufung auf eine nach § 1973 oder nach § 1974 bereits vorher eingetretene Haftungseinschränkung, doch von nun an einen Nachlaßgläubiger nicht mehr im Wege des Aufgebotsverfahrens mit der Wirkung des § 1973 ausschließen und im Falle nachträglicher Verwirklichung des im § 1974 bezeichneten Tatbestandes auch nicht als einen solchen behandeln, der einem ausgeschlossenen Gläubiger gleichsteht (§§ 2016, 2013).

---

[13]) Nach einer von der zweiten Kommission in Aussicht genommenen Vorschrift der KO. sollte „unbeschränkte Haftung" des Erben auch dann eintreten, wenn dieser der von einem Nachlaßgläubiger nach dem Ablauf von zwei Jahren seit der Annahme der Erbschaft beantragten Eröffnung des Nachlaßkurses widerspricht; vgl. den der Denkschrift zum BGB. beigegebenen § 205c KO. Allein diese Vorschrift ist nicht zur Annahme gelangt. Nach dem jetzt maßgebenden § 220 KO. kann die Eröffnung des Verfahrens von einem Nachlaßgläubiger überhaupt nicht mehr beantragt werden, wenn seit der Annahme der Erbschaft zwei Jahre verstrichen sind.

E) Durch die bisherige Darlegung ist festgestellt, daß man den Vorschriften des BGB. über die Erbenhaftung unmöglich gerecht werden kann, wenn man auf Grund derselben nur zwei Gestaltungen der Haftung anerkennen will, nämlich als angeblich regelmäßige: die Haftung nur mit dem Nachlaß und als Ausnahme von dieser Regel die unbeschränkte im Sinne von D. Denn hierdurch werden gerade die Normalfälle nicht getroffen. Als das Normale darf aber doch wohl angesehen werden, daß der Nachlaß zur Deckung der Nachlaßverbindlichkeiten ausreicht. Trifft dies im konkreten Falle zu, und fehlt es dem Erben an jeder Veranlassung, das Gegenteil auch nur zu besorgen, so wird er sich in aller Regel zu einem Antrag auf Anordnung der kostspieligen Nachlaßverwaltung nicht veranlaßt sehen. Besteht ferner kein Grund zur Annahme, daß die Befriedigung der Nachlaßgläubiger aus dem Nachlaß durch das Verhalten oder die Vermögensverhältnisse des Erben gefährdet wird, so ist auch die auf Antrag eines Nachlaßgläubigers erfolgende Anordnung der Nachlaßverwaltung ausgeschlossen (§ 1981 Abs. 2).

Wie haftet nun der Erbe unter den bezeichneten Verhältnissen einem gegen ihn vorgehenden Nachlaßgläubiger? Selbst unter der Voraussetzung, daß dem Erben auf sein Verlangen in dem gegen ihn ergangenen Urteil die Beschränkung seiner Haftung vorbehalten worden ist (§ 780 CPO.), kann der Gläubiger auf Grund des Urteils die Zwangsvollstreckung nicht allein in zum Nachlaß gehörende Gegenstände führen, sondern auch in Gegenstände, die zum Eigenvermögen des Erben gehören (§ 781 CPO.). Hat aber der Gläubiger das letztere getan, so kann der Erbe, dafern nicht etwa der Fall des § 1990 oder der des § 1992 vorliegt, den Gegenstand der Zwangsvollstreckung des Nachlaßgläubigers nur dadurch entziehen, daß er die Anordnung der Nachlaßverwaltung erwirkt.[14]) Bedient sich der

---

[14]) Dies ist der für die Beurteilung der Erbenhaftung nach BGB. entscheidende Punkt. Und gerade hier setzt daher auch Binder mit seiner grundsätzlich abweichenden Auffassung ein. Binder II (vgl. besonders S. 62) versteht das von ihm für das BGB. vertretene Prinzip der beschränkten Haftung in dem Sinne, daß der Erbe die Nachlaßgläubiger im Falle des Textes, obschon es zur Nachlaßverwaltung nicht kommt und obschon die Voraussetzungen des § 1990 oder des § 1992 nicht gegeben sind, mit Erfolg auf den Nachlaß verweisen und der von einem Nachlaßgläubiger auf nicht zum Nachlaß gehörende Gegenstände geführten Zwangsvollstreckung auf Grund des im Urteil enthaltenen Vorbehaltes der

beschränkten Haftung mit Erfolg entgegentreten könne. Binders Beweisführung ist im wesentlichen folgende: 1. Der I. Entwurf (vgl. §§ 2092ff.) stattete den Erben grundsätzlich mit dem Inventarrecht aus, d. i. mit dem Rechte, die Erfüllung von Nachlaßverbindlichkeiten wegen Unzulänglichkeit des Nachlasses zur Berichtigung aller Nachlaßverbindlichkeiten nach Maßgabe der Vorschriften über die Abzugseinrede zu verweigern. Aus der Gesamthaltung der II. Kommission bei der Ausgestaltung der Erbenhaftung ergebe sich aber, daß sie zwar die Art der Geltendmachung der Haftungsbeschränkung anders regeln wollte, als dies im I. Entw. geschehen war, daß sie aber eine grundsätzliche Schwenkung zur unbeschränkten Haftung gewiß nicht beabsichtigte (vgl. S. 60). Dies kann ohne weiteres zugegeben werden, entbehrt aber zugleich jeder Beweiskraft. Denn die im I. Entw. bestimmte Haftung war grundsätzlich nicht eine Haftung cum viribus sondern pro viribus hereditatis (vgl. Binder selbst S. 55), und in dem im Texte bezeichneten Falle würde der Erbe, mit Rücksicht auf die vorausgesetzte Zulänglichkeit des Nachlasses, daher schon nach dem I. Entw. für den vollen Betrag der Nachlaßverbindlichkeiten nicht nur mit dem Nachlaß, sondern auch mit seinem Eigenvermögen gehaftet haben. Die dem I. Entwurf gegenüber eingetretene Änderung besteht nur darin, daß es der Erbe nach dem BGB. trotz der Zulänglichkeit der Erbschaft in der Hand hat, seine Haftung pro viribus durch die Stellung des Antrags auf Nachlaßverwaltung in eine Haftung cum viribus zu verwandeln. 2. Binder führt weiter aus (S. 68), daß die Vorschriften des BGB. in betreff der Inventarerrichtung (§§ 1993ff.) unverständlich bleiben müssen, wenn man das Prinzip der unbeschränkten Haftung zugrunde lege. Denn nach Maßgabe dieses Prinzips könnte ein Nachlaßgläubiger höchstens ein Interesse haben, zu erfahren, wie es mit dem Eigenvermögen des ihm unbeschränkt haftenden Erben stehe, um eventuell eine durch die Konkurrenz von Erbengläubigern drohende Benachteiligung durch Separation des Nachlasses abzuwenden, nimmermehr aber an der Errichtung eines Nachlaßinventars (S. 66). Hierin liegt die Übertreibung (vgl. dazu unten § 73) eines richtigen Gedankens. Auch der Verfasser dieses Buches lehnt das Prinzip der unbeschränkten Haftung ab und er führt die Vorschriften über die dem Erben auf Verlangen eines Nachlaßgläubigers zu bestimmende Inventarfrist wesentlich darauf zurück, daß jeder Nachlaßgläubiger schon von allem Anfang an auf den Eintritt der Beschränkung der Haftung des Erben auf den Nachlaß gefaßt sein muß, und somit auch ein Interesse daran hat, für diesen Fall gerüstet zu sein. Allein daraus kann noch nicht der Schluß gezogen werden, daß die Haftung des Erben schon ohne jede weitere Voraussetzung eine im Sinne Binders beschränkte ist. 3. Hinsichtlich der Vorschrift des § 1975 gibt Binder (S. 70) selbst zu, daß sie nach Absicht der Kommission genau das besagen sollte, was sie ihrem Wortlaute nach ausspricht, nämlich: daß die regelmäßige Voraussetzung zur wirklichen Herbeiführung des Eintritts der Beschränkung der Haftung auf den Nachlaß die Anordnung der Nachlaßverwaltung und im Falle der Überschuldung die Eröffnung des Nachlaßkonkurses ist. Binder glaubt sich jedoch hierüber hinwegsetzen zu können, weil die Vorschrift ihrem Wortlaute nach ja doch nicht festgehalten werden könne, so z. B. nicht für den Fall, daß die Nachlaßverwaltung später aufgehoben worden sei. Dadurch jedoch, daß die für die Zeit während der Dauer der Nachlaßverwaltung sich ergebende Gestaltung der Haftung des Erben für die Zeit nach Aufhebung der Nachlaßverwaltung nicht mehr maßgebend ist (vgl. auch unten § 79 V), wird der eigentliche Gehalt des § 1975 nicht berührt. Und wenn Binder (S. 72) außerdem noch geltend macht, daß die Beschränkung der Haftung des Erben auf den Nachlaß doch auch dann eintrete, wenn die Anordnung der Nachlaßverwaltung, der Eröffnung des Nachlaßkonkurses auf Antrag eines Nachlaßgläubigers erfolge, und daß dies nur in der schon von Anfang an vorliegenden Beschränkung der Haftung des Erben seine Erklärung finde, so ist dagegen zu bemerken, daß die Nachlaßgläubiger, obschon die Haftung des Erben vor der Anordnung der Nachlaßverwaltung, der Eröffnung des Nachlaßkonkurses sich grundsätzlich nicht auf den Nachlaß beschränkt, durch die Herbeiführung dieser Beschränkung deshalb keinen Nachteil erleiden, weil sie gegenüber einem des Rechtes zur Beschränkung seiner Haftung noch teilhaftigen Erben keinesfalls erwarten dürfen, auf ihre Forderungen mehr zu erhalten, als aus dem Nachlaß gedeckt werden kann. Denn sobald für den Erben die Gefahr einer solchen Mehrleistung einträte, würde er nicht zögern, das zur Herbeiführung der Beschränkung seiner Haftung erforderliche zu tun. 4. Binder bezweifelt nicht, daß dem Erben nach dem Gedanken des Gesetzgebers die Geltendmachung der Beschränkung der Haftung auf den Nachlaß ohne Nachlaßseparation durch § 1990 nur ausnahmsweise für den besonderen Fall ermöglicht werden sollte, daß der zur Durchführung der Separation erforderliche Apparat in keinem Verhältnis zur Geringfügigkeit des Nachlasses stehe. Er meint aber, daß sich das Gesetz hierdurch in Widersprüche verwickle, die nur durch Durchhauung des Knotens gelöst werden könnten. Denn auf der einen Seite (§ 1975) scheine das Gesetz zwar zu verlangen, daß die Beschränkung der Haftung auf den Nachlaß nur im Wege der Nachlaßseparation und der Herausgabe des Nachlasses an den Nachlaßkonkursverwalter herbeigeführt werden könne, und auf der andern Seite (§ 1990) werde die Durchführung der Haftungsbeschränkung doch wieder ohne Nachlaßseparation und ohne daß irgend etwas für die Sicherung der Gläubiger geschehe, zugelassen. Die von Binder gerügte angebliche Prinzipwidrigkeit liegt aber in Wahrheit nicht vor. Denn daß die im § 1975 bezeichneten regelmäßigen Mittel zur Herbeiführung der Haftungsbeschränkung im Falle des § 1990 versagen, beruht nicht auf einem Mangel an Folgerichtigkeit, sondern ist nur die unvermeidliche Konsequenz der tatsächlichen Lage; ganz abgesehen hiervon vermag der Erbe selbst im Falle des § 1990 die Haftungsbeschränkung nur in der Weise durchzuführen, daß er dem noch unbefriedigten Nachlaßgläubiger das, was vom Nachlaß noch vorhanden ist, zum Zwecke der Befriedigung im Wege der Zwangsvollstreckung zur Verfügung stellt. Als durchaus unbegründet abzulehnen ist somit die aus dem angeblich unlösbaren

Erbe dieser Möglichkeit nicht, und dazu wird er sehr oft die besten Gründe haben, so haftet er dem Gläubiger doch offenbar nicht bloß mit dem Nachlaß, sondern auch mit den zu seinem Eigenvermögen gehörenden Gegenständen.[15])

In ähnlicher Weise gestalten sich aber auch die Dinge im Falle des § 1990. Denn auch bei geringfügigen Nachlässen darf Überschuldung keineswegs als Regel angesehen werden. Liegt aber Überschuldung nicht vor, so wird der wegen einer Nachlaßverbindlichkeit in Anspruch genommene Erbe, selbst wenn er sich auch hier die Beschränkung seiner Haftung in dem gegen ihn ergehenden Urteil hat vorbehalten lassen, oft keinen praktischen Grund haben, einer vom Gläubiger in einen nicht zum Nachlaß gehörenden Gegenstand geführten und nach § 781 CPO. zunächst zulässigen Zwangsvollstreckung entgegen zu treten. Es ist nämlich wohl zu erwägen, daß der Erbe

---

Widerspruch zwischen § 1975 und § 1990 abgeleitete Lehre Binders, daß es zur Herbeiführung der Beschränkung der Haftung des Erben auf den Nachlaß der Anordnung der Nachlaßverwaltung oder der Eröffnung des Nachlaßkonkurses niemals bedürfe, und daß der (nicht bereits schlechthin unbeschränkt haftende) Erbe die Beschränkung seiner Haftung immer nach § 1990 durchsetzen könne, selbst wenn die daselbst ausdrücklich bestimmten Voraussetzungen nicht zutreffen. 5. Die gegen seine im vorhergehenden skizzierte Beweisführung sprechenden Bedenken selbst nicht verkennend, gelangt Binder S. 95, 96 endlich zur Aufstellung, daß das allgemeine Prinzip der Erbenhaftung überhaupt nicht im BGB. sondern in der CPO. stehe und in deren §§ 780, 781 bündigsten Ausdruck gefunden habe. Dies ist ebenso kühn als unhaltbar. Denn die CPO. verbürgt demjenigen Erben, welchem im Urteil die Beschränkung der Haftung vorbehalten ist, durchaus nicht die unbedingte Durchsetzbarkeit der Haftungsbeschränkung, sondern sie wahrt diese nur insoweit, als sie nach dem BGB. begründet ist. Vgl. gegen Binder auch H. Meyer S. 16 ff.

[15]) Vgl. übrigens auch die Begründung des der Bestimmung des jetzigen § 1975 zugrunde liegenden Antrags in den Protokollen: „Solange der Erbe sich nicht dazu entschließe, den Nachlaß aus seinem Vermögen auszuscheiden, sondern ihn als sein Vermögen behandele, müsse er auch die Nachlaßverbindlichkeiten als seine eigenen Verbindlichkeiten gelten lassen." Dieser Standpunkt verdient auch volle sachliche Billigung. Denn wenn der Erbe in einem Falle der im Texte bezeichneten Art und ohne daß es zur Anordnung der Nachlaßverwaltung gekommen ist, jeder von einem Nachlaßgläubiger in einen nicht zum Nachlaß gehörenden Gegenstand geführten Zwangsvollstreckung mit Erfolg entgegentreten könnte, so würde dem Erben hierdurch geradezu ein Recht zur Chikane gegeben sein. Dieser Gefahr ist durch die auf die Nachlaßverwaltung sich beziehende Vorschrift des § 1975 ein Riegel vorgeschoben.

die ihm durch die Vorschrift des § 1990 eröffnete Haftungsbeschränkung nur durchsetzen kann, wenn er, was vom Nachlaß noch vorhanden ist, zum Zwecke der Befriedigung des Gläubigers im Wege der Zwangsvollstreckung herausgibt.[16] Die Beschränkung der Haftung auf den Nachlaß um diesen Preis zu erkaufen, wird aber der Erbe in zahlreichen Fällen durchaus nicht geneigt sein, und deshalb der vom Gläubiger betriebenen Zwangsvollstreckung ihren Lauf lassen.[17]

Was endlich die Bestimmung des § 1992 betrifft, so ist schon von vornherein klar, daß sie dem Erben die Herbeiführung einer Beschränkung der Haftung auf den Nachlaß nur gegenüber den Ansprüchen aus Vermächtnissen und Auflagen ermöglicht, nicht dagegen auch gegenüber allen übrigen Nachlaßgläubigern.[18] Zwangsvollstreckungen der letzteren in zu seinem Eigenvermögen gehörende Gegenstände muß der Erbe ungeachtet der in dem gegen ihn ergangenen Urteil vorbehaltenen Beschränkung der Haftung nach § 1992 ohne

---

[16]) Darüber, wie dies zu verstehen ist, vgl. §§ 75, 81 d. D.

[17]) Man denke z. B. daran, daß der Nachlaß aus einigen Bildern besteht, die der Erbe in seine im Auslande sich befindende Villa hat bringen lassen. Hier wird es der Erbe, dafern er es überhaupt zur Zwangsvollstreckung kommen läßt, doch noch immer vorziehen, die von einem Nachlaßgläubiger in einen zu seinem im Inland sich befindenden Eigenvermögen gehörenden Gegenstand geführte Zwangsvollstreckung über sich ergehen zu lassen, statt den Erben auf die aus dem Ausland ins Inland wieder zurückzuschaffenden Nachlaßgegenstände zu verweisen. Von ganz anderen Gesichtspunkten aus behandelt einen verwandten Fall freilich Binder S. 83. Es wird hier vorausgesetzt, die Forderung des einzigen Nachlaßgläubigers gehe auf einen Geldbetrag. Im Nachlaß befinde sich aber kein Geld, denn er bestehe lediglich aus einem schwer verkäuflichen Kunstwerk von hohem Werte. Hier sei es offenbar widersinnig, wenn der Erbe die Führung der Zwangsvollstreckung in sein eigenes Vermögen nur durch den Antrag auf Anordnung der Nachlaßverwaltung ausschließen könne. Die richtige Würdigung des Falles scheint zu einem anderen Ergebnis führen zu müssen. Ist nämlich der Kunstgegenstand wirklich schwer verkäuflich, so ist der Tatbestand des § 1990 gegeben und die Durchsetzung der Haftungsbeschränkung nach Maßgabe dieser Vorschrift möglich, aber natürlich nur mit der für den Erben sich ergebenden Gefahr, daß der Kunstgegenstand weit unter seinem wahren Werte veräußert wird. Das Interesse des Erben würde also in diesem Falle darin bestehen, daß der Nachlaßgläubiger die Zwangsvollstreckung gerade in den Gegenstand nicht führt, welcher allein den Nachlaß bildet.

[18]) Auf diesen Fall geht Binder auffallender Weise nicht ein.

weiteres gegen sich ergehen und durchführen lassen, dafern er sich nicht etwa nachträglich doch zur Stellung des Antrags auf Eröffnung des Nachlaßkonkurses entschließt.[19])

F) Die in den Vorschriften des BGB. über die Haftung des Erben sich ausprägenden Grundsätze können nunmehr also zusammengefaßt werden:

1. Die Haftung des Erben für die Nachlaßverbindlichkeiten ist grundsätzlich eine auf den Nachlaß beschränkbare. Aus dieser Beschränkbarkeit seiner Haftung ergibt sich für den Erben ein Recht zur Herbeiführung der Beschränkung selbst durch Verwendung der ihm zu diesem Zwecke zur Verfügung gestellten Rechtsbehelfe.[20]) Unter Umständen tritt übrigens die Beschränkung der Haftung auf den Nachlaß auch schon ohne Zutun des Erben ein.[21])

2. Das Recht zur Beschränkung der Haftung auf den Nachlaß (und dasselbe gilt auch von der rechtlichen Möglichkeit einer ohne Zutun des Erben eintretenden Beschränkung der Haftung) kann dem Erben infolge seines Verhaltens verloren gehen. Treten die Voraussetzungen hierfür ein, so haftet der Erbe nach der vom Gesetz gewählten Ausdrucksweise „unbeschränkt". Sachlich richtiger bezeichnet man jedoch diese Haftung als eine nicht mehr beschränkbare und somit schlechthin unbeschränkte.[22]) Trotz der schlechthin unbeschränkten Haftung des Erben ist es übrigens möglich, daß der Erbe einzelnen Nachlaß-

---

[19]) Für die grundsätzliche Beurteilung der Erbenhaftung ist übrigens auch der aus der Vorschrift des § 2062 sich ergebende Haftungsfall von Erheblichkeit; vgl. darüber unten § 89 d. D.

[20]) Auf dieser Grundlage dürfte eine vollständige Verständigung mit denjenigen möglich sein, welche in sachlicher Beziehung übereinstimmen und nur in betreff der Formulierung auseinander gehen. Auf dem hier in Übereinstimmung mit der 1. Aufl. dieses Buches S. 127 ff. vertretenen Standpunkt stehen im wesentlichen auch Endemann III § 88 und insbesondere S. 395 Anm. 18 und Cosack II § 380 (vgl. aber doch auch die auf die Haftung des Erben vor der Annahme sich beziehende Bemerkung daselbst unter II). Vollständige Zustimmung zur Auffassung des Textes hat Hellmann Krit. Vtljsch. Bd. 44 S. 79 ff. ausgesprochen.

[21]) So verhält es sich, wenn es, noch bevor die „unbeschränkte Haftung" eingetreten ist, auf Antrag eines Nachlaßgläubigers zur Anordnung einer Nachlaßverwaltung oder zur Eröffnung des Nachlaßkonkurses kommt. Vgl. § 1975 in Verbindung mit § 2013.

[22]) So bereits die 1. Aufl. d. B. S. 128 bis 130 und jetzt auch Planck-Ritgen S. 66 und Planck, DJZ.

gläubigern gegenüber[23]) seine Haftung immer noch auf den Nachlaß beschränken kann.

3. Die bloße Beschränkbarkeit der Haftung des Erben auf den Nachlaß ist von einer auf den Nachlaß beschränkten Haftung wesentlich verschieden. Geradeso wie die bisher beschränkbare Haftung nur unter ganz bestimmten Voraussetzungen zur unbeschränkbaren und somit zur schlechthin unbeschränkten wird, so bedarf es auch zum Eintritt der auf den Nachlaß sich beschränkenden Haftung der Erfüllung besonderer Voraussetzungen. Dementsprechend läßt daher das Gesetz auch denjenigen Erben, welcher des Rechtes zur Beschränkung seiner Haftung noch teilhaftig ist, den Nachgläubigern vorerst, d. h. solange eine der zur wirklichen Beschränkung der Haftung auf den Nachlaß erforderlichen Voraussetzungen, sei es mit, sei es ohne Zutun des Erben noch nicht eingetreten ist, nicht nur mit dem Nachlaß, sondern auch mit seinem Eigenvermögen haften und stellt es dem Erben dabei nur anheim, sich dieser für ihn unter Umständen ganz unbedenklichen Haftung, wenn und soweit er es für erforderlich erachtet, durch Verwendung der ihm zur Verfügung gestellten Rechtsbehelfe zu entziehen.

Aus dieser Erwägung erklären sich in einfachster Weise folgende Vorschriften:

a) Sobald der Erbe die Erbschaft angenommen hat, können Nachlaßgläubiger auf Grund eines dem Erben gegenüber wirksamen Titels zur Zwangsvollstreckung diese auch in einen Gegenstand führen, der nicht zum Nachlaß, sondern zum Eigenvermögen des Erben gehört (§ 781 ZPO.).[23a])

---

[23]) Vgl. §§ 1973, 1974 in Verbindung mit § 2013 Abs. 1 Satz 2, ferner §§ 2145 Abs. 2, 2063 Abs. 2.

[23a]) Wenn Frommhold S. 42 die im Texte erwähnte Entscheidung darauf zurückführt, daß „dem Gläubiger billiger Weise nicht der Beweis der Zulänglichkeit des Nachlasses aufgebürdet, vielmehr dem Erben überlassen werden darf, die Inanspruchnahme seines Vermögens durch Einrede abzuwehren", so verkennt er drei Dinge: 1. Einmal, daß die Frage der Beschränkung der Haftung des Erben auf den Nachlaß sich keineswegs bloß auf diejenigen Fälle bezieht, in welchen sich der Nachlaß als unzulänglich erweist, sondern von entscheidender Bedeutung auch dann ist, wenn der Nachlaß zur Befriedigung aller Nachlaßverbindlichkeiten vollkommen ausreicht. 2. Sodann, daß für den Erben zur Durchsetzung der Haftungsbeschränkung die Erbringung des Beweises der Überschuldung des Nachlasses weder schlechthin erforderlich (man denke an den Fall der Nachlaßverwaltung) noch genügend (man denke

b) Soweit Rechtsverhältnisse durch Vereinigung von Recht und Verbindlichkeit oder Belastung in einer Person überhaupt erlöschen, tritt diese Erlöschung grundsätzlich[24]) auch ein, wenn die Vereinigung durch den Erbschaftserwerb herbeigeführt wird.[25])

c) Der Erbe ist grundsätzlich berechtigt (arg. a. contr. aus § 1984), über Nachlaßgegenstände frei zu verfügen,[26]) auch greift im Falle einer solchen Verfügung das Surrogationsprinzip nicht[27]) ein. Damit steht aber wieder im Einklang, daß den persönlichen Gläubigern des Erben mit dem Augenblick der Annahme der Erbschaft grundsätzlich die Möglichkeit der Führung einer Zwangsvollstreckung in zum Nachlaß gehörende Gegenstände[28]) eröffnet ist (§ 778 Abs. 2 CPO.).

4. Mit der Beschränkbarkeit der Haftung des Erben ist es verträglich, daß dieser einzelnen Nachlaßgläubigern aus besonderen Gründen[29]) schlechthin unbeschränkt haftet (vgl. § 2013 Abs. 2).

---

an die im § 1975 geforderte Eröffnung des Nachlaßkonkurses oder an die besonderen Voraussetzungen der §§ 1990, 1992) ist. 3. Endlich, daß der Eintritt der Haftungsbeschränkung durchaus nicht immer durch die Geltendmachung einer Einrede im technischen Sinne bedingt ist (vgl. § 1975 und dazu § 85 d. D.). Den Ausführungen Binders II S. 92ff. gegenüber ist nur zuzugeben, daß § 781 CPO. nichts für die Geltung des auch vom Verfasser d. B. abgelehnten Prinzips der unbeschränkten Haftung beweist.

24) Vgl. hierzu § 63 (S. 78) d. D. Daselbst sind aber zugleich auch die Modifikationen des Grundsatzes hervorgehoben.

25) Dies scheint Frommhold leugnen zu wollen, wenn er S. 42 ganz allgemein, ohne jede Einschränkung behauptet, daß „zum Zwecke der Befriedigung der Nachlaßgläubiger eine Sonderung des Nachlasses von dem Vermögen des Erben stattfinde". Allein bei der Besprechung der §§ 1976 (vgl. S. 50), 1990 (S. 58), 1992 (S. 60) ist Frommhold dann doch wieder genötigt, zuzugeben, daß die Erlöschung durch Vereinigung nur unter besonderen Voraussetzungen als nicht erfolgt zu gelten hat. Anders Binder II S. 87; er macht in Konsequenz seines Standpunktes den den Vorschriften des Gesetzes gegenüber vergeblichen Versuch, die Ausnahmen der §§ 1976, 1991 Abs. 2 zur Regel zu erheben.

26) Die gleiche Entscheidung ist freilich selbst bei einem Haftungssystem, nach welchem sich die Haftung des Erben schon von Anfang an auf den Nachlaß beschränkt, nicht schlechthin ausgeschlossen (vgl. Binder II S. 97ff.), obschon hier eine andere Behandlung näher liegt. Für das Haftungssystem des BGB. ist die Entscheidung des Textes schon durch das Wesen der Sache gegeben.

27) Anders mit Unrecht Cosack II § 379 II Z. 2b.

28) Anders entschied für das preußische Recht mit Rücksicht auf das im ALR. angenommene System der Erbenhaftung die jüngere Praxis des preuß. Obertribunals. Vgl. hierzu Dernburg Preuß. PR. III § 225 Anm. 22.

29) Vgl. darüber unten § 86 d. D.

G) Das unter F charakterisierte Haftungssystem beruht gewiß nicht auf dem Prinzip der unbeschränkten Haftung. Denn ein notwendiger Ausfluß dieses Prinzips ist die grundsätzliche Haftung des Erben ultra vires hereditatis. Nach der zweifellosen Absicht des Gesetzes soll aber dem Erben eine solche Art der Haftung, abgesehen von Ausnahmefällen, gerade nicht auferlegt werden, sollen ferner die Nachlaßgläubiger infolge der Beerbung ihres Schuldners durch einen zahlungsfähigen Erben eine Verbesserung ihrer Lage grundsätzlich nicht gewinnen, soll dem Erben in allen kritischen Fällen das Recht zur Beschränkung der Haftung auf den Nachlaß — vorausgesetzt, daß es nicht aus besonderem Grunde verwirkt ist — offenstehen und soll endlich die Beschränkung der Haftung auf den Nachlaß grundsätzlich (§ 1975) auch schon eintreten, wenn die Anordnung der Nachlaßverwaltung, die Eröffnung des Nachlaßkonkurses lediglich auf Antrag eines Nachlaßgläubigers erfolgt ist.

Ein nicht auf dem Prinzip der unbeschränkten Haftung aufgebautes Haftungssystem muß notwendig ein System sein, in dem der Beschränkung der Haftung grundsätzliche Bedeutung zukommt. Dies trifft für die Erbenhaftung nach dem BGB. in der Tat zu. Eigenartig ist jedoch die Durchführung der Beschränkung. Die Erbenhaftung nach dem BGB. wird daher ganz unzureichend charakterisiert, wenn man sie einfach als beschränkte bezeichnet. Sie ist insbesondere keine beschränkte in dem Sinne, daß der Erbe den Nachlaßgläubigern ipso iure nur mit den Nachlaßgegenständen haftet. Die Schranke der Haftung ergibt sich vielmehr nur aus der mit der Nachlaßseparation grundsätzlich verknüpften Wirkung und aus dem dem Erben grundsätzlich zukommenden Rechte, die Beschränkung der Haftung auf dem Wege der Nachlaßseparation und unter besonderen Umständen auch auf anderem Wege herbeizuführen.

II. Die Inventarerrichtung in ihrer Bedeutung für die Haftung des Erben.

§ 73.

I. Mit der praktischen Gestaltung der Haftung des Erben steht die Inventarerrichtung in nahem Zusammenhang. Das Inventar ist ein von dem Erben oder doch wenigstens für ihn unter amtlicher

Mitwirkung aufgenommenes Verzeichnis des Nachlaßbestandes. Sein Inhalt wird durch § 2001 genauer bestimmt. Danach sollen im Inventar einerseits die beim Eintritte des Erbfalls[1]) vorhandenen Nachlaßgegenstände und andererseits alle Nachlaßverbindlichkeiten mit Einschluß der erst infolge des Erbfalls oder nach demselben, aber doch noch vor der Inventarerrichtung entstandenen angegeben werden. Das Inventar soll außerdem noch die zur Bestimmung des Wertes der Nachlaßgegenstände etwa erforderliche Beschreibung und die Angabe des Wertes unter Zugrundelegung der Zeit des Erbfalls enthalten. Daß das Inventar auch eine Gegenüberstellung des Gesamtwertes aller Nachlaßgegenstände und des Gesamtbetrages aller Nachlaßverbindlichkeiten und einen sich damit verbindenden rechnungsmäßigen Abschluß (Bilanz des Nachlasses) darbiete, ist nicht vorgeschrieben. Allein mit Rücksicht auf die im Gesetz vorgesehene amtliche Mitwirkung bei der Aufnahme des Inventars darf erwartet werden, daß die bezeichnete Zusammenstellung kaum jemals fehlen werde.[2]) Ein für die Inventarerrichtung wesentliches Moment bildet die durch den Erben oder doch wenigstens auf seine Veranlassung erfolgende Einreichung des aufgenommenen Inventars beim Nachlaßgericht (vgl. §§ 1993, 2003, aber auch § 2004). Das Nachlaßgericht aber hat die Einsicht in das Inventar jedem zu gestatten, der ein rechtliches Interesse glaubhaft macht (§ 2010).

II. Die Inventarerrichtung dient sowohl dem Interesse des Erben als auch dem der Nachlaßgläubiger. Demgemäß ist einerseits der Erbe[3]) zur Errichtung des Inventars berechtigt (§ 1993), und

---

[1]) Vgl. Motive V S. 618 (zu dem mit § 2001 BGB., abgesehen von stilistischen Kleinigkeiten, vollständig übereinstimmenden § 2105 von Entwurf I): „Nicht in Frage kommen die Veränderungen, welche in Ansehung des Nachlasses eingetreten sind, während derselbe in den Händen des Nachlaßpflegers, des Testamentsvollstreckers oder des Erben sich befand. Darüber, inwieweit die nachträglich eintretenden Veränderungen auf die Verpflichtung des Inventarerben von Einfluß sind und den Erben deshalb die Verpflichtung zur Rechnungslegung (deren Basis das Inventar bildet) trifft, ist nicht an dieser Stelle zu bestimmen.“ Vgl. auch Planck-Ritgen S. 127, Hellmann (Krit. Vtljsch. Bd. 39) S. 240, Küntzel S. 832, 833. Die praktischen Konsequenzen dieser Behandlungsweise werden im weiteren Verlaufe der Darstellung herauszustellen sein.

[2]) Vgl. Planck-Ritgen S. 127.

[3]) Endemann III S. 450 spricht der auf die Berechtigung des Erben zur Inventarerrichtung sich beziehenden Bestimmung des § 1993 jeden mate-

ist andererseits jeder Nachlaßgläubiger befugt, beim Nachlaßgericht zu beantragen, daß dem Erben zur Errichtung des Inventars die sogenannte Inventarfrist bestimmt werde (§ 1994; vgl. aber schon hier auch die Ausnahme des § 2011).

Das Interesse der Nachlaßgläubiger an der Inventarerrichtung bezw. an der Stellung des oben bezeichneten Antrags ergibt sich aus folgenden Erwägungen: Wird das Inventar vom Erben ordnungsmäßig errichtet, so gewinnen die Gläubiger auf Grund des ihnen eröffneten Einblicks in die Verhältnisse des Nachlasses in aller Regel die Unterlage für die von ihnen weiter zu treffenden Maßnahmen, insbesondere darüber, ob mit Rücksicht auf den Stand des Nachlasses ein Antrag auf Anordnung einer Nachlaßverwaltung oder auf Eröffnung des Nachlaßkonkurses Aussicht auf Erfolg hat.[3a]) Selbst wenn aber die Voraussetzungen für einen solchen Antrag gar nicht gegeben sind, oder die Stellung desselben sich doch nicht empfiehlt, so ist die im Inventar enthaltene Angabe der Nachlaßgegenstände für die Nachlaßgläubiger immer noch insofern von Wert, daß sie hierdurch in die Lage versetzt sind, eine von ihnen gegen den Erben zu führende Zwangsvollstreckung auf die zum Nachlaß gehörenden Gegenstände zu richten[4]) und hierdurch der Gefahr zu entgehen, daß gegenüber einer in nicht zum Nachlaß gehörende Gegenstände geführten Zwangsvollstreckung vom Erben hinterher das Recht zur Beschränkung seiner Haftung auf den Nachlaß geltend gemacht wird. Hat der Erbe dagegen die ihm gestellte Inventarfrist versäumt und haftet er infolgedessen den Nachlaßgläubigern schlechthin unbeschränkt, so erlangen diese hierdurch die Sicherheit, daß der Erbe einer von ihnen geführten Zwangsvollstreckung in zu seinem Eigenvermögen gehörende Gegenstände nicht mehr mit Erfolg entgegentreten kann.

---

riellen Inhalt ab. Daß dies nicht richtig ist, ergibt die weitere Ausführung des Textes; vgl. insbesondere S. 209.

[3a]) Die von Binder II S. 66 hiergegen geltend gemachten Bedenken würden nur dann begründet sein, wenn die Nachlaßgläubiger nach dem vom Verfasser d. B. vertretenen Haftungssystem zur Erwartung berechtigt wären, daß ihnen der (zahlungsfähige) Erbe ultra vires hereditatis hafte. Dies trifft aber nicht zu; die Ausführungen des § 72 d. B. (vgl. insbesondere Anm. 14) beweisen das Gegenteil.

[4]) Vgl. aber doch auch die weitere Ausführung des Textes über die Vermutung des § 2009.

Für den Erben ergeben sich aus der Inventarerrichtung nachstehende Vorteile:

1. Ist das Inventar rechtzeitig errichtet worden — d. h. entweder noch bevor dem Erben eine Inventarfrist bestimmt worden war, oder wenn eine solche Bestimmung erfolgt ist, noch bevor die Inventarfrist als versäumt zu gelten hat, — so wird im Verhältnis zwischen dem Erben und den Nachlaßgläubigern vermutet, daß zur Zeit des Erbfalls weitere Nachlaßgegenstände als die angegebenen nicht vorhanden gewesen seien (§ 2009). Über diese (nach der Regel des § 292 CPO.) widerlegbare Vermutung ist noch zu bemerken:

a) Sie bezieht sich nur auf Nachlaßgegenstände, nicht auch auf Nachlaßverbindlichkeiten.

b) Die Vermutung des § 2009 ist nicht positiven, sondern nur negativen Inhalts. Es wird nicht vermutet, daß die im Inventar angegebenen Gegenstände wirklich zum Nachlaß gehören, sondern nur, daß weitere Nachlaßgegenstände als die im Inventar angegebenen zur Zeit des Erbfalls nicht vorhanden waren.[5])

c) Die Vermutung greift nur im Verhältnis zwischen dem Erben und den Nachlaßgläubigern Platz,[6]) nicht auch im Verhältnis des Erben zum Erbschaftsbesitzer oder im Verhältnis zwischen Vorerben und Nacherben oder zwischen Miterben und auch nicht im Verhältnis zwischen dem Erben und dessen persönlichen Gläubigern.[7])

---

[5]) Vgl. auch Planck-Ritgen S. 140.

[6]) Unzutreffend ist die über den Wortlaut des § 2009 weit hinausgehende Annahme Wendts S. 395.

[7]) Anders trotz des entgegenstehenden Wortlauts des § 2009 Planck-Ritgen S. 140. Daselbst wird insbesondere behauptet, daß die Vermutung des § 2009 eingreife, wenn der Nachlaßverwalter nach § 784 Abs. 2 CPO. gegen eine Vollstreckungsmaßregel Widerspruch erhebt, die zugunsten eines persönlichen Gläubigers des Erben in einen Gegenstand erfolgt ist, dessen Zugehörigkeit zum Nachlaß der Verwalter behauptet, obschon der Gegenstand im Inventar nicht aufgeführt ist. Daß die Beweislast hier den Nachlaßverwalter trifft, unterliegt freilich keinem Zweifel. Allein dies ist nicht eine Folge des Eingreifens der Vermutung des § 2009, sondern eine Konsequenz der hinsichtlich des Tragens der Beweislast maßgebenden allgemeinen Grundsätze. In gleicher Weise würde der Nachlaßverwalter die Beweislast ja auch zu tragen haben, wenn er hinsichtlich eines im Inventar als zum Nachlaß gehörend angegebenen Gegenstandes die Aufhebung der in denselben von einem persön-

d) Die praktische Bedeutung der Vermutung des § 2009 tritt sowohl im Falle der dem Erben nach § 1978 den Nachlaßgläubigern gegenüber obliegenden Rechenschaftsablegung als auch überall dort hervor, wo es wegen der vom Erben geltend gemachten Beschränkung der Haftung den Nachlaßgläubigern gegenüber von Erheblichkeit ist, daß ein Gegenstand zur Zeit des Erbfalls zum Nachlaß nicht gehört hat.

2. Die Inventarerrichtung ist für den Erben ein Mittel zur fortdauernden Erhaltung des Rechtes zur Herbeiführung der Beschränkung der Haftung auf den Nachlaß und zur Sicherung der sonstigen Rechtsvorteile, die dem dieses Rechtes noch teilhaftigen Erben zukommen. Auch dieser Punkt bedarf genauerer Besprechung:

a) Eine unbedingte Voraussetzung zur Herbeiführung der beschränkten Haftung bildet die Inventarerrichtung zwar für den Erben nicht. Die diesem Zwecke dienenden Rechtsbehelfe stehen ihm, dafern er nur nicht bereits schlechthin unbeschränkt haftet, vielmehr auch dann zu, wenn er ein Inventar noch nicht errichtet hat.

b) Die Inventarerrichtung ist aber auch kein zur wirksamen Herbeiführung der auf den Nachlaß sich beschränkenden Haftung des Erben dienendes Mittel.[7a]) Denn an der bisherigen Beschaffenheit der Haftung des Erben wird durch die Inventarerrichtung nicht das geringste geändert.

c) Der dem Erben in betreff der Haftung für die Nachlaßverbindlichkeiten erwachsende Vorteil besteht aber darin, daß ihm nunmehr, abgesehen von dem später zu besprechenden Ausnahmefall des § 2005 Abs. 2, eine Inventarfrist nicht mehr gestellt werden und daher auch das Recht zur Beschränkung seiner Haftung auf den Nachlaß durch Versäumung der Inventarfrist nicht mehr verloren gehen kann. Nur für den Fiskus in seiner Eigenschaft als gesetzlicher Erbe bleibt die Inventarerrichtung nach der eben bezeichneten Richtung hin aus dem Grunde bedeutungslos, weil ihm, auf daß er des Rechtes zur Beschränkung seiner Haftung unter allen Umständen teilhaftig bleibe,[8]) eine Inventarfrist überhaupt nicht bestimmt werden kann (§ 2011).

---

lichen Gläubiger des Erben vor der Anordnung der Nachlaßverwaltung geführten Zwangsvollstreckung begehrte.

[7a]) Hierin übereinstimmend Binder II S. 65, 222.

[8]) Die Voraussetzungen für den wirklichen Eintritt der Haftungsbe-

III. Durch unmittelbar eingreifende Gesetzesvorschrift wird der Erbe zur Inventarerrichtung überhaupt nicht und daher auch nicht zur Inventarerrichtung innerhalb einer bestimmten Frist verhalten. Das BGB. kennt nur eine für den Fall, daß der Erbe mit der Errichtung des Inventars nicht bereits zuvor gekommen ist, richterlich, und zwar durch das Nachlaßgericht, bestimmte Inventarfrist.

1. Die Bestimmung der Frist erfolgt auf Antrag eines wirklichen oder angeblichen Nachlaßgläubigers, der seine Forderung glaubhaft zu machen hat.[8a]) Durch den Rechtsbestand der angeblichen Forderung des Antragstellers ist die Wirksamkeit der Fristbestimmung nicht bedingt (§ 1994). Der Antrag kann auch von einem im Aufgebotsverfahren ausgeschlossenen (§ 1973), oder einem solchen nach § 1974 gleichstehenden Nachlaßgläubiger,[9]) ferner von einem Nachlaßgläubiger, der zugleich Miterbe ist,[10]) gestellt werden. Eine zeit-

---

schränkung sind übrigens für den Fiskus in seiner Eigenschaft als gesetzlicher Erbe ganz dieselben wie für jeden anderen Erben. Die von Münchmeyer S. 46 und anderen aufgestellte Behauptung, daß der zur gesetzlichen Erbfolge gelangende Fiskus „bei überschuldetem Nachlaß" (warum nicht auch bei nicht überschuldetem?) unter allen Umständen, d. h. ohne Rücksicht auf das Vorhandensein der in den §§ 1975, 1990, 1992 bestimmten Voraussetzungen nur mit dem Nachlaß hafte, ist ohne Anhalt im Gesetz.

[8a]) Vgl. hierzu § 15 Abs. 2 FGbG. und § 294 CPO.

[9]) A. A. Hachenburg S. 691. Für ihn ist dabei maßgebend, daß sich der Erbe nach § 2013 Abs. 1 Satz 2 auf die einem Gläubiger der im Texte bezeichneten Art gegenüber nach §§ 1973 oder 1974 bereits eingetretene Einschränkung der Haftung auch dann berufen kann, wenn hinterher ein Umstand eintritt, vermöge dessen er den Nachlaßgläubigern im allgemeinen schlechthin unbeschränkt haftet. Allein diese Begründung ist nicht durchschlagend. Für das Vorhandensein des fraglichen Antragsrechtes spricht vielmehr folgendes: Auch der ausgeschlossene oder einem solchen gleichstehende Gläubiger hat ein offenbares Interesse daran, daß es zur Inventarerrichtung kommt. Die Stellung des Antrags auf Bestimmung der Inventarfrist ist ferner, selbst wenn sie durch einen Gläubiger der bezeichneten Art erfolgt, sehr wohl geeignet, auf den Erben einen entsprechenden Druck zur wirklichen Aufnahme des Inventars zu üben. Denn, wenn schon der Erbe im vorausgesetzten Falle den Eintritt der schlechthin unbeschränkten Haftung gegenüber dem Antragsteller nicht zu besorgen braucht, so wird er sich doch, um nicht infolge der Versäumung der Inventarfrist den übrigen Nachlaßgläubigern schlechthin unbeschränkt haften zu müssen, zur Errichtung des Inventars veranlaßt sehen. Vgl. übrigens auch die §§ 75, 76 d. D.

[10]) Ein praktisches Interesse hierzu wird in aller Regel freilich nicht vorhanden sein, weil der Miterbe ja doch in der Lage ist, selbst zur Inventar-

liche Grenze für die Zulässigkeit des Antrags ist im Gesetz nicht gezogen; doch kann der Erbe die ihm bestimmte Inventarfrist dann unberücksichtigt lassen, wenn er gewiß sein darf, daß ihm nur ausgeschlossene oder nach § 1974 zu behandelnde Gläubiger gegenüber stehen.[11]) Wird der Antrag auf Fristbestimmung vom Nachlaßgericht abgelehnt, so kann diese Entscheidung von dem Antragsteller mit dem Rechtsmittel der einfachen Beschwerde angefochten werden (§§ 19, 20 FGbG.).

2. Durch die Bestimmung der Inventarfrist soll der Erbe normalerweise zur Errichtung des Inventars innerhalb der Frist angehalten werden. In einem besonderen Falle kann es aber zur Bestimmung einer Inventarfrist kommen, obschon eine Inventarerrichtung bereits stattgefunden hat. So verhält es sich, wenn die im Inventar enthaltene Angabe der Nachlaßgegenstände unvollständig ist, ohne daß dem Erben dabei ein Verhalten zur Last fällt, vermöge dessen er nach § 2005 Abs. 1 des Rechtes zur Beschränkung seiner Haftung verlustig wird.[12]) Dafern das Nachlaßgericht es für erforderlich erachtet, bestimmt es hier, aber gleichfalls nur auf Antrag eines Nachlaßgläubigers, eine „neue Inventarfrist" zur Ergänzung des Inventars (§ 2005 Abs. 2). Die gesetzliche Bezeichnung dieser Frist als einer „neuen" ist übrigens nicht ganz zutreffend. Denn es ist durchaus nicht notwendig, daß der Bestimmung der zur Ergänzung des Inventars erteilten Frist die Bestimmung einer ersten Inventarfrist bereits vorausgegangen war, sondern vielmehr sehr wohl mög-

---

errichtung zu schreiten. Anders verhält es sich aber z. B. in dem Falle, wenn der Miterbe, welcher zugleich Gläubiger ist, noch ausschlagen oder seine Erbschaftsannahme noch anfechten kann. Unzutreffend ist die Ausführung bei Wilke S. 68, 69. Er meint, daß das Nachlaßgericht auf Antrag eines Gläubigers, der zugleich Miterbe ist, eine Inventarfrist überhaupt nicht bestimmen dürfe und begründet dies aus § 2063 Abs. 2. Allein daraus, daß die an einen bestimmten Sachverhalt ganz ohne Rücksicht auf den Parteiwillen geknüpfte Wirkung dem beantragenden Gläubiger nicht zu statten kommt, dafern er Miterbe ist, folgt noch nicht, daß sie auch zugunsten der anderen Nachlaßgläubiger nicht eintritt. Ein starkes Argument gegen Wilke ergibt sich insbesondere aus § 1994 Abs. 2 Satz 2. Überdies gerät Wilke insofern mit sich selbst in Widerspruch, als doch auch er (S. 69) ausgeschlossene Gläubiger zum Antrag auf Bestimmung einer Inventarfrist zuläßt (vgl. oben Anm. 9).

[11]) Vgl. Anm. 9 und die §§ 75 und 76 d. D.

[12]) Vgl. oben § 72 d. D.

lich, daß der Erbe das unvollständige Inventar, dessen Ergänzung von einem Nachlaßgläubiger verlangt wird, errichtet hatte, noch bevor ihm eine Inventarfrist überhaupt gestellt war. Die auf die Inventarfrist sich beziehenden Vorschriften sind auch auf die Frist des § 2005 Abs. 2 anzuwenden.

3. Die Bestimmung der Inventarfrist erfolgt gegenüber dem Erben;[13]) hierbei kommen jedoch folgende Besonderheiten in Betracht:

a) Aus dem schon vorhin erwähnten Grunde kann dem Fiskus als gesetzlichem Erben, obschon er zur Inventarerrichtung allerdings berechtigt ist, eine Inventarfrist nicht bestimmt werden. Einen Ersatz hierfür erhalten die Nachlaßgläubiger jedoch dadurch, daß das Gesetz den Fiskus ihnen gegenüber zur Auskunfterteilung über den Bestand des Nachlasses verpflichtet (§ 2011). Auskunftberechtigt ist jeder einzelne Nachlaßgläubiger, im Falle der Nachlaßverwaltung oder des Nachlaßkonkurses jedoch nur der zur Geltendmachung der Interessen aller Nachlaßgläubiger berufene Nachlaß- bezw. Konkursverwalter. In betreff der Erfüllung der dem Fiskus obliegenden Auskunftpflicht sind die §§ 260, 261 maßgebend. Danach hat der Fiskus dem Auskunftberechtigten ein Verzeichnis des Nachlaßbestandes[14]) vorzulegen und trifft ihn, wenn Grund zur Annahme vorliegt, daß das Verzeichnis nicht mit der erforderlichen Sorgfalt angefertigt worden ist, d. i. unter einer Voraussetzung, die praktisch freilich nur in den seltensten Fällen vorliegen wird, auch die Verpflichtung zur Leistung des Offenbarungseides.[15])

---

[13]) Dadurch, daß der Erbe die Erbschaft bereits angenommen habe, ist die Wirksamkeit der Fristbestimmung nicht bedingt. Der diese beantragende Nachlaßgläubiger braucht daher auch die bereits erfolgte Annahme der Erbschaft weder zu erweisen, noch auch nur glaubhaft zu machen. Über den Beginn der dem Erben vor erfolgter Annahme bestimmten Inventarfrist vgl. § 1995 Abs. 2 und die weitere Ausführung im Texte.

[14]) Dieses Verzeichnis ist aber kein Nachlaßinventar im technischen Sinne, und die Vorschriften über das letztere finden daher auf das erstere keine Anwendung. Es verdient insbesondere hervorgehoben zu werden, daß das vom Fiskus nach § 2011 in Verbindung mit § 260 vorzulegende Verzeichnis im Gegensatz zu der auf das Inventar im technischen Sinne sich beziehenden Vorschrift des § 2009 sich nicht bloß auf die zur Zeit des Erbfalls vorhanden gewesenen Nachlaßgegenstände, sondern auf den ganzen gegenwärtigen Nachlaßbestand zu erstrecken hat.

[15]) Hierbei handelt es sich aber um einen lediglich nach den §§ 260, 261 und nicht nach der Vorschrift des § 2006 zu beurteilenden Offenbarungseid.

b) Während der Dauer der Nachlaßverwaltung oder des Nachlaßkonkurses kann dem Erben eine Inventarfrist nicht bestimmt werden (§ 2000 Satz 2). Der entscheidende Grund hierfür ist, daß das Gesetz mit sich selbst in Widerspruch treten würde, wenn es, nachdem durch die Anordnung der Nachlaßverwaltung bezw. die Eröffnung des Nachlaßkonkurses die von ihm (§ 1975) verlangte Voraussetzung für den Eintritt der auf den Nachlaß sich beschränkenden Haftung des Erben hergestellt worden ist, dann doch wieder die Möglichkeit einer während der Dauer der Nachlaßverwaltung oder des Nachlaßkonkurses infolge der Versäumung der Inventarfrist eintretenden schlechthin unbeschränkten Haftung des Erben herbeiführte. Demgemäß wird daher auch die Bestimmung einer noch nicht versäumten Inventarfrist hinterher unwirksam, wenn die Nachlaßverwaltung angeordnet oder der Nachlaßkonkurs eröffnet wird (§ 2000 Satz 1).

Die wirksame Bestimmung einer Inventarfrist ist ferner ausgeschlossen,[16]) wenn der Nachlaßkonkurs durch Verteilung der Masse oder durch Zwangsvergleich beendigt ist (§ 2000 Satz 3); denn als Grundlage für die in diesem Falle nach § 1989 in Verbindung mit § 1973 sich bestimmende Haftung des Erben kommt überhaupt nicht mehr der Nachlaß, sondern nur der bei Beendigung des Konkurses verbliebene und aus den Konkursakten zu entnehmende Überschuß in Betracht.

c) Obschon ein nach den §§ 1960, 1961 bestellter Nachlaßpfleger den Erben als solchen vertritt, so kann die Bestimmung einer Inventarfrist doch ihm gegenüber nicht erfolgen. Für diese Entscheidung des Gesetzes ist die Erwägung maßgebend, daß dem Nachlaßpfleger[17]) die Möglichkeit benommen sein soll, zum Nachteil des Erben auf das Recht zur Beschränkung der Haftung zu verzichten. Wie der Nachlaßpfleger einen solchen Verzicht nicht direkt leisten kann, so vermag er den Verzichtseffekt auch nicht indirekt dadurch herbeizuführen, daß er die Inventarfrist versäumt (§ 2012). Zur Auskunfterteilung über den Bestand des Nachlasses ist aber der Nachlaßpfleger den Nachlaß-

---

[16]) Das Gesetz spricht allerdings nur aus, daß es in dem im Texte bezeichneten Falle „zur Abwendung der unbeschränkten Haftung" der Inventarerrichtung nicht bedarf. Sachlich kann damit aber nur gemeint sein, daß dem Erben in diesem Falle eine Inventarfrist nicht wirksam bestimmt werden kann.

[17]) Das im Texte gesagte gilt übrigens auch hinsichtlich des Nachlaßverwalters (§ 2012 Abs. 2).

gläubigern ebenso verpflichtet, wie nach dem unter b gesagten der Fiskus. Daß auch einem Nachlaßverwalter gegenüber die Bestimmung einer Inventarfrist nicht zulässig ist, ergibt sich schon aus § 2000; nach der besonderen Vorschrift des § 2012 Abs. 2 gilt aber auch hinsichtlich der Auskunftpflicht für den Nachlaßverwalter dasselbe wie für den Nachlaßpfleger.

d) Ist eine Ehefrau Erbin, so kann der Eintritt der schlechthin unbeschränkten Haftung derselben für die Nachlaßverbindlichkeiten im Falle der Zugehörigkeit der Erbschaft zum eingebrachten Gute oder zum Gesamtgut eine Beeinträchtigung der Rechtsstellung des Mannes zur Folge haben.[17a]) Hiergegen wird der Mann durch die Vorschrift des § 2008 in nachstehender Weise geschützt:

α) Die Bestimmung der Inventarfrist ist nur wirksam, wenn sie nicht nur der Frau, sondern auch dem Manne gegenüber erfolgt.

β) Solange die Inventarfrist dem Manne gegenüber nicht verstrichen ist, endigt sie auch nicht der Frau gegenüber.

γ) Die Errichtung des Inventars durch den Mann kommt der Frau zu statten, d. h. der Mann ist in der Lage, den Eintritt der schlechthin unbeschränkten Haftung der Frau für die Nachlaßverbindlichkeiten dadurch abzuwenden, daß er vor Ablauf der für die Frau noch laufenden Inventarfrist das Inventar selbst errichtet. Daraus ergibt sich zugleich, daß die Inventarfrist auch dem Manne gegenüber solange nicht endigt, als die Frist der Frau gegenüber noch nicht verstrichen ist.

Gehört die der Frau angefallene Erbschaft zum Gesamtgut, so kann die hinsichtlich der Nachlaßverbindlichkeiten eintretende schlechthin unbeschränkte Haftung der Frau den Mann bezw. dessen Erben (mit Rücksicht auf die Vorschriften der §§ 1459 Abs. 2, 1549) auch für die Zeit nach der Beendigung der Gütergemeinschaft nachteilig berühren. Die unter α bis γ hervorgehobenen Vorschriften sind deshalb auch dann zur Anwendung zu bringen, wenn die Frage, ob die Frau hinsichtlich der zum Gesamtgut gehörig gewesenen Erbschaft wegen Versäumung der Inventarfrist schlechthin unbeschränkt zu haften haben werde, zur Zeit der Beendigung der Gütergemeinschaft noch unentschieden ist (§ 2008 Abs. 2).

[17a]) Über ehegüterrechtliche Einzelfragen vgl. Planck-Ritgen Erl. 3 zu § 2008.

IV. Eingehende Vorschriften regeln die Bemessung, den Lauf und die Endigung der Inventarfrist:

1. Die durch Verfügung des Nachlaßgerichts zu bestimmende Inventarfrist soll mindestens einen Monat, höchstens drei Monate betragen. Die Fristverfügung ist, soweit ihre Zustellung nicht durch Bekanntmachung zu Protokoll nach § 16 Abs. 3 FGbG. überflüssig geworden ist, sowohl dem Antragsteller als dem Erben nach den für die Zustellung von Amts wegen geltenden Vorschriften der CPO. zuzustellen (§ 16 FGbG.). Gegen die Verfügung steht nicht nur dem Antragsteller und dem Erben, sondern auch jedem Nachlaßgläubiger die sofortige Beschwerde zu (§ 77 FGbG.). In dieser kann vor allem geltend gemacht werden, daß die Inventarfrist zu kurz oder zu lang bestimmt worden sei. Der Erbe bezw. der vom Antragsteller als Erbe Bezeichnete wird seine Beschwerde aber auch darauf stützen können, daß der Antragsteller nicht Nachlaßgläubiger sei oder doch wenigstens sein angebliches Gläubigerrecht nicht hinreichend glaubhaft gemacht habe, bezw. darauf, daß er als Erbe gar nicht in Betracht komme[18]) und ihm daher auch eine Inventarfrist nicht bestimmt werden könne.

2. Die Frist beginnt mit der Zustellung der Fristverfügung an den Erben; dafern aber die Frist schon vor der Annahme der Erbschaft bestimmt wurde, erst mit der Annahme[19]) der Erbschaft (§ 1995). Steht der Erbe unter elterlicher Gewalt oder unter Vormundschaft, so soll das Nachlaßgericht dem Vormundschaftsgericht von der Fristbestimmung Mitteilung machen (§ 1999); von der Befolgung dieser Ordnungsvorschrift ist jedoch der Beginn der Inventarfrist nicht abhängig.

3. Auf Antrag des Erben kann das Nachlaßgericht die von ihm ursprünglich bestimmte, aber noch nicht abgelaufene Frist nach seinem Ermessen verlängern (§ 1995 Abs. 3). Sowohl im Falle der Bewilligung, als auch in dem der Versagung findet gegen die Entscheidung die sofortige Beschwerde (sei es eines Nachlaßgläubigers, sei es des Erben) statt (§§ 77 Abs. 2, 20 FGbG.).

---

[18]) Darauf, daß er die Erbschaft noch nicht angenommen habe, kann sich der zur Erbfolge Berufene jedoch nicht mit Erfolg stützen (vgl. auch Anm. 13).

[19]) Schlägt derjenige Erbe, welchem die Inventarfrist bestimmt worden war, die Erbschaft aus, so wird die Fristbestimmung hierdurch bedeutungslos.

4. Für die Berechnung der Inventarfrist sind außer den allgemeinen Bestimmungen der §§ 187 Abs. 1, 188 Abs. 2, 3, 190 noch folgende Sondervorschriften maßgebend:

a) Der Lauf der Inventarfrist ist gehemmt, solange der Erbe durch Stillstand der Rechtspflege[20]) an der Errichtung des Inventars verhindert ist (§ 1997 in Verbindung mit § 203 Abs. 1).

b) Trifft während des Laufes der Inventarfrist mit dem Umstande, daß der Erbe geschäftsunfähig oder in der Geschäftsfähigkeit beschränkt ist, zusammen, daß dieser auch eines gesetzlichen Vertreters entbehrt, so beginnt die ursprünglich erteilte Inventarfrist, bezw. wenn das hervorgehobene Zusammentreffen während des Laufes der verlängerten Frist eintritt, die verlängerte Frist[20a]) von der Zeit an neuerdings zu laufen, in welcher der Erbe unbeschränkt geschäftsfähig wird, oder der Mangel der Vertretung aufhört (§ 1997 in Verbindung mit § 206).

c) Stirbt der Erbe vor dem Ablauf der Inventarfrist, so endigt diese nicht vor dem Ablauf der für die Erbschaft des Erben vorgeschriebenen Ausschlagungsfrist (§ 1998).

5. Unter besonderen Umständen kann der Erbe, nachdem er die Inventarfrist versäumt hat, Wiedereinsetzung hiergegen in der Weise erlangen, daß ihm das Nachlaßgericht auf seinen Antrag eine neue Inventarfrist bewilligt (§ 1996). Diese Bewilligung ist auszusprechen, wenn nachstehende Voraussetzungen vorliegen:

a) Es muß dargetan sein, daß der Erbe durch höhere Gewalt[20b]) verhindert gewesen ist, das Inventar rechtzeitig zu errichten, oder die nach den Umständen gerechtfertigte Verlängerung der Inventarfrist zu beantragen, oder daß er von der Zustellung des Beschlusses, durch den die Inventarfrist bestimmt worden ist, ohne sein Verschulden Kenntnis nicht erlangt hat.

b) Der auf Bewilligung der neuen Frist gerichtete Antrag muß binnen zwei Wochen nach der Beseitigung des Hindernisses und

---

[20]) Mit Rücksicht darauf, daß im § 1997 nur der Abs. 1 des § 203 berufen ist, wird eine Hemmung des Laufes der Frist nicht bewirkt, wenn der Erbe „in anderer Weise durch höhere Gewalt" (vgl. § 203 Abs. 2) an der Inventarerrichtung verhindert gewesen ist. In einem Falle solcher Art schafft jedoch die Bestimmung des § 1996 die im Texte unter Z. 5 besprochene Abhilfe.

[20a]) Vgl. auch Wilke Erl. zu § 1997, anders Planck-Ritgen Erl. 2 zu § 1997.

[20b]) Der Begriff ist derselbe wie im Falle des § 203.

spätestens vor dem Ablauf eines Jahres nach dem Ende der zuerst bestimmten Frist gestellt werden. In Ansehung des Laufes und der Beendigung dieser Frist von zwei Wochen gilt dasselbe, was oben unter Z. 4a bis c in betreff der Inventarfrist gesagt worden ist.[21])

Vor seiner Entscheidung soll das Nachlaßgericht den Nachlaßgläubiger, auf dessen Antrag die erste Frist bestimmt worden war, wenn tunlich, hören. Gegen die dem Antrag des Erben stattgebende Verfügung, von welcher jedenfalls auch der vorgenannte Gläubiger zu verständigen ist (§ 16 FGbG.), steht jedem Nachlaßgläubiger und gegen die Ablehnung des Antrags steht dem Erben die sofortige Beschwerde zu (§ 77 Abs. 2, 3 und § 20 FGbG.).

V. Die Aufnahme und Einreichung[21a]) des Inventars kann in dreifacher Weise stattfinden:

1. Zunächst so, daß der Erbe das Inventar selbst aufnimmt. In diesem Falle muß er aber zur Aufnahme eine zuständige Behörde oder einen zuständigen Beamten oder Notar zuziehen (§ 2002). Die sachliche und örtliche Zuständigkeit der Behörde bezw. des Beamten und die örtliche Zuständigkeit des Notars richtet sich nach den Landesgesetzen, die auch hinsichtlich des Verfahrens bei der Inventarerrichtung nähere Bestimmungen treffen können (§ 200 FGbG.). Das von ihm unter amtlicher Mitwirkung aufgenommene Inventar hat der Erbe sodann beim Nachlaßgericht einzureichen.

2. Oder so, daß der Erbe beim Nachlaßgericht den Antrag auf Aufnahme des Inventars stellt. In diesem Falle hat das Nachlaßgericht entweder das Inventar selbst aufzunehmen oder die Aufnahme einer zuständigen Behörde oder einem zuständigen Beamten oder Notar

---

[21]) Demgemäß wird also der Lauf der Frist von zwei Wochen zwar durch Stillstand der Rechtspflege, nicht aber auch durch sonstige „höhere Gewalt" (im Sinne des § 203 Abs. 2) gehemmt. Die Möglichkeit einer Wiedereinsetzung nach Versäumung der zweiwöchigen Frist nach Maßgabe von § 1996 ist aber im Gesetz nicht vorgesehen. Es läßt sich nicht verkennen, daß sich infolgedessen recht fühlbare Härten ergeben können. Im Falle der Versäumung der neuen Inventarfrist ist übrigens neuerliche Wiedereinsetzung nach § 1996 nicht ausgeschlossen; vgl. auch Binder II S. 229 Anm. 48, anders Planck-Ritgen Erl. 3 zu § 1996.

[21a]) Daß die Einreichung des aufgenommenen Inventars beim Nachlaßgericht ein wesentliches Moment der Inventarerrichtung bildet, ist schon oben I a. E. hervorgehoben worden; dies scheint von Binder II S. 229 Anm. 49 übersehen zu sein.

zu übertragen. Die Zuständigkeit des Nachlaßgerichts zur Aufnahme des Inventars kann übrigens landesgesetzlich ausgeschlossen sein (Art. 148 EG.); in betreff der Zuständigkeit der Behörde, des Beamten, Notars gilt das unter Z. 1 bemerkte auch hier. Bei der Aufnahme des Inventars, das, wenn es nicht vom Nachlaßgericht selbst aufgenommen wurde, von der Behörde, dem Beamten, Notar beim Nachlaßgericht einzureichen ist, hat der Erbe die erforderliche Auskunft zu erteilen. Die ihm gestellte Inventarfrist wahrt der Erbe schon durch Stellung des Antrags beim Nachlaßgericht (§ 2003).

3. Befindet sich beim Nachlaßgericht bereits ein, etwa von einem Erbschaftsbesitzer oder von einem Erben, der später ausgeschlagen hat, oder von einem Testamentsvollstrecker, Nachlaßverwalter,[22] Konkursverwalter, oder wohl auch vom Nachlaßgericht selbst (nach § 1960) aufgenommenes und den unter Z. 2 und 3 erwähnten Vorschriften entsprechendes Inventar, so genügt zur Inventarerrichtung schon der vom Erben beim Nachlaßgericht gestellte Antrag, daß dieses Inventar als vom Erben eingereicht gelten soll (§ 2004).

VI. Darüber, daß sich für den Erben sowohl an die Versäumung der Inventarfrist als auch an sein in § 2005 Abs. 1 genauer bezeichnetes unredliches Verhalten bei der Inventarerrichtung der Verlust des Rechtes zur Beschränkung der Haftung und somit der Eintritt der schlechthin unbeschränkten Haftung für die Nachlaßverbindlichkeiten knüpft, ist schon in anderem Zusammenhang (vgl. S. 195, 196) gehandelt worden. Das dort gesagte ist jedoch nach einzelnen Richtungen hin noch zu ergänzen.

1. Im Falle einer vom Erben absichtlich herbeigeführten erheblichen Unvollständigkeit der im Inventar enthaltenen Angabe der Nachlaßgegenstände oder der in der Absicht, die Nachlaßgläubiger zu benachteiligen, bewirkten Aufnahme einer nicht bestehenden Nachlaßverbindlichkeit entsteht die Frage, ob der Erbe des Rechtes zur Beschränkung der Haftung schon sofort mit der Herbeiführung der Unrichtigkeit des Inventars verlustig wird, oder erst dann, wenn er die Inventarfrist ablaufen ließ, ohne die Unrichtigkeit zu berichtigen.[23]

---

[22]) Liegt ein von einem nach § 1960 bestellten Nachlaßpfleger errichtetes und den Vorschriften der §§ 2002, 2003 entsprechendes Inventar vor, so hat es ohne weiteres als von demjenigen errichtet zu gelten, welcher Erbe wird.

[23]) Die Motive V S. 619 stellen die Entscheidung der Wissenschaft und Praxis anheim.

Man hat sich für das erstere zu entscheiden.[24]) Hierfür spricht nicht allein der Wortlaut des Gesetzes, sondern auch die sachliche Erwägung, daß der Errichtung des unrichtigen Inventars die Bestimmung einer Inventarfrist nicht vorangegangen zu sein braucht.[25])

Grundsätzlich ebenso verhält es sich, wenn der Erbe, nachdem er beim Nachlaßgericht den Antrag auf Aufnahme des Inventars gestellt hat, die zu dieser Aufnahme erforderliche Auskunft verweigert oder absichtlich in erheblichem Maße verzögert; d. h. die

---

[24]) Mit diesem grundsätzlichen Standpunkt bleibt es aber doch noch immer vereinbar, wenn die Verfehlung im Falle einer vom Erben in continenti vorgenommenen Berichtigung als nicht erfolgt behandelt wird.

[25]) Ebenso Planck-Ritgen S. 131. Anders und somit für die Möglichkeit der Abwendung der im § 2005 Abs. 1 bestimmten Rechtsfolge durch Berichtigung vor dem Ablauf der Inventarfrist entscheiden Fischer-Henle (jetzt in 6. Aufl. vorliegend) Anm. 2 zu § 2005, Herzfelder S. 209, 210, Wilke S. 77. Allein die eben genannten Vertreter der Gegenansicht lassen in ihren Ausführungen jede klare Erörterung des im Texte hervorgehobenen Falles vermissen, wo der Inventarerrichtung die Bestimmung einer Inventarfrist nicht vorangegangen ist, und werden außerdem den Vorschriften der §§ 2006, 2009, 2014 nicht gerecht. Nach § 2006 hat der Erbe bei sonstigem Eintritt des daselbst im Abs. 3 angedrohten Rechtsnachteils nach der Inventarerrichtung und zwar ohne alle Rücksicht darauf, ob dieser die Bestimmung einer Inventarfrist vorangegangen war oder nicht, oder ob die bestimmte Inventarfrist noch läuft oder nunmehr bereits verstrichen ist, auf Verlangen eines Nachlaßgläubigers den daselbst im Abs. 1 bestimmten Offenbarungseid zu leisten. Sollte es nun wirklich in der Absicht des Gesetzes gelegen sein, daß ein Erbe, obschon ihm nach Leistung des Offenbarungseides die absichtliche Verschweigung von Nachlaßgegenständen nachgewiesen wird (§ 2005 Abs. 1), des Rechtes zur Beschränkung seiner Haftung noch immer teilhaftig bleibt, wenn er das Inventar aus freien Stücken, d. h. noch bevor es zur Bestimmung einer Inventarfrist gekommen war, errichtet hatte? Die hier bekämpfte Meinung läßt es ferner als möglich erscheinen, daß derjenige Erbe, welcher auf Grundlage des von ihm errichteten Inventars den Nachlaßgläubigern gegenüber die Vermutung des § 2009 geltend gemacht hat, dann aber der von ihm absichtlich herbeigeführten Unvollständigkeit des Inventars überführt worden ist, bei Vorhandensein der vorerwähnten Voraussetzungen abermals wieder von der nachteiligen Folge des § 2005 Abs. 1 nicht betroffen wird. Auch dieses Ergebnis kann nicht als der Absicht des Gesetzes entsprechend angesehen werden. Die Bestimmung des § 2014 gehört endlich insofern hierher, als ihr zufolge die daselbst bestimmte aufschiebende Einrede dem Erben keinesfalls über den Zeitpunkt der Inventarerrichtung hinaus zusteht, also auch dann nicht, wenn dem Erben eine Inventarfrist gar nicht bestimmt war, oder die bestimmte Inventarfrist noch nicht verstrichen ist.

schlechthin unbeschränkte Haftung des Erben tritt schon mit dem im Gesetz als maßgebend bezeichneten Verhalten des Erben ein, selbst wenn in diesem Zeitpunkt die Inventarfrist noch nicht bestimmt oder die bestimmte Inventarfrist noch nicht abgelaufen ist. Eine gewisse Freiheit der Beurteilung besteht hier aber jedenfalls hinsichtlich der Entscheidung darüber, ob die vom Erben verweigerte Auskunft zur Aufnahme des Inventars wirklich „erforderlich" war, bezw. ob die absichtliche Verzögerung der Auskunfterteilung als eine erhebliche in Betracht kommt.

2. Ist eine Ehefrau Erbin und gehört die Erbschaft zum eingebrachten Gute oder zum Gesamtgut (§ 2008), so ist die Anwendung der Vorschrift des § 2005 Abs. 1 nicht ohne Schwierigkeit.[26]) Es dürfte also zu entscheiden sein:

a) Haben sich beide Gatten einer Verfehlung der im § 2005 Abs. 1 bezeichneten Art schuldig gemacht, so tritt die den Mann mit treffende Folge der unbeschränkten Haftung der Frau für die Nachlaßverbindlichkeiten ohne weiteres ein.

b) Fällt ein solches Verhalten nur der Frau zur Last und trifft damit zusammen, daß der Mann bis zum Ablauf der ihm gegenüber bestimmten Inventarfrist ganz untätig geblieben ist, so gilt dasselbe wie im Falle a.[27]) Ist dagegen das Inventar von beiden Gatten eingereicht worden, oder hat sich der Mann vor Ablauf der ihm gegenüber bestimmten Inventarfrist auch nur auf das von der Frau eingereichte Inventar bezogen (§ 2004), so muß der Eintritt der unbeschränkten Haftung als abgewendet gelten, wenn die absichtlich

---

[26]) Der Entwurf I (§ 2148 Z. 3) enthielt für den analogen Fall die besondere Bestimmung, daß der Verlust des „Inventarrechtes" nur eintritt, wenn „die Absicht, die Nachlaßgläubiger zu benachteiligen", beiden Ehegatten zur Last fällt. In das BGB. konnte dieser Rechtssatz schon deshalb nicht aufgenommen werden, weil § 2005 BGB. in betreff der vom Erben absichtlich herbeigeführten erheblichen Unvollständigkeit der im Inventar enthaltenen Angabe der Nachlaßgegenstände darauf, ob die Absicht gerade auf Benachteiligung der Nachlaßgläubiger gerichtet war, kein Gewicht legt. Aber auch nach anderer Richtung hin erwies sich die Bestimmung als nicht annehmbar; sie wurde deshalb auf Beschluß der zweiten Kommission und zwar, ohne durch eine andere Vorschrift ersetzt zu werden, gestrichen (vgl. Protokolle V S. 806, 807).

[27]) Hierüber besteht keine Meinungsverschiedenheit. Vgl. auch Protokolle an dem Anm. 26 a. O.

herbeigeführte erhebliche Unvollständigkeit der Angabe der Nachlaßgegenstände oder die in der Absicht, die Nachlaßgläubiger zu benachteiligen, erfolgte Aufnahme einer nicht bestehenden Nachlaßverbindlichkeit nur der Frau, nicht auch dem Manne zur Last fällt,[28]) und dasselbe wird auch anzunehmen sein, wenn der Mann vor dem Ablauf der ihm gegenüber bestimmten Inventarfrist die Berichtigung der von der Frau zu verantwortenden Unvollständigkeit oder Unrichtigkeit des Inventars veranlaßt, oder wenn er, nachdem zunächst die Frau die ihr im Falle des § 2003 obliegende Auskunfterteilung verweigert oder in erheblichem Maße verzögert hatte, durch Einsetzung seiner Autorität gegenüber der Frau und durch Verwertung seiner Kenntnis der Verhältnisse dafür sorgt, daß es bei dem von ihm rechtzeitig errichteten Inventar an der zu dessen Aufnahme erforderlichen Auskunft nicht fehlt, bezw. daß eine erhebliche Verzögerung der Aufnahme nicht eintritt.[29])

c) Fällt ein Verhalten der in § 2005 Abs. 1 bezeichneten Art lediglich dem Manne zur Last, so wird hierdurch allein die schlechthin unbeschränkte Haftung der Frau für die Nachlaßverbindlichkeiten noch nicht herbeigeführt. Hat das von dem Manne errichtete Inventar mit Rücksicht auf einen darauf gerichteten Antrag der an dem rechtswidrigen Verhalten des Mannes unbeteiligten Frau zugleich

---

[28]) Dies entspricht der weitaus überwiegenden Ansicht. Grundsätzlich anders nur Wilke S. 81, der im Falle einer Verfehlung der Frau nach § 2005 Abs. 1 die Abwendung der unbeschränkten Haftung der Frau durch eine Inventarerrichtung von seiten des Mannes unter allen Umständen für ausgeschlossen hält. Allein dies widerspricht der offensichtlichen Tendenz des § 2008. Denn wenn der Mann die Folge der Versäumung der Inventarfrist durch die Frau dadurch abwenden kann, daß er innerhalb der ihm gegenüber bestimmten Inventarfrist ein Inventar errichtet, dann muß er auch die Folge der im Texte bezeichneten Verfehlungen der Frau dadurch abwenden können, daß er sich bei seiner Inventarerrichtung solche Fehler nicht zu schulden kommen läßt.

[29]) Zurückhaltender in diesem Punkte noch die 2. Aufl. d. B. § 73 Anm. 30. Allein die in Anm. 28 a. E. angestellte Erwägung drängt zu der im Texte gezogenen Konsequenz. Verweigert jedoch die Frau auch bei der vom Manne vorgenommenen Inventarerrichtung die Erteilung der nach § 2003 erforderlichen Auskunft oder verzögert sie diese absichtlich in erheblichem Maße, ohne daß dieser Mißstand vom Manne behoben werden kann, so tritt die im § 2005 bestimmte Rechtsfolge in Verbindung mit der Begleitwirkung für den Mann allerdings ein.

als ein von dieser errichtetes zu gelten, so kann der Frau das Recht zur Beschränkung der Haftung offenbar nicht verloren gehen. Aber auch, wenn dies nicht zutrifft, so muß es der Frau, wenn eine Inventarfrist überhaupt noch nicht bestimmt war, oder wenn die bestimmte Inventarfrist noch nicht beendigt ist, noch immer möglich sein, den Eintritt der schlechthin unbeschränkten Haftung dadurch abzuwenden, daß sie zu neuerlicher Inventarerrichtung bezw. zur Berichtigung des vom Manne errichteten Inventars schreitet.[30]) Kommt jedoch zu dem Verhalten des Mannes außerdem noch hinzu, daß der Frau eine Frist zur Inventarerrichtung nicht mehr zur Verfügung steht, so ist hierdurch die Rechtsfolge der schlechthin unbeschränkten Haftung allerdings gegeben.[31])

VII. Auf Verlangen eines[32]) Nachlaßgläubigers[33]) hat der Erbe im Falle der Inventarerrichtung vor dem Nachlaßgericht den Offenbarungseid dahin zu leisten: daß er nach bestem Wissen die Nachlaßgegenstände so vollständig angegeben habe,[34]) als er dazu

[30]) Der Fortbestand des Rechtes zur Haftungsbeschränkung kommt aber dann auch dem Manne zu statten.

[31]) Der entscheidende Grund hierfür ist aber nicht, wie Herzfelder S. 216 unter d anzunehmen scheint, die Verfehlung des Mannes, sondern daß die Inventarfrist von der Frau versäumt und daß die hierdurch eintretende nachteilige Rechtsfolge durch das ungetreue Inventar des Mannes nicht abgewendet worden ist.

[32]) Das Verlangen kann hiernach nicht etwa bloß von demjenigen Nachlaßgläubiger gestellt werden, auf dessen Antrag dem Erben die Inventarfrist bestimmt worden ist.

[33]) Ein ausgeschlossener oder ein einem solchen gleichstehender Gläubiger (vgl. aber dazu auch oben Anm. 9) kommt hier nicht in Betracht. Denn die im § 2006 Abs. 3 für den Fall der Verweigerung des Eides nur zugunsten des verlangenden Gläubigers bestimmte Rechtsfolge kann zugunsten eines Gläubigers der vorbezeichneten Art überhaupt nicht eintreten. A. A. Herzfelder S. 211 und Binder II S. 232 Anm. 68. Gegen sie ist aber zu bemerken, daß einem solchen Gläubiger gegenüber, selbst wenn die Bestimmung der Inventarfrist auf seinen Antrag erfolgt ist, die schlechthin unbeschränkte Haftung des Erben auch dann nicht eintritt, wenn dieser die Inventarfrist versäumt oder sich einer der im § 2005 bezeichneten Verfehlungen schuldig gemacht hat. Eine Frage ganz anderer Art ist, ob der ausgeschlossene oder einem solchen gleichstehende Gläubiger nicht Leistung des Offenbarungseides nach § 260 verlangen kann. Vgl. dazu §§ 75, 76 d. D.

[34]) Die Beschwörung der im Inventar enthaltenen Beschreibung und Bewertung der Nachlaßgegenstände kann auf Grund des § 2006 nicht verlangt werden.

imstande sei (§ 2006 Abs. 1). In betreff dieses Offenbarungseides ist im einzelnen noch zu sagen:

1. Mit seinem auf Leistung des im § 2006 bestimmten Offenbarungseides gerichteten Verlangen wendet sich der Nachlaßgläubiger entweder unmittelbar an den Erben oder durch Antragstellung an das Nachlaßgericht.[34a] Zur Rechtfertigung des Antrags wird der Gläubiger seine Forderung glaubhaft zu machen haben; einen Grund zur Annahme, daß das vom Erben errichtete Inventar nicht mit der erforderlichen Sorgfalt aufgestellt sei, braucht der Gläubiger im Gegensatz zu § 260 hier nicht darzulegen.

2. Die durch das Nachlaßgericht auf Antrag des Nachlaßgläubigers oder des Erben erfolgende Anordnung des Termins zur Leistung des Eides und die Abnahme des Eides sind Akte der freiwilligen Gerichtsbarkeit. Zu dem Termin sind beide Teile zu laden, die Anwesenheit des Gläubigers ist aber zur Abnahme des Eides nicht erforderlich. Das Protokoll über die Eidesleistung ist jedem, der ein berechtigtes Interesse glaubhaft macht, zur Einsicht vorzulegen und auf Verlangen in beglaubigter Abschrift mitzuteilen (§§ 78, 79 FGbG.).

3. Vor der Leistung des Eides kann der Erbe das Inventar vervollständigen. Zu diesem Zwecke kann dem Erben die im § 2005 Abs. 2 vorgesehene „neue" Inventarfrist bestimmt werden.

4. Der Offenbarungseid des § 2006 ist lediglich hinsichtlich der Nachlaßgegenstände nicht auch hinsichtlich der Nachlaßverbindlichkeiten zu leisten und hinsichtlich der ersteren nur mit Beschränkung[35] auf die beim Eintritt des Erbfalls vorhandenen Gegenstände.[36]

[34a]) „Sind durch Landesgesetz die Verrichtungen des Nachlaßgerichtes einer anderen Behörde als einem Gericht übertragen, so ist für die Abnahme des im § 2006 des BGB. vorgeschriebenen Offenbarungseides das Amtsgericht zuständig, in dessen Bezirk die Nachlaßbehörde ihren Sitz hat" (Art. 147 Abs. 2 EG.).

[35]) Diese Beschränkung ergibt sich aus § 2001 Abs. 1.

[36]) Nach § 1978 in Verbindung mit § 260 ist der für die Nachlaßverbindlichkeiten nur beschränkt haftende Erbe den Nachlaßgläubigern gegenüber allerdings auch zur Auskunfterteilung über die nach dem Erbfall eingetretenen Veränderungen des Nachlaßbestandes, zur Rechnungslegung über die von ihm geführte Verwaltung und unter Umständen somit auch zur Leistung des Offenbarungseides in betreff des von ihm angegebenen gegenwärtigen Be-

5. An die Verweigerung des Eides knüpft sich nach Abs. 3 von § 2006 die Folge, daß der Erbe demjenigen Gläubiger gegenüber, welcher das Verlangen auf Leistung des Eides gestellt hat,[37]) das Recht zur Beschränkung der Haftung einbüßt. Die gleiche Folge tritt ein, wenn der im Termin zur Eidesleistung nicht erschienene Erbe auch in einem auf Antrag des Gläubigers bestimmten neuen Termin, ohne genügend entschuldigt zu sein, nicht erscheint.

Indem das Gesetz die Rechtsfolge der Eidesverweigerung des Erben bezw. des Nichterscheinens desselben im zweiten Termin in der angegebenen Weise bestimmt, schließt es zugleich die unmittelbare Erzwingung des nach § 2006 zu beurteilenden Offenbarungseides unzweideutig aus. Ein im Wege der Klage und der späteren Zwangsvollstreckung durchsetzbarer Anspruch auf Leistung dieses Offenbarungseides[38]) kommt also den Nachlaßgläubigern gegen den Erben nicht zu.[39])

---

standes des Nachlasses verpflichtet. Allein hierbei handelt es sich nicht um den im § 2006 bestimmten Offenbarungseid.

[37]) Stellt sich hinterher heraus, daß derjenige Gläubiger, auf dessen Verlangen die Eidesleistung hätte stattfinden sollen, schon zur Zeit der Verweigerung des Eides durch den Erben ausgeschlossen war, oder einem ausgeschlossenen Gläubiger gleichstand, so tritt die im Texte bezeichnete Rechtsfolge nicht ein. Vgl. dazu Anm. 33.

[38]) Anders verhält es sich selbstverständlich, wenn gegen den Erben ein Anspruch auf Leistung eines nach § 260 zu beurteilenden Offenbarungseides begründet ist.

[39]) Ebenso Jaeger, Erbenhaftung S. 17 Anm. 13, Wilke S. 78, Herzfelder S. 210, 211. A. A. Planck-Ritgen S. 133, 134; daselbst wird bemerkt, daß ein Nachlaßgläubiger, dem der Erbe wegen Verweigerung des im § 2006 bestimmten Offenbarungseides unbeschränkt haftet, doch noch immer ein erhebliches Interesse an der Leistung des Offenbarungseides haben könne, so z. B. wenn der Erbe, abgesehen von dem durch Erbfolge gemachten Erwerb, kein Vermögen hat und zugleich im Verdacht steht, Bestandteile des Nachlasses bei seite geschafft zu haben. Dem ist jedoch entgegenzuhalten, daß in Fällen der bezeichneten Art nicht der Offenbarungseid nach § 2006 BGB., sondern der nach § 807 CPO. bezw. § 125 KO. in Frage kommt. Die von Planck-Ritgen vertretene Ansicht würde übrigens in letzter Konsequenz sogar zu dem offenbar unhaltbaren Ergebnis führen, daß der Erbe auf Verlangen jedes Nachlaßgläubigers zur Leistung des im § 2006 bestimmten Offenbarungseides durch Klage und Anwendung von Zwangsmaßregeln auch verhalten werden könne, wenn er wegen einer Verfehlung nach § 2005 Abs. 1 bereits allen Nachlaßgläubigern schlechthin unbeschränkt haftet. Vgl. auch Binder II S. 233 Anm. 72.

6. Hat der Erbe den Offenbarungseid geschworen, so kann gegen ihn das Verlangen auf neuerliche Leistung des Eides nur gestellt werden, wenn Grund zur Annahme besteht, daß ihm nach der früheren Eidesleistung weitere Nachlaßgegenstände bekannt geworden sind. Trifft dies zu, so ist zu dem Verlangen nicht nur derjenige Gläubiger berechtigt, von welchem das erste Verlangen ausgegangen war, sondern auch jeder andere Nachlaßgläubiger. Die Rechtsfolge der Verweigerung der neuerlichen Eidesleistung bezw. des Ausbleibens im Termin bestimmt sich nach dem unter Z. 5 gesagten.

7. Liegt hinsichtlich einer zur Erbfolge gelangenden Frau der Fall des § 2008 vor, so ergibt sich die Frage, welcher der Gatten den Offenbarungseid zu leisten hat. Es dürften folgende Entscheidungen[40]) zu treffen sein:

a) War das Inventar lediglich von der Frau errichtet worden, so kann das Verlangen auf Leistung des Offenbarungseides nur ihr gegenüber gestellt werden.[41]) Verweigerung der Eidesleistung und, was dieser gleichsteht, hat die unbeschränkte Haftung der Frau gegenüber dem betreffenden Gläubiger in der Art zur Folge, daß auch der bis zum Ablauf der ihm gegenüber maßgebenden Inventarfrist hinsichtlich der Inventarerrichtung untätig gebliebene Mann sich der nachteiligen Einwirkung jener Haftung auf seine Rechtsstellung nicht entziehen kann.[42])

b) Liegt ein nur vom Manne errichtetes Inventar vor, so ist das Verlangen der Eidesleistung auch nur ihm gegenüber zulässig.[43])

---

[40]) Vgl. hierzu Hachenburg S. 404ff., Planck-Ritgen S. 139, Wilke S. 81. Die Ausführungen dieser Schriftsteller gehen vielfach auseinander und lassen zum Teile auch ungewiß, in welchem Umfang die einzelnen Aufstellungen gelten sollen.

[41]) Planck-Ritgen S. 139 spricht auch hier von einem civilrechtlich verfolgbaren und durch Zwangsmittel durchzusetzenden Anspruch auf Eidesleistung; vgl. dagegen Anm. 36 und 39.

[42]) Anders Planck-Ritgen S. 139. Daselbst wird die Meinung vertreten, daß eine Haftung des eingebrachten Gutes bezw. des Gesamtgutes immer nur eintrete, wenn auch der Mann die Leistung des Eides verweigert habe. Allein wie soll der Mann hinsichtlich eines Inventars, an dessen Errichtung er nicht teilgenommen hat, zur Leistung des Offenbarungseides nach § 2006 überhaupt berufen sein?

[43]) So auch Herzfelder S. 215. A. A. Planck-Ritgen S. 139, der jedem Nachlaßgläubiger auch in diesem Falle einen auf § 2006 sich stützenden

An die Verweigerung der Eidesleistung durch den Mann bezw. an das Nichterscheinen im Termin im Sinne des § 2006 Abs. 3 knüpft sich aber der Eintritt der schlechthin unbeschränkten Haftung der Frau dem Gläubiger gegenüber nur dann, wenn der Frau eine Frist zur rechtzeitigen Inventarerrichtung nicht mehr zur Verfügung steht.[43a])

c) Ist das vorliegende Inventar als sowohl von der Frau als auch von dem Manne errichtet anzusehen, so bleibt der Frau dem betreffenden Gläubiger gegenüber das Recht zur Beschränkung ihrer Haftung solange erhalten, als ihrerseits weder eine Verweigerung der Eidesleistung noch ein dieser gleichstehendes Nichterscheinen im Termin vorliegt. Im Falle eines solchen Verhaltens der Frau verliert sie zwar dem in Frage kommenden Gläubiger gegenüber das Recht der Haftungsbeschränkung, wird jedoch der Mann hierdurch in Ansehung des eingebrachten Gutes der Frau bezw. in Ansehung des Gesamtgutes solange nicht berührt, als nicht auch auf seiner Seite eine der Voraussetzungen des § 2006 Abs. 3 vorliegt.[44])

III. Haftung des Erben im einzelnen.

1. Aufschiebende Einreden.*)

§ 74.

I. Sobald der Erbe die Erbschaft angenommen hat, können die Nachlaßgläubiger ihre Ansprüche gegen ihn richten, und können die persönlichen Gläubiger des Erben zum Zwecke ihrer Befriedigung auch auf Gegenstände greifen, die zum Nachlaß gehören. Allein, dafern der Erbe für die Nachlaßverbindlichkeiten nicht bereits schlechthin unbeschränkt haftet, müssen ihm, damit er vorher die erforderliche Übersicht über den Stand des Nachlasses gewinnen und danach seine weiteren

---

civilrechtlichen Anspruch auf Eidesleistung zwar nicht gegen den Mann, aber doch gegen die Frau geben will. Vgl. hierzu Anm. 36.

[43a]) Schreitet die Frau noch rechtzeitig zur Inventarerrichtung, so ist das im Texte unter c gesagte maßgebend.

[44]) Vgl. auch Planck-Ritgen S. 139, dessen allerdings viel weitergehende Behauptung (vgl. Anm. 42) für den hier behandelten Fall zutrifft.

*) Eccius a. a. O. S. 608, Hellwig, Anspruch und Klagrecht S. 378, Binder II S. 109.

Entscheidungen treffen kann, vorläufige Abwehrmittel gegen ein den späteren Maßnahmen vorgreifendes Andrängen jener und dieser Gläubiger gewährt werden.

II. Das Gesetz schützt demgemäß den Erben während einer gewissen Übergangszeit den Nachlaßgläubigern gegenüber durch die sogenannten „aufschiebenden Einreden" der §§ 2014, 2015.

1. Nach § 2014 ist der für die Nachlaßverbindlichkeiten nicht bereits schlechthin unbeschränkt haftende Erbe (§ 2016) grundsätzlich berechtigt, die Befriedigung einer Nachlaßverbindlichkeit bis zum Ablauf der ersten drei Monate nach der Annahme der Erbschaft (vgl. aber auch § 2017 und dazu unten VI) zu verweigern. Die Einrede des § 2014 entfällt jedoch auch schon vor dem Ablauf der drei Monate, sobald der Erbe das Inventar errichtet und hierdurch außer Zweifel gestellt hat, daß es ihm an dem Einblick in die Verhältnisse der Erbschaft nicht mehr fehlt.

2. Hat der Erbe noch vor Ablauf eines Jahres seit der Annahme der Erbschaft (vgl. aber auch hier § 2017 und unten VI) den Antrag auf Erlassung des Aufgebots der Nachlaßgläubiger gestellt,[1]) und ist der Antrag zugelassen, so kann er unter der Voraussetzung, daß ihm das Recht zur Beschränkung der Haftung noch nicht verloren gegangen ist, die Befriedigung einer Nachlaßverbindlichkeit bis zur Beendigung des Aufgebotsverfahrens verweigern.

Ist der Erbe im Aufgebotstermin nicht erschienen[2]) und beantragt er nicht binnen zwei Wochen die Bestimmung eines neuen Termins oder erscheint er auch in dem neuen Termin nicht, so steht dies der Beendigung des Aufgebotsverfahrens gleich.

Wird das Ausschlußurteil erlassen, oder der Antrag auf Erlassung des Urteils zurückgewiesen, so ist das Verfahren mit Rücksicht auf die dem Erben in beiden Fällen gegebene Möglichkeit zur Einlegung einer Beschwerde[3]) nicht vor dem Ablauf einer mit der Verkündung der Entscheidung beginnenden Frist von zwei Wochen und im Falle der rechtzeitig erfolgten Einlegung einer Beschwerde nicht vor der Erledigung derselben als beendigt anzusehen. Vgl. § 2015.

---

[1]) Bei Vorhandensein mehrerer Erben kommt der von einem Erben gestellte Antrag den übrigen Erben zu statten (§ 997 Abs. 1 CPO.).

[2]) Vgl. hierzu § 333 CPO.

[3]) Vgl. § 952 Abs. 4 CPO.

3. Gegenüber gewissen Ansprüchen finden die aufschiebenden Einreden nicht statt:

a) Sie sind dem Erben versagt gegenüber den im § 1971 bezeichneten bevorrechteten Gläubigern, d. i. den Pfandgläubigern und im Konkurse den Pfandgläubigern gleichstehenden Gläubigern, ferner den Gläubigern, die bei der Zwangsvollstreckung in das unbewegliche Vermögen ein Recht auf Befriedigung aus diesem Vermögen haben, und den Gläubigern, deren Ansprüche durch eine Vormerkung gesichert sind, oder denen im Konkurs ein Aussonderungsrecht zusteht, sofern und soweit sie lediglich ihr Vorrecht geltend machen. Hierbei bleiben jedoch Vorrechte, die ein Gläubiger erst nach dem Eintritt des Erbfalls im Wege der Zwangsvollstreckung oder der Arrestvollziehung oder durch eine erst nach diesem Zeitpunkt im Wege der einstweiligen Verfügung erwirkte Vormerkung[3a]) erlangt hat, außer Betracht, d. h. einem solchen Gläubiger kann der Erbe ungeachtet des von jenem auf die angegebene Weise erlangten Vorrechts die aufschiebenden Einreden allerdings entgegenhalten (§ 2016 Abs. 2).

b) Es gibt Nachlaßverbindlichkeiten, in betreff deren die aufschiebenden Einreden, obschon es an einer einschlagenden positiven Bestimmung fehlt, aus in der Natur der Sache liegenden Gründen keine Rolle spielen können. Hierher gehören z. B. die dem Erben eines Beauftragten, Gesellschafters, Testamentsvollstreckers nach den §§ 673, 727 Abs. 2, 2218 obliegenden Verpflichtungen, oder eine den Erben als solchen treffende Verpflichtung zur Vorlegung nach den §§ 809 bis 811. Auch die in den §§ 1963 und 1969 bezeichneten Verpflichtungen werden hierher zu rechnen sein.[4])

III. Die aufschiebenden Einreden der §§ 2014, 2015 sind privatrechtliche Einreden im technischen Sinne. Durch eine nach den berufenen Vorschriften zulässige Befriedigungsverweigerung gerät der Erbe den Nachlaßgläubigern gegenüber daher auch nicht in Leistungsverzug. Es wird sich aber nicht leugnen lassen, daß die Geltendmachung der aufschiebenden Einreden auch lediglich aus Chikane er-

---

[3a]) Stützt sich ein Nachlaßgläubiger auf eine ihm vom Erben bewilligte Vormerkung, so versagen dem dadurch erlangten Vorrecht gegenüber die aufschiebenden Einreden des Erben allerdings.

[4]) Vgl. auch Planck-Ritgen S. 149.

folgen kann. Trifft dies im konkreten Falle zu, so werden die Vorschriften der §§ 226, 826 zur Anwendung zu bringen sein.

Auf die prozessuale Behandlung der aufschiebenden Einreden beziehen sich die §§ 305, 782 CPO. Danach wird durch die Geltendmachung der aufschiebenden Einreden eine unter dem Vorbehalt der beschränkten Haftung ergehende Verurteilung des Erben nicht ausgeschlossen, und kann der in solcher Weise verurteilte Erbe vermöge der ihm zustehenden aufschiebenden Einreden nur verlangen, daß die vom Gläubiger in den Nachlaß oder in das Eigenvermögen des Erben geführte Zwangsvollstreckung für die Dauer der Fristen der §§ 2014, 2015[5]) auf solche Maßregeln beschränkt werde, die zur Vollziehung eines Arrestes zulässig sind.[6]) Mit Rücksicht auf diese Bestimmung scheint also der Erbe, der sich der aufschiebenden Einreden bedienen will, im Prozeßstadium nur dafür sorgen zu müssen, daß ihm die Beschränkung seiner Haftung im Urteil vorbehalten werde, und die Geltendmachung der Einreden selbst bis zum Stadium der Zwangsvollstreckung verschieben zu können. Allein dieser Schluß ist kein allseitig durchgreifender. Man wird vielmehr folgendermaßen unterscheiden müssen: Soweit durch die aufschiebenden Einreden lediglich die Durchführung der Zwangsvollstreckung hinausgeschoben werden will, hat ihre Geltendmachung allerdings erst im Stadium der Zwangsvollstreckung zu erfolgen und braucht sich daher der Erbe während des Prozesses nur die Möglichkeit der späteren Geltendmachung in der vorhin angegebenen Weise zu sichern.[6a]) In nicht seltenen Fällen wird aber das dem Erben nach den §§ 2014, 2015 zukommende Recht zur vorläufigen Verweigerung der Befriedigung auch von maßgebendem Einfluß für die Entscheidung der Frage sein, ob bezw. in welchem Umfange der Erbe zur Bewirkung der vom Nachlaßgläubiger beanspruchten Leistung zu verurteilen ist.[7]) Beispiel:

---

[5]) In betreff des Falles, daß noch vor dem Ablauf der Frist die Eröffnung des Nachlaßkonkurses beantragt worden ist, vgl. § 782 Satz 2 CPO.

[6]) Hiermit hängt es wieder zusammen, daß die Verjährung des Anspruchs dadurch, daß ihm die aufschiebenden Einreden der §§ 2014, 2015 entgegenstehen, nicht gehemmt wird (§ 202 Abs. 2 BGB.).

[6a]) So auch die herrschende Meinung; abweichend nur Binder S. 110 Anm. 12 (vgl. darüber unten Anm. 7).

[7]) Der hiermit berührte Punkt war in der 2. Aufl. d. B. zum ersten Male in Erwägung gezogen worden. Seitdem hat Binder II S. 110 Anm. 13

Der Erbe verweigert unter Berufung auf § 2014 die von einem Nachlaßgläubiger beanspruchte Leistung. Der Nachlaßgläubiger gibt sich aber hiermit nicht zufrieden, glaubt vielmehr, den Erben wegen Leistungsverzugs verantwortlich machen zu können, und klagt gegen diesen auf Schadensersatz wegen Nichterfüllung oder auf Leistung einer angeblich verfallenen Vertragsstrafe oder auf Zahlung von Verzugszinsen. Unter solchen Verhältnissen wird der verklagte Erbe, um seine Verurteilung abzuwenden, zweifellos schon im Stadium des Prozesses geltend machen müssen, daß er vermöge der ihm zustehenden aufschiebenden Einreden zur Verweigerung der Leistung berechtigt gewesen und daher gar nicht in Leistungsverzug gekommen sei.

IV. Unter denselben Voraussetzungen, bei deren Vorhandensein dem Erben gegenüber den Nachlaßgläubigern für die Dauer der in den §§ 2014, 2015 bestimmten Fristen die bisher besprochenen aufschiebenden Einreden zukommen, kann der nicht bereits schlechthin unbeschränkt haftende Erbe auch gegenüber seinen, ihre Befriedigung aus Nachlaßgegenständen betreibenden Eigengläubigern die Beschränkung der Zwangsvollstreckung auf die zur Vollziehung eines Arrestes zulässigen Maßregeln verlangen (§ 783 CPO.). Um eine materiellrechtliche Einrede handelt es sich aber hierbei offenbar nicht.

V. Ist eine Ehefrau Erbin und gehört die Erbschaft zum eingebrachten Gut, so muß ein Nachlaßgläubiger, um in dasselbe Zwangsvollstreckung führen zu können, nicht nur die Verurteilung der Frau zur Leistung, sondern auch die des Mannes zur Duldung der Zwangsvollstreckung erwirken (§ 739 CPO.). Gehört die der Ehefrau angefallene Erbschaft aber zum Gesamtgut, so ist zu der von einem Nachlaßgläubiger in dieses zu führenden Zwangsvollstreckung ein gegen den Ehemann ergangenes Urteil nicht nur erforderlich, sondern auch genügend (§ 740 CPO.). Demgemäß ist dem Ehemann, soweit die Führung der Zwangsvollstreckung in das eingebrachte Vermögen der Frau bezw. in das Gesamtgut in Frage kommt, dort wie hier die Möglichkeit zur selbständigen Geltendmachung der der Frau als Erbin zukommenden aufschiebenden Einreden sowie des aus § 783 CPO. sich ergebenden Rechtes gegeben.

---

seine ausdrückliche Zustimmung erklärt, jedoch mit der durch das Wesen der Sache nicht gerechtfertigten Beifügung, daß die Geltendmachung der aufschiebenden Einreden immer schon in der Prozeßinstanz erfolgen müsse.

VI. Besonderer Würdigung bedarf jetzt noch der Fall, daß für den Erben zur Verwaltung des Nachlasses ein Nachlaßpfleger bestellt worden oder daß ein zur Verwaltung des Nachlasses berufener Testamentsvollstrecker vorhanden ist.

1. Da der nach § 1960 bestellte Nachlaßpfleger denjenigen vertritt, welcher sich als Erbe herausstellen wird, so muß er selbstverständlich auch zur Geltendmachung der aufschiebenden Einreden der §§ 2014, 2015 berechtigt sein. Während jedoch dem Erben selbst gegenüber mit Rücksicht darauf, daß gegen ihn ein gegen den Nachlaß sich richtender Anspruch vor der Annahme der Erbschaft gerichtlich nicht geltend gemacht werden kann (§ 1958), die in den §§ 2014, 2015 bestimmten Fristen vor der Annahme der Erbschaft nicht beginnen können, beginnt ihr Lauf im Falle der schon vor der Annahme der Erbschaft erfolgten Bestellung eines Nachlaßpflegers schon mit der Bestellung (§ 2017). Nimmt der Erbe später die Erbschaft an und entfällt infolgedessen die Nachlaßpflegschaft, so beginnen die Fristen der §§ 2014, 2015 zugunsten des Erben nicht etwa von neuem, sondern laufen lediglich die bereits begonnenen Fristen fort.

2. Auch ein zur Verwaltung des Nachlasses berufener Testamentsvollstrecker kann sich der aufschiebenden Einreden der §§ 2014, 2015 selbständig bedienen (§ 2213 BGB. und § 748 Abs. 1 CPO.). Der für den Testamentsvollstrecker maßgebende Fristenlauf beginnt hier regelmäßig mit der Annahme der Erbschaft durch den Erben, dafern aber schon vor der Annahme der Erbschaft ein Nachlaßpfleger bestellt war, mit der Bestellung des letzteren (§ 2017).

2. Ausschluß von Nachlaßgläubigern.*)

a) Ausschluß im Wege des Aufgebotsverfahrens.

§ 75.

I. Die Nachlaßgläubiger können im Wege des Aufgebotsverfahrens unter Androhung der sie für den Fall der Ausschließung treffenden Rechtsnachteile zur Anmeldung ihrer Forderungen aufgefordert werden (§ 1970). Aus den einschlagenden Verfahrensvorschriften der §§ 989 bis 1000 CPO. ist hier folgendes hervorzuheben:

*) Hagen S. 129 ff., Binder II S. 113 ff.

1. Für das Aufgebotsverfahren zuständig ist das Nachlaßgericht, dafern aber die sonst dem Nachlaßgericht obliegenden Verrichtungen einer anderen Behörde übertragen sind (Art. 147 Abs. 1 EG.), dasjenige Amtsgericht, in dessen Bezirk die Nachlaßbehörde ihren Sitz hat (§ 990 CPO.).

2. Die Einleitung des Aufgebotsverfahrens erfolgt nur auf Antrag. Antragsberechtigt ist jeder Erbe (Alleinerbe oder Miterbe), dafern er für die Nachlaßverbindlichkeiten nicht bereits schlechthin unbeschränkt haftet (§ 2013 BGB. und § 991 CPO.), ferner ein Nachlaßpfleger [1]) oder ein Testamentsvollstrecker, wenn ihnen die Verwaltung des Nachlasses zusteht; [2]) der Erbe und der Testamentsvollstrecker aber erst nach der Annahme der Erbschaft (§ 991 CPO.).

Ist eine Ehefrau die Erbin und liegen hinsichtlich der Erbschaft die Voraussetzungen des § 2008 BGB. vor, so kann, dafern nur die Frau für die Nachlaßverbindlichkeiten nicht bereits schlechthin unbeschränkt haftet, der Antrag auf Einleitung des Aufgebotsverfahrens sowohl von ihr als auch von dem Ehemann, ohne daß hierbei

---

[1]) Unter dem „Nachlaßpfleger" ist hier gewiß auch der Nachlaßverwalter mit zu verstehen. Unzutreffend ist es jedoch, wenn Planck-Ritgen S. 73 behauptet, daß ein Nachlaßpfleger im Sinne der §§ 1960, 1961 überhaupt nur für die Zeit vor der Annahme der Erbschaft in Betracht kommen könne. Daß dies zu weit geht, ergibt sich mit Deutlichkeit aus den §§ 1960, 1961 selbst.

[2]) Keine ausdrückliche Entscheidung enthält die CPO. darüber, ob das Aufgebotsverfahren von einem Nachlaßverwalter oder Testamentsvollstrecker noch beantragt werden kann, nachdem der Erbe das Recht zur Beschränkung seiner Haftung für die Nachlaßverbindlichkeiten eingebüßt hat. Diese von Planck-Ritgen S. 73, Wilke S. 40, Herzfelder S. 125 bejahte Frage wird aus folgenden Gründen zu verneinen sein. Nach § 2013 findet der die Rechtsfolgen der Ausschließung eines Nachlaßgläubigers bestimmende § 1973 in betreff eines bereits schlechthin unbeschränkt haftenden Erben keine Anwendung. Nach § 995 CPO. sind aber im Falle eines nach § 1970 BGB. zu erlassenden Aufgebots den die Anmeldung unterlassenden Nachlaßgläubigern gerade die aus § 1973 BGB. sich ergebenden Rechtsnachteile anzudrohen. Daraus scheint sich mit Notwendigkeit zu ergeben, daß ein unter Androhung dieser Rechtsnachteile erfolgendes Aufgebot nach bereits eingetretener schlechthin unbeschränkter Haftung des Erben unter allen Umständen, also auch auf Antrag eines Nachlaßpflegers oder Testamentsvollstreckers nicht mehr erlassen werden kann. Andere Rechtsnachteile sind aber für den Fall eines vom Nachlaßpfleger oder Testamentsvollstrecker beantragten Aufgebotsverfahrens im Gesetz nicht vorgesehen. Einen weiteren Beleg für das gesagte liefert § 175 Abs. 2 ZVG. So wie hier, jetzt auch Binder S. 113 Anm. 5.

die Zustimmung des anderen Teiles erforderlich ist, gestellt werden. Im Falle eines Erbschaftskaufs oder eines anderen auf Veräußerung einer Erbschaft gerichteten und nach den Vorschriften über den Erbschaftskauf zu behandelnden Geschäftes (vgl. § 2385) endlich kann sowohl der Käufer (Erwerber) als der Erbe das Aufgebot beantragen. Vgl. §§ 999, 1000 CPO.

Die vorhergehende Inventarerrichtung bildet eine Voraussetzung für die Zulässigkeit des Aufgebotsverfahrens nicht.

3. Neben dem Nachlaßkonkurs kann dem Aufgebotsverfahren zum Zwecke des Ausschlusses von Nachlaßgläubigern nach § 1970 praktische Bedeutung nicht zukommen. Aus diesem Grunde soll das Aufgebot nicht erlassen werden, wenn die Eröffnung des Nachlaßkonkurses beantragt ist, und wird das bereits eingeleitete Aufgebotsverfahren durch die Eröffnung des Nachlaßkonkurses beendigt (§ 993 CPO.).

4. Das Aufgebot ist in der im § 948 CPO. bestimmten Weise öffentlich bekannt zu machen; denjenigen Nachlaßgläubigern, welche dem Nachlaßgericht angezeigt sind und deren Wohnort bekannt ist, ist es von Amts wegen zuzustellen. Die Aufgebotsfrist soll höchstens sechs Monate betragen. Vgl. § 994 CPO.

5. Die Anmeldung einer Forderung hat die Angabe des Gegenstandes und des Grundes der Forderung unter Beifügung der urkundlichen Beweisstücke in Abschrift oder in Urschrift zu enthalten. Die Einsicht in die Anmeldung ist jedem zu gestatten, der ein rechtliches Interesse glaubhaft macht (§ 996 CPO.).

6. Tritt nach erfolgter Einleitung des Aufgebotsverfahrens ein Fall ein, für welchen das Gesetz das Aufgebotsverfahren nicht zuläßt, so ist das Verfahren einzustellen. Dies trifft aber, abgesehen von dem schon unter Z. 3 hervorgehobenen Falle des Nachlaßkonkurses auch noch zu, wenn derjenige Erbe oder Erbschaftskäufer, von welchem oder für welchen der Antrag auf Einleitung des Aufgebotsverfahrens allein gestellt worden ist, das Recht auf die Beschränkung der Haftung noch vor der Erlassung des Ausschlußurteils einbüßt, oder wenn im Falle des von dem Nachlaßpfleger oder Testamentsvollstrecker gestellten Antrags für alle Personen, deren Haftung für die Nachlaßverbindlichkeiten in Betracht kommt, das Recht zur Haftungsbeschränkung verloren gegangen ist.

7. Das Aufgebotsverfahren findet, wenn es nicht vorher ein-

gestellt worden ist, seine Erledigung durch ein zum Nachteil derjenigen Gläubiger, welche die Anmeldung einer durch das Aufgebot betroffenen Forderung unterlassen haben, ergehendes Ausschlußurteil. Ein Rechtsmittel findet gegen das Ausschlußurteil nicht statt; nach Maßgabe von §§ 957 Abs. 2 und 958 CPO. kann es aber unter den daselbst angegebenen Voraussetzungen angefochten werden.

II. Das Aufgebot richtet sich, abgesehen von den später hervorzuhebenden Ausnahmefällen, an alle Nachlaßgläubiger, nicht nur an die unbekannten, sondern auch an die bekannten,[3]) und es bezieht sich keineswegs bloß auf fällige, sondern auch auf nicht fällige, ja selbst auf bedingte Nachlaßverbindlichkeiten mit Inbegriff derjenigen, deren Entwicklung aus bereits bestehenden Haftungen sich voraussehen läßt. Hatte sich also der Erblasser z. B. für eine fremde Schuld verbürgt, oder hatte er einen Wechsel indossiert, und ist nach dem Erbfall das Aufgebotsverfahren eingeleitet worden, so muß der Gläubiger, wenn er den Nachteil des Ausschlusses vermeiden will, seine eventuelle Forderung aus der Bürgschaft, aus dem Indossament anmelden, obschon die Voraussetzungen, unter welchen auf Grund der Bürgschaft die Leistung gefordert, auf Grund des Indossaments Regreß genommen werden kann, noch nicht vorhanden sind.

Der Umstand, daß der Gläubiger bereits ein rechtskräftiges Urteil gegen den Erblasser erwirkt hat, oder daß eine Nachlaßverbindlichkeit vom Erben in das Inventar aufgenommen ist,[4]) befreit den betreffenden Gläubiger von der Anmeldung nicht. Durch das Aufgebot unberührt bleiben jedoch folgende Ansprüche:

1. Die der bevorrechteten Gläubiger des § 1971, soweit es sich lediglich um die Geltendmachung der diesen zukommenden Vorrechte handelt. Ob ein hierher gehörender Gläubiger sein Vorrecht vor oder nach dem Erbfall durch rechtsgeschäftliche Bestellung oder durch

---

[3]) Ganz dasselbe ist auch schon in der 1. Auflage d. Buches S. 134 gesagt worden, jedoch mit einem auf die legislative Seite der Frage sich beziehenden Beisatz, den Wilke S. 43 mit Unrecht auf die Auslegung der lex lata bezieht. Vgl. auch Anm. 4.

[4]) Das BGB. schließt sich wie in vielen anderen Punkten so auch hier dem preuß. Gesetz v. 28. 3. 1879, betreffend die Zwangsvollstreckung gegen Benefizialerben an. Nach dem, dem eben genannten preuß. Gesetz nachgebildeten lüb. Aufgebotsgesetz v. 25. 3. 1882 waren dagegen die vom Antragsteller der Nachlaßbehörde angezeigten Gläubiger lediglich davon zu benachrichtigen, daß sie von der Anmeldung befreit sind.

Zwangsvollstreckung, Arrestvollziehung, einstweilige Verfügung erlangt hat, ist hier[5]) gleichgültig.

2. Pflichtteilsansprüche und Ansprüche aus Vermächtnissen und Auflagen (§ 1972; vgl. aber doch schon hier auch § 2060 Nr. 1).[6])

3. Forderungen, deren Entstehung durchaus[6a]) in die Zeit nach der Erlassung des Ausschlußurteils oder auf einen dieser Erlassung zwar vorangehenden, von ihr zugleich aber so wenig entfernten Zeitpunkt fällt, daß dem Gläubiger die Anmeldung nicht mehr zugemutet werden kann.[7])

4. Forderungen aus nach der Erlassung des Aufgebots mit dem Nachlaßpfleger, Testamentsvollstrecker abgeschlossenen Rechtsgeschäften.[8])

5. Forderungen, die dem Gläubiger durch ein von ihm noch vor der Erlassung des Ausschlußurteils gegenüber demjenigen, auf dessen Antrag es ergeht, erwirktes Urteil rechtskräftig zuerkannt sind.[9])

6. Forderungen, hinsichtlich deren der Erbe bereits schlechthin unbeschränkt haftet. Sind mehrere Erben vorhanden, und haften für

---

[5]) Anders im Falle des § 2016 Abs. 2; vgl. oben § 74 Anm. 3a.

[6]) Vgl. hierzu Protokolle V S. 774, 775. Daselbst ist hervorgehoben, daß der Zweck des Aufgebots bei Vermächtnissen, Auflagen und Pflichtteilsrechten deshalb entfalle, weil der Erbe von diesen Ansprüchen regelmäßig schon infolge der Verkündung der vom Erblasser hinterlassenen Verfügungen von Todes wegen ausreichende Kunde erhalte. Bei Auflagen komme außerdem noch in Betracht, daß aus ihnen keine Gläubigerrechte entspringen. Endlich dürfe nicht übersehen werden, daß Pflichtteilsberechtigte, Vermächtnisnehmer und die zur Geltendmachung von Auflagen Berechtigten unter Umständen von den betreffenden Ansprüchen erst nach Ablauf der Anmeldefrist Kenntnis erlangen können. Vgl. zu dieser Begründung Binder II S. 114 Anm. 16.

[6a]) Dasselbe muß aber auch für solche, aus schon früher vorhandenen Haftungen nachträglich entstandene Ansprüche gelten, deren Entstehung nicht vorausgesehen werden konnte. Vgl. oben S. 234.

[7]) Diese im Gesetz nicht ausdrücklich ausgesprochenen Entscheidungen ergeben sich aus dem Wesen der Sache.

[8]) Zur Rechtfertigung kann allerdings nur die sachliche Erwägung beigebracht werden, daß die Ermittelung solcher Ansprüche durch das Aufgebot der Nachlaßgläubiger gewiß nicht bezweckt wird. Vgl. jetzt auch Binder II S. 115 Anm. 17.

[9]) Auch hierfür kann der Wortlaut des Gesetzes nicht angerufen werden. Als entscheidend dürfte aber zu betrachten sein, daß hinsichtlich dieser Ansprüche alles, was im Wege des Aufgebotsverfahrens im besten Falle ermittelt werden könnte, ohnedies schon in vollkommenster Weise feststeht. Anders allerdings Weißler S. 272.

diese Forderungen nicht alle Erben schlechthin unbeschränkt, so müssen sie angemeldet werden, wenn den noch nicht schlechthin unbeschränkt haftenden Erben gegenüber der Ausschluß vermieden werden will (vgl. § 2013).

7. Aus dem Nachlaß zu befriedigende Forderungen des Erben[10]) oder der Erben[11]) bedürfen der Anmeldung nur dann, wenn das Aufgebotsverfahren vom Nachlaßverwalter oder vom verwaltenden Testamentsvollstrecker[11a]) beantragt worden ist und die Nachlaßverwaltung oder die Testamentsvollstreckung zur Zeit des Ausschlußurteils noch besteht.[12])

III. Über die an den Ausschluß einer Forderung im Aufgebotsverfahren sich knüpfenden Rechtsfolgen ist zu bemerken:

1. Sie kommen nur einem Erben zu statten, der zur Zeit der Erlassung des Ausschlußurteils des Rechtes zur Beschränkung der Haftung noch nicht verlustig geworden ist. Tritt der Verlust dieses Rechtes erst nach der Erlassung des Ausschlußurteils ein, so bleiben hierdurch die infolge des Ausschlusses zugunsten des Erben bereits eingetretenen Rechtsfolgen unberührt (vgl. § 2013 Abs. 1 Satz 2).

---

10) Es bestehen Meinungsverschiedenheiten. Während z. B. Planck-Ritgen S. 74 und Herzfelder S. 126 die Anmeldungspflicht des Erben unterschiedslos leugnen, nimmt Wilke S. 40 sie immer als vorhanden an. Allein es ist in sich widerspruchsvoll, wenn dem das Aufgebot beantragenden Erben eine Anmeldungspflicht auferlegt wird, bei deren Außerachtlassung ihm gegen sich selbst die Einrede des § 1973 erwachsen soll. Die Anmeldungspflicht des Erben ist deshalb auf den im Texte bezeichneten Fall zu beschränken. Wie hier jetzt auch Binder II S. 115.

11) Anders auch hier Wilke S. 40, der sich ausnahmslos für die Anmeldungspflicht der Miterben ausspricht. Für die im Texte vertretene Ansicht spricht, selbst wenn der Antrag auf Einleitung des Aufgebotsverfahrens nur von einem Miterben ausgegangen ist, daß die unter den Miterben durch die Miterbengemeinschaft geschaffenen Beziehungen den Miterben regelmäßig ohnedies die Kenntnis der jedem einzelnen Miterben gegen den Nachlaß zustehenden Ansprüche vermitteln. Der Eintritt der Ausschlußwirkung hinsichtlich solcher von einem Miterben nicht angemeldeter Forderungen würde daher eine sachlich ungerechtfertigte formalistische Härte bedeuten.

11a) Dieser Fall war in der 2. Aufl. noch nicht berücksichtigt.

12) Vgl. auch Weißler S. 272. Selbst in betreff der im Texte bezeichneten Fälle dürfte übrigens noch zu sagen sein, daß die Ausschlußwirkung hinsichtlich derjenigen gegen den Nachlaß sich richtenden Forderungen des Erben nicht eintritt, welche bereits in einem vom Erben vor der Erlassung des Ausschlußurteils errichteten Inventar angegeben sind.

2. Die Ausschließung einer Forderung im Aufgebotsverfahren hat keineswegs deren Erlöschung, sondern nur eine eigenartige Abschwächung der Haftung des Erben gegenüber dem ausgeschlossenen Gläubiger zur Folge. Der Erbe vermag nämlich, und zwar ohne daß er zu diesem Zwecke den Antrag auf Anordnung einer Nachlaßverwaltung oder auf Eröffnung des Nachlaßkonkurses zu stellen brauchte,[12a]) seine Haftung gegenüber dem ausgeschlossenen Gläubiger auf dasjenige einzuschränken, um was er aus dem Nachlaß noch bereichert ist. Die Beurteilung der Frage des Vorhandenseins und des Maßes einer solchen Bereicherung bestimmt sich nach den Vorschriften über die Herausgabe einer ungerechtfertigten Bereicherung. Es kommen dabei folgende Faktoren in Betracht:

a) Zunächst der Aktivbestand des Nachlasses. Diesem müssen auch diejenigen Rechte des Erblassers zugerechnet werden, welche infolge der Vereinigung mit den in der Person des Erben vorhanden gewesenen Verbindlichkeiten bezw. Belastungen erloschen sind.[13]) Ausdrücklich ausgesprochen ist dies im Gesetze freilich nicht. Das gesagte ergibt sich aber mit Notwendigkeit aus der im Gesetze angeordneten Anwendung der Vorschriften über die Herausgabe einer ungerechtfertigten Bereicherung.[14])

[12a]) Kommt es, obschon die dazu erforderliche Masse vorhanden ist (vgl. § 1990), zur Anordnung der Nachlaßverwaltung oder zur Eröffnung des Nachlaßkonkurses wegen Mangels eines darauf gerichteten Antrags nicht, so ergibt sich, wenn außer den ausgeschlossenen auch nicht ausgeschlossene Gläubiger noch vorhanden sind, eine ähnliche Gestaltung der Haftung des Erben wie im Falle des § 1992. Denn unter der angegebenen Voraussetzung haftet der Erbe den nicht ausgeschlossenen Gläubigern nicht nur mit dem Nachlaß, sondern auch mit seinem Eigenvermögen, den ausgeschlossenen Gläubigern dagegen nur nach Maßgabe des § 1973.

[13]) Hierbei ist übrigens wohl zu beachten, daß eine solche Erlöschung nach § 1976 als überhaupt nicht eingetreten zu gelten hat, wenn es zur Anordnung der Nachlaßverwaltung oder zur Eröffnung des Nachlaßkonkurses gekommen ist. In diesen Fällen versteht es sich daher ganz von selbst, daß Rechte des Erblassers, denen auf seiten des Erben eine Verbindlichkeit oder Belastung gegenübersteht, auch gegenüber einem ausgeschlossenen Gläubiger mit in Ansatz zu bringen sind.

[14]) A. Ansicht Herzfelder S. 133 und wie es scheint auch Planck-Ritgen S. 90 unter Z. 6 a. E. Wie im Texte Weißler S. 340. Die Bedeutung dieser Meinungsverschiedenheit soll an einem Beispiel veranschaulicht werden: Der Erblasser hatte eine Forderung im Betrage von 5000 M. gegen

b) Nachstehende Abzugsposten:

α) Diejenigen Rechte des Erben gegen den Erblasser, welche infolge der Vereinigung erloschen sind.[15])

β) Die Forderungen der nicht ausgeschlossenen Gläubiger,[15a]) aber nicht ohne Unterschied. In betreff der der Ausschließung im Wege des Aufgebotsverfahrens überhaupt nicht unterliegenden Pflichtteilsansprüche und der Ansprüche aus Vermächtnissen und Auflagen[16]) gilt nämlich folgende Besonderheit (§ 1973 Abs. 1 Satz 2): Solange der ausgeschlossene Gläubiger seine Forderung nicht „geltend macht", kann der Erbe, selbst wenn er von der Existenz dieser Forderung Kenntnis hat, ohne jede Gefahr einer ihn deswegen treffenden Haftung die nicht ausgeschlossenen Gläubiger aller Art aus demjenigen befriedigen, was vom Nachlaß noch vorhanden ist. Hat der ausgeschlossene Gläubiger dagegen seine Forderung bereits, wenn auch nur außergerichtlich gegen den „Erben geltend gemacht", so darf dieser den Nachlaßbestand zum Nachteil des ausgeschlossenen Gläubigers nicht mehr durch Befriedigung von Verbindlichkeiten aus Pflichtteilsrechten, Vermächtnissen und Auflagen mindern. Tut er dies trotzdem, so hat er dem ausgeschlossenen Gläubiger für

---

den Erben. Wird sie als zum Nachlaß mitgehörend in Ansatz gebracht, so würde der ausgeschlossene Gläubiger aus ihr seine Befriedigung finden können, während er im umgekehrten Falle mit Rücksicht auf den angenommenen sonstigen Stand des Nachlasses durchfallen müßte. Die letztere Entscheidung führt also dazu, daß der Erbe, obschon ein Nachlaßgläubiger unbefriedigt bleibt, 5000 M. aus dem Nachlaß rein gewinnt. Dieses Ergebnis wird um so auffallender und unannehmbarer, wenn man erwägt, daß im Falle des Nachlaßkonkurses oder der Nachlaßverwaltung wegen § 1976 ganz unzweifelhaft anders entschieden werden muß, obschon der Erbe dem ausgeschlossenen Gläubiger doch auch in diesem Falle nicht über das Maß seiner Bereicherung hinaus haftet. Zustimmend Binder II S. 116 Anm. 25.

[15]) Im Falle der Nachlaßverwaltung bezw. des Nachlaßkonkurses würde übrigens eine solche Erlöschung auch hier wegen § 1976 als nicht eingetreten anzusehen sein. Die Bemerkung des Textes ist aber wichtig für diejenigen Fälle, bei welchen § 1976 nicht eingreift. Die in Anm. 14 hervorgehobene Meinungsverschiedenheit besteht auch hier, nur mit dem Unterschied, daß die gegnerische Meinung in ihrer Anwendung auf die hier in Betracht kommende Sachlage praktisch zu einer, über das im § 1973 bestimmte Maß hinausgehenden Haftung des Erben gegenüber einem ausgeschlossenen Gläubiger führt.

[15a]) Vgl. übrigens auch die weitere Ausführung unter Z. 4c.

[16]) Die auf diese Ansprüche sich beziehende Sondervorschrift fehlte noch in der Reichstagsvorlage; vgl. dazu den Bericht der Reichstagskommission S. 9ff.

den von diesem erlittenen Ausfall aufzukommen. Hatte der Erbe eine solche Minderung des Nachlasses zum Nachteile eines ausgeschlossenen Gläubigers noch vor der Geltendmachung der diesem zustehenden Forderung herbeigeführt, so kann übrigens der benachteiligte Gläubiger die Erfüllung des Pflichtteils-, Vermächtnisanspruchs, des Anspruchs auf Vollziehung der Auflage auch nach Maßgabe von § 3a AnfG. anfechten.[17])

γ) Dasjenige, was der Erbe einem anderen ausgeschlossenen Gläubiger bereits geleistet hat. Nach der ausdrücklichen Bestimmung des Gesetzes wirkt hierbei die rechtskräftige Verurteilung des Erben zur Befriedigung eines anderen ausgeschlossenen Gläubigers dem seine Forderung geltend machenden ausgeschlossenen Gläubiger gegenüber wie die Befriedigung (§ 1973 Abs. 2 Satz 3).

δ) Auf den Nachlaß gemachte Aufwendungen in dem später noch genauer festzustellenden Maße.

c) Wegen seines Gebahrens mit dem Nachlaß ist der Erbe dem ausgeschlossenen Gläubiger, solange nicht die Voraussetzung des § 818 Abs. 4 oder die des § 819 eingetreten ist, nicht verantwortlich,[17a]) und im Falle einer von ihm hinsichtlich eines Nachlaßgegenstandes vorgenommenen Verfügung oder des Verbrauchs von zum Nachlaß gehörenden verbrauchbaren Sachen hat der Erbe dem ausgeschlossenen Gläubiger nur insoweit zu haften, als er durch einen für den veräußerten Gegenstand erlangten Ersatz bezw. infolge des Verbrauchs von Nachlaßsachen durch Ersparung von Aufwendungen, die er sonst

---

[17]) Daß diese Vorschrift und überdies auch noch § 222 KO. in der 1. Auflage dieses Buches S. 134 übersehen worden sei, behauptet sehr mit Unrecht Herzfelder S. 130. Zur Zeit des Erscheinens der 1. Auflage waren der jetzige § 3a AnfG. und der jetzige § 222 KO. noch nicht einmal in Aussicht genommen. Die Beilagen zur Denkschrift beweisen vielmehr, daß ausgeschlossene Gläubiger nach den damaligen gesetzgeberischen Absichten ihre Forderungen im Konkursverfahren überhaupt nicht sollten geltend machen können; vgl. darüber und dagegen die Ausführungen der 1. Aufl. S. 135, 136. In einem etwas früheren Stadium hatte man zwar eine dem jetzigen § 3a AnfG. entsprechende Vorschrift in Erwägung gezogen; der Gedanke wurde aber dann wieder fallen gelassen und erst viel später wieder aufgenommen.

[17a]) Eine Haftung nach den §§ 1978, 1980 (vgl. darüber § 79 d. D.) trifft also den Erben einem ausgeschlossenen Gläubiger gegenüber nicht. Anders scheinbar Binder II S. 117 Anm. 33, der sich aber S. 173 Anm. 84 doch wieder auf den hier vertretenen Standpunkt stellt.

aus seinem Vermögen hätte machen müssen, **bereichert** ist.[17b]) Wegen nicht gezogener Nutzungen hat der Erbe Ersatz nicht zu leisten und Verwendungen kann er, soweit er sie überhaupt gemacht hat, gleichviel, ob sie notwendig, nützlich oder überflüssig waren, voll in Ansatz bringen (§ 818). Eine über dieses Maß hinausgehende Haftung trifft den Erben dem ausgeschlossenen Gläubiger gegenüber jedoch von dem Zeitpunkt an, in welchem dieser seinen Anspruch **rechtshängig** gemacht hat, oder in welchem der Erbe schon vorher von dem Dasein dieses Anspruchs **Kenntnis** erlangt hat (vgl. §§ 818 Abs. 4, 819). Von nun an ist der Erbe dem ausgeschlossenen Gläubiger für den dadurch entstehenden Schaden verantwortlich, daß infolge seines Verschuldens ein zum Nachlaß gehörender Gegenstand verschlechtert wird oder untergeht oder aus einem anderen Grunde nicht zum Zwecke der Befriedigung zur Verfügung gestellt werden kann (§ 989), oder daß, und zwar ebenfalls infolge eines ihn treffenden Verschuldens, Nutzungen, die hätten gezogen werden können, nicht gezogen worden sind (§ 987). Soweit der Erbe dem ausgeschlossenen Gläubiger gegenüber wegen des Abgangs einer dem Nachlaß entnommenen oder aus anderem Grunde an den Nachlaß zu erstattenden Geldsumme verantwortlich ist, hat er sie von dem bezeichneten Zeitpunkte an zu verzinsen (§ 291). Verwendungen endlich, die der Erbe auf die Erbschaft seitdem gemacht hat, kann er dem ausgeschlossenen Gläubiger nur in Rechnung stellen, wenn sie notwendig waren und auch in diesem Falle nur nach den Vorschriften über die Geschäftsführung ohne Auftrag (§ 994). In betreff der Befriedigung von anderen ausgeschlossenen Gläubigern oder von Ansprüchen aus Pflichtteilsrechten, Vermächtnissen und Auflagen bleibt es bei dem unter b β und γ gesagten.[17c])

3. Die einem ausgeschlossenen Gläubiger gegenüber erfolgende

[17b]) Im Falle einer vom Erben hinsichtlich eines Nachlaßgegenstandes vorgenommenen schenkweisen Verfügung kann eine Bereicherung des Erben insoweit vorliegen, als dieser durch jene Verfügung eine Aufwendung erspart hat, die er auch ohne den Erbschaftserwerb aus seinem Eigenvermögen gemacht haben würde. Vgl. auch Prot. II S. 705 und **Hagen** S. 153.

[17c]) Durch die unter Beobachtung der a. a. O. entwickelten Grundsätze erfolgende Befriedigung eines anderen (wenn auch ausgeschlossenen) Gläubigers macht sich der Erbe dem noch unbefriedigten Gläubiger gegenüber selbst dann nicht verantwortlich, wenn er bei jener Befriedigung von dessen Forderung bereits Kenntnis hatte, oder wenn diese damals schon rechtshängig war.

Berufung des Erben auf die im § 1973 [17d]) bestimmte Einschränkung der Haftung führt je nach den Umständen zu verschiedenen Ergebnissen:

a) Vermag der Erbe darzutun,[18]) daß der Nachlaß infolge der Tilgung von Nachlaßverbindlichkeiten, zu der er dem ausgeschlossenen Gläubiger gegenüber berechtigt war, oder infolge von anderweiten auf den Nachlaß gemachten Aufwendungen, die er in Ansatz bringen darf, oder infolge sonstiger Umstände, für die er nicht zu haften hat, derart erschöpft ist,[19]) daß für ihn auch eine Bereicherung nicht mehr vorliegt, so kann er die Befriedigung des ausgeschlossenen Gläubigers gänzlich verweigern.[19a])

[17d]) Nach § 1973 bestimmt sich die Haftung des Erben auch im Falle des § 1989 (vgl. darüber § 90 d. W.).

[18]) Die Beweislast (hinsichtlich der eingetretenen Erschöpfung des Nachlasses) trifft also den Erben. Hatte er ein Inventar errichtet, so kommt ihm dabei auch dem ausgeschlossenen Gläubiger gegenüber die Vermutung des § 2009 zu statten. Steht der ursprüngliche Nachlaßbestand fest, so wird der Erbe darzulegen haben, daß und infolge welcher Umstände von einer eingetretenen Bereicherung nicht oder nicht mehr die Rede sein kann. Hierbei wird der ausgeschlossene Gläubiger den Erben nach Lage der Umstände zur Leistung des Offenbarungseides nach § 260 (nicht nach § 2006; vgl. dazu oben S. 222 Anm. 33) verhalten können. Vgl. auch Herzfelder S. 131.

[19]) Eine solche Erschöpfung setzt übrigens nicht voraus, daß Nachlaßgegenstände im Vermögen des Erben überhaupt nicht mehr vorhanden sind, sie kann vielmehr auch in der Weise vorkommen, daß die vom Erben aus seinem eigenen Vermögen geleisteten Zahlungen, gemachten Verwendungen den Wert der noch vorhandenen Nachlaßgegenstände erreichen oder sogar übersteigen. Planck-Ritgen S. 77 scheint anzunehmen, daß der Erbe in diesem Falle die noch vorhandenen Nachlaßgegenstände wenigstens dann herausgeben müsse, wenn ihm die aus seinem eigenen Vermögen gemachten Aufwendungen vom ausgeschlossenen Gläubiger ersetzt werden. Allein hiergegen spricht, daß der Erbe nach § 1973 Abs. 2 Satz 2 die Herausgabe der noch vorhandenen Nachlaßgegenstände durch Zahlung des Wertes abwenden kann. Von diesem Werte kann der Erbe aber doch zweifellos die aus seinem Eigenvermögen gemachten Aufwendungen in Abzug bringen, so zwar, daß in dem im Texte vorausgesetzten Falle sowohl die Herausgabe der Nachlaßgegenstände als auch die Zahlung ihres Wertes entfällt.

[19a]) Soweit die Erschöpfung des Nachlasses darauf beruht, daß der Erbe, ohne deswegen dem ausgeschlossenen Gläubiger verantwortlich zu sein, etwas zum Nachlaß Gehörendes einem Dritten unentgeltlich zugewendet hat, kommt § 822 in der Weise zur Anwendung, daß der dem Erben selbst allerdings nicht zustehende Herausgabeanspruch gegen den Dritten im Interesse des ausgeschlossenen Gläubigers als zum Nachlaß gehörend behandelt wird.

b) Verbleibt dagegen dem auf die Einschränkung seiner Haftung nach § 1973 sich berufenden Erben bei Berücksichtigung der unter Z. 2 hervorgehobenen Momente noch ein als Bereicherung aus dem Nachlaß sich darstellender Überschuß,[20]) so kann er den ausgeschlossenen Gläubiger auf diejenigen Gegenstände verweisen, aus welchen sich der Überschuß zusammensetzt.[21]) Selbst die auf diese Gegenstände sich beschränkende Zwangsvollstreckung kann der Erbe dem ausgeschlossenen Gläubiger gegenüber schon durch Zahlung ihres Wertes[21a]) abwenden (§ 1973 Abs. 2 Satz 2).[21b])

4. Die praktische Durchführung der im § 1973 enthaltenen materiellen Rechtssätze bereitet einige Schwierigkeiten und erhebliche Zweifel ergeben sich insbesondere aus der Fassung von § 1973 Abs. 2 Satz 1 und 2:

> Einen Überschuß hat der Erbe zum Zwecke der Befriedigung des Gläubigers im Wege der Zwangsvollstreckung nach den Vorschriften über die Herausgabe einer ungerechtfertigten Bereicherung herauszugeben. Er kann die Herausgabe der noch vorhandenen Nachlaßgegenstände durch Zahlung des Wertes abwenden.

Hierdurch scheint die Auffassung nahegelegt zu sein, daß sich der bisherige Anspruch des Gläubigers gegen den Erben infolge der Ausschließung im Aufgebotsverfahren in einen Anspruch auf Herausgabe des Nachlaßüberschusses verwandele, und daß dem Gläubiger aus der Erfüllung dieses Anspruchs das Recht erwachse, sich aus dem Heraus-

---

[20]) Das in Anm. 18 über die Beweisführung des Erben gesagte gilt auch hier.

[21]) Hierbei ist nicht nur an ursprüngliche Nachlaßgegenstände, sondern auch an solche Gegenstände zu denken, die an die Stelle von Nachlaßgegenständen getreten sind, so z. B. die dem Erben, welcher aus Nachlaßmitteln eine Zahlung an einen vermeintlichen Nachlaßgläubiger geleistet hat, gegen den Empfänger zustehende condictio indebiti.

[21a]) Maßgebend ist offenbar der Wert derjenigen Zeit, zu welcher der Erbe von seinem Abfindungsrechte Gebrauch macht. Über die Höhe des anzusetzenden Wertes entscheidet nötigenfalls der Prozeßrichter.

[21b]) Hierbei wird vorausgesetzt, daß dieser Wert hinter dem Betrag der Forderung des ausgeschlossenen Gläubigers zurückbleibt. Erreicht dieser Wert dagegen den Betrag der Forderung oder übersteigt er ihn sogar, so kommt der im Texte berufenen Bestimmung praktische Bedeutung nicht zu. Denn daß der Erbe den ausgeschlossenen Gläubiger jederzeit voll befriedigen kann, versteht sich ohnedies von selbst.

gegebenen selbst zu befriedigen.[22]) Dieser Lösungsversuch scheitert jedoch an folgenden Erwägungen: Nach dem Gesetz hat die Befriedigung des ausgeschlossenen Gläubigers aus dem Nachlaßüberschuß im Wege der Zwangsvollstreckung zu erfolgen. Die bezeichnete Auffassung bringt es dagegen notwendig mit sich, daß der ausgeschlossene Gläubiger wegen Mangels eines Anspruchs auf Befriedigung seiner ursprünglichen Forderung einen die Befriedigung auf dem vom Gesetz vorgeschriebenen Wege ermöglichenden Zwangsvollstreckungstitel überhaupt nicht erlangen kann.[23]) Der hier abgelehnten Lehre steht ferner entgegen, daß dem Erben durch § 1973 dem ausgeschlossenen Gläubiger gegenüber nur eine Einrede gegeben ist und daß daher von einer ipso iure eintretenden Verwandlung des bisherigen Befriedigungsanspruchs des Gläubigers in einen Anspruch auf Überschußherausgabe keine Rede sein kann. Aus dem die Stellung des ausgeschlossenen Gläubigers im Falle des Nachlaßkonkurses betreffenden § 226 Abs. 4 KO. ergibt sich sodann, daß eine effektive Herausgabe eines Nachlaßüberschusses an den ausgeschlossenen Gläubiger nicht stattfindet, sondern daß die „Berichtigung" der dem ausgeschlossenen Gläubiger gegenüber bestehenden Verbindlichkeit nach Maßgabe der daselbst bestimmten Rangordnung erfolgt. Besonders schlagend sind endlich Satz 2 des Absatzes 1 und Satz 3 des Absatzes 2 von § 1973, wo ausdrücklich von der Geltendmachung der Forderung des ausgeschlossenen Gläubigers und dann wieder von der Wirkung der rechtskräftigen Verurteilung des Erben zur Befriedigung eines ausgeschlossenen Gläubigers gegenüber einem anderen ausgeschlossenen Gläubiger gehandelt wird.

Es bleibt also dabei, daß der Anspruch des Gläubigers infolge des Ausschlusses im Aufgebotsverfahren seinen Charakter als Anspruch auf Befriedigung nicht verliert[24]) und daß die eingetretene Veränderung nur das ob und wie der Befriedigung betrifft. Für die Durchsetzung dieser kommt aber zweierlei in Betracht: einerseits

[22]) So besonders Binder II 123; in den Anmerkungen daselbst S. 118ff. auch weitere Literatur.

[23]) Dies gibt Binder S. 123 (unten) und S. 124 Anm. 62 selbst zu. Nach dessen Ansicht hätte man sich die Befriedigung des Gläubigers im direkten Gegensatze zum Wortlaute des Gesetzes vielmehr als eine solche zu denken, die ohne Zwangsvollstreckung etwa so erfolge, wie die Befriedigung des Retentionsberechtigten nach Handelsrecht.

[24]) Vgl. auch Hagen S. 130ff.

die Klarstellung darüber, ob ein Überschuß im Sinne des § 1973 überhaupt vorhanden ist und im Falle der Bejahung, woraus er besteht; andererseits ein vom Gläubiger erwirkter Zwangsvollstreckungstitel, der die Führung der Zwangsvollstreckung in die den Überschuß bildenden Gegenstände ermöglicht.

Ist sich der Gläubiger darüber, daß seine Forderung ausgeschlossen ist, von vornherein klar,[25]) so wird er, um die Aufwendung unnützer Kosten zu vermeiden, gut tun, vom Erben zunächst nach den §§ 260, 261 Auskunft in betreff des Vorhandenseins eines Nachlaßüberschusses und die Leistung des Offenbarungseides[26]) zu verlangen. Ergibt sich der Umstand, daß der Gläubiger mit seiner Forderung ausgeschlossen ist, erst im Laufe des vom Gläubiger durch Erhebung der Klage auf Befriedigung anhängig gemachten Rechtsstreites, so wird es sich für den Kläger wieder empfehlen, vor dem möglicherweise vergeblichen Versuch einer Zwangsvollstreckung die früher erwähnte Auskunfterteilung zu verlangen.

Die Geltendmachung der dem Erben nach § 1973 zustehenden Einrede kann sich verschieden gestalten. Möglicherweise wird der Erbe durch sein Vorbringen Abweisung des Klägers durchsetzen können.[27]) So z. B. dann, wenn er ein vom Kläger als richtig anerkanntes Verzeichnis des Nachlaßüberschusses vorlegt und außerdem noch beweist, daß dieser Überschuß hinterher durch das anderen ausgeschlossenen Gläubigern laut der von ihnen bereits erwirkten rechtskräftigen Urteile gebührende erschöpft wird.[28]) Andernfalls wird der Erbe darauf dringen müssen, daß die Forderung dem Gläubiger nur

---

[25]) Dies wird keineswegs immer zutreffen. So kann der Gläubiger z. B. sehr wohl der irrigen Meinung sein, daß seine Forderung aus irgend einem Grunde durch das Ausschlußurteil unberührt sei.

[26]) Der Offenbarungseid des § 2006 steht hier nicht in Frage.

[27]) Vgl. auch Eccius S. 617, 630. A. A. Hagen S. 131, S. 135.

[28]) Ein anderer Fall: Ein tatsächlich ausgeschlossener oder einem solchen gleichgestellter Gläubiger, der sich dieses Umstandes nicht bewußt ist, erhebt während der Dauer der Nachlaßverwaltung gegen den Erben die Klage auf Leistung unter Berufung darauf, daß dieser des Rechtes der Haftungsbeschränkung nach § 1994 verlustig gegangen sei. Will der Erbe hier seine Verurteilung abwenden, so muß er dartun, daß der Eintritt seiner unbeschränkten Haftung erst erfolgt ist, nachdem die auf der Ausschließung im Aufgebotsverfahren beruhende Einschränkung der Haftung schon eingetreten war. Vgl. § 2013 Abs. 1 Satz 2.

als eine ausgeschlossene mit der aus § 1973 sich ergebenden Beschränkung zugesprochen werde. Der bloße Vorbehalt „der Beschränkung der Haftung" im Sinne des § 780 CPO. wird nicht für genügend zu erachten sein.[29]) Denn die im § 1973 bestimmte Einschränkung der Haftung ist von ganz besonderer Art. Sie ergibt sich nicht aus den allgemeinen Vorschriften über „die Beschränkung der Haftung",[29a]) sondern beruht auf der besonderen Tatsache der Ausschließung, auf die sich der Beklagte, soweit die Berufung auf sie im Laufe des Prozesses überhaupt möglich war (§ 767 Abs. 2 CPO.), in diesem Stadium auch berufen muß.[30]) Daß es sich so verhält, tritt mit besonderer Deutlichkeit in dem Falle hervor, wo der ausgeschlossene Gläubiger seinen Anspruch gegenüber dem Nachlaßverwalter geltend macht. Die Aufnahme des gewöhnlichen Vorbehalts der Haftungsbeschränkung ist hier nach § 780 Abs. 2 CPO. nicht erforderlich. Auf den bereits erfolgten Ausschluß der klägerischen Forderung wird sich aber der Nachlaßverwalter doch schon im Prozesse berufen müssen, anderenfalls braucht sich der Gläubiger die nachträgliche Behandlung nach § 1973 nicht gefallen zu lassen.[31])

Hat der Gläubiger den erforderlichen Zwangsvollstreckungstitel erlangt und steht der Nachlaßüberschuß fest, so erfolgt die Befriedigung des Gläubigers, dafern der Erbe nicht von dem ihm nach § 1973 Abs. 2 Satz 3 zustehenden Rechte Gebrauch macht, und dafern es auch nicht zu einer anderweiten Verständigung mit dem Erben

---

[29]) Hierbei wird man freilich nicht formalistisch sein dürfen. Ergibt sich aus dem vom Gläubiger gegen den Erben erwirkten Urteil, daß die klägerische Forderung eine ausgeschlossene ist, und ist zugleich die Beschränkung der Haftung vorbehalten, so ist hierdurch bereits klargestellt, daß es sich um die durch § 1973 bestimmte Einschränkung der Haftung handelt.

[29a]) Vgl. auch hier § 2013 Abs. 1 Satz 2.

[30]) Dieser wichtige Punkt wird zumeist (vgl. z. B. Herzfelder S. 130, Weißler S. 342, Hagen S. 135) nicht hinreichend beachtet.

[31]) Zur Wahrung des Rechtes zu der im § 1973 bestimmten Einschränkung der Haftung wird es aber im Falle des Textes bereits genügen, wenn die geltend gemachte Forderung dem Kläger als eine bereits „ausgeschlossene" zugesprochen wird. Vgl. hierzu E. des KG. v. 24. 6. 1903 in Rechtspr. d. OLG. VII S. 134. Daselbst wird es für genügend erachtet, wenn der bezeichnete Umstand zwar nicht in der Formel des Urteils, aber doch in den Gründen enthalten ist.

kommt,[32]) durch Führung der Zwangsvollstreckung in die den Überschuß bildenden Gegenstände. Führt der Gläubiger die Zwangsvollstreckung in andere Gegenstände, so kann der Erbe dagegen nach Maßgabe des § 785 CPO. bezw. der §§ 767, 769, 770 CPO. seine Einwendungen vorbringen.

Die dem Erben im Abs. 2 des § 1973 auferlegte Verpflichtung, dem ausgeschlossenen Gläubiger den Nachlaßüberschuß nach den Vorschriften über die Herausgabe einer ungerechtfertigten Bereicherung zur Befriedigung im Wege der Zwangsvollstreckung „herauszugeben", erschöpft sich also in der Auskunfterteilung über den sich nach Maßgabe des § 1973 ergebenden Nachlaßüberschuß und in der Duldung der Zwangsvollstreckung in diesen Überschuß.[33])

Beachtung verdienen noch folgende Punkte:

a) Die nach § 1973 eintretende Einschränkung der Haftung setzt nicht voraus, daß der Nachlaß zur Befriedigung des ausgeschlossenen Gläubigers nicht ausreicht.[34]) Es ist daher sehr wohl möglich, daß zur Befriedigung des Gläubigers[35]) die Heranziehung aller noch vorhandenen Nachlaßgegenstände durchaus nicht erforderlich ist.[36]) Die Auswahl der Gegenstände, aus welchen er seine Befriedigung erhalten will, wird im allgemeinen dem Gläubiger[37]) zuzuschreiben sein,

---

[32]) Etwa in der Art, daß dem Gläubiger vom Erben einzelne noch vorhandene Nachlaßgegenstände an Zahlungsstatt überlassen werden.

[33]) Grundsätzlich ebenso schon die 2. Aufl. d. B. S. 448 Anm. 24. Zustimmend Hellmann a. a. O. Bd. 44 S. 80. Ähnlich auch Wilke S. 44 und Hagen S. 151. Eine „Herausgabepflicht" im techn. Sinne nimmt dagegen in Konsequenz seiner Auffassung des § 1973 neuestens wieder an Binder II S. 125, jedoch ohne zu verkennen, daß dabei zu sachlich befriedigenden Ergebnissen nicht zu gelangen ist. Vgl. gegen Binder auch Siber, Rechtszwang im Schuldverhältnis (1903) S. 213 und Kreß S. 154, 155.

[34]) Vgl. auch Planck-Ritgen S. 80.

[35]) Mit Rücksicht hierauf ist es daher auch nicht zutreffend, wenn Endemann III S. 429 die aus § 1973 für den Erben sich ergebende Einrede ganz allgemein als „Erschöpfungseinrede" bezeichnet.

[36]) Soweit der infolge einer vom ausgeschlossenen Gläubiger geführten Zwangsvollstreckung erzielte Eingang den Betrag der zu befriedigenden Forderung übersteigt, gebührt er selbstverständlich dem Erben.

[37]) Planck-Ritgen S. 80 schreibt das Recht zur Auswahl der Gegenstände schlechtweg dem Erben zu. Ein Anhaltspunkt hierfür ist aber im Gesetze nicht zu finden. Es muß deshalb grundsätzlich dabei bleiben, daß der ausgeschlossene Gläubiger — unbeschadet des dem Erben zustehenden Ab-

jedoch mit der Abweichung, daß der Erbe jeden zum Überschuß gehörenden Gegenstand durch Zahlung des Wertes der Zwangsvollstreckung entziehen kann. Möglicherweise wird eine vom Gläubiger geführte Zwangsvollstreckung auch auf Grund des § 226 zurückgewiesen werden können.

b) Hat der Erbe aus seinem Eigenvermögen Aufwendungen gemacht, die er dem ausgeschlossenen Gläubiger gegenüber in Ansatz bringen kann,[38]) so wird er aus den noch vorhandenen Nachlaßgegenständen diejenigen auswählen dürfen, welche er zur Deckung seines Anspruchs um den Schätzwert übernimmt, und den ausgeschlossenen Gläubiger somit auf die danach noch übrig bleibenden Nachlaßgegenstände verweisen können. Will sich der Erbe hierfür nicht entscheiden, so kann er dem Gläubiger die noch vorhandenen Nachlaßgegenstände sicherlich in der Weise „herausgeben", daß aus dem bei der Zwangsvollstreckung erzielten Eingang zunächst der Anspruch des Erben und erst nach diesem der Anspruch des Gläubigers zur Befriedigung zu gelangen habe.[39]) Hierzu wird er sich aber, dafern ihm der ausgeschlossene Gläubiger nicht freiwillig den Betrag der gemachten Aufwendungen ersetzt, auch entschließen müssen, und abzulehnen ist also die Meinung, daß der Erbe wegen seiner Aufwendungen dem ausgeschlossenen Gläubiger gegenüber ein Zurückbehaltungsrecht habe, vermöge dessen er der vom ausgeschlossenen Gläubiger angestrebten Zwangsvollstreckung so lange entgegentreten könne, bis ihm die Aufwendungen ersetzt sind.[40])

---

findungsrechtes — die Zwangsvollstreckung in jeden, zum Nachlaßüberschuß gehörenden Gegenstand führen kann. Vgl. auch Weißler S. 343.

[38]) Hierunter fällt nach Maßgabe des früher gesagten (vgl. Anm. 19) insbesondere auch die aus dem Eigenvermögen des Erben erfolgte Befriedigung anderer Nachlaßgläubiger.

[39]) Sein hierauf gerichtetes Verlangen wird der Erbe gegenüber dem widerstrebenden ausgeschlossenen Gläubiger auf dem durch § 785 CPO. vorgezeichneten Wege durchzusetzen haben.

[40]) Anders Planck-Ritgen S. 79. Ihm folgen auch die meisten Schriftsteller, die auf die Frage überhaupt eingehen. Für die im Texte vertretene Ansicht hat sich jedoch laut der Protokolle V S. 773 die Mehrheit der II. Kommission ausgesprochen. Daselbst heißt es ausdrücklich: „Die Sache gestalte sich hiernach so, daß der Erbe, wenn er Aufwendungen gemacht, insbesondere erbschaftliche Schulden bezahlt habe, den Betrag derselben aus dem Erlöse der von ihm herausgegebenen Sachen im voraus ersetzt erhalte; nur der Überschuß gebühre den Gläubigern." Die Frage ist nicht nur hier, sondern für die

c) Sind außer dem seine Befriedigung verlangenden ausgeschlossenen Gläubiger auch noch nicht befriedigte nicht ausgeschlossene Gläubiger vorhanden, so kann sich der Erbe der Führung der Zwangsvollstreckung in die noch vorhandenen Nachlaßgegenstände insoweit widersetzen, als durch sie die Befriedigung der nicht ausgeschlossenen Gläubiger beeinträchtigt würde. Diesen Widerstand kann der ausgeschlossene Gläubiger selbstverständlich dadurch brechen, daß er den Erben von der Haftung gegenüber den noch nicht befriedigten nicht ausgeschlossenen Gläubigern befreit, oder rücksichtlich derjenigen Forderungen dieser Gläubiger, welche bedingt oder betagt sind, Sicherheit leistet. Zu solchem Vorgehen schlechthin bemüßigt[41]) ist der ausgeschlossene Gläubiger jedoch nicht. Er wird vielmehr in einen Nachlaßgegenstand, der zum Teil noch zur Befriedigung eines nicht ausgeschlossenen Gläubigers erforderlich ist, Zwangsvollstreckung in der

---

Handhabung der Vorschriften über die Beschränkung der Haftung des Erben für die Nachlaßverbindlichkeiten überhaupt von größter Wichtigkeit. Planck-Ritgen hält für entscheidend, daß man in unserem Falle zur entsprechenden Anwendung der Vorschrift des § 223 KO. nicht berechtigt sei. In Wahrheit handelt es sich aber gar nicht um eine entsprechende Anwendung des § 223 KO., sondern um etwas ganz anderes. Durch die Fassung des § 1973 wird die Auffassung nahegelegt, daß den Erben dem ausgeschlossenen Gläubiger gegenüber eine wahre Herausgabepflicht treffe. Läßt man sich hierdurch irreleiten, so gelangt man dann freilich in der weiteren Verfolgung eines verfehlten Ausgangspunktes zur Annahme, daß dem Erben in Ansehung des von ihm herauszugebenden Überschusses unter Umständen ein Zurückbehaltungsrecht zustehe. Die Ausführung des Textes hat jedoch bereits gezeigt, daß die Herausgabe des Überschusses im Sinne des § 1973 nur in der Auskunftserteilung über den Nachlaßüberschuß und in der Duldung der Zwangsvollstreckung in die Gegenstände, aus welchen er sich zusammensetzt, besteht. Gegenüber der vom Gläubiger geführten Zwangsvollstreckung kann aber von einem Zurückbehaltungsrecht desjenigen, gegen welchen sich die Zwangsvollstreckung richtet, überhaupt nicht die Rede sein. Ganz abgesehen hiervon führt aber die von Planck-Ritgen vertretene Ansicht praktisch zu unerträglichen Konsequenzen; sie werden im Verlaufe d. D. zur Evidenz gebracht werden. Einen dem hier vertretenen verwandten Standpunkt nimmt Hagen S. 162, 163 ein. Binder S. 127 wird durch die folgerichtige Durchführung seines Standpunktes selbstverständlich zur Annahme eines Zurückbehaltungsrechts gedrängt.

[41]) Dies behauptet Planck-Ritgen S. 79; danach müßte also der ausgeschlossene Gläubiger, um wegen einer Forderung von 100 M. Zwangsvollstreckung führen zu können, dem Erben vorher möglicherweise viele Tausende ersetzen.

Weise führen können, daß auf ihn von dem erzielten Eingang nur entfällt, was nach vollständiger Deckung der Ansprüche der nicht ausgeschlossenen Gläubiger noch übrig bleibt.[42])

d) Ist die Forderung des ausgeschlossenen Gläubigers nicht auf einen Geldbetrag gerichtet, so wird sie zur Vermeidung von Weitläufigkeiten wenigstens eventuell auch nach ihrem Schätzungswerte geltend zu machen sein. Die Möglichkeit einer auf die ursprüngliche Leistung sich richtenden Zwangsvollstreckung ist für den ausgeschlossenen Gläubiger aber dann gegeben, wenn sich der Gegenstand der Leistung im Nachlaß befindet oder doch aus dem Nachlaßüberschuß beschafft werden kann.[43]) Allein auch in diesen Fällen bleibt wohl zu beachten, daß der Gläubiger vom Erben nicht mehr verlangen kann, als um was dieser aus dem Nachlaß bereichert ist.[44])

e) Besteht die Bereicherung des Erben darin, daß Werte aus dem Nachlaß in sein Eigenvermögen übergegangen sind,[45]) oder ergibt sich ein Nachlaßüberschuß im Sinne des § 1973 aus einer den Erben dem ausgeschlossenen Gläubiger gegenüber nach § 818 Abs. 4 oder aus § 819 treffenden Haftung, so kann der ausgeschlossene Gläubiger insoweit, also zur Realisierung dieser Werte, Zwangsvollstreckung in das Eigenvermögen des Erben führen.[46])

5. Sind mehrere ausgeschlossene Gläubiger vorhanden, so ist der Erbe nicht verpflichtet, ihre Befriedigung nach einer bestimmten Rangordnung zu bewirken. Reicht der Nachlaß zur Befriedigung aller ausgeschlossenen Gläubiger nicht aus, so entscheidet das Zuvor-

---

[42]) Wie im Texte auch Weißler S. 343, Hagen a. a. O.

[43]) Wenn die Protokolle V S. 774 sich dafür aussprechen, daß die Forderung des ausgeschlossenen Gläubigers immer nur nach ihrem Schätzwerte geltend gemacht werden könne, so denken sie dabei doch wohl nur an den Fall, daß der Nachlaßüberschuß zur Befriedigung der Forderung des ausgeschlossenen Gläubigers nicht ausreicht. Für die Entscheidung des Textes besonders Hagen S. 130 Anm. 93 und zum Teil auch Planck-Ritgen S. 79 unter c.

[44]) Ist also z. B. aus dem dem ausgeschlossenen Gläubiger zu leistenden und im Nachlaß vorhandenen Gegenstand noch ein dem Erben gebührender Ersatz zu decken, so wird der Gläubiger seinen Leistungsanspruch nur durchsetzen können, wenn er dem Erben hinsichtlich des diesem gebührenden Ersatzes befriedigt. Vgl. auch Planck-Ritgen a. a. O.

[45]) Der Erbe hat z. B. Eigenverbindlichkeiten aus Nachlaßmitteln bezahlt.

[46]) Bedenken bei Binder II S. 127 Anm. 82, weil es nicht möglich sei, daß Werte aus dem Nachlaß in das Eigenvermögen des Erben übergehen. Vgl. aber dagegen das in Anm. 45 gegebene Beispiel.

kommen.[47]) Als solches kommt aber, abgesehen von der effektiven Befriedigung des einen vor dem anderen, zwar nicht die Meldung oder die Klageerhebung in Betracht, wohl aber die bereits rechtskräftig erfolgte Verurteilung des Erben zur Befriedigung eines ausgeschlossenen Gläubigers (§ 1973).

6. Beruht die ausgeschlossene Forderung auf einem gegenseitigen Vertrag, so kann der wegen der ihm obliegenden Leistung in Anspruch genommene Gläubiger auf seine ausgeschlossene Forderung doch die Einrede des nicht erfüllten Vertrags nach § 320 stützen.[48]) Konnte der Gläubiger der ausgeschlossenen Forderung zur Zeit des Wirksamwerdens der Ausschließung gegen eine zum Nachlaß gehörende Forderung aufrechnen, so bleibt ihm die Möglichkeit der Aufrechnung ungeachtet des Ausschlusses gewahrt.[49])

7. Zum Antrag auf Eröffnung des Nachlaßkonkurses ist ein ausgeschlossener Gläubiger nur berechtigt, wenn über das Vermögen des Erben das Konkursverfahren eröffnet ist; dafern aber eine Ehefrau die Erbin ist und der Nachlaß zum Gesamtgut gehört, nur dann, wenn über das Vermögen des Ehemanns Konkurs eröffnet ist (§ 219 KO.). Die Stellung des Antrags auf Anordnung einer Nachlaßverwaltung ist, dafern die allgemeinen Voraussetzungen hierzu vorhanden sind, dem ausgeschlossenen Gläubiger nicht[50]) versagt (§ 1981

---

[47]) Der Möglichkeit der Begünstigung eines ausgeschlossenen Gläubigers vor dem anderen ist dabei, wie schon die Motive V S. 641 hervorheben, offenbar Raum gelassen.

[48]) Ebenso Planck-Ritgen S. 68.

[49]) Planck-Ritgen S. 78 hält die im Texte angenommene Aufrechenbarkeit mit Rücksicht auf die Vorschrift des § 390 Satz 1 für ausgeschlossen, gerät aber dabei mit seiner eigenen, auf einen verwandten Fall sich beziehenden Ausführung auf S. 114 unter Z. 3 in Widerspruch. Nach dem Wortlaut des § 390 Satz 1 kann freilich eine Forderung, der eine Einrede entgegensteht, nicht aufgerechnet werden. Allein dieser Rechtssatz greift hier deshalb nicht durch, weil dem Gläubiger doch infolge der durch den Ausschluß im Aufgebotsverfahren eintretenden Einschränkung der Haftung nicht eine bereits vorher erworbene und selbst durch die Eröffnung des Nachlaßkonkurses unberührt bleibende Aufrechnungsmöglichkeit entzogen werden kann. Vgl. auch Herzfelder S. 137.

[50]) So in Übereinstimmung mit der 1. Aufl. d. Buches S. 136 auch Jaeger, Erbenhaftung S. 42 Anm. 21, Herzfelder S. 136, Wilke S. 53. A. A. Planck-Ritgen S. 81. Für die im Texte vertretene Ansicht sprechen zwei Gründe: Zunächst der, daß das Gesetz dem ausgeschlossenen Gläubiger

Abs. 2). Über die Berechtigung des ausgeschlossenen Gläubigers zur Stellung des Antrags auf Bestimmung einer Inventarfrist, sowie darüber, daß die schlechthin unbeschränkte Haftung des Erben dem bereits ausgeschlossenen Gläubiger gegenüber selbst im Falle der Versäumung der Inventarfrist nicht eintritt, ist schon in anderem Zusammenhang gesprochen worden.[51])

b) Eintritt der Ausschlußwirkung nach § 1974.

§ 76.

I. Die an die Ausschließung im Aufgebotsverfahren geknüpften Wirkungen treten unter Umständen auch zum Nachteil eines Gläubigers ein, dessen Forderung im Wege des Aufgebotsverfahrens nicht ausgeschlossen worden ist. Hierauf bezieht sich die Bestimmung des § 1974. Sie bezweckt, den nicht bereits schlechthin unbeschränkt haftenden Erben gegen die Nachteile zu sichern, welche ihm ohne besonderen Schutz daraus erwachsen könnten, daß ihm Nachlaßverbindlichkeiten erst lange nach dem Erbfall bekannt werden,[1]) und sie führt diesen Gedanken in der Weise durch, daß sie jeden Nachlaßgläubiger, soweit sein Anspruch nicht ein nach § 1971 bevorrechteter ist, einem ausgeschlossenen Gläubiger grundsätzlich schon dann gleichstellt, wenn er seine Forderung dem Erben gegenüber nicht innerhalb von fünf Jahren nach dem Erbfall geltend macht und auch nicht beweisen kann, daß die Forderung dem Erben schon vor dem Ablauf der fünf Jahre bekannt geworden ist.

II. Auf verschiedene Einzelheiten ist noch genauer einzugehen:

1. Die Vorschrift des § 1974 ist nicht nur von Belang, wenn ein Aufgebot der Nachlaßgläubiger ganz unterblieben ist, sondern

---

die Befugnis zur Stellung des Antrags auf Anordnung der Nachlaßverwaltung nirgends abspricht. Dann aber auch noch die sachliche Erwägung, daß der ausgeschlossene Gläubiger gerade dann, wenn einerseits der Nachlaß zu seiner Befriedigung ausreicht, und wenn andererseits die Voraussetzung des § 1981 Abs. 2 Satz 1 vorliegt, das größte Interesse daran hat, daß das, was vom Nachlaß noch vorhanden ist, der Verfügung des Erben und dem Zugriff der Erbengläubiger entzogen werde. Wie im Texte jetzt auch Binder II S. 128 Anm. 87.

[51]) Vgl. darüber oben S. 210 Anm. 9.

[1]) Vgl. dazu Jacubezky, Bemerkungen S. 337.

auch, wenn ein solches stattgefunden hat. In diesem Falle kommen, abgesehen von den bevorrechteten Gläubigern des § 1971, deren Vorrecht wie durch § 1973 so auch durch § 1974 unberührt bleibt, noch drei Gruppen von Nachlaßgläubigern bezw. von Forderungen gegen den Nachlaß in Betracht:

a) Die im Aufgebotsverfahren ausgeschlossenen Gläubiger. Ihnen gegenüber ist der Erbe durch § 1973 geschützt und entfällt somit die Anwendung des § 1974.

b) Diejenigen Gläubiger, welche ihre Forderungen infolge des Aufgebots rechtzeitig angemeldet und hierdurch ihr volles Recht gewahrt haben. Rücksichtlich ihrer kann weder von einem Ausschluß noch davon die Rede sein, daß sie einem ausgeschlossenen Gläubiger gleichgestellt wären.

c) Gegen den Nachlaß sich richtende Ansprüche, denen gegenüber obschon sie nicht angemeldet worden sind und auch nicht zu den nach § 1971 bevorrechteten gehören, ein Ausschluß nach § 1973 nicht statthat. Hierunter fallen zwar nicht allein, aber doch vorzugsweise die Ansprüche aus Pflichtteilsrechten, Vermächtnissen und Auflagen. Hier ist Raum für die Anwendung des § 1974 gegeben.

Ungleich größere Bedeutung hat aber die Vorschrift des § 1974, wenn ein Aufgebotsverfahren überhaupt nicht stattgefunden hat. Sie gewährt dann dem Erben auf anderem Wege auch gegenüber solchen Forderungen Schutz, denen gegenüber sonst der Ausschluß im Aufgebotsverfahren hätte durchgreifen können.

2. Die im § 1974 bestimmte Ausschlußwirkung tritt nicht ein, wenn der Gläubiger seine Forderung innerhalb von fünf Jahren nach dem Erbfall dem Erben gegenüber „geltend macht", oder wenn diesem die Forderung vor Ablauf der bezeichneten Zeit bekannt geworden ist. Diese Geltendmachung kann nicht nur gerichtlich, sondern auch außergerichtlich erfolgen. Als dem Erben gegenüber erfolgt ist die Geltendmachung auch dann anzusehen,[2]) wenn sie dem Nachlaßpfleger, Nachlaßverwalter, Testamentsvollstrecker gegenüber stattgefunden hat. War die Geltendmachung der Forderung einem Erben gegenüber erfolgt, der später ausgeschlagen hat, so wird der infolge dieser Ausschlagung zum Erwerb gelangende Erbe sie auch als ihm gegenüber erfolgt gelten lassen müssen (vgl. § 1959 Abs. 3). Gegen den Nach-

[2]) Eine dies aussprechende gesetzliche Bestimmung liegt freilich nicht vor.

laß sich richtende Forderungen, die dem Nachlaßpfleger, Nachlaßverwalter, Testamentsvollstrecker bekannt geworden sind, sind sicherlich als dem Erben bekannt gewordene zu behandeln; hierunter fallen insbesondere auch diejenigen Forderungen, welche aus den vom Nachlaßpfleger, Nachlaßverwalter, Testamentsvollstrecker geschlossenen Rechtsgeschäften gegen den Nachlaß entstanden sind.

3. Die fünfjährige Frist des § 1974 beginnt regelmäßig mit dem Erbfall. Besonderes gilt jedoch dann, wenn der Erblasser für tot erklärt worden ist. In Ermangelung einer Sondervorschrift würden hier, wenn in der bezüglich des verschollenen Erblassers ausgesprochenen Todeserklärung ein um volle fünf Jahre hinter der letzteren zurückliegender Zeitpunkt als Zeitpunkt des Todes des Erblassers angenommen wird, alle durch § 1974 überhaupt betroffenen Nachlaßgläubiger schon zur Zeit der Todeserklärung als solche zu behandeln sein, die einem ausgeschlossenen Nachlaßgläubiger gleichstehen. Behufs Vermeidung derartiger Ergebnisse läßt das Gesetz die fünfjährige Frist im Falle der hinsichtlich des Erblassers erfolgten Todeserklärung nicht vor der Erlassung des diese aussprechenden Urteils beginnen.[3])

Nicht ganz unzweifelhaft ist, wie es sich mit dem Laufe der Frist bei Forderungen verhält, die erst nach dem Erbfall entstanden sind, und deren Entstehung zu dieser Zeit auch nicht vorausgesehen werden konnte. Beispiel: Erst nach dem Ablauf von fünf Jahren nach dem Erbfall stellt sich heraus, daß der Erbe aus einem vom Erblasser abgeschlossenen Kaufvertrag dem Käufer wegen eines Mangels im Rechte auf Schadensersatz zu haften hat. Steht hier der Gläubiger, weil er seine Forderung innerhalb der fünfjährigen Frist des § 1974 nicht geltend gemacht hat, und weil die Forderung dem Erben vorher auch nicht bekannt geworden ist, einem ausgeschlossenen Gläubiger gleich? Die der Vorschrift des § 1974 zugrunde liegende praktische Tendenz scheint für die Bejahung zu sprechen.

4. Die im Falle des § 1974 eintretende Ausschlußwirkung ist wesentlich dieselbe wie im Falle der Ausschließung von Forderungen

---

[3]) Anders noch die Reichstagsvorlage (§ 1949); vgl. aber auch den Bericht der Reichstagskommission S. 11. Keine Vorsorge ist durch die jetzige Fassung des § 1974 für den Fall getroffen, daß es zu einer Todeserklärung bezüglich des verschollenen Erblassers deshalb nicht kommt, weil sich im Laufe des eingeleiteten Verfahrens herausstellt, daß der Erblasser schon vor mehr als 5 Jahren gestorben ist.

im Wege des Aufgebotsverfahrens.[3a]) Während jedoch der Erbe in diesem Falle die ausgeschlossene, aber später geltend gemachte Forderung doch noch immer vor den Ansprüchen aus Pflichtteilsrechten, Vermächtnissen und Auflagen zu befriedigen hat, kann hiervon im Falle des § 1974 eine Abweichung eintreten, und während der Erbe dort, wenn die Befriedigung mehrerer im Aufgebotsverfahren ausgeschlossener Forderungen in Frage steht, zur Einhaltung einer bestimmten Reihenfolge nicht verpflichtet ist, kann eine solche Verpflichtung bei Vorhandensein mehrerer Gläubiger, die nach § 1974 einem ausgeschlossenen Gläubiger gleichstehen, allerdings Platz greifen. Das eine wie das andere erklärt sich daraus, daß zu denjenigen Forderungen, welche nach § 1974 einer ausgeschlossenen Forderung gleichzuhalten sind, auch Ansprüche aus Pflichtteilsrechten, Vermächtnissen und Auflagen gehören können. Mit Rücksicht hierauf muß man nach § 1974 Abs. 2 also unterscheiden:

a) Der einer ausgeschlossenen Forderung gleichzuhaltende Anspruch ist kein Anspruch der eben bezeichneten Art. Unter dieser Voraussetzung greift die Bestimmung des § 1973 Abs. 1 Satz 2, betreffend die Verpflichtung des Erben zur Befriedigung desjenigen ausgeschlossenen Gläubigers, welcher seine Forderung geltend gemacht hat, vor den Verbindlichkeiten aus Pflichtteilsrechten, Vermächtnissen und Auflagen vollständig durch.[4])

b) Der Anspruch ist ein Pflichtteilsanspruch. Unter dieser Voraussetzung beschränkt sich die Verpflichtung des Erben gegenüber dem als ausgeschlossen zu behandelnden Pflichtteilsberechtigten darauf, daß er dessen Pflichtteilsanspruch vor den Ansprüchen aus Vermächtnissen und Auflagen und zwar selbst dann, wenn bezüglich dieser Ansprüche die Ausschlußwirkung nicht eingetreten ist, zu befriedigen hat. Diese Verpflichtung entfällt jedoch, wenn die Geltendmachung des Pflichtteilsanspruchs erst nach der Befriedigung der Vermächtnis-, bezw. Auflageansprüche erfolgt. Sind gegen den Erben mehrere Pflichtteilsansprüche begründet, so hat er nach Maßgabe des im

---

[3a]) Soweit hier besonderes nicht gesagt ist, gelten die Ausführungen des § 75 d. D. also auch hier. Demgemäß muß sich der Erbe auf die nach § 1974 eingetretene Ausschlußwirkung schon im Laufe des Prozesses berufen. Vgl. oben S. 245 bei Anm. 30.

[4]) Vgl. darüber oben S. 238, 239.

§ 1974 Abs. 2 indirekt berufenen § 226 KO.[5]) den nicht als ausgeschlossen zu behandelnden Pflichtteilsanspruch vor dem so zu behandelnden und mehrere als ausgeschlossen zu behandelnde, aber doch geltend gemachte Pflichtteilsansprüche verhältnismäßig zu befriedigen.[6])

c) Es handelt sich um einen Anspruch aus einem Vermächtnis oder einer Auflage. In betreff dieses Falles ergibt sich aus dem unter b gesagten, daß der Erbe den Anspruch erst nach einem zwar als ausgeschlossen zu behandelnden, gegen ihn aber doch geltend gemachten Pflichtteilsanspruch zu befriedigen hat. Bestehen außer dem als ausgeschlossen zu behandelnden Vermächtnis-, bezw. Auflageanspruch noch weitere, dieser Behandlung nicht unterliegende Ansprüche aus Vermächtnissen oder Auflagen, oder sind gegen den Erben mehrere als ausgeschlossen zu behandelnde Vermächtnis- bezw. Auflageansprüche geltend gemacht worden, so hat der Erbe bei der Befriedigung die im § 226 KO. bestimmte Rangordnung einzuhalten.[7])

5. Zugunsten eines Erben, der für die Nachlaßverbindlichkeiten überhaupt oder in Ansehung einer einzelnen Nachlaßverbindlichkeit bereits schlechthin unbeschränkt haftet, kann die im § 1974 bestimmte Ausschlußwirkung überhaupt, bezw. in Ansehung der einzelnen Verbindlichkeit nicht mehr eintreten. Ist die Ausschlußwirkung hinsichtlich eines gegen den Nachlaß sich richtenden Anspruchs aber einmal eingetreten, so bleibt sie bestehen, selbst wenn hinterher ein Umstand eintritt, vermöge dessen der Erbe für die Nachlaßverbindlichkeiten schlechthin unbeschränkt haftet (§ 2013 Abs. 1).

---

[5]) Diese Verweisung wird im Abs. 2 von § 1974 also zum Ausdruck gebracht: „Die dem Erben nach § 1973 Abs. 1 Satz 2 obliegende Verpflichtung tritt im Verhältnisse von Verbindlichkeiten aus Pflichtteilsrechten, Vermächtnissen und Auflagen zueinander nur insoweit ein, als der Gläubiger im Falle des Nachlaßkonkurses im Range vorgehen würde."

[6]) Vgl. übrigens auch § 80 d. W.

[7]) Soweit der Erbe hier und in dem im Texte unter b bezeichneten Falle gegenüber einem als ausgeschlossen zu behandelnden Pflichtteilsberechtigten, Vermächtnisnehmer oder Auflagenempfänger zur Einhaltung der im § 226 KO. bestimmten Rangordnung deshalb nicht verpflichtet ist, weil der betreffende Gläubiger seine Forderung noch nicht geltend gemacht hat, kann für diesen doch gegen einen anderen zur Befriedigung gelangten Pflichtteilsberechtigten, Vermächtnisnehmer, Auflagenempfänger die Anfechtung nach § 3a AnfG. begründet sein.

3. Versteigerung von Nachlaßgrundstücken nach § 175 ZVG.

§ 77.

Hat ein Nachlaßgläubiger für seine Forderung ein Recht auf Befriedigung aus einem zum Nachlaß gehörenden Grundstück, so liegt es im Interesse des Erben, baldmöglichst Gewißheit darüber zu erlangen, ob der Gläubiger aus dem Grundstück seine Deckung wird erhalten können, bezw. ob und in welchem Maße zur Befriedigung des Gläubigers das anderweite Nachlaßvermögen wird herangezogen werden müssen.[1]) Auf dieser Erwägung beruht die Bestimmung des § 175 ZVG. Ihr zufolge kann der nicht bereits schlechthin unbeschränkt haftende Erbe nach der Annahme der Erbschaft die Zwangsversteigerung des Grundstücks beantragen. Zur Stellung des Antrags ist aber unter der Voraussetzung, daß der Erbe noch nicht schlechthin unbeschränkt haftet, auch jeder berechtigt, der das Aufgebot der Nachlaßgläubiger beantragen kann.[1a]) Das Antragsrecht entfällt, wenn der Nachlaßgläubiger, welchem das Recht auf Befriedigung aus dem Grundstück zukommt, im Aufgebotsverfahren ausgeschlossen ist oder einem ausgeschlossenen Gläubiger gleichsteht.[2])

Ist die Eröffnung des Nachlaßkonkurses beantragt, so soll die Zwangsversteigerung nicht angeordnet werden. Die bereits angeordnete Zwangsversteigerung wird aber durch die Eröffnung des Nachlaßkonkurses nicht beendigt; doch gilt für das weitere Verfahren der Konkursverwalter als Antragsteller (§ 178 ZVG.).

Bei der nach § 175 ZVG. vorzunehmenden Versteigerung würde, da es an einem betreibenden Gläubiger fehlt, nur ein solches Gebot

---

[1]) Das im Texte bezeichnete Interesse hat der Erbe übrigens unter Umständen auch dann, wenn der zur Befriedigung aus einem Nachlaßgrundstück berechtigte Gläubiger hinsichtlich seines persönlichen Anspruchs bereits ausgeschlossen ist oder einem ausgeschlossenen Gläubiger gleichsteht. Denn es ist ja doch sehr wohl möglich, daß selbst der persönliche Anspruch des Gläubigers durch den Nachlaßüberschuß vollständig gedeckt ist, und daß der Erbe darüber Klarheit erlangen will, ob er den Nachlaßüberschuß zur Befriedigung von Pflichtteilsansprüchen oder Ansprüchen aus Vermächtnissen und Auflagen verwenden kann. Die Angemessenheit der im Texte bei Anm. 2 hervorgehobenen Bestimmung des § 175 Abs. 2 ZVG. dürfte deshalb zu bezweifeln sein. Vgl. aber doch auch Planck-Ritgen S. 76.

[1a]) Vgl. darüber oben S. 232.

[2]) Dies gilt auch für die im § 1989 bezeichneten Gläubiger.

zuzulassen sein, durch das alle aus dem Grundstück zu befriedigenden Ansprüche gedeckt werden.[3]) Der zur Erlangung der Befriedigung aus dem Grundstück berechtigte Nachlaßgläubiger kann hier jedoch bis zum Schlusse der Verhandlung im Versteigerungstermin verlangen,[3a]) daß bei der Feststellung des geringsten Gebots nur die seinem Anspruch vorgehenden Rechte berücksichtigt werden; in diesem Falle ist das Grundstück auch mit der verlangten Abweichung auszubieten.[4]) Dem hierbei erzielten günstigeren Meistgebot wird der Zuschlag erteilt. Macht der Nachlaßgläubiger von dem erwähnten Rechte keinen Gebrauch und läßt er also seinen Anspruch ohne weiteres in das geringste Gebot einbeziehen, so kann ihm, gleichviel, ob es zum Zuschlag kommt, oder ob dieser wegen Mangel eines zulässigen Gebotes nicht erteilt werden kann,[5]) die Befriedigung aus dem übrigen Nachlaß verweigert werden (§ 179, 174 ZVG.).

In betreff der Geltendmachung dieser Einrede[6]) führen sachliche Erwägungen zu nachstehendem Ergebnis: Muß der Nachlaßgläubiger, um gegen den Erben einen Titel zur Zwangsvollstreckung zu erlangen, erst einen Prozeß anhängig machen, so hat der Erbe die auf § 179 ZVG. sich stützende Einrede in diesem Prozeß vorzubringen und auf Grund derselben die Abweisung des Klägers zu erwirken,[7]) anderenfalls ist die Einrede im Stadium der Zwangsvollstreckung geltend zu machen.[8]) Obschon die Zwangsversteigerung nach Maßgabe des § 175 ZVG. nur von einem oder für einen Erben beantragt werden

---

[3]) Vgl. §§ 44 ff. ZVG.

[3a]) Statt dessen kann übrigens der Gläubiger sein Recht zur Befriedigung aus dem Grundstück vollständig aufgeben und sich hierdurch die Möglichkeit zur Befriedigung seiner Forderung aus dem sonstigen Nachlaß wahren.

[4]) Vgl. hierzu § 176 und den daselbst wieder berufenen § 174 ZVG.

[5]) Vgl. auch Wolff, Zwangsversteigerungsgesetz (1899) S. 325, Fischer-Schaefer, Zwangsvollstreckung in das unbewegliche Vermögen (1902) S. 575. Hinsichtlich des Falles, daß das Grundstück unverkauft bleibt, anders Weißler S. 284 und die 2. Aufl. d. B. S. 458 bei Anm. 5.

[6]) Ungenau ist es, wenn Wolff S. 333 von einem „Verlust der Geltendmachung des persönlichen Rechtes" spricht.

[7]) Vgl. besonders § 767 Abs. 2 CPO. A. A. Weißler S. 284, der den Fall des § 781 CPO. gegeben findet; allein hierbei wird verkannt, daß es sich bei der für den Erben aus § 179 ZVG. entspringenden Einrede um Geltendmachung der beschränkten Haftung im technischen Sinne durchaus nicht handelt.

[8]) Vgl. § 767 Abs. 1 CPO.

kann, der für die Nachlaßverbindlichkeiten nicht bereits schlechthin unbeschränkt haftet, so geht doch das für den Erben nach § 179 ZVG. einmal begründete Einrederecht dadurch nicht mehr verloren, daß der Erbe hinterher des Rechtes zur Beschränkung seiner Haftung für die Nachlaßverbindlichkeiten verlustig wird.[9])

4. Anordnung der Nachlaßverwaltung und Eröffnung des Nachlaßkonkurses.

a) Gemeinsame Grundsätze.

§ 78.

I. Mit der Anordnung der Nachlaßverwaltung sowohl, als auch mit der Eröffnung des Konkurses über den Nachlaß verliert der Erbe die Befugnis zur Verwaltung des Nachlasses und zur Verfügung über die zum Nachlaß gehörenden Gegenstände (§ 1984 Abs. 1 BGB. und § 7 KO.). An beide Vorgänge knüpft sich sodann immer die weitere Rechtsfolge, daß der Nachlaß denjenigen Gläubigern des Erben, welche nicht Nachlaßgläubiger sind, als Befriedigungsobjekt entzogen wird und somit ausschließlich zur Befriedigung der Nachlaßgläubiger zu dienen hat (§ 1984 Abs. 2 BGB. und § 221 KO.).[1]) Die zugunsten eines persönlichen Gläubigers des Erben vor der Anordnung der Nachlaßverwaltung oder vor der Eröffnung des Nachlaßkonkurses in den Nachlaß erwirkten Maßregeln der Zwangsvoll-

---

[9]) A. A. Weißler S. 284. Gegen ihn spricht aber, daß dem Erben selbst das auf Grund der §§ 1973, 1974 erworbene Einrederecht durch hinterher eintretende schlechthin unbeschränkte Haftung nicht mehr verloren geht (§ 2013 Abs. 2). Eigentümlich Binder II S. 131. Er entscheidet, daß der Erbe dem Gläubiger im Falle des Textes nach § 179 ZVG. zwar die Befriedigung aus dem übrigen Nachlaß verweigern, nicht dagegen den Zugriff auf sein Eigenvermögen verwehren könne. Demgegenüber ist aber zu sagen, daß es der Absicht des Gesetzes offenbar widerspricht, wenn der Erbe für eine Nachlaßforderung persönlich aufkommen muß, deren Befriedigung aus dem Nachlaß er verweigern kann.

[1]) Die Anordnung der Nachlaßverwaltung und die Eröffnung des Nachlaßkonkurses führen also zu einer Absonderung des Nachlasses von dem Eigenvermögen des Erben, d. i. zu einem Erfolge, der nach römischem und gemeinem Rechte in ähnlicher Weise durch Geltendmachung des den Nachlaßgläubigern mit Einschluß der Vermächtnisnehmer zukommenden beneficium separationis bonorum herbeigeführt werden konnte.

streckung sind im ersten Falle[2]) auf Verlangen des Nachlaßverwalters aufzuheben (§ 784 Abs. 2 CPO.) und im zweiten Falle nach § 221 KO. ohnedies unwirksam. Im Falle des Erbenkonkurses[2a]) werden die zu dem der Nachlaßverwaltung, dem Nachlaßkonkurse unterliegenden Nachlaß gehörenden Gegenstände[2b]) zum Zwecke der abgesonderten

[2]) Nicht ganz unzweifelhaft ist, wie es in diesem Falle gehalten werden soll, wenn der Erbe zur Zeit der auf Antrag eines Nachlaßgläubigers angeordneten Nachlaßverwaltung bereits schlechthin unbeschränkt haftet. Ist die zugunsten eines persönlichen Gläubigers des Erben schon vorher erwirkte Maßregel der Zwangsvollstreckung auch unter der soeben angegebenen Voraussetzung auf Antrag des Nachlaßverwalters aufzuheben? Der Zweifel wird dadurch hervorgerufen, daß Abs. 2 von § 784 CPO. dem Nachlaßverwalter hinsichtlich der daselbst erwähnten Maßregel der Zwangsvollstreckung „das gleiche Recht" gewährt, das im Abs. 1 von § 784 dem Erben in betreff derjenigen Maßregeln der Zwangsvollstreckung zugesprochen wird, welche Nachlaßgläubiger in Ansehung von zum Eigenvermögen des Erben gehörenden Gegenständen erwirkt haben, und daß rücksichtlich der letzteren Maßregeln das Verlangen des Erben nur statthat, wenn er nicht bereits schlechthin unbeschränkt haftet. Man wird die gestellte Frage trotzdem bejahen müssen und somit die im Abs. 1 von § 784 gemachte Einschränkung auf den Abs. 2 nicht mitbeziehen dürfen (vgl. auch Planck-Ritgen S. 145). Hierfür entscheidend ist die Bestimmung des § 221 KO.; denn ihr zufolge kann im Nachlaßkonkurs auf Grund einer nach dem Erbfall in den Nachlaß erwirkten Maßregel der Zwangsvollstreckung abgesonderte Befriedung keinesfalls verlangt werden, selbst dann nicht, wenn der Erbe schon vor der Eröffnung des Nachlaßkonkurses schlechthin unbeschränkt haftete. Wollte man dasselbe bei Anordnung der Nachlaßverwaltung hinsichtlich der von Erbengläubigern erwirkten Maßregeln der Zwangsvollstreckung nicht gelten lassen, so würde man in Fällen, wo die Befriedigung der Nachlaßgläubiger lediglich durch die von Erbengläubigern in die vorhandenen Nachlaßgegenstände geführten Zwangsvollstreckungen gefährdet ist, einen circulus vitiosus nicht vermeiden können. Denn was sollte von dem zurückgewiesenen Standpunkte aus hier geschehen? Im Falle der Eröffnung des Nachlaßkonkurses würde sich der Nachlaß mit Rücksicht auf § 221 KO. sofort als nicht überschuldet herausstellen; und im Falle der hiernach als entsprechend sich darstellenden Anordnung der Nachlaßverwaltung würden die Nachlaßgläubiger dagegen durch die schon vorher durch Maßregeln der Zwangsvollstreckung gesicherten persönlichen Gläubiger des schlechthin unbeschränkt haftenden Erben erdrückt werden. So jetzt auch Binder II S. 132.

[2a]) Vgl. Jaeger Kommentar z. KO. (1. Aufl.) S. 750 ff.

[2b]) Als solche werden außer den noch vorhandenen ursprünglichen Erbschaftsgegenständen sicherlich auch in Betracht kommen: die vom Erben auf Grund eines zur Erbschaft gehörenden Rechtes erworbenen Gegenstände, ferner die wegen Zerstörung, Beschädigung oder Entziehung eines Erbschafts-

Befriedigung der Nachlaßgläubiger aus dem Erbenkonkurs herausgezogen (vgl. § 234 KO.).

II. Die Anordnung der Nachlaßverwaltung und die Eröffnung des Nachlaßkonkurses haben sodann miteinander gemein, daß sich die Haftung des Erben, dafern nur nicht schon vor der Anordnung der Nachlaßverwaltung, vor der Eröffnung des Nachlaßkonkurses ein Umstand eingetreten ist, vermöge dessen der Erbe für die Nachlaßverbindlichkeiten schlechthin unbeschränkt haftet, hier und dort grundsätzlich auf den Nachlaß beschränkt. Vgl. § 1975, aber auch § 2013; ferner § 784 Abs. 1 CPO.[3])

III. Außerdem gelten noch folgende Grundsätze:

1. Die infolge des Erbfalls durch Vereinigung erloschenen Rechtsverhältnisse sind als nicht erloschen zu behandeln (§ 1976).[4])

2. Die *vor* der Anordnung der Nachlaßverwaltung bezw. der Eröffnung des Nachlaßkonkurses von einem Nachlaßgläubiger gegen eine Eigenforderung des nicht bereits schlechthin unbeschränkt haftenden Erben[4a]) *ohne dessen Zustimmung* erklärte Aufrechnung ist nunmehr als nicht erfolgt anzusehen,[5]) und dasselbe[6]) gilt, wenn ein

---

gegenstandes vom Erben erworbenen Ansprüche, sowie das zu deren Befriedigung geleistete, soweit es vom sonstigen Erbenvermögen unterscheidbar noch vorhanden ist. Die nach § 2019 Abs. 1 (zugunsten des wahren Erben im Verhältnis zum Erbschaftsbesitzer) und nach § 2111 Abs. 1 (zugunsten des Nacherben im Verhältnis zum Vorerben) in der Weise eintretende Surrogation, daß das mit *Mitteln* der Erbschaft erworbene *als Erbschaftsgegenstand* gilt, greift dagegen in unserem Falle *nicht* durch (vgl. auch *Hagen* S. 94). Man wird vielmehr folgendermaßen zu unterscheiden haben: Verwendet der Erbe Erbschaftsmittel zu Anschaffungen für den Nachlaß, so wird das angeschaffte allerdings Erbschaftsgegenstand, macht der Erbe dagegen aus Erbschaftsmitteln Anschaffungen für seine Eigenzwecke, so haftet er den Nachlaßgläubigern deswegen nur nach § 1978. Vgl. dazu oben § 72 Anm. 27.

[3]) Über den Inhalt von § 784 Abs. 1 CPO. vgl. Anm. 2.

[4]) Vgl. oben § 63 S. 79, 80.

[4a]) Über den Fall, daß die Aufrechnung einem im allgemeinen des Rechtes zur Beschränkung der Haftung noch teilhaftigen Erben gegenüber aber doch von einem solchen Nachlaßgläubiger, dem dieser aus besonderem Grunde unbeschränkt haftet, erklärt wird, vgl. unten § 86 II.

[5]) Der innere Grund für diese Entscheidung liegt darin, daß der Erbe anderenfalls dem aufrechnenden Nachlaßgläubiger gegenüber den Vorteil der beschränkten Haftung einbüßen würde. War die vom Nachlaßgläubiger erklärte Aufrechnung mit Zustimmung des Erben erfolgt, oder war die Aufrechnung vom Erben selbst ausgegangen, so lag in der Erteilung der Zu-

Gläubiger, der nicht Nachlaßgläubiger ist, die ihm gegen den Erben zustehende Forderung gegen eine zum Nachlaß gehörende Forderung vor dem angegebenen Zeitpunkt aufgerechnet hat (§§ 1977, 2013). Nach der Anordnung der Nachlaßverwaltung bezw. der Eröffnung des Nachlaßkonkurses kann ein Nachlaßgläubiger gegen eine nicht zum Nachlaß gehörende Forderung des nicht schlechthin unbeschränkt haftenden Erben überhaupt nicht mehr aufrechnen[6a]) und ist eine Aufrechnung der Forderung eines Erbengläubigers gegen eine zum Nachlaß gehörende Forderung selbst dann ausgeschlossen, wenn der Erbe zustimmt.

3. Mit Rücksicht darauf, daß der Erbe im Falle der Anordnung der Nachlaßverwaltung bezw. der Eröffnung des Nachlaßkonkurses, dafern nur nicht schon vorher ein seine schlechthin unbeschränkte Haftung begründender Umstand eingetreten ist, den Nachlaßgläubigern

stimmung bezw. in der abgegebenen Aufrechnungserklärung eine Verfügung des Erben über seine Forderung, deren Rechtsbestand durch die nachträgliche Anordnung der Nachlaßverwaltung oder die Eröffnung des Nachlaßkonkurses nicht mehr in Frage gestellt wird (vgl. aber auch Binder II S. 161 vor IV); doch kann der Erbe in diesen Fällen mit Rücksicht auf die aus seinem Vermögen erfolgte Befriedigung eines Nachlaßgläubigers nach Maßgabe des § 1979, oder, wenn diese Vorschrift nicht zutrifft, nach § 225 Abs. 2 KO. aus dem Nachlaß Ersatz verlangen.

[6]) Auch hier wird also vorausgesetzt, daß die Aufrechnung ohne Zustimmung des Erben erfolgt ist, und daß der Erbe für die Nachlaßverbindlichkeiten nicht schlechthin unbeschränkt haftet. Die vom Erbengläubiger mit Zustimmung des Erben erklärte Aufrechnung sowie die vom Erben ausgehende Aufrechnung einer Nachlaßforderung gegenüber dem Erbengläubiger bleibt hiernach wirksam. Denn in der Zustimmung des Erben bezw. in der von ihm abgegebenen Aufrechnungserklärung ist eine Verfügung über einen Nachlaßgegenstand zu erblicken, zu der der Erbe vor der Anordnung der Nachlaßverwaltung, der Eröffnung des Nachlaßkonkurses berechtigt war. Wegen der infolge dieser Verfügung eingetretenen Verminderung des Nachlasses ist der Erbe jedoch den Nachlaßgläubigern nach § 1978 ersatzpflichtig. Als besonders bemerkenswert ist hervorzuheben, daß die von einem Erbengläubiger gegen eine Nachlaßforderung ohne Zustimmung des Erben vor der Anordnung der Nachlaßverwaltung, der Eröffnung des Nachlaßkonkurses vorgenommene Aufrechnung auch nach diesen Vorgängen dann wirksam bleibt, wenn der Erbe schlechthin unbeschränkt haftet, so daß also hiernach die Unbeschränktheit der Haftung des Erben den Nachlaßgläubigern in dem Falle nachteilig wird, wenn der Erbe außerstande ist, an das Nachlaßvermögen entsprechenden Ersatz zu leisten. Vgl. auch Binder II S. 160 Anm. 105.

[6a]) Vgl. aber auch unten § 86 II.

nur mit dem Nachlaß zu haften hat, muß dafür Vorsorge getroffen sein, daß der Nachlaß den Gläubigern ungemindert als Befriedigungsobjekt erhalten bleibt.[7]) Demgemäß ist der nicht bereits schlechthin unbeschränkt haftende Erbe den Nachlaßgläubigern infolge der Anordnung der Nachlaßverwaltung bezw. der Eröffnung des Nachlaßkonkurses für die bisherige Verwaltung des Nachlasses rücksichtlich der Zeit seit der Annahme der Erbschaft so verantwortlich, als ob er die Verwaltung für die Nachlaßgläubiger als Beauftragter zu führen gehabt hätte. Soweit der Erbe aber mit erbschaftlichen Geschäften sich vor der Annahme der Erbschaft befaßt hatte, sind die Vorschriften über die Geschäftsführung ohne Auftrag zur entsprechenden Anwendung[8]) zu bringen (§ 1978 Abs. 1). Diese Behandlung führt im einzelnen zu nachstehenden Ergebnissen:[8a])

a) Hinsichtlich der Zeit vor der Annahme der Erbschaft trifft den Erben eine Pflicht zur Verwaltung des Nachlasses nicht;[9]) wegen bloßer Unterlassung[10]) von Verwaltungsmaßregeln während der angegebenen Zeit kann er den Nachlaßgläubigern daher auch nicht verantwortlich werden. In Ansehung der von ihm wirklich geführten erbschaftlichen Geschäfte ist er aber nach Maßgabe der entsprechend anzuwendenden §§ 677, 678,[11]) 680 haftbar, wenn und soweit er dem Interesse der Gläubiger zuwider handelte.

---

[7]) Vgl. hierzu Motive V S. 626 ff.

[8]) Damit ist zugleich gesagt, daß die auf die Geschäftsführung ohne Auftrag sich beziehenden Bestimmungen der §§ 677 bis 687, soweit sie zur Übertragung auf das Verhältnis des Erben zu den Nachlaßgläubigern nicht geeignet sind, nicht zur Anwendung gebracht werden sollen.

[8a]) Vgl. zum folgenden auch Hagen 94 ff. und in besonders ausführlicher Darstellung Binder II S. 133 ff.

[9]) Das Gesetz kennt eben keinen Fall, in dem jemand schon von vornherein zum Eingreifen als Geschäftsführer ohne Auftrag verpflichtet wäre.

[10]) Hat der Erbe in die Verwaltung aber einmal eingegriffen, so kann er wegen der Unterlassung einer durch dieses Eingreifen notwendig gewordenen weiteren Maßnahme allerdings schadensersatzpflichtig werden (vgl. auch § 677).

[11]) Eine Berücksichtigung „des wirklichen oder mutmaßlichen Willens“ der einzelnen Nachlaßgläubiger wird übrigens dem Erben trotz des Wortlautes der §§ 677, 678 nicht zugemutet werden können. Denn in einer solchen Anforderung würde zwar eine buchstäbliche, aber nicht eine entsprechende Anwendung der §§ 677, 678 gelegen sein. Der Erbe bleibt also jedenfalls außer Verantwortung, wenn er das zur Wahrung des objektiv als begründet anzusehenden Interesses der Nachlaßgläubiger geeignete getan hat.

b) Vom Zeitpunkt der Annahme der Erbschaft an trifft den Erben den Nachlaßgläubigern gegenüber eine positive Verwaltungspflicht. Er haftet insbesondere für die Erhaltung des Nachlasses und ist somit wegen schuldbarer Unterlassung der erforderlich gewesenen Erhaltungsmaßregeln schadensersatzpflichtig; die aus dem Nachlaß zu gewinnenden Nutzungen hat er zu ziehen und wegen schuldbar versäumter Nutzungen ist er verantwortlich. Keine Verantwortlichkeit[12]) trifft den Erben jedoch wegen der Ausschlagung einer zum Nachlaß gehörenden Erbschaft oder eines dazu gehörenden Vermächtnisses (§ 9 KO.).

Sobald die Nachlaßverwaltung angeordnet bezw. der Nachlaßkonkurs eröffnet ist, hat der Erbe den Nachlaß mit den gewonnenen Nutzungen und Erweiterungen an den Nachlaß- bezw. Konkursverwalter herauszugeben. Für verbrauchte oder auf eigene Rechnung veräußerte Nachlaßgegenstände hat er Ersatz zu leisten.[12a]) Nach Maßgabe der §§ 259, 260 ist er dem Nachlaß- bezw. Konkursverwalter gegenüber zur Rechenschaftsablegung über die geführte Verwaltung, zur Auskunfterteilung und eventuell zur Leistung des Offenbarungseides[13]) verpflichtet.

c) Eine Pflicht besonderer Art trifft den Erben — aber erst vom Zeitpunkt der Annahme an — im Falle der Überschuldung des Nachlasses (vgl. § 1980). Die Wahrung des Interesses der Nachlaßgläubiger erheischt hier die baldmöglichste Stellung des Antrags auf Eröffnung des Nachlaßkonkurses. Allein nicht alle Nachlaßgläubiger haben auf solche Rücksichtnahme Anspruch. Bei der vor der Stellung des Antrags auf Konkurseröffnung vorzunehmenden Veranschlagung der Zulänglichkeit des Nachlasses darf nämlich der Erbe Verbindlichkeiten aus Vermächtnissen und Auflagen (§ 1980 Abs. 1) außer Betracht lassen.[13a]) Abgesehen hiervon ist der Erbe, sobald

---

12) Anders nach Entwurf I (vgl. § 2112 a. E.).

12a) Im Falle des Erbenkonkurses kann diese Ersatzforderung vom Nachlaßverwalter oder vom Verwalter des Nachlaßkonkurses nur als Konkursforderung geltend gemacht werden. Vgl. auch Jaeger Komm. z. KO. (1. Aufl.) S. 698 Anm. 1.

13) Die Vorschrift des § 2006 kommt hierbei nicht in Betracht; vgl. auch oben S. 223 Anm. 36.

13a) Dies hängt mit der Vorschrift des § 1992 zusammen. Vgl. oben S. 194 und unten § 82 d. D.

er von der Überschuldung des Nachlasses Kenntnis erlangt, den Nachlaßgläubigern gegenüber zur unverzüglichen Stellung des Antrags auf Eröffnung des Nachlaßkonkurses verpflichtet und haftet er für den ihnen infolge dieser Unterlassung erwachsenden Schaden.[13b] Der wirklichen Kenntnis von der Überschuldung des Nachlasses steht dabei nach ausdrücklicher Vorschrift des Gesetzes (§ 1980 Abs. 2) die auf (grober oder leichter) Fahrlässigkeit beruhende Nichtkenntnis gleich. Als Fahrlässigkeit ist es dem Erben insbesondere anzurechnen, wenn er, obschon er Grund hat, das Vorhandensein unbekannter Nachlaßverbindlichkeiten anzunehmen, das Aufgebot der Nachlaßgläubiger nicht beantragt. Hierbei wird freilich vorausgesetzt, daß die Kosten des Verfahrens dem Bestand des Nachlasses gegenüber nicht unverhältnismäßig groß sind; trifft diese Voraussetzung nicht zu, so wird sich der Erbe auf eine weniger kostspielige Ermittelung des Schuldenstandes (etwa durch Einrückung einer Aufforderung zur Anmeldung in die öffentlichen Blätter) zu beschränken haben. Eine dem Erben zur Last zu legende Fahrlässigkeit kann sodann auch in der mangelhaften Feststellung des Aktivstandes des Nachlasses (z. B. in der Unterlassung der Inventarisierung oder einer den Umständen entsprechenden Abschätzung der Nachlaßgegenstände) bestehen.

d) Die unter a bis c erwähnten, gegen den Erben sich richtenden Ansprüche gelten als zum Nachlaß gehörend (§ 1978 Abs. 2) und werden im Falle der Nachlaßverwaltung vom Nachlaßverwalter und im Falle des Nachlaßkonkurses vom Konkursverwalter geltend gemacht. Einem ausgeschlossenen Gläubiger oder einem Gläubiger, der einem ausgeschlossenen gleichsteht, kommt jedoch die Erweiterung, welche der Nachlaß durch die vorerwähnten gegen den Erben sich

---

[13b]) Daraus *allein* freilich, daß der Antrag auf Konkurseröffnung unterbleibt, wird den Nachlaßgläubigern ein Schaden noch nicht erwachsen können, wohl aber daraus, daß *infolge* der Unterlassung des Antrags einzelne Nachlaßgläubiger etwa im Wege der Zwangsvollstreckung in den Nachlaß zum Nachteil anderer Nachlaßgläubiger über dasjenige Maß, welches sich im Falle des Nachlaßkonkurses ergeben haben würde, hinaus zur Befriedigung gelangen. Beruht die Überschuldung des Nachlasses lediglich auf Ansprüchen aus Vermächtnissen und Auflagen, so vermag der Erbe eine Benachteiligung der übrigen Nachlaßgläubiger ohne Antrag auf Eröffnung des Nachlaßkonkurses schon dadurch auszuschließen, daß er sich den Vermächtnisnehmern, den zum Verlangen auf Vollziehung einer Auflage Berechtigten gegenüber des ihm nach § 1992 zustehenden Leistungsverweigerungsrechtes bedient.

richtenden Ansprüche erfährt, insoweit nicht zu statten, als sie dasjenige überschreitet, was einem solchen Gläubiger gegenüber nach § 1973 bezw. § 1974 als Nachlaßüberschuß in Betracht kommt.[14])

e) Hatte der Erbe auf den Nachlaß Aufwendungen gemacht, so kann er hinsichtlich der Zeit seit der Annahme nach § 670 und für die Zeit vor der Annahme nach den §§ 683, 684 aus dem Nachlaß Ersatz verlangen. Die für den Ersatz von Aufwendungen maßgebenden allgemeinen Vorschriften der §§ 256, 257 sind auch hier anzuwenden. Ein Zurückbehaltungsrecht wegen seiner auf den Nachlaß gemachten Aufwendungen ist dem Erben im Falle des Nachlaßkonkurses durch § 223 KO. ausdrücklich versagt;[15]) dafür werden aber seine Ersatzansprüche nach § 224 Z. 1 KO. als Masseschulden behandelt. Allein auch im Falle der Nachlaßverwaltung kann dem Erben ein auf § 273 Abs. 2 sich stützendes Zurückbehaltungsrecht nicht zustehen.[16]) Denn es würde mit dem praktischen Zwecke der

---

[14]) Vgl. auch oben § 75 S. 239.

[15]) In dieser Bestimmung darf keineswegs eine konkursrechtliche Singularität erblickt werden. Sie bringt vielmehr nur den allgemeinen Grundsatz, daß der Schuldner der gegen ihn vom Gläubiger geführten Zwangsvollstreckung gegenüber nicht ein Zurückbehaltungsrecht zur Geltung bringen kann (vgl. oben S. 247), auch im Konkursrecht zur entsprechenden Durchführung.

[16]) Sachliche Erwägung führt hier zu einem argumentum a minori ad maius auf Grund des § 223 KO. Denn wenn — so muß man sagen — ein Zurückbehaltungsrecht des Erben selbst im Falle des Nachlaßkonkurses ausgeschlossen ist, so muß dies doch umsomehr für den Fall der Nachlaßverwaltung, d. h. für einen Fall, in dem der Erbe auf Befriedigung seines Aufwendungsanspruchs mit ungleich größerer Sicherheit rechnen kann, gelten. Anders trotzdem Planck-Ritgen S. 95 und Wilke S. 50; vgl. aber dagegen Jaeger Erbenhaftung S. 85 und Komm. z. KO. (1. Aufl.) S. 718, 719, desgleichen Endemann S. 441 Anm. 29. Gegen ein Zurückbehaltungsrecht des Erben gegenüber dem Nachlaßverwalter grundsätzlich auch Binder II S. 149, 150, aber mit nicht ganz klar gedachten Ausnahmen: „Insoweit es sich daher um die Herausgabe des Nachlasses an den Verwalter handelt, ist das Zurückbehaltungsrecht ausgeschlossen. In bezug auf die Haftung des Erben für seine Nachlaßverwaltung ist dagegen die Retention an sich möglich, da die Konnexität der Ansprüche aus der Verwaltung des Erben nicht in Frage gestellt werden kann.“ Wie soll es sich darnach also z. B. verhalten, wenn der Erbe auf die von ihm besessenen Nachlaßgrundstücke Aufwendungen im Betrage von 10000 M. gemacht hat? Hat er dann das Zurückbehaltungsrecht oder hat er es nicht? Die Formel Binders und die von ihm geltend gemachten Argumente lassen dabei ganz im Stiche.

Nachlaßverwaltung in Widerspruch stehen, wenn dem Erben dem Nachlaßverwalter gegenüber ein Recht zukäme, durch dessen Ausübung dem Nachlaßverwalter die Erfüllung seiner Aufgaben immer sehr erschwert und unter Umständen sogar ganz unmöglich gemacht werden könnte.[17]) Dieses Ergebnis ist umso unbedenklicher, als der Erbe in Ansehung seiner ehetunlichst zu berichtigenden Ersatzansprüche durch die unter gerichtlicher Aufsicht stehende Nachlaßverwaltung ohnedies hinreichend gesichert ist.

Eine besondere Art von Aufwendungen auf den Nachlaß bildet die Berichtigung von Nachlaßverbindlichkeiten durch den Erben. Hiervon ist unter Z. 4 noch genauer zu handeln.

f) Für die von ihm geführte Verwaltung des Nachlasses gebührt dem Erben eine Vergütung selbst dann nicht, wenn nach Befriedigung der Nachlaßgläubiger vom Nachlaß nichts mehr übrig bleibt (§ 662).

g) Den schlechthin unbeschränkt haftenden Erben trifft eine nach den §§ 1978, 1980 zu beurteilende Verantwortlichkeit nicht (§ 2013). Hierfür ausschlaggebend ist die Erwägung, daß die Erweiterung des Nachlasses um gegen den Erben sich richtende Ansprüche, in Ansehung deren der Erbe persönlich haftet, eine praktische Rolle nur spielen kann, wenn der Erbe für die Nachlaßverbindlichkeiten grundsätzlich nur mit dem Nachlaß zu haften hat. Liegen dagegen für den Erben bereits die Voraussetzungen schlechthin unbeschränkter Haftung vor, so ist eine darüber noch hinausgehende Haftung gar nicht mehr möglich.

h) Sind die Nachlaßgläubiger durch ein, einem nach § 1960 bestellt gewesenen Nachlaßpfleger zur Last zu legendes Verschulden geschädigt worden, so ist ihnen gegenüber dieser schadensersatzpflichtig.[18]) Die Geltendmachung des Anspruchs erfolgt durch den Nachlaß- bezw. Konkursverwalter.

4. Wie beschaffen ist die Stellung des Erben, wenn er vor der Anordnung der Nachlaßverwaltung bezw. der Eröffnung des Nachlaßkonkurses Nachlaßgläubiger befriedigt? Die Entscheidung ergibt sich aus § 1979 in Verbindung mit § 1980:[18a])

---

17) Die vom Erben gemachten Aufwendungen können möglicherweise recht erheblich sein. Woher soll der Nachlaßverwalter in solchen Fällen nach Planck-Ritgen die zur Befriedigung des Erben erforderlichen Mittel nehmen?

18) Vgl. darüber oben S. 64, 65.

18a) Daß § 1980 mit herangezogen werden muß, führt Binder II

a) Durfte der Erbe den Umständen nach annehmen, daß der Nachlaß zur Berichtigung aller Nachlaßverbindlichkeiten ausreiche, so müssen die Nachlaßgläubiger die durch den Erben erfolgte Berichtigung einer Nachlaßverbindlichkeit als für Rechnung des Nachlasses erfolgt gelten lassen. Auf jene Annahme kann sich der Erbe aber offenbar dann nicht mit Erfolg stützen, wenn sie auf fahrlässiger Nichtkenntnis der vorhandenen Nachlaßverbindlichkeiten beruhte (§ 1980). Fällt dem Erben dagegen bei seiner Annahme eine Fahrlässigkeit nicht zur Last, und war die Tilgung der Verbindlichkeit aus den Mitteln des Nachlasses erfolgt, so darf der Erbe das geleistete bei der Herausgabe des Nachlasses an den Nachlaß- bezw. Konkursverwalter ohne Rücksicht auf den der getilgten Nachlaßverbindlichkeit im Nachlaßkonkurs zukommenden Rang voll in Ansatz bringen. Hatte der Erbe die Nachlaßverbindlichkeit unter sonst gleichen Umständen aus seinem Eigenvermögen befriedigt, so ist er deswegen den Nachlaßgläubigern gegenüber bis zum Belange der Erbschaft zum vollen Betrage ersatzberechtigt. Im Falle des Nachlaßkonkurses kommt dem Erben auch hinsichtlich dieses Ersatzanspruchs die Stellung eines Massegläubigers[19]) zu (§ 224 Nr. 1 KO.), und im Falle der Nachlaßverwaltung hat der Nachlaßverwalter für ehetunlichste Befriedigung des bezeichneten Anspruchs zu sorgen.[20])

b) Befriedigt der Erbe eine Nachlaßverbindlichkeit, ohne zu der vorerwähnten Annahme berechtigt gewesen zu sein, so ist er, dafern die Berichtigung aus den Mitteln des Nachlasses erfolgt

---

S. 138ff. zutreffend aus. Unerweislich aber zugleich auch unerheblich dürfte Binders Behauptung (vgl. a. a. O. S. 141) sein, daß sich § 1979 lediglich auf den Fall der Befriedigung von Nachlaßverbindlichkeiten aus dem nicht zum Nachlaß gehörenden Vermögen des Erben beziehe. Mag man Binder hierin nun beistimmen oder widersprechen, so stehen doch die im Texte aus dem Zusammenhang von § 1979 und 1980 gewonnenen Ergebnisse jedenfalls fest. Vgl. auch die zustimmende Ausführung bei Jaeger. Komm. z. KO. (1. Aufl.) S. 735 Anm. 1.

[19]) Dies gilt selbst dann, wenn der zu der im Texte hervorgehobenen Annahme berechtigte Erbe einen ausgeschlossenen oder einen einem solchen gleichgestellten Nachlaßgläubiger befriedigt hat. Ganz anders verhält es sich, wenn die Befriedigung des Nachlaßgläubigers nicht nach § 1979 BGB., sondern nach § 225 Abs. 2 KO. zu beurteilen ist; vgl. darüber die weitere Ausführung im Texte.

[20]) Von einem dem Nachlaßverwalter gegenüber auszuübenden Zurückbehaltungsrecht des Erben kann auch hier keine Rede sein.

ist, den Nachlaßgläubigern grundsätzlich ersatzpflichtig[21]) (§ 1980), und hat er im Falle der aus seinen eigenen Mitteln geleisteten Befriedigung den unter a a. E. bezeichneten Ersatzanspruch nicht. Hieran ist selbst dann festzuhalten, wenn die Befriedigung des Nachlaßgläubigers auf Grund eines von diesem bereits erlangten rechtskräftigen Urteils erfolgt ist. Bei der vorausgesetzten Sachlage wäre es vielmehr die Aufgabe des Erben gewesen, die vom Gläubiger verlangte Befriedigung zu verweigern, der von diesem geführten Zwangsvollstreckung in geeigneter Weise entgegenzutreten und nötigenfalls den Antrag auf Eröffnung des Nachlaßkonkurses zu stellen (§ 1980).

Soweit übrigens die vom Erben vorgenommene Berichtigung einer Nachlaßverbindlichkeit nicht nach § 1979 als auf Rechnung des Nachlasses erfolgt gilt, tritt der für die Nachlaßverbindlichkeiten nicht bereits schlechthin unbeschränkt haftende Erbe im Falle des späteren Nachlaßkonkurses doch an die Stelle des befriedigten Gläubigers und kann er daher dessen auf ihn übergegangene Forderung nach Maßgabe des ihr zukommenden Ranges im Nachlaßkonkurs geltend machen (§ 225 Abs. 2 KO.).[22])

c) Was ein Nachlaßgläubiger unter den Voraussetzungen des § 1979 vom Erben zu seiner Befriedigung erhalten hat, kann ihm unter Umständen im Interesse der Gesamtheit der Nachlaßgläubiger im Wege der Anfechtung wieder entzogen werden. Kommt es zur

---

[21]) Eine solche Ersatzpflicht des Erben entfällt jedoch mit Rücksicht auf die §§ 1980, 1992 gegenüber Vermächtnisnehmern und den zum Verlangen auf Vollziehung einer Auflage Berechtigten dann, wenn 1. die Überschuldung des Nachlasses nur auf Vermächtnissen und Auflagen beruht, und wenn dazu noch 2. kommt, daß der Erbe vor der später doch erfolgten Eröffnung des Nachlaßkonkurses aus Nachlaßmitteln entweder nur solche Nachlaßgläubiger befriedigt hat, die den Vermächtnis- und Auflageansprüchen im Range vorgehen, oder zwar andere Vermächtnisnehmer oder Auflagenempfänger, aber nach Maßgabe der konkursmäßigen Rangordnung. Vgl. hierzu auch § 82 d. D.

[22]) Zum vollen Verständnis dieser Bestimmung kann man nur gelangen, wenn man innerhalb der durch sie getroffenen Fälle wieder unterscheidet, je nachdem der Erbe den Nachlaßgläubiger aus den Mitteln des Nachlasses oder aus seinem Eigenvermögen befriedigt hat. Im letzteren Falle kommt lediglich die in Abs. 2 von § 225 bezeichnete Wirkung in Betracht. Im ersten Falle dagegen wird der Eintritt des Erben in die Stellung des befriedigten Gläubigers erst dadurch vermittelt, daß jener zur Masse ersetzt, was er dem Nachlaß zur Befriedigung des Gläubigers mit Unrecht entnommen hatte.

Eröffnung des Nachlaßkonkurses, so kann die von einem Nachlaßgläubiger vorher noch aus dem Nachlaß erhaltene Befriedigung nach der allgemeinen Vorschrift des § 30 KO. anfechtbar sein. Eine gegen den befriedigten Gläubiger sich richtende Anfechtung besonderer Art ist aber dann begründet, wenn der vom Erben nach § 1979 befriedigte Anspruch ein Pflichtteilsanspruch oder ein Anspruch aus einem Vermächtnis oder einer Auflage ist. Denn nach § 222 KO. unterliegt eine solche Leistung der im Interesse der Gläubiger vom Konkursverwalter vorzunehmenden Anfechtung in gleicher Weise, wie eine vom Erben auf Kosten des Nachlasses gemachte unentgeltliche Verfügung. Außerhalb des Konkurses ist ein analoges Anfechtungsrecht zugunsten jedes einzelnen benachteiligten Nachlaßgläubigers dann begründet, wenn der Erbe aus dem Nachlaß Ansprüche der vorbezeichneten Art befriedigt hat, obschon jener im Konkursverfahren dem Empfänger der Leistung vorgehen oder gleichstehen würde (§ 3a AnfG.); die Ausübung des Anfechtungsrechtes erfolgt übrigens im Falle der Nachlaßverwaltung durch den Nachlaßverwalter. Kommt dem Erben der für ihn aus § 1979 sich ergebende Schutz nicht zu statten und trifft ihn deshalb wegen der aus dem Nachlaß bewirkten Befriedigung eines Pflichtteilsberechtigten, Vermächtnisnehmers, Auflagenempfängers eine Verbindlichkeit zur Ersatzleistung, so ist doch hierdurch die Geltendmachung der vorerwähnten Anfechtungsrechte nicht ausgeschlossen.[23])

d) Hatte ein zur Zeit der Anordnung der Nachlaßverwaltung, Eröffnung des Nachlaßkonkurses für die Nachlaßverbindlichkeiten bereits schlechthin unbeschränkt haftender Erbe eine Nachlaßverbindlichkeit vor dieser Zeit befriedigt, so kann von einem Ersatzanspruch nach § 1979 (vgl. dazu § 2013) bezw. von einem Eintritt des Erben in die Stellung des befriedigten Gläubigers nach § 225 KO. (vgl. Abs. 2 a. E.) keine Rede sein. War der Gläubiger jedoch aus den Mitteln der Erbschaft befriedigt worden, so greifen die Anfechtungsrechte nach § 222 KO. bezw. § 3a AnfG. auch hier durch.

Haftet der Erbe dagegen nur einem einzelnen Nachlaßgläubiger schlechthin unbeschränkt und befriedigt er diesen aus seinem

---

[23]) Soweit die Anfechtung zu dem angestrebten Erfolge führt, wird der Erbe selbstverständlich von seiner Ersatzverbindlichkeit frei; soweit dagegen der Erbe Ersatz leistet, greift im Falle des Nachlaßkonkurses wieder die Vorschrift des § 225 Abs. 2 KO. ein.

Eigenvermögen, so ist zu unterscheiden, ob die Befriedigung unter der Voraussetzung des § 1979 erfolgt oder nicht. Im ersten Falle kommt dem Erben § 224 Nr. 1 KO. zu statten und hat er demnach in Ansehung des Ersatzanspruchs im Falle des Nachlaßkonkurses die Stellung eines Massegläubigers, im zweiten Falle kann der Erbe die auf ihn nach § 225 KO. übergangene Forderung im Nachlaßkonkurs geltend machen. Ja das Gesetz geht noch weiter und gestattet dem nur einem einzelnen Nachlaßgläubiger schlechthin unbeschränkt haftenden Erben die Geltendmachung der Forderung desselben im Nachlaßkonkurs unter der Voraussetzung, daß der Gläubiger sie nicht geltend macht, selbst dann, wenn er den Gläubiger aus seinem Eigenvermögen noch nicht[24]) befriedigt hat (§ 225 Abs. 3 KO.). Wenn die Befriedigung des betreffenden Gläubigers aus dem Nachlaß erfolgt, so gilt das in dieser Beziehung unter a und b gesagte auch hier.

b) Nachlaßverwaltung.

§ 79.

I. Die Nachlaßverwaltung ist eine zum Zwecke der Befriedigung der Nachlaßgläubiger eingesetzte Nachlaßpflegschaft. Ihre Anordnung erfolgt niemals von Amts wegen, sondern immer nur auf Antrag.

1. Antragsberechtigt ist:

a) Der Erbe,[1]) dafern er für die Nachlaßverbindlichkeiten nicht bereits schlechthin unbeschränkt haftet (§§ 1981 Abs. 1, 2013). Sprechen dem Nachlaßgericht bekannte Umstände für die Wahrscheinlichkeit des bereits erfolgten Eintritts der unbeschränkten Haftung des Erben, so wird dem Antrag nur stattzugeben sein, wenn der Erbe die nach

---

[24]) Der dieser Behandlung zugrunde liegende und in § 225 Abs. 3 KO. sich ausprägende Gedanke ist offenbar, daß die übrigen Nachlaßgläubiger dadurch, daß der Erbe einem einzelnen Gläubiger schlechthin unbeschränkt haftet, keinen ungerechtfertigten Vorteil erlangen und deshalb nicht besser gestellt werden sollen, als sie gestellt sein würden, wenn der Erbe auch dem einzelnen Gläubiger gegenüber nur beschränkt haftete.

[1]) Hatte der Erbe die Erbschaft bisher noch nicht angenommen, so wird aus dem von ihm gestellten Antrag auf Anordnung der Nachlaßverwaltung normalerweise auf das Vorhandensein des Annahmewillens geschlossen werden dürfen. Trifft dies, etwa wegen eines vom Erben bei der Stellung des Antrags gemachten Vorbehalts, nicht zu, so wird der Antrag abzuweisen sein, weil sonst dem Rechte des definitiven Erben vorgegriffen würde.

dieser Richtung hervorgetretenen Bedenken zu beseitigen vermag. Die vom Nachlaßgericht auf Antrag des schlechthin unbeschränkt haftenden Erben trotzdem ausgesprochene Anordnung der Nachlaßverwaltung ist jedoch keinesfalls nichtig. Die Wirkungen sind aber dann so zu bestimmen, als wenn die Anordnung auf Antrag eines Nachlaßgläubigers erfolgt wäre.[2]) Sicherlich kann aber der Erbe in diesem Falle jederzeit die Aufhebung der lediglich auf seinem Antrag beruhenden Nachlaßverwaltung beantragen.

Ist eine Ehefrau die Erbin, und liegen hinsichtlich der Erbschaft die Voraussetzungen des § 2008 vor,[3]) so ist zur Stellung des Antrags auf Anordnung der Nachlaßverwaltung auch[4]) der Ehemann legitimiert.[5])

Bei Vorhandensein mehrerer Erben kann die Anordnung einer Nachlaßverwaltung nur von allen Miterben gemeinschaftlich und nur so lange[6]) beantragt werden, als der Nachlaß noch nicht geteilt ist (§ 2062).

Im Falle des Erbschaftskaufes ist an Stelle des Erben der Erbschaftsverkäufer antragsberechtigt (§§ 2382, 2383). Daneben besteht allerdings auch noch ein im Wege der Analogie aus der Vorschrift des § 232 KO. abzuleitendes Antragsrecht des Erben selbst. Genaueres hierüber in § 98 d. Darstellung.

b) Jeder[7]) Nachlaßgläubiger,[8]) dafern der Antrag innerhalb von zwei Jahren von der Annahme der Erbschaft an gestellt wird,[9]) und, wenn Grund zur Annahme besteht, daß die Befriedi-

---

[2]) Vgl. auch Planck-Ritgen S. 100, zustimmend auch Binder II S. 193 Anm. 11.

[3]) Vgl. oben S. 214.

[4]) Zur Stellung des Antrags durch die Frau ist die Zustimmung des Mannes ebensowenig erforderlich, als die Zustimmung der Frau zu dem vom Manne gestellten Antrag.

[5]) Ausdrücklich ausgesprochen ist dies im Gesetz nicht. Für die Entscheidung des Textes spricht aber nicht nur die praktische Tendenz des § 2008, sondern auch der zwingende Analogieschluß aus § 218 Abs. 1 KO. Vgl. auch Planck-Unzner (3. Aufl.) IV S. 186.

[6]) Vgl. hierzu § 89 d. D.

[7]) Darüber, daß das Antragsrecht auch einem ausgeschlossenen und dem einem solchen gleichstehenden Gläubiger zukommt, vgl. oben S. 250 Anm. 50.

[8]) Nicht antragsberechtigt sind die persönlichen Gläubiger des Erben.

[9]) Dem Antragsrecht des Erben (oder der an dessen Stelle tretenden Person) ist eine solche zeitliche Schranke nicht gesetzt.

gung der Nachlaßgläubiger aus dem Nachlaß durch das Verhalten oder die Vermögenslage des Erben[10]) gefährdet wird (§ 1981 Abs. 2). Zur Rechtfertigung des Antrags hat der Gläubiger seine Forderung und desgleichen die von ihm behauptete Gefahr glaubhaft zu machen.[10a]) Die einmal erfolgte Anordnung der Nachlaßverwaltung ist aber deshalb allein nicht unwirksam, weil sich die angebliche Forderung des Antragstellers als nicht zu Recht bestehend oder die behauptete Gefährdung der Nachlaßgläubiger als nicht begründet erweist. Ob der Erbe, gegen welchen die Anordnung der Nachlaßverwaltung von einem Nachlaßgläubiger beantragt wird, des Rechtes zur Beschränkung der Haftung noch teilhaftig ist oder für die Nachlaßverbindlichkeiten bereits schlechthin unbeschränkt haftet, ist gleichgültig.

2. Ist eine den Kosten entsprechende Masse nicht vorhanden, so kann die beantragte Anordnung der Nachlaßverwaltung abgelehnt werden (§ 1982). Dieser Ablehnungsgrund entfällt, wenn der Antragsteller einen entsprechenden Kostenvorschuß leistet.[11])

3. Wird dem Antrag stattgegeben, so erfolgt mit der Anordnung der Nachlaßverwaltung die Bestellung des Nachlaßverwalters

---

[10]) Solange der Erbe die Erbschaft noch nicht angenommen hat, wird sich der von einem Gläubiger beantragten Anordnung der Nachlaßverwaltung das doppelte Bedenken entgegenstellen, daß diese, wenn statt des vorläufig zur Erbfolge Berufenen ein anderer Erbe wird, doch wieder aufgehoben werden müßte, und daß das Interesse der Nachlaßgläubiger bis zur Entscheidung über die Annahme durch Anordnung einer Nachlaßpflegschaft nach § 1960 vollständig gewahrt werden kann. Vgl. auch Planck-Ritgen S. 101.

[10a]) Mit Rücksicht auf das in Anm. 10 gesagte wird der Gläubiger auch glaubhaft zu machen haben, daß der Erbe die Erbschaft angenommen habe. Vgl. auch Binder II S. 193 Anm. 13a.

[11]) Hierfür spricht § 107 Abs. 1 Satz 2 KO. Anders Jaeger Komm. z. KO. (1. Aufl.) S. 486 und Binder S. 193 Anm. 15, weil das Bedürfnis nach der Nachlaßverwaltung nicht in gleichem Maße bestehe wie das nach der Eröffnung des Nachlaßkonkurses im Falle der Überschuldung. Allein hierbei bleibt unberücksichtigt, daß die Überschuldung des Nachlasses unter Umständen nur dadurch verhindert werden kann, daß der Nachlaßverwalter zum Nachlaß gehörende Rechte (Anfechtungs-, Rücktrittsrechte usw.), deren Ausübung der Erbe unterläßt, oder Gläubigeranfechtungsrechte, die dem Erben selbst überhaupt nicht zustehen, geltend macht. Von erheblicher Bedeutung kann die analoge Anwendung des § 107 KO. übrigens auch dann werden, wenn die den Vorschuß leistenden Nachlaßgläubiger hoffen dürfen, daß der zu bestellende Nachlaßverwalter eine entsprechende Masse durch Absonderung der Erbschafts-

oder, sofern dies durch die Umstände geboten ist, wohl auch mehrerer Nachlaßverwalter. Sowohl die Anordnung der Nachlaßverwaltung als auch den (bezw. die) Namen des bestellten Nachlaßverwalters (bezw. der bestellten Nachlaßverwalter) hat das Nachlaßgericht durch die für seine Bekanntmachungen bestimmten Blätter zu veröffentlichen (§ 1983).

4. Im Gegensatz zu der wie für Vormundschaften, so im allgemeinen auch für Pflegschaften maßgebenden Bestimmung des § 1785 besteht eine Verpflichtung zur Übernahme der Nachlaßverwaltung nicht (§ 1981 Abs. 3).

5. Gegen eine dem Antrag des Erben auf Anordnung der Nachlaßverwaltung stattgebende Verfügung findet grundsätzlich eine Beschwerde nicht statt (§ 76 Abs. 1 FGbG.). Der sofortigen Beschwerde durch den Erben, Miterben oder einen zur Verwaltung des Nachlasses berechtigten Testamentsvollstrecker unterliegt dagegen die auf Antrag eines Nachlaßgläubigers erfolgte Anordnung der Nachlaßverwaltung (§ 76 Abs. 2 FGbG.). Gegen die Zurückweisung des Antrags auf Anordnung der Nachlaßverwaltung steht dem Antragsteller immer die gewöhnliche Beschwerde zu (§ 20 Abs. 2 FGbG.).

II. Die mit der Anordnung der Nachlaßverwaltung sich verbindenden Wirkungen ergeben sich im wesentlichen bereits aus § 78 d. Darstellung. Zur Ergänzung des dort gesagten ist aber noch hervorzuheben:

1. Über den Zeitpunkt, mit dem die Anordnung der Nachlaßverwaltung wirksam wird, enthält das Gesetz eine besondere Bestimmung nicht. Bei Anwendung der allgemeinen Vorschrift des § 16 Abs. 1 FGbG. würde der Zeitpunkt der Bekanntmachung der gerichtlichen Anordnung an denjenigen, für welchen sie bestimmt ist, d. i. also in unserem Falle an den Erben,[11a]) als maßgebend zu betrachten sein. Allein dieses Ergebnis ist nicht nur sachlich wenig befriedigend, sondern auch mit der in § 1984 enthaltenen Verweisung auf konkursrechtliche Vorschriften nicht in Einklang zu bringen. Man wird des-

---

gegenstände aus dem Erbenkonkurs oder durch die von ihm durchzusetzende Aufhebung von Maßregeln der Zwangsvollstreckung, welche Erbengläubiger hinsichtlich der den Nachlaß bildenden Gegenstände erwirkt haben, werde herstellen können.

[11a]) War der Antrag nicht vom Erben ausgegangen, so könnte man zum Wirksamwerden der Anordnung überdies auch noch die Bekanntmachung an den Antragsteller für erforderlich halten; so Herzfelder S. 172.

halb, was im Konkursrecht für den Zeitpunkt der „Eröffnung des Verfahrens" gilt, auch auf den Fall der Anordnung der Nachlaßverwaltung anzuwenden und somit buchstäblich im Sinne des § 108 KO.[12]) den Zeitpunkt der gerichtlichen Anordnung für entscheidend zu halten haben.[13])

2. Obschon dem Erben infolge der Anordnung der Nachlaßverwaltung das Recht zur Verfügung über den Nachlaß ganz allgemein entzogen ist (§ 1984 Abs. 1 Satz 1), so kann doch nicht bezweifelt werden, daß ein Miterbe wie vor so auch nach der Anordnnng der Nachlaßverwaltung nach Maßgabe des § 2033 über seinen Anteil am Nachlaß allerdings verfügen kann; denn eine Verfügung dieser Art läßt die Stellung des Nachlaßverwalters und die Rechte der Nachlaßgläubiger völlig unberührt.[14])

3. Auf den Fall der Nachlaßverwaltung finden die Vorschriften der §§ 7, 8 KO.[15]) entsprechende Anwendung (§ 1984 Abs. 1 Satz 2). Die Ergebnisse hiervon sind diese:

a) Rechtshandlungen, welche der Erbe nach der Anordnung der Nachlaßverwaltung in Ansehung von zum Nachlaß gehörenden Gegenständen vorgenommen hat, sind grundsätzlich den Nachlaßgläubigern gegenüber unwirksam.[16]) Hierdurch unberührt bleiben jedoch die Vor-

---

[12]) § 108 KO. lautet: „Der Eröffnungsbeschluß hat die Stunde der Eröffnung anzugeben. Ist dies versäumt worden, so gilt als Zeitpunkt der Eröffnung die Mittagsstunde des Tages, an welchem der Beschluß erlassen ist." Vgl. dazu Jaeger, Komm. z. KO. (1. Aufl.) S. 487, 488.

[13]) Vgl. Planck-Ritgen S. 103 (der jedoch die Anwendung des zweiten Satzes des § 108 KO. wegen der rein positiven Natur desselben für unzulässig hält). Etwas anders, aber doch ähnlich Wilke S. 55, der den Augenblick der zur Ausführung geschehenden Hingabe des betreffenden Beschlusses des Nachlaßgerichts an den Gerichtsschreiber ohne Rücksicht auf eine Zustellung an den Erben und ohne Rücksicht auf den Zeitpunkt der im § 1983 vorgeschriebenen öffentlichen Bekanntmachung für maßgebend angesehen wissen will. Grundsätzlich anderer Ansicht und somit für die Anwendung des § 16 Abs. 1 FGbG. Eccius S. 634 Anm. 27, Herzfelder S. 172. Wie im Texte jetzt auch Binder II S. 194 Anm. 19.

[14]) Vgl. auch oben § 65 Anm. 8.

[15]) In § 1984 ist noch auf die §§ 6 und 7 der KO. von 1877 verwiesen. Mit Rücksicht auf das Reichsgesetz v. 17. 5. 1898 ist diese Verweisung jedoch jetzt auf die §§ 7 und 8 der neu gefaßten KO. zu beziehen.

[16]) Planck-Ritgen S. 103 will aus § 1978 in Verbindung mit § 674 entnehmen, daß die Anordnung der Nachlaßverwaltung zugunsten des Erben

schriften der §§ 892, 893 BGB. über den Schutz derjenigen, welchen der öffentliche Glaube des Grundbuchs zu statten kommt. Nach den eben berufenen Bestimmungen des BGB. (vgl. insbesondere § 892 Abs. 1 Satz 2) ist nämlich das Grundbuch bestimmt, hinsichtlich der daselbst eingetragenen Rechte auch die zugunsten einer bestimmten Person eingetretene Verfügungsbeschränkung des Berechtigten in sich aufzunehmen. Um eine Verfügungsbeschränkung solcher Art und zwar zugunsten der Nachlaßgläubiger handelt es sich aber wie im Falle der Konkurseröffnung so auch in dem der Nachlaßverwaltung. Die Anordnung der Nachlaßverwaltung bildet daher in Ansehung der zum Nachlaß gehörenden grundbücherlichen Rechte einen Gegenstand der Eintragung, und ist diese Eintragung unterblieben, so werden die durch die Vorschriften der §§ 892, 893 getroffenen Erwerbungen, Befreiungen und sonstigen Rechtsveränderungen unter der Voraussetzung, daß die Anordnung der Nachlaßverwaltung demjenigen, dessen Schutz in Frage steht, im entscheidenden Zeitpunkt nicht bekannt war, so behandelt, als ob die Beschränkung des Verfügungsrechtes des Erben garnicht eingetreten wäre. Eine besondere Bestimmung über die Eintragung der Anordnung der Nachlaßverwaltung im Grundbuch ist freilich weder im BGB. noch in dessen Nebengesetzen enthalten. Aus der im § 1984 angeordneten entsprechenden Anwendung des jetzigen § 7 KO. muß jedoch der Schluß gezogen werden, daß das im § 113 KO. hinsichtlich der grundbücherlichen Eintragung der

---

solange unbeachtet bleibt, bis er von ihr Kenntnis erlangt oder erlangen mußte; vgl. auch Herzfelder S. 172, Wilke S. 55. Dem ist insoweit beizustimmen, als dabei an die Beurteilung der Verantwortlichkeit des Erben gegenüber den Nachlaßgläubigern wegen der von ihm, zwar nach der Anordnung der Nachlaßverwaltung, aber noch bevor er hiervon Kenntnis hatte oder haben mußte, getroffenen Maßnahmen gedacht ist. Diese Verantwortlichkeit ist allerdings so zu bestimmen, als ob die Anordnung der Nachlaßverwaltung noch nicht erfolgt wäre; dasselbe muß übrigens, da sich § 1978 nicht nur auf den Fall der Nachlaßverwaltung, sondern auch auf den der Konkurseröffnung bezieht, in entsprechenderweise auch für den letzteren Fall gelten. Sollte sich die vorerwähnte Auffassung von Planck-Ritgen aber auch darauf erstrecken, daß die vom Erben in der bezeichneten Zeit in Ansehung von Nachlaßgegenständen vorgenommenen Rechtshandlungen zugunsten des Erben (d. h. damit dieser nicht dritten Personen wegen der Unwirksamkeit dieser Rechtshandlungen haftbar werde) als wirksam zu behandeln seien, so würde sie sich mit § 7 KO. in Widerspruch setzen und deshalb insoweit zurückzuweisen sein. Zustimmend Binder II S. 194 Anm. 20.

Eröffnung des Konkursverfahrens bestimmte in entsprechender Weise auch auf den Fall der Nachlaßverwaltung anzuwenden ist.[17])

In die den grundbuchrechtlichen Vorschriften der §§ 892, 893 nachgebildeten und auf den öffentlichen Glauben des Erbscheins sich beziehenden §§ 2366, 2367 ist eine der Bestimmung des Abs. 1 Satz 2 von § 892 entsprechende Vorschrift nicht aufgenommen; das ist von erheblicher praktischer Bedeutung. Beispiel: Der durch Erbschein legitimierte Erbe verfügt, nachdem es auf Antrag eines Nachlaßgläubigers zur Anordnung der Nachlaßverwaltung, aber noch bevor es zu einer bücherlichen Eintragung im Sinne des § 113 KO. gekommen ist, hinsichtlich einer zum Nachlaß gehörenden Briefhypothek unter Erteilung der Abtretungserklärung in einfacher Schriftform in Verbindung mit der Übergabe des Hypothekenbriefs (§ 1154). Hier kann unter der Voraussetzung, daß der Erbe als Rechtsnachfolger des Erblassers bücherlich noch nicht eingetragen ist, ein Schutz des Erwerbers nach den Vorschriften des Grundbuchrechtes mit Rücksicht auf § 1155 in Verbindung mit den §§ 892, 893 nicht eintreten. Aber auch die Bestimmungen der §§ 2366, 2367 über den öffentlichen Glauben des Erbscheins können dem Erwerber nicht zu statten kommen, weil der Erbschein nicht dazu bestimmt ist, die erfolgte Anordnung einer Nachlaßverwaltung oder die Eröffnung des Nachlaßkonkurses in sich aufzunehmen, und weil er daher auch durchaus nicht verbürgt, daß eine in ihm nicht enthaltene Anordnung dieser Art nicht erfolgt ist. Nach der bezeichneten Richtung hin entfällt also ein Schutz desjenigen, welcher sich mit dem durch Erbschein legitimierten Erben eingelassen hat, vollständig.[17a])

---

[17]) In Konsequenz hiervon hat also das Nachlaßgericht, soweit ihm zum Nachlaß gehörende Grundstücke und bücherliche Rechte im Sinne des § 113 Abs. 1 Nr. 2 KO. (gleichviel, ob im Grundbuch als Berechtigter noch der Erblasser oder bereits der Erbe eingetragen ist) bekannt sind, das Grundbuchamt von Amts wegen um die Eintragung der Nachlaßverwaltung zu ersuchen. Vgl. auch Planck-Ritgen S. 102. A. A. Herzfelder S. 169, Wilke S. 56. Beide wollen die grundbücherliche Eintragung der Anordnung der Nachlaßverwaltung nur auf Grund eines vom Nachlaßverwalter gestellten Antrags zulassen. Dies ist praktisch ganz besonders deshalb bedenklich, weil mit der Möglichkeit gerechnet werden muß, daß der vom Nachlaßgericht ausgewählte Nachlaßverwalter die Übernahme der Nachlaßverwaltung ablehnt (vgl. § 1981 Abs. 3). Wie im Texte auch Binder II S. 195 Anm. 24.

[17a]) So auch Binder XII S. 195 Anm. 25.

Verfügt der Erbe nach Anordnung der Nachlaßverwaltung über zum Nachlaß gehörende bewegliche Sachen, so dürfte in betreff der Anwendbarkeit der Vorschriften der §§ 932 bis 936, 1032, 1207 also zu unterscheiden sein.[17b] Weiß derjenige, zu dessen Gunsten verfügt worden ist, daß sich die Verfügung auf eine Nachlaßsache bezieht oder ist ihm dies aus grober Fahrlässigkeit unbekannt geblieben, so wird sein Erwerb dadurch allein, daß er von der Anordnung der Nachlaßverwaltung keine Kenntnis hat und daß seine Unkenntnis hiervon auch nicht auf grober Fahrlässigkeit beruht, noch nicht gedeckt.[18] Denn, wenn schon in dem Falle eines nur den Schutz bestimmter Personen bezweckenden gesetzlichen oder von einer Behörde innerhalb ihrer Zuständigkeit erlassenen Veräußerungsverbots nach den §§ 135, 136 BGB. die Vorschriften zugunsten derjenigen, welche Rechte von einem Nichtberechtigten herleiten, grundsätzlich zur entsprechenden Anwendung zu bringen sind, so macht hiervon doch § 7 KO. rücksichtlich des von ihm bestimmten Veräußerungsverbots eine Ausnahme.[19] Anders scheint es sich dagegen zu verhalten, wenn dem Erwerber die Zugehörigkeit der Sache zum Nachlaß, ohne daß dabei grobe Fahrlässigkeit unterlief, unbekannt geblieben war. Unter dieser Voraussetzung dürfte der Schutz des Erwerbers nach Maßgabe der berufenen §§ des BGB. durchgreifen, dafern ihm der Besitz der Sache wirklich verschafft worden ist.[19a]

[17b] In der bisherigen Literatur ist die im Texte folgende Unterscheidung noch nicht gemacht worden, auch nicht in der 2. Aufl. d. B. (vgl. S. 474).

[18] Unter dem Schutze der im Texte bezeichneten Vorschriften steht aber allerdings der Erwerb desjenigen, zu dessen Gunsten der nach § 7 KO. nicht geschützte Erwerber weiter verfügt hat. Vgl. aber auch Anm. 19 a. E.

[19] Dies entspricht der herrschenden Meinung und der amtlichen Begründung (S. 26) zum jetzigen § 7 KO. Vgl. auch Jaeger Kommentar (2. Aufl.) S. 73, 80 und Binder II S. 195, S. 24. Anders für das ältere Recht Kohler, Lehrbuch des Konkr. S. 104 und Dernburg, Preuß. Privatr. II § 114 Anm. 21 und für das neue Recht Endemann III § 98 bei Anm. 19 und Hagen S. 89, 90.

[19a] Zur näheren Begründung dieser Auffassung diene folgendes: Wenn § 7 KO. den sonst eingreifenden Schutz des gutgläubigen Erwerbers einer beweglichen Sache einschränkt, so will er dadurch doch wohl nur die Unkenntnis des Erwerbers von der bereits erfolgten Eröffnung des Konkurses unschädlich machen. Der Schutz des Erwerbers tritt dagegen ein, wenn sich die zur Masse gehörende Sache im Besitz eines Dritten befindet, der über sie als eine ihm gehörende Sache verfügt. In den Fällen des Nachlaßkonkurses und der

b) Hatte derjenige, zu dessen Vorteil die den Nachlaßgläubigern gegenüber unwirksame Verfügung über einen Nachlaßgegenstand vorgenommen werden sollte, eine Gegenleistung gemacht, so ist sie ihm aus dem Nachlaß soweit zurückzugewähren, als dieser hierdurch bereichert ist. Eine solche Bereicherung liegt aber z. B. vor, wenn die Gegenleistung in der Aufhebung eines Rechtes besteht, mit dem ein Nachlaßgegenstand belastet gewesen ist.

c) In Ansehung der vom Erben am Tage der Anordnung der Nachlaßverwaltung vorgenommenen Rechtshandlungen wird vermutet, daß sie nach der Anordnung vorgenommen worden seien.

d) Eine Leistung, die auf eine zum Nachlaß zu erfüllende Verbindlichkeit nach der Anordnung der Nachlaßverwaltung an den Erben

---

Nachlaßverwaltung scheint aber die Verfügung des Erben über eine zum Nachlaß gehörende bewegliche Sache der Verfügung durch den unberechtigten Drittbesitzer dann gleichgestellt werden zu müssen, wenn der Erwerber hinsichtlich der Zugehörigkeit der Sache zum Eigenvermögen des Erben im guten Glauben ist. Kein Schutz des gutgläubigen Erwerbes kann dagegen in nachstehenden Fällen eintreten: 1. Der Erbe war zur Zeit der Anordnung der Nachlaßverwaltung (der Eröffnung des Nachlaßkonkurses) nur im mittelbaren Besitz einer zum Nachlaß gehörenden beweglichen Sache und verfügt über diese durch Abtretung des Anspruchs auf Herausgabe (§ 931). Normaler Weise würde der Erwerber hierdurch nach § 870 den mittelbaren Besitz erlangen und vermöge dieses Umstandes, selbst wenn er den unmittelbaren Besitz noch nicht erlangt hat, nach § 934 geschützt sein. In unserem Falle verhält sich dies aus dem Grunde anders, weil der Erbe nach § 7 KO. über den zum Nachlaß gehörenden Anspruch auf Herausgabe und den mit diesem Anspruch untrennbar verbundenen mittelbaren Besitz zum Nachteil der Nachlaßgläubiger nicht wirksam verfügen kann. Derjenige, zu dessen Gunsten verfügt worden ist, erlangt daher infolge der Verfügung nicht den mittelbaren Besitz und entbehrt deshalb des Schutzes nach § 934, dafern er nicht vom Drittbesitzer den unmittelbaren Besitz erlangt hat und zu dieser Zeit im guten Glauben war. 2. Obschon nicht zu bezweifeln ist, daß der Nachlaßverwalter (Nachlaßkonkursverwalter) hinsichtlich der bereits in seinem Besitz sich befindenden Sachen dem Erben mittelbaren Besitz vermittelt (hierfür auch Binder II S. 200 Anm 42), so ist doch eine dem Nachlaßgläubiger gegenüber wirksame Verfügung hinsichtlich der in solchem mittelbaren Besitz des Erben sich befindenden beweglichen Sachen aus dem unter Z. 1 ausgeführten Grunde auch hier ausgeschlossen. 3. Ist in den unter Z. 1 und 2 besprochenen Fällen der erste gutgläubige Erwerber deshalb nicht geschützt, weil er den mittelbaren Besitz nicht erlangt hat, so vermag dieser seinen nur vermeintlichen mittelbaren Besitz auch nicht weiter zu übertragen und entfällt insoweit auch ein Schutz eines weiteren auf den vermeintlichen mittelbaren Besitz seines Vormanns sich berufenden gutgläubigen Erwerbers.

erfolgt ist, befreit den Erfüllenden den Nachlaßgläubigern gegenüber grundsätzlich nur insoweit, als das geleistete in den Nachlaß gelangt ist. War die Leistung jedoch vor der öffentlichen Bekanntmachung der Anordnung der Nachlaßverwaltung erfolgt, so ist der Erfüllende befreit, wenn nicht bewiesen wird, daß ihm zur Zeit der Leistung die Anordnung der Nachlaßverwaltung bekannt gewesen ist. War die Leistung dagegen nach der öffentlichen Bekanntmachung erfolgt, so wird der Erfüllende nur befreit, wenn er beweist, daß ihm zur Zeit der Leistung die Anordnung der Nachlaßverwaltung nicht bekannt war.

4. In Ansehung der gegen den Nachlaß sich richtenden Ansprüche verliert der Erbe mit der Anordnung der Nachlaßverwaltung die Passivlegitimation.[20]) Diese Ansprüche können von nun an nur gegen den Nachlaßverwalter geltend gemacht werden, und eine auf Befriedigung aus dem Nachlaß gerichtete Klage eines Nachlaßgläubigers ist daher, wenn gegen den Erben erhoben, schon von Amts wegen abzuweisen,[21]) dafern sich aus dem klägerischen Vorbringen die bereits erfolgte Anordnung der Nachlaßverwaltung ergibt (§ 1984 Abs. 1 Satz 3). Ein gegen den Erben bereits anhängiger oder vom Erben anhängig gemachter Prozeß wird, insoweit in demselben ein gegen den Nachlaß sich richtender Anspruch oder ein zum Nachlaß gehörendes Recht geltend gemacht ist, nach Maßgabe des § 241 Abs. 2 CPO. durch die Anordnung der Nachlaßverwaltung unterbrochen, bis der Nachlaßverwalter von seiner Bestellung dem Gegner Anzeige macht, oder bis der Gegner dem Nachlaßverwalter seine Absicht, das Verfahren fortzusetzen, anzeigt (§ 241 CPO.).

Gegen den zur Zeit der Anordnung der Nachlaßverwaltung bereits schlechthin unbeschränkt haftenden Erben[22]) freilich kann ein Nachlaßgläubiger seinen Anspruch auf Befriedigung aus dem Eigenvermögen des ersteren auch noch nach dieser Anordnung verfolgen (vgl. § 2013 in Verbindung mit § 1975). Kommt es bei schlechthin unbeschränkter Haftung des Erben neben der Nachlaßverwaltung zur Eröffnung des Konkurses über das Eigenvermögen des Erben, so

[20]) Vgl. auch Planck-Ritgen S. 103, Eccius S. 624 Anm. 21, Hellwig, Anspruch und Klagrecht S. 244, Binder II S. 196.

[21]) Genaueres hierüber in § 85 d. W.

[22]) Daß die schlechthin unbeschränkte Haftung des Erben schon vor der Anordnung der Nachlaßverwaltung eingetreten ist, hat der Kläger zur Rechtfertigung seines Anspruchs zu behaupten und zu erweisen.

greift jedoch zugunsten der Konkursgläubiger die besondere Vorschrift ein, daß die Nachlaßgläubiger aus der Konkursmasse nur für den Betrag verhältnismäßige Befriedigung verlangen können, zu welchem sie auf Befriedigung aus dem Nachlaß verzichten oder mit welchem sie bei der Ausschüttung des Nachlasses ausgefallen sind (vgl. § 234 in Verbindung mit § 64 KO.).[23])

Auf Grund einer von einem Nachlaßgläubiger nach vorangegangener Verurteilung, sei es nun des Erblassers, sei es des Erben gegen diesen noch vor der Anordnung der Nachlaßverwaltung erwirkten vollstreckbaren Ausfertigung (vgl. hierzu bezüglich des ersten Falles § 727 CPO.) kann die Zwangsvollstreckung in den Nachlaß geführt werden, ohne daß es dazu einer Vollstreckungsklausel in der Richtung gegen den Nachlaßverwalter bedarf.[23a]) Eine von einem Nachlaßgläubiger in das Eigenvermögen des Erben auf Grund eines schon vor der Anordnung der Nachlaßverwaltung erwirkten Urteils[24]) angestrebte Zwangsvollstreckung kann der Erbe, dafern er nur nicht bereits schlechthin unbeschränkt haftet, abwehren, aber nur auf dem durch die §§ 781, 784, 785 CPO. vorgezeichneten Wege.

III. Die Hauptaufgabe des Nachlaßverwalters besteht in der Berichtigung der Nachlaßverbindlichkeiten. Behufs ihrer Erledigung ist er aber auch zur Verwaltung des Nachlasses berufen und verpflichtet. Die rechtliche Stellung des Nachlaßverwalters[25]) ist der des Konkurs-

---

[23]) Vgl. hierzu Jaeger Komm. z. KO. (1. Aufl.) S. 750ff.

[23a]) Vgl. auch Binder II S. 198, der aber für den Fall des gegen den Erblasser erwirkten Urteils in Anm. 34 mit Unrecht annimmt, daß in der 2. Aufl. d. B. S. 476 sachlich abweichendes behauptet worden sei.

[24]) Hierbei wird vorausgesetzt, daß dem Erben die Beschränkung der Haftung in dem gegen ihn ergangenen Urteil vorbehalten worden ist (§ 780 CPO.)

[25]) Nach Planck-Ritgen S. 87 ist der Nachlaßverwalter gesetzlicher Vertreter des Erben. Hiergegen spricht im wesentlichen dasselbe Bedenken, auf Grund dessen im Konkursrecht die Lehre, daß der Konkursverwalter Vertreter des Gemeinschuldners sei (vgl. gegen sie neuestens wieder die eingehende Ausführung Lippmanns in Jherings Jahrbüchern Bd. 41 S. 112ff., dem sich Hagen S. 73ff., besonders S. 78 anschließt) mit Recht zurückgewiesen wird. Wie der Konkursverwalter so ist auch der Nachlaßverwalter zur Geltendmachung von Anfechtungsrechten berufen, die dem Gemeinschuldner bezw. dem Erben selbst garnicht zustehen (vgl. dazu die Ausführung im Texte auf S. 269). Hieran scheint die von Planck-Ritgen vertretene Konstruktion scheitern zu müssen. Hellwig, Anspruch S. 248, Rechtskraft S. 60, 61 erblickt in der Nachlaßverwaltung (und dasselbe trifft nach seiner Ansicht auch für den

verwalters[26]) verwandt; doch kommen für ihre Beurteilung, soweit dies mit den für sie zunächst maßgebenden und vielfach an das Konkursrecht sich anlehnenden besonderen Vorschriften verträglich ist, allerdings auch die pflegschaft- bezw. vormundschaftlichen Grundsätze in Betracht. Hervorzuheben sind folgende Punkte:

1. Der Nachlaßverwalter hat die zum Nachlaß gehörenden Sachen in Besitz[27]) zu nehmen (§ 1986; vgl. auch § 117 KO.). Das bei der Anordnung der Nachlaßverwaltung vorhandene Nachlaßvermögen soll er verzeichnen, und das aufgenommene Verzeichnis hat er mit

---

Konkursverwalter, verwaltenden Testamentsvollstrecker, ja selbst für den nach § 1960 bestellten Nachlaßpfleger zu) den „Vertreter" eines Sondervermögens. Daß der Nachlaß im Falle der Nachlaßverwaltung ein Sondervermögen des Erben bildet, unterliegt nun freilich keinem Zweifel. Allein die Hellwigsche Lehre vermag die hausbackene Wahrheit nicht zu erschüttern, daß nur natürliche oder juristische Personen vertreten werden können, dagegen nicht etwas Gegenständliches (vgl. auch oben Bd. I 293 Bd. II 61). Auf eine Vertretung des Erben durch den Nachlaßverwalter (Nachlaßkonkursverwalter) kommt wieder hinaus Binder II S. 197 Anm. 33.

[26]) Der Verfasser d. Darstellung steht bezüglich der Auffassung der rechtlichen Stellung des Konkursverwalters im wesentlichen auf dem Standpunkte der bekannten Entscheidung des Reichsgerichts v. 30. 3. 1892 (Entsch. in Civilsachen Bd. 29 S. 29ff.), der zufolge der Konkursverwalter seine Legitimation zur Ausübung der ihm übertragenen Funktionen unmittelbar aus dem Gesetz entnimmt (also ohne daß dabei mit dem Begriff der Vertretung operiert zu werden braucht). Der Verteidigung dieser Auffassung ist die in Anm. 25 bezeichnete Abhandlung von Lippmann gewidmet. Hier kann auf die Frage nicht weiter eingegangen werden. Vgl. übrigens doch auch die abweichenden Auffassungen von Seuffert, Deutsches Konkursprozeßrecht (1899) S. 158 mit ausführlichen Literaturangaben in Anm. 1 und Jaeger, Komm. z. KO. (2. Aufl.) S. 64ff., 314ff.

[27]) Herzfelder S. 171 vertritt (unter Berufung auf Förtsch in den Beiträgen z. Erl. d. D. R., Bd. 43 S. 545 und Eccius S. 634, aber mit noch schärferer Ausprägung als diese) die Meinung, daß der Erbe in Ansehung der vom Nachlaßverwalter in Besitz genommenen Sachen unmittelbarer Besitzer bleibe und nur in der Ausübung des Besitzes vom Verwalter vertreten werde. Dies ist schon deshalb nicht haltbar, weil dem Nachlaßverwalter nötigenfalls doch auch gegen den Erben selbst wegen einer von diesem verübten verbotenen Eigenmacht die besitzrechtlichen Ansprüche der §§ 861, 862 zustehen müssen, was nach der Konstruktion Herzfelders nicht möglich wäre. Zustimmend Binder II S. 200 Anm. 42, aber in einer Fassung, die auch so gedeutet werden könnte, als ob der Verfasser dieses Buches der von ihm bekämpften Meinung zugestimmt hätte. In betreff des dem Erben durch den Nachlaßverwalter vermittelten mittelbaren Besitzes vgl. oben Anm. 19a.

der Versicherung der Richtigkeit und Vollständigkeit beim Nachlaßgericht einzureichen (§ 1802). Zur Vornahme von zum Bereich der Nachlaßverwaltung gehörenden Rechtsgeschäften[28]) bedarf er in den Fällen der §§ 1821, 1822 der Genehmigung des Nachlaßgerichts; hierdurch wird insbesondere der Fall der Veräußerung eines Grundstücks oder eines Rechtes an einem Grundstück getroffen. Der Nachlaßverwalter ist zur Geltendmachung der aufschiebenden Einreden, zum Antrag auf Vornahme des Gläubigeraufgebots, auf Zwangsversteigerung eines Nachlaßgrundstücks nach § 175 ZVG. und auf Eröffnung des Nachlaßkonkurses (§ 217 KO.) legitimiert.

2. In Ansehung seiner Verwaltung ist der Nachlaßverwalter nicht nur dem Erben (§ 1833), sondern nach § 1985 Abs. 2 auch den Nachlaßgläubigern[29]) verantwortlich. Den letzteren gegenüber hat der Nachlaßverwalter dieselben Vorsichten zu beobachten, die durch die §§ 1979, 1980 dem Erben rücksichtlich der Zeit vor der Anordnung der Nachlaßverwaltung auferlegt sind; sobald er von der Überschuldung des Nachlasses[30]) Kenntnis erlangt, ist er daher insbesondere auch zur Stellung des Antrags auf Eröffnung des Nachlaßkonkurses[30a]) verpflichtet. Die den Nachlaßgläubigern wegen der Verwaltung des Nachlaßverwalters gegen diesen zukommenden Ansprüche sind als Bestandteile des Nachlasses zu behandeln (§ 1985 Abs. 2 Satz 2).

3. Über die Tätigkeit des Nachlaßverwalters hat das Nachlaßgericht die Aufsicht zu führen, und gegen Pflichtwidrigkeiten hat es einzuschreiten (§ 1837).

4. Zur Ausantwortung des Nachlasses an den Erben darf der Nachlaßverwalter erst schreiten, wenn die bekannten Nachlaßverbindlichkeiten berichtigt oder, soweit die Berichtigung zur Zeit nicht ausführbar oder eine Verbindlichkeit streitig ist, sicher gestellt sind.[31])

---

[28]) Die sich aus ihnen im Verhältnis zur Gegenpartei ergebenden Verpflichtungen sind Nachlaßverbindlichkeiten im technischen Sinne.

[29]) In betreff des nach § 1960 bestellten Nachlaßpflegers vgl. oben S. 64.

[30]) Beruht sie nur auf Verbindlichkeiten aus Vermächtnissen und Auflagen, so greift die Vorschrift des § 1980 Abs. 1 Satz 2 auch im Falle der Nachlaßverwaltuug durch.

[30a]) Die Kosten der Nachlaßverwaltung sind im Falle des Nachlaßkonkurses nach § 224 Z. 4 KO. Masseschulden.

[31]) Vgl. §§ 232ff.

Doch ist für eine bedingte Forderung Sicherheitsleistung dann nicht erforderlich, wenn die Möglichkeit des Eintritts der Bedingung eine so entfernte ist, daß die Forderung einen gegenwärtigen Vermögenswert nicht hat (§ 1986).

5. Für die von ihm auf den Nachlaß gemachten Aufwendungen kann der Nachlaßverwalter nach Maßgabe der §§ 1835, 670 Ersatz verlangen.

6. In Abweichung von der für Vormundschaften und Pflegschaften maßgebenden Regel (§ 1836) gebührt dem Nachlaßverwalter für die Führung seines Amtes unter allen Umständen eine angemessene Vergütung (§ 1987).

IV. Die Nachlaßverwaltung endigt:

1. mit der Eröffnung des Nachlaßkonkurses (§ 1988);

2. durch Aufhebungsbeschluß des Nachlaßgerichts, gegen den sowohl dem Erben als auch jedem Nachlaßgläubiger nach den §§ 19, 20 FGbG. Beschwerde offen steht.[31b])

a) Die Aufhebung kann verlangt werden, wenn eine den Kosten entsprechende Masse nicht vorhanden ist (§ 1988 Abs. 2);

b) sie ist ferner auszusprechen, sobald die Aufgaben der Nachlaßverwaltung erfüllt sind. Dadurch allein, daß der Nachlaßverwalter den Nachlaß an den Erben ausantwortet, wird die Aufhebung der Nachlaßverwaltung noch nicht herbeigeführt.[32])

V. Tritt in den unter IV Z. 2 hervorgehobenen Fällen nach Aufhebung der Nachlaßverwaltung ein noch nicht befriedigter Gläubiger hervor, so gestaltet sich die Haftung des Erben nach Lage der Umstände verschieden.

1. Ausgeschlossenen oder diesen gleichstehenden Gläubigern haftet der Erbe nur nach Maßgabe der §§ 1973, 1974.

2. Haftete der Erbe schon vor der Anordnung der Nachlaßverwaltung schlechthin unbeschränkt, so dauert diese Haftung auch nach der Beendigung der Nachlaßverwaltung fort.

3. Liegen die Voraussetzungen des § 1990 oder des § 1992 vor, so bestimmt sich die Haftung nach diesen Vorschriften in Verbindung mit § 1991.

4. Anderenfalls kann der Erbe den gegen ihn auftretenden

[31b]) Vgl. übrigens auch §§ 75, 57 Z. 1 FGbG.

[32]) So mit Recht Planck-Ritgen S. 107.

Gläubigern gegenüber das Recht zur Beschränkung der Haftung nur geltend machen, wenn es neuerlich zur Anordnung der Nachlaßverwaltung, oder im Falle der Überschuldung des Nachlasses zur Eröffnung des Nachlaßkonkurses gekommen ist.[33])

[33]) So auch Hachenburg S. 672, Hellmann S. 242, Eccius S. 627, Herzfelder S. 177, Wilke S. 59. Anders Planck-Ritgen S. 105, wonach sich, in Übereinstimmung mit der 1. Auflage dieses Buches S. 142, die Haftung des Erben für die bei der Beendigung der Nachlaßverwaltung noch unbefriedigten Nachlaßverbindlichkeiten, abgesehen von den im Texte unter Z. 1 und 2 hervorgehobenen Fällen, immer nach den §§ 1990, 1991 bestimmen soll. Allein wenn die für das Eingreifen dieser Vorschriften geforderten Voraussetzungen in concreto nicht vorliegen — und das dies möglich ist, kann nicht bezweifelt werden — so sind sie eben nicht anzuwenden. Vgl. zur ganzen Frage auch noch Planck, DJZ. S. 366, der sich hier, obschon er eine endgültige Entscheidung vermeiden will, der im Texte vertretenen Ansicht doch sehr erheblich nähert. Gegen die Entscheidung des Textes in Konsequenz seiner Grundauffassung (der zufolge der Erbe zur wirklichen Herbeiführung der Beschränkung der Haftung auf den Nachlaß der Anordnung der Nachlaßverwaltung, der Eröffnung des Nachlaßkonkurses niemals bedarf) selbstverständlich Binder II S. 202. Er glaubt sogar aus der „Ungeheuerlichkeit" des im Texte gewonnenen Ergebnisses ein wichtiges Argument für die Richtigkeit seiner grundsätzlichen Auffassung gewinnen zu können. Die Ungeheuerlichkeit soll darin bestehen, daß es nach der Entscheidung des Textes in der Zeit vom Erbfall bis zum Ablauf der im § 1974 bezeichneten fünfjährigen Frist hinsichtlich desselben Nachlasses unter Umständen zu einer „Unzahl" von Nachlaßverwaltungen kommen müsse. Allein die übertreibende Stärke des Ausdrucks ersetzt nicht die Sachlichkeit der Beurteilung. Sachlich stehen aber die Dinge so: Nur in den allerseltensten Fällen wird es vorkommen, daß ein nach Beendigung der Nachlaßverwaltung hervorkommender Nachlaßgläubiger nicht schon infolge des eingeleitet gewesenen Aufgebotsverfahrens nach § 1973 ausgeschlossen ist. Trifft dies ganz ausnahmsweise einmal nicht zu, so kommt dem Erben im Falle der Dürftigkeit des Nachlasses ohnedies die Vorschrift des § 1990 und im Falle der nur auf Vermächtnissen und Auflagen beruhenden Überschuldung die des § 1992 zustatten. Liegt aber weder die eine noch die andere Voraussetzung vor, so hat bei Solvenz des Nachlasses der Erbe das größte Interesse daran, der Befriedigung des nachträglich hervorkommenden Nachlaßgläubigers keine Schwierigkeiten zu bereiten, auf daß die Anordnung der Nachlaßverwaltung vermieden werde, und liegt es im Falle der Überschuldung des Nachlasses im offenbaren Interesse des sich nachträglich meldenden Gläubigers, den Wert des für seine Befriedigung noch haftenden Nachlaßrestes nicht um die Kosten des Nachlaßkonkurses zu mindern. Sind die Verhältnisse aber in concreto ausnahmsweise so geartet, daß das Interesse des Erben oder das der nachträglich sich meldenden Nachlaßgläubiger nur durch neuerliche Anordnung der Nachlaßverwaltung oder durch Eröffnung des

VI. Über den Einfluß der Anordnung der Nachlaßverwaltung auf die Rechtsstellung eines zur Verwaltung des Nachlasses bisher berufen gewesenen Testamentsvollstreckers enthält das BGB. besondere Bestimmungen nicht.[33a]) Sachliche Würdigung der einschlagenden Fragen führt zu folgenden Ergebnissen:

1. Bei Vorhandensein eines verwaltungsberechtigten Testamentsvollstreckers wird ein Nachlaßgläubiger den Antrag auf Anordnung der Nachlaßverwaltung mit Rücksicht auf die Vorschriften der §§ 2205, 2211, 2212, 2214 in aller Regel nicht auf die Behauptung stützen können, daß die Befriedigung der Nachlaßgläubiger aus dem Nachlaß durch das Verhalten oder die Vermögenslage des Erben gefährdet werde.[34]) Dafür kann aber eine solche Gefährdung sehr wohl durch das Verhalten des Testamentsvollstreckers gegeben sein, und es wird für diesen Fall hinsichtlich des Antragsrechtes der Nachlaßgläubiger wenigstens insoweit, als die erforderliche Abhilfe nicht durch die nach § 2227 auszusprechende Entlassung des Testamentsvollstreckers erreicht werden kann,[34a]) dasselbe gelten müssen, was sonst für den Fall einer Gefährdung durch das Verhalten des Erben gilt.

Das Recht des Erben zur Stellung des Antrags auf Anordnung der Nachlaßverwaltung wird durch das Vorhandensein eines Testamentsvollstreckers nicht beeinträchtigt.[34b]) Ja noch mehr: Will der Erbe das ihm zukommende Recht der Beschränkung seiner Haftung auf den Nachlaß zur Geltung bringen, so muß er, dafern nicht etwa der Fall des Nachlaßkonkurses oder der der Geringfügigkeit des Nachlasses im Sinne des § 1990 oder der Fall des § 1992 gegeben ist, oder nur mehr ausgeschlossene oder solchen gleichstehende Gläubiger vorhanden sind, sogar auf Anordnung der Nachlaßverwaltung dringen.[35])

Nachlaßkonkurses gewahrt werden kann, so ist hierin doch nichts „ungeheuerliches" zu erblicken.

[33a]) Vgl. Hagen S. 80; daselbst auch weitere Literatur.

[34]) Vgl. auch oben Bd. I § 40a S. 285ff. Steht die Beendigung der Testamentsvollstreckung unmittelbar bevor, so können übrigens die Nachlaßgläubiger mit Rücksicht auf die Vermögenslage des Erben sehr wohl ein berechtigtes Interesse daran haben, daß die Nachlaßverwaltung nach Beendigung der Testamentsvollstreckung sofort einsetzt.

[34a]) Man denke z. B. an den Fall, daß der Testamentsvollstrecker zugleich Vormund des Erben ist.

[34b]) Vgl. auch Hagen S. 80.

[35]) Die zugunsten des nicht bereits schlechthin unbeschränkt haftenden Erben

2. Bei Anordnung der Nachlaßverwaltung kann sich das Nachlaßgericht veranlaßt sehen, den Testamentsvollstrecker auch zum Nachlaßverwalter zu bestellen. Die Personenfrage kann aber auch eine andere Lösung finden.

Auf die letztere Möglichkeit soll zuerst eingegangen werden. Durch die Anordnung der Nachlaßverwaltung wird die Testamentsvollstreckung keineswegs aufgehoben. Die Ausübung der Befugnisse des Testamentsvollstreckers erfährt jedoch während der Dauer der Nachlaßverwaltung eine wesentliche Einschränkung. Die Verwaltung des Nachlasses wird dem Testamentsvollstrecker entzogen und kommt nunmehr dem Nachlaßverwalter zu. Gegen den Nachlaß sich richtende Ansprüche können nur mehr gegen den Nachlaßverwalter und zum Nachlaß gehörende Rechte nur mehr von ihm geltend gemacht werden. In Ansehung der vom Testamentsvollstrecker hinsichtlich des Nachlasses nach der Anordnung der Nachlaßverwaltung vorgenommenen Rechtshandlungen sind die §§ 7, 8 KO. zu entsprechender Anwendung zu bringen.[36]) Besonders hervorzuheben ist, daß durch vom Testamentsvollstrecker nach der Anordnung der Nachlaßverwaltung eingegangene Nachlaßverbindlichkeiten[37]) die Befriedigung der übrigen

---

nach § 1975 mit der Nachlaßverwaltung und für die Dauer derselben verknüpfte Wirkung ist eben durch das Vorhandensein eines zur Verwaltung des Nachlasses berufenen Testamentsvollstreckers noch nicht gegeben. Vgl. auch Endemann III S. 233, dessen Behauptung, daß der Erbe die vom Erblasser angeordnete Testamentsvollstreckung durch Stellung des Antrags auf Anordnung der Nachlaßverwaltung einfach aus den Angeln heben könne, aber viel zu weit geht.

[36]) Besonders ausgesprochen ist dies im Gesetz zwar nicht; die Entscheidung ergibt sich aber doch mit Sicherheit aus § 1985. Nimmt der Testamentsvollstrecker nach der Anordnung der Nachlaßverwaltung aber vor deren Eintragung im Grundbuch hinsichtlich eines zum Nachlaß gehörenden Gegenstandes eine grundbücherliche Verfügung vor, so kommt dem Erwerber auch hier der Schutz nach den §§ 892, 893 zu statten. Anders noch die 2. Aufl. d. W. S. 481 Anm. 36, weil selbst das dem Testamentsvollstrecker erteilte Testamentsvollstreckerzeugnis nicht verbürge, daß es zur Anordnung der Nachlaßverwaltung oder zur Eröffnung des Nachlaßkonkurses nicht gekommen sei. Dies ist zwar richtig, aber nicht ausschlaggebend. Denn in unserem Falle stützt sich der Dritte nicht auf den öffentlichen des Testamentsvollstreckerzeugnisses, sondern auf den öffentlichen Glauben des Grundbuchs. Vgl. die zutreffende Ausführung von Th. Sohm a. a. O. 381.

[37]) Hierbei kommt allerdings nur § 2207, nicht auch § 2206 in Betracht; denn die letztere Bestimmung geht von der im Falle des Textes nicht zu-

Nachlaßgläubiger nicht beeinträchtigt werden kann. Bei der vom Nachlaßgericht über das Gebahren des Nachlaßverwalters zu führenden Aufsicht wird aber auf die Aufgaben des Testamentsvollstreckers angemessene Rücksicht zu nehmen, vor der Erteilung der Genehmigung der dieser unterliegenden Maßnahmen des Nachlaßverwalters wird der Testamentsvollstrecker, wenn tunlich, zu hören und auf rasche Erledigung der Nachlaßverwaltung wird zu dringen sein. Ist die letztere beendigt, so gelangt der Testamentsvollstrecker wieder zur unbeschränkten Ausübung seiner Befugnisse.

Wurde der Testamentsvollstrecker auch zum Nachlaßverwalter bestellt, so kommen ihm in seiner Eigenschaft als Testamentsvollstrecker zwar keine stärkeren Befugnisse zu als in dem zuerst besprochenen Falle. Es liegt aber in der Natur der Sache, daß die Erfüllung beider Aufgaben durch die Vereinigung der Rechtsstellung des Nachlaßverwalters und des Testamentsvollstreckers in einer Person wesentlich erleichtert wird. Die Bestellung des Testamentsvollstreckers zum Nachlaßverwalter erscheint hierdurch besonders nahe gelegt.

c) Nachlaßkonkurs.*)

§ 80.

Wenn schon auf eine eingehende Darstellung des Nachlaßkonkurses [1]) hier verzichtet werden muß; so sind doch folgende Hauptpunkte hervorzuheben:

I. Die Eröffnung des Verfahrens setzt die **Überschuldung** [2]) des Nachlasses [3]) voraus (§ 215 KO.). Sie wird dadurch, daß der

---

treffenden Voraussetzung aus, daß der Nachlaß der Verwaltung des Testamentsvollstreckers unterliegt.

*) **Jaeger**, Erbenhaftung und Nachlaßkonkurs, derselbe im Komm. z. KO. (1. Aufl.) S. 689 ff., **Seuffert**, Konkursprozeßrecht, **Binder** II S. 162 ff.

[1]) Vgl. §§ 214 bis 235 KO. Gegenstand des Nachlaßkonkurses ist immer der Nachlaß als Ganzes; über einen **Erbteil** findet ein Konkursverfahren nicht statt (§ 235 KO.).

[2]) Im Gegensatz zu der allgemeinen Vorschrift des § 102 KO. bildet die bloße Zahlungsunfähigkeit einen Grund zur Eröffnung des Nachlaßkonkurses nicht. Über den Grund dieser Behandlung vgl. Protokolle V S. 880, **Jaeger**, Erbenhaftung S. 36, **Seuffert** S. 140.

[3]) Ob die Überschuldung schon zur Zeit des Erbfalls vorhanden war oder erst hinterher eingetreten ist, ist gleichgültig.

Erbe die Erbschaft noch nicht angenommen hat,[4]) oder daß er für die Nachlaßverbindlichkeiten schlechthin unbeschränkt haftet, nicht gehindert und ist bei Vorhandensein mehrerer Erben auch nach der Teilung des Nachlasses zulässig (§ 216 KO.). Antragsberechtigt ist:

1. Der Erbe,[5]) auch der Miterbe,[6]) der Nachlaßverwalter sowie ein anderer Nachlaßpfleger, ein zur Verwaltung des Nachlasses berufener Testamentsvollstrecker und, wenn eine Ehefrau die Erbin ist und die Voraussetzung des § 2008 vorliegt, auch der Ehemann. Wird der Antrag nur von einem Miterben oder im Falle des § 2008 nur von einem Ehegatten gestellt, so ist er zuzulassen, wenn die Überschuldung glaubhaft gemacht wird; doch hat das Gericht im ersten Falle die anderen Erben und im zweiten den anderen Ehegatten, wenn tunlich, zu hören. Steht die Verwaltung des Nachlasses einem Testamentsvollstrecker zu, so ist über den vom Erben gestellten Antrag der Testamentsvollstrecker und über den von diesem gestellten Antrag der Erbe zu hören. Vgl. §§ 217, 218 KO.

2. Jeder Nachlaßgläubiger; ein ausgeschlossener oder ein einem solchen gleichstehender Gläubiger, ferner ein Vermächtnisnehmer sowie der zum Verlangen auf Vollziehung einer Auflage Berechtigte jedoch nur dann, wenn über das Vermögen des Erben das Konkursverfahren eröffnet ist;[7]) ist eine Ehefrau die Erbin, und gehört der Nachlaß zum Gesamtgut, so können die eben bezeichneten Gläubiger den Antrag nur stellen, wenn über das Vermögen des Ehemannes das Konkursverfahren eröffnet ist. Vgl. § 219 KO.

Sind seit der Annahme der Erbschaft zwei Jahre verstrichen, so findet die Eröffnung des Verfahrens auf Antrag eines Nachlaßgläubigers nicht mehr statt (§ 220 KO.).

II. Zur Masse gehören außer den zur Zeit der Eröffnung des

---

[4]) Die Rechte und Pflichten des Erben werden in diesem Falle von einem nach § 1960 bestellten Nachlaßpfleger wahrgenommen. War ein solcher Pfleger schon vor der Eröffnung des Verfahrens bestellt worden, so endigt daher auch sein Amt nicht infolge des Nachlaßkonkurses.

[5]) Über die Antragsberechtigung im Falle eines Erbschaftskaufs vgl. Binder II S. 165 und unten § 98 d. D.

[6]) Es bedarf also nicht wie bei der Nachlaßverwaltung (vgl. § 2062) eines gemeinschaftlichen Antrags aller Miterben.

[7]) Die im Texte hervorgehobene Vorschrift hängt damit zusammen, daß der Erbe den genannten Gläubigern gegenüber zum Antrag auf Eröffnung des Nachlaßkonkurses auch nicht verpflichtet ist; vgl. §§ 1980, 1992, 1973, 1974.

Verfahrens vorhandenen Nachlaßgegenständen auch die zugunsten der Nachlaßgläubiger begründeten und vom Konkursverwalter geltend zu machenden Ansprüche gegen den Erben, Nachlaßverwalter, Testamentsvollstrecker wegen der bisherigen Verwaltung des Nachlasses, und das gleiche gilt auch in betreff der zugunsten der Nachlaßgläubiger nach Maßgabe der allgemeinen konkursrechtlichen Vorschriften [7a]) und

[7a]) Vgl. §§ 29ff. KO. und dazu die RGE. v. 3. 6. 1902 Bd. 51 S. 403. Der Fall war also gelagert: Am 29. 10. 1900 hatte X sein Leben auf den Todesfall zugunsten seiner Ehefrau mit 10000 M. versichert. Nachdem er am 27. 5. 1901 verstorben, wurde über seinen Nachlaß Konkurs eröffnet. Der Auszahlung der Versicherungssumme an die Ehefrau des X war vom Konkursverwalter widersprochen worden, worauf jene gegen diesen die Klage auf Einwilligung in die Auszahlung erhob. Das RG. entschied zugunsten der Klägerin und verneinte damit die Zulässigkeit der vom Konkursverwalter auf § 32 Z. 2 KO. gestützten Anfechtung mit der Begründung, daß die Klägerin den Anspruch gegen die Versicherungsgesellschaft mit dem Tode des X unmittelbar aus dem Lebensversicherungsvertrage erlangt habe, und daß somit dieser niemals zum Nachlasse des X gehörig gewesene Anspruch dem Zugriff der Nachlaßgläubiger entzogen sei. Dies stimmt mit der oben Bd. I S. 128 vertretenen Auffassung überein. Anders Hellwig, Verträge auf Leistung an Dritte S. 376ff. und Jaeger, Komm. z. KO. (2. Aufl.) S. 302 (Anm. 28 zu § 32 KO.). Allein damit ist der Fall doch nicht ganz erledigt. Gehörte auch ein Anspruch gegen die Lebensversicherungsgesellschaft niemals zum Nachlaß des X, so würde doch die Nachlaßmasse um dasjenige größer gewesen sein, was X an die Versicherungsgesellschaft an Prämien gezahlt hat, wenn X den Lebensversicherungsvertrag zugunsten seiner Ehefrau nicht abgeschlossen hätte. Dieser Betrag war der Ehefrau des X in Gestalt des Anspruchs gegen die Versicherungsgesellschaft infolge einer unentgeltlichen Verfügung des X zugekommen und in der Höhe dieses Betrags würde eine gegen die X sich richtende und auf § 32 Z. 2 KO. gestützte Anfechtung doch wohl durchsetzbar gewesen sein. Vgl. auch Endemann III § 66 Anm. 23. Die RGE. geht jedoch auf diesen Punkt nicht ein. Wesentlich anders als in dem dargelegten Falle würde zu entscheiden sein, wenn der Erblasser, nachdem er einen Lebensversicherungsvertrag zugunsten seiner Erben in der Art geschlossen hatte, daß der versicherte Betrag in seinen Nachlaß falle, nachträglich u. zw. innerhalb der in § 32 Z. 2 bezeichneten Zeit vor der Eröffnung des Nachlaßkonkurses nach Maßgabe des § 332 (durch Erklärung unter Lebenden oder in einer Verfügung von Todes wegen) seine Ehefrau zur Empfangsberechtigten macht. Auch bei dieser Gestaltung gehört zwar der Anspruch der Versicherungsunternehmung nicht zum Nachlaß; er würde aber doch ohne die nach § 332 getroffene Bestimmung zu ihm gehört haben. Die nach § 32 Z. 2 begründete Anfechtung würde sich also in diesem Falle auf den vollen Betrag erstrecken, der, abgesehen von der späteren Bestimmung des Erblassers, in den Nachlaß gelegt wäre.

der Vorschrift des § 222 KO. insbesondere begründeten Anfechtungsrechte.

III. Im Gegensatz zu der allgemeinen Vorschrift des § 63 KO. kann im Nachlaßkonkurs jede Nachlaßverbindlichkeit[8]) geltend gemacht werden (§ 226 Abs. 1 KO.). Die Ansprüche des Erben gegen den Erblasser gelten im Falle des Nachlaßkonkurses selbst dann als nicht erloschen, wenn der Erbe für die Nachlaßverbindlichkeiten schlechthin unbeschränkt haftet (vgl. § 1975 mit § 2013), und der Erbe kann sie daher auch im Verfahren geltend machen (§ 225 Abs. 1 KO.). In betreff des Eintritts des nicht bereits schlechthin unbeschränkt haftenden Erben, der eine Nachlaßverbindlichkeit, deren Erfüllung nicht schon nach § 1979 als auf Rechnung des Nachlasses erfolgt zu gelten hat, vor der Eröffnung des Nachlaßkonkurses berichtigt hatte, an die Stelle des Gläubigers, vgl. die schon im § 78 d. Darstellung besprochene Vorschrift des § 225 Abs. 2 KO.

Hinsichtlich der einzelnen Gruppen von Nachlaßgläubigern im Nachlaßkonkurs zukommenden Stellung ist noch zu sagen:

A. Abgesonderte Befriedigung aus dem Nachlaß kann von denjenigen Gläubigern nicht verlangt werden, welche eine Maßregel der Zwangsvollstreckung oder Arrestvollziehung erst nach dem Eintritt des Erbfalls erwirkt haben.[9]) Unwirksam ist ferner die von einem Gläubiger nach dem bezeichneten Zeitpunkt im Wege der einstweiligen Verfügung[10]) erlangte Vormerkung (§ 221 KO.).

B. Zu den in jedem Konkurse nach § 59 KO. in Betracht kommenden Masseschulden treten nach § 224 KO. im Nachlaßkonkurs noch hinzu:

1. Die dem Erben nach den §§ 1978, 1979 BGB. aus dem Nachlaß zu ersetzenden Aufwendungen;

---

[8]) Der Grund hierfür ist, daß im Nachlaßkonkurs auch Ansprüche aus Pflichtteilsrechten, Vermächtnissen und Auflagen in Betracht kommen und daß diesen doch offenbar wieder die im § 63 KO. bezeichneten Ansprüche vorgehen müssen.

[9]) Eine vor der Eröffnung des Verfahrens bereits beendigte Zwangsvollstreckung wird jedoch durch die spätere Konkurseröffnung über den Nachlaß nicht rückgängig. Vgl. Jaeger, Erbenhaftung S. 60.

[10]) Die nicht auf einstweiliger Verfügung, sondern auf Bewilligung des Erben beruhende Vormerkung bleibt, unbeschadet der Verantwortlichkeit des Erben nach § 1978 und der etwa begründeten Anfechtung, auch nach der Konkurseröffnung über den Nachlaß wirksam; vgl. auch Jaeger a. a. O. S. 62.

2. die Kosten der standesmäßigen Beerdigung des Erblassers;

3. die im Falle der Todeserklärung des Erblassers dem Nachlaß zur Last fallenden Kosten des Verfahrens;

4. die Kosten der Eröffnung einer Verfügung des Erblassers von Todes wegen, der gerichtlichen Sicherung des Nachlasses, einer Nachlaßpflegschaft, des Aufgebots der Nachlaßgläubiger und der Inventarerrichtung;

5. die Verbindlichkeiten aus den von einem Nachlaßpfleger oder einem Testamentsvollstrecker vorgenommenen Rechtsgeschäften;

6. die Verbindlichkeiten, welche für den Erben als solchen gegenüber einem Nachlaßpfleger, einem Testamentsvollstrecker oder einem Erben, der die Erbschaft ausgeschlagen hat, aus der Geschäftsführung dieser Personen entstanden sind, soweit die Nachlaßgläubiger verpflichtet sein würden, wenn die bezeichneten Personen die Geschäfte für sie zu besorgen gehabt hätten.

C. Erst nach allen übrigen Forderungen [11]) der Konkursgläubiger werden in folgender Rangordnung und bei gleichem Range nach Verhältnis ihrer Beträge berichtigt:

1. die seit der Eröffnung des Verfahrens laufenden Zinsen der im § 61 KO. bezeichneten Forderungen; [12])

2. die gegen den Erblasser erkannten Geldstrafen;

3. die Verbindlichkeiten aus einer Freigebigkeit des Erblassers unter Lebenden;

4. die Verbindlichkeiten gegenüber Pflichtteilsberechtigten;

5. die Verbindlichkeiten aus den vom Erblasser angeordneten Vermächtnissen und Auflagen.[13])

Soweit durch die Gewährung eines Vermächtnisses der Pflichtteilsanspruch des Bedachten nach § 2307 ausgeschlossen wird, und das Vermächtnis den Betrag des Pflichtteils nicht übersteigt, steht der Vermächtnisanspruch im Range einem Pflichtteilsanspruch gleich.

---

[11]) Der Rang dieser Forderungen bestimmt sich nach der allgemeinen Vorschrift des § 61 KO.

[12]) Es sind dies diejenigen Forderungen, welche in jedem Konkurs als Konkursforderungen in Betracht kommen, von denen aber die seit der Eröffnung des Verfahrens laufenden Zinsen im gewöhnlichen Konkurs nicht geltend gemacht werden können.

[13]) Mit den oben unter Z. 2 bis 5 bezeichneten Forderungen werden die bis zur Eröffnung des Verfahrens aufgelaufenen und die seitdem laufenden Zinsen an derselben Stelle angesetzt (§ 227 KO.).

Innerhalb der Gruppe Z. 5 ist ferner die vom Erblasser in betreff der Rangordnung getroffene Anordnung zu berücksichtigen.

Ausgeschlossene und solchen gleichstehende Verbindlichkeiten gelangen erst nach den oben unter Z. 1 bis 3 bezeichneten Verbindlichkeiten zur Befriedigung. Beruhen sie auf Pflichtteilsrechten,[14]) so gehen sie den Verbindlichkeiten unter Z. 5 vor, stehen aber den nicht als ausgeschlossen zu behandelnden Pflichtteilsansprüchen nach; beruhen sie auf Vermächtnissen oder Auflagen, so erfolgt ihre Befriedigung erst nach den nicht als ausgeschlossen zu behandelnden Ansprüchen der Gruppe unter Z. 5. Im übrigen bestimmt sich die Rangordnung der ausgeschlossenen und der ihnen gleichgestellten Gläubiger nach § 61 KO. Ausgeschlossene oder als ausgeschlossen zu behandelnde Ansprüche derselben Gruppe sind gleichmäßig zu befriedigen. Vgl. § 226 KO.[14a])

Was infolge der Anfechtung einer vom Erblasser[15]) oder ihm gegenüber vorgenommenen Rechtshandlung zur Masse zurückgewährt wird, kommt den unter Z. 4 und 5 bezeichneten Gläubigern nicht zu statten,[16]) und auf dasjenige, was der Erbe auf Grund der Vorschriften der §§ 1978 bis 1980 zur Masse zu ersetzen hat, haben die als ausgeschlossen zu behandelnden Nachlaßgläubiger nur insoweit Anspruch, als der Erbe nach den Vorschriften über die Herausgabe einer ungerechtfertigten Bereicherung ersatzpflichtig sein würde.[17]) Vgl. § 228 KO.

IV. War der Erbe zur Zeit der Eröffnung des Nachlaßkonkurses des Rechtes zur Beschränkung seiner Haftung noch teilhaftig gewesen,

---

14) Vgl. hierzu oben S. 254.

14a) Vgl. Cnyrim, Die zurückgesetzten Forderungen im Nachlaßkonkurs (1901, Diss.), Jaeger, Komm. z. KO. (1. Aufl.) S. 734ff.

15) Wird dagegen eine vom Erben in Ansehung eines zum Nachlaß gehörenden Gegenstandes vorgenommene Rechtshandlung, etwa auf Grund des § 222 KO. durch den Konkursverwalter angefochten, so kommt der dadurch für die Masse erlangte Zuwachs auch den im Texte bezeichneten Gläubigern zu statten.

16) Durch die im Texte hervorgehobene Vorschrift bleibt jedoch der einem Pflichtteilsberechtigten nach Maßgabe des § 2329 sowie der einem Vertragsvermächtnisnehmer nach § 2287 zustehende Anspruch unberührt.

17) Infolge dessen ist es daher sehr wohl möglich, daß trotz des in der früheren Ausführung des Textes über die im Nachlaßkonkurs einzuhaltende Rangordnung gesagten beispielsweise ein Vermächtnisnehmer zur Befriedigung gelangt, während ein ausgeschlossener Darlehnsgläubiger des Erblassers durchfällt.

so können die Nachlaßgläubiger ihre Ansprüche während der Dauer des Verfahrens nur gegen den Konkursverwalter geltend machen (§ 1975). Bei schlechthin unbeschränkter Haftung des Erben ist die Verfolgung dieser Ansprüche auch in der Richtung gegen den Erben zum Zwecke der Befriedigung aus dessen Eigenvermögen zulässig (§ 2013), im Falle der Eröffnung des Konkurses über dieses Vermögen jedoch nur nach Maßgabe des § 234 KO.[18])

V. Ein Zwangsvergleich kann im Falle des Nachlaßkonkurses nur auf Vorschlag des Erben und bei Vorhandensein mehrerer Erben auf Vorschlag aller Erben geschlossen werden. Die unter III C Z. 2 bis 5 bezeichneten Gläubiger, desgleichen die ausgeschlossenen und die diesen gleichgestellten Gläubiger nehmen am Zwangsvergleich nicht teil, sind jedoch vor der Bestätigung zu hören. Macht auch nur einer von ihnen glaubhaft,[18a]) daß der Zwangsvergleich sein berechtigtes Interesse verletzt, so ist dieser auf seinen Antrag zu verwerfen; gegen die Bestätigung steht ihm die sofortige Beschwerde nach § 189 KO. zu. Vgl. § 230 KO. In betreff der Behandlung derjenigen Nachlaßgläubiger, welche ihre Forderungen im Nachlaßkonkurs nicht angemeldet haben, herrscht Meinungsverschiedenheit. Überwiegende sachliche Gründe[18b]) sprechen dafür, daß sie den im § 230 Abs. 2 KO. durch Berufung von § 226 Abs. 4 bezeichneten ausgeschlossenen Gläubigern gleichzustellen sind und somit am Zwangsvergleich nicht teilnehmen.

VI. Haftete der Erbe für die Nachlaßverbindlichkeiten schon zur

---

[18]) Vgl. oben S. 280.

[18a]) Jaeger, Erbenhaftung S. 90 (Z. 3) und Komm. z. KO. (1. Aufl.) S. 743 Anm. 1 wirft die Frage auf, inwiefern von einer Verletzung des berechtigten Interesses der im Texte bezeichneten Gläubiger durch den Zwangsvergleich überhaupt die Rede sein könne, da ihnen der Nachlaßüberschuß ja doch haftbar bleibe. Allein von dem Inhalt des Zwangsvergleichs hängt wesentlich ab, ob sich nach Befriedigung der am Zwangsvergleich teilnehmenden Gläubiger ein Überschuß noch ergeben und wie groß dieser sein wird. Man denke z. B. an die Möglichkeit, daß den am Zwangsvergleich teilnehmenden Gläubigern in diesem ein weitgehender Einfluß auf die Verwaltung und Versilberung der Masse eingeräumt wird, der geeignet ist, die Erzielung eines Überschusses in Frage zu stellen. Von erheblicher Bedeutung kann sodann sein, daß sich unter den am Zwangsvergleich teilnehmenden Gläubigern solche befinden, deren Einstellung in die Konkurstabelle (§ 145 KO.) im Wege der Wiederaufnahme des Verfahrens nach Analogie der §§ 578ff. CPO. rückgängig gemacht werden kann.

[18b]) Vgl. Anm. 22.

Zeit der Eröffnung des Nachlaßkonkurses schlechthin unbeschränkt, so dauert diese Haftung auch nach der Beendigung des Verfahrens fort (§ 2013).

Anderenfalls muß also unterschieden werden:

1. Ist der Nachlaßkonkurs durch Verteilung der Masse beendigt worden, so haftet der Erbe für die unberichtigt gebliebenen Nachlaßverbindlichkeiten nur mehr nach den entsprechend anzuwendenden[18c]) Vorschriften des § 1973 (§ 1989).

2. Hat der Nachlaßkonkurs seine Erledigung durch Zwangsvergleich[19]) gefunden, so erhalten die an diesem teilnehmenden Nachlaßgläubiger, unbeschadet der ihnen nach § 193 Satz 2 KO. verbleibenden Rechte,[20]) die im Vergleich festgesetzten Ansprüche gegen den

---

[18c]) Binder II S. 177 Anm. 100 will hier die in Abs. 1 Satz 2 des § 1973 enthaltene Bestimmung von der Anwendung ausschließen; dafür fehlt es jedoch an jedem zureichenden Grunde. Beachtung verdient dagegen ein anderer, von Binder nicht berührter Punkt. Liegen hinsichtlich einer unberichtigt gebliebenen Nachlaßverbindlichkeit die Voraussetzungen der Ausschließung wirklich vor, so kommt § 1973 selbstverständlich zur vollen, nicht bloß zur entsprechenden Anwendung. Eine andere Beurteilung werden dagegen diejenigen unberichtigt gebliebenen Nachlaßverbindlichkeiten finden müssen, hinsichtlich deren zur Zeit der Beendigung des Konkurses der Ausschluß noch nicht erfolgt war. Auch für sie haftet der Erbe zwar, soweit die Zeit nach der Beendigung des Konkurses in Betracht kommt, zufolge der ausdrücklichen Bestimmung des § 1989 nur nach § 1973. In betreff der Zeit vorher, und dabei ist insbesondere an das Gebahren des Erben mit dem Nachlaß vor der Konkurseröffnung zu denken, wird dagegen die Verantwortlichkeit des Erben nicht nach § 1973, sondern nach § 1978 zu beurteilen sein. Beispiel: Infolge des vom Erben nach § 1978 zu verantwortenden Verhaltens hat der Nachlaß eine erhebliche Minderung erfahren, für die der Konkursverwalter Ersatz aus dem Eigenvermögen des Erben nicht erlangen konnte. Soweit nun Nachlaßgläubiger, die weder ausgeschlossen sind, noch ausgeschlossenen Gläubigern gleichstehen, infolgedessen im Nachlaßkonkurse unbefriedigt geblieben sind, bestimmt sich dasjenige, was der Erbe zur Zeit der Beendigung des Konkurses zur Befriedigung dieser Gläubiger aus seinem Eigenvermögen noch aufzuwenden hat, nach § 1978 und nicht nach rückwärts hin nach § 1973. Bei anderer Entscheidung würde man den § 1973 der Vorschrift des § 1989 zuwider zu nicht entsprechender Anwendung bringen. Die ganze Frage wird praktisch bedeutsam, wenn der Erbe nach Beendigung des Nachlaßkonkurses neues Vermögen erwirbt.

[19]) Vgl. hierzu Fleck, Versuch einer Erklärung des § 1989 im Archiv f. bürg. R. Bd. 14 S. 63, ferner Jaeger, Komm. z. KO. (1. Aufl.) S. 741 ff. und Binder II S. 177 ff. (das. Anm. 105 auch weitere Literatur).

[20]) Als solche kommen in Betracht: Die Rechte der Gläubiger gegen

Erben[20a]) und gegen den möglicherweise vorhandenen Vergleichsbürgen. Gegenüber den am Zwangsvergleich nicht teilnehmenden[21])

Mitschuldner und Bürgen, sowie die Rechte aus einem für die Forderung bestehenden Pfandrecht, aus einer für sie bestehenden Hypothek, Grundschuld oder Rentenschuld oder aus einer zu ihrer Sicherung eingetragenen Vormerkung (vgl. bezüglich des letzten Punktes aber auch die aus § 221 KO. sich ergebende Einschränkung der allgemeinen Vorschrift des § 193 KO.). Haftet der Erbe einzelnen Nachlaßgläubigern schlechthin unbeschränkt, so wird diesen das Recht zur Erlangung der Befriedigung aus dem Eigenvermögen des Erben durch einen den Nachlaßkonkurs beendigenden Zwangsvergleich nicht verkürzt werden können. So auch die herrschende Meinung; vgl. Seuffert S. 443 bei Anm. 26, Jaeger, Komm. z. KO. (1. Aufl.) S. 743.

[20a]) Der zur Zeit des Abschlusses des Zwangsvergleichs des Rechtes zur Beschränkung seiner Haftung noch teilhaftige Erbe wird sich im Zwangsvergleich regelmäßig derart verpflichten, daß er in Ansehung des Versprochenen nicht nur mit dem Nachlaß, sondern auch mit seinem Eigenvermögen haftet. Oder m. a. W.: Gegen den ihm infolge des Zwangvergleichs erwachsenden Vorteil der freien Verfügung über die Nachlaßgegenstände gibt der Erbe den am Vergleich teilnehmenden Gläubigern gegenüber das Recht zur Beschränkung der Haftung auf den Nachlaß auf. Sollte der Zwangsvergleich auf anderer Grundlage abgeschlossen werden wollen, so müßte dies unzweideutig zum Ausdruck gebracht werden. In solchem Falle würden aber die Gläubiger auch dafür Vorsorge treffen, daß der Erbe den Nachlaß trotz der Beendigung des Nachlaßkonkurses nicht zur völlig freien Verfügung erhält. Dies entspricht der weitaus überwiegenden Meinung; vgl. Jaeger, Komm. (1. Aufl.) S. 743. Anders Binder II S. 183; er meint, daß der Erbe den Vergleichsgläubigern zunächst nur mit dem Nachlaß hafte, mit dem Eigenvermögen nur ergänzend und insoweit als die vom Erben versprochenen Prozente aus den Nachlaßgegenständen nicht gedeckt werden können. Als theoretischen Grund für seine Auffassung gibt Binder an, daß der Zwangsvergleich hinsichtlich der durch ihn betroffenen Forderungen nicht novierend wirke, sondern nur die Befriedigungsmodalitäten verändere (S. 178, 183). Dies ist gewiß richtig, aber deshalb nicht beweisend, weil auch vom Standpunkte der hier vertretenen Auffassung der Abschließung des Zwangsvergleichs nicht novierende Wirkung, sondern nur die eines mit ihr sich regelmäßig verbindenden Verzichts auf das Recht zur Haftungsbeschränkung erblickt wird. War die Haftung des Erben nicht nur einzelnen Nachlaßgläubigern gegenüber, sondern überhaupt zu einer schlechthin unbeschränkten geworden, so könnte, dafern das Eigenvermögen des Erben als ein praktisch erhebliches in Betracht kommt, die Beendigung des Nachlaßkonkurses durch Zwangsvergleich für den Erben nur annehmbar werden, wenn dadurch zugleich auch eine Begrenzung seiner persönlichen Haftung herbeigeführt würde. Diese Möglichkeit ist aber — soweit nicht ein nach allgemeinen Grundsätzen wirksamer Verzicht der einzelnen Gläubiger vorliegt — zu bestreiten. Anders allerdings Seuffert S. 443 Anm. 25, Jaeger, Komm.

Nachlaßgläubigern, und zu ihnen gehören hier auch diejenigen, welche ihre Forderungen im Konkurse nicht angemeldet haben,[22]) bestimmt

---

(1. Aufl.) S. 743, Binder II S. 185 Anm. 109, und zwar mit Berufung auf § 211 Abs. 2 KO. Gegen diese Analogie ist jedoch zu bemerken: Die Vorschrift des § 211 Abs. 2 KO. findet ihre Erklärung darin, daß die persönliche Haftung der offenen Gesellschafter zum Wesen der offenen Handelsgesellschaft und daß das Vorhandensein eines oder mehrerer persönlich haftender Gesellschafter neben den Kommanditisten zum Wesen der Kommanditgesellschaft und der Kommanditgesellschaft auf Aktien gehört. Der Eintritt der schlechthin unbeschränkten Haftung des Erben für die Nachlaßverbindlichkeiten bildet dagegen einen vom Gesetz in odium des inbetreff der Inventarerrichtung sich verfehlenden Erben bestimmten Ausnahmefall. Mit Rücksicht hierauf kann es daher auch nicht angängig sein, daß die dem Erben infolge seiner Verfehlung treffende schlechthin unbeschränkte Haftung durch einen nach Maßgabe des § 182 KO. erfolgenden Mehrheitsbeschluß der am Nachlaßkonkurs teilnehmenden Nachlaßgläubiger zum Nachteil der dem Beschluß nicht zustimmenden Gläubiger herabgemindert werde. Diese Erwägung führt aber wieder zu dem Ergebnis, daß die Beendigung des Nachlaßkonkurses durch Zwangsvergleich praktisch nur in Betracht kommen kann, wenn der Erbe für die Nachlaßverbindlichkeiten noch nicht schlechthin unbeschränkt haftet. Hierfür spricht insbesondere auch § 230 Abs. 2 KO. Haftet der Erbe schlechthin unbeschränkt, so kommt dies selbstverständlich auf den im § 226 Abs. 2 Nr. 2 bis 5 KO. bezeichneten Gläubigern zu statten. Da diese aber nach § 230 Abs. 2 am Zwangsvergleich nicht teilnehmen, so würde die Haftung des Erben jenen Gläubigern gegenüber auch nach dem Abschluß des Zwangsvergleichs eine schlechthin unbeschränkte und auf den vollen Betrag der Forderungen sich erstreckende bleiben. Wer es für zulässig erachtet, daß durch Zwangsvergleich auch die persönliche Haftung des schlechthin unbeschränkt haftenden Erben gegenüber den Vergleichsgläubigern herabgemindert werde, gelangt somit zu dem unannehmbaren Resultate, daß der Erbe im Falle eines unter den angegebenen Verhältnissen abgeschlossenen Zwangsvergleichs den minder berechtigten Gläubigern des § 226 Abs. 2 Nr. 2 bis 5 KO. in weiterem Umfange haftet als den Vergleichsgläubigern.

[21]) Vgl. das im Texte unter V Bemerkte und hierzu Seuffert S. 439.

[22]) Im gewöhnlichen Konkurs ist der rechtskräftig bestätigte Zwangsvergleich auch für und gegen diejenigen (nicht bevorrechteten) Konkursgläubiger maßgebend, welche an dem Konkursverfahren nicht teilgenommen haben (§ 193 KO.). Im Nachlaßkonkurs ist diese Entscheidung deshalb unannehmbar, weil ihre Anwendung hier die vom Gesetz gewiß nicht beabsichtigte Folge haben könnte, daß der Erbe im Falle des nachträglichen Hervorkommens von im Konkurse nicht angemeldeten und dem Erben bisher unbekannt gebliebenen Nachlaßverbindlichkeiten vermöge des Zwangsvergleichs gegen seine berechtigten Erwartungen weit über den Wert des Nachlasses hinaus zu haften haben würde. Die Haftung des Erben gegenüber den hier in Frage kommenden Gläubigern bestimmt sich somit nach § 1989 bezw. § 1973. Die Richtigkeit dieser Auffassung

sich die Haftung des Erben nach den entsprechend anzuwendenden Vorschriften des § 1973 (§ 1989).

3. Erfolgt die Beendigung des Nachlaßkonkurses nach § 204 KO., weil eine den Kosten entsprechende Masse nicht vorhanden ist, so haftet der Erbe den als ausgeschlossen zu behandelnden Gläubigern nach § 1973 bezw. § 1974, den übrigen Gläubigern nach den §§ 1990, 1991.

4. Im Falle der Einstellung des Nachlaßkonkurses auf Antrag des Erben mit Zustimmung aller Konkursgläubiger (Ganzverzicht) bestimmt sich die Haftung des Erben zunächst nach der von ihm mit den Gläubigern getroffenen Vereinbarung, soweit aber eine solche Vereinbarung nicht vorliegt, den als ausgeschlossen zu behandelnden Gläubigern gegenüber nach § 1973 bezw. § 1974, den übrigen Gläubigern gegenüber nach allgemeinen Grundsätzen; nach § 1990 also nur dann, wenn die daselbst geforderten Voraussetzungen vorhanden sind.[23])

VII. Eine Testamentsvollstreckung wird durch die Eröffnung des Nachlaßkonkurses zwar nicht aufgehoben, aber doch meist zur praktischen Bedeutungslosigkeit herabgedrückt.[24]) Der Testamentsvollstrecker wird daher in der Regel die Übernahme des noch nicht angenommenen

---

erhält durch die Vorschrift des § 993 CPO. noch weitere Bestätigung. Denn der innere Grund dafür, daß das Aufgebot nicht erlassen werden soll, wenn die Eröffnung des Nachlaßkonkurses beantragt ist, und daß das bereits eingeleitete Aufgebotsverfahren durch die Eröffnung des Nachlaßkonkurses beendigt wird, kann nur darin gefunden werden, daß diejenigen Nachlaßgläubiger, welche die Anmeldung ihrer Forderungen im Nachlaßkonkurs unterlassen haben, nach der Absicht des Gesetzes den im Aufgebotsverfahren ausgeschlossenen Gläubigern gleichgestellt werden. Für die hier vertretene Ansicht insbesondere Fleck a. a. O., Planck-Ritgen S. 108, Wilke S. 61, im wesentlichen auch Boehm S. 362 und neuestens auch Jaeger, Komm. z. KO. (1. Aufl.) S. 744 (anders nach Erbenhaftung S. 89). A. A. Seuffert S. 435 Anm. 5, Herzfelder S. 182 und Binder II S. 182 Anm. 107, S. 183 Anm. 108. Im Nachlaßkonkurse angemeldete bedingte Konkursforderungen werden durch den Zwangsvergleich selbstverständlich betroffen.

[23]) Vgl. auch oben S. 284. Ebenso die herrschende Meinung. Binder II S. 175 (vgl. besonders Anm. 95) lehrt auch hier wieder, daß der Eintritt der auf den Nachlaß sich beschränkenden Haftung des Erben in keiner Weise mehr durch Anordnung der Nachlaßverwaltung oder neuerliche Eröffnung des Nachlaßkonkurses bedingt sei.

[24]) Vgl. dazu oben S. 285ff.

Amtes ablehnen oder das bereits angenommene kündigen (§§ 2202, 2226); erforderlichen Falles wird er auf Antrag des Konkursverwalters nach § 2227 vom Nachlaßgericht zu entlassen sein. Nur ausnahmsweise kann die Testamentsvollstreckung trotz der Eröffnung des Nachlaßkonkurses von einiger Erheblichkeit bleiben, so z. B. in betreff der Ausführung solcher letztwilliger Verfügungen des Erblassers, welche (wie etwa Verfügungen über die Briefschaften, Manuskripte des Erblassers) die Konkursmasse unberührt lassen, oder in betreff der Sorge für die Ausführung der einem aus der Masse wenigstens teilweise befriedigten Vermächtnisnehmer auferlegten Beschwerungen (§ 2223).

5. Haftung bei Dürftigkeit des Nachlasses.*)

§ 81.

Die zur Beschränkung der Haftung des Erben auf den Nachlaß führenden Mittel sind in aller Regel die Anordnung der Nachlaßverwaltung und die Eröffnung des Nachlaßkonkurses. Es muß aber auch mit der Möglichkeit gerechnet werden, daß diese Maßnahmen wegen Mangels einer den Kosten entsprechenden Masse nicht tunlich sind; oder daß aus diesem Grunde die Nachlaßverwaltung aufgehoben oder das Konkursverfahren eingestellt wird. Das Recht zur Beschränkung seiner Haftung kann dem Erben offenbar auch in diesen Fällen nicht versagt werden, die Geltendmachung dieses Rechtes gestaltet sich aber wegen der Besonderheit der Umstände in eigentümlicher Weise. Hierauf bezieht sich § 1990 in Verbindung mit § 1991. Er gewährt dem für die Nachlaßverbindlichkeiten nicht bereits schlechthin unbeschränkt haftenden Erben (§ 2013) eine gegenüber jedem einzelnen, seine Befriedigung verlangenden Nachlaßgläubiger geltend zu machende und auf die Dürftigkeit (Geringfügigkeit) des Nachlasses sich stützende Einrede der beschränkten Haftung.[1])

*) Vgl. Hagen 129ff., Th. Sohm S. 382ff., Binder II S. 203ff.

[1]) Die auf die beschränkte Haftung des Erben sich beziehenden Vorschriften der §§ 1990, 1991 sind, abgesehen von dem in § 82 d. D. besonders zu besprechenden Falle des § 1992 und dem damit in Zusammenhang stehenden Falle des § 2187, noch in folgenden Fällen zur entsprechenden Anwendung zu bringen: Nach § 419 (Haftung des Übernehmers eines fremden Vermögens gegenüber den Gläubigern des Veräußerers), nach den auf die eheliche Güter-

I. Der den Einredeschutz für sich in Anspruch nehmende Erbe hat die Dürftigkeit des Nachlasses in dem oben angegebenen Sinne zu beweisen, sei es durch Vorlegung der diese Dürftigkeit bereits feststellenden Entscheidung des zuständigen Gerichtes, sei es in anderer Weise.[2]) Die Geltendmachung der Einrede des § 1990 ist also nicht dadurch bedingt, daß die Anordnung der Nachlaßverwaltung bezw. die Eröffnung des Nachlaßkonkurses vergeblich beantragt worden ist.

Ob die Dürftigkeit des Nachlasses schon zur Zeit des Erbfalls vorhanden war oder erst hinterher z. B. durch zufälligen Untergang von Nachlaßgegenständen oder durch Verminderung des ursprünglichen Nachlaßbestandes infolge der vom Erben vorgenommenen Befriedigung von Nachlaßgläubigern eingetreten ist, ist für die nach den §§ 1990, 1991 zu beurteilende Beschränkung der Haftung des Erben gleichgültig.[2a]) Überschuldung des Nachlasses bildet keine Voraussetzung für die Anwendung der bezeichneten Vorschriften.[3])

---

gemeinschaft sich beziehenden §§ 1480, 1504, nach § 2145 Abs. 2 (Haftung des Vorerbeu nach dem Eintritt des Falles der Nacherbfolge); über § 2036 (Haftung des Käufers eines Erbteils nach erfolgter Ausübung des Vorkaufsrechtes der Miterben und vorgenommener Übertragung des Erbteils an die letzteren) vgl. unten § 92 d. D.

[2]) So auch die herrschende Ansicht. Teilweise abweichend Th. Sohm a. a. O. S. 382. Er meint: Selbst wenn eine Dürftigkeit des Nachlasses im Sinne des Textes nicht erwiesen sei, müsse sich ein Nachlaßgläubiger grundsätzlich damit zufrieden geben, daß ihm, ohne daß es zur Anordnung der Nachlaßverwaltung oder zur Eröffnung des Nachlaßkonkurses komme, was vom Nachlaß noch vorhanden sei, zum Zwecke der Befriedigung zur Verfügung gestellt werde. Dies entspricht aber nicht der Vorschrift des Gesetzes. Ihr zufolge braucht sich der Gläubiger in solchem Falle (dafern nicht die besonderen Voraussetzungen der §§ 1973, 1974, 1992 gegeben sind) eine Beschränkung seiner Zwangsvollstreckung nicht gefallen zu lassen. Zuzugeben ist nur, daß ein Nachlaßgläubiger, der erwarten darf, ohne Nachlaßverwaltung bezw. Nachlaßkonkurs aus dem Nachlaß mindestens das zu erhalten, was auf ihn auf diesem Wege entfallen könnte, meist gern bereit sein wird, die aus der Anordnung der Nachlaßverwaltung, Eröffnung des Nachlaßkonkurses sich ergebenden Weiterungen und die damit verbundene Gefahr einer erheblichen Minderung des Nachlasses zu vermeiden.

[2a]) Vgl. auch Planck, DJZ. S. 367, Binder II S. 207 bei Anm. 15.

[3]) Vgl. auch Planck-Ritgen S. 112 (unter f), Cosack § 382 (unter III), Binder II S. 208 Anm. 16. Mit Rücksicht auf den im Texte hervorgehobenen Umstand ist es nicht ganz zutreffend, wenn die im § 1990 bestimmte Einrede der beschränkten Haftung von anderen schlechtweg als „Erschöpfungseinrede"

II. Wie in den Fällen der Nachlaßverwaltung und des Nachlaßkonkurses, so bedarf es auch im Falle des § 1990 einer sowohl das Interesse der Nachlaßgläubiger als auch das des Erben berücksichtigenden Feststellung des Nachlaßbestandes.

1. Demgemäß gelten die infolge des Erbfalls durch Vereinigung von Recht und Verbindlichkeit bezw. Belastung erloschenen Rechtsverhältnisse zwar nicht allseitig,[3a]) aber doch im Verhältnis zwischen demjenigen Nachlaßgläubiger, dessen Befriedigung in Frage steht, und dem Erben als nicht erloschen (§ 1991 Abs. 2), und bestimmt sich

2. sowohl die Verantwortlichkeit des Erben wegen seines Gebahrens mit dem Nachlaß, als auch sein Recht auf Ersatz von Aufwendungen[4]) dem betreffenden Gläubiger gegenüber (vgl. § 1991 Abs. 1) nach den Vorschriften der §§ 1978 bis 1980.[5])

(Endemann III S. 444) oder als „Einrede des überschuldeten Nachlasses" (Frommhold S. 58) oder als „Unzulänglichkeitseinrede" (Herzfelder S. 187 und die daselbst Genannten) bezeichnet wird. Auch der Ausdruck „Abzugseinrede" (Planck-Ritgen S. 86, 89) deckt nicht den Fall, wo ein Gläubiger, obschon ihm die auf § 1990 sich stützende Einrede entgegengestellt wird, doch zur vollen Befriedigung gelangt und somit keinen Abzug erleidet. Cosack § 382 spricht von einer „Einrede der Dürftigkeit des Nachlasses", worunter man sich aber im Sinne des Verfassers doch nur eine Einrede der beschränkten Haftung wegen Dürftigkeit des Nachlasses zu denken hat.

[3a]) Im Falle der Nachlaßverwaltung und des Nachlaßkonkurses gelten die im Texte bezeichneten Rechtsverhältnisse nach § 1976 schlechthin als nicht erloschen. Demgemäß ist es daher z. B. möglich, daß ein Erbengläubiger während der Dauer der Nachlaßverwaltung, des Nachlaßkonkurses in nach § 1976 als nicht erloschen zu behandelnde Ansprüche des Erben gegen den Nachlaß Zwangsvollstreckung führt. In dem durch die Bestimmung des § 1991 Abs. 2 getroffenen Falle verhält sich dies anders. Der Erbe kann hier zwar dem seine Befriedigung verlangenden Nachlaßgläubiger einen im Verhältnis zu diesem als nicht erloschen zu behandelnden Anspruch gegen den Nachlaß als Passivpost des Nachlasses in Rechnung stellen; von der Führung einer Zwangsvollstreckung in diesen Anspruch durch einen Erbengläubiger kann dagegen keine Rede sein. Die gegen die Worte des Textes: „nicht allseitig" sich richtende Bemerkung Binders II S. 205 Anm. 6 ist daher unzutreffend.

[4]) Die Behandlung des Erben ist also den Umständen entsprechend hier strenger als in den Fällen der §§ 1973, 1974. Beispiel: Der Erbe hat den Nachlaß durch eine schenkweise Zuwendung vermindert, die er ohne den Erbschaftserwerb aus seinem Eigenvermögen keinesfalls gemacht haben würde. Einem hierdurch benachteiligten ausgeschlossenen Gläubiger gegenüber würde der Erbe (soweit nicht § 818 Abs. 4 oder § 819 eingreift) nach § 1973 nicht auf Ersatz des Ausfalls zu haften haben (vgl. übrigens auch oben § 75

III. Solange der Erbe nach Maßgabe der Umstände zur Annahme berechtigt ist,[5a]) daß der Nachlaß zur Befriedigung aller Nachlaßverbindlichkeiten ausreicht, darf er mit der Berichtigung der Nachlaßgläubiger aller Art vorgehen, ohne wegen der dadurch herbeigeführten Geringfügigkeit des Nachlaßbestandes im Sinne von § 1990 einem ihm später bekannt gewordenen Gläubiger gegenüber des Rechtes zur Beschränkung der Haftung nach den §§ 1990, 1991 verlustig zu

---

Anm. 17a, 17b). Ist für die Beurteilung der Haftung des Erben gegenüber einem unbefriedigten Nachlaßgläubiger dagegen § 1978 maßgebend, so muß der Erbe dem Gläubiger gegenüber — abgesehen von dem seltenen Falle, wo die Schenkung sich selbst nach Maßgabe des § 1978 als gerechtfertigt darstellt — wegen der durch die Schenkung herbeigeführten Minderung des Nachlasses aufkommen.

[5]) Obschon Abs. 1 von § 1991 nur die §§ 1979, 1978 beruft und nicht auch § 1980, so ist doch auch die Vorschrift des letzteren bei der nach den §§ 1990, 1991 zu beurteilenden Beschränkung der Haftung des Erben mit zu berücksichtigen. In dem der Vorschrift des § 1991 entsprechenden § 1966 der Reichstagsvorlage war der jetzige § 1980 ausdrücklich mitberufen. Auf Veranlassung der Reichstagskommission (Bericht S. 12) wurde jedoch diese Berufung deshalb gestrichen, weil von einer Anwendung des (jetzigen) § 1980 im Falle des (jetzigen) § 1990 „keine Rede sein könne". Allein dies ist nicht richtig. Es ist vielmehr sehr wohl möglich, daß der Nachlaßbestand zur gegenwärtigen Dürftigkeit dadurch herabgedrückt worden ist, daß der Erbe schuldbarer Weise die rechtzeitige Ermittelung unbekannter Nachlaßverbindlichkeiten und die Stellung des Antrags auf Konkurseröffnung versäumt hat und sorglos mit der Befriedigung der ihm bekannten Nachlaßgläubiger vorgegangen ist. Bei nunmehr erfolgender Eröffnung des Nachlaßkonkurses würde der Erbe dasjenige, um was die Masse infolge seines schuldbaren Gebahrens vermindert worden ist, nach § 1980 an sie zu ersetzen haben. Reicht aber das vom Nachlaß noch Vorhandene mit Einschluß des vom Erben zu erlangenden Ersatzes zur Deckung der Kosten des Verfahrens nicht aus, so kann dem Gläubiger doch nicht die Möglichkeit versagt werden, nach Maß des vom Erben als Ersatz zu Erlangenden aus dessen Eigenvermögen seine Befriedigung zu suchen. An dieser Beurteilung des Sachverhalts wird aber dadurch, daß § 1980 in Abs. 1 des § 1991 infolge der vorerwähnten Streichung nicht mitberufen ist, nichts geändert. Denn § 1980 enthält nur eine Folgerung aus dem im § 1978 ausgesprochenen und auch im Falle der §§ 1990, 1991 zur Geltung zu bringenden Grundgedanken. Zweifelnd Planck-Ritgen S. 112, obschon daselbst die Prämissen des im Texte gezogenen Schlusses in gleicher Weise entwickelt werden, wie dies hier geschehen ist. Wie hier auch Binder II S. 207 Anm. 12.

[5a]) Darüber, daß die Berechtigung zu dieser Annahme bei fahrlässiger Unkenntnis des Erben von der bereits vorhandenen Überschuldung des Nachlasses ausgeschlossen ist, vgl. oben S. 264.

werden.[6]) Von dem Zeitpunkt an, mit dem die bezeichnete Annahme nicht mehr begründet ist, kommt es vor allem darauf an, ob eine den Kosten des Konkursverfahrens entsprechende Masse noch vorhanden, oder nicht mehr vorhanden ist. Trifft ersteres zu, und beruht die Überschuldung des Nachlasses nicht bloß auf Vermächtnissen und Auflagen, so darf der Erbe zur Befriedigung eines Gläubigers nicht mehr schreiten, sondern hat er die Eröffnung des Nachlaßkonkurses zu beantragen; anderenfalls trifft ihn die Verantwortlichkeit nach den §§ 1978 bis 1980. Beispiel: Es sind noch drei unbefriedigte Gläubiger vorhanden. Einer von ihnen hat 1000 M. zu fordern, den beiden anderen gebühren je 500 M. Statt den Antrag auf Eröffnung des Nachlaßkonkurses zu stellen, befriedigt der Erbe, indem er zu diesem Zwecke das zum Nachlaß gehörende Silbergeräte veräußert, den Hauptgläubiger mit 1000 M., so daß vom Nachlaß nichts mehr übrig bleibt. Gegenüber den beiden noch unbefriedigten Gläubigern ist der Erbe jetzt ersatzpflichtig.[7]) Allein in welchem Maße? Doch wohl nur bis zu dem Betrage, welchen diese Gläubiger im Falle der Eröffnung des Nachlaßkonkurses aus der Masse erhalten haben würden; also, wenn vorausgesetzt wird, daß allen drei Gläubigern gleicher Rang zukommt, jedem der beiden unbefriedigten Gläubiger gegenüber nur für 250 M. Der entscheidende Grund dafür, daß sich diese Gläubiger hiermit zufrieden geben müssen, liegt darin, daß der Erbe das bezeichnete Ergebnis durch Stellung des Antrags auf Eröffnung des Nachlaßkonkurses zweifellos erreichen kann. Die Masse würde unter dieser Voraussetzung aus dem vom Konkursverwalter gegen den Erben geltend zu machenden Ersatzanspruch im Betrage von 1000 M. bestehen, und als Konkursgläubiger würde neben den beiden noch unbefriedigten Gläubigern mit Rücksicht auf den Eintritt des Erben in die Stellung des befriedigten Gläubigers nach § 225 Abs. 2 KO. der Erbe selbst mit in Betracht kommen.

---

[6]) Dasselbe gilt unter den im Texte hervorgehobenen Voraussetzungen selbstverständlich auch dann, wenn der Erbe die im Wege der Zwangsvollstreckung erfolgende Befriedigung von Nachlaßgläubigern zuließ.

[7]) Dies muß selbst dann festgehalten werden, wenn der zunächst befriedigte Gläubiger hinsichtlich seiner Forderung vor den beiden anderen Gläubigern eine rechtskräftige Verurteilung des Erben erwirkt hatte. Denn die Vorschrift des Abs. 3 von § 1991 kommt erst zur Anwendung, wenn die Dürftigkeit des Nachlasses bereits besteht.

Setzt man dagegen voraus, daß der befriedigte Gläubiger im Falle des Nachlaßkonkurses den beiden nicht befriedigten Gläubigern im Range vorginge,[8]) so würde der Erbe den letzteren die Befriedigung gänzlich verweigern können.[9]) Vermochte der Erbe die Überschuldung des Nachlasses erst zu einer Zeit wahrzunehmen, in der es an einer zur Deckung der Kosten des Nachlaßkonkurses hinreichenden Masse fehlt, so hat er sein Verhalten nach den Vorschriften der Abs. 3, 4 des § 1991 einzurichten; vgl. darüber den folgenden Absatz d. T.

IV. Der Inhalt des dem Erben nach den §§ 1990, 1991 zukommenden Einrederechts ist jetzt noch genauer zu bestimmen. Hierbei ist wieder zu unterscheiden, ob dem Erben nur ein noch unbefriedigter Gläubiger gegenübersteht, oder eine Mehrheit von Gläubigern.

1. Verlangt bei Vorhandensein der Voraussetzung des Abs. 1 von § 1990 ein Nachlaßgläubiger seine Befriedigung, so kann er vom Erben auf dasjenige verwiesen werden, was vom Nachlaß noch vorhanden ist. Wird der Erbe verklagt, so muß er sich die Beschränkung der Haftung — um sich auf sie im Stadium der Zwangsvollstreckung berufen zu können — nach § 780 CPO. im Urteil vorbehalten lassen. Der Anspruch des Gläubigers geht wie im Falle des § 1973 so auch hier auf Leistung, nicht auf Herausgabe der vorhandenen Nachlaßgegenstände.[10]) Die Vorschrift des § 1990 Abs. 1, daß der Erbe zur Herausgabe des Nachlasses zum Zwecke der Befriedigung des Gläubigers im Wege der Zwangsvollstreckung verpflichtet sei und die Befriedigung insoweit verweigern könne, als der Nachlaß nicht ausreicht, ist also nur dahin zu verstehen, daß der Erbe einer vom Gläubiger in Gegenstände, die nicht zum Nachlaß gehören, geführten

---

[8]) Planck, DJZ. S. 367 bemerkt mit Bezug auf § 225 Abs. 2 KO.: „Die Frage, ob und in welcher Art eine entsprechende Anwendung im Falle des § 1990 gerechtfertigt werden kann, ist zweifelhaft; sie dürfte aber zu verneinen sein." Die Darstellung des Textes schlägt jedoch nicht den von Planck mit Recht für bedenklich gehaltenen Weg der analogen Anwendung des § 225 Abs. 2 KO. auf den Fall des § 1990 ein, sondern bestimmt nur das Maß des vom Erben an einen Nachlaßgläubiger zu leistenden Ersatzes nach demjenigen, was auf den letzteren im Falle des Nachlaßkonkurses entfallen sein würde.

[9]) Dieser Fall könnte z. B. vorliegen, wenn die Forderung des befriedigten Gläubigers auf einem mit dem Erblasser geschlossenen Vertrage beruht, während die beiden noch unbefriedigten Gläubiger nur Pflichtteilsansprüche zu stellen haben.

[10]) Vgl. auch Hagen S. 130, 131; anders Binder II S. 204 bei Anm. 1.

Zwangsvollstreckung auf dem von der CPO. vorgezeichneten Wege mit Erfolg entgegentreten kann.[11]) Das dem Erben durch die Vorschrift des § 1973 Abs. 2 gewährte Recht, die „Herausgabe" der noch vorhandenen Nachlaßgegenstände (d. i. die Durchführung der Zwangsvollstreckung in diese Gegenstände) durch Zahlung des Wertes abzuwenden, steht ihm im Falle des § 1990 nicht zu. Der bei der vom Gläubiger geführten Zwangsvollstreckung nach Befriedigung von dessen Forderung verbleibende Überschuß gebührt dem Erben. Will der Erbe Gegenstände, in die der Gläubiger Zwangsvollstreckung führt, dieser deshalb entziehen, weil sie nicht zum Nachlaß gehören, so trifft, soweit nicht § 2009 eingreift, ihn die Beweislast. Der Unsicherheit, die sich für den Gläubiger im Falle des § 1990 ergibt, wird er am besten entgehen, wenn er, bevor er zur Zwangsvollstreckung schreitet, vom Erben nach § 260 Auskunft über den Bestand des Nachlasses und eventuell Leistung des Offenbarungseides verlangt. Eine Zwangsvollstreckung des Gläubigers in sein Eigenvermögen braucht der Erbe nur insoweit zu dulden,[12]) als Werte aus dem Nachlaß in dieses Vermögen übergegangen sind, oder als er nach § 1991 Abs. 1 wegen seines Gebahrens mit dem Nachlaß ersatzpflichtig ist.

Einzelnes:

a) Geht der Anspruch des Gläubigers nicht auf Geld, so gilt das oben § 75 III Z. 4d S. 249 gesagte mit der Abweichung auch hier, daß sich die Haftung des Erben im Falle des § 1990 nicht bloß auf die Bereicherung beschränkt.

b) Aufwendungen, die der Erbe dem Gläubiger gegenüber in Ansatz bringen darf,[12a]) kann er von demjenigen, was ihm als Ersatzleistung zur Last fällt, ohne weiteres in Abzug bringen. Ist ein solcher Abzug nicht möglich, so kann der Erbe lediglich darauf be-

---

11) Vgl. auch oben S. 246.

12) Wie verhält es sich mit der von einem Erbengläubiger in einen zum Nachlaß gehörenden Gegenstand geführten Zwangsvollstreckung? Kann sich der Erbe ihrer Durchführung nach Analogie des § 784 Abs. 2 CPO. mit Erfolg widersetzen? Das Gesetz bietet hierfür keinen Anhaltspunkt. Für dasjenige, was den Nachlaßgläubigern infolge einer solchen Zwangsvollstreckung entgeht, muß aber der Erbe Ersatz leisten.

12a) Als solche Aufwendungen kommen auch die dem Erben infolge der von den Nachlaßgläubigern gegen ihn geführten Prozesse erwachsenen Prozeßkosten in Betracht, wenn und soweit die Prozeßführung nach § 1978 Abs. 3 gerechtfertigt war.

stehen,[13]) daß aus den vom Gläubiger bei der von ihm geführten Zwangsvollstreckung erzielten Eingängen zunächst die ihm zu vergütenden Aufwendungen befriedigt werden und dann erst die Forderung des Gläubigers.

Die nach § 1990 eintretende Beschränkung der Haftung des Erben wird auch dadurch nicht ausgeschlossen, daß der Gläubiger nach dem Erbfall im Wege der Zwangsvollstreckung oder der Arrestvollziehung ein Pfandrecht oder eine Hypothek oder im Wege der einstweiligen Verfügung eine Vormerkung erlangt hat (§ 1990 Abs. 2). War die Maßregel der Zwangsvollstreckung, Arrestvollziehung in Ansehung eines zum Eigenvermögen des Erben gehörenden Gegenstandes erfolgt, so kann der Erbe die Aufhebung oder doch wenigstens die der Höhe einer von ihm etwa zu bewirkenden Ersatzleistung entsprechende Beschränkung verlangen. Hatte die Maßregel aber in Ansehung eines Nachlaßgegenstandes stattgefunden, so kann dem Erben doch nicht eine über das in den §§ 1990, 1991 bestimmte Maß hinausgehende Haftung aufgebürdet werden; dasselbe gilt im Falle einer vom Gläubiger in Ansehung eines Nachlaßgegenstandes im Wege der einstweiligen Verfügung erlangten Vormerkung. Beispiel: Der einzige vom Nachlaß noch vorhandene Gegenstand ist eine hypothekarisch versicherte Forderung von 200 M.; mit Rücksicht auf die von ihm auf den Nachlaß gemachten Aufwendungen gebührt aber dem Erben im Verhältnis zu den Nachlaßgläubigern ein Ersatz von 150 M. Späterhin erwirkt ein Nachlaßgläubiger unter Bezugnahme auf einen mit dem Erblasser hinsichtlich der hypothekarisch versicherten Forderung geschlossenen Vertrag zur Sicherung seines Rechtes auf Abtretung der Hypothek in der angegebenen Weise eine Vormerkung.

Unter den bezeichneten Verhältnissen kann der Gläubiger, dafern der Erbe die Beschränkung seiner Haftung geltend macht, seinen Anspruch auf Abtretung der hypothekarisch versicherten Forderung nur durchsetzen, wenn er dem Erben die Aufwendungen vergütet. Will er sich dazu nicht verstehen, so geht seinem Anspruch der Ersatzanspruch des Erben vor.[13a])

---

[13]) Anders Planck-Ritgen S. 112 (unter c), der dem Erben auch hier ein Zurückbehaltungsrecht zuspricht. Vgl. aber dagegen oben S. 247 Anm. 20. Gegen die Annahme eines Zurückbehaltungsrechtes hier auch Binder II S. 207 bei Anm. 14.

[13a]) Über die durch Abs. 2 von § 1990 nicht entschiedene Frage, ob und

2. Stehen dem Erben mehrere Nachlaßgläubiger gegenüber und sind sie ihm als solche auch bekannt, so greifen nachstehende Vorschriften ein:

a) Die rechtskräftige Verurteilung des Erben zur Befriedigung eines Gläubigers wirkt einem anderen Gläubiger gegenüber wie die Befriedigung (§ 1991 Abs. 3).

b) Die Verbindlichkeiten aus Pflichtteilsrechten, Vermächtnissen und Auflagen hat der Erbe so zu berichtigen, wie sie im Falle des Konkurses zur Berichtigung kommen würden (§ 1991 Abs. 4).

c) Keine besondere Bestimmung enthält § 1991 über die Behandlung, welche ausgeschlossene oder solchen gleichgestellte Nachlaßgläubiger im Verhältnis zu anderen Nachlaßgläubigern zu finden haben.[13b] Allein aus § 1991 Abs. 4 in Verbindung mit § 226 Abs. 4 KO. ergibt sich doch, daß der Erbe die als ausgeschlossen zu behandelnden Pflichtteilsansprüche erst nach den von der Ausschlußwirkung des § 1974 nicht betroffenen Pflichtteilsansprüchen und die als ausgeschlossen zu behandelnden Ansprüche aus Vermächtnissen und Auflagen erst nach denjenigen Ansprüchen dieser Art, hinsichtlich deren die Ausschlußwirkung nicht eingetreten ist, zu befriedigen hat, ferner daß der Erbe ausgeschlossene und diesen gleichgestellte Nachlaßgläubiger, die nicht zur Gruppe b gehören, obschon sie den Pflichtteilsansprüchen und den Ansprüchen aus Vermächtnissen und Auflagen im Falle des Nachlaßkonkurses grundsätzlich vorgehen, nicht mehr aus demjenigen befriedigen darf, was nach §§ 1978 bis 1980 lediglich im Interesse der nicht ausgeschlossenen Gläubiger als zum Nachlaß gehörend zu behandeln ist.[13c] Allein es wird mit Rücksicht auf die §§ 1973, 1974 noch weiter zu gehen und demgemäß zu sagen sein, daß der Erbe gegenüber allen durch Ausschlußwirkung nicht betroffenen Gläubigern (also auch, wenn sie zur Gruppe b nicht gehören) verpflichtet ist, ausgeschlossene oder diesen gleichgestellte Gläu-

---

inwieweit ein Nachlaßgläubiger, der nach dem Erbfall im Wege der Zwangsvollstreckung oder der Arrestvollziehung ein Pfandrecht oder eine Hypothek an einem Nachlaßgegenstand oder im Wege der einstweiligen Verfügung eine Vormerkung erlangt hat, hierdurch vor anderen Nachlaßgläubigern bevorrechtet wird, vgl. Anm. 14b.

[13b]) Die Bedeutung dieser Frage wird in diesem Zusammenhange meist ganz übersehen.

[13c]) Vgl. oben § 75 Anm. 17a.

biger nur nach Maßgabe der §§ 1973, 1974 zu befriedigen. Im übrigen (und zwar selbst in Ansehung von Verbindlichkeiten, die im Falle des Nachlaßkonkurses als Masseschulden[13d]) in Betracht kommen würden) kann der Erbe, obschon er die Überschuldung des Nachlasses kennt, in betreff der Befriedigung der ihm bekannten Gläubiger willkürlich vorgehen, insbesondere auch in der Art, daß er einzelne von ihnen nach seiner Wahl befriedigt und dann den leer ausgegangenen Gläubigern gegenüber sich auf die Erschöpfung des Nachlasses beruft.[14]) Der Erbe ist dabei insbesondere auch in der Lage, seine

[13d]) Vgl. Protokolle V S. 801.

[14]) Anders noch die 2. Aufl. d. B. S. 499 Anm. 14. Daselbst wurde mit Rücksicht auf die in § 1991 Abs. 1 enthaltene Berufung der §§ 1978, 1979 gelehrt, daß der Erbe auch im Falle des § 1990 verantwortlich werde, wenn er in Kenntnis des Umstandes, daß der Nachlaß zur Befriedigung aller Nachlaßgläubiger nicht ausreiche, einzelne Nachlaßgläubiger außerhalb der konkursmäßigen Rangordnung befriedige. Anders verhalte es sich erst dann, wenn ein Nachlaßgläubiger vor dem anderen die rechtskräftige Verurteilung des Erben erwirkt habe. Hierdurch erlange dieser Gläubiger ein Vorrecht vor den übrigen, so daß sich der Erbe infolgedessen auf die gegen ihn ausgesprochene Verurteilung den übrigen Nachlaßgläubigern gegenüber so berufen könne, wie wenn er den durch das erwirkte rechtskräftige Urteil bevorrechteten Gläubiger bereits befriedigt hätte. Diese Auffassung wird aus folgenden Gründen aufgegeben: 1. Sie hat Abs. 1 von § 1991 zwar für sich, berücksichtigt aber zu wenig das aus Abs. 4 von § 1991 sich ergebende argumentum a contrario. Dieses geht aber dahin, daß der Erbe im Falle des § 1990, soweit nicht Abs. 4 von § 1991 abweichendes vorschreibt (und soweit nicht die Vorschriften der §§ 1973, 1974 eingreifen), bei der Befriedigung der Gläubiger zur Einhaltung der konkursmäßigen Rangordnung nicht verpflichtet ist. 2. Die jetzt zurückgewiesene Auffassung würde praktisch zu einem Wettlauf aller unbefriedigten Gläubiger nach möglichst rascher Erwirkung eines rechtskräftigen Urteils führen. Der Sieg in diesem Wettlauf würde aber doch wieder nur von Umständen (Zufall und Willkür des Erben) abhängen, die eine gerechte Verteilung des vom Nachlaß noch vorhandenen keineswegs verbürgen. Hierzu käme noch die bei dieser Behandlung unvermeidliche Verausgabung wirtschaftlich durchaus ungerechtfertigter Prozeßkosten. 3. Das unter Z. 1 und 2 gesagte wird durch die Redaktionsgeschichte bestätigt; vgl. Protokolle V S. 800, 801. 4. Durch die im Texte vertretene Auffassung wird die in Abs. 1 von § 1991 enthaltene Berufung von § 1979 keineswegs bedeutungslos (vgl. aber freilich Hagen S. 159). Denn in Ansehung der Zeit, während welcher eine den Kosten des Konkursverfahrens entsprechende Masse noch vorhanden war, kommen die Vorschriften der §§ 1978 bis 1980 zugunsten und zulasten des Erben zur vollen Anwendung, und tritt die Dürftigkeit des Nachlasses im Sinne des § 1990 erst dadurch ein, daß der Erbe einzelne Gläubiger schuldbar befriedigt hat, so haftet

eigenen (durch Ausschlußwirkung nicht betroffenen und auch nicht zur Gruppe b gehörenden) Forderungen gegen den Nachlaß gegenüber den Forderungen anderer Nachlaßgläubiger zu bevorzugen und diese somit auf dasjenige zu verweisen, was nach Deckung jener Forderungen noch übrig bleibt.[14a])

Einschränkungen der Willkür des Erben können sich also nur auf Grund der unter a bis c hervorgehobenen Ausnahmebestimmungen ergeben. Wie diese eingreifen, ist noch genauer darzulegen:

Sieht man zunächst von Nachlaßgläubigern der Gruppen b und c ab, so geht von den sonst noch vorhandenen unbefriedigten Gläubigern derjenige vor, welcher bereits die rechtskräftige Verurteilung des Erben zur Befriedigung erlangt hat (vgl. oben unter a). Der Erbe ist demnach diesem Gläubiger gegenüber verpflichtet, die Befriedigung eines anderen Gläubigers insoweit zu unterlassen bezw. nicht zuzulassen, als hierdurch die Befriedigung des zuerst genannten Gläubigers beeinträchtigt würde. Dies gilt selbst dann, wenn nach

---

er den übrigen Gläubigern auf dasjenige, was diese bei konkursmäßiger Befriedigung aller Gläubiger erhalten haben würden. Die Vorschrift des § 1979 kommt ferner dem Erben für diejenige Zeit voll zustatten, während welcher er von der Überschuldung des bereits dürftigen Nachlasses weder wußte noch wissen mußte. Denn unter dieser Voraussetzung wird der Erbe auch wegen Nichteinhaltung der aus den Vorschriften des § 1991 in Verbindung mit den §§ 1973, 1974 sich ergebenden Rangordnung nicht verantwortlich. — Die im Texte vertretene Auffassung ist jetzt die überwiegende; vgl. Planck-Ritgen Erl. zu § 1991 Z. 1e, Cosack II § 382 bei Anm. 14 (die sich hieran anschließende weitere Ausführung ist nicht einwandfrei), Hagen 156, 158ff., Binder II S. 208 bei Anm. 18.

[14a]) Wohl zu beobachten ist jedoch, daß der Erbe zu einer solchen Bevorzugung seiner Forderungen erst berechtigt ist, wenn die im § 1990 Abs. 1 bezeichnete Dürftigkeit des Nachlasses bereits vorliegt, nicht dagegen in der Weise, daß er durch die willkürliche Bevorzugung seiner Forderungen die Dürftigkeit des Nachlasses erst herbeiführt. Beispiel: Der Aktivbestand des Nachlasses beträgt 2000 M. Die Passiven belaufen sich auf 4000 M. Zu den unbefriedigten Gläubigern gehört auch der Erbe selbst auf Grund eines dem Erblasser gegebenen Darlehens von 2000 M. Hier geht es nicht an, daß der Erbe sich hinsichtlich seiner Forderung aus dem Nachlaß befriedigt und sich dann den übrigen Gläubigern gegenüber auf § 1990 beruft. Der Erbe muß bei solcher Sachlage vielmehr die Eröffnung des Nachlaßkonkurses beantragen und haftet, wenn er dies versäumt hat, den übrigen Gläubigern auf dasjenige, was sie im Falle konkursmäßiger Verteilung des Nachlasses erhalten haben würden.

demjenigen Nachlaßgläubiger, welcher die rechtskräftige Verurteilung des Erben zuerst erwirkt hatte, auch ein weiterer Gläubiger eine solche Verurteilung erwirkt. Die von dem zweiten Gläubiger angestrebte Befriedigung hat der Erbe also nur in der Weise zuzulassen, daß das Befriedigungsrecht des infolge der von ihm zuerst erwirkten rechtskräftigen Verurteilung bevorrechteten Gläubigers gewahrt bleibt.[14b]) Besonderes gilt jedoch rücksichtlich einer gegen den Nachlaß sich richtenden Forderung des Erben selbst. Daß der Erbe gegen sich selbst klage und ein rechtskräftiges Urteil erstreite, ist als ausgeschlossen zu betrachten. Aus diesem Grunde kann daher auch eine von einem anderen Nachlaßgläubiger erwirkte rechtskräftige Verurteilung des Erben nicht ein Vorrecht dieses Gläubigers gegenüber dem Erben begründen und wird der Erbe somit ungeachtet solcher Verurteilung noch in der Lage sein, dem Gläubiger im Stadium der Zwangsvollstreckung seine eigene Forderung gegen den Nachlaß als Passivpost in Rechnung zu stellen.

Ist hinsichtlich einzelner nicht zur Gruppe b gehörender Gläubiger die Ausschlußwirkung eingetreten, während dies hinsichtlich anderer nicht zutrifft, so darf der Erbe die Befriedigung jener Gläubiger weder bewirken noch zulassen, wenn und insoweit dadurch eine Beeinträchtigung dieser Gläubiger herbeigeführt würde. Hinsichtlich der hier in Betracht kommenden ausgeschlossenen oder solchen gleichgestellten Gläubiger untereinander ist der Erbe zur Einhaltung einer Rangordnung nicht verpflichtet.[15])

Die Befriedigung eines zur Gruppe b gehörenden Gläubigers darf der Erbe zum Nachteil der übrigen Nachlaßgläubiger weder bewirken noch zulassen, selbst dann nicht, wenn jener bereits die rechtskräftige Verurteilung des Erben durchgesetzt hat.[16])

Sind endlich mehrere zur Gruppe b gehörende Gläubiger vorhanden, so hat der Erbe bei der Bewirkung oder Zulassung der Befriedigung darauf zu achten, daß die Ansprüche dieser Gläubiger in

---

[14b]) Dies gilt wegen § 1991 Abs. 3 selbst dann, wenn der zweite Gläubiger vor dem ersten im Wege der Zwangsvollstreckung oder Arrestvollziehung ein Pfandrecht oder eine Hypothek oder im Wege der einstweiligen Verfügung eine Vormerkung erlangt hat.

[15]) Vgl. oben S. 249, 254 Anm. 3a.

[16]) Hierzu und zum folgenden ausdrücklich zustimmend Binder II S. 208 Anm. 18 a. E.

derjenigen Reihenfolge zur Befriedigung gelangen, welche sich im Falle des Nachlaßkonkurses ergeben würde, somit auch dafür, daß diejenigen, welche im Falle des Nachlaßkonkurses zu verhältnismäßiger Befriedigung gelangen würden, hinsichtlich ihrer Anteile nicht verkürzt werden.

Die hinsichtlich der ausgeschlossenen oder diesen gleichgestellten Forderungen[17]) und in betreff der unter b fallenden Forderungen dem Erben obliegende Verpflichtung zur Einhaltung der vorhin bezeichneten Rangordnung ist insbesondere auch dann von Bedeutung, wenn dem Erben selbst ein zu den angegebenen Gruppen gehörender Anspruch zusteht.

V. Die einer gegen den Nachlaß sich richtenden Forderung entgegenstehende Einrede aus § 1990 hindert den Gläubiger derselben nicht, sie gegen eine zum Nachlaß gehörende Forderung, hinsichtlich deren er Schuldner ist, aufzurechnen.[18]) Eine vom Nachlaßgläubiger

---

[17]) Inhaber einer ausgeschlossenen Forderung kann der Erbe z. B. sein als Rechtsnachfolger eines ausgeschlossenen Gläubigers oder in den oben S. 236 unter Z. 7 hervorgehobenen Fällen.

[18]) Hiergegen scheint zwar der Wortlaut des § 390 zu sprechen. Die Entscheidung des Textes rechtfertigt sich aber wie in dem auf S. 250 bei Anm. 49 behandelten Falle damit, daß der Gläubiger, dem die Einrede aus § 1990 entgegensteht, in Ansehung der Aufrechenbarkeit seiner Forderung auch hier nicht schlechter gestellt sein kann, als im Falle des Nachlaßkonkurses (vgl. dazu § 53 KO.). Ebenso Planck-Ritgen S. 114. Vgl. auch Binder II S. 209. Er begründet die auch von ihm angenommene Zulässigkeit der Aufrechnung damit, daß die dem Erben nach § 1990 erwachsende Einrede solange nicht bestehe, als zur Befriedigung des Gläubigers geeignete Nachlaßwerte vorhanden seien. Diese Erwägung ist aber nicht durchschlagend. Beispiele: Der Nachlaß besteht lediglich aus einer Nachlaßforderung gegen X im Betrage von 50 M. Diesem Aktivum stehen gegenüber zwei Forderungen von je 50 M., von denen die eine dem X, die andere dem Y zusteht. Rechnet hier X auf, bevor der Erbe den Y befriedigt, so wird hierdurch zwar der Nachlaß erschöpft, jedoch ohne daß dem Erben dabei eine Haftung über das in § 1990 bestimmte Maß aufgebürdet wird. Insofern trifft hier Binders Bemerkung allerdings zu. Hätte dagegen der Erbe in Unkenntnis von der Forderung des X den Gläubiger Y in der Erwartung, daß er das diesem Geleistete einem nachträglich etwa noch hervortretenden Nachlaßgläubiger in Rechnung stellen könne, aus seinem Eigenvermögen abgefunden, so wird er in dieser Erwartung enttäuscht, wenn X hinterher aufrechnet. Helfen kann dem Erben dann nur mehr die condictio indebiti gegen den Y (vgl. VI im Texte). Über eine aus der rechtlichen Natur der Vermächtnisforderung sich ergebende Einschränkung des Aufrechnungsrechtes vgl. unten § 82 Anm. 5.

gegen eine nicht zum Nachlaß gehörende Forderung des Erben erklärte Aufrechnung kann dieser, sofern sie ohne seine Zustimmung erfolgt, unter Berufung auf § 1990 als unwirksam behandeln.[19]) Als Grundlage zur Geltendmachung der Einrede des nicht erfüllten Vertrags gegenüber einem zum Nachlaß gehörenden Anspruch aus einem gegenseitigen Vertrag vermag die mit der Einrede des § 1990 belastete Forderung ebenso zu dienen wie eine als ausgeschlossen zu behandelnde Forderung.

VI. Befriedigt der Erbe einen Nachlaßgläubiger, dem gegenüber die Geltendmachung der Haftungsbeschränkung nach den §§ 1990, 1991 zulässig ist, in Unkenntnis von der Unzulänglichkeit des Nachlasses, so steht ihm gegen den Gläubiger nach Maßgabe des § 813 Abs. 1 die condictio indebiti zu.[19a])

VII. Ist ein zur Verwaltung des Nachlasses berechtigter Testamentsvollstrecker vorhanden, so steht die Geltendmachung der in den §§ 1990, 1991 bestimmten Haftungsbeschränkung auch[20]) ihm zu.[20a])

VIII. Soweit ein Gläubiger, dem gegenüber der Erbe die beschränkte Haftung nach den §§ 1990, 1991 geltend macht, infolgedessen unbefriedigt bleibt, steht ihm gegenüber einem außerhalb der konkursmäßigen Rangordnung befriedigten Pflichtteilsberechtigten, Vermächtnisnehmer, Auflagenempfänger doch das Anfechtungsrecht nach § 3a AnfG. zu.

IX. Eine Hemmung der Verjährung eines gegen den Nachlaß sich richtenden Anspruchs wird dadurch, daß diesem die Einrede nach § 1990 entgegensteht, nicht herbeigeführt.[21])

---

[19]) Andernfalls würde der Erbe in seinem Rechte zur Durchsetzung der Haftungsbeschränkung nach den §§ 1990, 1991 beeinträchtigt werden.

[19a]) Kaum begründete Bedenken gegen die Zulässigkeit der condictio indebiti bei Th. Sohm a. a. O. S. 384.

[20]) Geht der Nachlaßgläubiger nach § 2213 gegen den Erben vor, so hat auch dieser die Haftungsbeschränkung geltend zu machen.

[20a]) Hiermit soll nicht etwa gesagt sein, daß sich der TV. in dem gegen ihn ergehenden Urteil die Beschränkung der Haftung vorbehalten müsse. Dies ist mit Rücksicht auf § 780 Abs. 2 CPO. überflüssig. Wohl aber muß der TV. in dem im Texte bezeichneten Falle bei der von ihm bewirkten oder zugelassenen Befriedigung von Nachlaßgläubigern nach Maßgabe der §§ 1990, 1991 vorgehen. Dies scheint von Th. Sohm a. a. O. S. 384 nicht beachtet zu werden.

[21]) Entscheidend hierfür ist das argumentum a contrario aus der nur auf dilatorische Einreden sich beziehenden Vorschrift des § 202 Abs. 1.

6. Haftung für Verbindlichkeiten aus Vermächtnissen und Auflagen.

§ 82.

I. Beruht die Überschuldung des Nachlasses auf Vermächtnissen und Auflagen,[1]) so ist der Erbe den auf Grund dieser Anordnungen Forderungs- bezw. Klageberechtigten gegenüber zum Antrag auf Eröffnung des Nachlaßkonkurses nicht verpflichtet (§ 1980), und sind die bezeichneten Beteiligten zur Stellung dieses Antrags nur berechtigt, wenn der Konkurs über das Vermögen des Erben eröffnet worden ist (§ 219 KO.). Kommt es danach ungeachtet der Überschuldung des Nachlasses nicht zum Nachlaßkonkurs, so muß dem Erben gegenüber den Ansprüchen aus Vermächtnissen und Auflagen ein besonderes Mittel zur Geltendmachung der beschränkten Haftung gewährt werden. Dieser Anforderung wird die Bestimmung des § 1992 gerecht. Sie stellt den für die Nachlaßverbindlichkeiten nicht bereits schlechthin unbeschränkt haftenden Erben unter der angegebenen Voraussetzung gegenüber den Ansprüchen aus Vermächtnissen und Auflagen[1a]) nach doppelter Richtung hin günstiger als gegenüber anderen Nachlaßgläubigern.[1b])

1. Zunächst dadurch, daß der Erbe die Befriedigung von Ansprüchen aus Vermächtnissen und Auflagen selbst dann nach den

---

[1]) Vgl. aber auch die Ausführung des Textes unter II.

[1a]) Die Behauptung Wendts S. 413, 414, daß dasselbe auch gelten dürfte, wenn die Überschuldung auf Pflichtteilsrechten beruht, ist der unzweideutigen Vorschrift des § 1992 gegenüber nicht haltbar.

[1b]) Im Verhältnis zu diesen gestaltet sich die Haftung des Erben im Falle des § 1992 also: Kommt es nicht zur Eröffnung des Nachlaßkonkurses, so kann der Erbe ihnen gegenüber die Beschränkung der Haftung auf den Nachlaß nicht geltend machen. Er haftet ihnen zwar nicht ultra vires hereditatis — denn Zulänglichkeit des Nachlasses zur Befriedigung der nicht auf Vermächtnissen und Auflagen beruhenden Verbindlichkeiten wird ja im § 1992 vorausgesetzt — aber doch nicht bloß cum viribus hereditatis, sondern mit seinem gesamten Vermögen (vgl. auch oben S. 201). Zur Stellung des Antrags auf Eröffnung des Nachlaßkonkurses ist übrigens, obschon die Überschuldung des Nachlasses nur auf Vermächtnissen und Auflagen beruht, nach Maßgabe der §§ 217, 219, 220 KO. jeder der übrigen Nachlaßgläubiger berechtigt. Erfolgt die Eröffnung des Nachlaßkonkurses, nachdem der Erbe an die Vermächtnisnehmer und Auflageempfangsberechtigten bereits Leistungen bewirkt hat, so ist er den übrigen Gläubigern insoweit mit seinem Eigenvermögen ersatzpflichtig, als er ihren Vorrang jenen gegenüber nicht hinreichend gewahrt hat.

§§ 1990, 1991 bewirken kann,[2]) wenn eine den Kosten des Konkursverfahrens entsprechende Masse vorhanden ist. Aus der Anwendung des Abs. 4 von § 1991 ergibt sich insbesondere, daß der Erbe, wenn er von dem ihm nach § 1992 zustehenden Rechte Gebrauch macht, den Vermächtnisgläubigern und Auflageempfangsberechtigten gegenüber die konkursmäßige Rangordnung einzuhalten hat und somit, soweit nicht nach § 226 Abs. 3 und 4 KO. ein Vorrang des einen Anspruchs vor dem anderen besteht, auf gleichmäßige Befriedigung der hierher gehörenden Ansprüche bedacht sein muß.

2. Der Erbe ist den bezeichneten Ansprüchen gegenüber überdies berechtigt, die Herausgabe der vorhandenen Nachlaßgegenstände, d. h. praktisch die Führung der Zwangsvollstreckung[2a]) in dieselben durch Zahlung des Wertes abzuwenden (§ 1992 Satz 2). Die Bestimmung dieses Wertes richtet sich nach dem Zeitpunkt, in welchem der Erbe von seinem Rechte Gebrauch macht.[3])

---

[2]) Die hierher gehörenden Fälle sind besonders deshalb lehrreich, weil sich aus ihnen mit besonderer Deutlichkeit ergibt, daß dem Erben einem Gläubiger gegenüber, dem er nach Maßgabe der §§ 1990, 1991 haftet, wegen auf den Nachlaß gemachter Aufwendungen, insbesondere wegen der aus seinem Eigenvermögen erfolgten Befriedigung anderer Nachlaßgläubiger ein Zurückbehaltungsrecht im technischen Sinne nicht zustehen kann. Beispiel: Der Nachlaß wird aus einigen Gemälden im Werte von 20000 M. gebildet. Um sich diese zu erhalten, hat der Erbe die nicht auf Vermächtnissen und Auflagen beruhenden Nachlaßverbindlichkeiten im Betrage von 19000 M. aus eigenen Mitteln berichtigt. Die Befriedigung der dem Erben auferlegten Vermächtnisse im Gesamtbetrage von 1200 M. steht noch aus. Der hier zurückgewiesenen Ansicht zufolge könnte der Erbe den Vermächtnisnehmern die Führung der Zwangsvollstreckung in die vorhandenen Nachlaßgegenstände solange unmöglich machen, als ihm nicht der volle Betrag von 19000 M. ersetzt wird. Im Gesetz steht aber hiervon glücklicherweise kein Wort. Zustimmend Binder II S. 211 Anm. 13.

[2a]) Ganz anders Binder II S. 211 bei Anm. 10. Er hält auch hier an der Auffassung fest, daß die in Betracht kommenden Anspruchsberechtigten nicht auf Leistung, sondern nur auf Herausgabe des Nachlaßüberschusses klagen können und daß dann derjenige Gläubiger, welcher diesen Anspruch durchgesetzt hat, sich aus dem ihm herausgegebenen Nachlaßüberschuß nicht im Wege der Zwangsvollstreckung, sondern wie ein Retentionsberechtigter nach Handelsrecht (S. 124) befriedigen könne. Wie man sich aber das alles, etwa in einem Falle, wie er oben in Anm. 2 vorausgesetzt worden ist, praktisch denken soll, bleibt unklar, umso unklarer, als Binder den in der soeben berufenen Anm. gegen die Annahme eines Zurückbehaltungsrechtes des Erben gerichteten Ausführungen hier im Gegensatze zu dem von ihm auf S. 127 gesagten ausdrücklich zustimmt.

[3]) Planck-Ritgen S. 115 hält mit Unrecht den Zeitpunkt der Rechts-

3. Dem nach § 1992 den Vermächtnisnehmern und Auflage-empfangsberechtigten gegenüber beschränkt haftenden Erben kann eine über das in Abs. 4 von § 1991 bestimmte Maß hinausgehende Haftung auch nicht dadurch aufgebürdet werden, daß ein Vermächtnisnehmer[4]) gegen eine ihm gegenüber (etwa aus einem ihm vom Erblasser gegebenen Darlehen) bestehende Nachlaßforderung aufrechnet. Die Zulässigkeit einer solchen einseitigen Aufrechnung ist somit als ausgeschlossen zu betrachten.[5])

II. Unter Umständen kann die Frage[6]) praktisch werden, ob der Erbe gegenüber den Ansprüchen aus Vermächtnissen und Auflagen die Beschränkung der Haftung auch dann nach Maßgabe des § 1992 geltend machen kann, wenn der Nachlaß sich auch schon ohne Einbeziehung der Vermächtnisse und Auflagen als überschuldet darstellt. Obschon der Wortlaut des § 1992 für die Verneinung zu sprechen scheint, so hat man sich aus zwingenden Gründen doch für die Bejahung zu entscheiden. Man vergegenwärtige sich folgende Sachlage[7]):

---

kraft des Urteils für maßgebend. Hiergegen spricht besonders die Erwägung, daß die Geltendmachung des dem Erben nach § 1992 Satz 2 zukommenden Rechtes durch das Vorhandensein eines vom Vermächtnisnehmer, Auflage-empfangsberechtigten erwirkten Urteils in keiner Weise bedingt ist.

[4]) Eine Aufrechnung durch einen Auflageempfangsberechtigten kann praktisch nicht in Frage kommen.

[5]) Die Vorschrift des § 1992 beruht auf dem Gedanken, daß die allen anderen Nachlaßverbindlichkeiten nachgestellten Verbindlichkeiten aus Vermächtnissen und Auflagen dem beschränkt haftenden Erben gegenüber der praktischen Wirksamkeit insoweit entbehren sollen, als der Nachlaß zu ihrer rangmäßigen Befriedigung nicht ausreicht. Den Ansprüchen aus Vermächtnissen steht daher schon vom Zeitpunkt ihrer Entstehung an die Einrede aus § 1992 entgegen, und ihre Verwendung zur Aufrechnung ist somit nach § 390 ausgeschlossen. Dies muß auch für den Fall des Nachlaßkonkurses festgehalten werden. Vgl. auch Wilke, S. 48, der jedoch darin zu weit geht, daß er auch dem Pflichtteilsberechtigten die Aufrechnung des Pflichtteilsanspruchs versagt. Demgegenüber ist hervorzuheben, daß die Entstehung eines Pflichtteilsanspruchs einen aktiven Nachlaß voraussagt. War aber für den Pflichtteilsberechtigten die Möglichkeit einer Aufrechnung seines Pflichtteilanspruchs gegen eine Nachlaßforderung einmal gegeben, so wird sein erworbenes Recht zur Aufrechnung durch die nachträglich eingetretene Überschuldung des Nachlasses nicht aufgehoben.

[6]) Sie ist von Cosack (§ 404 I 1 a α) zuerst aufgeworfen und richtig entschieden worden.

[7]) Ein anders geartetes Beispiel gibt Cosack a. a. O.

Aktivbestand des Nachlasses = 10000. Passivbestand = 14000, davon 3000 ausgeschlossene Forderungen und 3000 Ansprüche aus Vermächtnissen und Auflagen. Setzt man außerdem noch voraus, daß die Nachlaßgläubiger durch die Konkurrenz von Erbengläubigern nicht gefährdet sind, so sind für die beiden zuletzt bezeichneten Gruppen von Nachlaßgläubigern die Voraussetzungen zum Antrag auf Eröffnung des Nachlaßkonkurses nicht gegeben (§ 219 KO.), und haben die zu diesen Gruppen nicht gehörenden Nachlaßgläubiger an der Eröffnung des Nachlaßkonkurses kein Interesse. Für den Erben stehen aber die Verhältnisse also: Wenn er den nicht zurückgesetzten Nachlaßgläubigern, deren Forderungen sich im ganzen auf 8000 belaufen, wegen der unterbliebenen Nachlaßseparation unbeschränkt haftet, so ist das für ihn mit Rücksicht auf den Aktivbestand des Nachlasses ohne Gefahr. Den ausgeschlossenen Gläubigern gegenüber kann der Erbe auch ohne Nachlaßkonkurs die Beschränkung der Haftung nach § 1973 geltend machen. Es handelt sich also nur mehr darum, ob der Erbe den Antrag auf Eröffnung des Nachlaßkonkurses nicht deswegen stellen muß, um seine unbeschränkte Haftung gegenüber den Vermächtnis- und Auflageansprüchen abzuwenden. Wenn man aber erwägt, daß der Erbe diese Ansprüche erst nach den ausgeschlossenen Ansprüchen zu befriedigen braucht, so muß er wie diesen Gläubigern gegenüber, so auch gegenüber den Ansprüchen aus Vermächtnissen und Auflagen die unbeschränkte Haftung abwehren können, ohne daß es zur Eröffnung des Nachlaßkonkurses kommt.

III. Ist ein Vermächtnisnehmer mit Vermächtnissen oder Auflagen überschwert, so finden auf seine Haftung die Vorschriften des § 1992 entsprechende Anwendung (§ 2187 Abs. 3).[8])

7. Haftung des Erben in besonderen Fällen.

a) Haftung des Nacherben und des Vorerben nach dem Falle der Nacherbfolge.*)

§ 83.

I. Die mit dem Eintritt des Falles der Nacherbfolge beginnende Haftung des Nacherben für die Nachlaßverbindlichkeiten bestimmt sich

---

[8]) Vgl. Bd. I § 32 (S. 228) Anm. 15.

*) Salinger im Arch. f. b. R. Bd. 19, S. 188; Binder II, S. 211ff.

im allgemeinen nach den für die Haftung des Erben überhaupt maßgebenden Grundsätzen. Im besonderen ist zu sagen:

1. War auf seiten des Vorerben bereits die schlechthin unbeschränkte Haftung eingetreten, so ist der Nacherbe trotzdem des Rechtes zur Beschränkung seiner Haftung noch teilhaftig (§ 2144 Abs. 1 Satz 1).

2. Das vom Vorerben errichtete Inventar kommt auch dem Nacherben zu statten (§ 2144 Abs. 2). Bei unvollständiger Angabe der Nachlaßgegenstände in dem vom Vorerben errichteten Inventar kann dem Nacherben nach § 2005 Abs. 2[1]) eine „neue" Inventarfrist bestimmt werden. Dies gilt auch dann, wenn der Vorerbe absichtlich die Aufnahme eines unrichtigen Inventars veranlaßt hat; denn die infolge dieses Umstandes eingetretene schlechthin unbeschränkte Haftung des Vorerben läßt den Nacherben unberührt. Hatte der Vorerbe ein Inventar überhaupt noch nicht errichtet, so ist jeder Nachlaßgläubiger dem Nacherben gegenüber zur Stellung des Antrages auf Bestimmung einer Inventarfrist berechtigt (§ 1994). Vermöge derselben Umstände, die sonst die schlechthin unbeschränkte Haftung des Erben zur Folge haben, tritt auch die schlechthin unbeschränkte Haftung des Nacherben ein. Die Anforderungen an das vom Nacherben zu errichtende Inventar bestimmen sich durchaus nur nach § 2001.[2]) Der

---

[1]) Vgl. oben S. 211.

[2]) Anders Küntzel S. 836, 837, der aus dem Abs. 1 Satz 2 des § 2144 den Schluß ziehen will, daß in dem vom Nacherben zu errichtenden Inventar nur diejenigen Gegenstände anzugeben sind, welche der Nacherbe von dem Vorerben erlangt (aber mit Einschluß der ihm gegen den Vorerben als solchen zustehenden Ansprüche). Die Zulässigkeit eines solchen Schlusses (der übrigens auch von Boehm S. 394, Wilke S. 163 und Herzfelder S. 376 für begründet gehalten wird) ist schon in der 1. Auflage des Buches S. 145 bestritten worden. Hieran ist auch hier aus folgenden Gründen festzuhalten: 1. Abs. 1 Satz 2 von § 2144 bezieht sich gar nicht auf den Inhalt eines vom Nacherben aufzunehmenden Inventars, sondern nur darauf, womit der beschränkt haftende Nacherbe zu haften hat (vgl. hierzu die weitere Ausführung des Textes). 2. Nach § 2144 Abs. 2 kommt das vom Vorerben errichtete Inventar dem Nacherben zu statten. Diese Bestimmung kann nur darauf beruhen, daß das Inventar auch im Falle der Nacherbfolge, mag es nun vom Vorerben oder vom Nacherben errichtet worden sein, immer denselben durch § 2001 bestimmten Inhalt hat. Denn andernfalls könnte das vom Vorerben errichtete Inventar nicht geeignet sein, dem Nacherben die Inventarerrichtung zu ersparen. Daß die Vorschrift des Abs. 2 von § 2144 nichts weniger als

Nacherbe hat in demselben also, soweit er dazu in der Lage ist, nur die zur Zeit des Erbfalls vorhanden gewesenen Nachlaßgegenstände

---

selbstverständlich, sondern positiver Natur ist, soll und kann natürlich nicht in Abrede gestellt werden. Allein dies darf uns nicht abhalten, aus der einmal vorhandenen positiven Bestimmung auch die Konsequenzen zu ziehen. 3. Mit Rücksicht darauf, daß das vom Vorerben errichtete Inventar dem Nacherben zu statten kommt, kann dem Nacherben die im § 2005 Abs. 2 erwähnte „neue" Inventarfrist nur unter denselben Voraussetzungen bestimmt werden, unter denen die Bestimmung einer neuen Inventarfrist dem Vorerben gegenüber wegen unvollständiger Angabe der zur Zeit des Erbfalls vorhandenen Nachlaßgegenstände (§ 2001) hätte erfolgen können. Vgl. auch Planck-Ritgen S. 321, der hierdurch seine scheinbare Zustimmung zu Küntzels Ausführung praktisch in den wesentlichsten Punkten wieder zurücknimmt. Die abweichende Auffassung Herzfelders setzt die Vorschrift des Abs. 2 von § 2144 praktisch außer Geltung. 4. Für die Entscheidung der Frage, welche Nachlaßgegenstände der Nacherbe in das von ihm errichtete Inventar aufzunehmen hat, muß ein bestimmter Zeitpunkt maßgebend sein. Er ist vom Standpunkt der hier vertretenen Ansicht aus durch § 2001 gegeben. Nach der Auffassung Küntzels fehlt es an einem solchen entscheidenden Zeitpunkt; denn aus § 2144 Abs. 1 ist darüber nichts zu entnehmen. Welcher Zeitpunkt soll also maßgebend sein? der des Falles der Nacherbfolge? Diese Entscheidung scheitert daran, daß nicht nur beim Eintritt des Falles der Nacherbfolge, sondern oft auch erhebliche Zeit nachher noch unsicher ist, was der Nacherbe vom Vorerben erlangen wird, und welche Ansprüche ihm gegen den Vorerben erwachsen sind und noch erwachsen werden. Aber auch der Zeitpunkt des Erlangens der noch vorhandenen Gegenstände aus der Hand des Vorerben kann nicht entscheidend sein. Denn es ist sehr wohl möglich, daß der Nacherbe die in Betracht kommenden Gegenstände zu verschiedenen Zeitpunkten erlangt, und daß die ihm gegen den Vorerben als solchen erwachsenden Ansprüche ebenfalls wieder in verschiedenen Zeitpunkten entstehen. 5. Für die Ermittelung der Existenz und des Umfangs der Ansprüche des Nacherben gegen den Vorerben und damit zugleich für die Feststellung desjenigen, womit der beschränkt haftende Nacherbe den Nachlaßgläubigern zu haften hat (§ 2144 Abs. 1), kann nur ein der Anforderung des § 2001 entsprechendes Inventar die geeignete Grundlage bilden. 6. Die Errichtung eines Inventars im Sinne des § 2001 ist dem Nacherben auch durchaus nicht unmöglich. Denn nach § 2121 kann der Nacherbe (bezw. derjenige, welcher dessen Interesse zu wahren hat) vom Vorerben die Mitteilung des daselbst erwähnten Verzeichnisses verlangen und auch darauf dringen, daß dieses Verzeichnis durch die zuständige Behörde oder durch einen zuständigen Beamten oder Notar aufgenommen werde. Auf dieser Grundlage vermag der Nacherbe ein den Anforderungen des § 2001 entsprechendes Inventar mit Leichtigkeit zu errichten. Für die hier vertretene Ansicht auch Binder II S. 212.

anzugeben,[3]) und nur hinsichtlich der Nachlaßverbindlichkeiten haben sich die Angaben bis auf die Zeit der Inventarerrichtung zu erstrecken. Verlangt ein Nachlaßgläubiger vom Nacherben die Leistung des im § 2006 bestimmten Offenbarungseides, so braucht ihn der Nacherbe nur dahin zu schwören, daß er die zur Zeit des Erbfalls vorhanden gewesenen Nachlaßgegenstände so vollständig angegeben habe, als er dazu imstande ist. An die Verweigerung des Eides und an das dieser gleichstehende Verhalten knüpft sich auch für den Nacherben die im § 2006 bestimmte Folge.

3. Macht der Nacherbe sein Recht zur Beschränkung der Haftung auf den Nachlaß geltend, so tritt an Stelle des Nachlasses dasjenige, was der Nacherbe aus der Erbschaft erlangt, mit Einschluß der ihm gegen den Vorerben als solchen aus der Führung der Verwaltung des Nachlasses zustehenden Ansprüche (§ 2144 Abs. 1).[4]) Hinsichtlich des sich hiernach herausstellenden Nachlaßbestandes ist der Nacherbe den Nachlaßgläubigern sowohl im Falle der Nachlaßverwaltung oder des Nachlaßkonkurses, als auch in den Fällen der nach den §§ 1990, 1991 oder nach § 1992 zu beurteilenden Beschränkung der Haftung nach Maßgabe des § 260 auskunftspflichtig.[5]) Besteht aber Grund

[3]) Über die darüber weit hinausreichende und nach § 260 sich bestimmende Auskunftspflicht des sein Recht zur Haftungsbeschränkung zur Geltung bringenden Nacherben vgl. die Ausführung des Textes unter Z. 3.

[4]) Zu demselben Ergebnis würde man übrigens auch ohne die im Texte berufene Vorschrift gelangen. Denn es ist selbstverständlich, daß der Nacherbe im Falle der beschränkten Haftung für eine seit dem Erbfall durch Zufall oder durch ein von ihm nicht zu vertretendes Verschulden Dritter (als Dritter kommt aber hier auch der Vorerbe in Betracht) eingetretene Verminderung des Erbschaftsbestandes oder in Ansehung derjenigen Nachlaßgegenstände, welche er, weil sie z. B. als Früchte dem Vorerben gebühren, gar nicht erlangt hat und auch nicht erlangen konnte, den Nachlaßgläubigern gegenüber nicht mit seinem Eigenvermögen aufzukommen hat. Doch ist zu beachten, daß den Nacherben den Nachlaßgläubigern gegenüber eine nach § 1978 zu beurteilende Verantwortlichkeit aus dem Grunde treffen kann, weil er von seinen ihm dem Vorerben gegenüber schon vor dem Eintritt des Falles der Nacherbfolge zukommenden Rechten nicht den entsprechenden Gebrauch gemacht hat. Hierbei kommt übrigens mit Rücksicht auf § 1978 noch mit in Betracht, daß eine Annahme der Anwartschaft aus einer angeordneten Nacherbfolge schon vor dem Eintritt des Falles der Nacherbfolge möglich ist (vgl. oben Bd. I S. 191 Anm. 3, Bd. II S. 15 Anm. 1).

[5]) Zufolge dieser Auskunftspflicht wird der Nacherbe allerdings ein Verzeichnis der vom Vorerben erlangten Nachlaßgegenstände mit Einschluß der

zur Annahme, daß das vom Nacherben angefertigte Verzeichnis des Nachlaßbestandes nicht mit der erforderlichen Sorgfalt aufgestellt worden ist, so hat der Nacherbe den Offenbarungseid nach § 260 zu leisten. An die Verweigerung dieses Eides knüpft sich jedoch die Rechtsfolge des § 2006 Abs. 3 nicht.[5a])

4. Selbst wenn der Nacherbe, weil er z. B. die ihm bestimmte Inventarfrist versäumt hat, für die Nachlaßverbindlichkeiten im allgemeinen schlechthin unbeschränkt haftet, so kann er doch den gegen ihn vom Vorerben[6]) geltend gemachten Ansprüchen gegenüber die Beschränkung seiner Haftung geltend machen (§ 2144 Abs. 3).

Die Durchführung dieser Haftungsbeschränkung bestimmt sich durchaus nach den allgemeinen Vorschriften über die Geltendmachung der beschränkten Haftung, nach den §§ 1990, 1991 also nur dann, wenn die in § 1990 Abs. 1 bezeichnete Voraussetzung vorliegt. Fehlt es hieran und liegen auch die Voraussetzungen für das Eingreifen der §§ 1973, 1974 nicht vor, so wird der Nacherbe bei Solvenz des Nachlasses die Beschränkung der Haftung auf die Nachlaßgegenstände dem Vorerben gegenüber nicht durchsetzen können;[6a]) denn das Recht zur Stellung des Antrages auf Anordnung der Nachlaßverwaltung ist ihm in unserem Falle (§ 2013 Abs. 1) versagt.[7])

---

ihm gegen den Vorerben als solchen zustehenden Ansprüche vorzulegen und erforderlichen Falles noch aufzuklären haben (§ 259), aus welchem Grunde er Nachlaßgegenstände, deren Vorhandensein zur Zeit des Erbfalls das nach Maßgabe von § 2001 errichtete Inventar ausweist, nicht erlangen konnte. Vgl. übrigens auch S. 263.

[5a]) Dies stimmt mit dem vom Gesetz in verwandten Fällen eingenommenen Standpunkt durchaus überein; vgl. insbesondere S. 223 Anm. 36.

[6]) Die im Texte erwähnte Vorschrift des § 2144 Abs. 3 beruht auf der Erwägung, daß der Vorerbe, aus dessen Händen der Nacherbe den Nachlaß erhält, sich selbst über den Bestand des Nachlasses vergewissern konnte und nicht darauf angewiesen ist, den Nacherben zur Inventarerrichtung anzuhalten. Vgl. Prot. V S. 829.

[6a]) Anders Binder II S. 213 bei Anm. 19 in Konsequenz seiner Grundauffassung. Anders auch noch die 2. Aufl. d. B. S. 501 bei Anm. 6, wo ohne zwingenden Grund zugestanden wurde, daß der Nacherbe seine Haftung gegenüber dem Vorerben auch im Falle des Textes auf die Nachlaßgegenstände beschränken könne.

[7]) Kommt es nach dem Eintritt des Falles der Nacherbfolge zur Eröffnung des Nachlaßkonkurses oder auf Antrag eines Nachlaßgläubigers zur Anordnung der Nachlaßverwaltung, so kann sich, während die übrigen

II. Dem für die Nachlaßverbindlichkeiten[7a]) schlechthin unbeschränkt haftenden Vorerben wird im Verhältnis zu den Nachlaßgläubigern[7b]) von seiner Haftung durch den Eintritt des Nacherben in die Erbenstellung nichts abgenommen.[8])

Nachlaßgläubiger ihre Ansprüche auch gegen den schlechthin unbeschränkt haftenden Nacherben verfolgen können (§ 2013), der Vorerbe nur an den Nachlaß halten. Steht dem Vorerben ein Vermächtnisanspruch zu, so kann auch § 1992 eingreifen.

[7a]) Dasselbe muß übrigens auch hinsichtlich einer einzelnen Nachlaßverbindlichkeit gesagt werden, für die der Vorerbe bereits schlechthin unbeschränkt haftet.

[7b]) Soweit die in Frage kommenden Verbindlichkeiten im Verhältnis zwischen Vorerben und Nacherben von diesem zu tragen sind, kann jener von diesem unter Berücksichtigung der Vorschrift des § 2144 Abs. 3 Befreiung bezw. Ersatz verlangen.

[8]) In den Motiven V S. 127 wird allerdings die Meinung vertreten, daß der schlechthin unbeschränkt haftende Vorerbe von der Haftung für die Nachlaßverbindlichkeiten dann frei werde, wenn der Nacherbe ebenfalls schlechthin unbeschränkt haftet. Allein diese durch die Fassung des § 1837 von Entwurf I nahegelegte Auffassung hat im § 2145 B.G.B. mit Recht keinen Ausdruck gefunden. Abs. 2 von § 2145 setzt die Möglichkeit der Fortdauer der schlechthin unbeschränkten Haftung des Vorerben als selbstverständlich voraus. Für die Annahme aber, daß sich diese Fortdauer nur auf den Fall beziehe, daß die Haftung des Nacherben keine schlechthin unbeschränkte sei, und daß der Vorerbe selbst in diesem Falle nur subsidiarisch hafte (so allerdings Planck-Ritgen S. 322, 323 und Herzfelder S. 377 unter Z. 4), fehlt es an jedem sachlichen Grunde. Wohl aber sprechen gegen sie sehr erhebliche Bedenken. Denn nach dieser Meinung würde beim Eintritt des Falles der Nacherbfolge die Frage der Fortdauer der bereits eingetretenen schlechthin unbeschränkten Haftung des Vorerben bis zu dem Zeitpunkt im ungewissen bleiben, in dem sich später einmal definitiv entscheidet, ob auch auf seiten des Nacherben die Voraussetzungen der schlechthin unbeschränkten Haftung eintreten oder nicht. Ja es müßte sogar bezüglich jeder einzelnen Nachlaßverbindlichkeit, für die der Vorerbe unbeschränkt haftet, mit der Möglichkeit gerechnet werden, daß wegen derselben später auch den Nacherben die schlechthin unbeschränkte Haftung treffen könnte. Wie soll es ferner nach der gegnerischen Meinung gehalten werden, wenn einzelne Nachlaßgläubiger zur Sicherung ihrer Ansprüche gegen den unbeschränkt haftenden Vorerben vor dem Eintritt des Falles der Nacherbfolge Pfändungspfandrechte oder Zwangshypotheken an zum Eigenvermögen des Vorerben gehörenden Gegenständen erlangt haben? Sollen die Gläubiger dieser Sicherungsrechte wieder verlustig werden, wenn sich hinterher herausstellt, daß ihnen der Nacherbe schlechthin unbeschränkt haftet? Diese wenig zweckmäßigen Ergebnisse und Komplikationen werden durch die im Texte vertretene Auffassung vermieden. Ihr zufolge berührt sich der Fall der fortdauernden schlechthin unbeschränkten Haftung des Vorerben mit den Fällen,

Stand dem Vorerben beim Eintritt der Nacherbfolge das Recht zur Beschränkung seiner Haftung noch zu, so müssen zwei Fragen auseinander gehalten werden.

1. Wegen welcher Nachlaßverbindlichkeiten kann der Vorerbe noch in Anspruch genommen werden?

a) Hierher gehören zunächst diejenigen Nachlaßverbindlichkeiten, für welche überhaupt nur der Vorerbe und der Nacherbe somit garnicht haftet. Man denke z. B. an ein lediglich dem Vorerben auferlegtes Vermächtnis oder eine solche Auflage (§ 2145 Abs. 1 Satz 1).

b) Es kommen sodann solche Verbindlichkeiten in Betracht, für die der Nacherbe zwar den Gläubigern gegenüber haftet, die aber im Verhältnis zwischen dem Vorerben und dem Nacherben dem ersteren zur Last fallen. (§ 2145 Abs. 1 Satz 2.) Als Beispiel mag namhaft gemacht werden: Die Haftung für Zinsen oder Rentenleistungen, die der Vorerbe nach § 103 dem Nacherben gegenüber zu tragen hat. Hinsichtlich solcher Verbindlichkeiten haftet den Gläubigern gegenüber der Vorerbe neben dem Nacherben.

c) Nach § 2145 Abs. 1 Satz 1 ist aber anzunehmen,[9]) daß die Haftung des Vorerben für die Nachlaßverbindlichkeiten überhaupt noch insoweit fortdauert,[10]) als bei ihm als Bestandteile des Nachlasses zu behandelnde Haftungsgegenstände[11]) deshalb verbleiben, weil der Nacherbe auf deren Erlangung kein Recht[12]) hat, und ihn daher auch eine Haftung mit diesen Gegenständen nicht treffen kann.

---

in welchen der schlechthin unbeschränkt haftende Erbe trotz der erfolgten Anordnung der Nachlaßverwaltung oder der Eröffnung des Nachlaßkonkurses von den Nachlaßgläubigern nach § 2013 noch persönlich in Anspruch genommen werden kann. Wie in diesen Fällen, so gehört auch hier der Umstand, daß für den Beklagten bereits die Voraussetzungen der schlechthin unbeschränkten Haftung eingetreten sind, zur Klagebegründung. Für die hier vertretene Ansicht auch Binder II S. 214 bei Anm. 26.

[9]) Die Entscheidung ist übrigens auch sachlich gerechtfertigt; denn es ist klar, daß den Nachlaßgläubigern durch den Eintritt der Nacherbfolge Haftungsgegenstände nicht entzogen werden können, und zwar auch dann nicht, wenn der Nacherbe schlechthin unbeschränkt haftet. Vgl. auch Planck-Ritgen S. 323.

[10]) Das in Anm. 7b bemerkte gilt auch hier. Dazu kommt noch, daß sich der Vorerbe vor und bei der Herausgabe der Erbschaft an den Nacherben hinsichtlich seiner Ansprüche gegen diesen hinreichend sichern kann.

[11]) Darüber, worin diese Gegenstände bestehen, vgl. die Ausführung des Textes unter Z. 2.

[12]) Soweit ein solches Recht besteht, gehört der Anspruch des Nacherben

2. Die Berichtigung der unter Z. 1 bezeichneten Nachlaßverbindlichkeiten kann der des Rechtes zur Beschränkung seiner Haftung noch teilhaftige Vorerbe insoweit verweigern, als dasjenige nicht ausreicht, was ihm von der Erbschaft gebührt. Die Vorschriften der §§ 1990, 1991[13]) finden hierbei entsprechende Anwendung (§ 2145 Abs. 2). Im Falle der Geltendmachung dieses Einrederechtes kommen als Gegenstand der Haftung vor allem in Betracht: Die vom Vorerben aus dem Nachlaß gezogenen Nutzungen, soweit sie nicht dem Nacherben gebühren. Nicht gezogene Nutzungen sind insoweit in Ansatz zu bringen, als der Vorerbe wegen Nichtziehung derselben den Nachlaßgläubigern nach § 1978 verantwortlich ist. Soweit der Vorerbe dem Nacherben wegen einer durch sein Verhalten herbeigeführten Verminderung des Nachlasses nicht verantwortlich ist, kann eine solche Verantwortlichkeit doch nach Maßgabe des § 1978 den Gläubigern gegenüber eintreten.

III. Mit Rücksicht auf die dem Eintritt der Nacherbfolge für die weitere Gestaltung der Haftung für die Nachlaßverbindlichkeiten zukommende Bedeutung ist der Vorerbe den Nachlaßgläubigern gegenüber zur unverzüglichen Anzeige dieses Eintrittes beim Nachlaßgericht verpflichtet. Seine Anzeige wird jedoch durch die Anzeige des Nacherben ersetzt. Das Nachlaßgericht hat jedem, der ein rechtliches Interesse glaubhaft macht, die Einsicht der Anzeige zu gestatten. Vgl. § 2146.

b) Haftung in den Fällen der §§ 27, 139 HG.*)

§ 84.

I. In betreff der Haftung des Erben für die Geschäftsschulden des Erblassers aus einem zum Nachlaß gehörenden Handelsgeschäft

---

zum Aktivbestand des der Nacherbfolge unterliegenden Nachlasses, mit dem der Nacherbe haftet.

[13]) Eröffnung des Nachlaßkonkurses oder Anordnung der Nachlaßverwaltung können für den nach § 2145 den Nachlaßgläubigern noch haftenden Vorerben als Mittel der Haftungsbeschränkung selbstverständlich nicht in Betracht kommen. Denn dasjenige, womit der Vorerbe in diesem Falle haftet, ist ja nicht der Nachlaß. Eine ganz andere Frage ist, ob der Vorerbe nicht nach dem Eintritt des Falles der Nacherbfolge in seiner Eigenschaft als Nachlaßgläubiger die Eröffnung des Nachlaßkonkurses, die Anordnung der Nachlaß-

enthält § 27 HG. eine Sondervorschrift. Ihr zufolge kommen in Ansehung dieser Verbindlichkeiten die allgemeinen Grundsätze über die Beschränkung der Haftung des Erben nur dann zur Anwendung, wenn der Erbe die Fortführung des Handelsgeschäfts binnen drei Monaten, nachdem er von dem Anfall der Erbschaft Kenntnis erlangt hat, oder, wenn ihm mit Ablauf dieser Zeit das Recht zur Ausschlagung noch nicht verloren gegangen ist, noch vor Ablauf der Ausschlagungsfrist[1]) einstellt; anderenfalls[2]) haftet der Erbe für die bezeichneten Verbindlichkeiten schlechthin unbeschränkt. Auf die Bestimmung der dreimonatlichen Frist findet § 206 BGB. entsprechende Anwendung.

II. War der Erblasser an einer offenen Handelsgesellschaft als Gesellschafter beteiligt, so wird die Gesellschaft durch dessen Tod grundsätzlich aufgelöst (§ 131 Z. 4 HG.), und in Ansehung der Haftung des Erben für die Gesellschaftsschulden gilt dann nichts besonderes. Im Gesellschaftsvertrag kann aber auch bestimmt sein, daß im Falle des Todes eines Gesellschafters die Gesellschaft mit dessen Erben fortgesetzt werden soll.[3]) Hinsichtlich dieses Falles trifft

---

verwaltung beantragen kann. Und dies ist sicherlich zu bejahen. Ungenau Herzfelder S. 377 unten.

*) Boehm, Erbrecht, 2. Aufl. S. 421 ff.; daselbst auch Angaben über die einschlagende handelsrechtliche Literatur. Vgl. auch Jaeger, Erbenhaftung S. 3, Hellwig, Verträge S. 399, Goldmann in Festgabe für Wilke (1900) S. 117, Binder II S. 214.

[1]) Boehm S. 422 übersieht die auf die Ausschlagungsfrist des § 1944 BGB. sich beziehende Bestimmung des § 27 Abs. 2 Satz 2 HG. Denn nur durch ein solches Übersehen wird die Behauptung erklärlich, daß die Kenntnis des Erben von dem Grund der Berufung nach § 27 HG. belanglos sei. Vgl. auch Binder II S. 215 Anm. 31.

[2]) Boehm S. 423, Hellwig S. 405 Anm. 844a, S. Goldmann S. 131 und andere nehmen an, daß der Erbe für die früheren Geschäftsverbindlichkeiten mit Rücksicht auf § 25 Abs. 1 HG. auch dann nur nach den Vorschriften über die Beschränkung der Haftung des Erben hafte, wenn er das Handelsgeschäft des Erblassers zwar fortführt, aber unter einer anderen als der bisherigen Firma. Allein nach dieser Richtung hin dürfte die entsprechende Anwendung des § 25 Abs. 1 HG. durch die Fassung des § 27 als ausgeschlossen zu betrachten sein. Hier kann jedoch weder auf diese noch auf andere handelsrechtliche Fragen weiter eingegangen werden.

[3]) Auch in einem nach dem BGB. zu beurteilenden Gesellschaftsvertrag kann bestimmt sein, daß im Falle des Todes eines der Gesellschafter die Gesellschaft mit dem Erben fortgesetzt werden soll. Darüber aber, wie sich in solchem Falle die Haftung des Erben des verstorbenen Gesellschafters gegen-

§ 139 HG. eine auf die Haftung des Erben für die Gesellschaftsschulden sich beziehende wichtige Sondervorschrift; sie darf daher hier nicht übergangen werden.

1. Ungeachtet der getroffenen Vereinbarung ist der Erbe des verstorbenen Gesellschafters berechtigt, sein Verbleiben in der Gesellschaft davon abhängig zu machen, daß ihm unter Belassung des bisherigen Gewinnanteils die Stellung eines Kommanditisten eingeräumt und die Einlage des Erblassers als Kommanditeinlage anerkannt werde. Die Geltendmachung dieses Vorbehalts hat zunächst nur die Bedeutung eines an die übrigen Gesellschafter sich richtenden Antrags. Wird dieser nicht angenommen, so ist der Erbe befugt, ohne Einhaltung einer Kündigungsfrist sein Ausscheiden aus der Gesellschaft zu erklären. Die Geltendmachung dieser Rechte kann nur innerhalb einer mit dem Zeitpunkt, in welchem der Erbe von dem Anfall der Erbschaft Kenntnis erlangt hat, beginnenden und hinsichtlich ihres Laufes nach § 206 BGB. zu beurteilenden Frist von drei Monaten erfolgen. Solange dem Erben die Möglichkeit der Ausschlagung der Erbschaft noch offen steht, läuft die Frist keinesfalls ab, selbst wenn inzwischen die vorerwähnten drei Monate bereits verstrichen sind.

2. Erlangt der Erbe noch innerhalb der unter Z. 1 bezeichneten Frist die Stellung eines Kommanditisten, oder erfolgt innerhalb der Frist das Ausscheiden des Erben aus der Gesellschaft oder die Auflösung der Gesellschaft, so bestimmt sich die Haftung des Erben für die bis dahin entstandenen Gesellschaftsschulden nach den allgemeinen Vorschriften über die Haftung des Erben für die Nachlaßverbindlichkeiten, und kommt dem Erben rücksichtlich dieser Verbindlichkeiten somit auch das Recht zur Beschränkung seiner Haftung zu statten.

3. Die Anwendung der unter Z. 1 und 2 hervorgehobenen Bestimmungen des § 139 Abs. 1 bis 4 HG. kann im Gesellschaftsvertrag nicht ausgeschlossen werden; eine Abweichung hiervon tritt nur nach der Richtung hin ein, daß für den Fall der vom Erben erklärten Abhängigmachung seines Verbleibens in der Gesellschaft von der Einräumung der Stellung eines Kommanditisten der Gewinnanteil

---

über den bisherigen Gesellschaftsgläubigern gestaltet, fehlt es an jeder besonderen Vorschrift. Es dürften deshalb die allgemeinen Grundsätze über die Haftung des Erben für die Nachlaßverbindlichkeiten durchgreifen. Vgl. auch Planck II Erl. zu § 736, anders aber Binder II S. 218.

des Erben im Gesellschaftsvertrag anders bestimmt werden kann als der des Erblassers.

4. Macht der Erbe des verstorbenen Gesellschafters von der Möglichkeit, sich der Stellung eines offenen Gesellschafters zu entziehen, keinen Gebrauch, so haftet er, selbst wenn er hinsichtlich der übrigen Nachlaßverbindlichkeiten des Rechtes zur Beschränkung der Haftung noch teilhaftig ist, für die bis dahin erwachsenen Gesellschaftsverbindlichkeiten doch schlechthin unbeschränkt.

8. Prozessuale Geltendmachung des Rechtes zur Beschränkung der Haftung.*)

§ 85.

Schon im Laufe der bisherigen Ausführungen konnte die prozessuale Geltendmachung der beschränkten Haftung nicht unberührt bleiben. Allein sie ist für das Verständnis der materiellen Haftungsvorschriften von solcher Bedeutung, daß ihr hier noch eine besondere zusammenfassende Darstellung gewidmet werden muß.

I. Den Ausgangspunkt der Erörterung bildet am besten der Fall, daß der Nachlaßgläubiger einen vollstreckbaren Titel schon gegen den Erblasser erwirkt hatte. Die vom Gläubiger zur Zeit des Erbfalls bereits begonnene Zwangsvollstreckung wird dann in den Nachlaß ohne weiteres fortgesetzt (§ 779 CPO.). Einer Heranziehung des Erben oder eines Vertreters desselben bedarf es hierbei regelmäßig nicht (vgl. jedoch auch § 779 Abs. 2 CPO.).

Soll die Zwangsvollstreckung in den Nachlaß erst nach dem Erbfall beginnen, oder will der Gläubiger die Zwangsvollstreckung in das Eigenvermögen des Erben führen, so ist zu unterscheiden:

1. Solange der Erbe die Erbschaft nicht angenommen hat, findet eine Rechtsverfolgung gegen ihn nicht statt,[1]) und vermag der Gläubiger daher auch eine vollstreckbare Ausfertigung gegen den Erben nicht zu erlangen (§ 1958). Möglich ist dagegen ein Vorgehen gegen den nach den §§ 1960, 1961 bestellten Nachlaßpfleger oder, wenn der Nachlaß der Verwaltung eines Testamentsvollstreckers unterliegt, gegen diesen (§§ 1960 Abs. 3, 2213 Abs. 2). Auf Grund der gegen die

---

*) Eccius a. d. S. 175 Anm. *) a. O., Binder II S. 218 ff.

[1]) Vgl. oben S. 48 Anm. 14 und S. 190 Anm. 1.

bezeichnete Person erlangten vollstreckbaren Ausfertigung kann der Gläubiger die Zwangsvollstreckung in den Nachlaß führen.

2. Nach erfolgter Annahme der Erbschaft durch den Erben ist der Gläubiger in der Lage, sich auf Grund des gegen den Erblasser erwirkten Urteils eine vollstreckbare Ausfertigung gegen den Erben zu verschaffen (§ 727 CPO.). Diese Möglichkeit entfällt nur dann, wenn schon vorher und zu einer Zeit, in der dem Erben das Recht zur Beschränkung seiner Haftung noch zukam, die Nachlaßverwaltung angeordnet oder der Nachlaßkonkurs eröffnet worden war.[2]) Hat der Gläubiger die vollstreckbare Ausfertigung gegen den Erben bereits erlangt, so kann dieser, wenn er des Rechtes zur Beschränkung seiner Haftung noch teilhaftig ist, der von jenem geführten Zwangsvollstreckung gegenüber die Haftungsbeschränkung entweder durch Berufung auf die nachträglich erfolgte Anordnung der Nachlaßverwaltung oder die Eröffnung des Nachlaßkonkurses oder nach Maßgabe der §§ 1990, 1991 bezw. 1992 geltend machen (§§ 781, 785 CPO.). Gegenüber einem ausgeschlossenen oder dem einem solchen gleichstehenden Gläubiger steht dem Erben die Berufung auf die im § 1973 bezw. § 1974 bestimmte Einschränkung der Haftung selbst dann zu, wenn ihm das Recht zur Beschränkung seiner Haftung im technischen Sinne nach Eintritt der Ausschlußwirkung verloren gegangen ist.[3])

II. Ist der unter I vorausgesetzte Fall nicht gegeben, so kann ein Nachlaßgläubiger seinen Anspruch vor der Annahme der Erbschaft durch den Erben (abgesehen von dem Falle der schon vorher erfolgten Eröffnung des Nachlaßkonkurses) nur gegen den Nachlaßpfleger und bei Vorhandensein eines verwaltungsberechtigten Testamentsvollstreckers[3a]) gegen diesen verfolgen. Auf Grund des auf diesem Wege erwirkten Titels der Zwangsvollstreckung kann der Nachlaßgläubiger zunächst nur Zwangsvollstreckung in den Nachlaß führen. Nach erfolgter Annahme der Erbschaft vermag er aber eine gegen die Person des Erben sich richtende vollstreckbare Ausfertigung (vgl. §§ 750, 778 Abs. 2 CPO.) zu erlangen.[3b]) Sie ermöglicht

---

[2]) Vgl. hierzu S. 260, 279 d. W.

[3]) Genaueres hierüber oben S. 236, 255.

[3a]) Über den Fall, daß dem Testamentsvollstrecker die „Verwaltung des Nachlasses" (§ 2213) nicht zusteht, oder daß es sich um die Geltendmachung eines Pflichtteilsanspruchs handelt, vgl. oben Bd. I S. 287, 288.

[3b]) Die Fälle sind übrigens innerlich verschieden. Denn während der

ihm die Führung der Zwangsvollstreckung in das Eigenvermögen des Erben[4]) und ist auch erforderlich[5]) zu der erst nach der Aufhebung der Nachlaßpflegschaft beginnenden Führung der Zwangsvollstreckung in den Nachlaß bezw. in die der Verwaltung des Testamentsvollstreckers nicht mehr unterliegenden Nachlaßgegenstände. Die Geltendmachung der Beschränkung der Haftung steht dem Erben hier selbst dann offen, wenn sie in dem gegen den Nachlaßpfleger, Testamentsvollstrecker erwirkten Urteil nicht vorbehalten worden ist (§ 780 Abs. 2 CPO.).

Hinsichtlich der Zeit seit der Annahme der Erbschaft ist es von entscheidender Bedeutung, ob Nachlaßverwaltung angeordnet bezw. Nachlaßkonkurs eröffnet worden ist, oder ob dies nicht zutrifft. Im

---

Nachlaßpfleger Vertreter desjenigen ist, welcher sich als Erbe herausstellen wird, und eben deswegen in dem gegen jenen erwirkten Zwangsvollstreckungstitel noch nicht namentlich (§ 750 CPO.) benannt sein kann, kommt dem Testamentsvollstrecker die Stellung eines Vertreters des Erben überhaupt nicht zu. Vgl. oben Bd. I S. 293ff.

4) Vgl. auch oben S. 288 Anm. 57a und Bd. I S. 61 Anm. 48.

5) Nach Eccius S. 610 soll ein von einem Nachlaßgläubiger gegen den Nachlaßpfleger erwirkter Titel der Zwangsvollstreckung nach Annahme der Erbschaft schlechthin gegen den Erben wirksam sein, ohne daß es also zu der gegen diesen, sei es nun in den Nachlaß, sei es in dessen Eigenvermögen sich richtenden Zwangsvollstreckung einer besonderen vollstreckbaren Ausfertigung bedürfte. Diese Auffassung wird darauf gestützt, daß sich der Nachlaßpfleger nach erfolgter Annahme der Erbschaft gerade als Vertreter desjenigen Erben herausstellt, welcher angenommen hat. Allein diese sicherlich zutreffende Prämisse rechtfertigt noch nicht den von Eccius gezogenen Schluß. Hellwig, Anspruch S. 259 Anm. 12 wendet dagegen mit Recht ein, daß die Entscheidung der Frage, ob der Erbe angenommen habe, und ob der Annehmende wirksam berufen gewesen sei, unmöglich dem Gerichtsvollzieher überlassen bleiben kann. Bei diesem Ergebnisse muß man selbst dann stehen bleiben, wenn der Gläubiger hinsichtlich desjenigen, gegen welchen er die Zwangsvollstreckung richten will, die Erteilung eines Erbscheins durchgesetzt hat. Denn nach § 750 CPO. darf die Zwangsvollstreckung nur beginnen, wenn die Person, gegen welche sie stattfinden soll, in dem Urteil oder in der diesem beigefügten Vollstreckungsklausel namentlich bezeichnet ist. Demgemäß wird der Gläubiger im vorliegenden Falle nach Analogie von § 726 Abs. 1 (nicht von § 728 Abs. 2, wie Hellwig meint) in Verbindung mit § 730 CPO. auf Grundlage des Erbscheins die Erteilung einer vollstreckbaren Ausfertigung gegen den Erben zu erwirken haben (vgl. auch oben S. 60 Anm. 48). Unzutreffend ist es dagegen wieder, wenn Hellwig S. 73 in unserem Falle die Führung der Zwangsvollstreckung in das Eigenvermögen des Erben überhaupt für ausgeschlossen hält.

letzteren Falle haben die Nachlaßgläubiger ihre Ansprüche gegen den Erben zu verfolgen, und muß sich dieser, abgesehen von dem Falle, daß der Fiskus in seiner Eigenschaft als gesetzlicher Erbe[5a]) verklagt ist (§ 780 Abs. 2 CPO.), die Geltendmachung der beschränkten Haftung im Urteil vorbehalten lassen,[6]) widrigenfalls er dem betreffenden Gläubiger schlechthin unbeschränkt haftet (§ 780 Abs. 1 CPO.). Die Aufnahme dieses Vorbehalts in das Urteil bildet bei der hier angenommenen Sachlage eine Voraussetzung der Geltendmachung der beschränkten Haftung im Vollstreckungsstadium selbst dann, wenn es später zur Anordnung der Nachlaßverwaltung oder zur Eröffnung des Nachlaßkonkurses kommt.

Während der Dauer der Nachlaßverwaltung oder des Nachlaßkonkurses kann die Geltendmachung von gegen den Nachlaß sich richtenden Ansprüchen nur gegen den Nachlaß- bezw. Konkursverwalter erfolgen. Die von einem Nachlaßgläubiger zum Zwecke der Befriedigung einer Nachlaßverbindlichkeit gegen den nicht bereits schlechthin unbeschränkt haftenden Erben sich richtende Klage ist wegen Mangels der Sachlegitimation des Beklagten abzuweisen und zwar, dafern sich dieser Mangel schon aus dem klägerischen Vorbringen ergibt, auch im Falle eines vom Kläger beantragten Versäumnisurteils.[7]) Auf Grund des gegen den Nachlaßverwalter erwirkten Titels der Zwangsvollstreckung oder einer im Nachlaßkonkurs erwirkten Feststellung einer Nachlaßforderung findet während der Dauer der Nachlaßverwaltung bezw. des Nachlaßkonkurses eine Zwangsvollstreckung in das Eigenvermögen des Erben nicht statt.

III. Selbst wenn der Vorbehalt des § 780 Abs. 1 CPO. in das gegen den Erben ergangene Urteil aufgenommen ist, bleibt die Beschränkung der Haftung bei der gegen den Erben geführten Zwangsvollstreckung unberücksichtigt, bis auf Grund derselben von dem Erben Einwendungen erhoben werden (§ 781 CPO.).

IV. Ist der Nachlaß zur Zeit des gegen den des Rechtes zur Haftungsbeschränkung noch teilhaftigen Erben geführten Prozesses

---

[5a]) Vgl. Bd. I S. 59.

[6]) Vgl. auch Wendt S. 369.

[7]) Zur Herbeiführung der Beschränkung der Haftung auf den Nachlaß bedarf es hier also der Geltendmachung eines besonderen Leistungsverweigerungsrechtes, d. i. einer Einrede im technischen Sinne nicht. Unrichtig Frommhold S. 50 unter d.

bereits erschöpft und vermag der Erbe dies ohne ungebührliche Verzögerung schon in diesem Verfahren liquid zu stellen, so wird er sich mit der Aufnahme des Vorbehalts des § 780 Abs. 1 CPO. in das gegen ihn ergehende Urteil nicht zu begnügen brauchen, sondern vielmehr auf Grund seines Rechtes zur vollständigen Leistungsverweigerung die kostenpflichtige Abweisung des Klägers durchsetzen können.[8])

V. In betreff der Geltendmachung der den als ausgeschlossen zu behandelnden Gläubigern gegenüber nach den §§ 1973, 1974 eintretenden Einschränkung der Haftung vgl. die Ausführungen in den §§ 75, 76 d. D.

9. Schlechthin unbeschränkte Haftung gegenüber einzelnen Nachlaßgläubigern.

§ 86.

I. Eine solche Haftung[1]) kann sich ungeachtet des dem Erben grundsätzlich noch zukommenden Rechtes zur Beschränkung seiner

---

[8]) Vgl. auch oben S. 244 bei Anm. 27 und 28. Der Punkt ist sehr bestritten. Wie im Texte besonders Eccius S. 617, 630 und jetzt auch Kreß S. 155 Anm. 21; a. A. Hagen S. 131 ff., Cosack § 382 III Z. 1a. Gegen die im Texte vertretene Meinung scheint zwar zu sprechen, daß dem klagenden Nachlaßgläubiger doch nicht die Möglichkeit der Führung der Zwangsvollstreckung in erst nach der Beendigung des Prozesses zum Vorschein gekommene Nachlaßgegenstände abgeschnitten werden dürfe. Allein wenn die Abweisung des Klägers laut der Urteilsbegründung nur deshalb erfolgt, weil der Nachlaß bereits erschöpft sei, so ist dem Gläubiger die Geltendmachung seines Anspruchs für den seltenen Fall, daß neue Nachlaßgegenstände ausfindig gemacht werden sollten, nicht versagt. Für die Entscheidung des Textes spricht aber die Erwägung, daß dem des Rechtes zur Beschränkung der Haftung teilhaftigen Erben nicht wohl zugemutet werden kann, vielleicht weitläufige Prozesse über den Bestand oder Nichtbestand von Forderungen zu führen, wenn er sofort zur Evidenz bringen kann, daß die Befriedigung dieser Forderungen, selbst für den Fall, daß sie bestehen sollten, wegen bereits eingetretener Erschöpfung des Nachlasses, doch entfallen würde. Beispiele: Der Erbe legt dar, daß vom Nachlaß nach Deckung der für das Begräbnis des Erblassers verausgabten Kosten nichts übrig geblieben war als ein vom Erblasser erworbener Anteil an einer überschuldeten Erbschaft, hinsichtlich deren es zum Nachlaßkonkurs kam und bei dem die Konkursgläubiger laut der Konkursakten nur mit einem Teile ihrer Forderung befriedigt werden konnten. Oder: Gegenüber einem nach beendigter Nachlaßverwaltung auftretenden Vermächtnisnehmer erbringt der Erbe aus

Haftung, abgesehen von dem Falle einer besonderen Vereinbarung mit dem Gläubiger[2]), in folgenden Fällen ergeben:

1. Dadurch, daß dem zur Befriedigung einer Nachlaßverbindlichkeit verurteilten Erben die Beschränkung seiner Haftung im Urteil nicht vorbehalten wurde, dafern nicht einer der Ausnahmefälle vorliegt, wo ein solcher Vorbehalt zur späteren Geltendmachung der beschränkten Haftung garnicht erforderlich ist. Der Vorbehalt ist aber abgesehen von den bereits oben § 85 II erwähnten Fällen auch dann entbehrlich, wenn das Urteil über eine Nachlaßverbindlichkeit gegen einen Nachlaßverwalter erlassen wird (§ 780 Abs. 2 CPO.).

2. Infolge der Verweigerung des im § 2006 Abs. 1 bestimmten Offenbarungseides oder infolge des im § 2006 Abs. 3 Satz 2 der Verweigerung des Eides gleichgestellten Verhaltens; die unbeschränkte Haftung tritt hier gegenüber demjenigen Nachlaßgläubiger ein, welcher die Leistung des Eides verlangt hatte.[2a])

3. In den Fällen der §§ 27, 139 HGB. in Ansehung der daselbst bezeichneten Geschäftsverbindlichkeiten und Gesellschaftsschulden des Erblassers, wenn der Erbe von den ihm zum Zweck der Abwendung dieser Haftung zustehenden Befugnissen keinen Gebrauch macht.[3])

---

der vom Nachlaßverwalter gelegten Rechnung den Nachweis, daß der Nachlaß durch die Befriedigung der den Ansprüchen aus Vermächtnissen und Auflagen vorgehenden Forderungen vollständig erschöpft worden ist.

[1]) Außer Betracht bleiben im folgenden die im § 70 d. D. (vgl. besonders S. 177 ff.) hervorgehobenen Zwischenbildungen zwischen reinen Nachlaßverbindlichkeiten und bloßen Eigenverbindlichkeiten des Erben.

[2]) Im Entwurf I (§ 2094) war auch die Möglichkeit eines durch einseitige, in öffentlich beglaubigter Form beim Nachlaßgericht abgegebene Erklärung des Erben erfolgenden und allen Nachlaßgläubigern gegenüber wirksamen Verzichtes auf das Recht zur Haftungsbeschränkung anerkannt. Diese Bestimmung hat jedoch in das BGB. keine Aufnahme gefunden. Vgl. hierzu Protokolle V S. 732, Planck-Ritgen S. 119, Binder II S. 240 Anm. 7.

[2a]) Eine praktische Unbeschränktheit der Haftung gegenüber einem einzelnen Nachlaßgläubiger kann sich übrigens auch dadurch ergeben, daß sich der Erbe dem die Zwangsvollstreckung führenden Gläubiger gegenüber derjenigen Mittel nicht bedient, durch deren Verwendung er die Beschränkung der Haftung allein verwirklichen kann. Erteilt der Erbe z. B. in den Fällen der §§ 1973, 1974, 1990, 1992 keine oder doch keine hinreichende Auskunft über den Stand des Nachlasses oder verweigert er die Leistung des ihm nach den §§ 260, 261 obliegenden Offenbarungseides, so muß er, soweit er sich hierdurch die Mög-

II. Durch die einzelnen Nachlaßgläubigern gegenüber eingetretene schlechthin unbeschränkte Haftung wird die rechtliche Stellung des Erben gegenüber den übrigen Nachlaßgläubigern nicht berührt. Er kann also diese im Wege des Aufgebotsverfahrens ausschließen und sich ihnen gegenüber auch auf die nach den §§ 1974, 1989 eingetretene Ausschlußwirkung berufen. Auch das Recht zur Stellung des Antrags auf Anordnung einer Nachlaßverwaltung bleibt dem Erben unbenommen. Kommt es aber, sei es auf Antrag des Erben, sei es auf den eines Nachlaßgläubigers zu dieser Anordnung oder zur Eröffnung des Nachlaßkonkurses, so greifen neben der Vorschrift des § 1976[4]) auch die Bestimmungen der §§ 1977 bis 1980, abgesehen von einer hinsichtlich des Abs. 1 von § 1977 zu machenden Ausnahme und abgesehen davon, daß die Haftung des Erben nach den §§ 1978 bis 1980 gegenüber demjenigen Gläubiger, welchem der Erbe ohnedies unbeschränkt haftet, praktisch nicht in Betracht kommt, vollständig durch (§ 2013 Abs. 2). Mit der zuerst erwähnten Ausnahme verhält es sich also: Hat ein Nachlaßgläubiger, dem der Erbe schlechthin unbeschränkt haftet, vor der Anordnung der Nachlaßverwaltung, der Eröffnung des Nachlaßkonkurses ohne Zustimmung des Erben gegen eine zu dessen Eigenvermögen gehörende Forderung aufgerechnet, so erweist sich die Aufrechnung mit Rücksicht darauf, daß die im § 1975 bestimmte Haftungsbeschränkung einem Gläubiger der bezeichneten Art gegenüber selbstverständlich nicht eintritt, auch dann als fortdauernd wirksam, wenn es hinterher zur Anordnung der Nachlaßverwaltung oder zur Eröffnung des Nachlaßkonkurses kommt, und bleibt dem betreffenden Gläubiger selbst die Möglichkeit einer gegen eine solche Forderung des Erben erst vorzunehmenden Aufrechnung gewahrt.[5])

---

lichkeit des Beweises, daß der Nachlaßgläubiger die Zwangsvollstreckung zu Unrecht führe, mit seiner Vollstreckungsgegenklage abgewiesen werden.

[3]) Vgl. oben S. 322 ff.

[4]) Vgl. auch oben S. 79 unter Z. 2 a.

[5]) Obschon die im Texte hervorgehobene Ausnahme im Abs. 2 von § 2013 ausdrücklich nicht gemacht ist, so ergibt sie sich doch mit Sicherheit aus der daselbst unterbliebenen Berufung des § 1975. Denn diese Nichtberufung kann hier nur bedeuten, daß durch die Anordnung der Nachlaßverwaltung, die Eröffnung des Nachlaßkonkurses an der einzelnen Gläubigern gegenüber bereits eingetretenen schlechthin unbeschränkten Haftung des Erben nichts mehr geändert wird.

Die einzelnen Nachlaßgläubigern gegenüber eingetretene schlechthin unbeschränkte Haftung hindert den Erben endlich auch nicht, sich den übrigen Nachlaßgläubigern gegenüber auf die in den §§ 1990 bis 1992 bestimmten Beschränkungen der Haftung zu berufen.[6])

3. Abschnitt.

Haftung mehrerer Erben.*)

I. Die Hauptgrundsätze.

1. Einleitendes.

§ 87.

I. Durch den Übergang der Erbschaft auf mehrere Erben sollen die Nachlaßgläubiger in betreff der Verfolgung ihrer Ansprüche weder empfindlich benachteiligt noch grundlos begünstigt werden. Um ersteres zu vermeiden und doch auch letzteres nicht herbeizuführen, bestimmt das Gesetz einerseits im Gegensatz zum römischen Rechte, daß mehrere Erben für die gemeinschaftlichen Nachlaßverbindlichkeiten[1]) grundsätzlich als Gesamtschuldner haften (§ 2058), durchbricht es aber andererseits wieder die Geltung dieses Satzes durch Ausnahmevorschriften, vermöge welcher unter bestimmten Voraussetzungen nur anteilige Haftung eintritt. In Ansehung der nicht allen Miterben gemeinschaftlichen Nachlaßverbindlichkeiten beschränkt sich die gesamtschuldnerische Haftung auf die durch sie getroffenen Miterben[1a]) und

---

[6]) Diese Möglichkeit wird in § 2013 Abs. 2 als selbstverständlich vorausgesetzt und daher nicht besonders erwähnt.

*) Jaeger, Erbenhaftung S. 23ff., Hachenburg S. 702ff., Eccius a. a. O. S. 801ff., Kreß 140ff., Binder III S. 272ff., H. Meyer S. 34ff.

[1]) Zu den allen Miterben gemeinschaftlichen Nachlaßverbindlichkeiten im Sinne des § 2058 gehören auch die Verbindlichkeiten aus Vermächtnissen und Auflagen, soweit mit ihnen nicht zufolge besonderer Bestimmung des Erblassers nur ein Miterbe oder nur einzelne von mehreren Miterben belastet sind. Auch in Ansehung der Vermächtnisse und Auflagen haften die Miterben daher grundsätzlich als Gesamtschuldner. Die Vorschrift des § 2148 bezieht sich nur auf die Frage, nach welchem Verhältnisse Miterben untereinander die Last eines Vermächtnisses zu tragen haben (vgl. auch Bd. I § 29 Anm. 5).

[1a]) Die Ansichten über diesen Punkt sind übrigens geteilt. Für die Ent-

tritt eine gesamtschuldnerische Haftung überhaupt nicht ein, wenn die Verbindlichkeit nur einem Miterben auferlegt ist.

II. Mit der Frage, ob mehrere Erben für die Nachlaßverbindlichkeiten als Gesamtschuldner oder nur anteilig haften, darf die hiervon wesentlich verschiedene Frage, ob der einzelne Miterbe nur mit demjenigen, was er aus dem Nachlaß erlangt, oder auch mit seinem Eigenvermögen haftet, nicht verwechselt werden. Es ist vielmehr sehr wohl möglich, daß die nur anteilig haftenden Miterben rücksichtlich der in Betracht kommenden Anteile der Nachlaßverbindlichkeiten mit ihrem gesamten Vermögen haften, gesamtschuldnerisch haftende Miterben dagegen nur mit dem von ihnen aus der Erbschaft Erlangten.

III. Mit Rücksicht auf das Ineinandergreifen der Vorschriften über die Gesamt- bezw. anteilige Haftung der Miterben und der Vorschriften über die Beschränkung der Haftung auf den Nachlaß ergeben sich je nach den Umständen vier mögliche Gestaltungen der Haftung. Sie kann sein:

1. gesamtschuldnerisch und zugleich schlechthin unbeschränkt;
2. anteilig, aber schlechthin unbeschränkt;
3. gesamtschuldnerisch und beschränkbar bezw. beschränkt;
4. anteilig und beschränkbar bezw. beschränkt.

IV. Wie dem Alleinerben, so kommt auch den Miterben zunächst das Recht zur Beschränkung der Haftung zu. Der Verlust desselben tritt nach allgemeinen Grundsätzen zum Nachteil desjenigen Miterben ein, welcher die ihm bestimmte Inventarfrist versäumt oder sich bei der Inventarerrichtung in der im § 2005 Abs. 1 bestimmten Weise vergeht. Die Gefahr einer Versäumung der Inventarfrist wird jedoch hier durch die Bestimmung gemindert, daß das von einem Miterben errichtete Inventar auch den übrigen Miterben zu statten kommt, soweit deren Haftung nicht bereits zu einer schlechthin unbeschränkten geworden ist (§ 2063 Abs. 1). Eine sehr erhebliche Ein-

---

scheidung des Textes, die mit dem Wortlaut des § 2058 im besten Einklang steht, auch Knitschky, Arch. f. c. P. Bd. 91 S. 288. A. A. aber z. B. Kreß S. 77 unter Berufung auf den für die Entscheidung unserer Frage nicht maßgebenden § 2148. Zweifelnd Binder III S. 298 Anm. 2, mit Hinneigung zur Entscheidung des Textes, die übrigens — was Binder übersieht — schon in der 2. Aufl. d. W. S. 502 Anm. 2 getroffen war. Praktisch wichtig wird die ganze Frage besonders im Falle einer voreiligen Teilung des Nachlasses. Vgl. dazu unten § 89 I.

schränkung kann das Recht der Miterben zur Beschränkung ihrer Haftung auf den Nachlaß auch noch infolge der später zu würdigenden Vorschriften des § 2062 erfahren.

Ein für die Nachlaßverbindlichkeiten schlechthin unbeschränkt haftender Erbe würde in Ermangelung einer besonderen Bestimmung auch den übrigen Erben, soweit sie zugleich Nachlaßgläubiger[1b]) sind, unbeschränkt zu haften haben. Nach der auf der Erwägung, daß jeder Miterbe in der Lage ist, das Inventar selbständig zu errichten, beruhenden Sonderbestimmung des Abs. 2 von § 2063 kann sich jedoch ein Miterbe den übrigen Miterben gegenüber auf die Beschränkung der Haftung[1c]) selbst dann berufen, wenn er den sonstigen Nachlaßgläubigern schlechthin unbeschränkt haftet.

V. Die Verwirklichung der Haftungsbeschränkung gestaltet sich bei der Erbenmehrheit zum Teile anders als im Falle der Alleinerbfolge. Grundsätzliche Übereinstimmung besteht zwar in betreff der Einwirkung der durch Anordnung der Nachlaßverwaltung oder Eröffnung des Nachlaßkonkurses herbeigeführten Nachlaßsequestration auf die Erbenhaftung. Die Vorschrift des § 1975 greift also bei der Erbenmehrheit in der Weise durch, daß für jeden nicht bereits unbeschränkt haftenden Miterben[2]) infolge der Nachlaßsequestration und, solange diese dauert, die Haftung mit dem Eigenvermögen schon von Rechts wegen entfällt. Während die Eröffnung des Nachlaßkonkurses wie auf Antrag eines Nachlaßgläubigers, so auch auf Antrag jedes einzelnen Miterben und selbst auch noch nach der Teilung des Nachlasses stattfinden kann (§ 216 Abs. 2 KO.), ist die Anordnung der Nachlaßverwaltung nur vor der Teilung[3]) des Nachlasses und unbeschadet des Antragsrechtes jedes Nachlaßgläubigers, nur

---

[1b]) Vgl. hierzu Binder III S. 338.

[1c]) Die Verwirklichung der Haftungsbeschränkung richtet sich durchaus nach den in dieser Beziehung für den Fall der Erbenmehrheit überhaupt maßgebenden Grundsätzen. Wohl zu beachten sind insbesondere die Vorschriften des § 2062; vgl. dazu die folgende Ausführung des Textes unter V und in § 89 unter IV.

[2]) Hierbei ist übrigens auch die Möglichkeit in Betracht zu ziehen, daß für einen oder mehrere oder wohl auch für alle Miterben zwar nicht in Ansehung der Nachlaßverbindlichkeiten überhaupt, aber doch hinsichtlich einzelner Nachlaßverbindlichkeiten schon vorher die unbeschränkte Haftung eingetreten war.

[3]) Nach der Teilung des Nachlasses kann die Nachlaßverwaltung auch von einem Gläubiger nicht mehr beantragt werden.

auf gemeinschaftlichen Antrag aller Miterben[4]) zulässig (§ 2062).

Die Durchsetzung der Haftungsbeschränkung kann übrigens auch im Wege der Einrede stattfinden, und in dieser Beziehung gilt für den Fall der Erbenmehrheit besonderes. Solange nämlich der Nachlaß noch ungeteilt ist, steht jedem für die in Frage kommende Nachlaßverbindlichkeit nicht bereits unbeschränkt haftenden Miterben, selbst wenn die Voraussetzungen des § 1990 oder des § 1992 nicht vorliegen, als besonderes Mittel[4a]) zur Geltendmachung der Beschränkung der Haftung die im § 2059 Abs. 1 Satz 1 bestimmte Einrede zu, mittels welcher er die Befriedigung der Nachlaßverbindlichkeit aus seinem Eigenvermögen abwehren kann.[5])

VI. Zum Antrag auf Einleitung des Aufgebots der Nachlaßgläubiger ist jeder Miterbe berechtigt, und die erfolgte Ausschließung eines Nachlaßgläubigers kommt jedem Miterben zu statten, selbst wenn er den Antrag nicht mitgestellt hat, dafern er nur zur Zeit der Erlassung des Ausschlußurteils nicht bereits schlechthin unbeschränkt haftet.[6]) Das Aufgebot der Nachlaßgläubiger findet übrigens bei Vorhandensein mehrerer Erben noch eine über die Bestimmungen der §§ 1970 bis 1973 hinausgehende Verwendung behufs Herbeiführung einer nur anteiligen Haftung der Miterben für die Zeit nach der

---

[4]) Mit Rücksicht auf § 2013 muß dabei zugleich vorausgesetzt werden, daß keiner der Miterben für die Nachlaßverbindlichkeiten bereits schlechthin unbeschränkt haftet. Vgl. auch Binder III S. 348.

[4a]) Ganz anders Binder III S. 272ff. Er will daraus, daß Miterben die Beschränkung ihrer Haftung nach Maßgabe von § 2059 Abs. 1 Satz 1 durchsetzen können, den Schluß ziehen, daß es auch dem Alleinerben möglich sein müsse, sich ohne Nachlaßkonkurs oder Nachlaßverwaltung und, obschon die Voraussetzungen des § 1990 oder des § 1992 nicht gegeben sind, mit Erfolg auf die Beschränkung seiner Haftung zu berufen. Allein die bezeichnete Vorschrift des § 2059 trägt so deutlich das Gepräge eines nur für den Fall der Erbenmehrheit geltenden Sonderrechtssatzes und beruht so unzweideutig auf aus dem Wesen der Erbengemeinschaft abgeleiteten Erwägungen, daß hiergegen mit dem Aufgebote des größten Scharfsinns nicht aufzukommen ist.

[5]) Auf dem im Texte bezeichneten Wege kann jeder nicht bereits schlechthin unbeschränkt haftende Miterbe für die Zeit vor der Teilung die Nachteile abwenden, die sich für ihn sonst daraus ergeben müßten, daß er allein die Anordnung der Nachlaßverwaltung nicht beantragen kann.

[6]) Vgl. oben S. 232.

Teilung. Zu dem eben angegebenen Zwecke eröffnet das Gesetz dem Miterben statt des gerichtlichen Aufgebots auch noch die Möglichkeit des im § 2061 bestimmten und allen Miterben zu statten kommenden billigeren Privataufgebots.

Auch die Vorschrift des § 1974 in betreff der zum Nachteil desjenigen Nachlaßgläubigers, welcher seine Forderung innerhalb von fünf Jahren seit dem Erbfall nicht geltend macht, eintretenden Ausschlußwirkung findet bei Vorhandensein mehrerer Erben sowohl hinsichtlich der Zeit vor, als der nach der Teilung sachgemäße Anwendung, gewinnt aber in Verbindung mit der Z. 2 des § 2060 noch eine weitere Bedeutung für die Entscheidung der Frage, ob ein Miterbe für die Nachlaßverbindlichkeiten nach der Teilung des Nachlasses gesamtschuldnerisch oder nur anteilig haftet.[7]

VII. Schon aus dem bisher gesagten erhellt, daß es für die Gestaltung der Haftung der Miterben nach verschiedenen Richtungen hin von wesentlicher Bedeutung ist, ob die Teilung des Nachlasses bereits, oder noch nicht stattgefunden hat. Jeder der beiden Fälle bedarf noch besonderer Würdigung.

2. Haftung vor der Teilung.

§ 88.

I. Dem vor der Teilung des Nachlasses wegen einer gemeinschaftlichen Nachlaßverbindlichkeit seine Befriedigung suchenden Gläubiger eröffnet das Gesetz die Möglichkeit eines doppelten Vorgehens:

1. Der Gläubiger kann die Befriedigung aus dem ungeteilten Nachlaß von sämtlichen Miterben verlangen (§ 2059 Abs. 2). Zur Zwangsvollstreckung in den Nachlaß,[1] bei der das im § 2041 zur Geltung gebrachte Surrogationsprinzip[2] auch zugunsten der Nachlaßgläubiger durchgreift,[3] bedarf es eines gegen alle Miterben wirk-

[7]) Zum Antrag auf Versteigerung von Nachlaßgrundstücken nach § 175 ZVG. ist im Falle der Erbenmehrheit jeder Miterbe berechtigt, der für die Nachlaßverbindlichkeiten nicht bereits unbeschränkt haftet. Vgl. oben S. 256.

[1]) Hierbei ist selbstverständlich nicht an eine in den Nachlaß als ganzes sondern nur an eine in die einzelnen zum Nachlaß gehörenden Gegenstände zu führende Zwangsvollstreckung zu denken.

[2]) Vgl. darüber oben S. 84.

[3]) Beruht die Surrogation im konkreten Falle auf rechtsgeschäftlichem

samen Zwangsvollstreckungstitels. Dessen Erlangung wird am besten durch gemeinschaftliche Verklagung aller Miterben herbeigeführt.[4]) Die Klage kann beim Gerichtsstande der Erbschaft erhoben werden (§§ 27, 28 CPO.).

2. Dem Nachlaßgläubiger steht es aber auch zu, gegen den einzelnen als Gesamtschuldner haftenden Miterben vorzugehen.[5]) Auf Grund des nur gegen den einzelnen Miterben[6]) vollstreckbaren Urteils kann der Nachlaßgläubiger zwar nicht in zum ungeteilten Nachlaß gehörende Gegenstände, auch nicht in den dem Erbteil des Vollstreckungsschuldners entsprechenden Anteil an diesen Gegenständen,[6a]) wohl aber, und zwar in Ansehung der ganzen Forderung (§ 2058), in den Anteil des Miterben am Nachlaß führen.[7]) Steht zur Frage, ob der Nachlaßgläubiger Befriedigung aus dem Eigenvermögen des Miterben verlangen kann, so ist also zu unterscheiden:

Erwerb und haben die Miterben hierbei Aufwendungen aus ihrem Eigenvermögen gemacht, so können sie diese den Nachlaßgläubigern nach § 1978 Abs. 3 in Rechnung stellen.

[4]) Unbedingt notwendig ist jedoch ein solches Vorgehen nicht. Denn die Führung der Zwangsvollstreckung in den Nachlaß ist auch dann möglich, wenn der Gläubiger gegen jeden der Miterben einen besonderen vollstreckbaren Titel bezüglich der ganzen Verbindlichkeit erwirkt hat. Vgl. auch Planck-Ritgen S. 219, Binder III S. 320 Anm. 25.

[5]) Schon mit Rücksicht auf die gesamtschuldnerische Haftung der Miterben kann die Klage nach § 28 CPO. auch hier im Gerichtsstande der Erbschaft erhoben werden.

[6]) Die gegen einen einzelnen Miterben sich richtende Zwangsvollstreckung ist übrigens auch auf Grund eines Urteils möglich, laut dessen alle Miterben als Gesamtschuldner verurteilt sind. So auch Planck-Ritgen S. 220 und Binder III S. 320 Anm. 26.

[6a]) In diesem Punkte unzutreffend Wilke Erl. 1 zu § 2059.

[7]) Dies ergibt sich mit voller Sicherheit aus §§ 2058, 2059 Abs. 1 Satz 1 (wonach der Miterbe sich der Haftung mit seinem „Anteil am Nachlaß" keinesfalls entziehen kann) in Verbindung mit § 859 Abs. 2 CPO. Vgl. auch Protokolle V S. 868/872 („Einigkeit wurde darüber erzielt, daß der einzelne Erbe sich die Zwangsvollstreckung in seinen Erbteil gefallen lassen müsse"). Die von Binder III S. 306, 310 trotzdem (und im Widerspruch mit den von ihm selbst noch auf S. 295 getroffenen Entscheidungen) geltend gemachten konstruktiven Bedenken, deren Schlußergebnis ist, daß die Führung der Zwangsvollstreckung in den Anteil eines Miterben am Nachlaß nur den Erbengläubigern, nicht den Nachlaßgläubigern zusteht (S. 311), werden keinen Eindruck machen. Vgl. neuestens auch H. Meyer S. 39ff.

a) Ist der Miterbe dem Nachlaßgläubiger gegenüber des Rechtes zur Beschränkung der Haftung noch teilhaftig, so kann er die Befriedigung des Gläubigers aus dem Eigenvermögen vollständig verweigern und den Gläubiger somit auf seinen (des Miterben) Anteil am Nachlaß und den Nachlaß im ganzen verweisen (§ 2059 Abs. 1 Satz 1). Über die rechtliche Natur dieses Leistungsverweigerungsrechtes ist man zurzeit noch nicht vollständig einig.[8]) Richtiger Ansicht nach ist es ein Ausfluß des Rechtes zur Beschränkung der Haftung im technischen Sinne: denn es steht dem Miterben nur gegen einen Gläubiger zu, dem gegenüber er zur Geltendmachung der Beschränkung der Haftung noch befugt ist (§ 2059), und es geht ihm daher verloren, wenn ihm in dem gegen ihn ergangenen Urteil das Recht zur Geltendmachung der Haftungsbeschränkung nicht vorbehalten ist (§ 780 Abs. 1 CPO.). Durch die Aufnahme dieses Vorbehalts in das Urteil wird dem Erben mit dem Rechte der Geltendmachung der beschränkten Haftung überhaupt zugleich auch für die Zeit vor der Teilung des Nachlasses das besonders geartete[9]) Verweigerungsrecht des § 2059 Abs. 1 Satz 1 gewahrt.[10])

---

[8]) Laut der Anlage zur Denkschrift war von der zweiten Kommission als § 696f CPO. folgende Vorschrift in Aussicht genommen: „Das nach § 2034 (jetzt § 2059) des BGB. den Miterben zustehende Recht kann geltend gemacht werden, ohne daß es eines Vorbehalts im Urteil bedarf. In Ansehung des dem Erbteil entsprechenden Teiles einer Nachlaßverbindlichkeit bleiben die Vorschriften des § 695 (jetzt § 780) CPO. unberührt." Diese Bestimmung ist aber vom Bundesrat, ohne durch eine andere ersetzt zu werden (und zwar gewiß mit Recht), gestrichen worden. Die Entscheidung ist also nach dem Wesen der Sache ohne Bindung an eine Sondervorschrift zu treffen. Vgl. dazu Binder III S. 289 Anm. 46.

[9]) Die wesentliche Abweichung von den für die Geltendmachung der beschränkten Haftung durch den Alleinerben maßgebenden Grundsätzen besteht darin, daß den Miterben durch die Geltendmachung des im Texte bezeichneten Leistungsverweigerungsrechtes die Durchsetzung der Haftungsbeschränkung ohne Nachlaßverwaltung oder Nachlaßkonkurs ermöglicht ist, selbst wenn die Voraussetzungen des § 1990 oder des § 1992 nicht gegeben sind. Ihre sachliche Rechtfertigung findet aber diese besondere Behandlung darin, daß der Nachlaß im Falle der Erbenmehrheit bis zur Teilung vermöge der Vorschriften über die Erbengemeinschaft ohnedies als ein den Nachlaßgläubigern zum Zwecke ihrer Befriedigung dienendes Sondervermögen zusammengehalten wird, daß ferner der einzelne Miterbe über die zum ungeteilten Nachlaß gehörenden Gegenstände nicht (auch nicht anteilsmäßig) verfügen kann und daß ihm auch die Möglich-

b) Hat der Miterbe einem Nachlaßgläubiger gegenüber das Recht zur Beschränkung der Haftung auf den Nachlaß bereits eingebüßt, so würde er diesem bei Festhaltung der Regel des § 2058 ohne Rücksicht darauf, ob der Nachlaß noch ungeteilt oder bereits geteilt ist, in Ansehung der ganzen Forderung auch mit seinem Eigenvermögen zu haften haben. In dieser Beziehung greift jedoch § 2059 Abs. 1 Satz 2 mit einer Ausnahmebestimmung ein. Ihr zufolge kann der Miterbe einem Gläubiger der bezeichneten Art gegenüber seine Haftung mit dem Eigenvermögen für die Zeit, während welcher der Nachlaß noch ungeteilt ist, auf den seinem Erbteil entsprechenden Bruchteil der Verbindlichkeit[10a]) beschränken.[11]) Ein Ausfluß des Rechtes zur Beschränkung der Haftung auf den Nachlaß kann dieses Leistungsverweigerungsrecht offenbar nicht sein; denn dessen Ausübung hat ja geradezu zur Voraussetzung, daß der Miterbe dem Gläubiger gegenüber des Rechtes zur Beschränkung der

---

keit benommen ist, durch seinen einseitigen Antrag die Anordnung einer Nachlaßverwaltung herbeizuführen. Vgl. auch Protokolle V S. 871ff.

[10]) So auch die überwiegende Meinung. Vgl. Eccius S. 815, Jaeger, Erbenhaftung S. 26, Wilke Erl. 2 zu § 2059, Kreß S. 147, 148, Binder III S. 278. Vgl. auch die Entscheidung des OLG. Dresden in Rspr. der OLG. Bd. IV S. 120. A. A. Planck-Ritgen S. 219 und Herzfelder S. 290; vgl. gegen beide Binder III S. 278 Anm. 15.

[10a]) Ist die Forderung unteilbar, so wird der Miterbe im Falle des Textes trotz der Bestimmung des § 431 doch nicht für die ganze Forderung mit seinem Eigenvermögen aufzukommen haben; denn sonst würde ihm die Rechtswohltat des § 2059 Abs. 1 Satz 2 verloren gehen. Eine erfolgreiche Inanspruchnahme des Eigenvermögens des Miterben wird daher für den Gläubiger nur möglich sein, wenn er die Forderung, unbeschadet des dem Miterben verbleibenden Rechtes, sich durch Naturalleistung zu befreien, nach ihrem Geldwerte geltend macht und in Ansehung des dem Erbteil des Miterben entsprechenden Anteils der Forderung in das Eigenvermögen des Miterben Zwangsvollstreckung führt. Im Grundgedanken ebenso Cosack § 387 vor III, anders Planck-Ritgen S. 221, Kreß S. 268 Anm. 16, Binder III S. 328 (der aber Cosacks wirkliche Meinung kaum richtig wiedergibt).

[11]) Die nach § 2058 zu beurteilende Haftung des Miterben mit seinem Anteil am Nachlaß bleibt hierdurch unberührt. Beispiel: A und B sind Erben zu gleichen Teilen. A hat das Recht zur Haftungsbeschränkung im technischen Sinne bereits eingebüßt. G macht gegen ihn seine Forderung von 4000 geltend. Auf Grund des erwirkten Vollstreckungstitels kann er in Ansehung der ganzen Forderung Zwangsvollstreckung in A's Anteil am Nachlaß und in Ansehung des Teilbetrags von 2000 auch in das Eigenvermögen des A führen.

Haftung auf dasjenige, was er vom Nachlaß hat, nicht mehr teilhaftig ist. Daraus ergibt sich wieder die Frage, wie das bezeichnete Recht prozessualisch geltend zu machen ist. Muß der Miterbe, um es zu wahren, darauf dringen, daß seine Haftung mit dem Eigenvermögen für die Zeit vor der Teilung schon im Urteil als eine nur anteilige bestimmt werde,[12]) oder genügt es, wenn er sich die Geltendmachung der im § 2059 Abs. 1 Satz 2 bestimmten Haftungsbeschränkung im Urteil vorbehalten läßt? Gegen die erste Entscheidung spricht jedoch die Erwägung, daß im Prozeßstadium noch nicht übersehen werden kann, ob der Nachlaß zur Zeit der gegen den Miterben sich richtenden Zwangsvollstreckung noch ungeteilt oder bereits geteilt sein wird,[12a]) und im Falle der Ungeteiltheit des Nachlasses wieder, welches der beiden Leistungsverweigerungsrechte des § 2059 Abs. 1 der Miterbe sich wird bedienen können.[13]) Man hat sich also für die zweite Alternative zu entscheiden.[14]) Ja es wird sogar zu

---

[12]) So insbesondere Jaeger S. 25 (unten) und die 2. Aufl. d. B. S. 517. Vgl. aber dagegen die weitere Ausführung des Textes.

[12a]) Auf Grund des gegen den Miterben ergehenden Urteils muß nach Lage der Umstände doch offenbar auch Führung der Zwangsvollstreckung in das Eigenvermögen wegen der ganzen Forderung des Gläubigers möglich sein. Dieser Anforderung wird weder die Urteilsfassung bei Planck-Ritgen Erl. 2 a. E. zu § 2059, noch die bei Binder III S. 295 gerecht. In Konsequenz seiner Auffassung kommt Binder S. 332 daher zu dem Schlusse, daß der Gläubiger, wenn er, weil der Nachlaß nach dem gegen den Miterben zu einer Zeit, in der Teilung noch nicht erfolgt war, erlangten Urteil geteilt worden ist, wegen seiner ganzen Forderung Zwangsvollstreckung in das Eigenvermögen des Miterben führen wolle, neuerdings klagen müsse!

[13]) Man denke nur an die nahe liegende Möglichkeit, daß im Prozeßstadium noch ganz ungewiß ist, ob der verklagte Miterbe des Rechtes zur Beschränkung der Haftung im technischen Sinne noch oder nicht mehr teilhaftig ist.

[14]) Einen eigenartigen Standpunkt nimmt Binder III S. 312 ein. Er leitet aus § 2059 Abs. 1 Satz 2 „eine immanente Beschränkung des Rechtes des Gläubigers" ab, die sogar und zwar offenbar im Prozeßstadium von Amts wegen berücksichtigt werden müsse. Hiergegen ist zweifaches zu sagen: 1. Die Fassung des Gesetzes weist deutlich auf ein Leistungsverweigerungsrecht des Schuldners, also auf eine Einrede im technischen Sinne hin. 2. Mit Rücksicht auf die vorhergehenden Ausführungen des Textes erweist sich die Auffassung Binders auch als nicht pratikabel. Beispiel: Dem wegen einer gemeinschaftlichen Nachlaßverbindlichkeit als Gesamtschuldner verurteilten Miterben, der des vollen Rechtes zur Haftungsbeschränkung noch teilhaftig zu sein glaubt, ist im Urteil die Beschränkung der Haftung vorbehalten worden. Im Voll-

sagen sein, daß auch zur Wahrung des im § 2059 Abs. 1 Satz 2 bestimmten Leistungsverweigerungsrechtes schon die Aufnahme des allgemeinen Vorbehalts der Haftungsbeschränkung in das Urteil (§ 780 CPO.) genügt, und die Aufnahme eines besonderen auf den Inhalt des § 2059 Abs. 1 Satz 2 bezugnehmenden Vorbehalts somit nicht erforderlich ist.[14a]) Denn wenn schon die dem bereits unbeschränkt haftenden Miterben durch § 2059 Abs. 1 Satz 2 ermöglichte Herabdrückung der grundsätzlich eintretenden Gesamthaftung mit dem Eigenvermögen zu einer wenigstens zeitweiligen Teilhaftung von der Geltendmachung der Beschränkung der Haftung im technischen Sinne wesentlich verschieden ist, so handelt es sich auch bei jener um eine dem Miterben unter gewissen Voraussetzungen zukommende Haftungsbeschränkung.[15]) Der Wortlaut des § 780 CPO. aber ist so weit gefaßt, daß er zwanglos auch auf die im § 2059 Abs. 1 Satz 2 BGB. bestimmte Haftungsbeschränkung bezogen werden kann.[16])

II. Die Befriedigung der Nachlaßgläubiger aus dem ungeteilten Nachlaß kann sich in verschiedener Weise vollziehen:

1. Kommt es zur Anordnung der Nachlaßverwaltung oder zur Eröffnung des Nachlaßkonkurses,[16a]) so können die gegen den Nachlaß sich richtenden Ansprüche grundsätzlich nur gegen den Nachlaß- bezw. Konkursverwalter geltend gemacht werden.[16b]) Eine Ausnahme hier-

---

streckungsstadium stellt sich heraus, daß der Miterbe infolge einer Nachlässigkeit seines Bevollmächtigten die Inventarfrist versäumt und somit das Leistungsverweigerungsrecht nach § 2059 Abs. 1 Satz 1 eingebüßt hat; soll ihm nunmehr wirklich auch das beschränktere Leistungsverweigerungsrecht des § 2059 Abs. 1 Satz 2 versagt sein?

[14a]) Vgl. Eccius S. 817, Wilke Erl. 2 zu § 2059, Kreß S. 149 ff., Gaupp-Stein Komm. z. CPO. II Erl. IV zu § 780. Für diese Auffassung offenbar auch die II. Kommission, wie sich aus dem zweiten Satze des von ihr in Aussicht genommenen § 696 f. CPO. (vgl. oben Anm. 8) ergibt.

[15]) Vgl. Eccius a. a. O.

[16]) Steht freilich zur Zeit des Prozesses bereits fest, daß der verklagte Erbe das Recht zur Haftungsbeschränkung im technischen Sinne bereits eingebüßt hat, so wird es naheliegend sein, daß sich der Erbe im Urteil lediglich das Leistungsverweigerungsrecht nach § 2059 Abs. 1 Satz 2 vorbehalten läßt.

[16a]) Über Nachlaßverwaltung und Nachlaßkonkurs bei der Erbenmehrheit vgl. ausführlich Kreß S. 160 ff.

[16b]) Auf hierbei möglicherweise eintretende prozessuale Schwierigkeiten macht Eccius S. 822 aufmerksam. Er stellt insbesondere die Frage, wie es mit Prozessen gehalten werden soll, die gegen einen einzelnen des Rechtes zur

von tritt nur in betreff derjenigen Miterben ein, welche dem klagenden Gläubiger gegenüber des spezifischen Rechtes zur Haftungsbeschränkung nicht mehr teilhaftig sind. Werden solche Miterben auf Leistung aus dem Eigenvermögen verklagt, so steht ihnen aber doch noch das zeitweilige beneficium divisionis des § 2059 Abs. 1 Satz 2 zu.

2. Liegen die Voraussetzungen, unter denen ein Nachlaßgläubiger die Anordnung der Nachlaßverwaltung oder die Eröffnung des Nachlaßkonkurses beantragen kann, nicht vor, oder macht kein Nachlaßgläubiger von seinem Antragsrechte Gebrauch, so können die Miterben, dafern sie nur die entsprechende Vorsicht beobachten,[17] den ungeteilten Nachlaß in der Regel auch selbständig liquidieren, ohne daß sie dabei Gefahr laufen, mit ihrem Eigenvermögen haftbar gemacht zu werden. Dies wird besonders dann wichtig, wenn der Nachlaß solvent und die Umstände so beschaffen sind, daß ein Alleinerbe die Beschränkung der Haftung auf den Nachlaß nur durch die Stellung des Antrags auf Anordnung der Nachlaßverwaltung herbeiführen könnte. Bei der Erbenmehrheit ergibt sich im bezeichneten Falle der Schutz jedes des Rechtes zur Haftungsbeschränkung noch teilhaftigen Miterben gegen die Inanspruchnahme seines Eigenvermögens schon durch die Geltendmachung des Leistungsverweigerungsrechtes nach § 2059 Abs. 1 Satz 1.

Stellt sich der Nachlaß dagegen als überschuldet heraus und beruht die Überschuldung nicht bloß auf den Ansprüchen bereits ausgeschlossener oder als ausgeschlossen zu behandelnder Gläubiger

---

Beschränkung der Haftung noch teilhaftigen Miterben vor der Anordnung der Nachlaßverwaltung anhängig gemacht worden sind, und ob auch hier § 241 CPO. zur Anwendung zu bringen sei. Die letztere Frage ist ungeachtet der von Eccius vorgebrachten Bedenken zu bejahen. Daß so entschieden werden muß, ergibt sich am deutlichsten, wenn man an Fälle denkt, in denen für die eingeklagte Forderung überhaupt nur ein Miterbe haftet. Ist dieser des Rechtes zur Beschränkung seiner Haftung noch teilhaftig, so ist der Anspruch nach § 1975 gegen ihn persönlich überhaupt nicht mehr verfolgbar. Der Anspruch muß daher als ein gegen den Nachlaß sich richtender aufgefaßt werden. Grundsätzlich nicht anders verhält es sich aber, wenn eine gemeinschaftliche Nachlaßverbindlichkeit in Frage steht. Vgl. jetzt auch Kreß S. 168 Anm. 22.

[17]) Man denke insbesondere an die geeigneten Maßnahmen zur Ermittelung der Nachlaßgläubiger, an die Geltendmachung der aufschiebenden Einreden, die Inventarerrichtung, die Führung einer ordnungsmäßigen Verwaltung.

(§§ 1973, 1974), oder auf Vermächtnissen und Auflagen (§ 1992), und liegen auch die Voraussetzungen des § 1990 nicht vor, so hat, dafern nicht mit den noch unbefriedigten Nachlaßgläubigern ein gütliches Einverständnis erzielt wird, jeder Miterbe ein wesentliches Interesse daran, daß es zur baldigsten Eröffnung des Nachlaßkonkurses komme. Denn unterbleibt diese, so tritt für die Miterben ungeachtet des Leistungsverweigerungsrechtes nach § 2059 Abs. 1 Satz 1 die Gefahr ein, den Nachlaßgläubigern nach § 1980 haftbar zu werden. Sie ist umso größer, als es für die Miterben bei der vorausgesetzten Sachlage kein Mittel gibt, durch dessen Verwendung sie der von einem Nachlaßgläubiger wegen einer Forderung, die weder ausgeschlossen ist, noch einer ausgeschlossenen gleichsteht, noch eine Forderung aus einem Vermächtnis oder einer Auflage ist, in den ungeteilten Nachlaß geführten Zwangsvollstreckung mit der Wirkung entgegentreten könnten, daß der Gläubiger nur zur konkursmäßigen Befriedigung gelangt.

In den Fällen der §§ 1973, 1974, 1990 (1991), 1992 stehen dagegen den Miterben hinsichtlich der Rangordnung, in welcher die in Frage kommenden Gläubiger aus dem ungeteilten Nachlaß zu befriedigen sind, dieselben Rechte zu, welche bei der Alleinerbfolge dem Alleinerben zukommen.[18]) Die Ausübung des im § 1973 Abs. 2 Satz 2 und im § 1992 Satz 2 bestimmten Rechtes, die Durchführung der Zwangsvollstreckung in zum Nachlaß gehörende Gegenstände durch Zahlung ihres Wertes abzuwenden, setzt bei der hier vorausgesetzten Ungeteiltheit des Nachlasses das Einverständnis aller Miterben voraus.[18a])

3. Soweit sich Nachlaßgläubiger im Falle der Erbenmehrheit auf den ungeteilten Nachlaß verweisen lassen müssen, bestimmt sich dasjenige, was ihnen gegenüber als solcher zu gelten hat, grundsätzlich nach den §§ 1978 bis 1980.[19]) Im Interesse der Nachlaßgläubiger gelten also als zum ungeteilten Nachlaß gehörend auch Ansprüche gegen die Miterben auf Leistung desjenigen, um was der

---

18) Vgl. oben S. 238, 254, 306.

18a) Unverständlich bleibt die Meinung von Kreß S. 154, daß die §§ 1973, 1974 (1989), 1990, 1992 bei der Erbenmehrheit für die Zeit vor der Teilung keine Bedeutung haben sollen.

19) Dieser Schluß muß aus § 1978 Abs. 1 in Verbindung mit §§ 1991, 1992 gezogen werden.

Nachlaß bei entsprechendem Gebahren nicht gemindert worden wäre. Es kann sich hierbei insbesondere um die Leistung von Ersatz für von den Miterben erzielte und unter sie verteilte Nutzungen des Nachlasses, um die Herausgabe sonstiger aus der im übrigen fortdauernden Erbengemeinschaft herausgezogener und den einzelnen Miterben zugewiesener Nachlaßgegenstände[20]) und um die Vergütung des durch schuldbares Gebahren aller oder einzelner Miterben verursachten Schadens handeln.[20a]) Auf die hierauf gerichteten Ansprüche gegen die Miterben kommen die für die Haftung der Miterben für die Nachlaßverbindlichkeiten maßgebenden Bestimmungen (und somit auch die des § 2058) selbstverständlich nicht zur Anwendung. Denn diese Ansprüche bilden nicht Passiven, sondern Aktiven des Nachlasses.[21]) Für die Gestaltung der Haftung, insbesondere hinsichtlich der Frage, ob Gesamthaftung oder anteilige Haftung der Miterben eintritt, oder ob nur einer von ihnen haftet, sind hier also lediglich die obligationenrechtlichen Vorschriften maßgebend.[22]) Zur Geltendmachung der bezeichneten Ansprüche ist in den Fällen der Nachlaßverwaltung der Nachlaß- bezw. Konkursverwalter berufen. Abgesehen vom Falle des Nachlaßkonkurses können die Nachlaßgläubiger in diese Ansprüche auch Zwangsvollstreckung führen und sich aus ihnen nach Maßgabe der CPO. befriedigen.

Auf der anderen Seite können die Miterben den ihre Befriedigung aus dem ungeteilten Nachlaß suchenden Nachlaßgläubigern nach Maßgabe des § 1978 Abs. 3 die von ihnen auf den Nachlaß gemachten Aufwendungen in Rechnung stellen.

III. Beschreitet ein Nachlaßgläubiger den unter I Z. 2 bezeichneten Weg, so kann er auf Grund des gegen einen einzelnen Miterben erwirkten Vollstreckungstitels nach § 859 Abs. 2 CPO. die Pfändung

---

[20]) Wesentlich anders Binder III S. 308, 318 ff. Er meint, daß in solchem Falle von einem „ungeteilten Nachlaß" im Sinne des § 2059 überhaupt nicht mehr die Rede sein könne. Vgl. aber dagegen unten § 89 Anm. 17.

[20a]) Vgl. hierzu Kreß S. 128 ff.

[21]) Vgl. auch Planck-Ritgen S. 217.

[22]) Auf Grund derselben kann sich unter Umständen auch eine gesamtschuldnerische Haftung der Miterben ergeben, so z. B. auf Grund des § 823 in Verbindung mit § 840 Abs. 1. Beispiel: Infolge einer allen Miterben zur Last fallenden Fahrlässigkeit werden Nachlaßsachen durch Brand zerstört. Warum die Miterben hierfür nicht als Gesamtschuldner haften sollen, ist nicht einzusehen. Anders freilich Kreß S. 135.

von dessen Anteil am Nachlaß erwirken[23]) und erlangt er hierdurch, vorausgesetzt, daß sein Schuldtitel nicht bloß vorläufig vollstreckbar ist, nach § 2042 Abs. 2 in Verbindung mit § 751 Satz 2 die Möglichkeit, die Auseinandersetzung der Miterbengemeinschaft zu betreiben.[24]) Wird hierbei von den übrigen Miterben anerkannt, daß der Forderung des Nachlaßgläubigers eine gemeinschaftliche Nachlaßverbindlichkeit entspricht, so erfolgt deren Befriedigung aus dem Gesamtnachlaß;[25]) fehlt es an dieser Voraussetzung, so muß der Gläubiger, wenn er sich nicht aus demjenigen befriedigen will oder kann, was auf seinen Vollstreckungsschuldner bei der Auseinandersetzung entfällt, sein Recht zur Befriedigung aus dem Gesamtnachlaß gegen die übrigen Miterben erst noch erstreiten.

Statt die Auseinandersetzung zu betreiben, kann der Gläubiger aber auch nach Maßgabe des § 857 Abs. 5 CPO. in Verbindung mit § 2033 BGB. die gerichtliche Anordnung der Veräußerung des gepfändeten Anteils am Nachlaß erwirken.[26]) Die Höhe des dabei zu erzielenden Erlöses wird wesentlich davon abhängen, ob und mit welchem Maße von Sicherheit der Ersteher darauf rechnen darf, daß die Forderung des Vollstreckungsgläubigers bei der Auseinandersetzung mit den Miterben als eine aus dem Gesamtnachlaß zu berichtigende behandelt werden wird.

IV. Entspricht der Forderung eines Nachlaßgläubigers nicht eine gemeinschaftliche Verbindlichkeit der Miterben, sondern richtet sie sich nur gegen einen von ihnen, so kann dieser, dafern er nicht für die betreffende Verbindlichkeit bereits schlechthin unbeschränkt haftet, bis zur Teilung des Nachlasses die Berichtigung aus dem Vermögen, das er außer seinem Anteil am Nachlaß hat, nach § 2059 Abs. 1 Satz 1 verweigern. Der Gläubiger wird sich also vor der Teilung des Nachlasses mit Aussicht auf Erfolg nur an den Anteil des Miterben am Nachlaß halten können.

---

[23]) Sie erfolgt nach § 857 in Verbindung mit §§ 829, 846 CPO. durch Zustellung des Beschlusses an die Miterben. Vgl. RGE. Bd. 42 S. 326, Bd. 49, S. 405.

[24]) Vgl. auch § 86 FGbG.

[25]) Vgl. dazu Protokolle V S. 868 (unten).

[26]) Vgl. dazu oben S. 100 Anm. 22, ferner Gaupp-Stein II Erl. III zu § 859 CPO. und Binder III S. 301 ff.

3. Haftung nach der Teilung.

§ 89.

I. Praktisch bedeutsamer als hinsichtlich der Zeit vor der Teilung des Nachlasses wird die gesamtschuldnerische Haftung der Miterben für die gemeinschaftlichen Nachlaßverbindlichkeiten nach der Teilung des Nachlasses; denn jetzt kann von einem dem in Anspruch genommenen Miterben zustehenden Rechte zur Verweisung des Gläubigers auf den ungeteilten Nachlaß bezw. auf den dem Miterben hieran zukommenden Anteil selbstverständlich nicht mehr die Rede sein. Erwägungen anderer Art führen aber doch auch hier zu erheblichen Ausnahmen von dem Grundsatz der gesamtschuldnerischen Haftung. Die Strenge der mit der Teilung des Nachlasses zur Geltung kommenden gesamtschuldnerischen Haftung soll die Miterben von der Vornahme voreiliger Teilung zurückhalten. Wollen sie jene vermeiden, so werden daher die Miterben noch vor der Teilung des Nachlasses tunlichst für die Ermittelung und Berichtigung der Nachlaßverbindlichkeiten zu sorgen haben. Billigerweise kann ihnen aber doch nicht zugemutet werden, die Erbengemeinschaft mit Rücksicht auf die Möglichkeit, daß noch immer einzelne Nachlaßgläubiger hervortreten können, dauernd aufrecht zu erhalten. Der Vorwurf voreiliger Teilung des Nachlasses entfällt vielmehr offenbar denjenigen Nachlaßgläubigern gegenüber, welche die Geltendmachung ihrer Forderungen ungebührlich verzögert haben, zumal wenn dazu noch kommt, daß die betreffenden Forderungen den Miterben bis zur Teilung oder wohl auch bis zu einem bestimmten, der Teilung vorangehenden Zeitpunkt[1]) unbekannt geblieben sind.

Mit ungerechtfertigter Härte würde die gesamtschuldnerische Haftung die Miterben aber auch dann treffen, wenn der gesamte ungeteilte Nachlaß im Wege des Nachlaßkonkurses zur Befriedigung der Nachlaßgläubiger verwendet worden ist, einzelne von ihnen aber dabei ganz oder teilweise unbefriedigt geblieben sind. Auch nach dieser Richtung hin ist eine Ausnahme von der Regel nicht zu entbehren.

II. Die unter I hervorgehobenen Gesichtspunkte finden in den §§ 2060, 2061 nachstehende Berücksichtigung:

---

[1]) Vgl. darüber die weitere Ausführung im Texte unter II 2a.

1. Zur Ermittelung der Nachlaßverbindlichkeiten steht den Miterben zunächst der Weg des Aufgebotsverfahrens offen. Es dient bei Vorhandensein mehrerer Erben zwei verschiedenen Zwecken. Einmal zur Herbeiführung der den ausgeschlossenen Gläubigern gegenüber nach § 1973 eintretenden Einschränkung der Haftung der Erben auf das Maß der noch vorhandenen Bereicherung. Dann aber auch noch — und dieser Zweck kommt hier in Frage — zur Herbeiführung einer nur anteiligen Haftung der Miterben gegenüber den ausgeschlossenen Gläubigern für die Zeit nach der Teilung.

Zur Erreichung beider Zwecke genügt ein Aufgebotsverfahren. Den Nachlaßgläubigern ist dann aber im Aufgebot für den Fall der unterlassenen Anmeldung außer den im § 1973 bestimmten Rechtsnachteilen auch noch anzudrohen, daß jeder Erbe nach der Teilung des Nachlasses nur für den seinem Erbteil entsprechenden Teil der Verbindlichkeit haftet. Hierbei ist jedoch wohl zu beachten, daß ein Ausschluß von Nachlaßgläubigern im Aufgebotsverfahren mit diesem Erfolge in weiterem Umfange Platz greift, als er nach den §§ 1970 bis 1973 in Verbindung mit § 2013 mit jener Wirkung möglich ist. Im letzteren Falle werden Pflichtteilsrechte, Vermächtnisse und Auflagen durch das Aufgebot nicht betroffen (§ 1972). Handelt es sich jedoch nur um die Ausschließung der Gläubiger von dem Rechte, die Miterben nach der Teilung als Gesamtschuldner in Anspruch zu nehmen, so ist das Aufgebot auch den soeben bezeichneten Gläubigern gegenüber wirksam (§ 2060 Nr. 1).

Nach Nr. 1 von § 2060 erstreckt sich das Aufgebot (im Gegensatz zu § 1973 in Verbindung mit § 2013) hier aber auch auf „die Gläubiger, denen der Miterbe unbeschränkt haftet“. Man hat dabei übrigens nicht nur an den Fall zu denken, daß ein Miterbe einzelnen Nachlaßgläubigern unbeschränkt haftet, sondern auch an die Möglichkeit, daß zum Nachteil eines oder mehrerer oder auch aller Miterben bereits die unbeschränkte Haftung für die Nachlaßverbindlichkeiten überhaupt eingetreten ist.[2]) Auch bei dieser Sachlage also haftet jeder Miterbe einem ausgeschlossenen Gläubiger nach der Teilung nur für den seinem Erbteil entsprechenden Teil der Verbindlichkeit, in Ansehung dieses Teiles aber bei unbeschränkter Haftung

---

[2]) Diese im § 2060 übergangene Möglichkeit ist im § 997 CPO. ausdrücklich hervorgehoben.

nicht nur mit den bei der Teilung erhaltenen Nachlaßgegenständen, sondern auch mit seinem sonstigen Vermögen.

Aus der vorstehenden Darlegung ergibt sich zugleich, daß die Einleitung des Aufgebotsverfahrens zur Herbeiführung der im § 2060 Nr. 1 bestimmten Ausschlußwirkung praktischen Wert selbst dann hat, wenn die Voraussetzungen für den Eintritt der Ausschlußwirkung des § 1973 nicht mehr gegeben sind. Demgemäß kann die Erlassung des Aufgebots von einem Miterben, der für die Nachlaßverbindlichkeiten bereits unbeschränkt haftet, doch noch immer in der Weise beantragt werden, daß den die Anmeldung unterlassenden Gläubigern lediglich der im § 2060 Nr. 1 bezeichnete Rechtsnachteil angedroht wird (§ 997 CPO.).

Dem Ausschluß des Nachlaßgläubigers im Aufgebotsverfahren steht es nicht entgegen, daß der Miterbe, dessen Haftung nach der Teilung in Frage kommt, von der nicht angemeldeten Forderung des Gläubigers noch vor der Erlassung des Ausschlußurteils anderweite Kenntnis gehabt hat.[3]) Folgerichtig[4]) hindert daher auch die von einem Miterben nach dem Ausschlußurteil aber noch vor der Teilung erlangte Kenntnis von dem Bestehen der ausgeschlossenen Forderung den Eintritt der anteiligen Haftung nicht. Der unter I a. E. hervorgehobene Grundgedanke erfährt also im Falle des § 2060 Nr. 1 die besondere Abwandelung, daß die Miterben den nach Maßgabe dieser Bestimmung ausgeschlossenen Nachlaßgläubigern ohne Rücksicht auf ihre von dem Bestehen der nicht angemeldeten Forderung etwa erlangte Kenntnis nach der Teilung nur mehr anteilig haften.

1a. Zwar nicht in ganz gleicher aber doch in ähnlicher Weise wie durch das unter Z. 1 besprochene gerichtliche Aufgebot kann den Miterben die anteilige Haftung für die Zeit nach der Teilung des Nachlasses auch durch das billigere und einfachere Mittel der außergerichtlichen öffentlichen Aufforderung (des sogenannten Privataufgebots) gesichert werden. Nach § 2061 ist nämlich jeder Miterbe[5]) berechtigt, vor der Teilung an die Nachlaßgläubiger auf seine Kosten

---

[3]) Vgl. oben S. 234 bei Anm. 3.

[4]) Vgl. Küntzel S. 839, 840. Trotzdem wird die Frage aufgeworfen werden können, ob eine andere Behandlung der Billigkeit nicht besser entsprochen haben würde.

[5]) Also auch ein solcher, der des Rechtes zur Beschränkung der Haftung nicht mehr teilhaftig ist.

eine im Reichsanzeiger und in dem für die Bekanntmachung des Nachlaßgerichts bestimmten Lokalblatte veröffentlichte Aufforderung zur Anmeldung ihrer Forderungen zu erlassen. Die Anmeldung hat binnen sechs Monaten seit der letzten Einrückung bei dem auffordernden Miterben oder bei dem Nachlaßgericht zu erfolgen.

Ist die Aufforderung ergangen, so haftet jeder Miterbe — also nicht bloß derjenige, von welchem sie ausgegangen war — rücksichtlich der weder angemeldeten noch ihm vor der Teilung bekannt gewordenen[6]) Nachlaßverbindlichkeiten nur anteilig und zwar auch dann, wenn er zur Beschränkung seiner Haftung auf das aus dem Nachlaß Erlangte nicht mehr berechtigt ist.[6a])

2. Nur anteilige Haftung tritt ferner — ganz abgesehen von den Voraussetzungen unter Z. 1 und 1a — rücksichtlich derjenigen Nachlaßverbindlichkeiten ein, die erst später als fünf Jahre nach dem im § 1974 Abs. 1 bezeichneten Zeitpunkt, d. i. nach dem Erbfall bezw. nach der Erlassung des die Todeserklärung des Erblassers aussprechenden Urteils geltend gemacht und dem Miterben vor Ablauf der fünf Jahre auch nicht bekannt geworden sind. Diese Vorschrift findet jedoch einerseits auf die nach § 1971 bevorrechteten und auf die in einem etwa eingeleitet gewesenen Aufgebotsverfahren[6b])

---

[6]) Das Gesetz stellt sich also hier auf einen anderen Standpunkt als im Falle unter Z. 1.

[6a]) Wie verhält es sich, wenn die rechtzeitige Anmeldung der Forderung unterblieben ist, die Teilung des Nachlasses aber noch vor dem Ablauf der Anmeldefrist stattgefunden und der Miterbe vor diesem Ablauf von der Forderung auch keine Kenntnis erhalten hat? Man wird sich für nur anteilige Haftung auszusprechen haben. Grundsätzlich ebenso Planck-Ritgen S. 224, nur mit der sachlich nicht gerechtfertigten Abweichung, daß eine vom Miterben vor dem Ablauf der Anmeldefrist aber nach der Teilung des Nachlasses erlangte Kenntnis von der Forderung den Eintritt der anteiligen Haftung nicht ausschließe. Grundsätzlich anders Binder III S. 324 Anm. 48, der sich für Gesamthaftung entscheidet.

[6b]) Auf das sogenannte Privataufgebot des § 2061 bezieht sich die Vorschrift des § 2060 Nr. 2 nicht. Zu beachten ist jedoch, daß in der infolge eines Privataufgebots eines Miterben stattfindenden Anmeldung einer Forderung eine Geltendmachung derselben gegenüber diesem Miterben im Sinne des § 1974 — nicht auch gegenüber einem am Privataufgebot nicht beteiligten Miterben zu erblicken ist. Zutreffend Planck-Ritgen S. 222 und Kreß S. 268 Anm. 15 (der aber aus der 2. Aufl. d. B. S. 523 herausliest, was nicht darin steht).

angemeldeten Forderungen keine Anwendung, kommt dagegen andererseits auch einem solchen Miterben zu statten, welcher das Recht zur Beschränkung seiner Haftung bereits eingebüßt hat (§ 2060 Nr. 2).

Auf zwei Punkte ist noch besonders aufmerksam zu machen:

a) Wird eine Nachlaßforderung, hinsichtlich deren die vorerwähnten Voraussetzungen zutreffen, noch vor der Teilung des Nachlasses geltend gemacht oder doch wenigstens den Miterben bekannt, so haften diese, wenn sie die Befriedigung des Gläubigers aus dem ungeteilten Nachlaß durch eilige Teilung unmöglich machen, für die Forderung nicht gesamtschuldnerisch, sondern nur anteilig.[7])

b) Die vollständige Verwirklichung der Voraussetzungen, an welche Nr. 2 von § 2060 die nur anteilige Haftung knüpft, kann möglicherweise auch erst nach der bereits erfolgten Teilung des Nachlasses eintreten. In diesem Falle scheint es der freilich nicht ganz deutlichen Absicht des Gesetzes zu entsprechen, daß die bereits vorhanden gewesene gesamtschuldnerische Haftung des Miterben sich hinterher in eine nur anteilige verwandelt.

3. Nach § 2060 Nr. 3 haften die Miterben, mögen sie des Rechtes zur Beschränkung ihrer Haftung auch bereits verlustig geworden sein, nach der Teilung für die Nachlaßverbindlichkeiten endlich auch dann nur anteilig, „wenn der Nachlaßkonkurs eröffnet und durch Verteilung der Masse oder durch Zwangsvergleich beendigt worden ist". Die Vorschrift bedarf genauerer Würdigung:

Es ist zunächst die Möglichkeit ins Auge zu fassen, daß die Eröffnung des Nachlaßkonkurses nach § 216 Abs. 2 KO. erst nach der Teilung des Nachlasses und damit zugleich nach der bereits vollwirksam gewordenen gesamtschuldnerischen Haftung der Miterben erfolgt ist. Daß den Miterben hier die bereits eingetretene gesamtschuldnerische Haftung nach der Beendigung des Konkurses wieder abgenommen werden soll, wird nicht anzunehmen sein. Die Vorschrift des § 2060 Nr. 3 muß also in dieser Beziehung einschränkend ausgelegt werden.[8])

---

[7]) Zweifelnd Wilke S. 119. Eine andere Frage ist, ob das Ergebnis der Billigkeit entspricht.

[8]) Hierfür kann man sich insbesondere auch auf die Worte: „Nach der Teilung" im Eingange des § 2060 berufen. In der 1. Aufl. d. B. S. 151 knüpfte der Verfasser mit Rücksicht darauf, daß er zu der oben vertretenen Ansicht noch nicht gelangen zu können glaubte, an die Vorschrift der Nr. 3 von

Außerdem ist noch folgendes zu bemerken: Erfolgt die Beendigung des Nachlaßkonkurses durch Zwangsvergleich, so richtet sich die Haftung der Miterben gegenüber den durch den Zwangsvergleich betroffenen Gläubigern[9]) nach dem Inhalt des Vergleichs.[9a]) Was § 2060 Nr. 3 in betreff der anteiligen Haftung bestimmt, greift also nur hinsichtlich derjenigen Gläubiger ein, für welche der Zwangsvergleich nicht maßgebend ist. Im Falle der Beendigung des Nachlaßkonkurses durch Verteilung der Masse wird für die Miterben in aller Regel nichts mehr übrig bleiben, was unter sie geteilt werden könnte. Trifft dies zu, so muß im Sinne des Gesetzes angenommen werden, daß die Beendigung des Konkurses der „Teilung" des Nachlasses unter den Miterben gleichsteht, so daß also diese nach der Beendigung des Konkurses für die noch unberichtigten Nachlaßverbindlichkeiten[9b]) nur mehr anteilig haften.[10]) Das eben gesagte

---

§ 2060 kritische Bemerkungen, die nunmehr gegenstandslos werden. Für die Entscheidung des Textes insbesondere Küntzel S. 148, Planck-Ritgen S. 222, Jaeger KO. (1. Aufl.) S. 740, Kreß S. 266 Anm. 9 (der sich dabei irrtümlich im Gegensatz zur 2. Aufl. d. B. S. 524 Anm. 8 zu befinden glaubt). An der in der 1. Aufl. d. B. vertretenen Ansicht hält fest Wilke S. 119 und neuestens Binder III S. 327 (der übersieht, daß die Nachlaßgläubiger durch die erst nach der Teilung erfolgende Eröffnung des Nachlaßkonkurses praktisch in aller Regel nicht mehr in dieselbe Lage gebracht werden können, in der sie sich befunden haben würden, wenn die voreilige Teilung niemals stattgefunden hätte, und daß daher auch die infolge dieser endgültig eingetretenen gesamtschuldnerischen Haftung der Miterben, auf deren Fortbestand die Nachlaßgläubiger rechnen durften und auf die sie sich bereits eingerichtet haben, durch die nachträgliche Eröffnung des Nachlaßkonkurses nicht mehr in Wegfall gebracht werden kann).

[9]) Vgl. dazu oben S. 294 ff., aber auch Binder III S. 326 Anm. 58.

[9a]) Vgl. übrigens auch den hierbei eingreifenden § 427.

[9b]) Ob die betreffenden Gläubiger ihre Forderungen im Nachlaßkonkurs geltend gemacht haben, oder nicht, ist dabei gleichgültig.

[10]) Ebenso Planck-Ritgen S. 222, Jaeger KO. (1. Aufl.) S. 740 (anders noch Erbenhaftung S. 27) und im Ergebnisse auch Binder III S. 326 Anm. 57 a. E. Anders Kreß, S. 29, 269, 266, weil eine „Teilung" nicht stattgefunden habe. Das Ergebnis der Ansicht von Kreß soll an folgendem Beispiel veranschaulicht werden: A, der des Rechtes zur Haftungsbeschränkung noch teilhaftig ist, ist Miterbe zu 7/8, B, der bereits unbeschränkt haftet, Miterbe zu 1/8. Es kommt zur Eröffnung des Nachlaßkonkurses. Nach dessen Beendigung tritt ein bisher unbekannt gebliebener Nachlaßgläubiger auf. Nach Kreß macht es nun einen großen Unterschied, je nachdem der Nachlaßkonkurs einen, wenn auch noch so kleinen und unter die Miterben verteilten Überschuß

drängt übrigens noch zu weiteren Schlüssen hinsichtlich der oben unter Z. 1, 1a, 2 bereits besprochenen Fälle. Auch abgesehen von dem Falle des Nachlaßkonkurses ist es nämlich sehr wohl möglich, daß es zu einer Teilung unter die Miterben überhaupt nicht mehr kommen kann, weil der Nachlaß, sei es im Wege der Nachlaßverwaltung,[11]) sei es im Wege der Selbstliquidierung durch die Miterben durch die ordnungsmäßige Befriedigung der bekannten Gläubiger bereits erschöpft worden ist. Würde ein vorläufiger Überschuß erzielt und zur Verteilung gebracht worden sein, so würden die Miterben den Gläubigern der bezeichneten Gruppen schon nach dem Wortlaut des § 2060 Nr. 1 und 2 und des § 2061 nur mehr anteilig haften. Dasselbe muß aber den Gläubigern dieser Gruppen gegenüber doch wohl auch dann gelten, wenn die Möglichkeit der Teilung eines vorläufigen Überschusses durch die bereits eingetretene Erschöpfung des Nachlasses ausgeschlossen ist. Die praktische Bedeutung hiervon tritt besonders hervor, wenn einzelne, oder wohl auch alle Miterben des Rechtes zur Beschränkung der Haftung nicht mehr teilhaftig sind.[12]) [13])

---

ergab, oder nicht. Nur im ersten Falle soll sich der Miterbe B dem Gläubiger gegenüber auf § 2060 Nr. 3 berufen können, so daß sich also dessen unbeschränkte Haftung nur auf 1/7 des Forderungsbetrags erstreckt. Im zweiten Falle soll dagegen den B, lediglich deswegen, weil nach Beendigung des Nachlaßkonkurses ein Überschuß nicht mehr verteilt werden konnte, die unbeschränkte Haftung rücksichtlich des *ganzen* Betrags der Forderung treffen. Dies kann nicht die Absicht des Gesetzes sein und zwar umsoweniger, als sonst gerade der Normalfall der Beendigung des Nachlaßkonkurses durch Nr. 3 von § 2060 nicht getroffen wäre.

[11]) Mit Rücksicht auf die weitere Ausführung des Textes ist hierbei vorzugsweise an Fälle zu denken, in denen die Nachlaßverwaltung auf Antrag eines Nachlaßgläubigers angeordnet war (vgl. §§ 2062, 2013 Abs. 1).

[12]) Dabei ist zu beachten, daß die anteilige Haftung nach §§ 2060, 2061 auch solchen Miterben zu statten kommen kann, die bereits unbeschränkt haften.

[13]) Beispiel: Nach Befriedigung der nicht ausgeschlossenen Gläubiger ergibt sich ein vorläufiger Überschuß von 100 M. Bevor es zur Teilung kommt, meldet sich ein im Sinne von § 2060 Nr. 1 bereits ausgeschlossener Gläubiger mit einer Forderung von 200 M. Was sollen die bereits unbeschränkt haftenden Erben hier tun, um sich diesem Gläubiger und eventuellen in gleicher Weise ausgeschlossenen Gläubigern gegenüber die endgültige Teilhaftung zu sichern? Sie können es nach dem Wortlaute des Gesetzes gewiß dadurch, daß sie den vorläufigen Überschuß unter sich teilen. Denn sie haften *nach der Teilung* den Gläubigern der Gruppe Nr. 1 des § 2060 nur mehr anteilig. Kann es nun wirklich im Sinne des Gesetzes gelegen sein, daß die Miterben den Vor-

In allen übrigen durch die Ausführungen unter Z. 1 bis 3 nicht getroffenen Fällen haften die Miterben nach der Teilung gesamtschuldnerisch.

III. Die Geltendmachung der in den §§ 2060, 2061 bestimmten anteiligen Haftung gestaltet sich verschieden, je nachdem diejenigen Umstände, welche die anteilige Haftung begründen, vor oder nach dem im § 767 Abs. 2 CPO. bezeichneten Zeitpunkt eingetreten sind. Im ersten Falle ist der verklagte Miterbe nach Maßgabe des vorliegenden Sachverhalts, ohne daß es der Geltendmachung einer Einrede im technischen Sinne bedarf, nur anteilig zu verurteilen.[14] Beantragt der Kläger die Verurteilung des Beklagten als Gesamtschuldner, und ergibt sich die Unzulässigkeit dieses Begehrens nicht schon aus dem klägerischen Vorbringen, so wird sich der Beklagte freilich auf die Umstände zu berufen haben, vermöge welcher seine Haftung eine nur anteilige ist. Allein hierin liegt nur das Vorbringen einer Einwendung im prozessualen Sinne und nicht die Geltendmachung einer Einrede im Sinne des BGB. Erlangt der Kläger infolge mangelhafter Verteidigung des Beklagten ein auf gesamtschuldnerische Haftung lautendes Urteil, so kann hiergegen im Stadium der Zwangsvollstreckung eine Einwendung nicht mehr vorgebracht werden.

Im zweiten Falle kann der Miterbe gegen das die Gesamthaftung aussprechende Urteil im Vollstreckungsstadium die Einwendung der Teilhaftung nach § 767 Abs. 1 CPO. im Wege der Klage geltend machen.

IV. In einem besonderen Falle hat die Teilung des Nachlasses zur Folge, daß die Miterben zwar nicht schlechthin des Rechtes zur Beschränkung ihrer Haftung, aber doch eines bestimmten Mittels zur wirklichen Herbeiführung dieser Beschränkung verlustig werden. So

---

teil der endgültigen Teilhaftung einbüßen, wenn sie den vorläufigen Nachlaßüberschuß dem sich zunächst meldenden Gläubiger der bezeichneten Gruppe ausliefern?

[14]) Von einer „Einrede" der endgültigen Teilhaftung spricht allerdings Jaeger, Erbenhaftung S. 27. Hiergegen ist jedoch zu bemerken, daß die Haftung des Miterben in den hierher gehörenden Fällen schon nach den unmittelbar eingreifenden Vorschriften der §§ 2060, 2061 eine anteilige ist. Für die Auffassung des Textes Kreß S. 271, Binder III S. 318 Anm. 20, S. 336 Anm. 32.

verhält es sich, wenn die Miterben durch voreilige Teilung des Nachlasses die Anordnung der Nachlaßverwaltung mit Rücksicht auf die Vorschrift des § 2062 unmöglich gemacht haben.[15]) Die Miterben haften dann, dafern es nicht wegen Überschuldung des Nachlasses zur Eröffnung des Nachlaßkonkurses kommt, und dafern auch die Voraussetzungen der §§ 1990 bis 1992 nicht vorliegen, den Nachlaßgläubigern, soweit nicht einzelnen von ihnen gegenüber eine Einschränkung der Haftung durch Ausschluß im Aufgebotsverfahren oder durch Eintritt der im § 1974 bestimmten Ausschlußwirkung begründet ist, nicht nur mit dem Nachlaß, sondern auch mit ihrem Eigenvermögen.[16])

V. Wird unter den Parteien streitig, ob der Nachlaß bereits geteilt ist, so dürfte es sich mit der Beweislast also verhalten: Verlangt ein Nachlaßgläubiger die Verurteilung eines Miterben als Gesamtschuldner, während der Beklagte sich darauf beruft, daß die Teilung des Nachlasses bereits erfolgt sei, und daß der Kläger zu denjenigen Gläubigern gehöre, welchen gegenüber nach der Teilung eine nur anteilige Haftung Platz greift, so wird der beklagte Miterbe die Teilung zu erweisen haben. Will ein Gläubiger dagegen auf Grund des vor der Teilung des Nachlasses erwirkten Urteils, laut dessen ein Miterbe als Gesamtschuldner verurteilt ist, Zwangsvollstreckung in das Eigenvermögen des Miterben führen, während dieser den Gläubiger nach § 2059 Abs. 1 Satz 1 auf Grund des im Urteil enthaltenen Vorbehalts auf den noch ungeteilten Nachlaß verweist, so scheint der auf der Führung der Zwangsvollstreckung in das Eigenvermögen des Erben beharrende Gläubiger die bereits erfolgte Teilung des Nachlasses erweisen zu müssen.

VI. Darüber, ob der Nachlaß im konkreten Falle als bereits geteilt anzusehen ist oder nicht, wird man mitunter zweifelhaft sein können. Bei der Entscheidung ist doppeltes zu beachten: Einerseits, daß in der rücksichtlich einzelner Gegenstände vorgenommenen Teilung eine Teilung des Nachlasses im ganzen noch nicht zu erblicken ist, und andererseits, daß die Annahme einer Teilung des Nachlasses

---

[15]) Vgl. oben S. 334.

[16]) Vgl. auch Hachenburg S. 703, 704. A. M. in Konsequenz seiner ganzen Lehre selbstverständlich Binder III S. 316 Anm. 14, 348 Anm. 43; der an der zuerst genannten Stelle versuchte Beweis, daß die der herrschenden Meinung entsprechende Entscheidung des Textes zu unerträglichen Konsequenzen führe, ist Binder nicht gelungen.

dadurch noch nicht ausgeschlossen ist, daß einzelne zum Nachlaß gehörende Gegenstände noch nicht geteilt worden sind.[17]) Es kommt somit darauf an, ob die ordnungsmäßige Befriedigung der Nachlaßgläubiger nach Maßgabe des § 2059 Abs. 2 dadurch, daß die Miterben einzelne Nachlaßgegenstände dem Nachlaß entnommen und unter sich geteilt haben, bereits erheblich beeinträchtigt worden ist, oder ob dies nicht zutrifft. Wird diese Frage im Einzelfalle bejaht, so ist damit zugleich auch ausgesprochen, daß die Miterben, soweit nicht einer der Ausnahmefälle der §§ 2060, 2061 vorliegt, für die Nachlaßverbindlichkeiten als Gesamtschuldner haften. Im Falle der Verneinung der Frage bleiben dagegen die Miterben der ihnen für die Zeit vor der Teilung im § 2059 Abs. 1 Satz 1 gewährten Einrede selbst dann teilhaftig, wenn sie den ungeteilten Nachlaß durch Herausnahme und Teilung einzelner Nachlaßgegenstände gemindert haben. Die hierin scheinbar gelegene Beeinträchtigung der Nachlaßgläubiger wird jedoch dadurch wieder ausgeglichen, daß die Miterben in diesem

---

[17]) Vgl. Küntzel S. 842, Planck-Ritgen S. 220. Wesentlich anders Binder III S. 308, 309, 319 Anm. 24. Danach soll die „Teilung" des Nachlasses immer schon dann als erfolgt anzusehen sein, wenn ihm die Miterben auch nur einzelne Gegenstände entnommen und diese unter sich geteilt haben. Dies ist nicht praktisch gedacht. Denn in Konsequenz dieser Auffassung würde den Miterben die Geltendmachung der ihnen nach § 2059 Abs. 1 zukommenden Rechte in zahlreichen Fällen ohne sachlichen Grund unmöglich gemacht. Man denke nur z. B. daran, daß die Miterben dem Nachlaß nur Früchte oder Gegenstände von geringem Werte entnommen haben, oder daß einzelne Nachlaßgegenstände einem oder mehreren Miterben zur Deckung von Auslagen, die sie für den Nachlaß gemacht haben, oder zu einem bestimmten Werte zugewiesen worden sind, den sie erforderlichen Falles an den Nachlaß zu ersetzen haben u. dergl. Binder vertritt außerdem noch die Meinung, daß die Führung einer Zwangsvollstreckung in den Anteil eines Miterben am Nachlaß im Sinne des § 859 Abs. 2 CPO. zur Voraussetzung habe, daß der Nachlaß noch völlig „intakt" sei, und daß, wenn dies nicht mehr zutreffe, eine Zwangsvollstreckung in den Anteil eines Miterben an dem noch vorhandenen Gesamthandvermögen nur nach § 857 Abs. 1 CPO. möglich sei. Dies hängt offenbar damit zusammen, daß Binder den Anteil eines Miterben am Nachlaß im Sinne des § 2033 als mit dem Miterbenrechte dieses Miterben identisch betrachtet und diese Gleichstellung nicht mehr aufrecht erhalten kann, wenn der Nachlaß nicht „intakt" geblieben ist. Die Schwierigkeit, mit der hier Binder zu ringen hat, entfällt jedoch von selbst, wenn man, wie dies in diesem Buche (vgl. oben S. 97 Anm. 20) geschehen ist, die Gleichstellung eines Anteils eines Miterben am Nachlaß mit dem Miterbenrecht von vornherein ablehnt.

Falle den Nachlaßgläubigern nach Maßgabe der §§ 1978 bis 1980[18]) verantwortlich sind und, soweit sie ein gemeinschaftliches Verschulden trifft, für den daraus entstandenen Schaden als Gesamtschuldner mit ihrem ganzen Vermögen haften.

VII. Im Verhältnis untereinander haben Miterben für die Nachlaßverbindlichkeiten nach Maßgabe ihrer Erbteile[19]) aufzukommen. Sieht sich ein Miterbe also mit Rücksicht auf die ihn treffende gesamtschuldnerische Haftung zur vollständigen Berichtigung einer gegen ihn geltend gemachten Nachlaßverbindlichkeit veranlaßt, so kann er von den übrigen Miterben die im § 426 bestimmte Ausgleichung verlangen. Steht dem zu diesem Zwecke in Anspruch genommenen Miterben das Recht zur Beschränkung seiner Haftung zu, so kann er sich desselben selbstverständlich auch dem die Ausgleichung verlangenden Miterben gegenüber bedienen. Im Falle schlechthin unbeschränkter Haftung aber scheint die Vorschrift des § 2063 Abs. 2 einzugreifen, laut deren ein Miterbe die Beschränkung seiner Haftung einem anderen Miterben gegenüber selbst dann geltend machen kann, wenn er für die Nachlaßverbindlichkeiten im allgemeinen bereits unbeschränkt haftet. Die sich bei solcher Behandlung herausstellenden Ergebnisse sind aber recht unbefriedigend.[20]) Beispiel:[20a]) Es sind zwei Erben zu gleichen Teilen vorhanden: A und B, die nach der Teilung des Nachlasses für eine Nachlaßverbindlichkeit von 200 gesamtschuldnerisch und unbeschränkt haften. Der Gläubiger wendet sich gegen den A und erhält von diesem volle Befriedigung. Als aber A von B den dessen Erbteil entsprechenden Anteil von 100 ersetzt verlangt, stützt sich B auf Abs. 2 von § 2063, so daß er praktisch nicht mehr als 50 zu leisten brauchte, wenn dasjenige, womit er nach den Grundsätzen der

---

[18]) Hierbei hat man zunächst an Erben zu denken, die des Rechtes zur Beschränkung ihrer Haftung noch teilhaftig sind (§ 2013 Abs. 1); vgl. aber auch die Ausführung des Textes unter VIII.

[19]) Über den Einfluß der unter den Miterben stattfindenden Ausgleichung vgl. § 92 d. D.

[20]) Planck-Ritgen S. 226 bemerkt hinsichtlich der Vorschrift des § 2063 Abs. 2 ganz allgemein, daß sich bei ihrer Anwendung eine Unbilligkeit nicht ergeben dürfte, geht aber dabei auf die im Texte behandelte Gestaltung nicht ein. Auch Kreß und Binder lassen den Punkt unerörtert.

[20a]) Die folgenden Ziffern sind der 2. Auflage gegenüber herabgesetzt worden, damit der Fall der nachträglichen Eröffnung des Nachlaßkonkurses nicht mehr in Frage kommen kann.

beschränkten Haftung zu haften hat, nicht mehr als 50 wert ist. Das Schlußergebnis wäre somit, daß A von der auf 200 sich belaufenden Nachlaßverbindlichkeit 150, B dagegen nur 50 zu tragen hat. Gerade umgekehrt würde es sich dagegen verhalten, wenn der Nachlaßgläubiger den vollen Betrag seiner Forderung zunächst von B verlangt und erhalten haben würde, und wenn für den A zuträfe, was bei der früheren Gestaltung hinsichtlich des B angenommen wurde. Die Willkür des Gläubigers würde danach also für das Verhältnis, nach welchem A und B untereinander für die Nachlaßverbindlichkeit aufzukommen hätten, von maßgebender Bedeutung sein. Vermeiden läßt sich dieses unbefriedigende Ergebnis nur dadurch, daß man die Vorschrift des § 2063 Abs. 2 auf Fälle der bezeichneten Art gar nicht zur Anwendung bringt. Darf man sich aber zu solchem Verfahren auch entschließen? Für die Bejahung sprechen folgende Gründe: Nach § 426 Abs. 2 geht die Forderung des von einem Gesamtschuldner befriedigten Gläubigers auf den Gesamtschuldner soweit über, als er von den übrigen Schuldnern Ausgleichung verlangen kann. Mit dem Gedanken, auf welchem diese Vorschrift beruht, ist es aber durchaus nicht vereinbar, daß die auf einen Gesamtschuldner übergegangene Forderung des Gläubigers durch diesen Übergang eine Abschwächung erfährt, die den Zweck des Überganges möglicherweise ganz oder doch teilweise vereitelt. Hierdurch dürfte aber bereits die Annahme gerechtfertigt sein, daß die Vorschrift des § 2063 Abs. 2 bei den nach § 426 Abs. 2 zu beurteilenden Fällen des Übergangs der Forderung eines Nachlaßgläubigers auf einen Miterben dann nicht eingreift, wenn der wegen der Forderung in Anspruch genommene Miterbe schon zur Zeit des Übergangs nicht nur gesamtschuldnerisch, sondern auch schlechthin unbeschränkt haftet.

VIII. Die vorstehenden Ausführungen haben herausgestellt, daß schlechthin unbeschränkt haftende Miterben, ganz abgesehen von dem ihnen vor der Teilung des Nachlasses nach § 2059 Abs. 1 Satz 2 zustehenden Rechte zur Herbeiführung einer vorläufigen anteiligen Haftung mit ihrem Eigenvermögen unter Umständen auch nach der Teilung für die Nachlaßverbindlichkeiten nur anteilig haften. In allen diesen Fällen aber ergibt sich daraus eine eigentümliche Schwierigkeit, daß die §§ 1978 bis 1980 bei schlechthin unbeschränkter Haftung des Erben nach § 2013 Abs. 1 Satz 1 keine Anwendung finden sollen. Die soeben berufene Vorschrift erklärt sich daraus, daß die Belastung des schlechthin unbeschränkt haftenden Erben mit einer den Nachlaßgläubigern gegenüber eintretenden besonderen Verantwortlichkeit wegen seines Gebahrens mit dem Nachlaß praktisch aus dem Grunde bedeutungslos sein würde, weil er für die Nachlaßverbindlichkeiten ohnedies mit seinem gesamten Vermögen haftet und somit darüber hinaus nicht mehr haftbar gemacht werden kann. Allein diese Erwägung trifft nur für den Alleinerben oder für den gesamtschuldnerisch haftenden Miterben zu, nicht dagegen auch für einen zwar unbeschränkt aber nur anteilig haftenden Miterben. Hinsichtlich seiner scheint daher gesagt werden zu müssen, daß ihn neben seiner anteiligen unbeschränkten Haftung die Haftung nach Maßgabe der §§ 1978 bis 1980 allerdings trifft.[21]) Dies soll an nachstehendem Beispiel[22]) genauer dargelegt werden: A und B, von denen der des Rechtes zur Haftungsbeschränkung noch teilhaftige A Miterbe zu 5/6, der bereits unbeschränkt haftende B Miterbe zu 1/6 geworden ist, haben den Nachlaß nach Veranstaltung des Privataufgebots im Sinne des § 2061 und nach Befriedigung der ihnen bekannt gewordenen Nachlaßgläubiger unter sich geteilt. Nachträglich kommt eine Nachlaßverbindlichkeit von 600 M. zum Vorschein und wird außerdem festgestellt, daß B den Nachlaß noch vor der Teilung infolge eines ihm im Verhältnis zu den Nachlaßgläubigern nach § 1978 treffenden Verschuldens um den Wert von 300 gemindert hat. Außerdem soll noch angenommen werden, daß dasjenige, was auf den A bei der Teilung des Nachlasses entfallen war, 250 M. betrug. In welchem Maße kann hier der Gläubiger zur Befriedigung gelangen? Es ist zunächst klar, daß er von A mit Rücksicht auf die diesen treffende anteilige beschränkte Haftung (für 5/6 der Forderung) die vollen 250 M. verlangen kann, die der genannte Miterbe bei der Teilung erhalten hat, und von B mit Rücksicht auf dessen anteilige unbeschränkte Haftung (für 1/6 der Forderung) 100 M. Außerdem wird der Gläubiger aber auch noch geltend machen können, daß auf den Miterben A, dafern die vom B verschuldete Minderung des Nachlasses nicht eingetreten wäre, bei der Teilung außer den von ihm erhaltenen 250 M. noch 5/6 der auf 300 sich belaufenden

---

[21]) Ebenso jetzt auch Kreß S. 136, widersprechend Binder III S. 336, 337.

[22]) Das in der 2. Auflage S. 529, 530 vorgelegte Beispiel war nicht glücklich gewählt und wird deshalb durch ein anderes ersetzt.

Wertminderung und somit weitere 250 M. entfallen sein würden, und demgemäß berechtigt sein, diesen Betrag in Gestalt eines Ersatzanspruchs des A gegen den B zu seinen Gunsten in Ansatz zu bringen und zu seiner Befriedigung heranzuziehen. Auf diesem Wege gelangt dann der Gläubiger zur Befriedigung seiner ganzen Forderung.

II. Besondere Fälle.

1. Haftung bei Berufung eines Erben zu mehreren Erbteilen.*)

§ 90.

1. Erfährt der einem Erben angefallene Erbteil durch Anwachsung (§§ 2094, 2095) oder durch den nach § 1935 zu beurteilenden Vorgang eine Erweiterung, und sind die Erbteile auch nicht verschieden belastet, so ist der ursprüngliche Erbteil nebst der Erweiterung hinsichtlich der Haftung für die Nachlaßverbindlichkeiten als ein Erbteil zu behandeln. Haftet also der Erbe rücksichtlich des ursprünglichen Erbteils bereits schlechthin unbeschränkt, so kann auch in Ansehung des zuwachsenden Erbteils oder der nach § 1935 eingetretenen Erhöhung des ursprünglichen Erbteils von einer Beschränkung der Haftung nicht mehr die Rede sein. Vgl. § 2007 Satz 2.

II. Erwirbt ein Erbe mehrere besondere Erbteile im Sinne des § 1951,[1]) so bestimmt sich die Haftung des Erben für die Nachlaßverbindlichkeiten so, wie wenn die Erbteile verschiedenen Erben gehörten. Die Folge hiervon ist, daß der Erbe, welcher rücksichtlich des ursprünglichen Erbteils bereits schlechthin unbeschränkt haftet,[1a])

---

*) Knitschky a. a. O. 296ff., Kreß S. 196ff., Binder II S. 235ff., III S. 293 Anm. 56, S. 330.

[1]) Vgl. oben § 61b S. 26ff. Was im Texte hinsichtlich dieser Fälle ausgeführt wird, muß übrigens auch dann gelten, wenn ein Erbe, der in Ansehung des zunächst erworbenen Erbteils das Recht zur Beschränkung der Haftung bereits eingebüßt hat, später einen weiteren Erbteil dadurch erwirbt, daß er Erbe eines des Rechtes zur Beschränkung der Haftung noch teilhaftigen Teilerben wird, oder wenn umgekehrt der des Rechtes zur Beschränkung der Haftung noch teilhaftige Teilerbe später Erbe eines bereits unbeschränkt haftenden anderen Teilerben wird.

[1a]) Erfüllen sich die Voraussetzungen der unbeschränkten Haftung in der Person des Erben erst, nachdem er bereits mehrere Erbteile erworben

in Ansehung des hierzu erworbenen weiteren Erbteils selbst dann, wenn die Annahme des ersteren auch die des letzteren notwendig in sich schließt,[1b]) des Vorteils der Beschränkbarkeit der Haftung noch immer teilhaftig ist.[2]) Die praktische Bedeutung dieser Behandlung tritt nicht nur hervor, wenn neben demjenigen, in dessen Person mehrere Erbteile vereinigt sind, noch mindestens ein anderer Erbe vorhanden ist, sondern auch, wenn es an einem Miterben fehlt,[2a]) und in diesem Falle wieder ohne Rücksicht darauf, ob die Erbteile mit Vermächtnissen und Auflagen verschieden beschwert sind.[3])

---

hat, so tritt die unbeschränkte Haftung freilich mit Notwendigkeit in Ansehung aller dieser Erbteile ein. Vgl. auch Knitschky S. 298, Binder II S. 238 (oben).

[1b]) Vgl. dazu oben S. 27 ff.

[2]) Die Möglichkeit der im Texte hervorgehobenen praktischen Bedeutung der Bestimmung des § 2007 verkennt Wendt S. 432, 433. Auch Binder gelangt, obschon er in seinen dem § 2007 gewidmeten Erörterungen mit den Ausführungen dieses Buches mehrfach zusammentrifft, schließlich dazu (vgl. II S. 239, III S. 293 Anm. 56), die Vorschriften des § 2007 für „bedeutungslos" zu erklären. Knitschky S. 297 (unter a) will unterscheiden, ob der Erbe das Recht zur Haftungsbeschränkung rücksichtlich des ursprünglichen Erbteils durch Versäumung der Inventarfrist (§ 1994) oder durch pflichtwidriges Vorgehen bei der Inventarerrichtung (§ 2005) eingebüßt hat. Nur im ersten Falle entscheidet er so, wie dies im Texte geschieht. Im zweiten Falle soll sich dagegen die rücksichtlich des ursprünglichen Erbteils eingetretene unbeschränkte Haftung auch auf den später erworbenen Erbteil erstrecken. Hierfür läßt sich aber ein gesetzlicher Anhaltspunkt nicht gewinnen, und die willkürliche Unterscheidung Knitschkys ist deshalb zu verwerfen. Die Auffassung des Textes entspricht der herrschenden Meinung.

[2a]) Vermöge des untrennbaren Zusammenhanges der Bestimmung des § 2007 mit den Vorschriften über die Gestaltung der Haftung für die Nachlaßverbindlichkeiten bei Vorhandensein mehrerer Erben war eine genauere Würdigung des im Texte erwähnten Falles in dem die Haftung des Alleinerben behandelnden Abschnitte ausgeschlossen. Sachlich unbegründet daher das von Binder II S. 235 Anm. 83 geltend gemachte systematische Bedenken.

[3]) Anders Wilke S. 79, 80. Er meint, daß die Bestimmung des § 2007 im Falle des Vorhandenseins nur eines Erben, der aber mehrere Erbteile in seiner Person vereinigt, nur in Ansehung von Vermächtnissen und Auflagen von Belang sei, mit denen nur der eine oder andere Erbteil belastet ist. In Ansehung aller sonstigen Nachlaßverbindlichkeiten sei es für die Haftung des vorhandenen einzigen Erben ohne Bedeutung, ob er zu mehreren Erbteilen berufen ist oder nicht. Denn wenn von ihm auch nur inbetreff des einen Erbteils die Inventarfrist versäumt worden ist, hafte er nach § 1994 Abs. 1 für alle Nachlaßverbindlichkeiten unbeschränkt, also mit seinem ganzen Vermögen

Beispiel: Dem X, der kraft letztwilliger Anordnung zunächst Erbe zur Hälfte geworden ist, fällt, nachdem ihn in Ansehung dieses Erbteils wegen Versäumung der Inventarfrist bereits die Folgen der schlechthin unbeschränkten Haftung getroffen haben, und nachdem es zur Eröffnung des Nachlaßkonkurses gekommen ist,[3a]) zufolge einer wirksam werdenden Ersatzberufung auch die andere Hälfte der Erbschaft an. Hier trifft den Erben die Haftung mit seinem Eigenvermögen praktisch nur in Ansehung der Hälfte der gemeinschaftlichen Nachlaßverbindlichkeiten und in Ansehung derjenigen Nachlaßverbindlichkeiten, welche lediglich den zuerst erworbenen Erbteil belasten.[4])[4a])

---

einschließlich des anderen Erbteils. Wilke übersieht hierbei aber offenbar, daß den Erben im Falle der Versäumung der ihm hinsichtlich eines Erbteils bestimmten Inventarfrist unter Umständen nur eine anteilige schlechthin unbeschränkte Haftung trifft. Vgl. das Beispiel des Textes.

[3a]) Wesentlich ebenso muß es sich mit der unbeschränkten Haftung des Erben während der Dauer einer unter sonst gleichen Umständen auf Antrag eines Nachlaßgläubigers angeordneten Nachlaßverwaltung verhalten. Hinsichtlich der Zeit nach der Beendigung der Nachlaßverwaltung wird für die Gestaltung der Haftung gegenüber den in § 2060 Nr. 1 und Nr. 2 und in § 2061 Abs. 1 bezeichneten Gläubigern dasselbe gelten müssen, was in Anm. 4a für den daselbst behandelten Fall ausgeführt ist.

[4]) Vgl. §§ 1975, 2013, 2059, 2060. Danach kann der Erbe während der Dauer des Nachlaßkonkurses die Haftung mit seinem Eigenvermögen für die beide Erbteile gleichmäßig belastenden Nachlaßverbindlichkeiten nach § 2059 Abs. 1 Satz 2 auf eine nur anteilige herabdrücken, und ist seine Haftung nach der Beendigung des Konkurses in Ansehung des einen Erbteils eine anteilige und unbeschränkbare und hinsichtlich des anderen eine anteilige und beschränkbare. Vgl. auch Knitschky S. 300.

[4a]) Schreitet derjenige, welcher durch den nacheinander erfolgenden Erwerb mehrerer Erbteile Alleinerbe geworden ist, zur Selbstliquidierung des Nachlasses, so wird er sich, obschon für ihn nur rücksichtlich des zuerst erworbenen Erbteils die Voraussetzung der unbeschränkten Haftung eingetreten ist, doch den Nachlaßgläubigern gegenüber auf § 2059 Abs. 1 Satz 2 nicht (anders freilich Kreß S. 197 bei Anm. 7) berufen können. Denn das Leistungsverweigerungsrecht des § 2059 Abs. 1 Satz 2 beruht wesentlich darauf, daß der Nachlaß durch die Organisation der Erbengemeinschaft als ganzes zusammengehalten wird, und daß der einzelne Miterbe über die zum Nachlaß gehörenden Gegenstände nicht verfügen kann, also auf Erwägungen, die für unsern Fall der Vereinigung aller Erbteile in einer Person offenbar nicht zutreffen. Nur gegenüber den im § 2060 Nr. 1 und Nr. 2 und in § 2061 Abs. 1 bezeichneten Gläubigern wird die unbeschränkte Haftung des Erben mit dem Eigenvermögen auch in unserem Falle als eine nur anteilige (u. zw. nach Maßgabe desjenigen Erbteils, hinsichtlich dessen die

III. In den Fällen der Anwachsung eines Erbteils und der Erhöhung des ursprünglichen Erbteils nach § 1935 tritt dieselbe Behandlung wie unter II ein, „wenn die Erbteile verschieden beschwert sind“.[5]) Die Erbteile sind aber bereits verschieden beschwert, wenn auf den einen Erbteil ein Vermächtnis gelegt ist, das den anderen Erbteil nicht mitbelastet. Beispiel: Des Erblassers Söhne A und B, von denen der letztere mit einem kleinen Vermächtnis zugunsten des X beschwert ist, sind die nächsten gesetzlichen Erben. A nimmt an und wird rücksichtlich des von ihm zunächst erworbenen Erbteils dadurch schlechthin unbeschränkt haftbar, daß er die Inventarfrist versäumt; später wird B für erbunwürdig erklärt, und fällt infolgedessen auch sein Erbteil nach den §§ 1935, 2344 dem A zu. Hier ist A in Ansehung des ihm nachträglich angefallenen Erbteils des B lediglich wegen des zugunsten des X ausgesetzten Vermächtnisses allen Nachlaßgläubigern gegenüber des Vorteils der Beschränkbarkeit der Haftung noch teilhaftig.[6])

---

unbeschränkte Haftung eingetreten ist) zu bestimmen sein. Denn andernfalls würden die Gläubiger, die sich im Falle der Erbengemeinschaft sowohl vor als auch nach der Teilung des Nachlasses damit begnügen müssen, daß ihnen der in Frage kommende Miterbe mit seinem Eigenvermögen nur anteilig haftet, aus der ihnen bei der Führung der Zwangsvollstreckung in den Nachlaß ohnedies zu statten kommenden Vereinigung aller Erbteile in einer Person noch den ungerechtfertigten Vorteil ziehen, daß ihnen der Erbe entgegen der Vorschrift des § 2007 in Ansehung des ganzen Forderungsbetrages mit seinem Eigenvermögen haften würde. Im Ergebnis übereinstimmend Kuitschky S. 300, 301, Cosack § 387 a. E.

[5]) Mit der Bestimmung der §§ 1935, 2095, daß ein in der daselbst angegebenen Weise zu dem ursprünglichen Erbteil hinzugekommener Erbteil rücksichtlich der diesen oder jenen beschwerenden Vermächtnisse und Auflagen als besonderer Erbteil anzusehen ist, fällt die im Texte hervorgehobene Vorschrift des § 2007 durchaus nicht zusammen. Jene bezieht sich auf die Frage, ob der Erbe in den Fällen der beschränkten Haftung genötigt ist, aus dem Überschuß des ursprünglichen Erbteils Vermächtnisse und Auflagen, mit denen der hinzukommende Erbteil beschwert ist, und zu deren Deckung er nicht ausreicht, zu befriedigen, und umgekehrt. Die Vorschrift des § 2007 will dagegen entscheiden, ob die hinsichtlich des ursprünglichen Erbteils bereits eingetretene schlechthin unbeschränkte Haftung sich auch auf den nach den §§ 1935, 2094 hinzukommenden Erbteil miterstreckt. Vgl. auch Binder II S. 236 Anm. 92.

[6]) Vgl. auch die 1. Auflage d. Buches S. 154. Zustimmend Küntzel S. 845, Planck-Ritgen S. 136 und Cosack § 387 a. E., insbesondere auch nach der Richtung hin, daß die im Texte hervorgehobene Entscheidung des

2. Einfluß der Ausgleichung auf die Erbenhaftung.*)

§ 91.

Schon im § 16 d. Darstellung ist hervorgehoben worden, daß die unter Miterben nach Maßgabe der §§ 2050 bis 2057 vorzunehmende Ausgleichung auch für die Gestaltung der Haftung für die Nachlaßverbindlichkeiten von entscheidender Bedeutung ist. Dies ist jetzt im einzelnen darzulegen.[1])

I. Dasjenige, um was ein Miterbe aus dem Nachlaß infolge der Ausgleichung mehr oder weniger erhält, als er abgesehen von der Ausgleichung aus dem Nachlaß zu erhalten haben würde, kommt den Nachlaßgläubigern gegenüber als eine Erweiterung bezw. Verminderung des Anteils am Nachlaß in Betracht.[2]) Sucht ein Nachlaßgläubiger also seine Befriedigung vor der Teilung aus dem Anteil eines Miterben am ungeteilten Nachlaß, so gereicht die bezügliche Erweiterung bezw. Verminderung, soweit dies im konkreten Fall für die Befriedigung von Bedeutung ist, dem Nachlaßgläubiger zum Vorteil bezw. zum Nachteil.[2a]) Macht ein Miterbe nach der Teilung

---

§ 2007 keine Billigung verdient. Anders Wilke S. 80, der, über den Wortlaut des Gesetzes sich hinwegsetzend, den Schlußsatz des § 2007 nur auf Vermächtnisse und Auflagen beziehen und so verstehen will, als ob es hieße: „in den Fällen der Anwachsung und des § 1935 gilt dies nur soweit (statt: „dann, wenn") die Erbteile verschieden beschwert sind". Allein hierbei wird übersehen, daß sich das „dies" im Satze 2 des § 2007 auf die im Satze 1 daselbst bestimmte Haftung für „die Nachlaßverbindlichkeiten" überhaupt bezieht.

*) Vgl. außer den bereits oben I S. 78 Anm. 3 angegebenen Schriftstellern noch: Magnus, Die Ausgleichungspflicht (1901), Langheineken, Anspruch und Einrede (1903) S. 35ff., Rosenthal, Rechtliche Natur der Ausgleichung und ihre Bedeutung für die Erbenhaftung (Marburger Dissertation, 1903), Anz, Ausgleichung unter Miterben (Leipziger Dissertation, 1903), Kaßler, Einfluß der Ausgleichung auf die Erbenhaftung (Leipziger Dissertation, 1904), Th. Sohm a. a. O. S. 385, 386, Binder, III S. 176ff., 190, 329 Anm. 66.

[1]) Die sich hierbei ergebenden schwierigen Fragen sind für das Recht des BGB. in der 2. Auflage d. B. S. 533ff. zuerst zur Diskussion gestellt worden. Von den vorhin Genannten geht Magnus (vgl. S. 113) auf den Kern des Problems noch nicht ein.

[2]) Vgl. oben § 66 S. 128ff.

[2a]) Dies gewinnt praktische Erheblichkeit besonders dann, wenn die Nachlaßverbindlichkeit, deren Befriedigung verlangt wird, nur den Erbteil eines einzelnen Miterben belastet. Vgl. oben S. 129 Anm. 6.

einem Nachlaßgläubiger gegenüber die Beschränkbarkeit seiner Haftung geltend, so bildet den Gegenstand dieser Haftung dasjenige, was er kraft seines durch die Ausgleichungsberechtigung erweiterten bezw. durch die Ausgleichungsverbindlichkeit geminderten Miterbenrechtes aus dem Nachlaß erlangt hat.

II. Haften die Miterben nach der Teilung für die Nachlaßverbindlichkeiten nur beschränkt und zugleich auch nur anteilig, so bestimmt sich die anteilige Haftung derselben nicht lediglich nach den nominellen Erbteilen, sondern es sind hierbei auch die Verschiebungen mit zu berücksichtigen, welche jene infolge der Ausgleichung erfahren haben.[3]) Beispiel: A, B und C sind gesetzliche Erben zu gleichen Anteilen geworden. Bei der nach erfolgtem Gläubigeraufgebot und Befriedigung der angemeldeten Gläubiger vorgenommenen Auseinandersetzung stellt sich heraus, daß A mit Rücksicht auf die ihn treffende Ausgleichungspflicht aus dem Nachlaß nichts mehr zu erhalten hat. Die noch vorhandenen Nachlaßgegenstände werden daher unter die Miterben B und C gleich geteilt. Hinterher meldet sich ein ausgeschlossener Gläubiger mit einer Forderung von 1200 M. Wollte man hier die infolge der Ausgleichung eingetretene Verschiebung der Erbteile unberücksichtigt lassen, so würde man zu dem Ergebnisse gelangen, daß der Gläubiger gegenüber jedem Erben nur den Betrag von 400 M. und zwar mit dem Erfolg geltend machen kann, daß er von A nach § 1973 nichts erhält, von B und C dagegen nur je 400 und somit ungeachtet der hier vorausgesetzten Solvenz des Nachlasses mit 400 M. durchfällt.[4]) Die Sachwidrigkeit dieser Behandlung ist so groß, daß ihre Ablehnung selbst dann versucht werden müßte, wenn sie durch den Wortlaut des Gesetzes gestützt wäre. Allein hiervon kann nicht die Rede sein. Das Gesetz enthält hierüber keine Bestimmung. Für die zu treffende Entscheidung können also nur sachliche Erwägungen in Betracht kommen. Diese führen aber offenbar zu der an den Anfang dieser Erörterung gestellten Entscheidung. Im vorliegenden Falle entfällt daher, da A praktisch außer Haftung steht, auf B und C von der Verbindlichkeit im Gesamtbetrage von 1200 M., unbeschadet des Rechtes zur Beschränkung der Haftung, ein Anteil von je 600 M.[5]) Zur theoreti-

---

[3]) Anders Planck-Ritgen S. 202.

[4]) Ein verwandtes Beispiel gibt Beyer (vgl. oben I S. 78 Anm. 3) S. 98.

[5]) Zustimmend Beyer S. 98, Rosenthal S. 23, 33, Anz S. 66,

schen Rechtfertigung dieser Entscheidung können die Vorschriften des BGB. über den Erbschaftskauf (vgl. §§ 2371 ff.) herangezogen werden.[6]) Danach haftet, wer eine Erbschaft entgeltlich oder unentgeltlich an sich bringt, unbeschadet der Fortdauer der Haftung des Erben schon vom Abschluß des Kaufes oder des sonstigen Kausalgeschäftes an für die die Erbschaft, den Erbteil belastenden Nachlaßverbindlichkeiten (§§ 2382, 2385). Unter den Gesichtspunkt des Ansichbringens eines Erbteils fällt aber auch der Vorgang, durch welchen ausgleichungsberechtigte Miterben dasjenige, was auf den ausgleichungspflichtigen Miterben abgesehen von dessen Ausgleichungspflicht vom Nachlaß entfallen sein würde, bei der Auseinandersetzung ganz oder teilweise an sich ziehen. Soweit dies geschieht, trifft die ausgleichungsberechtigten Miterben daher auch, unbeschadet der Fortdauer der in unserem Falle freilich nur formalen Haftung des ausgleichungspflichtigen Miterben, die entsprechende Haftung für die Nachlaßverbindlichkeiten.

III. In ähnlicher Weise wie bei der unter II besprochenen Gestaltung muß die anteilige Haftung der Miterben auch bestimmt werden, wenn diese das Recht zur Beschränkung der Haftung auf das aus dem Nachlaß Erlangte bereits eingebüßt haben. Zur Klarstellung soll der unter II vorgelegte Beispielsfall auch hier verwendet werden.

Die Anwendung allgemeiner Grundsätze führt zunächst zu dem Ergebnis, daß jeder Miterbe unbeschränkt für ein Drittel der Forderung, also für 400 haftet. Die Haftung des Miterben A ist jedoch hier wegen ihrer Unbeschränktheit keine bloß formale, und im Verhältnis zwischen dem Gläubiger und dem A kommt darauf, daß dieser bei der Auseinandersetzung leer ausgegangen ist, nichts an.[7]) Für den Gläubiger eröffnet sich somit die Aussicht, dadurch, daß er von jedem Miterben 400 verlangt, volle Befriedigung zu erhalten. Im Verhältnis der Miterben untereinander würden aber B und C jedenfalls die Last der ganzen Verbindlichkeit zu tragen und demgemäß

Enneccerus-Lehmann § 300 Z. 2, Heymann in Iherings Jahrbüchern Bd. 42, S. 458 ff., Leske S. 1132 Anm. 9, Langheineken S. 36, 37, Binder III S. 185 Anm. 277. Bedenken bei Th. Sohm S. 385, 386 und bei Kaßler S. 31.

[6]) Vgl. auch §§ 92, 98 d. D.

[7]) Anders noch die 2. Auflage S. 534; dagegen mit Recht, aber in schwer verständlicher Ausführung Langheineken S. 37 ff.

dem A seine Haftung gegenüber dem Gläubiger abzunehmen und ihm eventuell das diesem bereits Geleistete zu ersetzen haben (vgl. auch § 2378). Man wird aber hierbei nicht stehen bleiben dürfen, sondern das am Schlusse von I gesagte auch in unserem Falle zur Geltung zu bringen haben. Ergebnis: Unbeschadet der dem nominellen Erbteile des A entsprechenden unbeschränkten Haftung für 400 haften daneben B und C unbeschränkt für je 600.[8])

IV. Liegen die Voraussetzungen vor, vermöge welcher die Miterben den Nachlaßgläubigern nach der Teilung beschränkt, aber gesamtschuldnerisch haften, so ist die Ausgleichung den Gläubigern gegenüber nach der bereits unter I a. E. hervorgehobenen Richtung hin von Bedeutung. Im Falle gesamtschuldnerischer und unbeschränkter Haftung der Miterben endlich kommt der infolge der Ausgleichung eingetretenen Verschiebung der Erbteile im Verhältnis zu den Nachlaßgläubigern keine Bedeutung zu; von Erheblichkeit bleibt aber doch immerhin, daß die Miterben untereinander zur Berichtigung einer gemeinschaftlichen Nachlaßverbindlichkeit nur nach dem infolge der Ausgleichung sich herausstellenden Verhältnis der Erbteile beizutragen haben.

V. Sind nur zwei Miterben vorhanden, so kann in der unter ihnen vorgenommenen Auseinandersetzung eine Teilung des Nachlasses dann nicht erblickt werden, wenn sich herausstellt, daß dem einen von ihnen mit Rücksicht auf die ihn treffende Ausgleichungspflicht nichts, dem anderen dagegen unter Berücksichtigung der ihm zukommenden Ausgleichungsberechtigung der ganze Nachlaß gebührt. Die praktische Bedeutung hiervon liegt wesentlich darin, daß die Haftung desjenigen Erben, auf welchen der ganze Nachlaß entfallen ist, keinesfalls zu einer nur anteiligen werden kann.[9]) Eine Teilung des Nachlasses liegt ferner auch dann nicht vor, wenn bei Vorhandensein von mehr als zwei Miterben einem derselben gegenüber festgestellt wird, daß er wegen der von ihm zur Ausgleichung zu bringenden Vorempfänge aus dem Nachlaß keinesfalls mehr etwas zu erhalten hat, die übrigen Miterben aber die Erbengemeinschaft fortsetzen. Mit Rücksicht auf den zuletzt erwähnten Umstand wird hier derjenige Erbe,

---

[8]) Vgl. aber auch Binder III S. 329 Anm. 66, der im Anschluß an die 2. Auflage d. W. S. 534 eine Haftung des A überhaupt nicht eintreten läßt.

[9]) Vgl. die Ausführung des Textes unter II a. E.

auf welchen bei der mit ihm durchgeführten Auseinandersetzung nichts entfallen ist, bei beschränkter Haftung das Leistungsverweigerungsrecht des § 2059 Abs. 1 Satz 1 und bei unbeschränkter Haftung das des § 2059 Abs. 1 Satz 2 geltend machen können. Schreiten die in der Erbengemeinschaft Verbliebenen jedoch später zur Teilung des Nachlasses, so ist die Haftung aller Erben nach den auf die Zeit nach der Teilung sich beziehenden Vorschriften zu beurteilen.[10])

VI. In der vorstehenden Darlegung ist überall von der stillschweigenden Voraussetzung ausgegangen worden, daß der Nachlaß nicht überschuldet ist. Denn bei überschuldetem Nachlaß[11]) kommt der Ausgleichung praktische Bedeutung überhaupt nicht zu, weder im Verhältnis der Erben untereinander noch im Verhältnis der Erben zu den Nachlaßgläubigern.

3. Einfluß der Übertragung von Miterbenanteilen auf die Erbenhaftung.

§ 92.

I. Im Falle einer nach § 2033 erfolgenden Übertragung eines Anteils am Nachlaß entsteht zunächst die Frage, ob und, wenn ja, in welcher Weise der Erwerber des Anteils für die Nachlaßverbindlichkeiten haftet.

Beruht die Anteilsübertragung auf Kauf, so haftet der Käufer den Nachlaßgläubigern nach § 2382 schon vom Abschlusse des Kaufes an. Ebenso verhält es sich nach § 2385 auch dann, wenn der Übertragung ein anderes Kausalgeschäft zugrunde liegt. Kann der Abschluß eines Kaufes oder eines sonstigen Kausalgeschäftes nicht nachgewiesen werden, so muß das Vorhandensein eines solchen Geschäftes vom Zeitpunkt der wirksam erfolgten Übertragung des Anteils an

[10]) Dies wird für den aus der Erbengemeinschaft schon vorher Ausgeschiedenen dann nachteilig, wenn seine Haftung eine schlechthin unbeschränkte und gesamtschuldnerische ist. Allein es ist zugleich zu erwägen, daß dieser Miterbe den Eintritt seiner schlechthin unbeschränkten Haftung durch rechtzeitige Inventarerrichtung hätte vermeiden können und daß es an ihm lag, vor der mit ihm durchgeführten Auseinandersetzung auf die Befriedigung der Nachlaßverbindlichkeiten zu dringen.

[11]) Als maßgebender Zeitpunkt dürfte hierbei der der Auseinandersetzung unter den bei der Ausgleichung beteiligten Miterben in Betracht kommen.

doch so lange angenommen werden, als der Mangel der causa nicht festgestellt ist. Die Haftung des Erwerbers für die Nachlaßverbindlichkeiten steht daher außer allem Zweifel.[1]) Haftete der Veräußerer zur Zeit des Kausalgeschäftes oder, wenn dieses mit der Übertragung des Anteils zusammenfällt, zu dieser Zeit für die Nachlaßverbindlichkeiten schlechthin unbeschränkt, so trifft diese Haftung auch den Erwerber (§ 2383 Abs. 1 Satz 2).[2]) Andernfalls kommen ihm die Vorschriften über die Beschränkung der Haftung zu statten. Was die §§ 2058 ff. in Ansehung der Haftung eines Miterben bestimmen, gilt vollständig auch für die Haftung des Erwerbers eines Anteils am Nachlaß. Über den besonderen Fall des § 2036 vgl. unten III.

II. Der seinen Anteil am Nachlaß veräußernde Miterbe wird weder durch den Abschluß des auf die Veräußerung abzielenden obligatorischen Geschäftes noch durch die Übertragung des Anteiles selbst von der Haftung für die Nachlaßverbindlichkeiten frei.[3]) Wie sonst, so ist auch in diesem Falle zwischen der Gestaltung der Haftung vor und nach der Teilung zu unterscheiden.

1. Haftung vor der Teilung. Wird der Miterbe nach der

---

[1]) Vgl. aber auch Eccius S. 808 Anm. 15, der zu der im Texte vertretenen Lösung nicht gelangen zu können glaubt und, von seinem Standpunkt aus mit Recht, von der durch § 2033 gegebenen Möglichkeit einer Umgehung der Vorschrift des § 2382 Abs. 2 spricht.

[2]) Vgl. auch § 1922 Abs. 2. Anders Binder III S. 114, der die im Texte berufene Vorschrift des § 2383 in unserem Falle ohne zureichenden Grund für unanwendbar erklärt. Wie im Texte Kreß S. 179 (Z. 3).

[3]) Vgl. §§ 2382 („unbeschadet der Fortdauer der Haftung des Verkäufers"), 2385, 1922 Abs. 2 und (mit Rücksicht auf das zu gewinnende arg. a. contrario) auch § 2036. Anders diejenigen (vgl. oben S. 97 Anm. 20), welche in der Übertragung des Anteils am ungeteilten Nachlaß eine Übertragung des Miterbenrechts (vgl. dagegen auch Wendt im Archiv f. d. civ. Praxis Bd. 89 S. 440) erblicken wollen. Obschon Binder III S. 96, 113, 114 auf demselben Standpunkte steht, so läßt er doch von seiner grundsätzlichen Entscheidung, daß die Haftung des Miterben für die Nachlaßverbindlichkeiten mit der Übertragung des Anteils auf den Erwerber ipso iure erlösche, eine Ausnahme dann eintreten, wenn die Haftung des Miterben schon vor der Übertragung unbeschränkt geworden ist. Allein das Gesetz setzt voraus, daß die Haftung des Miterben auch nach der Anteilsübertragung zu einer unbeschränkten werden könne (vgl. § 2383 Abs. 2), und damit zugleich, daß sie infolge der Übertragung des Anteils nicht ipso iure erlischt; denn wie sollte eine überhaupt nicht mehr vorhandene Haftung späterhin zu einer unbeschränkten werden können? Wie im Texte auch Kreß S. 179, 180.

Übertragung des Anteils, aber vor der Teilung des Nachlasses von einem Nachlaßgläubiger in Anspruch genommen, so kommen die §§ 2058, 2059 zur Anwendung. Demgemäß ist der Miterbe als Gesamtschuldner zu verurteilen, auf sein Verlangen jedoch mit dem Vorbehalt des Rechtes zur Beschränkung seiner Haftung. Auf Grund dieses Vorbehalts kann der Miterbe im Stadium der Zwangsvollstreckung je nach den Umständen das Leistungsverweigerungsrecht nach § 2059 Abs. 1 Satz 1 oder nach Satz 2 geltend machen.[4]) Zur Führung einer Zwangsvollstreckung in den vom Miterben bereits übertragenen Anteil am Nachlaß ist übrigens in dem hier vorausgesetzten Falle ein gegen den Miterben sich richtendes Urteil grundsätzlich[5]) weder erforderlich noch genügend. Zu diesem Zwecke ist vielmehr ein dem Erwerber des Anteils gegenüber wirksamer Titel der Zwangsvollstreckung erforderlich. Will der Nachlaßgläubiger die Zwangsvollstreckung in den ungeteilten Nachlaß führen, so müssen die Voraussetzungen der Vollstreckbarkeit gegenüber jedem einzelnen gegenwärtigen Teilhaber gegeben sein. Soweit der Miterbe den Nachlaßgläubigern nach den §§ 1978 bis 1980 verantwortlich ist,[5a]) kann er übrigens ungeachtet der Beschränkbarkeit seiner Haftung nach Maßgabe des im § 89 d. W. gesagten mit Erfolg in Anspruch genommen werden.

Haftet der Miterbe zur Zeit der Übertragung des Anteils für die Nachlaßverbindlichkeiten bereits schlechthin unbeschränkt, so wird, wenn er von dem ihm nach § 2059 Abs. 1 Satz 2 zustehenden Rechte Gebrauch gemacht hat, die ihn rücksichtlich seines Eigenvermögens treffende Haftung für die Zeit vor der Teilung eine nur anteilige sein.

2. Nach der Teilung bestimmt sich die Haftung des Veräußerers nach den §§ 2058, 2060, 2061; sie ist also je nach den Umständen eine gesamtschuldnerische oder eine nur anteilige. Steht dem Veräußerer das Recht zur Beschränkung der Haftung zu, und macht er

---

[4]) Vgl. hierzu oben S. 337 ff.

[5]) War das Urteil gegen den Miterben schon vor der Übertragung des Anteils am ungeteilten Nachlaß erwirkt worden, so greifen die Vorschriften der §§ 325, 727 CPO. ein.

[5a]) In die für den Miterben hieraus bereits erwachsenen Verbindlichkeiten tritt der Erwerber des Anteils selbstverständlich nicht ein. So auch Kreß S. 179 Anm. 11, während er sich S. 176 über denselben Punkt zum mindesten recht ungenau ausspricht.

von demselben entsprechenden Gebrauch, so wird die Haftung praktisch freilich nur insoweit reichen, als der Veräußerer den Gläubigern nach den §§ 1978 bis 1980 verantwortlich ist;[6]) dasjenige dagegen, was der Veräußerer von dem Erwerber der Erbschaft für die Abtretung des Erbteils als Gegenleistung erhalten hat, braucht er den Nachlaßgläubigern grundsätzlich[7]) nicht zur Verfügung zu stellen.

III. Sondervorschriften trifft das Gesetz in den §§ 2036, 2037 für den Fall, daß nach dem erfolgten Verkauf eines Miterbenanteils an einen Dritten die übrigen Miterben das im § 2034 bestimmte Vorkaufsrecht ausüben.

1. Findet die Geltendmachung des Vorkaufsrechtes statt, noch bevor der Käufer des Erbteils diesen an einen anderen übertragen hat, so wird jener mit der Übertragung des Erbteils an die vorkaufsberechtigten Miterben von der Haftung für die Nachlaßverbindlichkeiten frei. Diese Entscheidung wird mit Rücksicht auf den Wortlaut des § 2036 selbst dann festzuhalten sein, wenn der Käufer das Recht zur Beschränkung seiner Haftung bereits verloren hat.[8]) Durch diese Befreiung des Käufers von der Haftung für die Nachlaßverbindlichkeiten bleibt jedoch diejenige Haftung unberührt, welche ihn nach den §§ 1978 bis 1980 den Nachlaßgläubigern gegenüber trifft.[9])

---

[6]) Der Veräußerer ist also je nach Umständen gesamtschuldnerisch oder anteilig als Schuldner (unter Vorbehalt des Rechtes zur Beschränkung der Haftung) zu verurteilen und muß die Zwangsvollstreckung in die bei ihm noch vorhandenen Nachlaßgegenstände (also in die aus der Miterbengemeinschaft vor der Übertragung des Anteils herausgezogenen Gegenstände, die bezogenen Nutzungen) und in sein Eigenvermögen insoweit gestatten, als er den Nachlaßgläubigern gegenüber außerdem noch verantwortlich ist.

[7]) Vgl. aber auch die Ausführung des Textes unter IV a. E.

[8]) Das Gesetz scheint hierbei von der Erwägung auszugehen, daß die Ausübung des Vorkaufsrechtes im Verhältnis zu den Nachlaßgläubigern so wirkt, als ob der Erwerb vom Käufer gar nicht gemacht worden wäre. Zu demselben Ergebnis gelangen auch Planck-Ritgen Erl. 1 zu § 2036 und Kreß S. 191, anders Binder III S. 128, der sich für die Fortdauer der in der Person des Käufers bereits eingetretenen unbeschränkten Haftung entscheidet.

[9]) Trotz des Fortbestehens der im Texte bezeichneten Haftung unterscheidet sich die rechtliche Stellung des nach § 2036 von der Haftung für die Nachlaßverbindlichkeiten frei werdenden Käufers sehr erheblich von der im Texte unter II besprochenen fortdauernden beschränkten Haftung des Verkäufers des Anteils. Denn während der letztere den Nachlaßgläubigern noch als Schuldner der Nach-

2. Hatte der Käufer den gekauften Anteil am Nachlaß zur Zeit der Geltendmachung des Vorkaufsrechtes bereits an einen anderen

---

laßverbindlichkeiten haftet und als solcher zu verurteilen ist, ist jener Schuldner der Nachlaßverbindlichkeiten überhaupt nicht mehr. Die Haftung eines solchen Käufers nach den §§ 1978 bis 1980 ist also genau so zu beurteilen wie die analoge Haftung eines Nachlaßverwalters nach § 1985 Abs. 2. Im Falle der Nachlaßverwaltung oder des Nachlaßkonkurses werden die betreffenden Ansprüche gegen den Käufer durch den Nachlaß- oder Konkursverwalter geltend gemacht. Aber auch im Falle der Selbstliquidierung des Nachlasses durch die in der Erbengemeinschaft Stehenden und selbst nach der Teilung des Nachlasses wird ein Nachlaßgläubiger gegen den von der Haftung für die Nachlaßverbindlichkeiten frei gewordenen Käufer des Anteils nicht unmittelbar vorgehen können, sondern zunächst den Miterben gegenüber die Überweisung des zum Nachlaß gehörenden Anspruchs gegen den Käufer durchsetzen müssen (vgl. besonders § 1978 Abs. 2). Die im Schlußsatze des § 2036 angeordnete entsprechende Anwendung der §§ 1990, 1991 ist kaum klar gedacht und deshalb geeignet, Mißverständnisse hervorzurufen. Planck-Ritgen Erl. 1 a. E. zu § 2036 und Kreß S. 191 glauben aus dieser Verweisung auf die §§ 1990, 1991 den Schluß ziehen zu dürfen, daß der einzelne Nachlaßgläubiger, abgesehen von dem Falle der Nachlaßverwaltung und des Nachlaßkonkurses gegen den von der Haftung für die Nachlaßverbindlichkeiten frei gewordenen Käufer unmittelbar vorgehen könne. Allein worauf soll der Gläubiger in solchem Falle sein Begehren richten? Planck-Ritgen und Kreß scheinen anzunehmen, daß der Verklagte zur Befriedigung der gegen den Nachlaß sich richtenden Forderung des Gläubigers, jedoch mit dem auf Verlangen des Verklagten aufzunehmenden Vorbehalt der beschränkten Haftung zu verurteilen sei. Allein wie soll eine solche Verurteilung in einem Falle möglich sein, wo der Verklagte für die Nachlaßverbindlichkeiten überhaupt und für die im konkreten Falle in Betracht kommende Nachlaßverbindlichkeit insbesondere nicht haftet, sondern nur wegen der Verwaltung des Nachlasses ersatzpflichtig ist? Welchen Sinn soll ferner in unserem Falle der Vorbehalt der Haftungsbeschränkung haben? Nimmt man aber an, daß der einzelne Gläubiger gegen den früher bezeichneten Gegner unmittelbar die Ersatzforderung geltend macht, so ist erst recht nicht einzusehen, inwiefern dabei die §§ 1990, 1991 zur Anwendung kommen sollen. Binder III S. 128ff., der dies mit Recht hervorhebt (vgl. besonders S. 130 Anm. 155), will dem einzelnen Gläubiger trotzdem einen unmittelbaren Anspruch auf Leistung des Betrags des erlittenen Schadens zuerkennen. Er läßt aber dabei unklar, wie sich der Gläubiger dem Käufer gegenüber als Nachlaßgläubiger zu legitimieren hat, und verkennt selbst nicht, daß es praktischer wäre, wenn dem Gläubiger ein direkter Anspruch gegen den Käufer nicht gegeben würde. Es ist daher auch nicht einzusehen, warum sich Binder nicht für diese praktischere Lösung entscheidet; denn das Gesetz steht ihr nicht entgegen und die Berufung der §§ 1990, 1991 a. E. von § 2036 gewinnt erst einen Sinn, wenn man sie dahin versteht, daß die Miterben bei Dürftigkeit des Nachlasses die weiter übertragen, so tritt die unter Z. 1 bezeichnete Wirkung nicht nur hinsichtlich des Käufers des Anteils, sondern auch hinsichtlich des anderen ein (§ 2037).

IV. Die Veräußerung eines Anteils am Nachlaß kann auch schon von vornherein an einen Miterben erfolgen. In diesem Falle bestimmt sich die Haftung des letzteren für die Nachlaßverbindlichkeiten nach § 2007 Abs. 1.[10])

Von besonderer Wichtigkeit ist der Fall, daß ein Miterbe, indem er sich die Anteile der übrigen Miterben gegen Abfindung übertragen läßt, alle Miterbenanteile in seiner Person vereinigt. Liegen hierbei zugunsten aller Miterben die Voraussetzungen der beschränkten Haftung vor, so wird die Haftung derjenigen Miterben, welche ihre Anteile übertragen haben, praktisch regelmäßig nur insoweit in Betracht kommen, als sie nach den §§ 1978 bis 1980[11]) verantwortlich sind; abgesehen hiervon werden die Nachlaßgläubiger nur gegen den Übernehmer aller Erbteile mit Aussicht auf Erfolg vorgehen können.

Die Vereinigung aller Anteile am Nachlaß kann sich aber unter Umständen als eine nur scheinbare darstellen, hinter der sich in Wahrheit eine bereits vorgenommene Teilung des Nachlasses verbirgt. Dies trifft dann zu, wenn die Übertragung der Anteile gegen Zuweisung von dem Nachlaß entnommenen Gegenständen erfolgt ist. In solchem Falle treten hinsichtlich der Haftung für die Nachlaßverbindlichkeiten die Rechtsfolgen der in Wirklichkeit bereits vorgenommenen Teilung ein, und muß der beschränkt haftende Miterbe die Zwangsvollstreckung in dasjenige über sich ergehen lassen, was er auf seinen Erbteil aus dem Nachlaß erlangt hat.

Führung der Zwangsvollstreckung in die im Interesse der Gläubiger zum Nachlaß gehörenden Ansprüche gegen den Käufer nach Maßgabe des § 1991 zu dulden bezw. zuzulassen (vgl. besonders Abs. 4 von § 1991) haben.

[10]) Die Frage der Beschränkbarkeit der Haftung wird also in Ansehung des ursprünglichen und des hinzuerworbenen Erbteils so behandelt, als ob die Erbteile verschiedenen Erben gehörten.

[11]) Ein Freiwerden von der Haftung für die Nachlaßverbindlichkeiten im Sinne des in Anm. 9 ausgeführten tritt jedoch nicht ein.

5. Hauptstück.

Schutz des Erben.

I. Im allgemeinen.*)

§ 93.

I. Das Erbrecht als ius succedendi, d. h. als die jemandem auf Grund eines Berufungsgrundes gegebene rechtliche Möglichkeit zur Beerbung eines bestimmten Erblassers[1]) bedarf in der Regel eines besonderen Schutzes nicht. Anders verhält es sich nur, wenn der Wirksamkeit der Berufung desjenigen, welcher Erbe werden will, die angreifbare vorläufige Berufung eines anderen entgegensteht. Dies trifft einerseits im Falle der Anfechtbarkeit der Verfügung von Todes wegen, auf Grund deren die vorläufige Berufung erfolgt ist, und andererseits im Falle der Erbunwürdigkeit des zunächst Berufenen zu.[2]) Der in seinem ius succedendi Beeinträchtigte kann hier den Anfall der Erbschaft an den Erbunwürdigen und dort die anfechtbare Verfügung von Todes wegen anfechten und auf diese Weise den für ihn selbst vorhandenen Berufungsgrund zur Wirksamkeit bringen.[3])

II. Nach erfolgtem Erwerb der Erbschaft stehen dem Erben in seiner Eigenschaft als Gesamtnachfolger des Erblassers die schon für den Erblasser selbst zur Zeit des Erbfalls begründet gewesenen Ansprüche zu, soweit sie nicht ausnahmsweise infolge des Todes des

---

*) Binder III S. 356ff.

[1]) Vgl. dazu oben Bd. I S. 34 unter Z. 2.

[2]) Vgl. oben Bd. I S. 297ff., 361ff., 542ff.

[3]) Vgl. auch Hellwig, Anspruch und Klagrecht S. 45, der aber den Fall der Anfechtung einer Verfügung von Todes wegen nicht besonders hervorhebt.

bisher Berechtigten erloschen sind. Die Gesamtnachfolge bringt es aber außerdem mit sich, daß für den Erben aus den auf ihn übergegangenen Rechtsverhältnissen dieselben Ansprüche neu entstehen, die für den Erblasser selbst entstanden sein würden, wenn dieser noch lebte.

Der sich demgemäß nach den Vorschriften des BGB. ergebende Schutz des Erben geht über das römische Recht wesentlich deshalb weit hinaus, weil dem Erben dabei die Bestimmungen der §§ 857 und 1007 zu statten kommen. Infolge des dem römischen Rechte fremden Rechtssatzes, daß der Besitz auf den Erben übergeht (§ 857), erwächst dem letzteren gegenüber jedem Dritten, der sich nach dem Erbfall einer tatsächlich zum Nachlaß gehörenden Sache ohne den Willen des Erben bemächtigt, der im § 861 bestimmte besitzrechtliche Anspruch und steht ihm, selbst nach der Versäumung der Frist des § 864, noch immer die der dreißigjährigen Verjährung unterliegende condictio possessionis offen. In betreff beweglicher Sachen aber, deren gutgläubig erworbener Besitz nach § 857 vom Erblasser auf den Erben übergegangen ist, kommt diesem gegenüber jedem nicht durch sein besseres Recht geschützten späteren Erwerber der petitorische Anspruch aus § 1007 (d. h. die deutschrechtliche Fahrnisklage) zu.[4])

Allein dem Erben wird außerdem auch noch ein besonderer erbrechtlicher Schutz zuteil:

1. Wenn der Erbschein einem nur vermeintlichen Erben erteilt worden ist, so kann dies zu einer schweren Beeinträchtigung des wahren Erben führen.[5]) Demgemäß ist der letztere dem ersteren gegenüber zum Verlangen auf Herausgabe des unrichtigen Erbscheins an das Nachlaßgericht berechtigt (§ 2362 Abs. 1).

2. Die zur Zeit des Erbfalls und unmittelbar nach demselben obwaltenden Verhältnisse bringen es nicht selten mit sich, daß, noch bevor der Erbe in der Lage gewesen ist, zur Wahrung seines Interesses tätig zu werden, andere Personen bereits in die Verwaltung des Nachlasses eingegriffen oder doch wenigstens auf einzelne zum Nachlaß gehörende Gegenstände eingewirkt haben. Auf daß dem Erben die Beseitigung der hieraus sich ergebenden Unsicherheit tunlichst ermöglicht und erleichtert werde, stellt ihm das Gesetz An-

---

[4]) Das römische Recht hilft in den im Texte hervorgehobenen Fällen durch die Gewährung der hereditatis petitio gegen den possessor pro possessore. Vgl. Jhering, Grund des Besitzschutzes, 2. Aufl. S. 85ff.

[5]) Vgl. oben § 68 S. 147ff.

sprüche auf Erteilung einer mehr oder minder umfassenden Auskunft über erbschaftliche Verhältnisse gegen folgende Personen zur Verfügung:

a) Gegen den Erbschaftsbesitzer, d. h. gegen denjenigen, welcher auf Grund eines ihm in Wirklichkeit nicht zustehenden Erbrechts etwas aus der Erbschaft erlangt hat (§ 2018), sowie gegen den nach § 2030 einem Erbschaftsbesitzer Gleichstehenden auf Auskunfterteilung über den Bestand der Erbschaft und den örtlichen und wirtschaftlichen Verbleib der Erbschaftsgegenstände (§ 2027 Abs. 1). In betreff dieser nach § 260 (vgl. auch § 261) zu beurteilenden Verpflichtung ist wohl zu beachten, daß als Erbschaftsgegenstände auch diejenigen Gegenstände in Betracht kommen, welche kraft des Surrogationsprinzips (§ 2019) an die Stelle von ursprünglich vorhanden gewesenen Erbschaftsgegenständen getreten sind, und daß sich die Auskunftpflicht auch auf den wirtschaftlichen Verbleib der vom Erbschaftsbesitzer gezogenen Nutzungen erstreckt, so daß er ihr unter Umständen nur durch eine den Anforderungen des § 259 entsprechende Rechenschaftsablegung wird genügen können.

b) Gegen denjenigen, welchem ein unrichtiger Erbschein erteilt worden ist (§ 2362 Abs. 2), auf Auskunfterteilung nach derselben Richtung hin, wie sie dem Erbschaftsbesitzer obliegt. Trotzdem wird sich die Erfüllung der Auskunftpflicht hier zumeist deshalb ungleich einfacher gestalten als im Falle a, weil durch die Erteilung des Erbscheins eine tatsächliche und dauernde Beziehung des durch ihn Legitimierten zum Nachlaß noch nicht hergestellt wird. Dabei muß aber doch auch die Möglichkeit im Auge behalten werden, daß sich infolge der Auskunfterteilung erst herausstellt, daß der durch den Erbschein legitimiert Gewesene in Wahrheit auch Erbschaftsbesitzer[5a]) geworden ist.

c) Gegen denjenigen, welcher, ohne Erbschaftsbesitzer zu sein, d. h. ohne ein Erbrecht für sich in Anspruch zu nehmen, gleichviel ob in eigennütziger Absicht oder, um dem Erben dadurch einen Dienst zu erweisen (also als negotiorum gestor des Erben), eine Sache aus dem Nachlaß in Besitz nimmt, bevor der Erbe den Besitz tatsächlich

---

[5a]) Durch den Erbschein für sich allein erlangt der Scheinerbe zwar die Legitimation zur Verfügung über Erbschaftsgegenstände, aber noch nicht etwas aus der Erbschaft. Zustimmend Binder III S. 360 Anm. 28.

ergriffen hat (§ 2027 Abs. 2). Hinsichtlich seiner liegt wegen dieses Umstandes die Möglichkeit nahe, daß er in die Verhältnisse des Nachlasses in noch größerem Maße eingegriffen hat, als ihm vom Erben nachgewiesen werden kann. Aus diesem Grunde trifft ihn daher auch grundsätzlich dieselbe Auskunftpflicht, wie die unter a und b bezeichneten Personen, wenn schon durch ihre Erfüllung praktisch oft nur Auskunft über den Verbleib einer einzelnen Erbschaftssache erzielt werden wird.

d) Endlich gegen denjenigen, welcher sich zur Zeit des Erbfalls mit dem Erblasser in häuslicher Gemeinschaft befunden hat, auf Erteilung der Auskunft darüber, welche erbschaftlichen Geschäfte er geführt hat, und was ihm über den Verbleib der Erbschaftsgegenstände bekannt ist. Besteht Grund zur Annahme, daß die Auskunft nicht mit der erforderlichen Sorgfalt erteilt worden ist, so hat der Verpflichtete auf Verlangen des Erben den Offenbarungseid dahin zu leisten, daß er seine Angaben nach bestem Wissen so vollständig gemacht habe, als er dazu imstande sei. Wie sonst, so entfällt die Verpflichtung zur Leistung des Offenbarungseides auch in diesem Falle bei Angelegenheiten von geringer Bedeutung (§ 259 Abs. 3), und in betreff des zur Abnahme des Eides zuständigen Gerichtes,[5b]) der von diesem nach Maßgabe der Umstände vorzunehmenden entsprechenden Abänderung der Eidesnorm und der Kosten der Abnahme des Eides bewendet es auch hier bei der Vorschrift des § 261 (§ 2028).[6])

3. Gegen den Erbschaftsbesitzer sowie gegen den nach § 2030 einem Erbschaftsbesitzer Gleichstehenden gibt das Gesetz dem Erben als einen alle auf die Herausgabe des vom Beklagten aus der Erbschaft Erlangten sich beziehenden Einzelansprüche in sich zusammenfassenden Gesamtanspruch:[7]) den „Erbschaftsanspruch" (§ 2018). Vgl. über denselben die §§ 94 und 95 d. D.

[5b]) Vgl. auch §§ 69, 163 FGbG. und § 889 CPO.

[6]) Wenn das Gesetz in betreff der nach § 2028 zu beurteilenden Auskunft ausführlicher ist als in den im Texte unter a bis c behandelten Fällen, so erklärt sich dies daraus, daß bei den letzteren die allgemeinen Vorschriften über die Auskunfterteilung ohne weiteres eingreifen.

[7]) Anders Hellwig S. 53 ff. Er leugnet das Vorhandensein eines besonderen Erbschaftsanspruchs und spricht dem sogenannten Erbschaftsanspruch den Charakter eines Gesamtanspruchs ab. Wie Hellwig im wesentlichen auch Binder III S. 375. Demgegenüber ist zu bemerken: Wenn das Gesetz von einem Erbschaftsanspruch redet, so ist es sich dabei vollständig klar, daß in

4. In allen Fällen, in denen der Erbe in dieser seiner Eigenschaft einen Leistungsanspruch, oder wohl auch einen, ein einzelnes zum Nachlaß gehörendes Rechtsverhältnis betreffenden Feststellungsanspruch klagend geltend macht, hängt sein Sieg von der Bejahung der Vorfrage ab, daß er Erbe auch wirklich geworden ist. Das Ziel einer Klage des Erben kann aber auch geradezu auf Feststellung des Erbrechts, das will hier sagen: auf Feststellung der zugunsten des Klägers eingetretenen Erbfolge gerichtet sein.[7a]) Das zum Begründetsein des Erbrechtsfeststellungsanspruchs erforderliche Feststellungsinteresse (§ 256 CPO.) ist z. B. gegeben, wenn ein Erbprätendent, dem mit Rücksicht auf das von einem anderen Prätendenten in Anspruch genommene Erbrecht die Erteilung des Erbscheins verweigert worden ist, seinen Gegner aus dem Felde schlagen und sich hierdurch wieder die an ihn erfolgende Ausantwortung des Nachlasses aus der Hand des Nachlaßpflegers sichern will.

III. Obschon der Nacherbe erst mit dem Eintritt des Falles der Nacherbfolge in die Erbenstellung einrückt, so können ihm doch schon vor diesem Zeitpunkte sowohl gegen den Vorerben als auch gegen dritte Personen auf die erbrechtliche Anwartschaft sich beziehende Ansprüche zukommen. Hierher gehören insbesondere die gegen den Vorerben sich richtenden und in den §§ 2116, 2118, 2122, 2123, 2127, 2128 bestimmten Ansprüche,[8]) ferner der gegen den Besitzer eines unrichtigen Erbscheins sich richtende Anspruch auf Herausgabe desselben an das Nachlaßgericht (§ 2363 Abs. 2) und, soweit ein Feststellungsinteresse vorliegt, der Anspruch auf Feststellung des Rechtes zur künftigen Nacherbfolge.

---

diesem Anspruch alle Einzelansprüche gegen den Erbprätendenten zusammengefaßt werden. Aus dieser Zusammenfassung ergibt sich aber nach der Auffassung des Gesetzes wieder eine gewisse wechselseitige Einwirkung der im Gesamtanspruch vereinigten Einzelansprüche aufeinander, so daß er doch etwas mehr ist als eine bloße „Summe" der Einzelansprüche (so Hellwig S. 54). Wenn aber § 2029 bezüglich der Haftung des Erbschaftsbesitzers gegenüber den Einzelansprüchen des wahren Erben die Anwendung der Vorschriften über den Erbschaftsanspruch anordnet, so erklärt sich dies doch nur daraus, daß das BGB. einen Erbschaftsanspruch überhaupt anerkennt. Für die hier vertretene Auffassung besonders Langheineken S. 149 ff.

[7a]) In betreff des zuständigen Gerichts vgl. § 27 CPO.

[8]) Vgl. oben Bd. I S. 175 ff.

II. Der Erbschaftsanspruch.*)

1. Die Parteien.

§ 94.

I. Nach römischem und gemeinem Rechte steht dem Erben gegen jeden Dritten, der ihm etwas von der Erbschaft vorenthält, gleichviel ob der Dritte sich hierbei ein Erbrecht anmaßt, oder ob er ohne solche Anmaßung zur Erbschaft gehörende Gegenstände einfach als gute Beute behandelt, also sowohl gegen den possessor pro herede als auch gegen den possessor pro possessore die hereditatis petitio zu. Das BGB. schränkt dagegen die Verwendung seines der hereditatis petitio nachgebildeten Erbschaftsanspruchs dadurch wesentlich ein, daß es ihn nur gegen den Erbschaftsbesitzer im Sinne des § 2018 (bezw. des § 2030) gewährt und somit gegen denjenigen versagt, welcher das von ihm dem Erben mit Unrecht Vorenthaltene zwar aus der Erbschaft, aber nicht auf Grund eines von ihm für sich in Anspruch genommenen Erbrechts erlangt hat. Man kann dies auch so ausdrücken, daß der Erbschaftsanspruch des BGB. sich nur gegen den possessor pro herede, nicht auch gegen den possessor pro possessore richtet.[1])

---

*) Vgl. Francke, Exegetisch-dogmatischer Kommentar über den Pandektentitel de hereditatis petitione (1864), Pfersche, Privatrechtliche Abhandlungen (1886), Lammfromm, Beiträge zur Geschichte der Erbschaftsklage (1887), Leinweber, Die hereditatis petitio (1899), Leonhard, Der Erbschaftsbesitz (1899), Kipp bei W. III S. 509 ff., 514 ff., 519 ff., 524 ff., Hellwig, Anspruch und Klagrecht S. 44 ff., Langheineken, Anspruch und Einrede S. 148 ff., Binder III S. 363 ff.

[1]) Über die Abgrenzung zwischen dem possessor pro herede und dem possessor pro possessore herrscht in der romanistischen Doktrin Streit. Während die einen als possessor pro herede jeden bezeichnen, der sich Erbrecht „zuschreibt", betrachten andere auch schon denjenigen nicht mehr als poss. pro herede, sondern als poss. pro poss., welcher sich Erbrecht zwar zuschreibt, aber zugleich weiß, daß er der Erbe nicht wirklich ist. Vgl. hierzu Windscheid, Pandekten III § 614, der sich für das erstere entscheidet. Ganz abgesehen von dieser Grenzziehung herrscht auch darüber Streit, unter welchen Voraussetzungen man denjenigen, welcher ohne jede Erbrechtsanmaßung Erbschaftssachen eigenmächtig ergreift, als poss. pro poss. bezeichnen kann (vgl. auch hierzu Windscheid a. a. O.). Für das Recht des BGB. sind diese Fragen ohne jeden

II. Die beim Erbschaftsanspruch[1a]) beteiligten Parteien sind jetzt noch genauer zu bestimmen:

1. Der Kläger ist der wahre Erbe (auch der Teilerbe). Statt seiner aber unter Umständen auch der Nachlaßpfleger, Konkursverwalter[2]) und Testamentsvollstrecker.[2a]) Dem Käufer einer Erbschaft steht der Anspruch nur zu, wenn er ihm vom verkaufenden Erben abgetreten worden ist.

Einen dem Erbschaftsanspruch analogen Anspruch gewährt das Gesetz auch dem für tot erklärten Herrn eines Vermögens, der den in der Todeserklärung angenommenen Zeitpunkt seines angeblichen Todes überlebt hat, und desgleichen auch demjenigen, dessen Tod ohne Todeserklärung mit Unrecht angenommen worden ist (§ 2031).

2. Der Erbschaftsanspruch richtet sich gegen den Erbschaftsbesitzer im Sinne des § 2018 oder gegen den durch die Vorschrift des § 2030 im Verhältnis zum Erben einem Erbschaftsbesitzer Gleichgestellten.

a) Der Erbschaftsbesitzer wird in aller Regel Besitzer von zur Erbschaft gehörenden Sachen sein. Zum Dasein des Erbschaftsbesitzes ist jedoch derartiger Sachbesitz nicht erforderlich.[3]) Erbschaftsbesitz im Sinne des § 2018 setzt vielmehr nur voraus, daß derjenige, welchem er zugeschrieben wird, auf Grund eines ihm in Wirklichkeit nicht zustehenden Erbrechts etwas aus der Erbschaft erlangt hat. Wesentlich sind also zwei Momente:

α) Wer als Erbschaftsbesitzer in Betracht kommen soll, muß das von ihm aus der Erbschaft Erlangte auf Grund eines ihm in

---

Belang. Wer Erbschaftsbesitzer ist, ergibt sich aus § 2018 in Verbindung mit § 2030; in dem aus diesen Vorschriften sich ergebenden Sinne kann man ihn aber sicherlich als poss. pro herede bezeichnen.

[1a]) Hinsichtlich des Gerichtsstandes vgl. § 27 CPO.

[2]) So verhält es sich z. B., wenn der wahre Erbe, gegen den die Nachlaßverwaltung angeordnet, der Nachlaßkonkurs eröffnet worden ist, einem Erbschaftsbesitzer gegenüber steht; denn der ihm gegen diesen zukommende Erbschaftsanspruch ist hier vom Nachlaß-, Konkursverwalter geltend zu machen. Vgl. die durchaus zutreffende Ausführung Hellwigs S. 77.

[2a]) Vgl. oben Bd. I S. 291 bei Anm. 69 und dazu außer Hellwig S. 76, 77 jetzt auch Langheineken S. 155 und Binder III S. 379.

[3]) Anders, aber gewiß mit Unrecht, Leonhard S. 19; vgl. dagegen die weitere Ausführung im Texte unter β und jetzt auch Binder III S. 387 Anm. 39 und S. 395, 396.

Wirklichkeit nicht zustehenden Erbrechts, d. h. derart erlangt haben, daß er hierbei eine ihm nicht zukommende Erbenstellung zur Geltung brachte.[3a]) Ob der in solcher Weise Auftretende sich für den Erben auch wirklich gehalten hat, oder im vollen Bewußtsein seines Unrechts vorgegangen ist, ist für das Dasein des Erbschaftsbesitzes gleichgültig. Wer dagegen zwar etwas aus der Erbschaft erlangt, jedoch ohne sich hierbei die Erbenstellung anzumaßen, also z. B. durch Wegnahme von Sachen aus dem Nachlaß auf Grund eines wirklich oder angeblich schon gegen den Erblasser begründet gewesenen dinglichen oder persönlichen Anspruchs oder auf Grund eines wirklichen oder angeblichen Vermächtnisanspruchs oder zur Sicherung einer gegen den Nachlaß sich richtenden Forderung, oder durch gemeinen Diebsgriff,[4]) ist Erbschaftsbesitzer im Sinne des Gesetzes nicht.[4a]) Wegen des Mangels einer Erbrechtsprätension kann auch demjenigen, welcher in Ansehung der zum Nachlaß gehörenden Gegenstände eine Verfügungsgewalt als Nachlaßpfleger, Nachlaßverwalter, Testamentsvollstrecker ausübt, im Verhältnis zum Erben, gegen den die Nachlaßverwaltung angeordnet, der Nachlaßkonkurs eröffnet worden ist, Erbschaftsbesitz nicht zugesprochen werden.[5])

[3a]) Gibt derjenige, welcher in der im Texte angegebenen Weise etwas aus dem Nachlaß erlangt hat und hierdurch Erbschaftsbesitzer geworden ist, später die Erbrechtsprätension auf, so kann gegen ihn nichtsdestoweniger der Erbschaftsanspruch geltend gemacht werden (anders im Gegensatz zur herrschenden Meinung Binder III S. 387 unten). Doch wird dem Verklagten in solchem Falle die Möglichkeit einer auf den angeblichen Singulartitel sich stützenden Verteidigung nicht zu versagen sein.

[4]) Mit Rücksicht auf § 857 BGB. im Zusammenhang mit § 242 StGB. wird nicht zu bezweifeln sein, daß ein Diebstahl an Erbschaftssachen auch dann möglich ist, wenn der Erbe ihren Besitz vorher noch nicht ergriffen hatte.

[4a]) Tritt, wer etwas ohne Erbrechtsprätension aus der Erbschaft erlangt hat, später als Erbrechtsprätendent auf, so wird er in Ansehung des Erlangten nunmehr als Erbschaftsbesitzer zu gelten haben. Vgl. auch Binder III S. 387, 388.

[5]) Nicht übersehen werden darf jedoch der Fall, daß der Erbe, gegen den die Nachlaßverwaltung angeordnet, der Nachlaßkonkurs eröffnet worden ist, etwa in Ansehung einer Erbschaft, von der er zu unrecht annahm, daß sie seinem Erblasser angefallen sei, während der Anfall in Wahrheit zugunsten des X stattgefunden hatte, zugleich auch Erbschaftsbesitzer ist. Wird hier dasjenige, was der Erbe nur als Erbschaftsbesitzer hat, mit in die Nachlaßver-

Die Umstände können aber auch so geartet sein, daß die Entscheidung der Frage, ob jemand Erbschaftsbesitzer sei, recht zweifelhaft wird. Zwei Beispielsfälle mögen dies veranschaulichen: Der bisherige gesetzliche Vertreter eines bereits verstorbenen Kindes benutzt die ihm noch zur Verfügung stehende Legitimation, um sich in den Besitz einer Erbschaft zu setzen, die dem Kinde angefallen sein würde, wenn es den Anfall der Erbschaft erlebt hätte. Ferner: Ein Betrüger setzt sich in der Weise in den Besitz des Vermögens eines Verschollenen, daß er sich selbst als den bisher verschollen gewesenen Herrn dieses Vermögens ausgibt. Es hat zunächst den Anschein, als ob hier der Anspruch nach § 2031 und dort der Erbschaftsanspruch des § 2018 nicht begründet wären, während das praktische Bedürfnis zur umgekehrten Entscheidung drängt.[6]) Vielleicht läßt sich aber die letztere mit dem Gesetze doch vereinigen.

Was zunächst den zweiten Fall[7]) betrifft, so ist klar, daß derjenige, welcher als der bisher verschollen gewesene Herr eines Vermögens auftritt, dem wirklich Berechtigten gegenüber praktisch in wesentlich gleicher Weise gegenübersteht, als ob er sich mit Unrecht die Erbenstellung angemaßt hätte, nur mit dem Unterschied, daß jene Anmaßung noch viel weiter geht als diese. Hält man sich deshalb nicht an das Wort, sondern an die Sache, so wird man dem zurückgekehrten Verschollenen bezw. dessen Erben den im § 2031 bestimmten Gesamtanspruch gegen den Betrüger nicht versagen dürfen. Für die Beurteilung des ersten Falles ist aber entscheidend, daß der Vormund, von dem da die Rede ist, die fragliche Erbschaft als Ganzes auf Grund eines von ihm vorgegebenen Scheinerbrechts seines gewesenen

---

waltung, in den Nachlaßkonkurs einbezogen, so ist insoweit der Erbschaftsanspruch des X gegen den Nachlaß-, Konkursverwalter allerdings begründet. So mit Recht Hellwig S. 71.

[6]) Eine charakteristische Eigenschaft des Erbschaftsanspruchs und des nach den Vorschriften über den Erbschaftsanspruch zu behandelnden Anspruchs nach § 2031 ist das hierbei zugunsten des Anspruchsberechtigten eingreifende Surrogationsprinzip. Es müßte als unerfreulich bezeichnet werden, wenn der Anspruchsberechtigte in den im Texte hervorgehobenen Fällen nach dieser Richtung hin wesentlich schlechter gestellt wäre.

[7]) In Übereinstimmung mit der 1. Aufl. d. Buches S. 157 halten den Anspruch aus § 2031 hier für nicht begründet Planck-Ritgen S. 175, Binder III S. 393 (dieser in Verbindung mit gegen die zu enge Fassung des Gesetzes sich richtenden kritischen Bemerkungen).

Mündels dem wahren Erben entzogen hat und sich hierdurch, wenn auch nicht formell, so doch praktisch die Vorteile der Erbenstellung verschafft hat. Auch hier dürfte sich deshalb die Zulassung des Erbschaftsanspruchs rechtfertigen lassen.[8])

Der Vorerbe wird dadurch allein, daß sich die Erbschaft zur Zeit des Eintrittes der Nacherbfolge noch bei ihm befindet, noch nicht Erbschaftsbesitzer im Sinne des § 2018. Der gegen ihn mit diesem Zeitpunkt begründete Herausgabeanspruch des Nacherben (§ 2130) hat zwar mit dem Erbschaftsanspruch im technischen Sinne viel Verwandtes,[8a]) ist aber mit diesem doch nicht identisch.[9])

---

[8]) Ansätze zu dieser Behandlung bereits bei Hellmann S. 244, während Küntzel S. 853 in Übereinstimmung mit der 1. Aufl. d. Buches S. 157 die Voraussetzungen des Erbschaftsanspruchs gegen den Vormund nicht für gegeben erachtet; wenn Küntzel aber zur sachlichen Rechtfertigung dieser Entscheidung beifügt, daß der Erbschaftsanspruch bei solcher Lage der Dinge deshalb entbehrlich sei, weil der Vormund dem wahren Erben ja doch nach den Vorschriften über unerlaubte Handlungen hafte, so läßt er dabei den in Anm. 6 hervorgehobenen Gesichtspunkt unberücksichtigt. Für die Entscheidung des Textes Langheineken S. 152 Anm. 5, Binder III S. 394.

[8a]) Darüber, daß das Surrogationsprinzip auch zugunsten des Nacherben eingreift, vgl. § 2111 und oben Bd. I S. 196 ff.

[9]) Auf folgende Unterschiede mag besonders aufmerksam gemacht werden: 1. Der Anspruch aus § 2130 richtet sich gegen den Vorerben, d. i. gegen einen Gegner, der die bei ihm sich befindende Erbschaft nicht auf Grund eines ihm in Wirklichkeit nicht zustehenden, sondern vielmehr auf Grund eines ihm wirklich zukommenden Erbrechts erlangt hat, und er setzt auch nicht voraus, daß der verklagte Vorerbe sich die Fortdauer seines Rechtes aus der Vorerbfolge auch für die Zeit nach dem Eintritt der Nacherbfolge angemaßt hat. Dies trifft z. B. nicht zu, wenn der Vorerbe das Recht des Nacherben ohne weiteres anerkennt und die Herausgabe der Erbschaft nur mit Rücksicht auf die von ihm vor dem Eintritt des Falles der Nacherbfolge gemachten Aufwendungen verweigert (§§ 2124, 2125). 2. Die Haftung des Vorerben dem Nacherben gegenüber bestimmt sich hinsichtlich der Zeit vor dem Eintritt des Falles der Nacherbfolge nicht nach den Vorschriften über den Erbschaftsanspruch, sondern nach den über die Verantwortlichkeit des Vorerben gegenüber dem Nacherben maßgebenden Bestimmungen. 3. Selbst wenn der Vorerbe die Erbenstellung auch noch über den Zeitpunkt des Falles der Nacherbfolge hinaus für sich in Anspruch nimmt, so greifen die Vorschriften über den Erbschaftsanspruch nicht schlechtweg durch. Bei der Beurteilung der Verantwortlichkeit des Vorerben hinsichtlich der Zeit seit dem Eintritt des Falles der Nacherbfolge und bei der Beurteilung der von ihm seit dieser Zeit in Ansehung von Nachlaßgegenständen vorgenommenen Verfügungen spielt nämlich der in den Bestimmungen über

β) Um als Erbschaftsbesitzer gelten zu können, muß der zu unrecht als Erbe Auftretende auf Grund seiner Erbrechtsanmaßung auch „etwas" aus der Erbschaft „erlangt" haben. Der Vorteil aus der Erbschaft, auf dessen Erlangung der Erbschaftsbesitz des Erbprätendenten beruht, kann vor allem in dem Erwerb des Besitzes an zur Erbschaft gehörenden Sachen bestehen. An einen Erwerb nach § 857, d. h. durch Vererbung, ist aber dabei nicht zu denken. Denn nur auf den wahren Erben, nicht auch auf den bloßen Erbprätendenten geht der Besitz des Erblassers von Rechts wegen über. Nur scheinbar anders verhält es sich in denjenigen Fällen, in welchen der vorerst anzunehmende Anfall der Erbschaft an einen vorläufigen Erben hinterher infolge wirksamer Anfechtung als nicht erfolgt zu gelten hat. Denn insoweit dies zutrifft, ist auch der nach § 857 zu beurteilende Besitzerwerb als für den vorläufigen Erben niemals eingetreten anzusehen. Was aber den vom Erbprätendenten nach § 854 erworbenen Besitz an tatsächlich zum Nachlaß gehörenden Sachen betrifft, so braucht er, um als etwas aus der Erbschaft Erlangtes gelten zu können, nicht notwendig Eigenbesitz[10]) im Sinne des § 872 zu sein. Das Gegenteil hiervon ergibt sich aus der nahe liegenden Erwägung, daß zum Nachlaß tatsächlich doch auch Sachen gehören können, die der Erblasser bisher als Faustpfandgläubiger, Mieter, Pächter, Entleiher, Verwahrer, Beauftragter, Kommissionär, Werkmeister u. dergl. besaß. Kennt der Erbprätendent diesen Sachverhalt, so wird er die betreffenden Sachen normalerweise nur so besitzen wollen, wie sie bisher der Erblasser besaß. Allein dies

---

den Erbschaftsanspruch begreiflicherweise nicht berücksichtigte Umstand eine wichtige Rolle, ob der Vorerbe von dem Eintritt des Falles der Nacherbfolge Kenntnis hatte oder haben mußte, oder ob das nicht zutrifft (vgl. § 2140). Ungeachtet dieser Verschiedenheiten zwischen dem Anspruch nach § 2130 und dem Erbschaftsanspruch wird es aber zulässig sein, die auf den letzteren sich beziehenden Vorschriften zur Ausgestaltung des ersteren ergänzungsweise heranzuziehen. So im wesentlichen auch Langheineken S. 154 bei Anm. 2 (vgl. aber doch auch die Ausführung bei Anm. 4 daselbst) und Binder III S. 394, 395.

[10]) Anders Leonhard S. 19 und Kipp bei W. III S. 519; sie behaupten, das Gesetz verstehe im § 2018 unter dem Erbschaftsbesitz nur „Eigenbesitz". Die Widerlegung ergibt sich aus der Ausführung des Textes, der Binder III S. 396 zustimmt.

ändert nichts daran, daß der Erbprätendent durch seinen Besitzerwerb etwas aus der Erbschaft erlangt hat.

Ein Erlangen im Sinne des § 2018 liegt auch dann vor, wenn der Erbprätendent hinsichtlich eines zur Erbschaft gehörenden Grundstücks oder eines solchen Rechtes an einem Grundstück als angeblicher Gesamtnachfolger des Erblassers im Grundbuch als Berechtigter eingetragen worden ist,[10a]) und nicht minder, wenn er hinsichtlich einer zur Erbschaft gehörenden und sein Grundstück belastenden Hypothek seine Eintragung als Eigentümer-Grundschuldgläubiger[11]) durchsetzt (§ 1177 Abs. 1).

Der Erbprätendent kann ferner etwas aus der Erbschaft auch in der Weise erlangen, daß er die von Nachlaßschuldnern gemachten Leistungen entgegennimmt. Hierbei ist es selbstverständlich wieder möglich, aber keineswegs notwendig,[12]) daß der Prätendent Besitz an Sachen erwirbt, der dem wahren Erben gebührt. Ein Erlangen der bezeichneten Art liegt desgleichen vor, wenn der Erbprätendent (und zwar auf Grund des ihm erteilten Erbscheins) seinem Gläubiger gegenüber eine Nachlaßforderung aufrechnet oder wenn er über ein zum Nachlaß gehörendes Recht (ebenfalls auf Grund des Erbscheins) gegen Entgelt wirksam verfügt.

Ob darin, daß der als Erbprätendent auftretende Nachlaßschuldner mit Rücksicht auf sein angebliches Erbrecht dem wahren Erben gegenüber die Erfüllung verweigert, ein Erlangen aus der Erbschaft im Sinne des § 2018 erblickt werden dürfe, ist streitig.[13]) Überwiegende Gründe sprechen jedoch für die Bejahung.[13a]) Ein Erlangen der bezeichneten Art liegt nämlich in unserem Falle insofern vor, als der Prätendent lediglich zufolge seiner Erbrechtsanmaßung behält, was

---

[10a]) Vgl. jetzt auch Binder III S. 396.

[11]) Der Sachverhalt ist also so zu denken, daß der Erbschaftsbesitzer mit Rücksicht auf die durch die angebliche Vereinigung von Berechtigung und Verbindlichkeit in seiner Person eingetretene Erlöschung der hypothekarisch versicherten Forderung die bisherige Hypothek des Erblassers als Eigentümergrundschuld behandelt.

[12]) Das von einem Nachlaßschuldner an den Erbschaftsbesitzer Geleistete kann ja sehr wohl auch in etwas anderem als in einer Sachleistung bestehen.

[13]) Für die Verneinung besonders Leonhard S. 16 und im Anschluß an ihn auch noch die 2. Auflage d. B. S. 551 bei Anm. 13 und, obschon zweifelnd, Binder III S. 397, 398.

[13a]) Vgl. auch l. 13 § 15, l. 14, l. 16 pr. D. 5, 3.

er als Schuldner hätte leisten müssen, als ihm tatsächlich die Nutzungen des zu leistenden Gegenstandes zukommen, als er sich der Diligenzpflicht,[13b]) der Haftung für Zinsen und Schadensersatz, die ihm als Schuldner obliegt, tatsächlich entledigt und dergl.[13c]) Etwas anders verhält es sich mit den zur Erbschaft gehörenden Forderungen gegen einen Dritten; denn dadurch, daß der Prätendent diese Forderungen sich zuschreibt, hat er sie noch nicht erlangt. Das vom Prätendenten rücksichtlich solcher Forderungen wirklich Erlangte kann aber, abgesehen von dem schon früher hervorgehobenen Falle der an ihn erfolgten Erfüllung, allerdings in dem Besitz von auf die Forderung sich beziehenden Urkunden oder in der zugunsten des Prätendenten vorgenommenen Umschreibung im Grundbuch, Reichs- oder Staatsschuldbuch u. dergl. bestehen.

b) Dem Erbschaftsbesitzer in dem unter a) entwickelten Sinne steht nach § 2030 im Verhältnis zum Erben derjenige gleich, welcher „die Erbschaft durch Vertrag" von einem Erbschaftsbesitzer, also durch Kauf oder auf Grund einer anderen causa „erwirbt".[14]) Da ein solcher Erwerber einem Erbschaftsbesitzer gleichsteht, so bezieht sich § 2030 offenbar auch auf den Fall des weiteren vertragsmäßigen Erwerbs der Erbschaft von jenem Erwerber (vgl. auch § 2385).

Die große praktische Bedeutung der Bestimmung des § 2030 besteht nicht nur darin, daß der Erbschaftsanspruch gegen den daselbst bezeichneten Erwerber der Erbschaft überhaupt zulässig ist, sondern außerdem auch noch darin, daß die Rechtsstellung des wahren Erben zu dem nach § 2030 zu behandelnden Erwerber dadurch un-

[13b]) Hierbei ist zu beachten, daß den gutgläubigen Erbschaftsbesitzer hinsichtlich der Zeit vor der Rechtshängigkeit des Erbschaftsanspruchs eine Diligenzpflicht nicht trifft.

[13c]) Man berücksichtige übrigens auch die Möglichkeit, daß der Erbprätendent in Ansehung einer Sache, die er vom Erblasser miet-, leihweise oder zur Verwahrung übernommen hatte, zufolge seiner Erbrechtsprätension Eigenbesitzer wird, oder daß er über eine Sache, zu deren Übereignung an den Erben er verpflichtet ist, anderweitig verfügt.

[14]) Die Ausdrucksweise des § 2030 ist übrigens nicht einwandfrei. Denn Fälle, in denen „die Erbschaft" wirklich „durch Vertrag" erworben wird, gibt es nicht (vgl. §§ 2371 ff. und dazu die Ausführung in § 97 d. W.). Bei voller Genauigkeit hätte von einem Ansichbringen der zur Erbschaft gehörenden Gegenstände auf Grund eines die Veräußerung der Erbschaft bezweckenden Vertrags gesprochen werden müssen.

berührt bleibt, daß dem Erwerber vom Veräußerer die zur Erbschaft gehörenden Rechte unter Verhältnissen übertragen worden sind, vermöge welcher sonst der Erwerber durch die Vorschriften der §§ 932 bis 936, 892, 893, 2366, 2367 dem bisher berechtigt Gewesenen gegenüber geschützt ist. Man kann dies ganz allgemein auch dahin ausdrücken, daß sich der nach § 2030 zu beurteilende Erwerber der Erbschaft hinsichtlich der zu dieser gehörenden und von ihm herauszugebenden Gegenstände dem wahren Erben gegenüber nicht auf die Vorschriften zugunsten derjenigen berufen kann, welche Rechte von einem Nichtberechtigten herleiten. Hieran muß insbesondere auch festgehalten werden, wenn über das Vermögen des Erwerbers Konkurs eröffnet worden ist.

Was im § 2030 in betreff des vertragsmäßigen Erwerbers der Erbschaft vom Erbschaftsbesitzer gesagt ist, muß übrigens entsprechend auch zur Anwendung gebracht werden, wenn der Erbschaftsbesitzer die ihm nicht angefallene Erbschaft einem anderen als Vermächtnis hinterlassen hat. Auch in solchem Falle steht also der Vermächtnisnehmer einem Erbschaftsbesitzer gleich,[15]) und kommen ihm ungeachtet der vom Erben des Erbschaftsbesitzers zum Zwecke der Erfüllung der Vermächtnisverpflichtung vorgenommenen Übertragungsakte im Verhältnis zum wahren Erben die den Schutz des Erwerbs vom Nichtberechtigten bezweckenden Vorschriften nicht zu statten.

III. Der den Erbschaftsanspruch geltend machende Kläger hat doppeltes zu beweisen:

1. sein Erbrecht[15a]) und
2. den Erbschaftsbesitz des Beklagten.

Beide Punkte sind noch näher zu besprechen:

---

15) Da ein solches Vermächtnis für den wahren Erben praktisch ganz dasselbe bedeutet wie ein vom Erbschaftsbesitzer mit einem anderen zum Zwecke der Veräußerung der Erbschaft geschlossener Vertrag, so entspricht es durchaus der Sachlage, daß der Vermächtnisnehmer in solchem Falle dem wahren Erben gegenüber nicht besser, aber auch nicht schlechter steht als der vertragsmäßige Erwerber der Erbschaft. Ebenso Planck-Ritgen S. 174 (Z. 3), Binder III S. 400 Anm. 91, anders Herzfelder S. 247.

15a) In der folgenden Ausführung des Textes wird vorausgesetzt, daß weder dem Kläger noch dem Beklagten ein Erbschein erteilt worden ist. War die Erteilung eines Erbscheins bereits erfolgt, so kommt derjenigen Partei, welcher er erteilt worden ist, die Vermutung des § 2365 zu statten (vgl. oben S. 147, 148).

Zu 1. Stützt Kläger sein Erbrecht auf eine Verfügung von Todes wegen (Testament oder Erbvertrag), so hat er ihr Dasein und ihren Inhalt zu beweisen; dies wird regelmäßig durch die Vorlegung des Testaments, des Erbvertrags,[15b]) kann aber auch in anderer Weise geschehen.[16]) Beruht das vom Kläger behauptete Erbrecht auf einem eigenhändigen[17]) Testament des Erblassers, so hat jener die vom Beklagten bestrittene Echtheit[18]) des Testaments zu beweisen. Das Vorhandensein besonderer, die Wirksamkeit der vom Kläger angerufenen Verfügung von Todes wegen ausschließender Umstände (z. B. die angebliche Testierunfähigkeit des Erblassers oder Umstände der in den §§ 2234 bis 2236 bezeichneten Art) sowie die Aufhebung der Verfügung von Todes wegen hat der Beklagte zu erweisen.

Beruft sich Kläger auf gesetzliches Erbrecht, so hat er die dafür entscheidenden Tatsachen zu behaupten und zu erweisen. Macht Beklagter geltend, daß der Eintritt der gesetzlichen Erbfolge durch eine Verfügung von Todes wegen ganz oder teilweise ausgeschlossen sei,[18a]) oder daß dem Kläger ein anderer gesetzlicher Erbe vorgehe, oder daß ein solcher Erbe dessen Erbrecht wenigstens beschränke, so trifft hinsichtlich dieser Behauptungen ihn die Beweislast.

Die erfolgte Annahme der Erbschaft braucht der Kläger in aller Regel[18b]) nicht zu erweisen.[18c]) Behauptet der Beklagte die Ausschlagung, so obliegt ihm die Beweisführung.

[15b]) In betreff der Beweiskraft eines öffentlichen Testaments oder eines Erbvertrags vgl. § 415 CPO.

[16]) Hierbei wird unter Umständen die Rechtsvermutung des § 2255 widerlegt werden müssen.

[17]) Übrigens wird auch durch das über ein angebliches mündliches Zeugentestament (vgl. §§ 2250, 2251) aufgenommene Protokoll der „volle Beweis" (vgl. § 415 CPO.) der Errichtung durch den Erblasser noch nicht erbracht.

[18]) Vgl. hierzu die eingehende Erörterung bei Pfaff-Hoffmann, Exkurse II S. 78 ff.

[18a]) Stützt Beklagter sich hierbei auf ein eigenhändiges Testament des Erblassers, so hat er den Beweis der vom Kläger bestrittenen Echtheit zu liefern.

[18b]) Anders kann es sich nur in dem oben S. 3 Anm. 7 erwähnten Ausnahmefalle verhalten.

[18c]) Denn selbst wenn die Annahme der Erbschaft bisher noch nicht erfolgt war oder als erfolgt zu gelten hat, so ist (vgl. aber doch auch Anm. 18b)

Ergibt sich, daß Kläger der wahre Erbe nicht ist, so muß er abgewiesen werden; es ist also in diesem Falle nicht etwa abzuwägen, wer von den beiden Teilen das relativ bessere Recht habe.[19])

Zu 2. Zum Beweis der Sachlegitimation des Beklagten braucht der Kläger nicht darzutun, daß jener von dem (auf Grund eines in Wirklichkeit nicht bestehenden Erbrechts) aus der Erbschaft Erlangten gegenwärtig noch etwas hat,[20]) es genügt vielmehr der Beweis des in der Vergangenheit liegenden Erlangthabens.[21]) Bestreitet aber Beklagter ungeachtet dieses gegen ihn erbrachten Beweises eine Verpflichtung zur Herausgabe, so ist es an ihm, diejenigen Umstände darzutun, vermöge welcher eine Herausgabepflicht entfällt.[22])

2. Herausgabepflicht.

§ 95.

I. Im Falle des klägerischen Sieges hat der Beklagte an den Kläger das aus dem Nachlaß Erlangte oder, soweit es Veränderungen

---

in der Erhebung des Erbschaftsanspruchs pro herede gestio zu erblicken (vgl. auch oben S. 25).

[19]) Anders mit Unrecht und ohne jeden Anhaltspunkt im Gesetz Endemann III S. 544. Wie im Texte auch Binder III S. 375 Anm. 2.

[20]) Vgl. im Gegensatz hierzu den auf den Eigentumsanspruch sich beziehenden § 985: „Der Eigentümer kann von dem Besitzer die Herausgabe der Sache verlangen." Vgl. auch Protokolle V S. 700 bis 703.

[21]) Zweifelnd Hellwig S. 67, 68. Binder III S. 431 bürdet dem Kläger in offenbarem Widerspruch mit dem Gesetz geradezu den Beweis auf, daß der Beklagte „Erbschaftsgegenstände (wozu natürlich auch die Surrogate und Früchte gehören) besitzt und herausgeben kann, eventuell wenn Beklagter sie nicht mehr besitzt, daß er sie doch erlangt hatte und durch sie noch bereichert oder für sie schadensersatzpflichtig ist". Die mit der herrschenden Lehre übereinstimmende Auffassung des Textes hält Binder a. a. O. Anm. 12 für prozessualisch undenkbar. Denn ihr zufolge müßte Beklagter, wenn er den ihm im Texte auferlegten Beweis nicht führen will oder kann, dem Antrag des Klägers entsprechend zur Herausgabe der erlangten Sachen verurteilt werden, nach denen dann der Gerichtsvollzieher vergebens suchen werde. Dies ist aber nicht richtig gedacht. Binder übersieht hierbei insbesondere, daß der zur Herausgabe Verurteilte in solchem Falle ersatzpflichtig ist, soweit ihm nicht Einwendungen der im § 767 Abs. 2 CPO. bezeichneten Art zur Verfügung stehen. Für die Auffassung des Textes Langheineken S. 157.

[22]) Dies ist dann nicht der Fall, wenn an die Stelle des ursprünglich

erfahren hat, das herauszugeben, was sich aus dem Erlangten nach Maßgabe des Surrogationsprinzips weiter entwickelt hat.[1]) In Ansehung des aus der Erbschaft Erlangten kann übrigens die Rechtsstellung des Erbschaftsbesitzers eine sehr verschiedene sein.[1a])

1. In betreff der nicht bloß tatsächlich, sondern auch rechtlich zum Nachlaß gehörenden Sachen wird an dieser rechtlichen Zugehörigkeit durch den Besitzerwerb des Erbschaftsbesitzers eine Änderung nicht herbeigeführt. Das Eigentum an diesen Sachen steht also dem wahren Erben zu. Liegen hinsichtlich solcher Sachen auf seiten des sie als zur Erbschaft gehörend besitzenden Erbschaftsbesitzers die Voraussetzungen der Ersitzung[1b]) vor (§ 937), so ist diese zwar nicht schlechthin ausgeschlossen; allein der Erbschaftsbesitzer kann sich doch dem wahren Erben gegenüber auf die Ersitzung so lange nicht berufen, als der Erbschaftsanspruch nicht verjährt ist (§ 2026). Hatte sich der Erblasser hinsichtlich einer tatsächlich zur Erbschaft gehörenden Sache bereits im Ersitzungsbesitz befunden, und liegen auf seiten des

Erlangten ein Surrogatgegenstand oder eine Bereicherung des Beklagten getreten ist.

[1]) Die Stellung eines der Sachlage entsprechenden Begehrens wird dem Kläger am besten dadurch ermöglicht, daß er mit dem Erbschaftsanspruch die Geltendmachung des ihm nach § 2027 Abs. 1 zustehenden Anspruchs auf Auskunfterteilung verbindet. Es greift dann § 254 CPO. durch. Erstreckt hier der Kläger mit Rücksicht auf das Ergebnis der erhaltenen Auskunft den ursprünglichen Klageantrag auf weitere Gegenstände, so liegt darin — wie Langheineken S. 161 mit Recht ausführt — weder eine Klagenhäufung noch eine Klageänderung, sondern nur eine nach § 268 Nr. 2 CPO. unbedingt zulässige Klageerweiterung. Ganz anders würde dagegen der Fall zu beurteilen sein, wenn der Erbe, der wegen einer einzelnen Nachlaßsache den Eigentumsanspruch erhoben hat, mit Berufung darauf, daß der Beklagte Erbschaftsbesitzer sei, seinen Klageantrag schlechthin auf alles erstrecken wollte, was der Beklagte „auf Grund eines ihm in Wirklichkeit nicht zustehenden Erbrechts aus der Erbschaft erlangt hat". Hierin mußte Klageänderung erblickt werden. So auch Langheineken, anders Hellwig S. 61, Binder III S. 443.

[1a]) Vgl. auch Kohler, Das Vermögen als sachenrechtliche Einheit im Arch. f. b. R. Bd. 22 S. 1 ff.

[1b]) Hierbei kommt praktisch nur die Ersitzung beweglicher Sachen in Betracht, die sich, abgesehen von der Vorschrift des § 2026, schon in zehn Jahren vollenden könnte, während der Erbschaftsanspruch erst in dreißig Jahren verjährt. Die Voraussetzungen der sogenannten Tabularersitzung des § 900 können dagegen vor der eingetretenen Verjährung des Erbschaftsanspruchs nicht gegeben sein.

Erbschaftsbesitzers die Voraussetzungen für die Fortsetzung der Ersitzung vor, so kommt dessen Ersitzungszeit dem wahren Erben zu statten (§ 944).

2. Ist der Erbschaftsbesitzer in Ansehung eines bücherlichen Rechtes des Erblassers umgeschrieben worden, so bleiben hierdurch die Rechte des wahren Erben unberührt.

3. Ein Bucheintrag, laut dessen die ein Grundstück des Erbschaftsbesitzers belastende Hypothek des Erblassers mit Rücksicht auf § 1177 auf den Eigentümer, d. i. also hier auf den Erbschaftsbesitzer, umgeschrieben worden ist, ist als unrichtig anzusehen; die dingliche Rechtsstellung des wahren Erben bleibt also hierdurch zunächst unberührt.[2])

4. Erfolgen auf Grund von zur Erbschaft gehörenden Forderungen Leistungen an den Erbschaftsbesitzer, so macht sich bereits der Einfluß des Surrogationsprinzips [2a]) bemerkbar. Nach allgemeinen Grundsätzen würde anzunehmen sein, daß die an den Erbschaftsbesitzer stattfindende Erfüllung einer auf Verschaffung des Eigentums oder eines anderen Rechtes gerichteten Nachlaßforderung dem Erbschaftsbesitzer den Erwerb des Eigentums oder des sonstigen Rechtes vermittelt. Allein, da es sich hierbei unter der Voraussetzung, daß die Erfüllung dem wahren Erben gegenüber wirksam ist,[3]) um einen „mit Mitteln der Erbschaft" gemachten rechtsgeschäftlichen Erwerb handelt, so ist dieser nach § 2019 als ein zur Erbschaft gehörender und damit zugleich als ein für den wahren Erben eintretender zu behandeln. Subjekt des betreffenden Rechtes wird also nicht der Scheinerbe, sondern der wahre Erbe, obschon in dessen Person die regelmäßigen Voraussetzungen des Erwerbs nicht vorhanden sind. Wird also z. B. der Erbschaftsbesitzer auf Grund der von einem Nachlaßschuldner, der dem Erblasser gegenüber zur Eigentumsübertragung an einem Grundstück verpflichtet war, vorgenommenen Auf-

---

[2]) Der Fall ist von dem im Texte unter Z. 2 behandelten verschieden; denn der nach § 1177 als Eigentümer-Grundschuldgläubiger Eingetragene zieht nur die Konsequenz davon, daß die hypothekarisch versichert gewesene Forderung des Erblassers durch Konfusion erloschen sei.

[2a]) Vgl. Windmüller, Die Bedeutung und Anwendungsfälle des Satzes pretium succedit in locum rei, res in locum pretii nach gemeinem Recht und BGB. (Heidelberger Dissertation, 1902).

[3]) Vgl. hierzu § 2367.

lassung als Eigentümer eingetragen, so knüpft sich hieran der Eigentumserwerb des wahren Erben, so daß sich die erfolgte Eintragung des ersteren schon von vornherein als eine unrichtige darstellt.

5. Verfügt der Erbschaftsbesitzer in einer dem wahren Erben gegenüber wirksamen Weise[4]) über einen Nachlaßgegenstand gegen Entgelt, so greift das Surrogationsprinzip in gleicher Weise ein, wie in den Fällen unter Z. 4, d. h. Subjekt derjenigen Rechte, welche der Erbschaftsbesitzer, abgesehen von der Vorschrift des § 2019 infolge der Verfügung über „Mittel der Erbschaft" erlangt haben würde, wird der wahre Erbe.[5]) Zugunsten des Schuldners einer kraft rechtsgeschäftlicher Surrogation vom wahren Erben erworbenen Forderung wird im Abs. 2 von § 2019 die besondere Vorsorge getroffen, daß er die Zugehörigkeit der Forderung zur Erbschaft erst dann gegen sich gelten zu lassen braucht, wenn er von dieser Kenntnis erlangt hat. Dementsprechend ist also die Stellung des wahren Erben hinsichtlich einer solchen Forderung dem Schuldner gegenüber im wesentlichen so zu bestimmen, wie sie zu bestimmen sein würde, wenn die Forderung vom Erbschaftsbesitzer an den Erben abgetreten worden wäre, jedoch mit dem Unterschied, daß die Kenntnis des Schuldners von der Abtretung hier durch die Kenntnis der Zugehörigkeit der

[4]) Vgl. § 2366. Fehlt die im Texte hervorgehobene Voraussetzung, so kann der Erbe die ihm gegenüber vorläufig noch unwirksame Verfügung nach § 185 durch nachträgliche Genehmigung zur Wirksamkeit bringen und hierdurch wieder den Surrogationserfolg herbeiführen. Zu beachten ist jedoch, daß in einem vom Erbschaftsbesitzer hinsichtlich eines Erbschaftsgegenstandes abgeschlossenen obligatorischen Geschäft eine Verfügung noch nicht gelegen ist. Vgl. hierzu das bereits Bd. I S. 198 Anm. 23 gesagte (s. übrigens auch unten S. 421 Anm. 6) und jetzt Binder III S. 411, 412.

[5]) Der Eintritt des Surrogationserfolgs wird selbst dadurch nicht beeinträchtigt, daß die vom Erbschaftsbesitzer mit Mitteln der Erbschaft angeschafften Gegenstände lediglich dessen persönlichen Zwecken dienen. Ist die Anschaffung eines Gegenstandes teils mit Mitteln der Erbschaft, teils mit denen des Erbschaftsbesitzers erfolgt, so gehört der Gegenstand nach Verhältnis des Wertes jener und dieser Mittel dem Erben und dem Erbschaftsbesitzer gemeinschaftlich. Kein Raum für das Eingreifen des Surrogationsprinzips ist jedoch dort, wo der vom Erbschaftsbesitzer mit den Mitteln der Erbschaft gemachte Erwerb so beschaffen ist, daß hieraus für den Erben ein anderes Recht als ein (entweder nach den Vorschriften über die Herausgabe einer ungerechtfertigten Bereicherung oder nach denen über Schadensersatz wegen unerlaubter Handlungen zu beurteilender) Anspruch auf Ersatz nicht erwachsen kann. Beispiele hierzu im Texte unter Z. 7.

Forderung zur Erbschaft ersetzt wird;[5a]) mit dieser Maßgabe sind die §§ 406 bis 408 zur entsprechenden Anwendung zu bringen.

6. Obschon § 2019 die Geltung des Surrogationsprinzips nur hinsichtlich des vom Erbschaftsbesitzer durch Rechtsgeschäft mit Mitteln der Erbschaft gemachten Erwerbs ausdrücklich hervorhebt, so darf hieraus doch nicht auf eine Beschränkung der Geltung auf diese Fälle geschlossen werden. Soweit nicht Ausnahmevorschriften eingreifen,[5b]) versteht sich vielmehr ganz von selbst, daß ein auf Grund eines zur Erbschaft gehörenden Rechtes ohne Vermittelung eines Rechtsgeschäfts eintretender Erwerb für den wahren Erben gemacht wird, und daß Ansprüche wegen Zerstörung oder Beschädigung eines Erbschaftsgegenstandes nicht in der Person des Erbschaftsbesitzers, sondern in der des wahren Erben entstehen.[6]) Ein eigenartiger Fall der Surrogation ist gegeben, wenn ein Erbschaftsbesitzer mit Mitteln der Erbschaft zur Tilgung einer nur vermeintlichen Nachlaßverbindlichkeit, also eines indebitum, eine Leistung bewirkt. Die hierdurch begründete condictio indebiti entsteht sicherlich sofort in der Person des wahren Erben.[6a]) Die Vorschrift des Abs. 1 von § 2019 greift freilich auch hier nicht unmittelbar ein. Denn in der Entstehung der condictio indebiti kann nicht eine rechtsgeschäftliche Folge der vorgenommenen Zahlung erblickt werden. Allein wenn das Surrogationsprinzip selbst in den Fällen des mit den Mitteln der Erbschaft erfolgenden rechtsgeschäftlichen Erwerbs und ungeachtet des entgegenstehenden Parteienwillens Platz greift, so muß es umsomehr in einem Falle zur Geltung kommen, in dem der Parteienwille überhaupt keine Rolle spielt. Nicht unerwähnt darf jedoch bleiben, daß die auf die Fälle des auf rechtsgeschäftlicher Surrogation beruhenden Erwerbs einer Forderung sich beziehende Vorschrift des Abs. 2 von § 2019 auf den für den wahren Erben kraft nicht rechtsgeschäftlicher Surrogation eintretenden Erwerb einer Forderung nicht bezogen werden darf.[7])

[5a]) Dies aus dem Grunde, weil in den hierher gehörenden Fällen eine Abtretung an den Erben in Wahrheit nicht stattfindet, vielmehr rechtlich unmöglich ist. Unzutreffend daher auch Endemann III S. 548 bei Anm. 5.

[5b]) Vgl. hierzu die weitere Ausführung des Textes unter II.

[6]) Vgl. auch Protokolle V S. 711.

[6a]) Im Ergebnis ebenso, aber mit anderer Begründung Binder III S. 414 Anm. 38.

[7]) Vgl. auch § 2111 und dazu wieder oben Bd. I S. 199 Anm. 26.

7. Das vom Erbprätendenten aus der Erbschaft Erlangte kann auch ganz oder teilweise in dessen Eigenvermögen aufgegangen sein. So verhält es sich z. B., wenn er mit Erbschaftsmitteln Eigenverbindlichkeiten berichtigt, oder auf seinem Grundstück ein Gebäude aufführt, oder wenn er eine Erbschaftsforderung gegen den Gläubiger aus einer gegen ihn sich richtenden Forderung aufrechnet u. dgl. In Fällen solcher Art bestimmt sich die Verpflichtung des Erbschaftsbesitzers nach den Vorschriften über die Herausgabe einer ungerechtfertigten Bereicherung (§ 2021).

II. Die Herausgabepflicht des (gleichviel ob bös- oder gutgläubigen) Erbschaftsbesitzers erstreckt sich auch auf die von ihm aus der Erbschaft gezogenen Nutzungen (§ 2020 Satz 1).[8]) Soweit es sich dabei nicht um Früchte handelt, kann offenbar nur eine vom Erbschaftsbesitzer herauszugebende Bereicherung in Betracht kommen. Die vom Erbschaftsbesitzer gewonnenen Früchte würden dagegen bei Anwendung der unter I entwickelten Grundsätze durchaus als etwas aus der Erbschaft bezw. mit deren Mitteln Erlangtes und somit als Erbschaftsgegenstände zu behandeln sein. Allein das Gesetz macht in dieser Beziehung in Satz 2 von § 2020 dadurch eine Ausnahme, daß es hier mit Bezug auf die herauszugebenden Früchte auch von solchen spricht, an denen der Erbschaftsbesitzer „das Eigentum erwirbt“. Hierdurch wird offenbar zum Ausdruck gebracht, daß durch die Bestimmungen über den Erbschaftsanspruch die auf den Eigentumserwerb an Früchten sich beziehenden allgemeinen Vorschriften unberührt bleiben. Demgemäß ist zu sagen, daß der gutgläubige Erbschaftsbesitzer unbeschadet seiner nach den Vorschriften über die Herausgabe einer ungerechtfertigten Bereicherung zu beurteilenden Herausgabepflicht an allen von ihm aus Erbschaftsgegenständen bezogenen Früchten das Eigentum erwirbt[9]) und daß dasselbe beim nicht gut-

---

[8]) Nach dieser Richtung hin ist also der gutgläubige Erbschaftsbesitzer weniger günstig gestellt als der gutgläubige Besitzer einer Sache, gegen den der Eigentumsanspruch erhoben wird. Denn während jener alle Nutzungen herauszugeben hat, verbleiben diesem die gezogenen Nutzungen in dem im § 993 bestimmten Maße. Vgl. aber doch auch § 818 Abs. 1 und § 2029 und zu dem letzteren wieder § 96 d. D.

[9]) Vgl. besonders § 955. In betreff des Eigentumserwerbs des gutgläubigen Erbschaftsbesitzers an den zur Erbschaft geschuldeten und vom Schuldner bezahlten Miet- und Pachtgeldern oder den Zinsen eines Geldkapitals bewendet es bei den rechtsgeschäftlichen Grundsätzen.

gläubigen Erbschaftsbesitzer hinsichtlich derjenigen Früchte zutrifft, deren Erwerb sich für ihn infolge eines nach allgemeinen Grundsätzen wirksamen Übertragungsgeschäftes vollzieht.[10]) Davon dagegen, daß der bösgläubige Erbschaftsbesitzer das Eigentum auch an Früchten, hinsichtlich deren sein Eigentumserwerb schon nach allgemeinen Grundsätzen ausgeschlossen ist, erwirbt, kann keine Rede sein.[11])

III. In betreff der Verantwortlichkeit des Erbschaftsbesitzers wegen seines Gebahrens mit der Erbschaft ist also zu unterscheiden: 1. Den gutgläubigen Erbschaftsbesitzer trifft eine solche Verantwortlichkeit hinsichtlich der Zeit vor der Rechtshängigkeit nicht. Der Begriff des „guten Glaubens" (§ 2024) bestimmt sich dabei nach Maßgabe des entsprechend anzuwendenden § 932 Abs. 2. Danach ist der Erbschaftsbesitzer beim Beginn des Erbschaftsbesitzes nur dann im guten Glauben, wenn er zu dieser Zeit weder weiß, noch infolge grober Fahrlässigkeit nicht weiß,[12]) daß er sich die Erbenstellung zu

[10]) Nach den im Texte berufenen Grundsätzen erwirbt offenbar auch der bösgläubige Erbschaftsbesitzer das Eigentum an den ihm vom Mieter oder Pächter einer zur Erbschaft gehörenden Sache zum Zweck der Eigentumsübertragung übergebenen Miet- und Pachtgeldern.

[11]) Anders Planck-Ritgen, der S. 163 behauptet, daß nicht nur der gutgläubige, sondern auch der bösgläubige Erbschaftsbesitzer zur Herausgabe aller Nutzungen nur obligatorisch verpflichtet sei. Allein hiergegen spricht zunächst schon das auf die Notwendigkeit der Unterscheidung zwischen solchen Früchten, an denen der Erbschaftsbesitzer das Eigentum erwirbt, und solchen, an denen er es nicht erwirbt, hinweisende Wort „auch" im zweiten Halbsatz des § 2020. Dazu kommt noch, daß für den Eintritt eines den allgemeinen Grundsätzen (vgl. insbesondere § 955) zuwiderlaufenden Eigentumserwerbs des bösgläubigen Erbschaftsbesitzers an allen Früchten der Erbschaftsgegenstände ein sachlicher Grund nicht erfindlich ist. Für die Entscheidung des Textes auch Wilke S. 91 („abgesehen von dem Fruchterwerb des bösgläubigen Besitzers") und jetzt Binder III S. 416.

[12]) Diese Behandlung ist besonders deshalb bemerkenswert, weil sie auch insoweit durchgreift, als der Erbschaftsbesitzer dem Erben nur nach den Vorschriften über die Herausgabe einer ungerechtfertigten Bereicherung haftet. Denn sonst kommt für den auf Herausgabe einer ungerechtfertigten Bereicherung Verpflichteten der Begriff des guten Glaubens im Sinne des § 932 Abs. 2 nicht in Betracht, sondern trifft diesen die Haftung nach § 819 von vornherein nur dann, wenn er den Mangel des rechtlichen Grundes der empfangenen Bereicherung von Anfang an kennt. Die Vorschrift des § 2024 enthält also insofern für den im Eingang bezeichneten Fall eine (sachlich gewiß gerechtfertigte) Abweichung von der im § 819 bestimmten grundsätzlichen Behandlung.

Unrecht angemaßt hat. Der bona fide begonnene Erbschaftsbesitz wird dagegen zum bösgläubigen erst mit dem Zeitpunkt, in welchem der Erbschaftsbesitzer erfährt, daß er nicht der Erbe ist (§ 2024 Satz 2).[13])

2. Von dem Eintritt der Rechtshängigkeit an haftet der Erbschaftsbesitzer dem Erben hinsichtlich der herauszugebenden Erbschaftssachen nach den für das Verhältnis zwischen dem Eigentümer und dem Besitzer für die Zeit seit der Rechtshängigkeit des Eigentumsanspruchs geltenden Vorschriften auf Schadensersatz wegen Verschlechterung, Untergangs oder einer aus anderem Grunde eintretenden Unmöglichkeit der Leistung,[13a]) und nach den gleichen Vorschriften bestimmen sich hinsichtlich dieser Zeit auch seine Verpflichtungen in betreff der von ihm gezogenen oder schuldbar nicht gezogenen Nutzungen (§§ 2023, 987, 989).

Ungeachtet des Mangels einer besonderen Bestimmung wird ferner anzunehmen sein, daß der Erbschaftsbesitzer dem Erben auf Schadensersatz auch dann haftet, wenn er nach eingetretener Rechtshängigkeit von einer ihm auf Grund seines Scheinerbrechts zu statten kommenden Legitimation zum Nachteil des Erben Gebrauch macht.[14])

Ist der Erbschaftsbesitzer um einen Geldbetrag bereichert, so hat er ihn vom Eintritt der Rechtshängigkeit an nach Maßgabe des § 291 zu verzinsen (§§ 2021, 818 Abs. 4).

3. Fehlte dem Erbschaftsbesitzer schon beim Beginn des Erbschaftsbesitzes der gute Glaube, so haftet er dem Erben von vornherein so, wie der gutgläubige Erbschaftsbesitzer von dem Eintritt der Rechtshängigkeit an haftet. Erfährt der bisher in gutem Glauben gewesene Erbschaftsbesitzer erst hinterher, daß er der wahre Erbe nicht ist, so tritt die vorerwähnte Steigerung der Haftung mit der Erlangung dieser Kenntnis ein. Vgl. §§ 2024, 2021, 819.

Liegen die Voraussetzungen des Leistungsverzugs vor (vgl. §§ 284,

---

[13]) In dieser Beziehung stimmt die Entscheidung des § 2024 nicht nur mit § 819, sondern auch mit den sachenrechtlichen Vorschriften über die mala fides superveniens überein (vgl. besonders §§ 937, 955, 957).

[13a]) Tritt an die Stelle des in solcher Weise weggefallenen Erbschaftsgegenstandes ein Surrogat, so wird dadurch der Anspruch des Erben auf Ersatz des durch das Surrogat nicht gedeckten Schadens nicht ausgeschlossen.

[14]) Man denke insbesondere an Verfügungen über zum Nachlaß gehörende Rechte aus Hypotheken, Grundschulden, Rentenschulden.

285), so treffen den bösgläubigen Erbschaftsbesitzer auch die Verzugsfolgen des § 286 (§ 2024 Satz 3).

4. In zwei Fällen haftet der Erbschaftsbesitzer dem Erben — jedoch unbeschadet der zu dessen Gunsten eingreifenden allgemeinen Bestimmungen der §§ 2018, 2019[15]) — nach den Vorschriften über den Schadensersatz wegen unerlaubter Handlungen. So verhält es sich:

a) wenn er einen Erbschaftsgegenstand[16]) durch eine strafbare Handlung (§ 2025 Satz 1), oder

b) wenn er (ohne daß dabei eine strafbare Handlung vorliegt) eine Erbschaftssache nach Maßgabe des § 2025 durch verbotene Eigenmacht erlangt hat.

Zu a. Das Erlangen durch eine strafbare Handlung kann sowohl hinsichtlich einer Erbschafts*sache* als hinsichtlich eines *anderen Erbschaftsgegenstandes*[17]) stattfinden, und es ist sehr wohl auch möglich, daß der Erbschaftsbesitzer geradezu alles, was aus der Erbschaft an ihn gekommen ist, infolge einer strafbaren Handlung erlangt hat.[18])

Zu b. Da der Besitz des Erblassers ohne weiteres auf den Erben übergeht, so verübt der Erbprätendent verbotene Eigenmacht im Sinne des § 858 schon dadurch, daß er sich des Besitzes von tat-

---

[15]) Das Surrogationsprinzip greift also auch hier durch.

[16]) Hierbei ist wohl zu berücksichtigen, daß eine Frucht, an der der Erbschaftsbesitzer das *Eigentum* erwirbt, als Erbschaftsgegenstand *nicht* in Betracht kommt (vgl. auch *Planck-Ritgen* S. 169 Z. 1 a. E.). Beispiel: Der Erbschaftsbesitzer veranlaßt einen Erbschaftsschuldner durch die arglistige Vorspiegelung, er sei der wahre Erbe, zu der dem letzteren gegenüber wirksamen Zahlung fälliger Zinsen. Wegen der Wirksamkeit der Zahlung gegenüber dem wahren Erben ist hier der Erbschaftsschuldner nicht geschädigt und daher auch nicht betrogen, und mit Rücksicht darauf, daß das Surrogationsprinzip in unserem Falle (anders würde es sich in betreff des Kapitals verhalten) nicht durchgreift, und daß also der Erbschaftsbesitzer an dem gezahlten Gelde das Eigentum erwirbt, liegt auch nicht Unterschlagung vor.

[17]) So würde z. B. in der bewußt rechtswidrigen Erhebung und Aneignung eines zur Erbschaft gehörenden Kapitals durch den Erbschaftsbesitzer, unter der Voraussetzung, daß der Schuldner dem Erben gegenüber befreit ist, eine Unterschlagung zu erblicken sein.

[18]) *Planck-Ritgen* S. 169 weist mit Recht auf die Fälle hin, in denen ein Erbprätendent mittels Urkundenfälschung oder falscher Versicherung an Eidesstatt die Ausantwortung der ganzen in der Hand eines Nachlaßpflegers sich befindenden Erbschaft erwirkt.

sächlich zur Erbschaft gehörenden und nach § 857 vom wahren Erben ohne tatsächliche Besitzergreifung bereits besessenen Sachen auf eigene Faust bemächtigt. Allein daraus folgt noch nicht, daß jeder Erbprätendent wegen der Verübung solcher Eigenmacht nach den Vorschriften über unerlaubte Handlungen auf Schadensersatz haftet. Denn der Eintritt dieser Haftung setzt nach § 823 ein Verschulden des Handelnden voraus, dessen Vorhandensein nur auf seiten des bösgläubigen Erbprätendenten ohne weiteres anzunehmen ist.

Hinsichtlich des gutgläubigen Okkupanten ist wieder zu unterscheiden, ob die Erlangung des Besitzes einer Erbschaftssache durch verbotene Eigenmacht erfolgt ist, noch bevor der wahre Erbe den Besitz der Sache bereits ergriffen hatte oder erst, nachdem dies schon geschehen war. Im ersten Falle tritt eine Haftung des gutgläubigen Okkupanten wegen der von ihm verübten verbotenen Eigenmacht selbst dann nicht ein, wenn ihn in betreff der Annahme seiner Erbberechtigung eine geringe Fahrlässigkeit trifft. Im zweiten Falle hat der gutgläubige Okkupant die von ihm verübte Eigenmacht nach den Vorschriften über den Schadensersatz wegen unerlaubter Handlungen dann zu verantworten, wenn er wußte oder doch wenigstens wissen mußte, daß die von ihm okkupierte Sache bereits von einem anderen, der sich später als der wahre Erbe herausstellt, ergriffen worden ist.[19])

IV. Hinsichtlich der vom Erbschaftsbesitzer auf einzelne Erbschaftsgegenstände oder auf die Erbschaft überhaupt gemachten Verwendungen sowie in Ansehung sonstiger aus Anlaß seines Erbschaftsbesitzes vorgenommener Verausgabungen gelten folgende Grundsätze:

1. Stellung des **gutgläubigen** Erbschaftsbesitzers für die Zeit **vor** der Rechtshängigkeit.

a) Soweit der gutgläubige Erbschaftsbesitzer dem Erben lediglich

---

[19]) **Planck-Ritgen** S. 170 stimmt dem im Texte hervorgehobenen Punkte zu, fordert aber zum Eintritt der Haftung des gutgläubigen Okkupanten auf Schadensersatz **außerdem** noch, daß dessen Unkenntnis von dem Nichtbestand des vermeintlichen Erbrechtes auf geringer Fahrlässigkeit (deren Vorhandensein der bona fides im Sinne des § 932 Abs. 2 nicht entgegensteht) beruht habe. Hierzu ist jedoch zu bemerken, daß der schuldlose Glaube des Okkupanten an sein Erbrecht die Verantwortlichkeit desselben wegen der von ihm verübten verbotenen Eigenmacht nicht ausschließen kann; denn wegen schuldbar verübter verbotener Eigenmacht ist ja selbst derjenige verantwortlich, der an das Dasein seines Rechtes nicht nur schuldlos glaubt, sondern der materiell Berechtigte wirklich ist.

nach den Vorschriften über die Herausgabe einer ungerechtfertigten Bereicherung haftet (§ 2021), mindern die von ihm gemachten Verwendungen aller Art, gleichviel, ob sie notwendig, nützlich oder überflüssig waren, und ohne Rücksicht darauf, ob sie dem Erben zu statten kommen oder nicht, den Betrag der herauszugebenden Bereicherung. Eine solche Minderung wird sogar durch solche Auslagen des Erbschaftsbesitzers herbeigeführt, die unter den Gesichtspunkt der Verwendungen und der diesen im Abs. 2 von § 2022 gleichgestellten Aufwendungen nicht gebracht werden können, die aber der Erbschaftsbesitzer doch nicht gemacht haben würde, wenn er sich nicht aus guten Gründen für den Erben gehalten hätte. Beispiel: Der Erbschaftsbesitzer hat aus Anlaß des von ihm angenommenen Anfalls der Erbschaft dritten Personen freigebige Zuwendungen gemacht oder seine ganze Lebensführung auf einen größeren Fuß gestellt, als er bisher gewohnt war u. dgl. (vgl. § 2021 in Verbindung mit § 818).

b) Ist die Möglichkeit eines Abzugs im Sinne von a) für den Erbschaftsbesitzer nicht gegeben, so braucht er die zur Erbschaft gehörenden „Sachen" nur gegen Ersatz aller Verwendungen,[19a]) also auch der überflüssigen, zwecklosen und dem Erben nicht zu statten kommenden,[20]) herauszugeben (§ 2022 Abs. 1). Zu den Verwendungen in diesem Sinne gehören auch Aufwendungen, die der Erbschaftsbesitzer zur Bestreitung von Lasten der Erbschaft oder zur Berichtigung von Nachlaßverbindlichkeiten gemacht hat (§ 2022 Abs. 2), nicht aber auch die vom Erbschaftsbesitzer zwar aus Anlaß des vermeintlichen Erbschaftserwerbs aber doch nicht für die Erbschaft gemachten Auslagen oder eingegangenen Verpflichtungen.

Soweit der Erbschaftsbesitzer aber Verwendungen, die er hiernach in Ansatz bringen darf, überhaupt gemacht hat, kann er das ihm nach § 2022 zukommende Zurückbehaltungsrecht auch hinsichtlich solcher Erbschaftssachen ausüben, auf die er nichts verwendet hat.[21])

[19a]) Hierher gehören auch die zur Gewinnung von Früchten verwendeten Kosten. Die in dieser Beziehung in den §§ 102, 998 bestimmten Einschränkungen kommen im Falle des Textes mit Rücksicht auf § 2022 Abs. 1 nicht in Betracht.

[20]) Gegenüber dem Eigentumsanspruch kann der Besitzer den Ersatz der von ihm gemachten Verwendungen grundsätzlich nur in erheblich beschränkterem Maße verlangen; vgl. §§ 994 bis 996, aber auch § 2029.

[21]) Dies ist ein für den Beklagten daraus sich ergebender Vorteil, daß

Im übrigen sind die Vorschriften der §§ 1000 bis 1003 zur Anwendung zu bringen (§ 2022 Abs. 1 Satz 2). Hieraus ergibt sich:

α) Der Erbschaftsbesitzer hat, abgesehen von den erst später zu würdigenden Fällen des Abs. 3 des § 2022, einen selbständigen Anspruch auf Ersatz der Verwendungen gegen den Erben nur dann, wenn dieser alle beim Erbschaftsbesitzer überhaupt vorhandenen Erbschaftssachen oder doch wenigstens diejenige Sache, auf welche die Verwendung gemacht worden ist, zurückerlangt, oder wenn er die Verwendungen genehmigt. Bis zur Genehmigung der Verwendungen kann sich der Erbe von dem Anspruch dadurch befreien, daß er dem Erbschaftsbesitzer alle von diesem erlangten Erbschaftssachen wieder zurückgibt. Die Genehmigung gilt aber schon als erteilt, wenn der Erbe die ihm vom Erbschaftsbesitzer unter Vorbehalt des Anspruchs angebotenen Sachen annimmt. Vgl. § 1001.

β) Der nach Maßgabe von α) für den Erbschaftsbesitzer infolge der Herausgabe der Erbschaftssachen an den Erben entstandene Anspruch auf Ersatz der von dem letzteren noch nicht genehmigten Verwendungen kann regelmäßig nur innerhalb einer Präklusivfrist von einem Monat geltend gemacht werden.[22]) Bezieht sich der Anspruch jedoch auf Verwendungen, die auf ein bestimmtes, an den Erben herausgegebenes Grundstück gemacht worden sind, so beträgt die Frist sechs Monate. Vgl. § 1002.

γ) Hinsichtlich der noch nicht herausgegebenen Erbschaftssachen hat der Erbschaftsbesitzer behufs Hereinbringung der vom Erben nicht genehmigten Verwendungen das Recht zur Selbstbefriedigung nach Maßgabe des § 1003.

c) In einer ähnlichen Stellung wie hinsichtlich der von ihm an den Erben herauszugebenden Erbschaftssachen befindet sich der Erbschaftsbesitzer auch hinsichtlich der auf ihn bereits umgeschriebenen bücherlichen Rechte des Erblassers. Zur Wahrung seines Rechtes

---

der Kläger einen Gesamtanspruch geltend macht. Vgl. aber auch § 2029. Übereinstimmend Langheineken S. 159 Anm. 3 und die dort Berufenen.

[22]) Bei der regelmäßigen Frist von einem Monat (§ 1002) muß es selbst dann bewenden, wenn der Erbschaftsbesitzer, der dem Erben ein Grundstück herausgegeben hat, den Ersatz von Verwendungen beansprucht, die er nicht auf dieses Grundstück gemacht hat. Vgl. auch Planck-Ritgen S. 166; anders Kohler S. 20, der in diesem Falle die Frist von sechs Monaten zur Anwendung gebracht wissen will.

wird hier der Erbe vor allem die Eintragung eines Widerspruchs im Grundbuch (§ 899) und sodann die Zustimmung des Erbschaftsbesitzers zur Grundbuchberichtigung verlangen (§ 894). Der im § 2022 zur Geltung gebrachte Gedanke scheint hier, soweit das daselbst bestimmte Zurückbehaltungsrecht an Sachen nicht ausreicht, darauf zu führen, daß der Erbschaftsbesitzer die Erteilung der Zustimmung zur Grundbuchberichtigung so lange verweigern kann, bis ihm die gemachten Verwendungen vom Erben ersetzt worden sind.

Beispiel: Zur Erbschaft gehören auf den Erbschaftsbesitzer bereits umgeschriebene Buchhypotheken im Gesamtbetrag von 50000 M. Der Erbschaftsbesitzer hat Verwendungen im Betrage von 20000 M. gemacht, zu deren Deckung die in seinem Besitz sich befindenden Erbschaftssachen durchaus nicht ausreichen. Würde es sich um Briefhypotheken handeln, so könnte der Erbschaftsbesitzer in Ansehung der Hypothekenbriefe das Zurückbehaltungsrecht nach § 2022 jedenfalls ausüben. Diese Möglichkeit entfällt bei Buchhypotheken. Sollte dem Erbschaftsbesitzer hier nicht wenigstens das vorerwähnte Verweigerungsrecht zustehen? Die Frage[23]) dürfte doch wohl zu bejahen sein.

d) Durch die unter b besprochenen Bestimmungen bleiben die für den Erbschaftsbesitzer wegen der Aufwendungen, „die nicht auf einzelne Sachen gemacht worden sind", schon nach allgemeinen Grundsätzen sich ergebenden weitergehenden Ersatzansprüche unberührt (§ 2022 Abs. 3). An welche Ansprüche ist hierbei zu denken? Folgende Fälle verdienen besonders hervorgehoben zu werden: Hat der Erbschaftsbesitzer Nachlaßverbindlichkeiten aus eigenen Mitteln berichtigt, so ist ihm der Erbe nach § 812 zur Herausgabe der dadurch erlangten Bereicherung verpflichtet. Hieran wird dadurch, daß dem Erbschaftsbesitzer zur Erlangung des Ersatzes wegen einer solchen Aufwendung der unter b bezeichnete Weg eröffnet ist, nichts geändert. Der Bereicherungsanspruch kann also vom Erbschaftsbesitzer selbst geltend gemacht werden, wenn dieser nach Maßgabe der §§ 1000 bis 1003 Ersatz deshalb nicht zu erlangen vermag, weil es an den daselbst bestimmten Voraussetzungen fehlt. Ein anderer hierher gehörender Fall liegt vor, wenn das Begräbnis des Erblassers vom Erbschaftsbesitzer angeordnet worden ist und hierdurch persönliche Verpflichtungen desselben gegenüber denjenigen Personen entstanden sind, mit welchen

---

[23]) Sie ist bisher noch nicht aufgeworfen worden.

er die hierbei in Betracht kommenden Verträge geschlossen hat.[24]) Hier ist der Erbschaftsbesitzer dem Erben gegenüber nach § 1968 berechtigt, Befreiung bezw. Ersatz des aus seinen Mitteln bereits Geleisteten zu verlangen.

Man wird übrigens über den Wortlaut des Abs. 3 von § 2022 noch hinausgehen müssen. Dieser scheint nämlich andeuten zu wollen, daß dem Erbschaftsbesitzer ein anderer als der durch die §§ 1000 bis 1003 vorgezeichnete Weg zur Erlangung des Ersatzes von Aufwendungen dann nicht offen steht, wenn die Aufwendungen von ihm nur auf einzelne Sachen gemacht worden sind. Die Anwendung dieses argumentum a contrario bedarf jedoch großer Vorsicht. Sie wird nur insoweit zulässig sein, als sich die Anerkennung weitergehender Ansprüche mit den Grundsätzen des Verwendungsrechtes in Widerspruch setzen würde. Dies trifft aber sicherlich nicht zu, wenn der Erbschaftsbesitzer z. B. die auf einem Erbschaftsgrundstück, dessen Besitz er nicht einmal erlangt hat, haftende Rentenschuld aus eigenen Mitteln abgelöst und dann zur Löschung gebracht hat, oder wenn er einen bei einem solchen Grundstück eingetragenen Grundschuldgläubiger in der Weise befriedigte, daß er das Recht aus der Grundschuld an sich selbst abtreten ließ, oder wenn er auf einem zum Nachlaß gehörenden und von ihm selbstverständlich auch besessenen Grundstück, durch Arglist des sein Erbrecht verschweigenden wahren Erben verleitet, einen kostspieligen Bau aufgeführt hat. In dem ersten der soeben angeführten Fälle wird dem Erbschaftsbesitzer zweifellos der Bereicherungsanspruch zustehen, in dem zweiten wird ihm die Stellung eines Grundschuldgläubigers verbleiben und im dritten wird er dem wahren Erben gegenüber nach § 826 schadensersatzberechtigt sein.

e) Ungeachtet der ihm nach Maßgabe von a bis d zur Verfügung stehenden Rechtsbehelfe kann der gutgläubige Erbschaftsbesitzer selbst bei zureichender Erbschaft doch infolge seines Erbschaftsbesitzes eine sehr erhebliche Vermögenseinbuße erleiden.[25]) So z. B., wenn er aus Anlaß des vermeintlichen Erbschaftserwerbs aus seinen

---

[24]) Vgl. oben S. 179 Anm. 12.

[25]) Die einschlagenden Fragen sind von der zweiten Kommission eingehend erwogen worden. Die behufs Vermeidung des im Texte hervorgehobenen Resultats gestellten Anträge wurden nach Ausweis der Protokolle V S. 716 ff. von der Mehrheit der Kommission abgelehnt.

Mitteln Auslagen gemacht hat,[26]) die unter den Gesichtspunkt von Aufwendungen auf die Erbschaft oder auf einzelne Erbschaftsgegenstände nicht gebracht werden können, und wenn es zugleich an einer Bereicherung des Erbschaftsbesitzers aus der Erbschaft fehlt, von der diese Auslagen abgezogen werden könnten.

Eine ähnliche Lage ergibt sich für den Erbschaftsbesitzer ferner, wenn er zu einer Zeit, in der er zur Annahme, daß er der Erbe sei, noch berechtigt war, einen Erbschaftsgegenstand verkauft, dem Käufer aber noch nicht wirksam übertragen hatte. Würde auch letzteres bereits geschehen sein, so müßte sich der wahre Erbe damit zufrieden geben, daß an die Stelle des veräußerten Erbschaftsgegenstandes die Kaufpreisforderung oder der vom Käufer bereits bezahlte Kaufpreis tritt; den Erbschaftsbesitzer aber würde bei dieser Sachlage eine drückende Haftung aus dem von ihm abgeschlossenen und mit Mitteln der Erbschaft erfüllten Kaufvertrag nicht mehr treffen. Ganz anders dagegen, wenn der Erbschaftsbesitzer zu dieser wirksamen Erfüllung nicht mehr gelangt ist. In diesem Falle muß er den verkauften Gegenstand an den Erben herausgeben, ohne wegen der ihn belastenden Verpflichtung aus dem Kaufvertrag zur Zurückbehaltung berechtigt zu sein, und haftet er dem Käufer auf Schadensersatz wegen Nichterfüllung, den er, wenn die Möglichkeit eines Abzugs von einer herauszugebenden Bereicherung nicht gegeben ist, dem Erben in keiner Weise in Rechnung stellen kann.

2. Wegen der von ihm nach dem Eintritt der Rechtshängigkeit gemachten Verwendungen kann der Erbschaftsbesitzer auf dem unter Z. 1 a bis c angegebenen Wege Ersatz nur erlangen, wenn und soweit sie notwendig waren, und als das Ersatzrecht zugleich nach den Vorschriften über die Geschäftsführung ohne Auftrag begründet ist (§ 2023 Abs. 2 in Verbindung mit den §§ 994 Abs. 2, 995, 996). Die Möglichkeit von aus der Anwendung allgemein durchgreifender Grundsätze sich ergebenden weitergehenden Ansprüchen ist aber auch hierdurch nicht ausgeschlossen.

3. Fehlt dem Erbschaftsbesitzer schon beim Beginn des Erbschaftsbesitzes der gute Glaube oder erfährt er später, daß er nicht der

---

[26]) Im Falle der Bestreitung solcher Auslagen mit den Mitteln der Erbschaft würde der gutgläubige Erbschaftsbesitzer dagegen die dadurch herbeigeführte Minderung der Erbschaft nicht zu verantworten haben und daher auch keinen Nachteil erleiden.

Erbe ist, so gilt das unter Z. 2 gesagte im ersten Falle schon von vornherein und im zweiten von der Erlangung der Kenntnis an (§ 2024).

4. Das Zurückbehaltungsrecht wegen Verwendungen entfällt, wenn der Beklagte den Erbschaftsbesitz überhaupt, aber doch wenigstens den Besitz derjenigen Sachen, deren Zurückbehaltung in Frage steht, durch eine vorsätzlich begangene unerlaubte Handlung erlangt hat (§§ 2022, 1000).

V. Ist der den Erbschaftsanspruch geltend machende Kläger ein Teilerbe, so macht es einen wesentlichen Unterschied, ob der Beklagte der Miterbe des Klägers[26a]) oder ein gänzlich unberechtigter Dritter ist. Im ersten Falle kann der Kläger vom Beklagten hinsichtlich desjenigen, was dieser aus der Erbschaft erlangt hat, die Herstellung des der Miterbengemeinschaft entsprechenden Zustands verlangen.[26b]) Im zweiten Falle richtet sich dasjenige, was der Kläger verlangen kann, mit Rücksicht darauf, daß der Erbschaftsanspruch alle zur Erbschaft gehörenden und gegen den Erbschaftsbesitzer sich richtenden Einzelansprüche in sich umfaßt, nach § 2039.[27])

VI. Der Erbschaftsanspruch verjährt[27a]) in dreißig Jahren (§§ 194, 195).[27b]) Die Verjährung beginnt mit dem Zeitpunkt, in welchem jemand dem wahren Erben als Erbschaftsbesitzer im Sinne des § 2018 gegenübersteht. Das gleiche gilt für die Verjährung des dem mit Unrecht für tot erklärten oder ohne Todeserklärung mit Unrecht für tot gehaltenen Herrn eines Vermögens gegen denjenigen,

---

[26a]) Die Zulässigkeit der hereditatis petitio partiaria gegen den Miterben, welcher die ganze Erbschaft besitzt, wird ausdrücklich anerkannt in RGE. v. 12. 3. 1903 bei Warneyer II S. 140 zu § 2018.

[26b]) Zustimmend Langheineken S. 150 Anm. 3, Binder III S. 362 Anm. 44.

[27]) Vgl. oben S. 93, 94, ferner Langheineken S. 151 Anm. 5, Binder III S. 362 Anm. 41.

[27a]) Daß der Erbschaftsanspruch einer selbständigen Verjährung unterliegt, ergibt sich mit voller Sicherheit aus § 2026 („solange nicht der Erbschaftsanspruch verjährt ist").

[27b]) Soweit der Erbschaftsbesitzer dem wahren Erben nach den Vorschriften über den Schadensersatz wegen unerlaubter Handlungen haftet (§ 2025), wird er sich aber doch wohl auch auf die dreijährige Verjährungsfrist des § 852 Abs. 1 berufen können. Anders Hellwig S. 49 Anm. 17 ohne durchschlagenden Grund.

welcher sich in Ansehung dieses Vermögens in der Stellung eines Erbschaftsbesitzers befindet, zustehenden und nach den für den Erbschaftsanspruch maßgebenden Grundsätzen zu behandelnden Anspruchs; doch wird, solange der für tot Erklärte oder für tot Gehaltene noch lebt, die Verjährung des bezeichneten Anspruchs nicht vor dem Ablauf eines Jahres nach dem Zeitpunkt vollendet, in welchem jener von der Todeserklärung bezw. von der ohne Todeserklärung mit Unrecht erfolgten Annahme seines Todes Kenntnis erlangt (§ 2031).

Besonderer Hervorhebung bedarf noch folgendes:

1. Erbschaftsbesitz ist bereits mit dem Zeitpunkt vorhanden, in welchem jemand auf Grund eines ihm in Wirklichkeit nicht zustehenden Erbrechts etwas aus der Erbschaft erlangt. Dieser Zeitpunkt bleibt für den Beginn der Verjährung des Erbschaftsanspruchs selbst dann maßgebend, wenn der Erbschaftsbesitzer zu dem aus der Erbschaft zunächst Erlangten späterhin auf Grund derselben Erbrechtsprätension noch anderes hinzuerlangt.[27c] Die Folge davon ist, daß sich hierdurch in Ansehung des später Erlangten praktisch eine unter Umständen sehr erhebliche Verkürzung der Verjährungszeit ergibt.

2. Hängt die Entstehung des Erbschaftsanspruchs davon ab, daß der wahre Erbe vorher von einem ihm zustehenden Anfechtungsrechte Gebrauch macht, so ist doch diese Abhängigkeit auf den Beginn der Verjährung ohne Einfluß, d. h. nach erfolgter Anfechtung tritt hinsichtlich des Beginns der Verjährung des Erbschaftsanspruchs dieselbe Beurteilung ein, wie wenn es zur Entstehung des Erbschaftsanspruchs der Anfechtung gar nicht bedurft hätte (§ 200). Daran, daß die Verjährung des Erbschaftsanspruchs nicht beginnen kann, bevor auf seiten des Erbprätendenten Erbschaftsbesitz vorhanden ist, wird aber hierdurch nichts geändert.[28]

[27c] Vgl. auch Planck-Ritgen S. 155, Langheineken S. 160 Anm. 2. Hellwig S. 63 Anm. 4 leugnet durchaus die Möglichkeit einer einheitlichen Verjährung des Erbschaftsanspruchs und glaubt mit der Verjährung der für den Erben gegen den Erbschaftsbesitzer begründeten Einzelansprüche auslangen zu können. Allein diese Auffassung ist mit dem Standpunkt des Gesetzes nicht vereinbar und führt mit Rücksicht auf die Möglichkeit oftmals sich wiederholender Surrogation zu kaum erträglicher Unsicherheit. Vgl. hierzu die Ausführung in § 96 II Z. 3. Binder geht auf diesen wichtigen Punkt überhaupt nicht ein.

[28] Ganz ebenso schon die 1. Aufl. d. Buches S. 162. Sachlich übereinstimmend Küntzel S. 854 und Planck I S. 200. Ersterer umschreibt den Inhalt des

Beispiel: Der Erblasser ist gegen Ende des Jahres 1900 gestorben. Es kommt zunächst zur Bestellung eines Nachlaßpflegers, der die Erbschaftssachen in Besitz nimmt. Im Laufe des Jahres 1901 wird die Erbschaft dem Y als dem vermeintlichen Testamentserben ausgefolgt. Später ficht der nächste gesetzliche Erbe X die Erbeinsetzung des Y mit Erfolg an.[29]) Hier sind zwei Fragen wohl zu unterscheiden:

a) Wann war die Anfechtung des die Einsetzung des Y enthaltenden Testaments zulässig? Offenbar bereits mit dem Zeitpunkt des Erbfalls.[30])

b) Von wann an beginnt die Verjährung des Erbschaftsanspruchs des X gegen Y? Keinesfalls vor dem Beginn des Erbschaftsbesitzes des Y, also in unserem Falle nicht schon mit dem Zeitpunkt, in welchem die Anfechtung zulässig war, sondern erst mit dem späteren Zeitpunkt, in welchem Y Erbschaftsbesitzer geworden ist.

3. Erlangt im Falle eines Erbschaftskaufs oder eines diesem gleichgestellten Vorgangs an Stelle des bisherigen Erbschaftsbesitzers der Käufer oder der sonstige Erwerber den Erbschaftsbesitz, so kommt die während des Erbschaftsbesitzes des Rechtsvorgängers verstrichene Verjährungszeit dem Rechtsnachfolger zu statten. Nach dem Wortlaut des hierbei maßgebenden § 221 scheint dies allerdings nur insoweit zuzutreffen, als der Herausgabeanspruch des Erben gegen den Erbschaftsbesitzer dinglicher Natur ist. Allein mit Rücksicht

---

§ 200 also: „Wenn und soweit die Entstehung des Anspruchs von einer Anfechtung abhängt, ist für die Anwendung des § 198 nicht die Zeit der Ausübung, sondern der Zeitpunkt maßgebend, in welchem die Befugnis zur Ausübung des Anfechtungsrechtes erwuchs." Richtig auch Endemann III S. 547, der in Anm. 19 jedoch unberücksichtigt läßt, daß die Ausführung Küntzels sich sachlich durchaus auf den schon in der 1. Aufl. d. Buches vertretenen Standpunkt stellt und nur ein naheliegendes Bedenken gegen die (mit dem Vorschlag des Verfassers d. Buches in Jherings Jahrbüchern Bd. 34 S. 362 im wesentlichen übereinstimmende) Fassung des § 200 zerstreuen will.

[29]) Das hier vorgelegte Beispiel verdient vor dem in der 1. Aufl. d. B. S. 162 Anm. 15 gewählten wegen der größeren Einfachheit und Durchsichtigkeit des Tatbestandes den Vorzug.

[30]) Frommhold S. 87 verwechselt mit dem Zeitpunkt, von welchem an die Anfechtung zulässig ist, den im § 2082 bezeichneten Zeitpunkt, in welchem der Anfechtungsberechtigte von dem Anfechtungsgrunde Kenntnis erlangt, und leitet infolgedessen aus § 200 das unhaltbare Ergebnis ab, daß die Verjährung des Erbschaftsanspruchs nicht vor dem letzteren Zeitpunkt beginnen kann.

darauf, daß nach § 2030 derjenige, welcher die Erbschaft durch Vertrag von einem Erbschaftsbesitzer erwirbt, im Verhältnis zum Erben einem Erbschaftsbesitzer gleichsteht, muß die Vorschrift des des § 221 in unserem Falle in entsprechender Erweiterung zur Anwendung gelangen.

4. Da der Erbschaftsanspruch alle gegen den Erbschaftsbesitzer als solchen sich richtenden Einzelansprüche des Erben in sich zusammenfaßt, so muß die Verjährung des ersteren auch schon dadurch unterbrochen werden, daß der Erbe gegen den Erbschaftsbesitzer wegen eines solchen Einzelanspruchs Klage erhebt.[31])

5. Der Verjährung des gegen einen Miterben sich richtenden Erbschaftsanspruchs des Teilerben steht die im § 758 bestimmte Unverjährbarkeit des Anspruchs auf Aufhebung einer Gemeinschaft nicht entgegen. Denn was der Teilerbe in einem solchen Falle verlangt, ist zunächst nicht die Aufhebung der Miterbengemeinschaft, sondern vielmehr die Herstellung des dem rechtlichen Vorhandensein dieser Gemeinschaft entsprechenden tatsächlichen Zustands.

6. An die Verjährung des Erbschaftsanspruchs knüpft sich die Folge, daß der Erbschaftsbesitzer ihn durch Geltendmachung der Verjährungseinrede (§ 222 Abs. 1) abwehren kann. Seines Erbrechts wird jedoch der Erbe durch die Verjährung des Erbschaftsanspruchs nicht verlustig, und ungeachtet der ihm zu statten kommenden Verjährung dieses Anspruchs erlangt der bisherige Erbschaftsbesitzer nicht die volle rechtliche Stellung eines wahren Erben. Die praktische Bedeutung hiervon tritt insbesondere hervor, wenn zur Erbschaft Gegenstände gehören, hinsichtlich deren der Erbschaftsbesitzer den Erbschaftsbesitz nicht erlangt hat, also z. B. Sachen, in deren Besitz sich der Erbe selbst befindet, oder Rechte, hinsichtlich deren ein dem Erbschaftsbesitz entsprechendes tatsächliches Verhältnis garnicht möglich[32]) oder, soweit es möglich ist, doch nicht hergestellt worden ist.[33])

---

[31]) Vgl. auch Planck-Ritgen S. 155. Daß die Verjährung des Erbschaftsanspruchs auch durch die in der Anerkennung eines Einzelanspruchs des Erben durch den Erbschaftsbesitzer mitenthaltene Anerkennung des Erbrechts des Anspruchsberechtigten unterbrochen wird, ergibt sich schon aus § 208.

[32]) Man denke z. B. an eine zur Erbschaft gehörende und etwa gegen den Erben selbst sich richtende Forderung. Der Klage des Erbschaftsbesitzers würde der verklagte Erbe hier ungeachtet der bereits eingetretenen Verjährung seines Erbschaftsanspruchs doch entgegenhalten können, daß die Forderung infolge des Erbfalls durch Konfusion erloschen ist.

An der Haftung des wahren Erben für die Nachlaßverbindlichkeiten wird durch die Verjährung des Erbschaftsanspruchs nichts geändert, und eine Haftung des Scheinerben für diese Verbindlichkeiten wird dadurch nicht begründet. Allein die Macht der Tatsachen ist in solchen Fällen doch zumeist stärker als die vielleicht gar nicht mehr zu ermittelnde wirkliche Rechtslage. Tatsächlich wird ein Zurückgreifen auf die letztere nur in den seltensten Fällen vorkommen, und dem praktischen Erfolge nach wird sich somit der Erbschaftsbesitzer meist allseitig in der Erbenstellung befinden, so daß von dieser für den wahren Erben nichts mehr übrig bleibt.

III. Einzelansprüche.*)

§ 96.

I. Durch die Vorschriften über den Erbschaftsanspruch ist dem Erben die Möglichkeit der Geltendmachung der für ihn kraft seiner Erbenstellung gegen den Erbschaftsbesitzer begründeten Einzelansprüche nicht benommen. Allein dem beklagten Erbschaftsbesitzer sollen durch ein solches Vorgehen des Erben die Vorteile nicht verkümmert werden, die ihm durch die Bestimmungen über den Erbschaftsanspruch gewährleistet sind. Demgemäß bestimmt sich die Haftung des Erbschaftsbesitzers auch gegenüber den Ansprüchen, die dem Erben in Ansehung einzelner „Erbschaftsgegenstände“ [1]) zustehen, nach den Vorschriften über den Erbschaftsanspruch (§ 2029).

---

[33]) Nach eingetretener Verjährung des Erbschaftsanspruchs des wahren Erben X gegen den Erbschaftsbesitzer Y stellt sich z. B. heraus, daß zur Erbschaft Wertpapiere gehören, die während des Laufes jener Verjährung aus der Erbschaft eines Bankiers, bei dem sie der Erblasser hinterlegt hatte, ausgesondert und seitdem von einem nach § 1913 bestellten Pfleger verwaltet worden sind. Die Verjährung des Erbschaftsanspruchs vermag hier daran nichts zu ändern, daß Eigentümer und mittelbarer Besitzer der betreffenden Wertpapiere X und nicht Y ist.

*) Dernburg, Über das Verhältnis der hereditatis petitio zu den erbschaftlichen Singularklagen (1852). Leonhard a. a. O. S. 119 bis 125.

[1]) Obschon die dem Erbschaftsbesitzer aus der Erbschaft zugegangene und von ihm nach § 2021 an den Erben herauszugebende Bereicherung nicht zu den „Erbschaftsgegenständen“ gehört, wird zu den nach den Vorschriften über den Erbschaftsanspruch zu behandelnden Einzelansprüchen doch wohl auch der gegen den Erbschaftsbesitzer sich richtende Anspruch des Erben auf Heraus-

Hiermit ist dem Erbschaftsbesitzer den Einzelansprüchen des Erben gegenüber nicht bloß ein Einrederecht gewährt,[1a]) durch dessen Geltendmachung er seine Haftung derart herabdrücken kann, daß er dem Erben nicht mehr herauszugeben braucht, als dieser im Falle der Geltendmachung des Erbschaftsanspruchs von ihm verlangen könnte.[2]) Die Bestimmung des § 2029 enthält vielmehr eine Anweisung an den Richter, zufolge deren in Fällen der bezeichneten Art die Vorschriften über den Erbschaftsanspruch schon von Amts wegen zur Anwendung zu bringen sind, und zwar nicht nur, soweit dies dem Beklagten zum Vorteil, sondern auch soweit es ihm zum Nachteil gereicht.

II. Die praktische Bedeutung des im § 2029 ausgesprochenen Grundsatzes ist eine sehr weitgehende und muß deshalb genauer herausgestellt werden:

1. Dem Erbschaftsbesitzer steht im allgemeinen auch gegenüber dem Einzelanspruch des Erben das ihm im Falle der gegen ihn erfolgten Geltendmachung des Erbschaftsanspruchs zukommende Zurückbehaltungs- und Ersatzrecht hinsichtlich der gemachten Verwendungen zu. Besonderer Erwägung bedarf jedoch die Frage, wie es sich mit dem Zurückbehaltungsrecht des Erbschaftsbesitzers verhält, wenn der gegen ihn vom Erben geltend gemachte Einzelanspruch der Besitzanspruch nach § 861 ist. Es wird also unterschieden werden müssen:

a) Obschon dem auf Herausgabe des durch verbotene Eigenmacht erlangten Besitzes Verklagten grundsätzlich die Geltendmachung eines Zurückbehaltungsrechtes versagt ist (§ 863), so muß es sich hiermit doch jedenfalls dann anders verhalten, wenn der Erbschaftsbesitzer die ihm in der bezeichneten Weise abverlangte Sache im guten Glauben an sein Erbrecht, und noch bevor der Erbe ihren Besitz ergriffen hatte, okkupierte. Denn sonst würde die für den gutgläubigen Erbschaftsbesitzer in den Vorschriften über den Erbschaftsanspruch getroffene Vorsorge sich vor dem Ablauf der Präklusivfrist des § 864 als völlig

---

gabe der aus der Erbschaft gewonnenen ungerechtfertigten Bereicherung zu rechnen sein.

[1a]) Anders ohne jede Begründung Matthiaß II S. 588.

[2]) So noch der Entwurf I (§ 2088) in Anknüpfung an die exceptio ne praeiudicium fiat hereditati des römischen Rechtes.

illusorisch herausstellen. Ein solches Ergebnis kann in der Absicht des Gesetzes nicht gelegen sein.[3])

Hatte der Erbe dagegen den Besitz der Erbschaftssache bereits ergriffen, so scheint der gutgläubige Erbschaftsbesitzer die aus den Vorschriften über den Schutz des Besitzes sich ergebenden Rechtsfolgen selbst dann voll und ganz gegen sich ergehen lassen zu müssen, wenn er bei seiner Okkupation von der vorangegangenen Besitzergreifung des Erben weder Kenntnis hatte noch Kenntnis haben mußte.[4]) In diesem Falle kann also der gutgläubige Erbschaftsbesitzer gegenüber dem Besitzanspruch des Erben ein Zurückbehaltungsrecht nicht zur Geltung bringen.[5])

b) Dem nicht gutgläubigen Okkupanten steht gegenüber dem Besitzanspruch des Erben ein Zurückbehaltungsrecht keinesfalls[6]) zu (vgl. § 2025 Satz 1 mit § 249).

2. Die Anwendung der Bestimmung des § 2029 hat unter Umständen zur Folge, daß der Erbschaftsbesitzer gegenüber dem gegen ihn geltend gemachten Einzelanspruch ungünstiger gestellt ist, als er abgesehen von jener Bestimmung gestellt sein würde. Dies macht sich besonders nach folgenden Richtungen hin bemerkbar:

a) Hinsichtlich der Nutzungen; der Erbschaftsbesitzer hat sie nach Maßgabe des § 2020 selbst dann herauszugeben, wenn er sie nach der Vorschrift des § 993 nicht herauszugeben haben würde.[7])

b) Bei der Haftung in Ansehung der herauszugebenden Bereicherung; sie bestimmt sich, obschon gegen den Erbschaftsbesitzer nur der Bereicherungsanspruch geltend gemacht wird, doch schon von Anfang an nach dem strengen Maßstab des § 819, wenn der Beklagte beim

---

[3]) So auch Planck-Ritgen S. 173 und Hellwig S. 60. Anders Leonhard S. 123, 124.

[4]) Für die im Texte bezeichnete Behandlung spricht insbesondere § 2025 Satz 2. Auf ein Verschulden des gutgläubigen Okkupanten kommt aber hier deshalb nichts an, weil eine Haftung für Schadensersatz nicht in Frage steht.

[5]) Planck-Ritgen S. 173 scheint seine bei Anm. 3 hervorgehobene Entscheidung auch hier festhalten zu wollen. Wie im Texte aber doch wohl Hellwig S. 52 bei Anm. 29. Nicht ausgeführte Bedenken gegen die Entscheidung des Textes bei Langheineken S. 164 Anm. 2 und Binder III S. 446 Anm. 45.

[6]) Planck-Ritgen a. a. O. hebt den Fall nicht besonders hervor.

[7]) Vgl. oben S. 393 Anm. 8.

Beginn seines Erbschaftsbesitzes infolge grober Fahrlässigkeit nicht wußte, daß er der wahre Erbe nicht sei.[8])

c) Soweit eine Berufung des Erbschaftsbesitzers auf die Ersitzung einer Erbschaftssache dem Erbschaftsanspruch gegenüber nach § 2026 ausgeschlossen ist, ist sie es auch gegenüber dem vom Erben geltend gemachten Einzelanspruch.

3. Ist der Erbschaftsanspruch verjährt, so kann der Erbschaftsbesitzer die Einrede der Verjährung auch dem Einzelanspruch des Erben entgegensetzen, hinsichtlich dessen die Voraussetzungen der Verjährung nicht gegeben sind.[8a])

Anwendungsfälle:

a) Kraft des Surrogationsprinzips ist während des Laufes der Verjährungszeit an die Stelle des zur Erbschaft gehörenden Gegenstandes x die Sache y getreten. Es ist klar, daß der Eigentumsanspruch des Erben hinsichtlich dieser Sache nicht früher zu verjähren beginnen kann, als der Erbe an ihr das Eigentum erwarb, und es liegt daher auch in der Natur der Dinge, daß der Erbschaftsanspruch hier früher verjähren kann, als der dem Erben gegen den Erbschaftsbesitzer hinsichtlich dieser Sache zukommende Eigentumsanspruch. Es wird aber nicht zu bezweifeln sein, daß dem Erbschaftsbesitzer in solchem Falle der im Eingang erwähnte Einredeschutz zusteht.[9])

b) Eine andere nahe liegende Möglichkeit besteht darin, daß während der Verjährung des Erbschaftsanspruchs an die Stelle eines Erbschaftsgegenstandes eine Bereicherung des Erbschaftsbesitzers tritt. Macht hier der Erbe gegen den Erbschaftsbesitzer nach eingetretener Verjährung des Erbschaftsanspruchs den selbständig noch nicht verjährten Bereicherungsanspruch geltend, so gilt das unter a bemerkte auch hier.

c) Der vom Erben gegen den Erbschaftsbesitzer nach der Verjährung des Erbschaftsanspruchs geltend gemachte Einzelanspruch kann

---

[8]) Vgl. Anm. 12 auf S. 394.

[8a]) Auf einem verwandten Gedanken beruht die Entscheidung des § 224. Vgl. jetzt auch Langheineken S. 164 Anm. 4; hinsichtlich der daselbst a. E. gestellten Frage s. oben § 95 Anm. 27b.

[9]) Denn es geht nicht an, die Vorschriften über den Erbschaftsanspruch zwar insoweit zur Anwendung zu bringen, als das in denselben anerkannte Surrogationsprinzip dem Erben zum Vorteil gereicht, nicht aber auch insoweit als sie ihm nachteilig werden können.

auch der nach § 898 unverjährbare grundbuchrechtliche Berichtigungsanspruch sein. Beispiel: Durch rechtsgeschäftliche Surrogation ist an die Stelle des zum Nachlaß gehörenden Grundstücks x das Grundstück y getreten, als dessen Eigentümer der Erbschaftsbesitzer im Grundbuch steht. Nachdem der Erbschaftsanspruch bereits verjährt ist, aber noch bevor zugunsten des Erbschaftsbesitzers die Voraussetzungen der Tabularersitzung des § 900 vorliegen, verlangt der Erbe von diesem Grundbuchberichtigung. Kann auch dieser Einzelanspruch unter Berufung auf die eingetretene Verjährung des Erbschaftsanspruchs zurückgewiesen werden?[9a]) Die stärkeren Gründe sprechen offenbar für die Bejahung; denn im Falle der Verneinung würde das Surrogationsprinzip weit über denjenigen Zweck hinaus wirken, welchem es allein dienen soll.[9b]) In gleicher Weise wird auch zu entscheiden sein, wenn der Erbschaftsbesitzer mit Erbschaftsmitteln eine auf seinen Namen eingetragene hypothekarisch versicherte Forderung oder eine Grundschuld erworben hat.[10])

Verwandte Fragen können sich aber auch in Fällen ergeben, in denen das Surrogationsprinzip keine Rolle spielt, so z. B. wenn zur Erbschaft schon von vornherein ein Grundstück gehört, hinsichtlich dessen, obschon der Erbschaftsbesitzer auf Grund des ihm erteilten Erbscheins als Eigentümer eingetragen worden ist, die Voraussetzungen der Tabularersitzung noch nicht erfüllt sind. Mit Rücksicht darauf, daß der Erbschaftsbesitzer nach eingetretener Verjährung des Erbschaftsanspruchs gegen weitere Behelligung durch den wahren Erben tunlichst geschützt sein muß, dürfte auch hier anzunehmen sein, daß

[9a]) Hellwig und Binder müssen sich hier in Konsequenz ihres Standpunktes, daß es keinen besonderen Erbschaftsanspruch gebe, und daß daher auch eine selbständige Verjährung dieses nicht existierenden Anspruchs ausgeschlossen sei, für die Unverjährbarkeit entscheiden. Dieses Ergebnis ist aber praktisch bedenklich und mit der im Gesetz anerkannten Möglichkeit der Verjährung des Erbschaftsanspruchs nicht in Einklang zu bringen.

[9b]) Die Ausführung des Textes setzt deshalb bei den Surrogationsfällen ein, weil es bei diesen besonders nahe liegt, daß der Erbschaftsbesitzer dem Berichtigungsanspruch des wahren Erben gegenüber mit Erfolg die Verjährung des Erbschaftsanspruchs entgegenstellen kann. Denn indem der Beklagte diese Einrede geltend macht, schneidet er dem Kläger die Möglichkeit der Berufung auf das Surrogationsprinzip ab und entzieht er dadurch dem klägerischen Berichtigungsanspruch die rechtliche Basis.

[10]) Zustimmend Langheineken S. 160 bei Anm. 5.

der Erbschaftsbesitzer den klägerischen Berichtigungsanspruch durch Berufung auf die Verjährung des Erbschaftsanspruchs abwehren kann.[10a])

Eigenartig liegen die Verhältnisse in folgenden Fällen: Der wahre Erbe klagt nach eingetretener Verjährung des Erbschaftsanspruchs auf Grundbuchberichtigung hinsichtlich einer zur Sicherung einer Nachlaßforderung bestehenden und auf den Namen des Erbschaftsbesitzers umgeschriebenen Buchhypothek, oder, wenn die Forderung durch Briefhypothek gesichert ist, auf Herausgabe des im Besitze des Erbschaftsbesitzers sich befindenden Hypothekenbriefs, oder auf Herausgabe eines zum Nachlaß gehörenden und vom Erbschaftsbesitzer besessenen Grundstücks, als dessen Eigentümer noch der Erblasser im Grundbuch steht.[10b]) Alle diese Einzelansprüche sind nach §§ 898, 902 Abs. 1 Satz 1 unverjährbar. Ob sich der Erbschaftsbesitzer auch ihnen gegenüber durch die Berufung auf die Verjährung des Erbschaftsanspruchs mit Erfolg verteidigen kann, erscheint besonders deshalb als sehr zweifelhaft, weil selbst bei Zulassung dieser Verteidigung klare Verhältnisse nicht geschaffen würden. Denn während in den früher besprochenen Fällen die Abweisung des klägerischen Berichtigungsanspruchs für den Kläger praktisch den Verlust desjenigen zur Erbschaft gehörenden materiellen Rechtes bedeutet, auf welches sich der Berichtigungsanspruch stützt,[10c]) und dem Erbschaftsbesitzer dadurch zugleich eine sichere Rechtsstellung verschafft, verhält es sich in dieser Beziehung bei den uns jetzt beschäftigenden Gestaltungen wesentlich anders. Die Verjährung des Erbschaftsanspruchs vermag nämlich daran nichts zu ändern, daß der Erbschaftsbesitzer ungeachtet der von

---

[10a]) Nicht anders wird zu entscheiden sein, wenn zur Erbschaft eine auf den Namen des Erbschaftsbesitzers umgeschriebene Grund- oder Rentenschuldberechtigung (hinsichtlich deren nach § 900 Abs. 2 von einer Tabularersitzung überhaupt nicht die Rede sein kann) gehört. Zurückhaltender noch die 2. Aufl. d. W. S. 547. Vgl. aber die zutreffende Ausführung von Langheineken S. 160 Anm. 5.

[10b]) Indem sich der Erbe hier auf die zugunsten des Erblassers vorgenommene Eintragung stützt, klagt er aus einem eingetragenen Rechte. Es läßt sich übrigens sehr wohl auch denken, daß als Eigentümer des vom Erbschaftsbesitzer (gegen den der Erbschaftsanspruch bereits verjährt ist) besessenen Grundstücks bereits der wahre Erbe eingetragen ist. Was im Texte weiter ausgeführt ist, muß ganz besonders auch für diesen Fall gelten.

[10c]) Daß dieser Gedanke dem Gesetze nicht fremd ist, beweist der seinem Wortlaute nach hier freilich nicht zutreffende § 901.

ihm rücksichtlich der Buchhypothek erwirkten Umschreibung bezw. ungeachtet seines Besitzes am Hypothekenbrief die zum Nachlaß gehörende hypothekarisch versicherte Forderung nicht erlangt hat, und daß der Eigentümer des mit der Hypothek belasteten Grundstücks aus der noch fortdauernden Gläubigerschaft des wahren Erben eine Einwendung gegenüber dem den hypothekarischen Anspruch geltend machenden Erbschaftsbesitzer ableiten kann. Bei der vorhin erwähnten weiteren Gestaltung (wo sich der Erbschaftsbesitzer im Besitze eines Grundstücks befindet, als dessen Eigentümer noch der Erblasser gebucht ist) aber läßt die Verjährung des Erbschaftsanspruchs wieder das fortdauernde Eigentum des wahren Erben unberührt[10d]) und ermöglicht sie dem Erbschaftsbesitzer auch nicht die Erwirkung seiner Eintragung.[10e]) Da somit diejenigen Gründe, auf welchen die Unverjährbarkeit der vorerwähnten Ansprüche beruht, auch nach der Verjährung des Erbschaftsanspruchs noch maßgebend bleiben, so scheint die Durchsetzung dieser Ansprüche durch die Berufung des Beklagten auf die eingetretene Verjährung des Erbschaftsanspruchs nicht ausgeschlossen werden zu können.

III. Gegen einen Dritten, an den der Erbschaftsbesitzer nicht die Erbschaft, sondern nur einen einzelnen zu ihr gehörenden Gegenstand veräußert hat, steht dem Erben überhaupt nicht der Erbschaftsanspruch, sondern nur der Einzelanspruch zu.[10f]) Die Geltendmachung desselben wird aber hier wegen der eingreifenden Vorschriften zum Schutze derjenigen, welche Rechte von einem Nichtberechtigten herleiten, insbesondere mit Rücksicht auf den öffentlichen Glauben des Erbscheins in aller Regel von Erfolg nicht begleitet sein.

Anders verhält es sich aber z. B., wenn der Erbschaftsbesitzer an den Dritten ein zur Erbschaft gehörendes Grundstück, als dessen

---

[10d]) Man vergegenwärtige sich übrigens auch die Möglichkeit, daß der wahre Erbe auf Grund des von ihm erlangten Erbscheins hinsichtlich des Grundstücks nach eingetretener Verjährung des Erbschaftsanspruchs die Umschreibung erwirkt.

[10e]) Anders liegen die Verhältnisse selbstverständlich dann, wenn der Erbschaftsbesitzer den wahren Erben nach Maßgabe des § 927 mit seinem Rechte ausgeschlossen hat.

[10f]) Trotzdem wird anzunehmen sein, daß dem Dritterwerber einer Nachlaßsache die während des Besitzes des Erbschaftsbesitzers hinsichtlich des Erbschaftsanspruchs verstrichene Verjährungszeit nach Maßgabe des § 221 zu statten kommt.

Eigentümer noch der Erblasser eingetragen ist, verkauft und übergeben aber noch nicht aufgelassen hat, oder wenn dem Eigentumserwerb des Dritten an einer ihm von dem durch Erbschein noch nicht legitimierten Erbschaftsbesitzer verkauften und übergebenen beweglichen Erbschaftssache die Vorschrift des § 935 entgegenstand.[11]) In beiden Fällen dringt der Erbe mit dem ihm gegen den Dritten zustehenden Eigentumsanspruch selbstverständlich durch.[12]) Den Ersatz von Verwendungen, die der Erbschaftsbesitzer als Vorbesitzer auf die Sache gemacht hat, kann der Dritte nur nach Maßgabe der sachenrechtlichen Vorschrift des § 999 und somit nicht hinsichtlich solcher Verwendungen des Erbschaftsbesitzers verlangen, die dieser zwar auf die Erbschaft aber nicht auf die an den Dritten veräußerte Sache gemacht hat.[13])

---

[11]) Vgl. S. 158 Anm. 13.

[12]) Nach der an die Entscheidung der l. 25 § 17 D. 5, 3 anknüpfenden Ausführung Wilkes S. 96 zu § 2029 unter Z. 2 haftet der redliche Erbschaftsbesitzer, der eine Erbschaftssache an einen nicht bösgläubigen Dritten veräußert hat, dem Erben nur für die Bereicherung, und kommt dies dem Dritten wieder in der Art zu statten, daß ihn der Erbe nicht auf Herausgabe der Sachen in Anspruch nehmen darf. Allein die Prämisse dieses Schlusses trifft für das BGB. nicht zu. Aus der Darstellung auf S. 401/402 hat sich vielmehr ergeben, daß der gutgläubige Erbschaftsbesitzer dem Erben nicht bloß nach den Vorschriften über die Herausgabe einer ungerechtfertigten Bereicherung haftet, und daß ihm wegen der einem Dritten gegenüber eingegangenen, aber noch nicht wirksam erfüllten Verpflichtung zur Übertragung eines Erbschaftsgegenstandes ein Zurückbehaltungsrecht dem Erben gegenüber nicht zusteht. Um so weniger kann daher hier von einem Rechte des Dritten zur Verweigerung der Herausgabe einer in seinem Besitze sich befindenden, ihm aber nicht wirksam übertragenen Erbschaftssache an den Erben die Rede sein.

[13]) Vgl. auch Planck-Ritgen S. 173 unter Z. 3.

6. Hauptstück.

Erbschaftskauf und verwandte Geschäfte.

I. Verhältnis unter den Vertragschließenden.

§ 97.

I. Der Erbe kann die ihm angefallene Erbschaft[1]) zum Gegenstand eines auf Veräußerung gerichteten obligatorischen Vertrages insbesondere eines Verkaufes machen. Das Gesetz widmet diesen und verwandten Vorgängen in den §§ 2371 bis 2385 eingehende Bestimmungen, die von dem besonderen Falle des Verkaufes einer angefallenen Erbschaft (Erbschaftskauf) ihren Ausgangspunkt nehmen. Die Vorschriften des Gesetzes über den Erbschaftskauf finden aber auch auf den Kauf einer von dem Verkäufer durch Vertrag erworbenen Erbschaft, sowie auf andere Verträge, die auf die Veräußerung einer dem Veräußerer angefallenen oder anderweit von ihm erworbenen Erbschaft gerichtet sind (§ 2385 Abs. 1), Anwendung. Mit den nächst-

*) Avenarius, Der Erbschaftskauf (1877), Binder III S. 98ff. mit besonderer Berücksichtigung des Verkaufs eines Miterbenanteils.

[1]) Ein über den Nachlaß eines noch lebenden Dritten geschlossener Vertrag ist nach § 312 Abs. 1 grundsätzlich nichtig; ausnahmsweise zulässig ist jedoch der unter künftigen gesetzlichen Erben über den gesetzlichen Erbteil eines von ihnen geschlossene Vertrag (§ 312 Abs. 2). Vgl. hierzu oben Bd. I S. 348 Anm. 2, und S. 529, ferner Bd. II S. 95 Anm. 14a. Unbeschränkt zulässig sind die nach dem Erbfall geschlossenen und die Veräußerung einer dem Veräußerer erst eventuell anfallenden Erbschaft bezweckenden Verträge. Der hierher gehörende Hauptfall ist gegeben, wenn der Nacherbe einen Vertrag dieses Inhalts vor dem Eintritt des Falles der Nacherbfolge abschließt. Die Wirkung solcher Verträge deckt sich, sobald der in Aussicht genommene Anfall eingetreten ist, durchaus mit denen des Erbschaftskaufes bezw. der im § 2385 bezeichneten Geschäfte, und die Formvorschrift des § 2371 ist daher auch für sie maßgebend.

liegenden Fällen des Erbschaftskaufes hat man es zu tun, wenn der Alleinerbe die Erbschaft, oder wenn ein Teilerbe seinen Erbteil verkauft; möglich, aber nur von geringer praktischer Bedeutung, ist aber auch der Verkauf eines Bruchteils der Erbschaft von seiten des Alleinerben und der Verkauf eines Bruchteils eines Erbteils von seiten eines Teilerben.

II. Der Erbschaftskauf bedarf nach § 2371 zu seiner Gültigkeit der Form der gerichtlichen oder notariellen Beurkundung; dasselbe gilt für die im § 2385 Abs. 1 bezeichneten obligatorischen Verträge. Der ohne Beobachtung der vorgeschriebenen Form geschlossene Vertrag, durch den sich ein Miterbe zur Übertragung seines Anteils am ungeteilten Nachlaß verpflichtet, wird jedoch seinem ganzen Inhalt nach gültig, wenn auf Grundlage desselben späterhin die ebenfalls der Form der gerichtlichen oder notariellen Beurkundung bedürfende Übertragung des Anteils in rechtswirksamer Weise erfolgt.[1a])

III. Auf Erweiterungen, die der erbrechtliche Erwerb des Verkäufers nach dem Abschluß des Kaufes durch Anwachsung eines Erbteils, durch eine nach § 1935 eintretende Erhöhung des verkauften gesetzlichen Erbteils oder durch einen zu gunsten des Verkäufers eintretenden Fall der Nacherbfolge erfährt, erstreckt sich der Verkauf im Zweifel nicht (§ 2373). Das gleiche gilt rücksichtlich eines dem Verkäufer zugewendeten Vorausvermächtnisses und zwar nach Maßgabe des § 2150 auch insoweit, als der Verkäufer selbst beschwert ist, und rücksichtlich der Familienpapiere und Familienbilder (vgl. § 2373).

Die aus dem Wegfall eines die verkaufte Erbschaft (den verkauften Erbteil) belastenden Vermächtnisses oder einer solchen Auflage und die aus der Ausgleichungspflicht eines Miterben sich ergebenden Vorteile gebühren dagegen in Ermangelung einer anderen Abrede dem Käufer (§ 2372). Dasselbe wird auch in betreff des aus dem Wegfall eines Nacherben erwachsenden Vorteils gesagt werden dürfen.

IV. Schon von dem Abschluß des Kaufes an trägt der Erbschaftskäufer die Gefahr[2]) des zufälligen Untergangs und der zufälligen Verschlechterung der Erbschaftsgegenstände. Von diesem Zeitpunkt an

---

[1a]) Vgl. oben S. 97 aber auch Planck V Erl. 2 zu § 2371.

[2]) Darin liegt eine sachlich gerechtfertigte Abweichung von der das Tragen der Gefahr beim Kaufe bestimmenden Regel des § 446.

gebühren ihm die Nutzungen und hat er die Lasten zu tragen (§ 2380). Die auf die Zeit vor dem Verkauf fallenden Nutzungen verbleiben dem Verkäufer,[2a]) der dafür aber auch grundsätzlich für die Lasten dieser Zeit (und zwar mit Einschluß der Zinsen der Nachlaßverbindlichkeiten) aufzukommen hat. Abgesehen von besonderer Vereinbarung treffen jedoch die von der Erbschaft zu entrichtenden Abgaben sowie die außerordentlichen Lasten, welche als auf den Stammwert der Erbschaftsgegenstände gelegt anzusehen sind, schlechtweg den Käufer (§ 2379). Die vom Verkäufer vor dem Verkauf auf die Erbschaft gemachten notwendigen Verwendungen hat ihm der Käufer zu ersetzen; für andere Verwendungen hat er Ersatz nur soweit zu leisten, als durch sie der Wert der Erbschaft zur Zeit des Verkaufs erhöht ist (§ 2381).

Was der Verkäufer auf Grund eines zur Erbschaft gehörenden Rechtes oder als Ersatz für die Zerstörung, Beschädigung oder Entziehung eines Erbschaftsgegenstandes oder durch ein auf die Erbschaft sich beziehendes Rechtsgeschäft[2b]) erlangt hat, hat er dem Käufer herauszugeben (§ 2374). Wegen der von ihm vor dem Verkauf verbrauchten oder unentgeltlich veräußerten Erbschaftsgegenstände[2c]) ist der Verkäufer dem Käufer zum Ersatz des Wertes und

---

[2a]) Verkauft ein Miterbe seinen Anteil am Nachlaß, so ist jedoch zu beachten, daß die Teilung der Früchte unter die Miterben regelmäßig erst bei der Auseinandersetzung erfolgt (§ 2038 Abs. 2 Satz 2). Soweit diese Regel Anwendung findet, können dem Verkäufer Früchte, die ihm noch nicht gebühren, auch nicht verbleiben, und wird daher der auf die Zeit bis zur Auseinandersetzung entfallende Anteil an den Früchten als mitverkauft anzusehen sein. Genaueres bei Planck Erl. 4 zu § 2379.

[2b]) Die im Texte erwähnte Entscheidung des Gesetzes unterscheidet sich wesentlich von den Surrogationsvorschriften der §§ 2019 (vgl. oben S. 390ff.) und 2111 (vgl. Bd. I S. 196ff.); denn während es nach diesen nicht auf die Richtung des Parteiwillens, sondern lediglich darauf ankommt, daß der rechtsgeschäftliche Erwerb mit Mitteln der Erbschaft gemacht ist, ist nach § 2374 gerade umgekehrt ohne Rücksicht darauf, ob der rechtsgeschäftliche Erwerb mit Mitteln der Erbschaft oder mit anderen Mitteln gemacht ist, nur die dem Rechtsgeschäft vom Erwerber gegebene Beziehung auf die Erbschaft maßgebend. Die Vorschrift des § 2374 berührt sich hierin mit der auf die rechtsgeschäftliche Surrogation bei der Erbengemeinschaft sich beziehenden des § 2041 (vgl. oben S. 84).

[2c]) Als Verbrauch eines Erbschaftsgegenstandes durch den Verkäufer ist auch die Verwendung von Erbschaftsgeld zur Bezahlung von Eigenverbindlichkeiten sowie die dadurch herbeigeführte Aufhebung einer Nachlaßforderung,

wegen unentgeltlicher Belastung solcher Gegenstände zum Ersatz der Wertverminderung verpflichtet, dafern der Käufer diese Vorgänge nicht schon beim Abschluß des Kaufes gekannt hat (§ 2375); der Schenker einer Erbschaft ist jedoch in den analogen Fällen dem Beschenkten zur Ersatzleistung nicht verpflichtet (§ 2385 Abs. 2).

Die infolge des Erbfalls durch Vereinigung erloschenen Rechtsverhältnisse gelten im Verhältnis zwischen dem Erbschaftsverkäufer und dem Erbschaftskäufer[2d]) als nicht erloschen und sind erforderlichen Falles wieder herzustellen (§ 2377).

Beispiele: Der Erbe hatte zur Sicherung einer gegen den Erblasser sich richtenden Forderung von 100 an einer Sache des letzteren ein infolge der Vereinigung zugleich mit der Forderung erloschenes Faustpfandrecht. Im Falle des Erbschaftskaufes gelten Forderung und Pfandrecht im Verhältnis des Verkäufers zum Käufer als nicht erloschen, d. h. praktisch: Der Erbe kann die Forderung gegen den Käufer geltend machen und ist diesem gegenüber auch berechtigt, im Pfandbesitz zu verbleiben. War die Forderung des Erben gegen den Erblasser aber durch einen Dritten verbürgt, so wird an der Erlöschung des Anspruchs gegen den Bürgen durch den Erbschaftskauf nichts geändert. Ferner: Der Erblasser hatte gegen den Erben einen durch Faustpfand an einer Sache des letzeren gesicherten Anspruch von 100. Nach dem Erbschaftserwerb, aber noch vor dem Erbschaftskauf verbindet der Erbe die verpfändet gewesene Sache mit einer zu seinem Eigenvermögen gehörenden Sache als wesentlichen Bestandteil. Hier hat im Falle des später erfolgenden Erbschaftskaufs die Forderung des Erblassers gegen den Erben nach § 2377 zwar in dem Sinne als nicht erloschen zu gelten, daß der Erbe zu ihrer Abtretung an den Erbschaftskäufer verpflichtet ist. Das Pfandrecht an dem nunmehr einen wesentlichen Bestandteil einer anderen Sache bildenden Pfandgegenstand kann dagegen nicht ohne weiteres als nicht erloschen gelten. Wohl aber muß der Erbe und Verkäufer als verpflichtet angesehen werden, den Bestandteil wieder abzutrennen und dem Erbschaftskäufer an der hierdurch wieder selbständig gewordenen Sache das Pfandrecht einzuräumen.[2e])

---

daß sie gegen eine Eigenverbindlichkeit des Verkäufers aufgerechnet wurde, anzusehen. Vgl. Planck V Erl. 2a zu § 2375.

[2d]) Vgl. hierzu oben S. 79, 80.

[2e]) Lehrreiche hypothekenrechtliche Beispiele bei Planck V Erl. 3 zu § 2377.

V. Durch den Erbschaftskauf tritt der Käufer nicht ohne weiteres in die dem Verkäufer rücksichtlich der zum Nachlaß gehörenden Gegenstände zukommenden Rechte ein, sondern erlangt er dem letzteren gegenüber nur einen obligatorischen Anspruch darauf, nach Maßgabe des unter III und IV gesagten dem praktischen Erfolge nach so gestellt zu werden, als ob er und nicht der Verkäufer Erbe geworden wäre.[3]) Die Erfüllung der hieraus für den Verkäufer sich ergebenden Verpflichtungen gestaltet sich je nach den Umständen verschieden.

1. Der Teilerbe, der seinen Anteil am Nachlaß[3a]) noch vor der Auseinandersetzung an einen anderen verkauft hat, ist offenbar zur Übertragung nach Maßgabe des § 2033 verpflichtet.[3b])

2. Der Alleinerbe vermag dagegen die Erbschaft als Ganzes dem Käufer nicht durch einen einheitlichen Übertragungsakt zu verschaffen,[4]) selbst dann nicht, wenn die Erbschaft in vollständiger

[3]) § 2345 der Reichstagsvorlage, der das im Texte gesagte in allerdings nicht unanfechtbarer Fassung auch zu gesetzlichem Ausdruck bringen wollte, ist auf Veranlassung der Reichstagskommission gestrichen worden. Vgl. den Bericht S. 24, 25. Von sachlichem Einfluß ist jedoch diese Streichung nicht gewesen.

[3a]) Ob aus der Erbengemeinschaft herausgezogene und dem verkaufenden Miterben zugewiesene Gegenstände als mitverkauft anzusehen sind, ist (unter Berücksichtigung von § 2379 Satz 1) durch Auslegung zu ermitteln. Bejahenden Falles ist der Verkäufer zur besonderen Übertragung auch dieser Gegenstände verpflichtet; denn auf sie erstreckt sich die nach § 2033 erfolgende Anteilsübertragung nicht.

[3b]) Dasselbe muß gelten, wenn der Teilerbe nur einen Bruchteil seines Anteils am Nachlaß verkauft hat; denn auch in diesem Falle ist die Möglichkeit einer Übertragung nach § 2033 vorhanden.

[4]) Die Möglichkeit eines einheitlichen Übertragungsaktes ist übrigens auch nicht gegeben, wenn der Teilerbe seinen Erbteil erst nach der Teilung verkauft, und regelmäßig auch nicht im Falle der Veräußerung eines Bruchteils der Erbschaft durch den Alleinerben. Im letzteren Falle verhält es sich jedoch dann anders, wenn dem Alleinerben mehrere Anteile der Erbschaft derart zukommen, daß praktisch die Grundsätze der Miterbengemeinschaft zur Anwendung gebracht werden müssen. Beispiel: Der Erblasser X wird von Y und Z zu gleichen Teilen beerbt. Z wird aber wieder, noch bevor er sich über Annahme oder Ausschlagung erklärt, von Y beerbt, so daß an diesen der ganze Nachlaß des X fällt. Hinsichtlich der vom Z hinterlassenen Erbschaft kommt es endlich zur Anordnung der Nachlaßverwaltung, die sich selbstverständlich auch auf den zu dieser Erbschaft gehörenden Anteil am Nachlaß des X erstreckt. Obschon Y hier Alleinerbe des X ist, so besteht doch in Ansehung des Nachlasses des X ein nach den Vorschriften über die Miterbengemeinschaft zu beurteilendes Ver-

Sonderung von dem Eigenvermögen des Erben von einem Testamentsvollstrecker oder Nachlaßpfleger verwaltet wird.[5])

Um seinen Verpflichtungen aus dem Kaufvertrag[5a]) nachzukommen, hat der verkaufende Erbe die zur Zeit des Verkaufs beim Verkäufer noch vorhandenen Erbschaftsgegenstände bezw. deren Surrogate dem Käufer herauszugeben (§ 2374) und zu diesem Zwecke auch die der Beschaffenheit der Gegenstände entsprechenden Übertragungshandlungen: Auflassung, Übergabe, Zession u. dergl. vorzunehmen.[5b]) Hierbei kommen übrigens dem Käufer rücksichtlich derjenigen Gegenstände, welche nur tatsächlich und nicht dem vollen Rechte nach zur Erbschaft gehören,[5c]) die Vorschriften über den Schutz des Erwerbs vom Nichtberechtigten zu statten.[5d])

Erfolgt die Veräußerung der Erbschaft durch einen Scheinerben, so ist die Anwendung der eben erwähnten Vorschriften im Verhältnis

---

hältnis zwischen Y und dem Nachlaßverwalter. Bei solcher Sachlage wird daher auch nicht zu bezweifeln sein, daß Y über seinen ursprünglichen Anteil am Nachlaß des X so verfügen kann, wie es sonst nur ein Teilerbe kann.

[5]) Das im Texte gesagte muß auch dann festgehalten werden, wenn der Nacherbe, nachdem er bereits angenommen hat, das Recht aus der Nacherbfolge an den Vorerben veräußert. Schlägt der Nacherbe aus, so greift die Vorschrift des § 2142 ein.

[5a]) Da es sich um die Verpflichtung zur Herausgabe eines Inbegriffs handelt, so findet § 260 Anwendung.

[5b]) Besteht zur Zeit des Erbschaftskaufs eine Nachlaßverwaltung, so kann der verkaufende Erbe während ihrer Dauer die im Texte bezeichneten Verfügungen freilich nur dann mit Wirksamkeit vornehmen (vgl. § 1984), wenn der Nachlaßverwalter in ihre Vornahme einwilligt oder sie genehmigt. Dadurch allein, daß der Verkäufer in solchem Falle dem Käufer die ihm gegen den Nachlaßverwalter zustehenden Rechte, insbesondere also das Recht auf den nach Berichtigung der Nachlaßverbindlichkeiten verbleibenden Überschuß abtritt, vermag er seine Verpflichtung aus dem Kaufvertrag noch nicht zu erfüllen (anders Planck V Erl. 5 zu § 2376). Denn hinsichtlich der jenen Nachlaßüberschuß bildenden Gegenstände hat der verkaufende Erbe, da er doch selbst der Berechtigte ist, gegen den Nachlaßverwalter keinen Anspruch auf Rechtsübertragung und kann er daher auch dem Käufer durch Abtretung seines gegen den Nachlaßverwalter sich richtenden Anspruchs auf Herausgabe des Nachlaßüberschusses die rechtliche Verschaffung der betreffenden Gegenstände nicht vermitteln.

[5c]) Eine Verpflichtung zur Übertragung dem Rechte nach trifft den Verkäufer hinsichtlich dieser Gegenstände selbstverständlich nicht.

[5d]) In betreff der Vorschriften der §§ 2366, 2367 vgl. jedoch oben S. 194 ff.

zwischen dem Erbschaftskäufer und dem wahren Erben nach § 2030 insoweit ausgeschlossen,[5e]) als sie den letzteren benachteiligen würde, oder m. a. W. der Erbschaftskäufer kann auf Grund des vom verkaufenden Scheinerben vorgenommenen Übertragungsaktes keinesfalls einen Rechtserwerb auf Kosten des wahren Erben machen.[6]) Soweit die Anwendung der Vorschriften über den Rechtserwerb auf Grund der Verfügung eines Nichtberechtigten auf den Fall einer vom Scheinerben an den Erbschaftskäufer vorgenommenen Rechtsübertragung zu

[5e]) Vgl. oben S. 385, 386.

[6]) Die Frage, ob und mit welcher Wirkung der Erbe eine solche Verfügung nach Maßgabe des § 185 genehmigen kann, dürfte also zu entscheiden sein: 1. Eine Genehmigung des vom Erbschaftsbesitzer zum Zwecke der Veräußerung der Erbschaft geschlossenen obligatorischen Vertrags durch den Erben ist durch § 185 nicht ermöglicht; denn dieser Vertrag hat nicht den Charakter einer Verfügung. 2. Die vom Scheinerben in Ansehung des Anteilsrechtes eines Teilerben nach § 2033 vorgenommene Verfügung kann von dem letzteren nach § 185 allerdings genehmigt werden. Wird die Genehmigung erteilt, so erlangt der Erwerber in Ansehung des Anteils dieselbe rechtliche Stellung, als ob ihm dieser vom Teilerben selbst übertragen worden wäre, und erhält der letztere anstatt seines Anteils am ungeteilten Nachlaß das Anrecht auf den Kaufpreis. Den Nachlaßgläubigern gegenüber kommt jedoch der Kaufpreis als Erbschaftsgegenstand nicht in Betracht. 3. Im Falle des Verkaufs der ganzen Erbschaft durch den Erbschaftsbesitzer kann der Alleinerbe hinsichtlich aller von jenem bereits vorgenommenen und noch vorzunehmenden Übertragungen seine Genehmigung bezw. Einwilligung erteilen und hierdurch bewirken, daß dem Käufer statt der Rechtsstellung eines bloßen Erbschaftsbesitzers die eines Erwerbers zukommt, der die Erbschaft durch Vertrag mit dem wahren Erben an sich gebracht hat. Der Käufer haftet infolgedessen nach § 2382 den Nachlaßgläubigern, wogegen der dem Erben gebührende Kaufpreis den Nachlaßgläubigern gegenüber auch hier nicht als Erbschaftsgegenstand zu gelten hat. 4. Kann der Erbe, nachdem der Erbschaftsbesitzer die ganze Erbschaft an einen Dritten verkauft hat, hinsichtlich einzelner der von jenem vorgenommenen bezw. vorzunehmenden Übertragungen die Genehmigung bezw. Einwilligung erteilen, hinsichtlich der anderen aber versagen? Auch das wird mit Rücksicht auf § 185 zu bejahen sein. Bei solchem Vorgehen des Erben würde der Käufer jedoch nicht in die Stellung desjenigen gelangen, welcher die Erbschaft vom Erben gekauft hat, und daher auch die Zahlung des Kaufpreises ungeachtet der Wirksamkeit einzelner Übertragungsakte vollständig verweigern (§ 320) und die im § 325 bestimmten Rechte ausüben können. Für den Erben ist somit eine begründete Aussicht dafür, daß er an Stelle derjenigen Erbschaftsgegenstände, hinsichtlich welcher er die vom Erbschaftsbesitzer vorgenommenen Übertragungsakte genehmigt, die entsprechenden Tangenten des Kaufpreises erlangen werde, nicht gegeben. Wesentlich anders Planck-Ritgen S. 174 (zu § 2030 unter Z. 2).

einem Rechtsverlust des wahren Erben nicht führt, greifen diese Vorschriften allerdings durch, aber dafern es sich um einen wenigstens tatsächlich zur Erbschaft gehörenden Gegenstand handelt,[7]) in der Weise, daß im Verhältnis zwischen dem Erbschaftskäufer und dem wahren Erben der letztere als der Erwerbende gilt.[8])

VI. Die Haftung des Erbschaftsverkäufers wegen eines Mangels im Rechte beschränkt sich darauf, „daß ihm das Erbrecht zusteht, daß es nicht durch das Recht eines Nacherben oder durch die Ernennung eines Testamentsvollstreckers[9]) beschränkt ist, daß nicht Vermächtnisse, Auflagen, Pflichtteilslasten, Ausgleichungspflichten oder Teilungsanordnungen bestehen und daß nicht unbeschränkte Haftung gegenüber den Nachlaßgläubigern oder einzelnen von ihnen eingetreten ist".[10]) Den Schenker einer Erbschaft trifft auch diese Haftung nicht; hat er jedoch den Mangel im Rechte arglistig verschwiegen, so ist er dem Beschenkten zum Ersatz des daraus entstandenen Schadens verpflichtet. Mängel einer zur Erbschaft gehörenden Sache hat selbst der Verkäufer einer Erbschaft nicht zu vertreten. Vgl. §§ 2376, 2385 Abs. 2 Satz 2.

VII. Der Erbschaftskäufer ist, abgesehen von der Verpflichtung zur Zahlung des Kaufpreises, dem Verkäufer gegenüber zur Erfüllung der Nachlaßverbindlichkeiten und rücksichtlich der von diesem bereits erfüllten Nachlaßverbindlichkeiten zum Ersatz verpflichtet; diese Verpflichtung entfällt jedoch insoweit, als der Verkäufer dem Käufer gegenüber dafür haftet, daß Nachlaßverbindlichkeiten nicht[11]) bestehen (§ 2378).

---

[7]) Also z. B. Sachen, die dem Erblasser nur leihweise oder zur Aufbewahrung überlassen waren.

[8]) Hierfür spricht insbesondere auch § 944.

[9]) Wegen des Umstandes, daß zur Zeit des Erbschaftskaufes Nachlaßverwaltung angeordnet oder Nachlaßkonkurs eröffnet ist, trifft den Verkäufer keine Haftung.

[10]) Wegen eines der im Texte bezeichneten Rechtsmängel entfällt jedoch eine Haftung des Verkäufers dann, wenn der Mangel dem Käufer schon zur Zeit des Kaufes bekannt war (§ 439 Abs. 1). Auch wird es sehr häufig vorkommen, daß die im Texte erwähnten und dem Käufer bekannt gegebenen Beschränkungen, Verpflichtungen, Teilungsanordnungen schon bei der Bestimmung des Kaufpreises entsprechende Berücksichtigung finden.

[11]) Mit Rücksicht auf das in Anm. 10 gesagte ist es — obschon dies meist übersehen wird — sehr wohl möglich, daß der Käufer dem Verkäufer

II. Haftung für die Nachlaßverbindlichkeiten.

§ 98.

I. Schon von dem Abschluß des Erbschaftskaufes[1]) an haftet der Käufer kraft Gesetzes den Nachlaßgläubigern und zwar auch denjenigen, zu deren Befriedigung er im Verhältnis zum Verkäufer nicht verpflichtet ist. Diese Haftung kann durch Vereinbarung zwischen dem Käufer und dem Verkäufer nicht ausgeschlossen oder beschränkt werden. War die Haftung des Verkäufers für die Nachlaßverbindlichkeiten überhaupt oder für einzelne dieser Verbindlichkeiten zur Zeit des Verkaufs bereits zu einer schlechthin unbeschränkten geworden, so trifft die gleiche Haftung auch den Käufer. Abgesehen hiervon gelten für die Haftung des Käufers die Bestimmungen über die Beschränkbarkeit der Haftung des Erben und über die Voraussetzungen der wirklichen Herbeiführung der Beschränkung.

Der Erbschaftskäufer ist zum Antrag auf Vornahme des Gläubigeraufgebots (§ 1000 CPO.), auf Anordnung der Nachlaßverwaltung oder Eröffnung des Nachlaßkonkurses (§ 232 KO.) berechtigt und kann die aus den Vorschriften der §§ 1973, 1974, 1990 bis 1992, 2014 und 2015 sich ergebenden Einreden geltend machen. Ihm kann eine Inventarfrist bestimmt werden, und das Verlangen auf Leistung des Offenbarungseides ist ihm gegenüber zulässig. Versäumung der Inventarfrist und desgleichen das im § 2005 Abs. 1 bezeichnete Verhalten macht ihn den Nachlaßgläubigern überhaupt schlechthin

---

gegenüber auch zur Befriedigung von Vermächtnis-, Auflage-, Pflichtteils- und Ausgleichungsansprüchen verpflichtet ist.

[1]) Die Darstellung des Textes geht in Übereinstimmung mit dem Gesetz von dem Normalfall des Verkaufs der ganzen Erbschaft durch den Alleinerben aus. Wie sich die Haftung für die Nachlaßverbindlichkeiten im Falle des Verkaufs des einem Teilerben angefallenen Erbteils gestaltet, ergibt sich aus § 92 d. Darstellung. Dieselben Grundsätze kommen auch zur Anwendung, wenn ein Teilerbe, der mehrere, den Nachlaßgläubigern gegenüber als selbständige Erbteile in Betracht kommende Anteile am Nachlaß in seiner Person vereinigt, einen derselben an einen anderen veräußert. Die Veräußerung eines Bruchteils der Erbschaft durch den Alleinerben wird praktisch doch wohl nur in Fällen der auf S. 419 Anm. 4 a. E. bezeichneten Art vorkommen, bei denen die Gestaltung der Haftung für die Nachlaßverbindlichkeiten besondere Schwierigkeiten nicht bereitet.

unbeschränkt haftbar, während diese Folge im Falle der Verweigerung des Offenbarungseides oder des dieser Verweigerung gleichgestellten Verhaltens nur dem die Leistung des Eides verlangenden Gläubiger gegenüber eintritt. Als Besonderheit ist hervorzuheben, daß die Errichtung des Inventars durch den Verkäufer dem noch nicht schlechthin unbeschränkt haftenden Käufer zu statten kommt. Vgl. §§ 2382, 2383, 2385.

Dafern der Käufer den Gläubigern nur mit der Erbschaft haftet, gelten dessen Ansprüche aus dem Kaufe als zur Erbschaft gehörend (§ 2383 Abs. 1); diese Ansprüche können insbesondere auf Übertragung von Erbschaftsgegenständen, auf Wertvergütung und auf Leistung von Schadensersatz gerichtet sein.

II. Der Erbschaftsverkäufer büßt durch den Verkauf seine Erbenqualität nicht ein; seine Haftung für die Nachlaßverbindlichkeiten dauert daher noch fort.[1a]) Die Bestimmung einer Inventarfrist und das Verlangen auf Leistung des Offenbarungseides nach Maßgabe des § 2006 ist ihm gegenüber auch nach dem Erbschaftskauf noch zulässig, und die Einleitung des Aufgebotsverfahrens gegenüber den Nachlaßgläubigern kann er nach wie vor beantragen.

Zum Antrag auf Eröffnung des Nachlaßkonkurses ist der Verkäufer auch nach dem Abschluß des Kaufvertrages noch berechtigt, aber nur nach Maßgabe des § 232 Abs. 2 KO.,[2]) und nach Analogie

---

[1a]) Eine Ausnahme hiervon tritt jedoch insofern ein, als es nach Maßgabe der §§ 414 bis 416 zu einer den Erbschaftsverkäufer befreienden Schuldübernahme gekommen ist.

[2]) Danach ist der Erbe antragsberechtigt: 1. Wegen einer Nachlaßverbindlichkeit, die im Verhältnis zwischen ihm und dem Käufer diesem zur Last fällt, in derselben Weise wie ein Nachlaßgläubiger, und zwar selbst dann, wenn der Erbe für die betreffende Nachlaßverbindlichkeit bereits schlechthin unbeschränkt haftet. 2. Wegen einer anderen Nachlaßverbindlichkeit nur dann, wenn er hinsichtlich derselben des Rechtes zur Beschränkung der Haftung noch teilhaftig ist, und unter der weiteren Voraussetzung, daß nicht bereits eine Nachlaßverwaltung angeordnet ist. Der für die Entscheidung unter Z. 2 maßgebende Grund ist offenbar dieser: Selbst wenn der Erbschaftsverkäufer im Verhältnis zum Käufer zur Berichtigung einer Nachlaßverbindlichkeit verpflichtet ist, so kann er doch dadurch dem Gläubiger gegenüber des Rechtes zur Beschränkung seiner Haftung auf den Nachlaß nicht verlustig werden, und muß er daher, wenn das zur Herbeiführung der Haftungsbeschränkung geeignete Mittel nach Lage der Sache die Eröffnung des Nachlaßkonkurses ist, zur Stellung des Eröffnungsantrags berechtigt sein. 3. Soweit der Erbe nach allgemeinen Grund-

dieser Bestimmung wird er unter denselben Voraussetzungen[2a]) zwar nicht nach § 1981 Abs. 1, wohl aber nach Abs. 2 auch zum Antrag auf Anordnung einer Nachlaßverwaltung zuzulassen sein.

Nur soweit die besonderen Voraussetzungen dafür vorliegen, haftet der Erbschaftsverkäufer für die Nachlaßverbindlichkeiten schlechthin unbeschränkt. Die vor dem Ablauf der dem Verkäufer bestimmten Inventarfrist erfolgende Errichtung des Inventars durch den Käufer kommt jedoch dem ersteren derart zu statten, daß sie von ihm die Folge der Versäumung der Inventarfrist abwendet (§ 2383 Abs. 2). Ist der Verkäufer des Rechtes zur Beschränkung seiner Haftung noch teilhaftig, und macht er von diesem Rechte entsprechenden Gebrauch, so haftet er den Nachlaßgläubigern nur mit demjenigen, was er von der Erbschaft noch hat und außerdem noch insoweit, als er nach Maßgabe der §§ 1978 bis 1980 den Nachlaßgläubigern gegenüber verantwortlich ist. Den für die verkaufte Erbschaft erhaltenen Kaufpreis braucht der Erbschaftsverkäufer den Nachlaßgläubigern nicht herauszugeben.

III. Im Falle des Nachlaßkonkurses tritt in Ansehung des Verfahrens der Erbschaftskäufer an die Stelle des Erben (§ 232 Abs. 1 KO.). Demgemäß kommt die Rolle des Gemeinschuldners nicht dem Erben, sondern dem Käufer zu.[3]) Hierdurch scheinen folgende Schlüsse nahe gelegt zu sein: Zunächst der, daß die Wirksamkeit der vom Erben und Verkäufer nach der Konkurseröffnung in Ansehung von zur Erbschaft gehörenden und dem Käufer noch nicht übertragenen Gegenständen vorgenommenen Verfügungen durch § 7 KO. nicht berührt wird. Sodann der weitere Schluß, daß, soweit eine Übertragung von zur Erbschaft gehörenden Gegenständen an den Erbschaftskäufer noch nicht stattgefunden hat, zur Masse nicht diese Gegenstände selbst, sondern nur die Ansprüche des Käufers gegen den Verkäufer auf Übertragung der Gegenstände gehören. Dies würde besonders dann einschneidende Bedeutung gewinnen, wenn über das Vermögen des Erben und Verkäufers Konkurs eröffnet wird. Denn in Konsequenz des bezeichneten Standpunktes müßten die dem Käufer noch nicht übertragenen Nachlaßgegenstände in den

---

sätzen als Nachlaßgläubiger in Betracht kommt, bleibt sein Antragsrecht durch das unter Z. 1 und 2 bemerkte unberührt.

[2a]) Ausdrücklich zustimmend Planck V Erl. 2e zu § 2383.

[3]) Vgl. Jaeger, Erbenhaftung S. 108, Seuffert S. 131.

Erbenkonkurs einbezogen und könnte vom Nachlaßkonkursverwalter hinsichtlich dieser Gegenstände ein Aus- oder Absonderungsrecht nicht geltend gemacht werden. Allein diese von der I. Kommission, wie es scheint, sogar beabsichtigten Ergebnisse[4]) sind sachlich durchaus unbefriedigend und wollten von der II. Kommission durch vorsichtigere Fassung des dem Satz 2 in Abs. 3 von § 498 I. Entwurfs entsprechenden Satzes 2 in Abs. 1 des jetzigen § 2383 offenbar ausgeschlossen werden.[5]) Mit Rücksicht hierauf wird man der Vorschrift des § 232 Abs. 1 KO. eine nur formelle Bedeutung beimessen und demgemäß entscheiden dürfen, daß die §§ 7, 8 KO. auch auf die vom Erben hinsichtlich der an den Käufer noch nicht übertragenen Nachlaßgegenstände vorgenommenen Rechtshandlungen anzuwenden sind und daß der Nachlaßkonkursverwalter die Aussonderung der bezeichneten Gegenstände aus dem Erbenkonkurs verlangen kann.[6])

IV. Der Erbschaftsverkäufer ist den Nachlaßgläubigern gegenüber verpflichtet, den Verkauf der Erbschaft und den Namen des Käufers unverzüglich dem Nachlaßgericht anzuzeigen. Die Anzeige des Verkäufers wird jedoch durch die des Käufers ersetzt. Das Nachlaßgericht hat die Einsicht der Anzeige jedem zu gestatten, der ein rechtliches Interesse glaubhaft macht (§ 2384).

---

[4]) Vgl. Motive II S. 364.

[5]) Vgl. Protokolle V S. 767: „Die Redeweise „Ansprüche aus dem Kaufvertrage" (jetzt: aus dem Kaufe) statt „Anspruch auf Übertragung des Nachlasses" wurde zur Verdeutlichung des Entwurfs gewählt. Es handelt sich um den Fall, daß beim Erbschaftsverkäufer über den Nachlaß Konkurs eröffnet wird. In solchem Falle gehören zur Konkursmasse nicht nur der Nachlaß, gleichgiltig ob er sich in der Hand des Käufers oder des Verkäufers befindet, sondern auch die sonstigen Ansprüche aus dem Kaufvertrage, z. B. wegen Verschlechterung von Erbschaftsgegenständen."

[6]) Vgl. Jaeger, Komment. z. KO. (1. Aufl.) S. 749 Anm. 16, Planck V Erl. 2d zu § 2383, zurückhaltender noch die 2. Aufl. d. W. S. 584.

Quellenregister.

Die römische Ziffer bezeichnet den Band, die arabische Ziffer die Seitenzahl; der Exponent bezeichnet die Zahl der Anmerkung.

Bürgerliches Gesetzbuch.

Einführungsgesetz zum BGB.

Civilprozeßordnung.

Konkursordnung.

Gesetz über die Angelegenheiten der freiwilligen Gerichtsbarkeit.

Grundbuchordnung.

Gesetz über die Zwangsversteigerung und die Zwangsverwaltung.

Handelsgesetzbuch.

Strafgesetzbuch.

Strafprozeßordnung.

Sachregister.

A.

B.

C. (s. auch K.)

D.

E.

F.

G.

H.

J.

O.

P.

Q.

R.

S.

T.

U.

V.

W.

Z.

Berichtigungen und Nachträge.

Zu Band I.

S. 12 Anm. 3 a. E. l. § 28a statt § 48a.
S. 82 Anm. 4 a. E. l. § 6 statt § 16.
S. 123 Anm. 4 Zeile 9 v. u. l. S. 704 statt S. 748.
S. 161 Anm. 33 Zeile 3 v. u. l. § 2096 statt § 2196.
S. 186 Anm. 47 Zeile 5 v. u. l. § 2101 statt § 2201.
S. 188 Anm. 51 Zeile 12 v. o. l. § 2169 statt § 2109.
S. 197 Anm. 19 soll am Schlusse der Zeile 10 v. u. statt des Buchstaben r ein Verbindungszeichen und am Schlusse der Zeile 9 v. u. statt des Verbindungszeichens der Buchstabe r stehen.
S. 213 Anm. 3 Zeile 3 v. u. l. Unmöglichkeit statt Möglichkeit.
S. 224 Zeile 22 des Textes v. o. sind vor „Ausschlagung" die Worte „Anfechtung der" einzuschalten.
S. 233 Zeile 2 des Textes v. o. l. „Erblasser" statt „Beschwerten".
S. 238 Anm. 27 Zeile 8 v. o. l. „Beschwerten" statt „Vermächtnisnehmer".
S. 245 Anm. 1 Zeile 8 v. u. l. „Verkäufer" statt „Käufer".
S. 267 Anm. *) letzte Zeile a. E. l. „Anm. *)" statt „Anm. 1".
S. 274 Anm. 28 Zeile 3 v. u. l. § 2227 statt § 2237, Zeile 2 v. u. l. „eintritt" statt „erlischt".
S. 291 Anm. 69 Zeile 2 a. E. l. § 2212 statt § 2112.
S. 370 Anm. 38 Zeile 6 v. o. l. „Forderungsberechtigten" statt „forderungsberechtigten".
S. 384 Anm. 88 Zeile 2 v. u. l. § 2336 statt § 2236.
S. 426 ist bei Anm. *) als neueste Literatur noch beizufügen: Langheineken, Das Pflichtteilsrecht entfernterer Abkömmlinge und der Eltern im sächs. Archiv Bd. 14 S. 319ff. u. S. 417ff., Reier, Das Pflichtteilsrecht der Enkel (1904).
S. 453 Zeile 3 des Textes v. o. l. § 2317 statt § 2217.
S. 459 Anm. 8 Zeile 8 v. u. ist vor E das Wort „von" einzuschalten und muß es statt B „von A" heißen.
S. 477 Anm. 9 Zeile 8 v. o. l. „zum Nachlaß ergibt" statt „zum Nachlaßer gibt".
S. 480 Zeile 1 des Textes sind nach „Zuschüsse" die Worte „und Aufwendungen" einzuschalten.

S. 499 Zeile 6 des Textes v. o. ist nach „Erwerb" das Wort „erheblich" einzuschalten.
S. 524 Zeile 17 v. o. l. § 2325 statt § 2326.
S. 539 Anm. 33 l. Erl. 3 zu § 2350 statt Erl. 4 zu § 2351.

Zu Band II.

S. 20 Zeile 12 des Textes v. o. ist vor dem Punkte (§ 1948 Abs. 1) einzuschalten.
S. 86 Anm. 6a Zeile 8 v. o. sind die am Ende dieser Zeile und am Anfang von Zeile 9 stehenden Worte „Alleinbesitz an einer einzelnen" nach dem Worte „den" einzusetzen.
S. 93 Zeile 7 des Textes v. o. l. Abs. 2, 743 statt Abs. 27, 43.
S. 98 Anm. 20 Zeile 15 v. o. l. (III S. 96) statt (II S. 96).
S. 99 Anm. 20a Zeile 3 v. o. l. „entsprechenden" statt „entspechenden".
S. 201 Anm. 17 Zeile 6 v. o. l. „Gläubiger" statt „Erben".
S. 218 Zeile 14 des Textes v. o. l. „Z. 1 und 2" statt „Z. 2 und 3".
S. 276 Anm. 17a l. II statt XII.
S. 277 Anm. 18 a. E. l. Anm. 19a statt Anm. 19.
S. 280 ist in der vorletzten Zeile des Textes vor dem Punkte (§ 1985 Abs. 1) einzuschalten.
S. 296 Anm. 20 Zeile 11 v. u. l. „auch" statt „auf".
S. 351 Anm. 8 Zeile 5 und 4 v. u. l. „eingetretene gesamtschuldnerische" statt „eingetretenen gesamtschuldnerischen".
S. 359 vorletzte Zeile des Textes ist nach dem Worte „gehörten" (§ 2007 Satz 1) einzuschalten.
S. 389 Anm. 1 Zeile 2 v. u. l. „müßte" statt „mußte".

Druck von Georg Reimer in Berlin.

Kolibri 360 GmbH
Ferdinand-Jühlke-Straße 7
99095 Erfurt, Deutschland
produktsicherheit@kolibri360.de